企業法要綱3 追補

企業組織法

令和元年改正「会社法」等

福原紀彦 著
FUKUHARA Tadahiko

文眞堂

追補　はしがき

　本冊子は、『企業法要綱3企業組織法―会社法等』文眞堂（2017年刊、以下「同書」）の追補として、一部を除き2021（令和3）年3月1日から施行された会社法の2019年（令和元年）改正とそれに伴う法務省令の改正の内容等を中心にして、産業競争力強化法の2021（令和3年）改正によるバーチャルオンリー型株主総会の許容等の会社法制のDX法制化の傾向と、民法（債権法関係）改正に伴う会社法改正の概要を整理し、併せて、同書の表記等の訂正を付記したものである。企業法要綱シリーズは、2020年から第2版を刊行中であるが、諸事情を踏まえると、同書第2版の刊行まであと少々時間を要するので、本冊子を作成して、同書を教材として利用している読者の便に供するものである。

　本冊子の作成にあたっては、同書の訂正個所のみを形式的に示すのではなく、同書の記載に対する置き換えや追加を、できるだけ節単位や段落単位で扱うこととして、令和元年会社法改正の内容を確認できるように配列した。そのため、令和元年会社法改正部分の概要を一覧するために利用することもできよう。本冊子に設けた参考文献欄では、同書刊行以後の文献の更新を掲載し、本冊子の記載で用いた略称を付記している。新しい文献をさらに用いる場合の参考になろう。

　なお、同書は、特色のひとつとして、「企業組織法の現代的諸相」の編を設けている。その意図は、会社法の近時の傾向として、企業組織法全般を先導している様子を整理し、会社法を学ぶ現代的な意義を確かめるためである。そして、その傾向には、二つの内容的な側面があり、ひとつは、ガバナンスを重視して企業組織法を先導する側面であり、令和元年の会社法改正には、その様子が色濃く表されている。もうひとつは、ＩＴ化を手段として、会社法制がＤＸ（デジタルトランスフォーメーション）法制を牽引する側面であり、令和元年の会社法改正にもその端緒が現れ、令和3年の産業競争力強化法改正ではその傾向が顕著である。今後、これらが企業組織法全般に及ぶ日は近いであろうが、その様子については、さらに調査と検討を要するところである。このため、同書の当該の編については、本冊子における追補では割愛したことをお断りしておく。

　本冊子は、2021年度春学期の中央大学法学部専門演習（福原ゼミ）において、オンライン（あるときはハイブリッド）によりゼミを実施するにあたり、各種文献を確かめる機会を通じて作成することができた。そして、同書の読者・利用者の方々からお寄せ戴いている貴重な御意見や御感想については、改訂作業において活用させて戴いており、そのうちの幾つかを本冊子の表記訂正において対応させて戴いた（その整理と確認には、武田典浩教授の手を煩わせた）。それぞれの御協力に深く感謝する次第である。

　今、収束までの期間が長引いているコロナ禍にあって、学生の皆さん、社会人の皆さんには、オンラインでの講義や演習、また、多様な目的での自修等、さまざまな困難を乗り越えて、学びを止めないための努力を続けておられると拝察する。この機会に敬意を表し、励ましの言葉を贈りたい。そうした読者の皆さんに、本冊子が少しでも役立てば幸いである。皆さんの健勝と今後の活躍を心から祈りたい。

　　2021年7月　　　　　　　　　　　　　　　　　　　　　　　　　福原紀彦

目　次

会社法（令和元年改正）関係　　……… 追補 1～29頁
- ●改正の経緯と概要　　☞38頁「5」を改訂
- ●株主総会資料の電子提供制度の導入　　☞84頁（3）の前に追加
- ●株主提案権における提出議案数の制限　　☞85頁「3」を改訂
- ●取締役の報酬等の規律の見直し　　☞116頁「6」を全面改訂
- ●補償契約と役員等賠償責任保険　　☞152頁中段に「3」「4」を追加
- ●社外取締役の活用　　☞98頁（4）2）を改訂、4）を追加
- ●社債管理補助者制度の新設　　☞240頁に（2）として追加
- ●社債権者集会の規律の一部見直し　　☞240頁（2）を（3）として改訂
- ●株式交付制度の導入　　☞299頁に「5」を追加
- ●その他
  - ○会社の支店の所在地における登記の廃止　　☞50頁「3」を改訂
  - ○議決権行使書面の閲覧等　　☞86頁（4）の末尾に追加
  - ○成年被後見人等に係る取締役等の欠格事由　　☞95頁（2）2）を改訂
  - ○責任追及等の訴えに係る訴訟における和解　　☞158頁4）の末尾に追加
  - ○新株予約権の払込金額の登記　　☞215頁（2）の末尾に追加
  - ○株式の併合等に関する事前開示事項　　☞314頁（4）1）を改訂

産業競争力強化法（令和3年改正）関係　　……… 追補 29頁
- ●バーチャルオンリー型株主総会の許容　　☞83頁（1）に注記＊を追加

経営承継円滑化法（令和3年改正）関係　　……… 追補 30頁
- ●所在不明株主に関する会社法の特例　　☞177頁3）の末尾に注記＊を追加

民法（債権関係）改正に伴う会社法の改正　　……… 追補 30～31頁

【付録】　その他の表記等の訂正　　……… 追補 31～32頁

凡　例

法令の表記方法
　会＝会社法（平成17年法86・令和元年法70）
　商＝商法、商施＝商法施行規則、商登＝商業登記法
　会整＝会社法の施行に伴う関係法律の整備等に関する法律（平成17年法87・令和元年法71）
　会施＝会社法施行令、会施規＝会社法施行規則、計規＝会社計算規則、電規＝電子公告規則
　産競＝産業競争力強化法。その他、適宜、本文中で方法を紹介して略記する。
判例の表記方法　　一般の慣例に従う。

参 考 文 献

【会社法】

◎体系書（令和元年会社法改正以降の文献）

青竹正一『新会社法（第5版）』信山社（2021年）　　　　　　　　　　　＝　青竹・新会社法
伊藤靖史＝大杉謙一＝田中亘＝松井秀征『リーガルクエスト会社法（第5版）』有斐閣（2021年）　＝　伊藤他・リークエ
江頭憲治郎『株式会社法（第8版）』有斐閣（2021年）　　　　　　　　　＝　江頭・株式会社法
神田秀樹『会社法（第23版）』弘文堂（2021年）　　　　　　　　　　　＝　神田・会社法
川村正幸＝品谷篤哉＝山田剛志＝尾関幸美『コア・テキスト会社法』新世社（2020年）　＝　川村他・コア
河本一郎＝川口恭弘『新・日本の会社法（第2版）』商事法務（2020年）
黒沼悦郎『会社法（第2版）』商事法務（2020年）
近藤光男『最新株式会社法（第9版）』中央経済社（2020年）　　　　　　＝　近藤・最新
柴田和史『会社法詳解（第3版）』商事法務（2021年）　　　　　　　　　＝　柴田・詳解
高橋英治『会社法概説（第4版）』中央経済社（2020年）　　　　　　　　＝　高橋・概説
高橋美加＝笠原武朗＝久保大作＝久保田安彦『会社法（第3版）』弘文堂（2020年）　＝　高橋(美)他
田中亘『会社法（第3版）』東京大学出版会（2021年）　　　　　　　　　＝　田中亘・会社法
松岡啓祐『最新会社法講義（第4版）』中央経済社（2020年）
丸山秀平『やさしい会社法（第14版）』法学書院（2021年）
丸山秀平＝藤嶋肇＝高木康衣＝首藤優『全訂株式会社法概論』中央経済社（2020年）　＝　丸山他・全訂
三浦治『基本テキスト会社法（第2版）』中央経済社（2020年）　　　　　＝　三浦・会社法
宮島司『会社法』弘文堂（2020年）
弥永真生『リーガルマインド会社法（第15版）』有斐閣（2021年）　　　＝　弥永・リーガルマインド
山本爲三郎『会社法の考え方（第11版）』八千代出版（2020年）　　　　＝　山本・考え方

◎立案担当者等による解説（会社法令和元年改正）

竹林俊憲（編著）『一問一答令和元年改正会社法』商事法務（2020年）　　＝　問答令和元改正
別冊商事法務編集部（編）『令和元年改正会社法①』別冊商事法務447号②454号（2020年）③461号（2021年）
堀越健二・他「民法（債権関係）改正に伴う会社法改正の概要」商事法務2154号10頁（2017年）

◎法律専門誌特集（会社法令和元年改正）

神田秀樹・他「2019年会社法改正」ジュリスト1542号14頁以下（2020年3月）
竹林俊憲・他「企業統治強化に向けた会社法の改正」法律のひろば73号4頁以下（2020年3月）
舩津浩司・他「令和元年改正から見た会社法の基本問題」法学教室485号8頁以下（2021年2月）

◎注釈書

TMI総合法律事務所（編著）『実務逐条解説　令和元年会社法改正』商事法務（2021年）　＝　実務逐条解説
弥永真生『コンメンタール会社法施行規則・電子公告規則（第3版）』商事法務（2021年）

◎講座・演習書・解説書・他

江頭憲治郎＝中村直人（編著）『論点体系会社法（1〜6）（第2版）』第一法規（2021年）　＝　論点体系2版
近藤光男＝志谷匡史『改正株式会社法Ⅴ』弘文堂（2020年）　　　　　　　　　　　＝　近藤＝志谷
太田洋＝野澤大和（編著）『令和元年会社法改正と実務対応』商事法務（2021年）　＝　太田＝野澤・実務対応
野村修也＝奥山健志（編著）『令和元年改正会社法　改正の経緯とポイント』有斐閣（2021年）
酒井克彦（編著）『改正会社法対応キャッチアップ企業法務・税務コンプライアンス』ぎょうせい（2021年）
徳本穣＝服部秀一＝松嶋隆弘（編著）『令和元年会社法改正のポイントと実務への影響』日本加除出版（2021年）

【産業競争力強化法等】

太田洋＝野澤大和・他（編著）『バーチャル株主総会の法的論点と実務』商事法務（2021年）
　　　　　　　　　　　　　　　　　　　　　　　　　　　　　　　　＝　太田他・バーチャル総会
武井一浩・他（編著）『デジタルトランスフォーメーション法制実務ハンドブック』商事法務（2020年）
　　　　　　　　　　　　　　　　　　　　　　　　　　　　　　　　＝　武井他・DX法制

【著者の別著作（本書関連）】

福原紀彦『企業法要綱1企業法総論・総則（第2版）』文眞堂（2020年）　＝　福原・総論総則2版
福原紀彦『企業法要綱2企業取引法（第2版）』文眞堂（2021年）　　　　＝　福原・企業取引2版
福原紀彦「会社法と事業組織法の高度化 ── ガバナンス重視とDX法制への展開」
　　　　　　　　　　　　　　　　　『商事立法における近時の発展と展望』中央経済社（2021年9月）所収
福原紀彦（編著）『現代企業法のエッセンス』文眞堂（2021年近刊）

　その他、適宜、本文中で示して紹介する。

会社法（令和元年改正）関係

● 改正の経緯と概要　　　　　　　　　　　　　☛38頁「5」を改訂

5　企業統治強化に向けた令和元年改正

　平成26年改正法附則第25条（いわゆる検討条項）は、平成26年改正法の施行後2年が経過した場合において、企業統治に係る制度の在り方について検討を加え、必要があると認めるときは、その結果に基づいて、社外取締役を置くことを義務づける等の所要の措置を講ずるものとしていた。平成29（2017）年2月9日開催の法制審議会第178回総会において、法務大臣より、会社法制（企業統治等関係）の見直しについて、「近年における社会経済情勢の変化等に鑑み、株主総会に関する手続の合理化や、役員に適切なインセンティブを付与するための規律の整備、社員の管理の在り方の見直し、社外取締役を置くことの義務付けなど、企業統治等に関する見直しの要否を検討の上、当該規律の見直しを要する場合にはその要綱を示されたい」との諮問がなされた（すでに、平成28〔2016〕年1月より、商事法務研究会会社法研究会において、次期会社法改正に向けた検討・議論がなされ、平成29〔2017〕年3月2日に公表された報告書〔同研究会「会社法研究会報告書」商事法務2129号4頁〕には、以下の論点が示されている。すなわち、①株主総会資料の電子提供、②株主提案権の濫用的な行使の制限、③取締役会の決議事項、④取締役の報酬、⑤役員の責任〔会社補償、D&O保険〕、⑥社債〔新たな社債管理制度、社債権者集会〕、⑦責任追及等の訴え〔和解その他〕、⑧社外取締役〔設置の義務付けの要否〕である）。

　諮問を受けた法制審議会は、会社法制（企業統治等関係）部会を設置して調査審議を行い、中間試案を取りまとめてパブリックコメントを募集するなどの手続きを経て、平成31（2019）年1月に「会社法制（企業統治等関係）の見直しに関する要綱案」と附帯決議を決定し、法務大臣に答申した。法務省にて法案が作成され、令和元（2019）年10月に会社法改正法案と同整備法案が国会に提出された。衆議院において一部修正の上可決され、参議院でもこれが可決され、令和元（2019）年12月4日に改正法と同整備法が成立し、同年12月11日に交付された（令和元年法70号・71号）。関係法務省令（会社法施行規則と会社計算規則）も改正された（令和2年法務省令52号、令和2年11月27日交付）。改正法等の施行日は、株主総会資料の電子提供制度の導入に係る部分を除いて、令和3（2021）年3月1日である。

● 令和元年改正（令和元年法70号、令和3年3月1日施行〔総会資料電子提供関係を除く〕）
　1）株主総会に関する規律の見直し
　　①株主総会資料の電子提供制度の導入
　　②株主提案権における提出議案数の制限
　2）取締役への適切なインセンティブの付与
　　①取締役の報酬等に関する規律の見直し（ガバナンス強化と多様なインセンティブ報酬）

②補償契約
③役員等損害賠償責任保険
 3）社外取締役の活用等
①業務執行の社外取締役への委託
②社外取締役を置くことの義務づけ
③監査役設置会社の取締役会による重要な業務執行の決定
 4）社債の管理
①社債管理補助者制度の新設
②社債権者集会の規律の一部見直し
 5）株式交付
 6）その他
①責任追及等の訴えに係る訴訟における和解
②議決権行使書面の閲覧等
③全部取得条項付種類株式の取得又は株式の併合等に関する事前開示事項
④新株予約権の払込金額の登記
⑤会社の支店の所在地における登記の廃止
⑥成年被後見人等に係る取締役等の欠格事由

（別冊商事法務454号3頁以下・11頁以下、参照）

☛13頁「4」最終段落を改訂

　会社組織に関するソフトローとして、わが国では、従来より、証券取引所（金融商品取引所）の定める上場規則や金融庁が定める各種の行動規範等が重要な役割を果たしてきた。そして、平成26（2014）年改正の会社法が改正政省令とともに施行された平成27（2015）年は、日本における「コーポレート・ガバナンス元年」と呼ばれ、ハードロー（改正会社法等）とソフトロー（2014年「スチュワードシップ・コード〔SSコード〕」と2015年「コーポレートガバナンス・コード〔CGコード〕」の施行）の双方の規範が整った（これらにより、「日本再興戦略改訂2014」のもとに、日本企業の「稼ぐ力〔収益力〕」を高めるべく、「攻めのガバナンス」の実現が目指されることになった）。SSコードは、2017（平成29）年5月29日に改訂され、2020（令和2）年3月24日に再改訂されており、CGコードは、2018（平成30）年6月1日に改訂され、2021（令和3）年6月11日に再改訂されている。また、SSコードとCGコードの附属文書と位置づけられる「投資家と企業の対話ガイドライン」が金融庁により2018（平成30）年6月に策定され、2021（令和3）年6月11日に改訂版が公表されている（島崎征夫・他「コーポレートガバナンス・コードと投資家と企業の対話ガイドラインの改訂の解説」商事法務2266号4頁〔2021年〕、参照）。

● **株主総会資料の電子提供制度の導入**　　　　　　　☛84頁（3）の前に追加

　会社は、定款に定めることにより、法文上「株主総会参考書類等」と呼ばれる資料（株主総会参考書類、議決権行使書面、計算書類、事業報告および連結計算書類）を、株主の個別の承諾を得なくても、インターネットを利用して株主に提供することができる（会325条の2〜325条の7、令和元年会社法改正整備法により、上場会社等に対しては強制的に適用される）＊。この株主総会資料の電子提供制度の導入は、コスト削減とともに、会社・株主間の対話プロセス充実によるガバナンス向上に資することが期待されている（舩津浩司「株主総会運営のデジタルトランスフォーメーション」法学教室485号（2021年）

10頁・13〜14頁、参照）。

* **株主総会資料の電子提供制度**　振替機関が取り扱う株式の発行会社（上場会社等）は、株主総会資料（株主総会参考書類等）の電子提供措置を採用することを定款に定めなければならない（振替159条の2）。本制度に関する施行日における上場会社等は、定款変更決議の負担を軽減するため、施行日を効力発生日とする定款変更決議をしたものとみなされる（令和元年会整10条）。振替株式を発行する会社以外の会社は、定款を変更することによって、本措置を採用できる。

　電子提供措置は、株主総会の日の3週間前の日または株主総会の招集通知を発した日のいずれか早い日を開始日として、同措置期間の末日（総会決議の取消しの訴えの提訴期間を考慮して、株主総会の日以後3か月を経過する日）までの間、継続して行わなければならない（会325条の3第1項）。電子提供措置に中断があっても、一定の場合には、電子提供措置の効力に影響を及ぼさない（会325条の6、なお、電子提供措置の調査制度は設けられていない）。

　電子提供措置を採る場合は、招集通知に際して、株主への株主総会参考書類等を交付することを要しないが（会325条の4第3項）、株主（電磁的方法による招集通知を承諾した株主は除く）は、会社は、電子提供措置の対象となった事項を記載した書面の交付を請求することができる（書面交付請求権、会325条の5第1項。その効力を失う場合につき、同条第4項・5項）。

　なお、2019（令和元）年改正会社法及び同改正法務省令は2021年3月1日に施行されたが、株主総会資料の電子提供制度の創設等の一部の改正については、改正法の公布の日から3年6月以内の政令で定める日から施行されることとされ、2022年中の施行が予想される。

●株主提案権における提出議案数の制限　　　☞85頁「3」を改訂

3　株主提案権

（1）議題提案権と議案提出権

　取締役会設置会社においては、一定の株主は、取締役に対し、会日の8週間前までに、①一定の事項を株主総会の目的とすることを請求することができ（議題提案権、会303条1項）、②自己の提出する議案の要領を株主に通知すること（招集通知が書面又は電磁的方法により行われる場合には、その通知に記載又は記録すること）を請求することができる（議案提出権、会305条、事前の議案提出権＝議案要領通知権）。

　これら株主提案権を行使できる株主は、取締役会設置会社では、総議決権の100分の1以上又は300個以上の議決権を6か月以上継続して保有（非公開会社では6か月の継続保有要件は不要）する株主である（会303条2項3項、305条1項2項）。

　取締役会非設置会社では、①及び②ともに単独株主権とされており、①の請求をする場合の請求行使期限に制限はない。取締役会設置会社では、招集通知に株主総会の目的事項（議題）を記載又は記録して株主に通知することが必要とされているだけでなく、当該株主総会で決議できる事項は通知された議題に限定される（会309条5項）。したがって、会社が招集通知に議題を記載又は記録するための準備期間を確保する必要がある。また、持株要件等の差異は、所有と経営の分離の程度の差異を反映している。なお、取締役会非設置会社では、取締役会設置会社と異なり、定

時株主総会招集通知の際に計算書類等を添付する必要もない(会437条)。

総会時の議案提出権(株主総会の会場において株主が議案を提出する権利)については、行使要件に特に制限はない(会304条。取締役会設置会社でも単独株主権である)。

総会時でも事前でも、株主が提出する議案が、法令若くは定款に違反する場合又は実質的に同一の議案について、総株主の議決権の10分の1以上の賛成を得られなかった日から3年を経過していない場合には、提出できない(会304条但書、305条6項)。株主提案権の濫用を防止する趣旨である。

(2) 提出議案数の制限

令和元年改正によって、従来よりさらに、株主の議案提出権の濫用を防止するための制度が設けられた。すなわち、取締役会設置会社では、「株主」*が、同一の株主総会において、事前に提出できる(議案要領通知請求権を行使して提出する)議案数は、上限を10までに制限される(会305条4項)。取締役会非設置会社では、この制限はない。

この制限の規定との関係では、原則として、内容の実質面に着目して議案の数を判定するので、役員等の選任・解任等に関する議案や定款変更に関する議案については、その数を形式的に数えることの不都合を回避するために、一定の範囲で2以上の議案を1つとみなすことができる(会305条4項1号~4号)。

上限を超える議案については、会社は、議案要領通知請求権の行使を拒絶することができ(会305条4項)、拒絶しないことも認められ、拒絶しない場合に株主総会決議が違法となるわけではない(神田・会社法197頁)。上限を超える部分の議案は取締役が定めるが、株主が提出時に議案相互間の優先順位を定めている場合は、取締役はその順位に従う(会305条5項)。

* **議案要領通知請求権を行使して提出する議案数が制限される「株主」** 議案要領通知請求権は少数株主権とされており(会305条1項但書)、その要件となる議決権数は複数の株主の保有する議決権数を合わせて満たしてよいので、ここにいう「株主」とは、必ずしも一人を意味するのでなく、その少数株主権の要件を満たす株主又は株主の集団を意味する(問答令和50頁)。また、株主が単独で議案要領通知請求権を行使する場合であっても、他の株主と共同して行使する場合であっても、各株主が提出できる議案の数の合計は上限を超えることができない(同52頁)。なお、株主自身が株主総会招集手続きを行う場合は、取締役に対して議案要領の通知請求をするわけではないので、株主が提出できる議案数が制限されることはない(同60頁)。

●取締役の報酬等の規律の見直し　　　☞116頁「6」を全面改訂

6　取締役の報酬

(1) 取締役報酬規制の趣旨と構造

会社と取締役との関係は委任に関する規定に従い(会330条、民643条~656条)、

委任契約では受任者は無報酬が原則であるが（民648条1項）、実務上、取締役の任用契約には報酬に関する特約が含まれ、取締役は会社から報酬を受けることが通例となっている。その報酬額は、業務執行に携わるか否か（代表取締役・業務執行取締役か非常勤取締役か）により大きく異なる（江頭・株式会社法465頁）。親会社の取締役や使用人が子会社の取締役を兼任する場合には、その子会社の取締役としての報酬が無償となることも多い（滝川宜信『リーディング会社法〔第2版〕』民事法研究会〔2010年〕209頁）。

会社法は、取締役が株式会社から受ける報酬等について、指名委員会等設置会社の場合には報酬委員会で定める旨を規定し（会404条3項・409条1項）、その他の会社の場合には、定款又は株主総会で決定することを要する旨および決定すべき事項等を規定する（会361条。その他、監査役の報酬〔387条〕、会計参与の報酬〔379条〕、及び会計監査人の報酬〔399条〕の規定がある）。

取締役の報酬等に関して会社法が規律を設ける趣旨については、その決定が会社の業務執行機関の権限であることから取締役会で行われると、取締役によって不当に高額な報酬等の設定（いわゆる「お手盛り」）がなされるという弊害が生じるので、その弊害を防止して、高額の報酬が株主の利益を害する危険を排除するためと解するのが多数説・判例である（政策的規定説。江頭・株式会社法466頁、前田庸『会社法入門〔第13版〕』有斐閣〔2018年〕448頁、落合誠一〔編〕『会社法コンメンタール〔8〕』商事法務〔2009年〕148頁〔田中亘〕、酒巻俊雄＝龍田節〔編集代表〕『逐条解説会社法〔4〕』459頁〔高橋英治〕、上柳克郎・他〔編集代表〕『新版注釈会社法〔6〕』有斐閣〔1987年〕386頁〔浜田道代〕、最判平17・2・15判時1890・143、最判昭60・3・26判時1159・150、最判昭39・12・11民集18・10・2143）。これに対し、報酬等の決定は取締役の任用契約に際して取締役の選任権者たる株主総会が本来的に関与すべきことを定めたと解する見解も有力である（非政策的規定説。神田・会社法250頁、倉沢康一郎『会社法の論理』中央経済社〔1979年〕214頁、大森忠夫・他〔編〕『注釈会社法〔4〕』有斐閣〔1968年〕529頁〔星川長七〕）。もっとも、後者の見解でも、お手盛り防止の趣旨を排するものではない（川島いづみ・判タ772号77頁）。さらに、会社法361条はお手盛り防止という消極的見地の規制にとどまらず、株主によるコーポレート・ガバナンスの実現という見地から経営者の業績を評価する役割を株主に与えるという積極的意味を有することが指摘され（森本滋・別冊商事法務192号2頁）、最近では、取締役報酬規制のあり方は、経営者に対する監督とインセンティブ付与の仕組みと捉えられている。

取締役等の会社経営陣の報酬制度は、エージェンシー問題を軽減する仕組みとして機能するとともに、経営陣にとって適切なリスクテイクをしつつ積極的な経営を行うインセンティブとして機能し、また、より優れた経営陣を確保・招聘・維持すること（リテンション）に役立つ（伊藤靖史『経営者の報酬の法的規律』有斐閣〔2013年〕120頁・264頁、森・濱田松本法律事務所〔編〕『コーポレートガバナンスの新しいスタンダード』日本経済新聞社〔2015年〕50頁）。そして、コーポレートガバナンス・コード（CGコードと略称。東京証券取引所で規範化され2015〔平成27〕年6月に上場会社への適用が開始され、平成30年6月に一部改訂された。神田・会社法184頁、澤田実・他〔編著〕『コーポレートガバナンスコードの実務〔第3版〕』商事法務〔2018年〕8頁、参照）では、「経営陣の報酬については、中長期的な会社

の業績や潜在的リスクを反映させ、健全な企業家精神の発揮に資するようなインセンティブ付けを行うべき」と定められている（CGコード原則4-2第2段落）。

【取締役報酬規制の沿革】
　取締役の報酬を定款又は株主総会で定めるべきことのみ規定した条文は、古くレスラー草案にもとづく明治32年制定商法179条に存在し、同規定は昭和13年改正商法により商法269条に移動した（前掲・新版注釈〔6〕386頁〔浜田道代〕、レスラー草案に由来する点につき、前掲・逐条解説〔4〕457頁〔高橋英治〕、参照）。
　平成14年改正商法269条は、業績連動型報酬など新しい報酬の類型に対応して、取締役の報酬を確定額、不確定額及び非金銭の報酬に区分し、それぞれを定款又は株主総会で定めるべきことを規定し、不確定額及び非金銭の報酬の新設・改訂には内容を相当とする理由の開示を求めた。平成17年制定の会社法は、その規定内容を基本的に引き継ぐとともに、規制対象を報酬とだけ規定するのではなく、本条において、「報酬、賞与その他の職務執行の対価として株式会社から受ける財産上の利益」と明記した（この表現は、平成17年改正前商法266条7項1号、改正前商法施行規則103条1項10号・107条1項11号の表現を引き継ぐ）。これにより、従来は報酬に含まれないと解される余地のあった賞与やストックオプションが規制対象に含まれることが明確になるとともに、他方で、規制対象が職務執行の対価として受け取るものに限定されることにより解釈論に一定の影響を及ぼすとも指摘されていた（前掲・会社法コンメ〔8〕150頁〔田中亘〕）。
　平成26年改正会社法では、監査等委員会設置会社制度の創設に伴い、監査等委員会設置会社の取締役の報酬等に関する規定を設け、とくに監査等委員である取締役の地位の独立性を確保するために、監査役と同様の規制を定めた（本条2項3項5項、但し本条6項には監査等委員会設置会社特有の規定が置かれた）。
　令和元年改正会社法では、「取締役等への適切なインセンティブの付与」の一環として、取締役の報酬等の規律がいっそう充実された（『会社法制〔企業統治等関係〕の見直しに関する要綱案』第2部第1）。すなわち、会社法361条の改正として、①個人別報酬等の決定方針に関する取締役会の決定義務の適用範囲拡大（従来の指名委員会等設置会社の指名報酬委員会のみならず監査等委員会設置会社及び監査役会設置会社の取締役会にも拡大、同条7項）、②取締役の説明義務の明確化（報酬等に関する議案の事項を相当とする理由を取締役が株主総会において説明すべき義務の対象を同条1項1号とすること〔確定額報酬の場合の額を含む〕、同条4項）、③株式報酬発行時決定事項の詳細化（報酬等として当該株式会社の募集株式又は新株予約権を付与する場合につき、定款又は株主総会決議により、当該株式又は新株予約権の数の上限等を定めるべきこと、同条1項3号・4号）、④払込を要しない株式報酬制度の創設（当該株式会社の株式又は新株予約権と引換えにする払込みに充てるための金銭を報酬等とすることが認められ、この場合についても、③と同様の事項を定めるべきこと、同条1項5号、会施規98条の4）が規定された。その他、関連して、取締役の報酬等（エクイティー報酬）となる場合の募集株式等の発行（自己株式の処分を含む）及び新株予約権の発行手続きの特則の整備と（会202条の2第1項・2項、236条3項）、情報開示の充実が図られている（会施規121条4号～6号の3）。

【報酬形態の推移と各種の法規制】
（1）報酬形態の多様化
　ⅰ　伝統的形態からの推移　　わが国の会社経営陣の役員報酬は、伝統的に、基本報酬、役員賞与、退職慰労金が用いられ、業績等と関係なく支給される金銭での固定報酬をベースとしている。平成9年商法改正以降、ストック・オプションを取締役に付与する会社が増加した。その後の商法改正、会社法制定・改正、税制改正により、退職慰労金に代えた基本報酬の増額や株式報酬型ストック・オプションの付与を行う会社が増加し、多様なインセンティブ報酬導入の傾向が強まった。
　ⅱ　ストック・オプションの導入　　ストック・オプションは、インセンティブとして会社から発行される新株予約権のことをいう。これは、あらかじめ定められた期間内に一定の払込金額で所定の数の株式を取得できることを新株予約権の内容として定めるものである（会2条21号・236条1項）。これが付与された取締役は自社の株価が高くなれば相対的に安価で株式を取得できるので、期間内に会社の業績を向上させて株価を上昇させようというインセンティブが働くことか

ら、これが付与されることは、業績連動型報酬としての性格を有する。
　取締役に対し職務執行の対価として新株予約権を付与する方法には、①新株予約権を無償で割り当てることにより、新株予約権そのものを付与する方法（現物構成）と、②新株予約権の評価額を払込金額として定めた上で、取締役に対して当該払込金額と同額の（金銭）報酬請求権を付与し、当該取締役が当該報酬請求権をもって相殺することにより払込み（会246条2項）を行う方法（相殺構成）がある。
　　iii　**株式報酬の導入とインセンティブ報酬の多様化**　「日本再興戦略」改訂2014（平成26年6月24日閣議決定）および同改訂2015（平成27年6月30日閣議決定）で示されたコーポレート・ガバナンス強化の重点課題と方針のもと、2016（平成28）年のCGコードの適用開始により、同年4月から特定譲渡制限付株式を利用する報酬が導入され、2017（平成29）年の税制改正により、役員報酬の体系が整備された。
　業績連動報酬や自社株報酬の導入は、中長期的な企業価値向上への動機付けとなり、自社株保有が経営陣と株主の価値共有に資するとの提言（コーポレート・ガバナンス・システム研究会「CGS研究会報告書—実効的なガバナンス体制の構築・運用の手引き」経済産業省〔2017〔平成29〕年3月〕、経済産業省「コーポレート・ガバナンス・システムに関する実務指針」〔2017〔平成29〕年〕、CGコードの一部改訂〔2018〔平成30〕年〕、経済産業省産業組織課「「攻めの経営」を促す役員報酬—企業の持続的成長のためのインセンティブプラン導入の手引き」〔2019年5月〕等）を受けて、株式報酬を中心とした多様なインセンティブ報酬の設計が進んでいる（河村賢治「ソフトローによるコーポレート・ガバナンス」法律時報91巻3号25頁〔2019年〕、千原正敬「上場企業の役員報酬をめぐる近年の動向—企業業績との連動性の強化」国立国会図書館レファレンス836号31頁〔2020年〕、デロイトトーマツグループ「役員報酬サーベイ〔2020年度版〕」〔2020年〕、澁谷展由〔編著〕『東証一部上場会社の役員報酬設計—2020年開示情報』別冊商事法務462号1頁〔2021年〕）。
　株式報酬は、取締役等の経営陣に対する報酬として自社株を支給するものであり、典型として、①「リストリクテッド・ストック」（一定期間の譲渡制限を付した自社株〔特定譲渡制限付株式〕を付与するもの。譲渡制限期間中に一定の勤務条件等が満たされない場合には会社が当該株式を無償取得することが求められ、リテンション〔人材の繋ぎ止め〕効果と株価上昇による中長期インセンティブ効果が期待できる）や②「パフォーマンス・シェア」（業績に応じて自社株を交付するインセンティブ報酬）がある。わが国では、従来、株式を取締役に対して直接支給する法制度が存在しなかったので、株式報酬型ストック・オプションや、会社が報酬相当額を信託に拠出し、信託が当該資金を原資に市場等から株式を取得して、一定期間の経過後に役員に株式を交付する類型（株式交付信託）等の擬似的手法により、実務上、株式報酬の導入が進められてきた経緯がある。
　前記平成27年経済産業省研究会報告書において、金銭報酬債権の付与と同債権の現物出資の方法を用いて株式を役員に直接付与することができるとの法解釈が示された。具体的には、①リストリクテッド・ストックについては、役員に対して確定額の金銭報酬債権を付与し、それと同時に、当該金銭報酬債権を現物出資財産と定めて募集株式の発行等を行って役員に株式を割り当て、一定期間の譲渡を制限する方法（譲渡制限付株式）などにより、②パフォーマンス・シェアについては、役員に業績に連動した金銭報酬債権を付与し業績等の連動期間として定めた一定期間経過後、業績等に応じて額が確定した金銭報酬債権を現物出資財産と定めて募集株式の発行等を行う方法（業績連動発行や株式報酬）などにより、実現することが可能とされた。2016（平成28）年以降、こうした金銭報酬債権の現物出資を用いた株式報酬スキーム（現物出資構成）が普及した（論点体系2版3巻〔2021年〕217頁〔高田剛〕）。
　さらに、令和元年改正会社法により、上場企業においては、取締役に対する報酬として株式を発行する場合には、募集株式と引換えにする金銭の払込み等を要しないと定めること（現物構成）を認めた（202条の2）。これにより、上場企業においては、現物出資構成に加えて、現物構成による株式報酬の交付（現物株型報酬）も行うことができるようになり、導入会社数は、現物株型がストック・オプションを上回ったと言われている（江頭・株式会社法471頁）。
（2）**取締役報酬の類型と各種法規制**
　　i　**報酬の類型**　わが国の会社経営陣の報酬は、付与対象（金銭・エクイティー〔新株予約権・株式〕）、報酬額の特性（固定・変動）、対象期間（短期・中長期）で区分して整理できる。業績と関係なく支給される「固定報酬」（月額又は年額の金銭報酬）と業績等に応じて変動する「変動報酬」（金銭報酬・エクイティー報酬）とに分けられる。わが国では、まだ固定報酬比率が

高い。

　変動報酬には、事業年度毎の業績に変動する「短期インセンティブ報酬」（単年度業績連動賞与、短期株式報酬等）と、中長期の企業業績や株価に応じて変動する「中長期インセンティブ報酬」（中長期業績連動型の金銭報酬や賞与、時価型ストック・オプションを典型とする値上がり益型自社株報酬、業績非連動のフルバリュー型自社株報酬〔リストリクテッド・ストック＝譲渡制限付株式、株式報酬型ストック・オプション、株式交付信託、株式取得目的報酬等〕、業績に連動するフルバリュー型自社株報酬）があり、多様なインセンティブ報酬が導入されている（高田剛『実務家のための役員報酬の手引き〔第2版〕』商事法務〔2017年〕82頁、千原・前掲レファレンス38頁、酒井克彦『キャッチアップ企業法務・税務コンプライアンス』ぎょうせい〔2020年〕81頁。報酬ガバナンスおよびコーポレート・ガバナンスが報酬体系に与える影響について、久保克行「報酬ガバナンス・コーポレートガバナンスと経営者報酬」商事法務2238号50頁〔2020年〕、参照）。

　改訂CGコードでは、「経営陣の報酬が持続的な成長に向けた健全なインセンティブとして機能するよう、客観的・透明性ある手続に従い、報酬制度を設計し、具体的な報酬額を決定すべきである。その際、中長期的な業績と連動する報酬の割合や、現金報酬と自社株報酬との割合を適切に設定すべきである」と定められ（CGコード補充原則4-2①）、適切な報酬の構成割合（報酬ミックス）と水準において投資家に評価される設計が求められている。

　ii　各種の法規制　取締役等の会社経営陣の報酬制度は、さまざまな法規制に服している。すなわち、①会社法による手続規制、②会社法や金融商品取引法等による開示規制、③法人税法による損金算入規制である（高田・前掲手引き2頁、千原・前掲レファレンス48頁、澁谷〔編者〕・前掲別冊商事法務462号7頁）。コーポレート・ガバナンスを実践する手段として報酬制度を理解し、平成26年及び令和元年の会社法改正によるコーポレート・ガバナンス強化の傾向や、政府の成長戦略に伴う平成28年度以降の税制改正の動向を踏まえると、会社法制定に併せて整備されてきた報酬規制のトライアングル体制は、それぞれの法分野で、また相互の関連において調整が進んでいるが、検討の余地も少なくない（千原・前掲レファレンス48頁、酒井・前掲企業法務39頁・52頁）。その検討の際には、報酬をめぐる関係者の利害衝突（エージェンシー問題）のあり方やコーポレート・ガバナンスの手法が、上場会社と非公開会社とでは異なることにも留意する必要がある（伊藤・前掲法的規律2頁）。

（2）会社法規制の対象 ─ 報酬等の意義

　会社法の規制対象は、取締役が、報酬、賞与その他の職務執行の対価として株式会社から受ける財産上の利益であり、会社法361条は、これらを「報酬等」と呼ぶ。したがって、取締役の報酬等として同条の規制対象となるかどうかは、取締役が会社から得た利益が、①職務執行の対価として提供されていること、②財産上の利益であること、③会社から出捐されていることを基準にして決定される。

　報酬等は、職務執行の対価として会社から支給される限り、名目の如何を問わない。賞与*、功労金、退職慰労金や弔慰金**も、職務執行の対価として支給される限り、報酬等に含まれる***。他方、職務執行の対価ではなく、交通費、日当、交際費等の実費支給の性質を有するものは報酬等にあたらない。なお、実務上は、税務基準により給与とされなければ会社法上も報酬等にあたらないと理解されているが、課税利益有無の税務基準と会社法上の報酬該当性とは必ずしも一致する必要はない（前掲・会社法コンメ〔8〕151頁〔田中亘〕）。

　会社法361条の規制対象となる報酬等は財産上の利益であるが、現金以外の現物報酬や賞与のほか、職務執行の期間と経済的利益との関係が明確なものに限らず、インセンティブの目的での株式や新株予約権の付与****、福利厚生目的で付与される利益等、およそ取締役としての地位に着目して付与される利益を広く含む（相澤哲・他〔編著〕『論点解説新会社法』商事法務〔2006年〕313頁）。

＊ 賞与　賞与については、会社法制定前は、会社が利益があるときに利益分配の一形態として支給される利益処分の方法であるから、平成17年改正前商法269条の報酬にはあたらず、その支給は決算期の利益処分議案として同商法283条の株主総会決議を要し、それで足りると解するのが通説であった(酒巻俊雄「役員の報酬・賞与・退職慰労金の決定方法」北沢正啓=浜田道代〔編〕『商法の争点Ⅱ』有斐閣〔1993年〕161頁)。しかし、会社法制定により、会社法361条において、賞与を職務執行の対価としての性質を有するものとして、通常の報酬と区別せず、同条の規制対象に含まれることが明記された。会社法452条括弧書により、株主総会決議によって行うことができる「剰余金の処分」から「剰余金の配当その他株式会社の財産を処分するもの」が除かれ、かつ、剰余金の配当以外の株式会社の財産を処分するものについては、これを許容する規定は会社法に置かれなかった。したがって、賞与については、剰余金の処分として総会決議を行うことができなくなり、同条所定の決議にもとづいて支給を決定しなければならなくなった(相澤哲〔編著〕『立案担当者による新・会社法の解説』商事法務〔2006年〕105頁・130頁)。

＊＊ 退職慰労金・弔慰金　終任した取締役に対して支払われる退職慰労金(弔慰金を含む)については、平成14年商法改正前には、退任取締役に支払われるのでお手盛りの危険がないとして報酬に該当しないとする見解があった(鈴木竹雄『商法研究Ⅲ』有斐閣〔1971年〕124頁、贈与であることを理由に平成14年改正前商法269条の適用を否定する見解として、倉沢康一郎『会社法の論理』中央経済社〔1979年〕216頁)。しかし、退職慰労金は在職中の職務執行の対価と認められる限りは、報酬等にあたると解される(最判昭39・12・11民集18・10・2143、江頭・株式会社法481頁、神田・会社法252頁)。

取締役の退職慰労金は、従業員にも共通に適用される支給規定にもとづいて算出される場合でも、会社法361条の報酬にあたる(最判昭56・5・11判時1009・124)。また、弔慰金も、少額の香典と認められる場合は別として、職務執行の対価と認められる限り報酬にあたる(最判昭48・11・26判時722・94)。なお、近年では、退職慰労金制度を廃止する動きが加速しており、他の形態の報酬に振り替えることが多い。

＊＊＊ 使用人兼務取締役の使用人給与部分　使用人兼務取締役の使用人給与部分については、平成14年商法改正前には、当時の商法269条の報酬にはお手盛り防止の趣旨から使用人の資格で受ける報酬も含まれるとの見解があり(前掲・注釈会社法〔4〕532頁〔星川長七〕)、会社法下でも、委員会設置会社において執行役が使用人を兼ねているときは当該使用人分の報酬等の内容についても報酬委員会が決定するとの規定(会404条3項)を参考にしたり、損害賠償責任軽減制度における最低責任限度額の算定では報酬に使用人分を含ませる規定(会425条1項・426条1項・427条1項、会施規113条)を手掛かりに、一体として取締役の報酬等の規制対象にすべきとの見解がある(鳥山恭一・会社法判例百選〔第3版〕126頁、龍田節=前田雅弘『会社法大要〔第2版〕』有斐閣〔2017年〕94頁)。しかし、使用人兼務取締役の使用人給与部分は使用人としての職務の対価であって取締役としての職務執行の対価ではないから、取締役の報酬等の規制に服さないとの見解が従来からの判例・多数説である(最判昭60・3・26判時1159・150、前掲・会社法コンメ〔8〕159頁〔田中亘〕、前掲・逐条解説〔4〕470頁〔高橋英治〕)。但し、後者の見解であっても、総会決議に際し対象に使用人分給与が含まれないことを明らかにすべきであり(江頭・株式会社法470頁、稲葉威雄・他〔編〕『実務相談株式会社法〔新訂版〕3』商事法務研究会〔1992年〕421頁〔黒木学〕)、公開会社では会社役員に関する事項として事業報告への記載が求められる(会施規119条・121条9号)。なお、指名委員会等設置会社では、執行役が使用人を兼ねる場合は、使用人の報酬等の内容も報酬委員会が決定する(会404条3項後段)。

＊＊＊＊ ストック・オプションと株式報酬　ストック・オプションや株式報酬は、エクイティー型報酬と総称され、インセンティブ報酬として注目されている(神田秀樹・他〔編著〕『役員報酬改革論〔増補改訂2版〕』商事法務〔2018年〕251頁)。ストック・オプションの現物構成では付与された新株予約権そのものが、相殺構成では報酬請求権が、それぞれ「報酬等」に該当する(将来、新株予約権を行使した際に得られる利益は、該当しない)。株式報酬のリストリクテッド・ストックでは、付与される確定額の金銭報酬額が、パフォーマンス・シェアでは、業績が連動して付与される金銭報酬債権が、現物出資構成のもとで、それぞれ「報酬等」に該当

する。さらに、令和元年会社法改正により、上場会社においては、取締役に対する報酬等を当該会社の募集株式とし(現物構成)、払込みを不要とする方法が認められている。

(3) 報酬等の決定の内容と方法
1) 報酬等の決定手続き

指名委員会等設置会社以外の会社においては、報酬等の形態に応じて、会社法361条1項各号に定められた事項(①確定額報酬、②不確定額報酬、③募集株式、④募集新株予約権、⑤募集株式・募集新株引受権の払込に充てる金銭、⑥その他の非金銭報酬)につき、定款又は株主総会決議により定めなければならない。実際には定款で定める例はなく、株主総会決議で定められ、この決議が書面や電磁的方法による方法で行われる場合については、当該総会招集通知添付の参考書類に記載すべき事項が定められている(会301条1項・302条1項、会施規82条1項・3項)。

2) 確定額報酬・不確定額報酬

ⅰ　**確定額報酬**　報酬等のうち額が確定しているもの(確定額報酬)については、その額を定めなければならない(会361条1項1号)。「額が確定しているもの」とは、上限額が定まっているものをいう。

この場合、取締役の個人別の報酬額を定めることもできるが、実務上は、個人別の報酬額が明らかになることを避けるために、株主総会決議では取締役全員の報酬総額の最高限度額のみを定め、その枠内で各取締役に対する配分を取締役会(取締役会設置会社以外の会社では取締役の過半数)の決定に委ねることが多い。この「総額枠方式」による取り扱いは、高額報酬により株主利益を害する危険を排除する同条の趣旨を踏まえつつ実務の事情を配慮して、判例・学説によっても許容されている(最判昭60・3・26判時1159・150、大判昭7・6・10民集11・1365、江頭・株式会社法471頁、前掲・会社法コンメ[8]162頁[田中亘])。この一任を受けた取締役会では、多数決によって報酬の具体的配分を決定でき(前掲・大判昭7・6・10)、当該決定において各取締役は特別利害関係人には当たらないと解されている。

総額枠方式で一任を受けた取締役会が報酬の配分をさらに代表取締役に一任することについて、判例はこれを認め(最判昭31・10・5裁判集民23・409)、各取締役への配分は会社の利害に関わらないことを理由に認める見解があった(江頭・株式会社法449頁、取締役全員の同意がなければ認められないとの見解[大隅=今井・会社法論[中]171頁]、代表取締役に対する監督の実効性が失われることを理由に認めない見解[加美和照『新訂会社法[第10版]』勁草書房[2011年]323頁、永井和之「取締役・執行役の報酬等の決定方法」浜田道代=岩原紳作[編]『会社法の争点』有斐閣[2009年]149頁、青竹・新会社法337頁]もある)。さらに、株主総会での限度額の決定は、その後の変更決議がない限り有効であるとの実務慣行も許容されている(大阪地判昭2・9・26新聞2762・6。再検討を主張する見解として永井・前掲稿148頁)。

ⅱ　**不確定額報酬**　報酬等のうち額が確定していないもの(不確定額報酬)については、その具体的な算定方法を定めなければならない(会361条1項2号)。業績連動型報酬や株価連動型報酬など、一定の指標等に連動させる場合が該当し、例えば、業績連動型であれば、当期利益の100分の1に相当する額というように、算定

方法が定められればよい(インセンティブとして機能するので、退職慰労金制度の廃止に伴い採用されることが多い)。

3）募集株式・募集新株予約権の付与等

　i　**直接交付方式**　会社が当該会社の募集株式を取締役の報酬等として付与する場合は、①当該募集株式の数(種類株式発行会社にあっては、募集株式の種類および種類ごとの数)の上限その他法務省令で定める事項を、②当該会社の募集新株予約権を取締役の報酬等として付与する場合は、当該募集新株予約権の数の上限その他法務省令で定める事項を、定款または株主総会の決議によって定めなければならない(会361条1項3号・4号)。

　令和元年改正前の条文では、報酬として株式又は新株予約権を付与することは、報酬等のうち金銭でないものとして、その具体的内容を定款又は株主総会決議で定めるとされてはいたが、具体的内容として何を定めるべきかは解釈上必ずしも明らかでなく、令和元年改正によりその明確化が図られた。株式又は新株予約権をインセンティブ報酬として付与する場合、既存株主の持株比率の低下や希釈化による経済的損失を生じる可能性があることから、株主がその影響や報酬等として付与する必要性を判断できることが望ましいからである(問答令和元改正84頁)。

　ここに法務省令で定める事項とは、募集株式については、①一定の事由が生じるまで当該募集株式を他人に譲り渡さないことを取締役に約させることとするときは、その旨および当該一定事由の概要、②一定事由が生じたことを条件として当該募集株式を当該会社に無償で譲り渡すことを取締役に約させることとするときは、その旨および当該一定の事由の概要(譲渡制限付株式報酬について、取締役が付与された株式をすぐに売却するとインセンティブ報酬の機能が失われるため、一定期間、株式譲渡を制限するために定める)、③その他、取締役に対して当該募集株式を割り当てる条件(金銭を付与する場合は、または募集株式と引換えにする払込みに充てるための金銭を交付する条件)を定めるときは、その条件の概要である(会施規98条の2・98条の4第1項)。

　募集新株予約権については、①新株予約権の内容(会236条1項)である新株予約権の目的である株式の数・算定方法、新株予約権の行使に際して出資される財産の価額・算定方法、金銭以外の財産を出資の目的とするときはその旨および出資財産の内容・価額、新株予約権を行使できる期間(上場会社の場合は、新株予約権の行使に際して出資される財産の価額・算定方法を除く)、②一定の資格を有する者が当該新株予約権を行使できることとするときは、その旨および当該一定の資格の内容、③そのほか、新株予約権の行使の条件を定めるときは、その条件の概要、④譲渡による新株予約権の取得について会社の承認を要することとするときはその旨、⑤新株予約権について会社が一定の事由が生じたことを条件としてこれを取得できることとするなど、新株予約権を取得条項付新株予約権とするときの新株予約権の内容の概要、⑥取締役に対して当該新株予約権を割り当てる条件(金銭を付与する場合は、または新株予約権と引換えにする払込みに充てるための金銭を交付する条件)を定めるときは、その条件の概要である(会施規98条の3・98条の4第2項)。

　ii　**現物出資構成・相殺構成による金銭の付与**　会社が、①当該会社の募

集株式と引換えにする払込みに充てるための金銭を取締役の報酬等として付与する場合は、取締役が引き受ける当該募集株式の数（種類株式発行会社にあっては、募集株式の種類および種類ごとの数）の上限その他法務省令で定める事項を、②当該会社の募集新株予約権と引換えにする払込みに充てるための金銭を取締役の報酬等として付与する場合は、取締役が引き受ける当該募集新株予約権の数の上限その他法務省令で定める事項を、定款または株主総会の決議によって定めなければならない（会361条1項5号イロ）。報酬等として付与される金銭が本条にいう金銭であるかどうかは、当該金銭を付与する際の事実関係に照らして判断される（問答令和元86頁）。

募集株式の発行では、募集株式の払込金額またはその算定方法を定めなければならないため（会199条1項2号）、取締役の報酬等として自社の株式を付与しようとする会社では、実務上、金銭を取締役の報酬としたうえ、取締役に募集株式を割り当て、引受人となった取締役に会社に対する報酬請求権を現物出資財産として給付させることにより株式を付与することが多い（現物出資構成）。また、新株予約権の発行では、募集新株予約権と引換えに金銭の払込みを要しないこととすることが認められているが（会238条1項2号）、新株予約権についても、金銭を取締役の報酬としたうえで、取締役に募集新株予約権を割り当て、引受人となった取締役に新株予約権の払込みに代えて会社に対する報酬請求権をもって相殺させることによって（会246条2項）、新株予約権を付与することが行われる（相殺構成）。

令和元年改正で設けられた会社法361条1項5号は、現物出資構成または相殺構成による付与の場合も、金銭でない報酬等と同様に株式や新株予約権の内容等を株主総会において決議することが望ましいことから、募集株式または募集新株予約権を直接付与する場合と同様の報酬としての規制をするものである。法務省令で定める事項についても、直接付与の場合と同様である。

iii　**募集株式の無償交付と募集新株予約権の無償行使**　①上場会社においては、取締役の報酬等として株式の発行または自己株式の処分をするときは、募集株式と引換えにする金銭の払込みを要しない（会202条の2第1項）。また、②新株予約権については、募集新株予約権と引換えの金銭の払込みを不要とすることができ（会238条1項2号）、その行使に際しては財産の出資を要するが（会236条1項2号）、上場会社においては、取締役の報酬等として新株予約権を付与するときは、当該新株予約権の行使に際して財産出資を要しない（会236条3項）。

現物出資構成による株式の付与は技巧的であり、取締役に対し行使価額を1円とすることにより実質的に行使に際して金銭の払込みを要しない新株予約権を付与する実務も技巧的である。これらを避け、より円滑に株式や新株予約権を報酬等として取締役に付与できるようにするため、令和元年改正会社法により、報酬等としての株式の無償交付と新株予約権の無償行使が解禁された。いずれも上場会社に限られるのは、上場会社の株式には市場価格が存在し、公正な価格を算定することができ、取締役の報酬等として濫用されるおそれがないからである（問答令和元88～93頁）。

取締役の報酬等として金銭の払込み等を要しないで株式の発行又は自己株式の処分をする場合には、募集株式の払込金額又はその算定方法を定めることが不要

であるため（会202条の2第1項柱書前段）、有利発行規制は適用されない。新株予約権の場合は、引受人に特に有利な条件である場合には、有利発行規制が適用される（会238条2項・3項・240条1項）。

なお、上場会社が取締役の報酬等として募集株式を引き受ける者の募集を行う場合に、当該募集株式の発行により増加する資本金の額の定め方は、募集株式を対価として会社に提供した役務の公正な評価額、または、取締役が提供した役務の対価として会社の株式の交付を受けることができる株式引受権（新株予約権を除く）の帳簿価額を基準とされ（会445条6項、計規42条の2第1項・42条の3第1項）、「ストック・オプション等に関する会計基準」の会計処理に準じる（問答令和元96頁）。

4）その他の非金銭報酬

報酬等のうち株式および新株予約権以外の金銭でない報酬については、その具体的な内容を定めなければならない（会361条1項6号）。例えば、無償や低賃料での社宅や社用車の提供、退職年金の受給権・保険金請求権の付与などである。

5）決定手続きの透明性確保

ⅰ 取締役の説明義務　会社法361条1項各号の事項を新設・改訂する際には、議案を株主総会に提出した取締役は当該総会において当該議案内容を相当とする理由を説明しなければならない（同条4項）。この取締役の説明義務は、令和元年改正前には、不適切な運用による危険が生じないよう、不確定額報酬や非金銭報酬の場合について定められていたが、様々な種類の報酬等が利用されるようになったことを受けて、令和元年改正により、同条1項各号確定額である金銭の報酬等を含み、同条1項各号の報酬等が対象とされた。「相当とする理由」とは、株主が必要かつ合理的であるかを適切に判断できる程度のものを要する（問答令和元87頁）。

ⅱ 個人別報酬方針の決定　一定の株式会社では、取締役（監査等委員である取締役は除く）の報酬等の内容として、定款又は株主総会決議による同条1項各号の事項についての定めがある場合（取締役の個人別の報酬等の内容を定款又は株主総会決議で定めず、取締役全員に支給する総額の限度を定める場合）には、取締役会は、「取締役の個人別の報酬等の内容についての決定に関する方針」（個人別報酬方針）として法務省令で定める事項を決定しなければならない（同条7項）。確定額報酬・不確定額報酬、株式・新株予約権報酬、非金銭報酬について個人別に定めていない場合、すべて同様である。

令和元年改正前では、個人別報酬方針の要する会社は、指名委員会等設置会社であったが、コーポレート・ガバナンスの強化の観点と決定手続に関する透明性を向上させるため（問答令和元73頁・77頁）、令和元年改正により、公開会社かつ大会社である監査役会設置会社で金融商品取引法適用会社（同法24条1項の規定によりその発行する株式について有価証券報告書を内閣総理大臣に提出しなければならない会社）および監査等委員会設置会社が対象とされた。これらの会社は、いずれも社外取締役の設置が義務付けられている会社であり（会327条の2・331条6項）、社外取締役の監督が期待できるからである。

監査等委員会設置会社においては、取締役会は、個人別報酬方針の決定を取締役（代表取締役）に委任できないことが明文化されているが（会399条の13第5項7

号)、この個人別報酬方針の決定は取締役会の専決事項であり、これを取締役に委任することはできない(江頭・株式会社法472頁)。指名委員会等設置会社においては、報酬委員会が取締役・執行役の個人別の報酬等の内容に関する決定方針を定め、その方針により個人別の内容を決定しなければならない(会409条1項・2項)。

監査等委員である取締役の報酬等は、個人別に定款又は株主総会決議で定めないときは、定款または株主総会決議で定められた範囲内において、監査等委員である取締役の協議によって定めることとされているので(会361条3項)、決定方針の決定の対象から除かれる(会361条7項括弧書)。

個人別報酬方針として法務省令で定める事項は、①取締役の個人別の報酬等(業績連動報酬等および非金銭報酬等を除く)の額またはその算定方法の決定に関する方針、②取締役の個人別の報酬等のうち、利益の状況を示す指標、株式の市場価格の状況を示す指標その他の当該会社またはその関係会社の業績を示す指標を基礎としてその額・数が算定される業績連動報酬等がある場合は、当該業績連動報酬等に係る業績指標の内容および業績連動報酬等の額または数の算定方法の決定に関する方針、③取締役の個人別の報酬等のうち、非金銭報酬等(募集株式・募集新株予約権と引換えにする払込みに充てるための金銭を報酬とする場合を含む)がある場合は、当該非金銭報酬等の内容および非金銭報酬等の額もしくは数またはその算定方法の決定に関する方針、④①〜③の額の取締役の個人別の報酬等の額に対する割合の決定に関する方針、⑤取締役に対し報酬等を与える時期または条件の決定に関する方針、⑥取締役の個人別の報酬等の内容についての決定の全部または一部を取締役その他の第三者に委任することとするときは、委任を受ける者の氏名または当該会社における地位もしくは担当、委任する権限の内容、委任を受ける者により権限が適切に行使されるようにするための措置を講ずることとするときはその内容、⑦⑥の事項を除く、取締役の個人別の報酬等の内容についての決定の方法、⑧その他、取締役の個人別の報酬等の内容についての決定に関する重要な事項である(会施規98条の5)。また、これらの事項は事業報告での開示を要する(会施規98条の5・121条6号〜6号の3)。

個人別の報酬等の内容等につき決定方針の決定を要する会社において、決定方針を決定せず、または決定方針に違反して個人別の報酬等を決定した場合は、無効と解される。各取締役の業績等を報酬に反映させるための会社のガバナンスにとって重要な手続に違反するものであること、無効としても取引の安全を害することはないからである(青竹・新会社法339頁)。

令和元年改正会社法下の前記法務省令は、取締役会が取締役の個人別の報酬等の内容についての決定の全部を代表取締役(社長・会長)に再一任することも許容している。この場合、社外取締役の監督を期待するためにも、権限が適切に行使されるようにするための措置を求める見解がある(青竹・新会社法339頁)。

【監査等委員会設置会社の特例】
　ｉ　監査等委員の地位の独立性確保(監査役と同様の規律)　　平成26年改正会社法により、監査等委員会設置会社制度の創設に伴い、監査等設置会社の取締役の報酬等に関する規定が設けられた。①監査等委員会設置会社においては、報酬等についての定款または株

主総会の決議において定める会社法361条1項各号の事項は、監査等委員である取締役とそれ以外の取締役とを区別して定めることを要する（同条2項、監査役につき329条2項）。②定款または株主総会の決議で総額枠を定め、監査等委員である各取締役の報酬等について定めないときは、監査等委員の個人別の報酬等は、取締役の決議ではなく監査等委員である取締役の協議によって定めることを要する（会361条3項、監査役につき、387条2項）。③監査等委員である取締役は、株主総会において、監査等委員である取締役の報酬等について意見を述べることができる（会361条5項、監査役につき、387条3項）。これらは、監査等委員である取締役の地位の独立性を確保するために、監査役と同様の規律を定めたものである。

ⅱ　**監査等委員会設置会社特有の規律**　監査等委員会が選定する監査等委員は、株主総会において、監査等委員である取締役以外の取締役の報酬等について監査等委員会の意見を述べることができる（会361条6項）。本条項は、監査役についてはなく、監査等委員会設置会社に特有の規律である（同様の権限は、監査等委員である取締役以外の取締役の選任・解任・辞任について、株主総会で監査等委員会の意見を述べる形でも定められている。会342条の2）。監査等委員会設置会社における取締役会の監督機能の実効性を確保するために、社外取締役が過半数を占めて経営陣から独立性が担保された監査等委員会に与えられた重要な権限である（坂本三郎〔編著〕『立案担当者による平成26年改正会社法の解説』別冊商事法務393号132頁〔2015年〕、論点体系2版〔3〕198頁〔高田剛〕）。

【退職慰労金の決定方法】

退職慰労金は、在職中の職務執行の対価と認められる限り報酬等にあたり、会社法361条の規制対象となるが、その決定方法が従来から議論されてきた。実務上、特定の退任取締役の報酬額が対外的に明らかになることを避けるため、株主総会では退職慰労金を贈呈することのみを決議し、金額、時期、方法等については内規に従って算定することを取締役会に一任する旨の決議をするということが慣例となっていた。

判例は、このような慣例に一定の理解を示して、株主総会の決議により、退職慰労金の金額などの決定をすべて無条件に取締役会に一任することは許されないが、会社の業績、退職役員の勤務年数、担当役職、功績の軽重などから割り出した一定の基準によって慰労金を決定し、その決定方法が慣例となっていた場合に、株主総会の決議において、明示的もしくは黙示的に、その支給に関する基準を示し、具体的な金額・支払期日・支払方法などは右基準によって定めるべきものとして、その決定を取締役会に任せることは許されるとする（最判昭39・12・11民集18・10・2143を経て、最判昭48・11・26判時722・94、最判昭58・2・22判時1076・140、鳥山恭一・会社法判例百選〔第3版〕126頁、参照）。

学説では、判例の立場を支持するものが多く、さらに厳しい要件を追加する裁判例（大阪地判昭44・3・26下民集20・3-4・146、東京地判昭63・1・28判時1263・3、奈良地判平12・3・29判タ1029・299）を踏まえて、①会社に一定の確定された内規・慣行が存在し（明確性）、②株主はその内規・慣行の存在を知りうる状況にあり（周知性・開示性）、③その内容がお手盛り防止の基準に合致するもの（合理性）であれば、株主総会が内規や慣行に従って金額等の決定を取締役会に一任する旨の決議は有効であると解されている（加美・前掲新訂10版320頁、前掲・逐条解説〔4〕470頁〔高橋英治〕）。会社法施行規則では、株主総会が一定の基準に従い退職慰労金を取締役等に一任することを認め、その場合には原則として株主総会参考書類に当該一定の基準を記載しなければならない（会施規82条2項）。

退任取締役を救済すべき事例では、定款の定めも株主総会決議もなかった場合に、実質株主全員の同意があれば、総会決議があったと擬制・同視でき、取締役の請求権が認められ（大阪高判平元・12・21判時1352・143、前掲・新版注釈〔6〕387頁〔浜田道代〕、中小企業における不支給問題につき、江頭・株式会社法482頁）、総会決議を経ずに退職慰労金の支給がなされても、会社が退職取締役に対して支給額相当額の不当利得返還請求をすることが権利の濫用にあたる場合もある（最判平21・12・18判時2068・151、弥永真生・ジュリスト1393号36頁）。

退任取締役に退任慰労金を支給することとし、その具体的金額、支給時期、方法等を取締役会に一任する旨の総会決議がなされたときは、合理的理由の存する場合に一定の期間その支給を留保することも許されるが、その期間を経過するも同決議の実行を放置することは、特段の事情のない限り、取締役の任務懈怠を構成する（東京地判平6・12・20判タ893・260）。

なお、退職慰労金の額は、取締役の会社に対する責任の一部免除が行われる場合には、免

除限度額を算定する一基準となり(会425条1項1号・426条1項・427条1項、会施規113条2号)、責任の一部免除を受けた取締役に退職慰労金を支給する場合には、株主総会において、その旨を明示し、かつ、退職慰労金の額を個別に決議しなければならない(会425条4項・426条8項・427条5項、会施規84条の2・115条)。

(4) 取締役の報酬請求権と報酬等の減額

1) 報酬請求権

会社法361条は報酬請求権発生の効力要件と解されるので、取締役の報酬等を定款又は株主総会で定めなければ、具体的な報酬請求権は発生せず、取締役は会社に対して報酬を請求することはできない(任用契約に報酬の約定があるだけでは報酬請求権は発生しない。最判平15・2・21金判1180・29は、株主全員の同意に株主総会決議に代わる効果を認め、最判平21・12・18判時2068号151頁は、実質的な意思決定者の支払約束等の例外的な事情があれば、定款・総会決議に基づかない決定を有効とする)。総額枠方式で具体的配分を取締役会に一任した場合は、委任を受けた取締役会の決議による決定があってはじめて具体的な報酬請求権が発生する(このことを退職慰労金に関して判示する裁判例として、東京高判平12・6・21判タ1063・185)。

なお、株主総会の決議を経ずに役員報酬が支払われた場合であっても、事後的に株主総会の決議を経れば、規定の趣旨目的は達せられるから、特段の事情がないかぎり、役員報酬の支払いは適法有効なものになる(最判平17・2・15判時1890・143、疑問点につき、近藤・最新283頁)。

2) 報酬額の減額

会社法361条にもとづき各取締役の報酬等の額が具体的に定められた場合、その報酬額は会社と取締役間の契約内容となって契約当事者を拘束するので、その後に当該取締役の職務内容に著しい変更があっても、当該取締役が同意しない限り、これを変更することはできない。後に総会が特定の取締役について無報酬とする旨の決議をしても、当該取締役が同意しない限り報酬請求権を失わない(最判平4・12・18民集46・9・3006、退職慰労金について、最判平22・3・16判時2078・155)。もっとも、取締役が減額変更に当初から合意するか事後的に明示又は黙示に同意していた場合には、報酬請求権の内容が変更されるが、同意の有無の認定には慎重を要する(名古屋地判平9・11・21判タ980・257、福岡高判平16・12・21判タ1194・271、会社法大系〔3〕155頁〔関口剛弘〕、江頭・株式会社法473頁)。小規模会社の事案では、株主総会決議を経なくても取締役への退職慰労金の支給を肯定すべき場合がないとはいえない(最判平21・12・18判時2068・151)。

(5) 報酬等に関する開示

報酬の手続規制の趣旨(ガバナンス強化)を実効あらしめるために、また、それ自体の趣旨(利害関係人への情報伝達)としても、報酬等の情報開示のあり方は重要な課題であり、①株主総会の招集通知(会299条4項・298条1項5号、会施規63条7号ロ)および参考書類(会301条1項、会施規82条)による開示、②事業報告による開示(公開会社につき、会施規121条4号〜6号の3)、③金融商品取引法に基づく有価証券報告書による開示(企業内容等の開示に関する内閣府令〔以後、「開示府令」と略

称〕15条1号）がある。令和元年改正では、事業報告による情報開示の充実が図られた（会施規121条5号の2～6号の3・122条1項2号・123条1号）。

【報酬等の開示の規律】
（1） **会社法上の規律**　報酬等が株主総会の審議対象とされること自体にすでに開示機能があるが（前掲・新版注釈〔6〕387頁〔浜田道代〕）、会社法は、報酬等について総会決議前後の開示制度を充実させている。
　ⅰ　**株主総会の招集通知・参考書類**　指名委員会等設置会社以外の会社では、株主総会招集通知に報酬等に係る議案の記載又は記録を要する（会299条4項・298条1項5号、会施規63条7号ロ）。また、公開会社において、取締役が総会に取締役の報酬等に関する議案を提出する場合には、株主総会参考書類に、会社法361条1項各号の決議事項の算定基準など、一定の事項を記載することを要する（会301条1項、会施規82条1項、公開会社の社外取締役については、それ以外の取締役との区分記載が必要〔同82条3項〕）。なお、定款によりWEB開示制度を採用しても省略はできない（会施規73条3項・94条・133条3項・121条）。
　退職慰労金の決定の場合には、算定基準等に加えて退職する各取締役の略歴の記載が必要であり（会施規82条1項）、株主総会が一定の基準に従い退職慰労金を取締役等に一任する場合には、原則として株主総会参考書類に当該一定の基準を記載しなければならないが、各株主が当該基準を知ることができるようにするための適切な措置を講じている場合は、基準内容の記載は必要ない（会施規82条2項・83条1項2項・84条2項）。責任免除を受けた役員等に対し退職慰労金を与える議案における参考書類記載事項に関する規定がある（会施規84条の2）。
　ⅱ　**事業報告**　指名委員会等設置会社を含め、すべての公開会社では、取締役・執行役等の会社役員（会施規2条3項4号）に関する事項の一部として、当該事業年度の報酬等を事業報告に記載しなければならない（会435条2項・437条・442条、会施規121条4号）。令和元年改正では、事業報告による情報開示の充実が図られ、当該事業年度において受け、又は受ける見込みの額が明らかになった種類毎の報酬総額の他、報酬等の決定方針に関する事項、業績連動報酬等に関する事項、職務執行の対価として交付した株式等に関する事項、報酬等に関する株主総会決議に関する事項、取締役会の決議による決定の委任・再委任の有無に関する事項の記載が求められている（会施規121条5号の2～6号の3・122条1項2号・123条1号）。この事業報告に記載すべき報酬額は、取締役全員・執行役全員の報酬等の総額でよいが、全員もしくは一部の者について報酬額を個別に記載することもできる（会施規121条4号イ・ロ）。社外取締役・社外監査役に係るものは、別途記載しなければならない（会施規124条5号・6号）。
（2） **金融商品取引法上の規律**　金融商品取引法に基づいて有価証券報告書を提出する上場会社では、有価証券報告書において、「コーポレートガバナンスの状況」に記載すべき事項の一環として役員報酬に関する開示が要求される。
　開示府令の2010（平成22）年改正により、①決定方針に開示（役員報酬等の額又はその算定方法の決定に関する方針の有無及びその方針がある場合にはその内容の開示）、②役員区分毎の総額開示（取締役、監査役等の役員区分ごとの報酬等の総額表示）、及び、③個別開示（個別の役員報酬等の開示）が求められている（同府令15条1号・2号、様式記載上の注意57a〔d〕）。個別開示では、役員毎に、氏名、役員の区分、提出会社の役員としての報酬額の総額、及び、その総額の種類別（金銭報酬、ストック・オプション、賞与、退職慰労金等）の額を個別に開示する。但し、報酬等の総額が1億円以上の者に限定して開示することができる（最近の開示例につき、澁谷〔編著〕・前掲別冊商事法務462号204頁以下、参照）。
　また、2019（令和元）年施行の改正開示府令では、業績連動型報酬に関する事項、報酬等の決定方針に関する事項、報酬委員会に関する事項が追加されている（澁谷〔編著〕・前掲8頁）。
（3） **上場規程・CGコード**　証券取引所の有価証券上場規程では、上場会社は、コーポレート・ガバナンス報告書の提出と、その記載内容に変更があれば遅滞なく変更後の報告書の提出が義務づけられている（東京証券取引所上場規程204条12項1号・419条1項）。同報告書の報酬に関する記載事項につき（内容・手続き・開示）、準拠されるコーポレートガバナンス・コードは、「上場会社は、法令にもとづく開示を適切に行うことに加え、会社の意思決定の透明性・公正性を確保し、実効的なコーポレート・ガバナンスを実現するとの観点」から、一定の事項について開示を行い、主体的な情報発信を行うべきであるとして、「(ⅰ)取締役会が経営陣幹部・取締役の報酬を決定するに当たっての方針と手続」を挙げている（CGコード原則3-1）。

● 補償契約と役員等賠償責任保険　　　☛152頁中段に「3」「4」を追加

3　補償契約

(1)　会社補償・補償契約の規律の視点
1)　意義・機能と問題点

　役員等の職務執行に関して当該役員等に発生した費用（責任追及を受けた場合の防御費用）や損失（第三者への損害賠償責任を負う場合の賠償金や和解金）を、会社が事前または事後に負担することは、会社補償と呼ばれ、会社補償の内容を定めるために会社と役員等との間に補償契約が締結されることが行われてきた。

　会社補償は、役員等としての人材の確保や、会社にとって損害拡大防止に役立ち、役員等に対して適切なインセンティブを付与するという意義がある。他方で、役員等の職務執行の適正性が損なわれたり、役員等の責任規定の趣旨が損なわれるおそれがあり、また、報酬規制や利益相反規制とどのように関係するかが問題とされていた*。そこで、会社補償が適切に運用されるように、令和元年改正により会社法上に補償契約に関する新たな規律が設けられた（問答令和元改正106頁）。

　すなわち、会社が補償契約の内容の決定をするには、取締役会設置会社では取締役会（非取締役会設置会社では株主総会）の決議を要する(会430条の2第1項)。

* **補償契約をめぐる改正前の議論状況**　　取締役が第三者から責任追及を受けて勝訴した場合の争訟費用については、受任者が「委任事務を処理するため自己に過失なく損害を受けたとき」（民650条3項）にあたり、当然に会社への求償を認める見解が有力であり、この見解では、そもそも報酬規制は及ばず、支出に際して株主総会決議等の特別な手続は不要と解される（前掲・会社法コンメ[8]153頁〔田中亘〕）。

　　取締役が敗訴した場合については、まず、会社が会社法361条の報酬規制に従って、定款又は株主総会決議にもとづき、争訟費用や賠償額に相当する額を通常の報酬に上乗せして支払うことは可能と解される。この場合、さらに、取締役会設置会社が、同条の報酬規制に従うことなく取締役会決議にもとづいて争訟費用や賠償額を支出することが可能かどうか問題となる。この点について、第三者から責任追及を受けて敗訴した場合には、少なくともそれが取締役の過失によるものである（故意重過失ではない）限り、争訟費用と賠償額のいずれについても、広い意味での職務執行のための費用にあたるとして、会社はこれを取締役会決議にもとづき負担することが可能と解される。

　　他方、株主代表訴訟で敗訴した場合には、争訟費用については、同じく職務執行のための費用にあたるとして、会社は取締役会決議にもとづきこれを負担することは可能と解する余地があるが、賠償額については、役員等の責任免除規定（会424条〜427条）との関係で取締役会決議によって負担することはできないと解される（前掲・会社法コンメ[8]153頁〔田中亘〕）。

2)　機能の共通する制度

　役員等の職務執行に適切なインセンティブを与える制度の規律としては、会社法において、すでに、事後の責任の一部免除制度（会425条・426条）や事前の責任限定契約（会427条）が定められており、令和元年改正では、これらと平仄を合わせて、新たに、補償契約の規律（会430条の2）が設けられ、また、役員等損害賠償責任保険の規律（会430条の3）が設けられた（これらを「役員等の責任に関する契約」として体系

上の説明を施す教科書として、三浦・会社法160頁)。これらの制度は、実務上、各会社の役員等の職務執行に生じるリスクの実情に照らし、各制度の適性と適用場面に応じて、利用されることになる(太田=野澤・実務対応189頁・247～249頁)。

(2) 補償契約の規律
1) 規律対象と内容規制

会社法により規律される補償契約とは、①役員等が、その職務の執行に関し、法令の規定に違反したことが疑われ、または責任追及(第三者または株主による責任追及、会社による責任追及)に係る請求を受けたことに対処するために支出する費用(訴訟費用や弁護士費用等の防御費用)、および、②役員等が、その職務の執行に関し、第三者に生じた損害を賠償する責任を負うに生じる損失である(賠償金、和解金)。後者の損失には、損害を役員等が賠償することにより生じる損失と、損害の賠償に関する紛争について当事者間に和解が成立したときは、役員等がその和解に基づく金銭を支払うことにより生じる損失とがある(会430条の2第1項2号)。役員等の会社に対する損害賠償責任は会社補償ではカバーされず(同条2項2号、参照)、責任減免制度または責任限定契約の対象(会424条～427条)となるにとどまる。

補償契約を締結していても、次の費用・損失は、例外として補償することができない。すなわち、①費用のうち通常要する額を超える部分、②会社が損害を賠償するとすれば役員等が会社に対して423条1項の責任を負う場合には、損失のうち当該責任に係る部分、③役員等がその職務を行うにつき悪意または重大な過失があったことにより対第三者責任を負う場合には、損失の全部である(会430の2第2項3号)。もっとも、費用であれば、補償の対象に含まれる。

会社が役員等賠償責任保険を付保していても、会社補償であれば、防御費用が発生した場合には保険請求手続きを経ずに、また、万一、役員が保険金額を超える損害賠償責任を負うことになった場合でも、会社が直ちに役員等に代わって立替払いをすることが可能である。会社補償は役員等賠償責任保険でカバーしきれない範囲をカバーできるメリットがある(太田=野澤・実務対応189頁)。

2) 手続規律

会社は役員等との間で、責任事由の発生の前後を問わず、補償契約を締結することができ、会社が補償契約の内容の決定をするには、取締役会設置会社では取締役会(非取締役会設置会社では株主総会)の決議を要する(会430の2第1項)。取締役会は補償契約の内容の決定を取締役または執行役に委任することはできない(会362条4項柱書・399条の13第5項12号・416条4項14号)。

会社の補償契約の相手方は当該会社の役員等(会423条1項)であり、業務執行取締役や執行役を含み、この点で、責任限定契約(会427条)より対象者が広い。事前事後を問わず、補償契約の締結にあたっては、事前の責任限定契約の場合と異なり、とくに定款における授権は不要である(会430条の2第1項、参照)。

補償契約に基づく補償の実行には、株主総会や取締役会の決議による決定を要しない。事案によっては、補償契約に基づく補償の実行は「重要な業務執行の決定」(会362条4項等)に該当することはありうる(神田・会社法299頁)。補償をした取締役・執

行役および補償を受けた取締役・執行役は、遅滞なく、当該補償につき重要な事実を取締役会に報告しなければならない(会430条の2第4項・5項)。

補償契約の締結およびそれに基づく補償の実行については、当該手続規律があるので、利益相反取引規制(会356条1項・365条2項・419条2項・423条3項・428条1項)は適用されず、民法108条(平成29年改正後)の適用もない(会430の2第4項・5項)。

公開会社では、事業報告での一定事項の情報開示が求められる(会施規121条3号の2～3号の4)。会計参与や会計監査人との間での補償契約についても、事業報告での開示を要する(会施規125条2号～4号、126条7号の2～7号の4)。

3) 補償額の返還

役員等の職務の適正性を害することがないよう、会社が、事後に、役員等が自己もしくは第三者の不正な利益を図り、または会社に損害を加える目的で職務を執行したことを知った場合には、役員等に対し、補償した金額に相当する金銭を返還することを請求することができる(会430の2第3項)。

4 役員等賠償責任保険

(1) 意義・機能と問題点

会社を保険契約者、役員等を被保険者として、役員が地位に基づき損害賠償請求を受けた場合の防御費用および敗訴のときの責任額を填補する役員賠償責任保険(D&O保険)は、会社補償と同様に、役員等としての人材の確保や、会社にとって損害拡大防止に役立ち、役員等に対して適切なインセンティブを付与するという意義がある。他方で、役員等の職務執行の適正性が損なわれたり、役員等の責任規定の趣旨が損なわれるおそれがあり、また、会社による保険契約の締結や保険料の会社負担が報酬規制や利益相反規制とどのように関係するかが問題とされていた*。

令和元年改正会社法では、この種の保険が適切に運用されるように、締結することができる保険契約とその手続きに関する規律が設けられた。

* **D&O保険をめぐる改正前の議論状況** 従来から行われていた役員賠償責任保険(D&O保険)の基本契約部分の保険料は、費用として会社が負担し、報酬規制によらずとも可能と解されていた。株主代表訴訟担保特約(代表訴訟に敗訴した場合における損害賠償金と争訟費用を担保する特約)部分の保険料については、報酬規制によらずに会社が負担できると解する見解もあるが、実務上は役員個人が経済的に負担しており、利益相反の観点から取締役の承認を得て会社が保険料を負担する等の工夫が求められていた(前掲・会社法コンメ[8]156頁[田中亘])。

(2) 役員等賠償責任保険契約等の規律
1) 規律対象

対象となる保険契約は、「会社が役員等がその職務の執行に関し責任を負うこと又は当該責任の追及に係る請求を受けることによって生ずることのある損害を保険者が填補することを約する保険契約であって、役員等を被保険者とするもの」で、役員

損害賠償保険(D&O保険)やこれに準ずる保険契約を対象とし、法務省令で定めるもの(会施規115条の2)＊が除かれる。

会社補償にメリットもあるが、役員損害賠償責任保険は、対会社責任と対第三者責任の両方について保険金額の限度でカバーし、重過失があっても保険金支払の対象となる(保険法上、故意の場合は免責事由〔保険17条2項〕)点や、会社には保険料支払以外の負担が発生しない点で、特徴がある(太田＝野澤・実務対応249頁)。

＊ **規律対象から除外される保険契約**　規律対象から除外されるのは、当該保険契約を締結することにより被保険者である役員等の職務の執行の適正性が著しく損なわれるおそれがないものとして法務省令で定めるもの(会施規115条の2)であり、これには、①いわゆる生産物賠償責任保険(PL保険)、企業総合賠償責任保険(CGL保険)等と、②自動車賠償責任保険、海外旅行保険等に係る保険契約が想定されている(問答令和元37頁)。

2）手続規律

規律対象となる役員賠償責任保険契約の内容を会社が決定するには、取締役会設置会社では取締役会(非取締役会設置会社では株主総会)の決議が必要である(会430条の3第1項)。取締役会はこの内容の決定を取締役または執行役に委任することはできない(会362条4項柱書・399条の13第5項13号・416条4項15号)。この種の保険契約の締結に、利益相反取引規制(会356条1項・365条2項・419条2項・423条3項・428条1項)は適用されず、民法108条(平成29年改正後)の適用もない(会430の3第2項・3項)。

公開会社では、当該役員賠償責任保険契約につき、事業報告での一定事項の情報開示が求められる(会施規121条の2)。

●社外取締役の活用　　　　　　　　　☞98頁（4）2）を改訂、4）を追加

2）社外取締役設置の強制

令和元年改正により、監査役会設置会社(会社法上の公開会社かつ大会社に限る)であって株式に係る金融商品取引法上の有価証券報告書提出会社について、社外取締役を置くことが義務づけられた(会327条の2)。なお、社外取締役が欠けた場合であっても、遅滞なく社外取締役が選任されるときは、その間に取締役会を開催することができ、その取締役会の決議は瑕疵を帯びない(権利義務取締役〔会346条1項〕等の適用もあるとの指摘として、神田・会社法217頁)。

【平成26年改正法における社外取締役設置の規律】

平成26年改正法では、公開会社かつ大会社である監査役設置会社であって、事業年度の末日において、その発行する株式について有価証券報告書提出義務を負う株式会社(金融商品取引法の適用会社)は、社外取締役を置いていない場合には、取締役は、当該事業年度に関する定時株主総会において、「社外取締役を置くことが相当でない理由」の説明義務を負うとされていた(改正前会327条の2)。ここで求められているのは、社外取締役を置かない理由ではなく、「置くことが相当でない理由」である。この「相当でない理由」については、事業報告に記載し

なければならず(改正前会施規124条2項)、株主総会参考書類に記載しなければならない(改正前会施規74条の2第1項)。その内容は、①個々の会社の各事業年度における事情に応じたものでなければならず、また、②社外監査役が2名以上あることのみをもって理由とすることはできないとされていた(改正前会施規124条3項・74条の2第3項)。このような「コンプライ・オア・エクスプレイン(comply or explain)ルール」が採用されて、実情に応じて、株主総会での説明等を通じ、社外取締役の選任を促す効果が期待されたためである。

【独立社外取締役】
　社外取締役に期待される機能が発揮されるためには、「社外性」のみならず「独立性」が求められるべきとの考え方が強い。独立性の一般的要件として、①雇用関係の不存在、②親族関係の不存在、③取引関係・経済的利害関係の不存在が求められる。2014(平成26)年改正会社法は、社外取締役の要件としては③を求めていないが、取引所規則では、CGコードに準拠して、上場会社に、これらを満たす「独立」役員を1名以上置いて届け出ることを要求している。
　本則市場(市場1部及び2部)の上場会社に対し、①当該原則を実施するか、又は、②実施しない場合にはその理由をコーポレート・ガバナンス報告書において説明する旨の規律すなわち「コンプライ・オア・エクスプレイン(comply or explain)ルール」を導入している(有価証券上場規程436条の3、2015年6月1日施行)。なお、その他に、金融庁「監督方針」や議決権行使助言会社ISSの「助言方針」があり、これらも社外取締役選任への事実上の圧力となっている。
　さらに、2022年4月4日に予定される東京証券取引所の市場区分の見直し(池田直隆・商事法務2263号16頁)にも備え、2021年6月公表の再改訂CGコードでは、取締役会の機能発揮に向けた独立社外取締役の比率等を定めている(島崎征夫他・商事法務2266号7頁、参照)。

　原則4－7．独立社外取締役の役割・責務
　　上場会社は、独立社外取締役には、特に以下の役割・責務を果たすことが期待されることに留意しつつ、その有効な活用を図るべきである。
　(ⅰ)経営の方針や経営改善について、自らの知見にもとづき、会社の持続的な成長を促し中長期的な企業価値の向上を図る、との観点からの助言を行うこと
　(ⅱ)経営陣幹部の選解任その他の取締役会の重要な意思決定を通じ、経営の監督を行うこと
　(ⅲ)会社と経営陣・支配株主等との間の利益相反を監督すること
　(ⅳ)経営陣・支配株主から独立した立場で、少数株主をはじめとするステークホルダーの意見を取締役会に適切に反映させること
　原則4－8．独立社外取締役の有効な活用
　　独立社外取締役は会社の持続的な成長と中長期的な企業価値の向上に寄与するように役割・責務を果たすべきであり、<u>プライム市場上場会社はそのような資質を十分に備えた独立社外取締役を少なくとも3分の1(その他の市場の上場会社においては2名)以上選任すべき</u>である。
　　また、<u>上記にかかわらず</u>、業種・規模・事業特性・機関設計・会社をとりまく環境等を総合的に勘案して、<u>過半数の独立社外取締役を選任することが必要と考えるプライム市場上場会社(その他の市場の上場会社においては少なくとも3分の1以上の独立社外取締役を選任することが必要と考える上場会社)</u>は、十分な人数の独立社外取締役を選任すべきである。

4) 業務執行の社外取締役への委託

　一定の場合に、取締役会(非取締役会設置会社では取締役)が社外取締役に業務の執行を委託することができる(会348条の2)。令和元年改正により、セーフハーバー・ルール(予め定められた一定のルールのもとで行動する限り、違法ないし違反にならないとされる範囲)として新設された。
　この委託が認められるのは、会社と取締役(指名委員会等設置会社では執行役)との利益が相反する状況にあり、その他取締役(指名委員会等設置会社では執行役)が会社の業務を執行することにより株主の利益を損なうおそれがあるときである。

手続きとしては、その都度、取締役会決議(非取締役会設置会社では取締役の決定)を要する。これにより委託された業務の執行は会社の業務の執行(会2条15号イ)に該当しない。但し、社外取締役が業務執行取締役(指名委員会等設置会社では執行役)の指揮命令の下に委託された業務を執行したときは、この限りでない。

●社債管理補助者制度の新設　　　　　　　☞240頁に(2)として追加

(2) 社債管理補助者

1) 意義・資格

　社債管理者の設置義務を負わない社債(会702条但書)について、社債発行会社は、その選択により、社債権者のために社債管理の補助を行うことを第三者に委託することができる制度として、令和元年会社法改正により、社債管理補助者制度が新設された(会714条の2・714条の6)。社債管理補助者は、社債管理者よりも権限・裁量が限定され、個別の権限を委託契約で定めることができる点に特徴がある。
　社債管理補助者になれるのは、社債管理者になれる者(会703条、会施規170条)、その他法務省令で定める者(弁護士および弁護士法人〔会施規171条の2〕)である(会714条の3)。

2) 権限等

　社債管理補助者は、①法定の権限として、社債権者のために、破産手続・再生手続・更生手続への参加、強制執行または担保権の実行の手続きにおける配当要求、および清算手続における債権の申出をする権限を有する(会714条の4第1項)とともに、委託契約に約定される権限として、②社債に係る債権の弁済を受けること(会714条の4第2項1号)、③(②を除いて)社債に係る債権の実現を保全するために必要な一切の裁判上または裁判外の行為、④社債の全部についてする支払の猶予、その債務もしくはその債務不履行によって生じた責任の免除または和解、社債の全部についてする訴訟行為または破産手続、再生手続、更生手続もしくは特別清算に関する手続きに属する行為(①②③を除く)、⑤社債発行会社が社債総額について期限の利益を喪失することとなる行為をする権限を有する(会714条の4第2項2号～4号、社債権者集会の決議を要する場合がある〔同条第3項1号・2号、724条2項2号〕)。

3) 義務・責任

　社債管理補助者は、社債管理者と同様に、公平誠実義務と善管注意義務を負う(会714条の7・704条・714条の5第1項)。社債管理補助者は、委託契約に従い、社債の管理に関する事項を社債権者に報告し、または社債権者がこれを知ることができるようにする措置をとらなければならない(会714条の4第4項)。社債管理者についての利益相反行為に関する特別規定(会710条2項)の準用はない。社債管理補助者は、社債管理者と同様、会社法または社債権者集会決議に違反する行為をしたときは、社債権者に対する損害賠償責任を負う(会714条の7・710条1項)。

●社債権者集会の規律の一部見直し　☞240頁(2)を(3)として、その2)に追加

iv　決議の省略　社債権者の全員の同意があった場合には社債権者集会の決議の省略が認められる(会735条の2、令和元年改正で追加)。なお、社債権者の同意等に瑕疵がある場合には、社債権者集会の決議があったものとはみなされず、訴えの利益を有する者は、いつでもそのことを主張することができるものと解される(神田・会社法358頁)。

●株式交付制度の導入　☞299頁に「5」を追加

5　株式交付

(1)　株式交付の意義・効果

株式会社が他の株式会社を子会社にしようとするとき、株式を対価とする買収(自社株対価の企業買収)をより円滑に行うことができるように、令和元年改正において、株式交付制度が新設された(会774条の2～774条の11・816条の2～816条の10)。

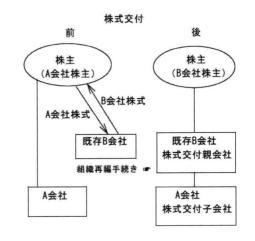

株式交付とは、株式会社(既存B会社、「株式交付親会社」と呼ばれる)が他の株式会社(既存A会社、「株式交付子会社」と呼ばれる)を子会社(法務省令〔会施規4条の2〕で定めるものに限り、会社法上の株式会社に限り、外国会社は含まない)とするために、A会社株主からA会社株式を譲り受け、A会社株主である当該株式の譲渡人に対して、当該株式の対価としてB会社株式を交付することをいう(会2条32号の2)。株式交付により、新たに親子会社関係が形成されるが(株式交換のように完全子会社関係の形成までには及ばない)、消滅する会社はなく、各当事会社の財産も変動せず、株主が変動するだけである。株式交付は、既に親子会社関係にある親会社が子会社株式を買い増すためには、用いることはできない。

株式交付は、他の株式会社を買収しようとする株式会社が、金銭ではなく自社の株式を対価とすることができる制度であり、親子会社関係がなかった会社間に親子会社関係を創設するという点で、部分的ないし片面的な組織再編行為(株式交換のような組織法上の行為と同様の性質を有するもの)である(神田・会社法415頁)。但し、株式交換と異なり、株式交付親会社と株式交付子会社との間に契約は締結されない。株式交付では、株式交付親会社が、株式交付子会社の株主から個別合意に基づいて株式を譲り受ける(株式交付子会社の株主は、対価として株式交付親会社の株式を取得する)。この場合の株式交付子会社の株式の譲渡は、実質が株式の有償譲渡あるいは現物出資と類似するので、募集株式の発行等における引受けの申込

み・割当ておよび現物出資財産の給付の手続きに関する規律(会203条〜206条・208条・211条)を参考にした規律が設けられている(問答令和元改正185〜186頁)。

なお、株式交付についても、株式交換・株式移転の場合と同様に、各種の法規制がある(本書297頁、参照)。

【産業競争力強化法の会社法特例と株式交付制度創設との関係】
産業競争力強化法は2011(平成23)年と2018(平成30)年の改正を経て、自社株対価M&Aにつき、一定の会社法(および税法)の特例を設けている。認定事業者たる株式会社が他の会社の株式(外国法人の株式・持分を含む)を取得して、当該他社を関係事業者(産競2条8項)とする場合、または、既に関係事業者である他社の株式を取得する場合において、当該取得の対価として募集株式の発行等を行うときは、現物出資に関する検査役の調査および財産価額填補責任の規定を適用除外とする(産競32条1項・2項)。また、当該募集株式の発行等の決定には原則として株主総会の特別決議を要し、反対株主には株式買取請求権が付与される(同条2項・3項)。但し、当該募集株式の発行等が簡易組織再編行為の要件を満たすときは、取締役会決議で決定でき、この場合には、株主に対する通知・公告を要する(同条3項)。

株主交付は、産競法の特例を受け、その規律を参考に、自社株対価M&Aを会社法上も実現するものといえる。もっとも、産競法の特例では外国法人の株式・持分を取得する場合にも適用ができ、買収対象が既に関係事業者である場合にも適用できる点で適用範囲が広く、税法上の優遇もあることから、産競法の規律が残る意義がある(江頭・株式会社法990頁、太田=野澤・実務対応317頁、武井他・DX法制194頁)。

(2) 株式交付の手続き

1) 株式譲渡の側面

株式交付の手続きには、二面があり、その一つの株式譲渡の側面は、株式交付親会社が、株式交付子会社の株主から個別合意に基づいて株式を譲り受ける(株式交付子会社の株主は、対価として株式交付親会社の株式を取得する)ことであり、株式交付子会社の株式の譲渡しの申込み等に係る手続きなどについて詳細な規律が設けられている(会774条の4〜774条の9。株式交付親会社は、株式交付子会社の株式の譲渡の申込みをしようとする者に対し、株式交付親会社の商号、株式交付計画の内容、その他法務省令で定める事項を通知しなければならず、譲渡の申込みをする者は、株式交付計画で定められた期日までに所定の事項を記載した書面を株式交付親会社に交付しなければならないこと等が定められている)。

2) 部分的な組織再編の側面

株式交付の手続きのもう一つ、部分的な組織再編の側面では、株式交付親会社において、株式交換・株式移転の手続きと同様の以下の流れとなる(株式交付の効果に照らして、各当事会社の株主の保護が求められるが、原則として会社債権者保護手続きを要しない。なお、株式会社交付子会社における特別の規律は設けられなかった)。

ⅰ 株式交付計画の作成・決定　株式交付親会社は、株式交付計画の作成を要する(会774条の2後段)。株式交付計画の内容の決定は、取締役会設置会社では取締役会による(会362条4項柱書)。監査等委員会設置会社・指名委員会等設置会社においても、株主総会での承認を要しない簡易株主交付を除き、代表取締役・執行役に委任できない(会399条の13第5項22号・6項、416条4項24号)。

株式交付計画において定めるべき事項は法定されている(会774条の3)。株式交

付では、株式交付親会社が自社株式を全く交付しないことは想定されておらず（株式交換との相違点）、したがって、対価として交付する株式交付親会社株式の数又はその算定方法を株式交付計画で必ず定めなければならない。株式交付親会社は、対価として、自社株式に加えて、社債、新株予約権、新株予約権付社債その他の財産を交付できる（会744条の3第1項5号）。

　ⅱ　**事前開示**　　株式交換の場合と同様、株式交付親会社には事前の情報開示が求められる（事前の書面等の備置きと閲覧請求、会816条の2第1項〜3項）。

　ⅲ　**株主の差止請求権**　　株式交付においても、他の組織再編の場合と同様に、法令または定款に違反する場合には、株式交付親会社の株主に差止請求権が認められる（会816条の5）。

　ⅳ　**株主総会による承認**　　株式交付親会社は、効力発生日の前日までに、株主総会の特別決議によって株式交付計画の承認を受けなければならない（会816条の3）。但し、簡易手続の例外がある（会816条の4）。株式交付親会社の反対株主は、簡易手続の場合を除いて、株式買取請求権が認められている（会816条の6・会816条の7）。

　ⅴ　**例外的な債権者異議の手続き**　　一定の場合には、例外的に、株式交付親会社の債権者に異議手続が認められる（会816条の8）。

　ⅵ　**株式交付の効力の発生**　　株式交付子会社の株式の譲渡人は株式の交付により必ず株式交付親会社の株主となるものではなく、株式交付による株式交付子会社の株式の譲受けおよび株式交付親会社の株式の交付は、株式交付計画に定めた効力発生日に生じる（会774条の11第1項）。効力が発生すると、株式交付親会社は、変更登記を要する（会915号1項、商登90条2項）。

　効力が生じない場合（会774条の11第5項）には、株式交付親会社は、遅滞なく、譲渡の申込者および総数譲渡契約の締結者に対して、株式交付をしない旨を通知しなければならず、この場合に、株式交付親会社は交付を受けた株式交付子会社の株式を譲渡人に返還しなければならない（会774条の11第6項）。

　ⅶ　**効力発生日の変更**　　株式交付親会社は、単独で、効力発生日を変更することができる（会816条の9第1項）。但し、変更後の効力発生日は、株式交付計画において定めた当初の効力発生日から3か月以内の日でなければならない（同条2項）。効力発生日を変更する場合、株式交付親会社は、変更後の効力発生日を公告しなければならず（同条3項）、株式交付計画の内容として、株式の譲渡の申込みをした者に通知しなければならない（会774条の4第5項・774条の9）。

　ⅷ　**事後開示**　　株式交付親会社には、株式交換の場合と同様、事後の情報開示が求められる（事後の書面等の備置きと閲覧、会816条の10）。

　ⅸ　**株式交付の手続きの瑕疵**　　株式交付の手続きに瑕疵があった場合について、他の組織再編と同様に、株式交付無効の訴えの制度が用意され、無効主張の制限、無効の効果の画一的確定、無効判決の対世効と不遡及が図られ（会828条）、専属管轄、担保提供命令、弁論等の併合・原告が敗訴した場合に悪意・重過失があったときの賠償責任について定められている（会835条〜837条・846条）。

●その他

○会社の支店の所在地における登記の廃止　　☛50頁「3」を改訂

3　会社の登記

　会社法の規定により登記すべき事項は、本店の所在地において登記する(会911条～929条)。令和元年会社法改正により、支店所在地における商業登記の制度は廃止された*。

* **支店所在地における登記の廃止**　　平成17年改正前商法では支店でも本店での登記事項と同様の登記が求められていたが、同改正により、本店の所在地において登記すべき事項は商法に別段の定めがないかぎり支店においても登記しなければならないとの規定(改正前商10条)は削除され、商業登記のコンピュータ化を踏まえ、会社法では、支店所在地における登記事項が大幅に削減・整理され、会社の商号、本店の所在地、登記する支店の所在地のみが必要とされた。令和元年改正会社法では、インターネットが広く普及して、登記以外に会社情報が検索でき、登記情報サービスにおいて会社法人番号(商登7条)を利用して会社の本店を検索できるようになったことから、支店所在地での登記は廃止された。

○議決権行使書面の閲覧等　　☛86頁（4）の末尾に追加

　株主(株主総会決議事項の全部につき議決権を行使できない株主を除く)は、会社の営業時間内ならいつでも、議決権行使のために提出された議決権行使書面の閲覧または謄写の請求ができるが(会311条4項1文)、令和元年改正により、議決権行使書面の閲覧の請求に対して、株主名簿の閲覧等に関する規律と同様の規律が設けられ、①会社からの拒絶事由が明文化され(会311条5項1号～4号。会社法125条3項と同様の規定である)*、②株主が閲覧等を請求する場合には、その理由を明らかにすることが必要とされた(同条4項2文)。

　電磁的方法により提供された議決権行使書面の記載事項の閲覧等の請求、代理権を証明する書面・電磁的方法により提供された当該書面の記載事項の閲覧等の請求についても、同様の規定が設けられた(会312条5項・6項1号～4号、310条7項・8項1号～4号)。いずれも、濫用的な行使に対応する規律である。

* **議決権行使書面閲覧等請求に対する拒絶事由**　　株式会社は、当該請求があったときは、次のいずれかに該当する場合を除き、これを拒むことができない(会311条5項)。すなわち、①当該請求を行う株主たる請求者がその権利の確保又は行使に関する調査以外の目的で請求を行ったとき。②請求者が当該株式会社の業務の遂行を妨げ、又は株主の共同の利益を害する目的で請求を行ったとき。③請求者が前項の電磁的記録に記録された事項を法務省令で定める方法により表示したものの閲覧又は謄写によって知り得た事実を利益を得て第三者に通報するため請求を行ったとき。④請求者が、過去2年以内において、前項の電磁的記録に記録された事項を法務省令で定める方法により表示したものの閲覧又は謄写によって知り得た事実を利益を得て第三者に通報したことがあるものであるとき。

○成年被後見人等に係る取締役等の欠格事由　　☛95頁（2）2）第1段落を改訂

　会社法は、取締役の欠格事由を定め、法人、一定の犯罪者は取締役となることができない（会331条1項）。欠格事由に該当しない限り、だれでも取締役になることができる。令和元年改正により、成年被後見人および被保佐人についての取締役等の欠格条項が削除され、それらの成年被後見人等が取締役等に就任する場合の手続規定が整備された。成年被後見人が取締役に就任するには、その成年後見人が、成年被後見人の同意（後見監督人がある場合は、成年被後見人及び後見監督人の同意）を得た上で、成年被後見人に代わって就任の承諾をしなければならない（会331条の2第1項）。被保佐人が取締役に就任するには、その保佐人の同意を得なければならない（同条2項）。なお、成年被後見人または被保佐人がした取締役の資格に基づく行為は、行為能力の制限によっては取り消すことができない（同条4項）。

○責任追及等の訴えに係る訴訟における和解　　☛158頁4）の末尾に追加

　会社が、その会社の取締役（監査等委員および監査委員を除く）、執行役及び清算人、並びに、これらの者であった者の責任を追及する訴えに係る訴訟において、和解をするためには、監査役設置会社では監査役（監査役が2人以上ある場合は各監査役）の同意を、監査等委員会設置会社では各監査等委員の同意を、指名委員会等設置会社では各監査委員の同意を、それぞれ得なければならない（会849条の2）。令和元年改正により、この種の和解に関する規律を明確にするために新設された条文である。

○新株予約権の払込金額の登記　　☛215頁（2）の末尾に追加

　会社は、新株予約権を発行したときは、新株予約権の数など、法定の重要事項を登記しなければならないが（会911条3項12号）、令和元年改正により、この登記事項の規律が整備された（同条項号ハ・ヘ）。すなわち、①会社法236条各号に掲げる事項（インセンティブ報酬として取締役・執行役に交付した新株予約権の行使に際して払込みを要しないことを新株予約権の内容とした場合等）を定めたときは、その定めを登記し、②募集新株予約権について会社法238条1項3号に掲げる事項を定めたときは、原則として、募集新株予約権の払込金額を登記し、例外的に、払込金額の算定方法を定めた場合において、登記の申請時までに募集新株予約権の払込金額が確定していないときは、当該算定方法を登記しなければならない。

○株式の併合等に関する事前開示事項　　☛314頁（4）1）を改訂

1）株式併合により生じる端数の処理

　株式併合は、株式分割とともに、発行済株式数と株価を調整する手段であるが、

他方で、極端に多い数の株式を1株に併合して、1株未満の端数を処理（端数合計数に相当する株式を裁判所の許可を得て売却し、その全部を買収者が購入して、代金を端数株主に交付）すれば、キャッシュ・アウトの手法となる。株式併合には、その都度、株主総会の特別決議が必要である（会180条）。

　株式併合によって株式の端数が生じる場合には、その所有者に対して適正な対価が交付されなければならない。平成26年会社法改正により、一定の要件（単元株式数に併合割合を乗じた場合に端数が生ずること）に該当する株式併合（会182条の2）について、他のキャッシュ・アウト手法と平仄を合わせた法的規律を設けて、株式併合に関する手続きが整備された（①事前開示・事後開示手続による情報開示〔会182条の2・182条の6、会施規33条の9・33条の10〕、②株式併合についての差止請求制度〔会182条の3〕、③反対株主の株式買取請求制度〔会182条の4・182条の5〕等の創設）。さらに、端数株式の処理手続が定められており（会235条）、これについて、事前開示手続（会182条）において本店に備え置くことを要する書面・電磁的記録に、任意売却の実施および株主に対する代金交付の見込みに関する事項等を記載・記録しなければならないとして、令和元年会社法改正施行規則において、情報開示充実の措置が設けられた（会施規33条の9第1号ロ）。同様の措置は、同じく少数株主の締め出し（キャッシュ・アウト）の方法に用いられる全部取得条項付種類株式の取得における端数株式の処理手続（会234条）についても、設けられた（会施規33条の2第2項4号）。

産業競争力強化法（令和3年改正）関係

● バーチャルオンリー型株主総会の許容　　　　☞83頁（1）に注記＊を追加

　＊ バーチャルオンリー型株主総会　　2019（令和元）年会社法改正による株主総会資料の電子提供制度の導入は、バーチャル総会の法制度化に直接結びつくものではないにせよ、ハイブリッド型バーチャル総会（出席型）およびバーチャルオンリー型株主総会の普及を促すことが予想され、それらの実現に向けたDX法制への有力な一里塚となろう。
　もっとも、会社法上、株主総会を招集する場合には「場所」を定めなければならず、バーチャル空間のみで行う方式の株主総会（バーチャルオンリー型株主総会）の開催は困難である。そこで、2021（令和3）年の産業競争力強化法（以下「産競法」と略称）改正（令和3年法律70号）により、上場会社を対象にして「場所の定めのない株主総会」に関する制度が創設され、バーチャルオンリー型株主総会の開催を可能とする特例が設けられた（産競66条、附則1条1号・3条）。この産競法改正法は、株主総会の場所を定めないことに伴う最低限の調整を行うにとどまり、株主総会に関する会社法規定を基本的に変更するものではない（バーチャル株主総会の運営実務につき、澤口実＝近澤諒〔編著〕『バーチャル株主総会の実務〔第2版〕』商事法務〔2021年〕52頁、太田他・バーチャル総会234頁、尾崎安央・他〔編〕『バーチャル株主総会の実施事例』別冊商事法務457号〔2021年〕）。

経営承継円滑化法（令和3年改正）関係

● **所在不明株主に関する会社法の特例**　　☞ 177頁　3）の末尾に注記＊を追加

＊ **所在不明株主に関する会社法の特例の創設**　　中小企業における経営の承継の円滑化に関する法律（以下「経営承継円滑化法」と略称、平成20年法律33号）は、主に中小企業に対し、円滑な経営承継を支援するために、相続時の遺産分割・資金需要や税負担に関する問題などへの総合的な支援策として成立した法律であり、2021（令和3）年改正においては、所在不明株主に関する会社法の特例が創設された。従来の会社法上の手続き（会197条・198条）では、所在不明株主の株式の競売及び売却の際に、所在不明株主に対して行う通知等が5年以上継続して到達せず、当該所在不明株主が継続して5年間剰余金の配当を受領しないことを要するため、M&Aを含む事業承継にあたり当該手続きの利用が事実上困難となるケースがみられた。そこで、令和3年改正の特例により、認定を受けた場合に当該「5年」という期間が「1年」に短縮された（経営承継円滑化法15条）。これは、中小企業者の事業承継における所在不明株主問題の解決を後押しするものである。

民法（債権関係）改正に伴う会社法の改正

1　意思表示に関する規定の改正（民93条2項・95条）

○70頁(2)1)第2段落4行目①②：訂正
☞　①…（会51条1項・102条5項）、②錯誤、詐欺または強迫による取消しは、会社の成立後は主張できない（会51条2項・102条6項）。

○207頁上から3〜4行目：訂正　☞　錯誤、詐欺または強迫

2　自己契約および双方代理に関する規定の改正（民108条）

○115頁3）ⅰ第4段落末尾：追加
☞　民法108条は、承認を受けた間接取引にも適用されない（会356条2項）。

3　消滅時効に関する規定の改正（民166条、民147条等〔略〕）

○237頁第3段落：追加　☞　<u>行使できるときから5年間行使しないときは、</u>
○237頁2)最終文：訂正
☞　社債の償還請求権は、<u>これを行使できるときから10年間行使しないときは</u>、時効によって消滅する。

4　法定利率に関する規定の改正（民404条）

※　商事法定利率の規定（商514条）が廃止され、会社法上、従来これに拠っていた部分は、改正後の民法上の法定利率に拠ることになった。

5　詐害行為取消請求に関する規定の改正（民424条1項但書・426条）

○48頁(4)第1段落6～7行目：訂正　☞　残存債権者を害すべき<u>こと</u>

○295頁下から2行目末尾：追加

☞　但し、吸収分割承継株式会社（または持分会社）が、吸収分割の効力が生じた時において、残存債権者を害すべきことを知らなかったときは、この限りでない（会759条4項但書・761条4項但書）。

※　会社法23条の2第2項・759条6項において、「行為の時から10年」に改められている。また、会社法863条2項・865条4項の準用関係が整理されている（商事法務2154号15頁、参照）。

6　保証に関する規定の改正（民457条3項）

○324頁(1)2)最終行：挿入

☞　<u>は、これら権利の行使によって持分会社がその債務を免れるべき限度において</u>、社員は、

7　委任に関する規定の改正（民648条3項、648条の2）

○328頁(2)1)最終文（　）内：注記追加　☞　（民646条～650条〔民648条の2追加〕）

【付録】　その他の表記等の訂正

○4頁3行目：文献（文庫版）追加

☞　ロナルド・H・コース（宮澤健一ほか訳）『企業・市場・法』（ちくま学芸文庫、2020年）

○7頁1行目末尾：追加

☞　なお、最近では、株主利益最大化原理への懐疑的見解を示すものがある（コリン・メイヤー〔宮島英昭監訳〕『株式会社規範のコペルニクス的転回』〔東洋経済新報社、2021年〕）。

○9頁＊：文献〔改訂版〕追加

☞　Reinier Kraakman et al., The Anatomy of Corporate Law, 3rd ed., Oxford Univ. Pr., 2017.

○25頁下から4行目：表記訂正　☞　<u>doctrine</u>

○69頁：表記訂正　☞　(4)設立時取締<u>役</u>等による

○78頁「3　株式会社の機関設計原則」の第2段落3行目「委員会」：表記訂正

☞　監査等委員会又は指名委員会等

- 追補　31 -

企業法要綱3　追補

○81頁「1　株主総会の意義・権限　(1)意義・態様」4行目「株主総会は・・・定時に」：表記訂正
　☞　株主総会は毎事業年度の終了後一定の時期に(会296条1項)
○91頁＊4行目：表記訂正　☞　排除されていた<u>とき</u>
○96頁「3)兼任禁止」：表記全部訂正
　☞　監査等委員である取締役は、監査等委員会設置会社もしくはその子会社の業務執行取締役、支配人その他の使用人、または当該子会社の会計参与もしくは執行役を兼ねることはできない(会331条3項)。指名委員会等設置会社の取締役は、当該会社の支配人その他の使用人を兼ねることはできない(同条4項)。
○97頁「5)員数」2行目：表記訂正　☞　331条<u>5項</u>
○100頁最後尾段落1行目2つ目の②：表記訂正　☞　③
○113頁「2)経営判断の原則」第2段落：表記訂正
　☞　わが国では、経営判断の原則を裁判所の審査基準として適用し、取締役に善管注意義務違反による損害賠償責任(会423条)を認めるには、判断の前提になった事実の認識に重要かつ不注意な誤りがあったか、あるいは、意思決定の過程・内容が経営者として著しく不合理・不適切なものであったことを要すると解される(最判平22・7・15判時2091・90〔アパマンショップ事件〕会社百選50、参照)。
○同第3段落：末尾(　)内：追記
　☞　(・・・、取締役対第三者責任への経営判断原則の適用が問題となった比較的新しい事例として、高知地判平26・9・10金判1452号42頁)。
○113頁「3)監視義務と内部統制システム構築義務」第1段落最終行：表記訂正
　☞　民集26・5・<u>984</u>
○114頁　下から第2段落下から2行目：表記訂正　☞　<u>競業</u>
○116頁　上から3行目：表記訂正　☞　取締役<u>会</u>
○136頁5行目「(会344条。・・・)」の(　)内：表記訂正
　☞　(会344条。監査等委員会設置会社では、監査等委員会が議案の内容を決定する〔会399条の2第3項2号〕)
○136頁「ⅱ会計帳簿閲覧・調査・報告徴収権」4行目：表記訂正　☞　会396条<u>2項</u>
○142頁「(1)取締役」7行目：表記訂正　☞　会331条<u>4項</u>
○153頁1行目：表記訂正　☞　<u>若しくは</u>
○172頁13行目：表記訂正　☞　取得<u>条</u>項付株式
○203頁1行目：表記訂正　☞　支配株主の<u>異動</u>

以上

【著者紹介】

福原 紀彦（ふくはら・ただひこ）

1954年　滋賀県八日市市（現・東近江市）生まれ
1977年　中央大学法学部卒業
1984年　同大学院法学研究科博士後期課程満期退学
現　在　中央大学法科大学院教授・弁護士（東京弁護士会）
（中央大学法学部教授・同大学院法務研究科（法科大学院）長、学校法人中央大学理事・総長、中央大学学長、放送大学客員教授、公認会計士試験委員、防衛省防衛施設中央審議会委員・会長、大学基準協会理事、文部科学省大学設置学校法人審議会委員〔現〕、日本私立大学連盟常務理事、私学研修福祉会（アルカディア市ヶ谷）理事長〔現〕、大学スポーツ協会代表理事・会長〔現〕、日本資金決済業協会代表理事・会長〔現〕、投資信託協会理事〔現〕等を歴任）

企業法要綱3　追補
企業組織法
令和元年改正「会社法」等

2021年8月30日　初　版　第1刷発行　　　　　　　　　　　　　　　検印省略

著　者────福　原　紀　彦
発行人────前　野　　　隆
　　　　　　東京都新宿区早稲田鶴巻町533
発行所────株式 文　眞　堂
　　　　　　会社
　　　　　　電話　03（3202）8480
　　　　　　FAX　03（3203）2638
　　　　　　http://www.bunshin-do.co.jp/
　　　　　　〒162-0041　振替00120-2-96437

© 2021, Printed in Japan

企業法要綱 3

企業組織法

会 社 法 等

福 原 紀 彦 著

FUKUHARA Tadahiko

文眞堂

は　し　が　き

　本書は、会社法の分野を中心に、会社法が企業組織全般の法的規律を先導している現状を把握することに努めて、重要な事項を体系的に整理したものである。

　各章の記述では、冒頭に要点を設問形式で示した上で（第15章では割愛した）、専門用語や法制度を図表を交えて解説し、理論的な問題点、学説・判例の対立点、現代的な問題点、補充すべき事項等については注記や別記で詳説した。本書は、平成17年の会社法制定を機会に諸原稿を纏めて整理した前著『会社法講義ノート』の特徴を引き継ぎながら、平成26年の会社法等の改正内容を反映させ、最近の学説の発展と判例の展開を踏まえて、内容を整えたものである。この分野の講義を受ける人や自修をする人が、基礎的知識と基本的理解を獲得するために、本書を役立てて戴ければ幸いである。

　本書は、実質的意義における商法を企業法として理解し、企業法が展開しつつある今日の姿を描き、これを出来るだけ分かりやすく説明することを試みる企業法要綱シリーズの一環として、姉妹書『企業法要綱1 企業法総論・総則』および『企業法要綱2 企業取引法』に続くものである。学修や受講の都合により本書から利用する人も多いことが予想されるので、本書で扱う内容の理解に最低限必要な範囲で、重複を厭わずに姉妹書を引用した部分がある。その点を御承知戴き、必要に応じて姉妹書を参照して戴きたい。

　平成17年の会社法制定とこれに伴う商法改正の後も、企業法の分野に関する法律等の制定や改正が続いている。信託法、法の適用に関する通則法、金融商品取引法、一般社団法人及び一般財団法人に関する法律、電子記録債権法、資金決済法、保険法等の制定があり、消費者契約法・特定商取引法・割賦販売法の改正、船主責任制限法の改正、改訂信用状統一規則の発効、国際物品売買契約に関する国際連合条約への加盟、平成26年の会社法改正と商法改正、平成27年の銀行法等の一部改正（Fintech関連改正）があり、さらには、民法（債権関係）および商法（運送・海商関係）の改正も間近である。こうした時期に、動態的な企業法の対象を体系的に整理することは至難の作業ではあるが、こうした時期だからこそ、企業法の将来を展望するために伝統的な理解を点検しながら現状を把握する作業が必要であろう。本書がそうした作業の一助になれば幸いである。もとより、本書の執筆では、脱稿を急いだ部分や、記述に濃淡が生じた部分等、十分に意を尽くせぬ点も少なくない。読者の方々の御意見を踏まえて、今後の改善に委ねたい。

　本書の著述のベースになった教育・研究、社会活動、文献執筆等の機会を与えて戴いた先生方、先輩・同僚・後輩の皆さん方、参照させて戴いた論文・著書の編者・著者の方々に対して、この機会に心から感謝を申し上げる。中央大学法学部・通信教育部・大学院法学研究科・法科大学院で担当する講義・演習・特論を受講する皆さんや、現代企業法制研究会をはじめとする各種の研究会・研修会等に参加される方々から寄せて戴く質問や意見は、多様な活動に従事しながらも本シリーズの執筆を続けるための原動力である。文眞堂の前野眞司氏には、そうした方々や本シリーズ各巻の利用者の立場を考慮した諸々の御配慮を戴いている。重ねて感謝の意を表したい。

2017年4月　　　　　　　　　　　　　　　　　　　　　　　　　　　　福　原　紀　彦

目　　次

企業組織法総論

《企業組織と法》

3.1. 企業・企業組織と法 …………………………………………………… 1
    3.1.1. 経済社会と企業組織 ― 企業組織法の背景
    3.1.2. 企業組織の規律環境 ― 企業組織法の内包と外延
    3.1.3. 企業組織法の意義と特色

会社法総論・総則等

《会社と法》

3.2. 会社の意義と会社法 …………………………………………………… 21
    3.2.1. 会社法の意義と法源
    3.2.2. 会社の意義と属性
    3.2.3. 会社の種類と分類
    3.2.4. 会社法の展開

《会社法総則等》

3.3. 会社法総則と会社の登記・公告 ……………………………………… 39
    3.3.1. 会社法総則等の意義と通則
    3.3.2. 会社の商号
    3.3.3. 会社の使用人と代理商
    3.3.4. 会社の事業譲渡に関する取引法規律
    3.3.5. 会社の登記
    3.3.6. 会社の公告

会社法各論

《株式会社法総論》

3.4. 株式会社の特質と法的規律 …………………………………………… 53
    3.4.1. 株式会社の特質
    3.4.2. 株式会社法の意義・目的・特色・変容

《株式会社法各論》

3.5. 株式会社の設立 ………………………………………………………… 61
    3.5.1. 会社設立の意義と株式会社設立手続の特色
    3.5.2. 株式会社の設立手続
    3.5.3. 設立無効・会社不存在・会社の不成立
    3.5.4. 設立関与者の責任

3.6. 株式会社の機関 …………………………………………… 77
3.6.1. 機関の意義と株式会社の機関設計
3.6.2. 株主総会
3.6.3. 取締役・取締役会・代表取締役
3.6.4. 会計参与
3.6.5. 監査役・監査役会
3.6.6. 会計監査人
3.6.7. 監査等委員会設置会社の機関規律
3.6.8. 指名委員会等設置会社の機関規律
3.6.9. 役員等の損害賠償責任
3.6.10. 株主代表訴訟と差止請求権
3.6.11. 検査役

3.7. 株　式 …………………………………………… 161
3.7.1. 株式と株主
3.7.2. 株式の内容と種類
3.7.3. 株式譲渡・株式の担保
3.7.4. 自己株式の取得と保有
3.7.5. 株券・株式振替制度
3.7.6. 株式の消却・併合・分割・無償割当て

3.8. 株式会社の資金調達 …………………………………… 199
3.8.1. 資金調達方法と法的規律
3.8.2. 募集株式の発行等
3.8.3. 新株予約権
3.8.4. 社　債

3.9. 株式会社の計算 …………………………………………… 243
3.9.1. 株式会社の会計と法規律
3.9.2. 決算手続と計算書類
3.9.3. 資本金・準備金・剰余金
3.9.4. 剰余金の配当等
3.9.5. 株主の経理検査権

3.10. 株式会社の定款変更・解散・清算 ………………… 270
3.10.1. 定款の変更
3.10.2. 解　散
3.10.3. 清　算

《企業再編》

3.11. 会社の組織再編と企業買収 …………………………… 281
3.11.1. 組織再編
3.11.2. 事業譲渡等
3.11.3. 親子会社・企業集団
3.11.4. 企業買収

《持分会社・組織変更》

 3.12. 持分会社と会社の組織変更 …………………………… 321
  3.12.1. 持分会社 ── 合名会社・合資会社・合同会社
  3.12.2. 会社の組織変更
  3.12.3. 各種会社の法的規律の比較
  3.12.4. 会社法制定前の会社と特例有限会社

《外国会社》

 3.13. 外国会社 ……………………………………………… 346

《罰　則》

 3.14. 罰則 …………………………………………………… 348

企業組織法の現代的諸相

《企業組織の多様化と法的規律の展開》……………………………… 349

 3.15. 各種企業組織と法的規律 …………………………… 350
  3.15.1. 任意組合と特例組合
  3.15.2. 匿名組合と特定目的会社
  3.15.3. 信託と投資信託・投資法人
  3.15.4. 保険企業組織と相互会社
  3.15.5. 一般社団法人・一般財団法人
  3.15.6. 協同組合

事項索引 …………………………………………………… 索引 1 〜 9

凡　例

法令の略語

　　会＝会社法
　　会整＝会社法の施行に伴う関係法律の整備等に関する法律（平成17年法律第87号）
　　会施＝会社法施行令
　　会施規＝会社法施行規則
　　計規＝会社計算規則
　　電規＝電子公告規則
　　商＝商法
　　商施＝商法施行規則
　　商登＝商業登記法
　　不正競争＝不正競争防止法
　　有＝有限会社法
　　手＝手形法
　　小＝小切手法
　　振替＝社債、株式等の振替に関する法律
　　保険＝保険法
　　保険業＝保険業法
　　信託＝信託法
　　担信＝担保付社債信託法
　　投信＝投資信託及び投資法人に関する法律
　　金商＝金融商品取引法
　　独禁＝私的独占の禁止及び公正取引の確保に関する法律
　　通則法＝法の適用に関する通則法
　　民＝民法
　　一般法人＝一般社団法人及び一般財団法人に関する法律
　　民訴＝民事訴訟法
　　民執＝民事執行法
　　破＝破産法
　　会社更生＝会社更生法
　　民事再生＝民事再生法

　　その他、適宜、本文中で方法を紹介して略記する。

判例の表記方法

　　一般の慣例に従う。

参 考 文 献

【会社法】
◎体系書
○平成26年会社法改正以降の文献

青竹正一『新会社法(第4版)』信山社(2015年)	＝ 青竹・新会社法
伊藤靖史・他(大杉謙一・田中亘・松井秀征)『リーガルクエスト会社法(第3版)』有斐閣(2015年)	＝ 伊藤他・リークエ
江頭憲治郎『株式会社法(第6版)』有斐閣(2015年)	＝ 江頭・株式会社法
落合誠一『会社法要説(第2版)』有斐閣(2016年)	＝ 落合・要説
岡伸浩『会社法』弘文堂(2017年)	
神田秀樹『会社法(第19版)』弘文堂(2017年)	＝ 神田・会社法
神田秀樹『会社法入門〔新版〕』岩波新書(2015年)	＝ 神田・入門
河本一郎＝川口恭弘『新・日本の会社法』商事法務(2015年)	
北村雅史＝柴田和史＝山田純子『現代会社法入門(第4版)』有斐閣(2015年)	
近藤光男『最新株式会社法(第8版)』中央経済社(2015年)	＝ 近藤・最新
柴田和史『会社法詳解(第2版)』商事法務(2015年)	＝ 柴田・詳解
高橋美加＝笠原武朗＝久保大作＝久保田安彦『会社法』弘文堂(2016年)	＝ 高橋(美)他
田中亘『会社法』東京大学出版会(2016年)	＝ 田中亘・会社法
鳥山恭一＝福原紀彦・他(甘利公人・山本為三郎・布井千博)『会社法(第2次改訂版)』学陽書房(2015年)	＝ 鳥山＝福原他
長島・大野・常松法律事務所(編)『アドバンス会社法』商事法務(2016年)	＝ アドバンス会社法
松岡啓祐『最新会社法講義(第3版)』中央経済社(2016年)	
丸山秀平『やさしい会社法』法学書院(2015年)	
三浦治『基本テキスト会社法』中央経済社(2016年)	＝ 三浦・会社法
宮島司『新会社法エッセンス(第4版補正版)』弘文堂(2015年)	
弥永真生『リーガルマインド会社法(第14版)』有斐閣(2015年)	＝ 弥永・リーガルマインド
山本為三郎『会社法の考え方(第9版)』八千代出版(2015年)	＝ 山本・考え方

○伝統的な文献等

大隅健一郎＝今井宏＝小林量『新会社法概説(第2版)』有斐閣(2010年)	
大隅健一郎＝今井宏『会社法論〔上巻・中巻・下巻II〕』有斐閣(1991〜92年)	＝ 大隅＝今井・会社法論
加美和照『新訂会社法(第10版)』勁草書房(2011年)	＝ 加美・新訂
河本一郎『現代会社法〔新訂第9版〕』商事法務(2004年)	＝ 河本・現代
鈴木竹雄『新版会社法〔全訂第5版〕』弘文堂(1994年)	
鈴木竹雄＝竹内昭夫『会社法(第3版)』有斐閣(1994年)	＝ 鈴木＝竹内・会社法
竹内昭夫＝弥永真生補訂『株式会社法講義』有斐閣(2001年)	
龍田節『会社法大要』有斐閣(2007年)	
永井和之『会社法(第3版)』有斐閣(2001年)	
前田庸『会社法入門(第12版)』有斐閣(2009年)	＝ 前田・入門
丸山秀平『新株式会社法概論』中央経済社(2009年10月)	

◎立案担当者による解説（会社法平成17年制定・26年改正）

相澤哲(編著)『一問一答新会社法(改訂版)』商事法務(2009年) ＝ **問答新会社法**

相澤哲(編著)『立案担当者による新・会社法の解説』別冊商事法務(2006年) ＝ **相澤他・新解説**

相澤哲(編著)『立案担当者による新会社法関係法務省令の解説』別冊商事法務(2006年) ＝ **相澤他・省令解説**

相澤哲・他(葉玉匡美・郡谷大輔)編著『論点解説新会社法(千問の道標)』商事法務(2006年) ＝ **相澤他・論点解説**

坂本三郎(編著)『一問一答平成26年改正会社法〔第2版〕』商事法務(2015年) ＝ **問答平26改正**

坂本三郎(編著)『平成26年改正会社法の解説』別冊商事法務(2015年) ＝ **坂本他・平26改正解説**

坂本三郎(編著)『平成26年改正会社法関係法務省令の解説』別冊商事法務(2015年) ＝ **坂本他・平26省令解説**

◎注釈書

上柳克郎=鴻常夫=竹内昭夫(編集代表)『新版注釈会社法』有斐閣(1985～2000年) ＝ **新版注釈**

江頭憲治郎=森本滋(編集代表)『会社法コンメンタール〔22巻・補巻〕』商事法務(2008年～) ＝ **会社法コンメ**

酒巻俊雄=龍田節(編集代表)『逐条解説会社法〔9巻・補巻〕』中央経済社(2008年～) ＝ **逐条解説**

弥永真生『コンメンタール会社法施行規則・電子公告規則〔第2版〕』商事法務(2015年)

弥永真生『コンメンタール会社計算規則・商法施行規則〔第3版〕』商事法務(2017年)

田中亘・他(監)『会社法関係法務省令逐条実務詳解(改正会社法対応版)』清文社(2016年)

奥島孝康・他(落合誠一・浜田道代)編『新基本法コンメンタール会社法(第2版)〔1～3〕』日本評論社(2015～16年)

＝ **新基本法コンメ**

◎判例解説等

江頭憲治郎・他(編)『会社法判例百選(第3版)』有斐閣(2016年) ＝ **会社百選**

神田秀樹(監修)岩田合同法律事務所(編著)『時代を彩る商事判例』商事法務(2015年)

永井和之・他(編著)『会社法新判例の分析』中央経済社(2017年)

◎講座・演習・他

浜田道代=岩原紳作(編)『会社法の争点』有斐閣(2009年)

芦部信喜・他(編)『岩波講座基本法学(7)企業』岩波書店(1983年)

竹内昭夫=龍田節(編)『現代企業法講座(1～5)』東京大学出版会(1984～85年)

江頭憲治郎=門口正人(編)『会社法大系(1～4)』青林書院(2008年) ＝ **会社法大系**

江頭憲治郎=中村直人(編著)『論点体系会社法(6巻・補巻)』第一法規(2012・15年) ＝ **論点体系**

江頭憲治郎(編)『株式会社法大系』有斐閣(2013年)

神田秀樹(編)『論点詳解平成26年改正会社法』商事法務(2015年)

伊藤靖史・他『事例で考える会社法(第2版)』有斐閣(2016年)

黒沼悦郎(編著)『Law Practice 会社法(第3版)』商事法務(2017年)

【商法総則・会社法総則等】

落合誠一・他『商法Ⅰ〔第5版〕』有斐閣(2013年) ＝ **落合他・商法Ⅰ**

近藤光男『商法総則・商行為法〔第6版〕』有斐閣(法律学叢書)(2013年) ＝ **近藤・商法**

森本滋(編著)『商法総則講義〔第3版〕』成文堂(2007年) ＝ **森本編・総則**

江頭憲治郎・他(編)『商法(総則・商行為)判例百選(第5版)』有斐閣(2008年) ＝ **商法百選**

【その他の組織法分野】

第15章各節の総論中に注記する。

【著者の別著書（本書関連）】

濱田惟道（編）福原紀彦・他『現代企業法講義1商法総論・総則』青林書院（1992年）
濱田惟道=福原紀彦『商法の要点整理』実務教育出版（1994年）
布井千博=福原紀彦『企業の組織・取引と法』放送大学教育振興会（2007年）
福原紀彦（編著）『企業法務戦略』中央経済社（2007年）
福原紀彦『企業法要綱1企業法総論・総則』文眞堂（2015年）　　　　　　＝　福原・総論
福原紀彦『企業法要綱2企業取引法』文眞堂（2015年）　　　　　　　　　＝　福原・取引
鳥山恭一=福原紀彦・他（甘利公人・山本為三郎・布井千博）『会社法（第2次改訂版）』学陽書房（2015年）　＝　鳥山=福原他
福原紀彦（編著）『現代企業法のエッセンス』文眞堂（2017年近刊）

その他、適宜、本文中で示して紹介する。

1. 企業・企業組織と法

企業組織法総論

《企業組織と法》

3.1. 企業・企業組織と法

3.1.1. 経済社会と企業組織 ─ 企業組織法の背景

1　経済社会の秩序と企業・企業組織
2　企業の諸形態

□1.商品経済と市場経済の秩序において、企業と企業組織はどのような意義と機能を有しているか。
□2.経済主体としての企業には、どのような形態があるか。そのなかで会社とは、どのような観点で認識できる企業形態なのか。
□3.資本の結合と集中の高度化に応じて、会社の形態はどのように整理できるか。

1　経済社会の秩序と企業・企業組織

（1）市場経済と企業
1）経済社会の原理としての市場経済

　経済社会は、「協同経済」「計画経済」「市場経済」という3つの原理によって編成され、わが国の経済社会は、今日、商品経済とも呼ばれる市場経済の原理を中心とした体制で営まれている（組織や部分の社会においては、適宜、計画経済や協同経済の原理も容れて運営されている）＊。そして、私たちが生活する経済社会では、利潤を獲得する目的で商品やサービスを供給する「企業」が経済活動の中心的役割を担っている。

　　＊**経済社会の原理と秩序**　　経済社会を編成する「協同経済」「計画経済」「市場経済」という3つの原理は、国や時代によって、そのあり方や組み合わせに濃淡があり、また、それらの原理は、社会体制を支える経済原理となる場合のほか、部分社会や組織・団体で採用される経済原理となる場合もある。
　　協同経済は、相互扶助や連帯等の価値感を共有し、複数の個人や団体が力を合わせて同じ目的や共通の利益のために物事を行うという協同の原理で営まれる。歴史上、各種の共同体の運営にみられる原理であり、今日でも団体や家族の内部にみられる。計画経済は、中

央集権的に策定される計画に従って資源配分を行うことを原理として営まれ、社会主義国では国家的体制にみられ、自由主義国でも組織や団体の内部にみられる。市場経済は、各個人の私的所有権を広く認めて、財とサービスを市場において取引し、資源配分を行うことを原理として営まれ、自由主義国の体制として行われ、社会主義国でも活用されている。

2）経済主体としての企業

「企業」とは、継続的な意図をもって計画的に営利行為を実現する独立の経済主体のことである。企業という経済主体は、他の経済主体（国家、地方公共団体、個人、家庭等）と較べて、利潤の追求（経済的価値の増殖）に存立の目的があり、それを本質としている点で独自性がある。私たちの経済社会では、企業は、生活に必要な財やサービスを提供することによって自らの経済的価値を増大させ、また、納税、給与支給や利益配当を通じて、さまざまな経済主体の収入や所得の源泉となる等、現実的に大きな役割を担っている。

企業は、その存立目的を達成するために、さまざまな活動を展開する。その活動の中心をなす企業取引（企業が当事者となる取引）は、経済主体としての企業の特質を反映して、計画性、集団・大量性、継続・反覆性、迅速性、定型性、連鎖性等の特色を有する。そして、企業は、市場との関連で、合理的・効率的に意思決定し行動するために適した組織を形成することになる。

（2）市場機能と政府・企業組織の役割

1）市場の機能

市場は、供給者・需要者となる経済主体間で財・サービスと貨幣とが交換される場であり、完全合理的な選択（判断・行動）能力を有する経済主体間の自由競争のもとに、価格をシグナルとして社会全体の需給関係を調節し、労働力・財・資本等の資源を最も適切な割合で配分する機能を有する（完全市場の効率的資源配分システム）。

2）市場機能の補正・代替・拡張と政府の役割

現実の経済社会では、市場の不完全性や外部性、財の公共性等により「市場の失敗」が存在する場合に、政府が市場機能の補正と代替を図り、また、市場機能の拡張を図る政策を遂行している。それらは、政府による市場への介入や後見的役割の増加という国家の役割が認識されて行われる場合もあれば、強化が図られながら効果を生じないために「政府の失敗」が指摘され、規制緩和や民営化等を標榜して行われる場合もある。市場経済を基本的な体制とする各国では、今日、混合経済と呼ばれるように、市場と政府とが相互に関係しあいながら、経済活動が行われている（一柳良雄＝細谷裕二「市場と政府の補完関係」青木昌彦＝奥野正寛＝岡崎哲二（編著）『市場の役割 国家の役割』東洋経済新報社（1999年）105頁）。

3）企業組織の存在

完全市場の効率的配分システムが強調される脈絡では、企業は、完全合理的に利潤を最大化する経済主体として擬人化・単純化され、あたかも物理学の質点のような存在として仮定され、その組織的特徴はほとんど無視されてきた。しかし、こうした新古典派経済学の市場における企業観に対して、企業組織の実態を認識する試み

が、「企業の行動」理論、「所有と支配の分離」論、「経営者支配」論として展開され、この制度派経済学は、さらに、組織の経済学、新制度派経済学へと発展を遂げている（佐伯啓思『市場社会の経済学』新世社（1991年）、宮本光晴『企業と組織の経済学』新世社（1991年）、伊藤秀史「組織の経済学」中林真幸＝石黒真吾『比較制度分析・入門』有斐閣（2010年）15頁、菊澤研宗『組織の経済学入門：新制度派経済学アプローチ〔改訂版〕』有斐閣（2016年）、菊澤研宗（編著）『業界分析 組織の経済学』中央経済社（2006年）、参照）。

　まず、「企業の行動」理論として、経済主体となる人間像は、決して完全合理的な経済人ではなく、情報収集・処理・伝達能力は限定され、その限定された情報のなかで意図的で合理的にしか行動できず、「限定合理性」に従って行動していると認識されようになった。また、限定合理的な行動に至るまでには多様な意思決定過程が存在するとともに、企業は必ずしも利潤最大化を目的としておらず、企業組織は、株主、労働者、債権者、流通業者、下請け、顧客等といった、それぞれに固有の利害をもつ参加者の連合体とみなされるようになった。そして、異なる利害を有する参加者の企業組織内でのコンフリクトの解決に向けた意思決定過程を明らかにすることで、企業の行動が認識されるのである。

　他方で、「所有と支配の分離」のテーゼとして、現代の巨大企業は単なる質点ではなく、所有者と支配者が分離した巨大企業組織であり、所有者と支配者の利害が異なるために、単純に株価最大化や利潤最大化ができない存在であるとの主張がなされ、注目を集めた（A.A.バーリ＝G.C.ミーンズ『現代株式会社と私有財産』〔1932〕森杲・同翻訳書（北海道大学出版会、2014年）。

　これを受けて展開された「経営者支配の企業理論」では、所有と支配の分離によって自由裁量を勝ち得た経営者は、もはや株主の忠実な代理人として利潤最大化するのではなく、何らかの制約のもとに経営者自身が望む固有の目的を追求すると考えられ、売上高最大化仮説、企業成長率最大化仮説、経営者の効用最大化仮説などが展開された。そこでは、いずれも株主の利益が犠牲にされ経営者自身が自らの「効用を最大化」すると考えられた。

4）企業組織化による市場交換の代替

　制度派経済学の成果である「限定合理性」と「効用最大化」の仮定を継受しつつ、今日では、新制度派経済学と呼ばれる一連の理論群から成る新たな制度論が展開されている。

　コース（「企業の性質」1937年）は、「市場という大海の中になぜ企業という意識的な権限の島が出現するのか」と表現して、空間的及び時間的に組織された企業が市場の中からどのように生成するか（企業組織の存在理由）を問い、また、企業規模はどのように決定されるのか（企業の境界）を問うた。そして、第一の問いに対しては、市場での取引コストがあまりにも高い場合には、それを節約するために、市場取引に代わり、組織的に資源を調達し配分することになる、すなわち、取引コストを節約するために市場に代わる組織的な資源配分システムが形成され選択されることになり、それが企業組織であるとした。第二の問いに対しては、企業は取引を内部組織化し規模を拡大するが、最適な企業の規模は、取引を内部組織化して節約できる市場取引コストの減少と、組織化によって発生する組織内取引コストの増分が等しくなる点が企

業組織の境界となるとした。

　このコースの視点を嚆矢とし、市場の失敗という問題関心と軌を一にして精緻化され一般化されたのが、「取引コスト理論」である（R.H.コース『企業・市場・法』〔1988〕宮沢健一他・翻訳書（東洋経済新報社、1992年）、O.E.ウィリアムソン『市場と企業組織』〔1975〕浅沼萬里他・翻訳書（日本評論社、1980年）等）。

　ウィリアムソンによって洗練された取引コスト理論では、資産特殊性（取引相手によって価値が高まったり低下したりする資産）、不確実性（取引相手の情報がほとんど得られない状況）、取引頻度などの取引状況の特徴によって、取引コストは増減し、資産特殊性が生み出す取引コストを節約するために、機会主義的な行動（人々の間での騙し合いや戦略的に利益を得ようとする行動）の出現を抑止するさまざまな統治制度（＝ガバナンス制度）が発生するとみなされる（ウィリアムソンの取引コスト節約原理の分かりやすい説明として、菊澤・組織と経済学入門〔改訂版〕20頁以下）。

５）企業組織の経済的分析の発展

　組織を経済学的に分析する主要な理論として、上記の取引コスト理論に加え、エージェンシー理論及び所有権理論が展開されている。

　「エージェンシー理論」では、企業は、経営者を中心とする複数のエージェンシー関係（株主・経営者、会社債権者・経営者、経営者・従業員、経営者・下請企業、企業・顧客等）から構成される「契約の束（ネクサス）」とみなされる。とくに重要なエージェンシー関係は、プリンシパルである株主や会社債権者とエージェントとである経営者との関係であるが、そこでは、経営者は単なるエージェントではない。すべての人間は限定合理的に効用最大化しようとするので、株主・債権者と経営者との利害は必ずしも一致せず、また、両者の情報は非対称的であるので、経営者は株主や債権者の不備につけこんで非効率な行動をする可能性がある（エージェンシー問題）。しかし、巨大企業の経営者の非効率的な行動は、取締役会制度、会計監査制度、報酬制度、株式市場制度などの統治制度（フォーマルな制度としての法律、インフォーマルな制度としての習慣、セミフォーマルな制度としての組織内制度）によって抑制されている。これが制度論としてのエージェンシー理論である。そして、エージェンシー問題はコーポレート・ガバナンス問題であると解釈され、その経営者のエージェンシー問題を抑止するために展開される様々な制度が、コーポレート・ガバナンスの方法と解されている（菊澤・前掲組織の経済学入門〔改訂版〕8頁・135頁）。

　「所有権理論」では、市場で交換取引されるのは財それ自体ではなく、財がもつ特定の特質の所有権であると考え、この観点から資源配分の効率性を解こうとする（ここにいう所有権は、財のある特質を排他的に使用する権利、財のある特質が生み出す利益を得る権利、他人にこれらの権利を売るといった権利の束として定義され、法律用語としての所有権概念と比較して柔軟性がある）。人間が完全合理的であれば、すべての財の特性をめぐる所有権は明確に誰かに帰属し、財の使用によって発生するプラス・マイナス効果も、その所有権者に帰属することになるので、所有権者は自分の効用を高めるために、マイナス効果を避け、プラス効果を生み出すように効率的に財を利用しようとする。このように理解することで、市場取引を通じて資源が効率的に配分されるための前提として所有権制度の確立が必要であるとの認識が得られている。

しかし、実際には人間は限定合理的なので、すべての財の所有権が明確に誰かに帰属するわけでなく（プラス・マイナス効果の外部性）、財が無責任に非効率に利用される可能性がある。この非効率を抑制するために、所有権を明確にする制度が発生し形成されると考えるのが制度論としての所有権理論である。所有権理論では、企業とは、財を効率的に利用するために、財の所有権を特定の人々に集中させたり、分散させたりする制度とみなされる（菊澤・前掲組織の経済学入門〔改訂版〕9頁）。

　所有権理論を企業組織に応用した研究として最も注目されているのが、オリバー・ハートの「新所有権論」であり「不完備契約理論」である（O.ハート『企業 契約 金融構造』〔1995〕鳥居昭夫・同翻訳書（慶應義塾大学出版会、2010年））。ハートは、限定合理的な人間が効用最大化するために資産の利用をめぐって行う契約は、常に不完備契約となり、この場合、資産の所有者が最終的に資産をコントロールする権利を有するとして、この権利を、「残余コントロール権」と呼び、所有権の特徴とみなす。そして、企業は、物的資産の所有権の総体、残余コントロール権の総体とみなしている（菊澤・前掲組織の経済学入門〔改訂版〕242頁）。

　最近の経済学では、実際の取引は整備された市場のもとでは行われておらず、取引当事者間での情報の非対称性もあることから、経済現象を市場という形で捉えるのではなく、個々の取引に応じてどのような契約が行われているかに注目して、取引単位、契約単位で明確にする「契約理論」が大きな影響を発揮しており、契約理論のなかでも、新しい契約理論としての不完備契約理論が展開されている。そして、制度や法律、組織といったものが、どのように契約を補完しているのか、どのように補完するべきかが基本テーマとなっている（柳川範之『契約と組織の経済学』東洋経済新報社〔2000年〕3頁）。

　経済学と法律学とは、前者が効率性を追求し後者が正義を実現するものとして理解され、両者の関係性が必ずしも明確でなかった。経済法（独占禁止法）等の分野の研究では早くから経済学の成果を活用されていたが、伝統的法律分野においても経済理論を適用できることが明らかにされたのは、「法と経済学」アプローチの登場による。例えば、会社法を中心とする企業組織法の強行法規性は、組織のあり方を法律によって「標準化」することで情報収集コストの節約を図ることに資するが、当事者間の自由な選択を妨げることになるとの認識が得られることになる（柳川・前掲契約と組織の経済学87頁）。そして、最近では、上述の新制度派経済学と「法と経済学」アプローチによって、企業組織法学の新地平が大きく拓かれている（三輪芳朗＝柳川範之＝神田秀樹（編）『会社法の経済学』東京大学出版会〔1998年〕、柳川範之『法と企業行動の経済分析』日本経済新聞社〔2006年〕、田中亘＝中林真幸（編）『企業統治の法と経済―比較制度分析の視点で見るガバナンス』有斐閣〔2015年〕）。

（3）企業組織とコーポレート・ガバナンス

　企業組織に関する制度論として、コーポレート・ガバナンス（企業統治）の問題が、経済学・経営学・法学・倫理学等の分野にわたり、前世紀末から最大の問題として出現し、その目的や方法、主権者を巡る多面的な問題領域において多様な議論を喚起してきた。そして、「比較制度分析」の知見によれば、先進諸国のコーポレート・ガ

バナンス問題は、社会倫理問題に始まり、企業倫理問題へと移行し、企業倫理と企業効率の複合問題へと変化し、今日では、企業効率問題が注目され、効率性や企業価値を高めることが主要な目的となっている。ここに、コーポレート・ガバナンスとは、「企業をより効率的なシステムとして進化させるために、多様な批判的方法を駆使して、企業をめぐって対立する複数の利害関係者が企業を監視し規律を与えることである」とされる（菊澤研宗『比較コーポレート・ガバナンス論』有斐閣〔2004年〕272頁）。

今日、コーポレート・ガバナンス問題を解く最有力の理論とされているのは、エージェンシー理論である。この理論では、前述のように、企業は多様なエージェンシー契約の束（ネクサス）とみなされ、株主一元的な企業観ではなくステークホルダーによる多元的な企業観のもとに、企業は「企業価値」として存立し、企業価値が企業をめぐる多様なエージェンシー関係の均衡状態を反映する。企業が生み出すフリー・キャッシュ・フローの現在価値総額としての（今日では一般的にDCF法によって計算される）企業価値を高めることが国民全体の価値を最大化することになるとする。コーポレート・ガバナンスの目的は、企業が淘汰されないように、いかにして経営者に企業価値を高めるべく経営させるか、キャッシュフローの無駄遣いを抑止し、資本コストを下げるような経営をさせるか、すなわち、経営者がプリンシパルである株主や債権者の不備につけ込んで不正で非効率的な行動を行うという「エージェンシー問題」の発生を、いかにして抑制するかにあるとする。そして、経営者と株主、経営者と債権者という2つの主要なエージェンシー関係のもとで、コーポレート・ガバナンスの方法が整理されている（菊澤・前掲組織の経済学入門〔改訂版〕134頁）。

一方で、株主と経営者とのエージェンシー問題を抑止するには、第一に、株主と経営者との間の情報の非対称性を緩和すること（時価会計制度の導入、会計監査制度、IRによる積極的な情報提供、情報の開示や透明性を高める法制度）が必要であり、第二に、株主と経営者の利害を一致させること（モニタリング・システムの強化〔平時のマネジメント組織型コーポレート・ガバナンスと、有事の株式市場型コーポレート・ガバナンス〕、経営者の所有経営者化による自己統治のためのインセンティブ付与〔ストックオプションやMBOの活用〕）が必要であるとされる。

他方で、債権者と経営者とのエージェンシー問題を抑止するには、第一に、この場合にも、債権者と経営者との間の情報の非対称性を緩和することが必要であり、第二に、債権者と経営者の利害を一致させること（モニタリング・システムの強化、債権者兼株主による組織型・市場型のコーポレート・ガバナンスの実現等）が必要であるとされる。

これら新制度派経済学の知見は、法制度を含む会社に関する諸制度の点検と再構築にあたって、有力な手掛かりを数多く提供している。もっとも、コーポレート・ガバナンスの意義については、株主の利益保護のための仕組みとしてだけでなく、また、経営者に対する規律のメカニズムと捉えることに限定せず、利害関係者の厚生を増進する仕組みとして、広義に捉えることができ、その場合には、広範囲な議論が包摂される（田中＝中林・前掲企業統治の法と経済9頁）。したがって、コーポレート・ガバナンスの問題は、法学分野とりわけ会社法の分野でのみ解決されるものではない。後述するように、会社法は、会社企業の存立と活動を保障し利害関係を調整することを任務としてきたが、引き続き、その役割は、コーポレート・ガバナンス問題の解決に向け

て、さまざまな制度間・法制度間の連携のもとで果たされなければならない。

2 企業の諸形態

(1) 企業の諸形態と会社

経済社会の展開とともに資本の集積と集中が進み、また、企業の結合と再編が進むにつれて、各種の企業形態が案出され、企業の法的形態が整備されてきた。企業は、出資の源泉、営利目的の有無、支配・経営権の所在及び法人格の有無からみて、各種の形態に分類される。

1) 公企業と私企業

まず、企業は「公企業」と「私企業」とに分類される。公企業は、国又は地方公共団体その他これに準ずる行政主体が、社会公共の利益を図る目的から、法律にもとづいて出資し、直接又は間接に経営する企業形態である。これに対して、私企業は、私人が出資者となって設立し経営する企業形態である。

2) 営利企業と非営利企業

私企業は、さらに、営利目的の有無により、「営利企業」と「非営利企業」とに分かれる。ここに営利目的とは、企業の対外的活動によって利潤を獲得し、獲得された利潤を出資者に分配する目的をいう。

3) 個人企業と共同企業

営利企業の形態には「個人企業」と「共同企業」とがある。複数の者が共同して出資・経営する共同企業は、個人企業と較べると、多くの資本と労力を結合して企業の規模を拡大し、企業経営に伴う危険と損失を分担・軽減して、より多くの利潤を獲得できる利点を有している。

4) 共同企業の諸形態と会社

わが国での共同企業の法的形態には、民法上の組合、商法上の匿名組合、海上企業が利用する船舶共有、及び会社法上の会社等がある。会社は、独立の法人格が付与されることにより、法律関係が明確になり、企業存立の継続性が確保される点に特色があり、共同企業の利点を活かして営利活動を行うのに適した企業形態である。

【企業の諸形態と会社】

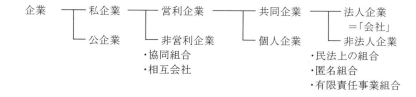

（2）会社形態の高度化・多様化と各種共同事業形態
1）資本の結合・集中と会社形態の高度化

　会社は、さまざまな資本を結合し集中させて事業活動による利益の獲得を実現する経済主体であり、機能資本の結合段階である合名会社から、機能資本と無機能資本の結合段階である合資会社へ、そして遊休無機能資本の糾合の段階の株式会社という順に、資本集中を高度化させてきた。そして、制度上、機能資本家たる出資者は業務執行権限を有する無限責任社員と位置づけられ、無機能資本家で持分資本家たる出資者は業務執行権限を委譲する有限責任社員と位置づけられてきた*。

　　＊ **会社の社員の責任態様**　会社の種類を区別する基準は、主として、会社債権者に対する関係からみた社員（出資者）の責任の態様にある。その態様として、社員が会社債権者に対しても直接に会社債務を弁済する義務を負う場合を直接責任といい、会社に対して出資義務を負うにすぎない場合を間接責任という。そして、それぞれの義務が一定額を限度とする場合を有限責任、そうでない場合を無限責任という。

　ⅰ　**合名会社**　合名会社は、個人企業から進化した最初の会社企業形態であり、機能資本どうしが参加しあう資本集中形態である。古く、中世ヨーロッパにおいて先代の商売を引き継いだ複数の子らによって構成された団体がその源とされ、フランスで、商号に社員全員の名前を用いることを要求していたことに、「合名」という名称の由来があるといわれている。

　合名会社は、会社債務につき会社債権者に対し連帯して直接無限の弁済責任を負う社員だけで構成される一元的組織の会社である。合名会社では、所有と経営とが一致しており、各社員が原則として業務を執行し、会社を代表する。社員の地位の譲渡は自由ではない。

　ⅱ　**合資会社**　合資会社は、合名会社から進化した会社企業形態であり、機能資本に加えて無機能資本が参加する資本集中形態である。合資会社は、中世イタリアにおけるコンメンダに起源があるといわれ、商法上の匿名組合と起源が同じである。機能資本家たる無限責任社員が所有とともに経営を担うが、無機能資本家たる有限責任社員においては所有と経営が分離している。

　合資会社は、二元的組織の会社であり、合名会社の社員と法的に同じ地位に立つ直接無限責任社員と、会社債務につき、会社債権者に対し連帯して直接の弁済責任を負うが、出資額を限度とする責任しか負わない直接有限責任社員とで構成される会社である。

　ⅲ　**株式会社**　株式会社は、本来、社会に散在する巨額の資本を広範囲・最高度に集中して（無機能資本を社会の要請する規模で機能させて）、大規模な企業活動を長期的・継続的に営むために案出された共同企業形態である。株式会社としての特徴をもつ会社は、歴史上、1603年に設立されたオランダの東インド会社が最初とされている。

　株式会社は、会社債務につき会社債権者に対しては何らの弁済責任を負うことなく会社に対して株式の引受価額を限度とする出資義務を負うにすぎない有限責任の社員（＝株主）だけで構成される一元的組織の会社である。

株式会社は、その機能を発揮するために、株式制度及び株主有限責任の原則を基本的特質としてきた。そして、株式制度のもとで、投資資本の回収を可能とするために株式譲渡の自由を原則とし、所有が分散しても資本多数決原理の導入によって統一的意思形成を可能とし、所有と経営を分離して合理的な経営を可能としている。また、株主有限責任によって投資の促進を図る一方で会社債権者の保護を強化している*。

　* **株式会社形態の特質に関する指摘**　株式会社形態の特質として、①出資者による所有、②法人格の具備、③出資者の有限責任、④出資者と業務執行者との分離（取締役会構造の下での中央集権化された経営管理）、⑤出資持分（株式）の譲渡性の5つを指摘する見解が、最近、主張されている（神田・入門4頁、Reinier H. Kraakman et al., The Anatomy of Corporate Law, 2nd ed., Oxford Univ. Press, 2009, 同書初版の翻訳書として、布井千博（監訳）『会社法の解剖学』レクシスネクシスジャパン〔2009年〕）。

２）会社形態の多様化と各種共同事業形態

　株式会社は、本来、大規模で公開的な会社形態として想定されるが、現実の利用形態はさまざまである（株式会社企業形態は、わが国では、特質を一部変容させながら、小規模で閉鎖的な会社でも採用することができるようになっており、他方、必ずしも営利目的を有しない事業形態にも導入され始めている）。そして、実際には、上記の枠組み（発生史論的）では整理しきれない会社形態や共同事業体も登場している**。

　** **共同事業体組織の展開**　近時、投資の促進を主な目的とした共同事業形態（投資ビークル）が次々と誕生しており、それらは、会社型、信託型、組合型に分類される。
　会社型と呼ばれる投資事業体には、金融の自由化に伴って認められた特殊な営利社団法人として、「資産の流動化に関する法律（平成10年法105号）」（＝資産流動化法）による特定目的会社（SPC）、「投資信託及び投資法人に関する法律（昭和26年法198号）」（＝投資信託法）による投資法人があり、また、「会社法（平成17年法86号）」によって創設された合同会社がある。
　合同会社は、日本版LLC（Limited Liability Company）とも呼ばれ、創業の活発化、情報・金融・高度サービス産業の振興、共同研究開発・産学連携の促進等を図るため、会社法で新たに創設された会社の種類である。合同会社では、出資者の有限責任が確保されつつ、会社の内部関係については組合的規律が適用される。
　信託型の投資事業体として、投資信託法による投資信託や、資産流動化法による特定目的信託（SPT）がある。
　組合型の投資事業体として、民法上の組合や商法上の匿名組合のほかに、「不動産特定共同事業法」による任意組合、「投資事業有限責任組合契約に関する法律（平成10年法90号）」による投資事業有限責任組合（LPS）、及び、後述の有限責任事業組合（LLP）がある（本書、3.15.参照）。

（３）企業結合と企業集団

　企業は独立した組織として経済活動を展開し、自らの組織内部を強化して経済力を集積する一方で、他の企業との結合関係を形成する。企業結合は、市場テストによらずに、独立した意思決定主体の数を減らし、人為的に企業規模を拡大する点に特徴があり、規模や範囲の経済性により、市場においてより大きな利潤を効率的に獲得するために行われる。

　企業結合には、契約的結合（ゆるい結合）と組織的結合（固い結合）とがある。態

様に注目すると、契約的結合、人的結合、資本的結合の三種類及びそれらの組み合わせの態様がある。企業結合関係が形成される基礎となる企業間の関係には、取引関係、同業種間競争関係、異業種間関係の形態があり、それぞれにおいて、水平的結合、垂直的結合、多角的結合が形成される。そして、現実には、カルテル、トラスト、コンツェルン、合併、合弁、企業集団、系列化など多様な形態が存在している（森本滋「企業結合」竹内昭夫他編『現代企業法講座2企業組織』東京大学出版会（1985年）99頁、屋宮憲夫「企業の集中と結合」蓮井良憲（編）『企業経営と法律〔第3版〕』有信堂（2001年）82頁、泉水文雄他『経済法（第2版）』有斐閣（2015年）114頁）。

これら企業結合に対しては、市場を競争的に保つための構造規制としての「市場集中規制」が行われるが、その他、国民経済全体における力の集中を問題として経済力の集中それ自体を規制する「一般集中規制」が行われることがある。とくに、わが国では、第二次世界大戦後の財閥解体に由来して、一般集中規制として持株会社が全面的に禁止されていたが（旧独禁9条1項2項）、1997年に解禁された（平成9年改正独禁法9条1項3項）。これにより純粋持株会社も解禁され、同時期の商法改正により、持株会社を活用した企業集団の形成が容易になった。また、今日では、一般集中規制の将来的廃止を含めた見直し論議も進んでいる（武久征治「持株会社と法」斉藤武（編）『現代の企業と法を考える』法律文化社（2000年）219頁、泉水他・前掲経済法185頁）。

3.1.2. 企業組織の規律環境 ― 企業組織法の内包と外延

  1 市場経済の秩序と近代市民法
  2 企業組織の民事規律と企業法規律
  3 企業組織の経済法規律
  4 企業組織の新たな規律手段

☐1.市場経済の秩序を形成・維持する近代市民法において、経済主体としての企業の存立と活動はどのように保障されているか。
☐2.企業組織は、企業法分野において、どのように規律され、今日、その規律の観点はどのように変容しているか。
☐3.企業組織は、経済法分野においては、どのような観点で規律されているか。
☐4.企業組織の規律手段にはどのようなものがあるか。その新たな規律手段としてのソフトローとは、どのようなものか。

1　市場経済の秩序と近代市民法

経済社会に必要な秩序（原因と結果の因果関係）を形成し維持するために、近代市民法を原型とする社会規範が一定の役割を果たしている。そこでは、市場における一定の経済主体を法主体（権利義務の帰属主体）として位置づけ、経済関係を権利義務関係によって秩序づけているが、損益の帰属点となる企業は権利義務の帰属点としても位置づけられている。

そして、近代市民法においては、私的自治の原則のもとに、契約自由の原則が確

立している。すなわち、市場経済原理の基調といえる自由放任主義(レッセフェール、laissez-faire)と、企業の語源にも由来する創造的・進取気鋭の精神(エンタープライズ、enterprise)にもとづき、企業の取引活動の規律は自由を原則として構築されている。資源の最適な配分を求め、資源配分の効率性を高めるための経済活動の自由と規制のあり方が、企業取引規律における自由と規制のあり方に反映している。

企業取引の法的規律の実効性(エンフォースメント)を確保する上で、民事規律・刑事規律・行政規律の最良の組み合わせ(ベスト・ミックス)が求められ、また、社会法とりわけ経済法規律の活用が必要とされている。

そうした企業取引の法的規律の全貌は、契約自由の原則とその制約として整理されることが多い(谷川久=清水誠=河本一郎=豊崎光衛「現代における企業取引と法」矢沢惇(編)『現代法と企業(岩波講座現代法第9巻)』岩波書店(1966年)143頁、岸田雅雄『ゼミナール商法総則・商行為法入門』日本経済新聞社(2003年)174頁、落合他・商法Ⅰ139頁、等)。

2　企業組織の民事規律と企業法規律

(1) 民事規律と企業法規律

企業の存立と活動を維持し、その機能を保障するとともに、企業をとりまく社会関係を秩序づけるために、法という社会規範が一定の役割を果たし、民事規律の法規範がその中心的な役割を担っている(経済市場の成長の程度や政府の役割の大小により、民事規律と行政規律の活用の度合いは異なり、わが国では行政規律の度合いが大きい傾向にあるが、司法制度改革の進展に伴う「法の実現における私人の役割」の増大と併せて、民事規律の活用の度合いも拡大している。田中英夫=竹内昭夫『法の実現における私人の役割』東京大学出版会(1987年)、参照)。

民事規律の法規範として、その一般法としての民法に対し、「商法」と呼ばれる法分野が形成され発展している。民法分野に対する商法分野の独自性を認識する一般的理解のもとでは、商法分野は、民法の特別法として、企業の需要と特色に応じる法規範である。もっとも、商法が民法の特別法であると言っても、今日では、企業取引に関する規律と企業組織に関する規律とでは意味合いが異なってきている。

企業組織に関する法的規律では、個人企業形態が商法上の商人(小商人を含む)として、法人企業形態が主として会社法上の会社として位置づけられ、商法典及び会社法典が企業組織の規律の中心をなす*。

> * **商法(企業法)の法源**　商法分野の法規範の存在形式(商法の「法源」)には、商事制定法としての商法典・会社法典と商事特別法(附属法令と特別法令)、商事条約、商慣習・商慣習法、商事自治法がある(福原・総論33頁、参照)。
> 　商事制定法は、商法の法源として主要な地位を占めるが、反面において、一度制定されると固定性と被弾力性のために現実の経済の進展と複雑化する企業生活関係に即応した規律が困難となることから、商慣習法が商法の法源として実質的に重要な役割を果たしている。
> 　商慣習法は、慣習の形式で存在する商事に関する法規範であり、商法は明文をもって商法の法源であることを示してきた。企業活動は反復継続性があり商慣行を形成しやすく、商慣習法は制定法の間隙を埋めたり現実との乖離を是正する役割を果たす。歴史的にみて、今日の商法規定の大部分が、商人間で発達した慣習法を制定法の形に整えたものである(これ

は、「商法の慣習的起源性」と呼ばれている)。

　商事自治法は、会社その他の団体がその組織及び構成員に関して自主的に定めた規則であって、その団体の自治法として商法の法源に属する。商事制定法の任意法規に優先するが、強行法規に反することはできない。商事自治法には、会社の定款、取引所の業務規程等がある。会社の定款や取引所の業務規定は、第三者をも拘束するが、これは、法律において制定の根拠があり、法的拘束力が認められているからである(会社法上、会社は定款を作成しなければならず(会26条・575条)、定款による幅広い自治を認める傾向にある(会309条・326条2項等)。金融商品取引法により、金融証券取引所の業務規定の作成が義務づけられている(金商117条))。

(2) 企業組織法規律の構造と展開

　企業の存立と活動を維持し、機能を保障することを目的とする企業法のうち、会社法を中心とする企業組織法の規律は、次のような構造を積み重ねながら生成し発展していると考えられる。

1) 権利義務関係整備からガバナンス重視のシステムへ

　まず、どのような形態・組織の企業が経済主体として独立の法主体となるのかを規定し、経済主体としての企業を法的主体として確立する。民事規律によって、企業の法的主体としての権利義務関係の発生・変動のシステムを整備することである。ここでは、民事規律により、出資者・債権者等の関係人の利害調整を図り、他の規律も援用して、反社会的非倫理的行動を防止する。企業組織法の規律は、市場から観る予測可能性・選好・選択の確保の観点から、発生史論的規律による定型化と強行法規性を顕著な特色として生成した。

　その後、企業組織法の規律は、市場機能を高める多様性の確保と規制緩和の観点から、定款自治の拡大と任意法規化の傾向を強めた。そこでは、組織の役割を考慮した競争力・収益力・企業価値の向上を図るために、ガバナンスシステム重視の組織規律が求められるようになった。

2) 単体の企業組織の規律から企業結合・企業集団の規律へ

　他方で、単体の企業組織創設の規律から企業再編・企業集団規律へと展開を遂げている。まず、発生史論的規律による会社設立規律は、資本の集積と集中のために、単一の法人組織の形成と、その法人組織をめぐる利害関係の調整を主眼とすることから始まり、その後、資本の集積と集中が進むにつれて、市場構造の高度化に伴う資本の再編成の必要にも応じて、複数の法人組織を視野に収めた企業再編の規律が、適切な企業結合・企業集団の形成を秩序づけ、そこでの利害関係を調整することを目的にして展開している。

3　企業組織の経済法規律

　市場機能を補正・代替・拡張する政府の役割を果たす措置は、経済法の分野に展開している。企業組織の経済法規律には、競争法規律、業法規律、資本法規律がある。

　経済法は、国民経済秩序の形成・維持の立場から、国家が市場経済へ積極的に

介入したり、個別的な経済過程を規制する法の分野として、資本主義体制の高度化による経済社会の進展とともに形成されてきた現代的な社会法の一分野である。

わが国では、自由市場を維持する競争政策の見地から経済主体を規制する「私的独占の禁止及び公正取引の確保に関する法律(昭和22年法律54号)」(＝独占禁止法)に代表される競争法を中心に、その他、各種業法等の経済規制法も含めて理解されることが一般的である。

業法は、特定の事業ないしその取引類型の特殊性にもとづき企業の組織や活動について種々の政策目的から規制し、業種・業態にもとづく監督規制としての銀行法、保険業法等がある。また、資本市場の基本法としての「金融商品取引法(昭和23年法律25号)」がある。

経済法も、企業の組織・取引を規律対象とする法分野である。しかし、経済法は、公正な競争により自由主義経済秩序を実現・維持するため、企業の組織と活動を国民経済秩序全体のなかで位置づけて規制するのに対して、商法(企業法)の分野では、企業をめぐる経済主体間の利益調整を図ることを主眼としていて、規律の次元とエンフォースメントが異なる。もっとも、業法のなかにも、一般法となる商法・会社法上の民事的規律を一部修正する規律があり、金融商品取引法には、投資家保護を目的として、金融商品取引業に関する業法規制と民事的規律とがある。

4　企業組織の新たな規律手段

最近では、企業の取引と組織に対する従来からの規律を補強する新たな規律環境が生じている。そのなかで、「ソフトロー(soft law)」は、国家権力によって強制が保証されている通常の法規範である「ハードロー」には該当しない規範であるが、現実の経済社会において国や企業が何らかの拘束感をもって従っている規範である。

従来、企業組織の規律は厳格であり、法的規律において強行法規性が強かったが、今日、定款自治が拡大する傾向にあり、その傾向とも軌を一にして、ソフト・ローは企業取引のみならず企業組織の新たな規律として活用されている(前世紀後半に国際法学で誕生した概念が、今世紀には、企業取引の規範の研究に関して国内法の分野でも注目され始めた。わが国での研究の集成として、中山信弘(編集代表)『ソフトローの基礎理論』有斐閣(2008年)、同『市場取引とソフトロー』有斐閣(2009年)等がある)。

会社組織に関するソフトローとして、わが国では、従来より、証券取引所(金融商品取引所)の定める上場規則や金融庁の定める各種の行動規範等が重要な役割を果たしてきた。そして、平成26(2014)年改正の会社法が改正政省令とともに施行された平成27(2015)年は、日本における「コーポレート・ガバナンス元年」と呼ばれ、ハードロー(改正会社法等)とソフトロー(2014年「スチュワードシップ・コード」と2015年「コーポレートガバナンス・コード」の施行)の双方の規範が整った(これらにより、「日本再興戦略改訂2014」のもとに、日本企業の「稼ぐ力(収益力)」を高めるべく、「攻めのガバナンス」の実現が目指されることになった)。

3.1.3. 企業組織法の意義と特色

1　企業組織法の意義と地位
2　企業組織法の特色と傾向

□1.「実質的意義における商行為法」「商取引法」「企業取引法」は、それぞれ、どのような問題意識のもとに理解されるか。
□2.近代市民法はどのような体系をなし、そのなかで商法(企業法)はどのような地位を占めているのか。とくに、民法に対して、商法はどういう位置づけにあるのか。
□3.企業取引法の内容上の特色はなにか。なにをどのように反映して、どのような具体的規定が設けられているのか。企業取引法の発展傾向上の特色はなにか。

1　企業組織法の意義と地位

(1) 商法の意義と企業法・企業組織法

　商法という言葉が商売の方法という意味ではなくて、法としての商法を意味する場合には、二通りの意義がある。一つは、文字通り商法という名称で存在している法律＝商法典(実定商法)を指す場合であり、これを「形式的意義における商法」という。もう一つは、商法という呼称で理論的統一的に把握される法分野を指す場合であり、これを「実質的意義における商法」という。

　実質的意義において一定の法分野を把握しようとすることは、その法分野が対象とする人間社会の生活関係・生活事実に着目して、それらの需要に応じた法分野の独自性を理解しようとすることである。そこで、商法の対象に関しては、かつて、「媒介行為本質説」や「商的色彩論」という学説が唱えられ議論が展開されたが、今日では、商法の対象は企業であるとする「企業法説」が通説である(福原・総論7頁、参照)。

　商法の二つの意義に対応して、会社法という名の法律(＝会社法典)を指して「形式的意義における会社法」といい、会社法という呼称で理論的・統一的に把握される法分野を指す場合、これを「実質的意義における会社法」という。

　そこで、企業組織法という名の法典は存在しないが、実質的意義における会社法を中心に、企業の組織について理論的・統一的に把握される法分野を求めて、これを実質的な意義で「企業組織法」と呼ぶこととする。

(2) 企業法の地位・体系と企業組織法
1) 企業法の地位・体系

　企業を規律する法分野は、憲法・行政法・税法等の公法、民法・商法(企業法)・知的財産法、倒産法等の民事法、労働法・社会保障法・経済法等の社会法に至るまで多岐にわたっている。それらの企業に関する法(企業関係法)が、すべて企業法に属するわけではない。実質的意義における商法(企業法)は、企業及び企業をめぐる経済主体相互間の生活関係を、権利義務の関係として規律する法規範である。

　商法(企業法)は、法の体系においては私法の分野に属し、一般私法である民法(財産法分野)の特別法たる地位に立つ*。

　企業の組織と活動は、民法が規律対象とする私人の一般的な生活関係とは異な

る特色を有し、独自の理念と原理にもとづく規律が要請される。そのような要請にもとづいて生成し発展してきた法分野が商法（企業法）である。

【企業の生活関係と法】

【企業法・企業組織法の地位】

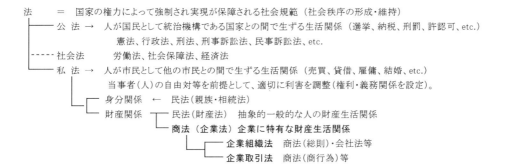

＊ **民法の特別法としての商法**　具体的には、商法典や会社法典等が、①民法規定を補充・修正する諸規定（商行為規定）を置き、②民法上の一般的制度を特殊化する制度（商業使用人、代理商、運送、寄託、会社）に関する諸規定を置き、さらに、③民法にない制度（商業帳簿、商号、商業登記）を創設する諸規定を置くことに表れている。

　商法（企業法）は、企業組織法（会社法等）と企業取引法（商行為法等）に分けることができるが、商法が民法の特別法とされることの意味は、今日、商行為法と会社法では大きく異なってきている。商行為法は民法の特則を定めるもので、企業取引については、特別の規定がない限り民法が適用され、特別法と一般法の関係が濃厚である。これに対して、平成17年の商法改正と会社法制定により、会社法は会社という法人の組織形態を自己完結的に規整するため体系的に整備され、法分野としての独自性を強めていることから、民法の特別法という関係が希薄になっている。例えば、民法上の法人法とは、特別法の関係にない（森本編・総則3〜4頁）。

２）企業法の体系と企業組織法

　実質的意義における商法（企業法）の体系は、古くからの商法典の編成の沿革や、商法を組織法と行為法とに分ける伝統的な理論の成果を踏まえつつ＊、内容上の特色が企業組織の面と企業活動の面とに分けて指摘できることから、企業組織法と企業取引法（活動法）という二大分野を基礎として構想されている。

　＊「**組織法と行為法**」「**企業組織法と企業取引法**」　商法の体系的理解を前進させた学

説として、いわゆる「組織法と行為法の理論」がある（田中耕太郎「組織法としての商法と行為法としての商法」『商法研究第1巻』235頁）。今日では、伝統的な組織法と行為法との区別は、企業組織法と企業取引法との区別に引き継がれ、前者の強行法規性と後者の任意法規性は相対的な基本的傾向として理解されている（詳細は、福原・総論18頁、参照）。しかし、企業組織法と企業取引法とは原理的に相違があるわけではなく、むしろ両者はともに任意法規性（デフォルト・ルール）が原則となるとの見解がある（落合・要説5頁、また、会社を「契約の束」とみる立場に関する会社法での言及について、江頭・株式会社法56頁、参照）。

　企業法の体系を構想する場合、その主要な分野として企業組織法と企業取引法の分野を想定するとともに、企業法全体を通じた法規範すなわち商法（企業法）通則法を想定することができる。すなわち、現状では、一般的・理論的な総論とともに、ひとまず、法の適用関係における法規範や業態や取引形態を問わず適用される法規範の位置づけとして（商法総則と会社法総則の二元化や会社法の一般法化の現象はあるが）、総則部分を存置できよう。

　また、従来から手形法・小切手法の分野と商法（企業法）との関係が議論されてきたが、手形法・小切手法はこれを有価証券法に含めつつ、さらなる支払決済手段の多様化と関連法制度の展開を踏まえて、企業取引法から支払決済法の分野を派生させておくことが合理的である。

　以上により、商法（企業法）の体系は、①企業法総論・総則、②企業組織法、③企業取引法、及び、④支払決済法の各分野を設けて構想することができる（福原・総論9頁参照、こうした認識のもとに、本書は②の領域を扱う）。

2　企業組織法の特色と傾向

（1）企業法の理念と特色

　商法（企業法）は、企業の存立と活動を保障し、企業に特有な生活関係を規律するものであるから、私的生活関係全般を規律する民法に対して、これと密接に連関しつつも、種々の特色を有している。

　商法（企業法）は、企業の組織と取引活動に内在する技術的性格である営利性・集団性・反覆性・定型性・連鎖性等を十分に充足し、企業の健全な発展を図るために、「企業の維持強化」及び「企業取引の円滑な遂行」を基本理念としている。そして、企業生活関係の特殊な需要は、企業組織に関する側面と、企業活動とりわけ企業取引に関する側面とに反映している。企業組織に関する側面では、企業の維持強化という理念（価値）にもとづき、企業活動に関する側面では、企業取引の円滑化という理念（価値）にもとづき、それぞれ、商法（企業法）に特色をもたらしている。

（2）企業組織法の内容上の特色
　　　　　　　　　　　―　企業の維持強化（企業価値の維持・向上）

　資本主義体制のもとで、市場経済原理の秩序を維持しつつ利潤追求活動を効率的に遂行するためには、それに適した企業組織が存在し、それが適切に運営され活用されることが必要となる。この需要は企業の維持強化という表現で、商法（企業法）

の理念の一つと理解され、商法(企業法)の内容上のいくつかの特色に反映している。企業の維持強化という価値観は、主に企業組織に関する側面で認識されている(企業取引に関する側面でも認識される価値観でもある)。

　企業の維持強化ということは、企業が現実に果たしている社会的機能(企業が、生活に必要な財やサービスを提供することによって自らの経済的価値を増大させ、また、納税や給与支給を通じて、さまざまな経済主体の収入や所得の源泉となる等、現実的に大きな役割を担っていること)に由来して認められるものである。企業は、人的・物的要素の結合からなる有機的一体として、それを構成する各要素の価値の合計を超える高い価値を有している。したがって、その企業価値を生成・維持し、さらに向上させることで、企業の社会的機能を発揮させることが求められる。そこでは、企業の所有者(出資者)の利益の最大化を図りつつも、企業の「利害関係人(ステークホルダー)」の利害を調整することが必要であり、また、企業を通じて私的利益が追求されるあまりに反社会的・非倫理的行動が生ずることを防がなければならない。

　企業の維持強化(企業価値の維持・向上)を図るための商法(企業法)の内容上の特色は、主に企業組織法の分野での特色として、次のような点に現れている。

1) 企業の存立基盤の形成・確保

　企業の維持を図る前提条件として、まず、企業の存立基盤を形成し確保することが必要である。そのため、商法(企業法)の分野においては、一般私法制度における措置に加えて特別の配慮が払われている。

　i　企業の独立性の確保　企業の維持を図る前提条件としては、企業の独立性が確保されなければならない。

　個人企業にあっては、商号(商11条以下)や商業帳簿(商19条以下)等の諸規定により、企業活動用の財産と私用財産とが区別され、その限度ではあるが、企業の独立性の確保が図られている。

　会社はすべて法人格を有するものとされ(会3条)、これにより、排他的責任財産が構成され、法律関係の明確化が図られる。このように、会社企業の独立性は法的に保障されているが、とりわけ本来の株式会社は、純然たる資本中心の経済的独立体であり、株主有限責任の原則と相俟って、出資者たる株主の立場とは別個の企業それ自体の存在を名実ともに示し、企業の独立性が最高度に発揮されている。

　ii　資本集中の促進と再編成　企業が機能を十分に発揮するためには、その物的基礎としての資本が必要量確保されなくてはならない。

　資本の糾合ないし集中を図る法的形態として、民法上の組合や消費貸借等もあるが、商法・会社法は、より大きな資本需要に応じるために、匿名組合(商535条以下)、船舶共有(商693条)、各種の会社(会2条1号)等の共同企業形態を定めている。さらに、会社法は、会社合併(会309条2項12号・748～756条・782条以下・803条以下)等の諸制度を設けて、企業の結合と組織再編による強度な資本の集中と再編成を法的に保障している。

　iii　労力の補充と活用　企業の活動には、物的基礎としての資本のほかに、人的な要素としての労力が必要である。

　労力の補充は、民法上の代理・委任・雇傭・請負・組合等の制度によって法的に

保障されているが、さらに商法・会社法は、企業活動の遂行上必要な労力の補充を趣旨とする特殊な制度を設けている。すなわち、企業の対外的営利活動を拡張するための補助者制度として、商業使用人（商20条以下）・会社の使用人（会10条以下）、代理商（商27条以下、会16条以下）、仲立人（商543条以下）、問屋（商551条以下）の制度が設けられており、また、持分会社の社員の加入（会604条1項2号）や船長（商705条以下）等の諸規定が労力補充の趣旨を含んでいる。

2） 企業経営の効率性と合理性の確保

企業の維持強化を図るためには、企業の管理・経営を適任者に委ねて、合理的で効率的な経営を確保することが必要である。

個人企業はもとより、共同企業でも資本の所有者が相互に機能資本家として結合する形態では、所有と経営とが一致する。もっとも、持分会社では、定款で一部の社員を業務執行社員として、適任者に経営にあたらせることができる（会590条1項）。

さらに、無機能資本家が参加する共同企業形態では、所有と経営の分離が顕著となり、匿名組合においては、管理経営権は営業者に専属し（商535条・536条）、株式会社においては、企業の所有と経営の分離が原則として実現されている（会295条2項・329条1項・331条4項・362条1項、参照）。今日、会社法においては、機関設計の柔軟化と多様化を実現して、企業の実態に即した経営の効率性と合理性を確保する法制度の整備がなされている。

3） 企業金融の円滑化

企業規模の拡大や企業活動の展開においては事業資金の調達が不可欠であり、そのための金融の円滑化は企業維持の重要な条件である。

企業の資金調達方法は、その源泉に着目して、調達先が会社の内か外かにより、内部資金（利潤の内部留保、減価償却）と外部資金（株式、社債、借入金、支払手形）とに区分できる。他方、返済義務の有無により、他人資本（社債、借入金、支払手形）と自己資本（株式、利潤の内部留保）とに区分できる。

他人資本として外部資金を導入するためには、企業金融手段の合理化を図った特殊な担保制度（鉄道抵当法、工場抵当法、工業抵当法等による財団抵当、企業担保法による企業担保）がある。

会社においては、とくに、株式会社では、外部からの自己資本及び他人資本の調達につき、金融手段の合理化と多様化を図る多くの工夫と配慮がなされている。「募集株式の発行等」による資金調達が特徴的かつ重要であり、会社法上、資金調達の要請と利害関係人（とくに既存株主）の利益保護の要請との調整が図られている。すなわち、機動性のある資金調達のための授権株式制度のもとでの募集株式の発行（会199条～213条）、弾力性のある資金調達のための種類株式の制度（会107条・108条）等がある。さらに、新株予約権の発行によって株式による資金調達の柔軟性が図られている（会236条～294条）。他人資本の調達に関しては、社債の制度（会676条～742条）があり、また、その容易化のために、新株予約権付社債（会238条・236条1項3号・240条）や担保附社債（担保附社債信託法）等の制度がある。

4） 既存状態尊重主義

企業の組織と活動をめぐっては、多くの法律関係が一つの行為を前提として次々

に展開し、多数の利害関係人が発生することから、既存の事実関係を法的にもできるだけ尊重することが要請される。

会社法上の会社の組織に関する訴えについての提訴期間の制限（会828条1項）や無効又は取消しの判決の効力の不遡及（会839条・840条）等が、その趣旨を含んでいる。

5） 危険の分散と負担の緩和

営利を目的とする企業の活動は、同時に損失の危険を伴うので、その損失危険の限定を保障する制度が要請される。

そのために、第一には、危険を多数の者に分散するための特殊な制度が設けられている。保険制度（保険法ほか）や共同海損の制度（商788条以下）等がこれに該当する。また、個人企業における単独の危険負担には限度があることから、商法上の各種企業形態、とりわけ会社制度によって、多数の構成員に危険を分散することが図られている。

第二には、企業の生活関係にあって発生する一定の責任につき、民法上の無限責任の一般原則によらず、一定額又は特定の財産に限定するという有限責任の制度が設けられている。これは、企業組織における業務活動の分散（とくに企業の経営と分離）、厳格な責任負担に対する衡平の見地、あるいは国家の政策的配慮等の理由により、有限責任制度を採用して、企業の成立又はこれへの参加を促進・奨励するのが適当である場合が少なくないからでもある。

有限責任の制度には、債務者の財産が債務の一定額を限度として担保となる人的有限責任制度と、債務者の全財産中の特定物又は特定財産のみが債務の引き当てとなる物的有限責任制度とがある。前者の例として、持分会社の有限責任社員・株式会社の株主の有限責任（会580条2項・104条1項）、共同海損分担義務者の責任（商791条）等があり、後者の例として、船舶所有者又は船長等の人的有限責任（船主責任制限3条以下）、海難救助における積荷所有者の責任（商803条・812条）等がある。

6） 企業価値の維持・企業解体の回避（狭義の企業維持）

企業の有する価値を維持し、その喪失をできるだけ防止することが重要である。そこで、企業の維持強化のためには、企業の解体原因の発生を防止し、その原因が発生しても、できるだけこれを救済することによって、企業の解体を回避することが要請される。このことは、企業維持の積極的な側面であり、前述した企業の独立性の確保の配慮と表裏の関係にある（その意味では、企業維持という語は、この側面についてだけ狭義に用いられることが多い）。

企業解体の回避を目的とした制度としては、会社存続の可能性を増大する会社設立無効の訴えの制度（会828条1項1号）、企業の同一性を確保する営業譲渡（商15条以下）・事業譲渡（会21条以下）、会社の合併（会748条以下・782条以下）及びその他の会社の組織再編の制度（会757条以下・782条以下）、会社継続（会473条・642条・845条・927条）、会社の組織変更（会743条以下・会775条以下）、会社の再建を図る会社更生の制度（会社更生法）等がある。

（3）企業取引法の内容上の特色 ── 企業取引の円滑化

　企業の利潤追求の目的は、企業取引の連鎖によって形成される流通過程を経て実現されるので、個々の企業取引の法的な安全を確保することが、企業取引の円滑化として、強く要請される。企業は相互の依存関係のもとに維持・強化され、その相互依存関係は組織面での関係とともに取引面での関係によって構築される。したがって、企業取引の円滑化ということは、主に企業取引に関する側面に位置づけられる価値観であるが、企業組織に関する側面でも認識される価値観である。

　企業取引の円滑化を図るための企業取引法の内容上の特色として、次のような諸点が指摘できる。すなわち、①営利性*の前提と保障、②自由主義と簡易迅速化・定型化(自由主義と契約の自由、迅速化・定型化)、③権利の証券化とペーパーレス化・IT化、④取引安全の確保(公示主義、外観主義)、⑤厳格責任主義である(具体的な法制度への言及は割愛した。割愛部分は福原・総論22～24頁、参照)。

＊ **組織と行為の営利性(営利目的)**　　会社は営利を目的とするが(会105条2項参照)、そこにいう営利の目的とは、事業活動によって利益を獲得し、その得た利益を構成員に分配することを目的とするという意味であり、いわゆる組織に備わっている性質としての営利性のことである。これに対して、利潤追求の動機に支えられ、利益を得ることを目的とする行為そのものを営利行為という。行為の営利性(営利目的)は、行為に備わっている性質に着目して、そこに単に利益を得る目的があることを意味する。

（4）企業組織法の発展傾向上の特色

　企業組織法を含む企業法の分野の発展傾向上の特色としては、他の法分野に較べて、①進歩的傾向、及び、②国際的傾向が著しいことが、従来から指摘されている。

1）進歩的傾向

　まず、企業法の分野は、新規立法や会社法等の法改正が頻繁に行われる等、絶えず進歩発展する経済状況や企業生活関係のあり方に素早く対応して、きわめて進歩的で流動的な傾向を有している。

2）国際的傾向

　次に、企業法の分野では、各国の法規定が国際的に統一化される傾向にある。企業活動は、経済的合理主義を基調として高度に技術的であり、国際的に展開することから、その秩序を支えることを任務とする法規範は国際的に共通する部分が多くなる。各国の商法規定・会社法規定が次第に一致し、世界的に統一化する傾向がみられる。

会社法総論・総則等

《会社と法》

3.2. 会社の意義と会社法

3.2.1. 会社法の意義と法源

1　会社法の意義
2　会社企業の法的規律
3　会社法の法源

□1.会社法という用語には、企業法という用語に照らしてどのような意義があるか。
□2.会社企業の法的規律にはどのようなものがあるか。
□3.会社法の存在形式(法源)にはどのようなものがあるか。

1　会社法の意義

　実質的意義における商法を企業法と理解する立場(企業法説)から、会社企業の存立と活動を保障し、企業をめぐる利害関係を調整することを目的とする法分野を、実質的意義における会社法と呼ぶことができる。会社法は、企業組織に関する法の中心として、企業法の重要な一領域に位置づけられる。
　会社企業が私的利益追求の動機に支えられて利用される以上、反社会的又は非倫理的な行動が起こることが現実に少なくない。会社法は、そうした会社制度利用の弊害を除去し、その発生を予防して、会社企業の活動の適正化を図ることをも目的としている。
　会社法は私的利益の合理的で効率的な調整を目的とする私法的法規を中心とするが、その実現を確保する上で機能的に関連する公法的法規(罰則・訴訟手続等)を含んでいる。
　この実質的意義における会社法の存在形式(法源)として、会社法典がある。形式的意義における会社法とは、会社法典＝「会社法(平成17年法86号)」(平成17年6

月29日成立、平成18年5月施行)のことをいう。

2　会社企業の法的規律

　会社企業の法的規律としては、会社法のほかにも、自由市場を維持する競争政策の見地から規律する「私的独占の禁止及び公正取引の確保に関する法律（昭和22年法54号）」（いわゆる独占禁止法）があり、また、資本市場の基本法としての「金融商品取引法（昭和23年法25号）」があり、業種・業態にもとづく監督規制としての銀行法、保険業法などの業法があり、さらには、税法や労働法等もある。いずれも会社法とは法的規律の見地及び手法が異なっている。

　もっとも、業法のなかには一般法となる会社法の規定を一部修正する私法的規定があり、金融商品取引法には、投資家保護を目的として、証券業に関する業法的規定と私法的規定がある。それらの私法的規定は会社法と同一の性格を有するものとして会社法の法源に加えてよい。

3　会社法の法源

（1）会社法典

　実質的意義における会社法の存在形式（法源）の中心は、会社法典である。形式的意義における会社法とは、会社法典のことをいう。

　「会社法（平成17年法86号）」（平成17年6月29日成立、平成18年5月施行）は、会社法の現代語化にとどまらず、社会経済情勢の変化に対応した会社法制の現代化（規制緩和、会社経営の機動性・柔軟性の向上と健全性の確保）を目的として、従来の「商法」第2編、「株式会社の監査等に関する商法の特例に関する法律」（商法特例法）及び「有限会社法」等に散在していた会社に関する法規律を一つの法典に統合して再編した法律である。

　会社法は、「会社の設立、組織、運営及び管理については、他の法律に特別の定めがある場合を除くほか、この法律の定めるところによる」と規定して（会1条）、全8編979条から成り、下記のような構成のもとに会社に関する諸々の事項を規律している。なお、会社法本体の施行は、平成18年5月1日とされたが、「合併等対価の柔軟化」に関する規定の施行は1年延期され、平成19年5月1日とされた（会社法附則4項）。

　その後、日本企業に対する内外の投資家からの信頼を促進するべく、コーポレート・ガバナンスの強化及び親子会社に関する規律等の整備を図るため、平成26年に会社法の改正が行われた（平成26年法90号、平成27年5月1日施行）。

（2）その他の法源

　会社法の法源としては、その他、特別法、商慣習、会社の定款などがある。

　会社法の特別法には、「社債等登録法（平成17年法22号）」「担保付社債信託法（明治38年法52号）」「社債、株式等の振替に関する法律（平成16年法88号、「短期社債等に関する振替に関する法律」が平成14年に「社債等の振替に関する法律」に

改正され、さらに改正されたもの)」「商業登記法(昭和38年法125号)」「会社更生法(平成14年法154号)」等がある。

また、会社法の成立とともに、「会社法の施行に伴う関係法律の整備等に関する法律(平成17年法87号)」(会社法整備法)が成立し、同法は、会社法の施行に伴い、「有限会社法(昭和13年法74号)」をはじめ計9本の法律を廃止するとともに、「商法(明治32年法48号)」をはじめ関連する計326本の法律を改正し、経過措置等を定める。平成26年会社法改正に伴い、会社法整備法にも必要な改正がなされた。

【会社法の制定と会社法典の構成】

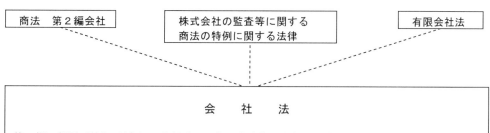

【会社法整備法により廃止された法律】
① 商法中署名すべき場合に関する法律(明治33年法17号)、
② 商法中改正法律施行法(昭和13年法73号)、
③ 有限会社法(昭和13年法74号)、
④ 銀行等の事務の簡素化に関する法律(昭和18年法42号)、
⑤ 会社の配当する利益又は利息の支払に関する法律(昭和23年法64号)、
⑥ 法務局及び地方法務局設置に伴う関係法律の整理等に関する法律(昭和24年法137号)、
⑦ 商法の一部を改正する法律施行法(昭和26年法210号)、
⑧ 株式会社の監査等に関する商法の特例に関する法律(昭和49年法22号)、
⑨ 銀行持株会社の創設のための銀行等に係る合併手続の特例等に関する法律(平成9年法121号)。

3.2.2. 会社の意義と属性

1　会社の意義
2　会社の属性
3　会社の能力
4　法人格否認の法理

☐1.会社法上、会社はどのように規定されているか。
☐2.会社という概念には、どのような属性があるか。今日の会社法の下では、それらの属性は、どのように理解できるか。
☐3.会社の権利能力、行為能力、不法行為能力はどうなっているか。
☐4.法人格否認の法理とはなにか。

1　会社の意義

　会社法上、会社とは、株式会社、合名会社、合資会社又は合同会社をいう（会2条1号）。商法時代と異なり、会社法は、会社につき、属性に着目した実質的定義規定を設けていない。

2　会社の属性

（1）社団性とその希薄化
　1）社団の意義
　従前の商法上、会社はすべて「社団」であると規定されていた（平成17年改正前商52条・有1条）。一般的に、社団は組合（民667条以下）に対する概念である。しかし、従前の商法は合名会社と合資会社の内部関係について民法の組合に関する規定を準用し（改正前商68条・147条）、商法上の「社団」の意義をめぐって疑問が生じていた。この点では、従前の商法上の「社団」という用語は、共同の目的を有する複数の構成員（出資者＝社員）の結合体たる団体を意味し、民法上の組合を含む広義で使用されていると解されていた（多数説）。これに対して、会社法上、会社は社団である旨の規定は、とくに置かれていないが、会社が社団であることに変わりはない。
　2）一人会社
　合名会社・合同会社・株式会社では、社員が1人となることが認められており、合資会社では、社員が1人となれば合資会社として存続はできないが（会576条3項）、会社の解散原因とされず、定款の「みなし変更」により、合名会社又は合同会社として存続する（会471条・641条・639条）。一人会社は、実質上、完全親子会社関係において存在を認める実益があり、理論上は、潜在的な社団性を認めればよい。

（2）法人性
　会社はすべて法人である（会3条）。すなわち、会社自体の名において、その構成員とは別個独立に権利能力を有し権利義務の帰属主体となり、訴訟当事者になることもでき、会社自体に対する債務名義によってのみ会社財産に対して強制執行をな

すことができる。これにより、会社独自の排他的な責任財産が形成され、法律関係の処理が簡明になる。会社法は、会社の法人格取得の要件を定めて、その要件が満たされたときに当然に法人格を認める立場（準則主義）を採用している。なお、会社は活動の本拠たる住所と法律上の名称たる商号（会6条）を備えることを有し、会社の住所は本店所在地にあるとされている（会4条）。

(3) 営利性

会社は営利を目的とする（会105条2項参照）。ここに営利の目的とは、事業活動によって利益を獲得し、その得た利益を構成員に分配することを目的とするという意味である。この点で、相互会社や協同組合は、団体の活動によって構成員に経済的利益を付与することを目的にしており、その活動の結果として剰余金を構成員に分配することがあるとしても、分配することを目的とするものではない。

会社法上このように株式会社が営利を目的とするところから（会社法の視点において）、株式会社では、「株主利益最大化原則」が会社関係者の利害調整の原則とされるとの理解が有力となっている（落合誠一「企業法の目的―株主利益最大化原則の検討」『現代の法7企業と法』岩波書店（1998年）23頁、落合・要説55頁、江頭・株式会社法22頁）。

3 会社の能力

(1) 会社の権利能力の制限
1) 性質・法令による制限

会社は自然人と同様に一般的な権利能力を有するが、法人たる性質上、個別的な権利能力については一定の制限がある。会社は、身体・生命・親族関係などの自然人たる性質を前提とする権利義務を有しない。但し、名誉権のような人格権を享有することはでき（例えば、信用回復措置の請求〔不正競争14条〕）、また、受遺者にもなりうる。

会社の法人格は法によって付与されるものであるから、会社の権利能力は法令によって制限される。解散後の会社及び破産宣告を受けた会社は、清算又は破産の目的の範囲内でのみ権利義務を有する（会476条・645条、破4条）。外国会社の権利能力には制限がある（民36条2項但書）。なお、平成17年改正前商法は、会社は他の会社の無限責任社員となることができないと規定されていたが（改正前商55条・有4条）、妥当性が疑わしく、会社法上は削除された。

2) 目的による制限

民法34条は、法人の権利能力が目的によって制限されることを規定しており、これは沿革上、イギリス法にいわゆる能力外の理論（ultra vires doctorin）を継受したものであるといわれている。一方、会社は、その目的を定款に記載（又は記録）するとともに登記しなければならない（会27条1号・576条1項1号・911条3項1号・912条1号・913条1号・914条1号）。従来、目的の定款への記載については、会社の営む事業が何であ

るかを確知できる程度に具体的に記載すべきものと解されてきた。そして、会社の権利能力が定款所定の目的によって制限され（旧民法43条の類推適用）、会社の機関が目的の範囲外の行為をしても会社に対し効力を生じないと解すべきかどうか、法律上に明確な規定がなく議論があった。

判例と学説の多数は、これを肯定しつつ、目的の範囲内の行為とは、定款所定の目的自体に限られず、目的の達成に必要又は有益な行為をも含み、必要・有益であるかどうかは、行為の客観的性質に即して抽象的に判断されるべきと解している（最判昭27・5・15民集6・2・77会社百選1）。これは、定款所定の事業目的にもとづき出資した者の期待を踏まえ、会社事業の展開による利益の確保と会社と取引をした者の利益を勘案し、実際上の妥当な利益衡量の基準を示した見解である。

なお、会社のなす寄付や政治献金も、客観的・抽象的に観察して会社の社会的役割を果たすためのものと認められる限り、金額が応分であれば、定款所定の範囲内の行為として有効と解される（最判昭45・6・24民集24・6・625会社百選2、公益法人に関して、最判平8・3・19民集50・3・615）。但し、合理的な範囲を超える無償支出行為は、取締役の会社に対する善管注意義務ないし忠実義務に違反することになる。

平成18年法改正により、民法34条は、会社にも適用される。しかし、定款に会社の目的が記載される場合、会社が行う予定の事業を列挙し、かつ「その他これに付随する事業」と記載することが多い。また、会社自身が行う事業だけではなく、子会社を通じて行う事業も記載される。そして、会社法制定に伴い、商号に関する規定が改正され、同一市町村内において他人が登記した商号と類似する商号を同一の営業のために登記することができないという類似商号規制（平成17年改正前商法19条）が撤廃されたことから、会社の目的を具体的に限定する必要がなくなった。このため、「適法なすべての事業」などを会社の目的として定めることが認められる可能性がある。この立法動向を踏まえると、従来の判例と多数説のような議論を展開する意味が薄らいだといえる。

（2）会社の行為能力・不法行為能力

会社は、自然人のように自ら行動できないが、法律上、機関の行為が会社自身の行為と認められ、その意味において行為能力を有し、また、不法行為能力をも有する（通説）。

4　法人格否認の法理

（1）意　義

会社とその社員とは法律上別個の人格を有するが、この法形式を貫くことが第三者との関係において正義・衡平の理念に反し、会社に法人格を付与した法の趣旨に反する場合がある。その場合に、裁判所による会社解散命令（会824条）のように会社の法人としての存在を全面的に否定するのではなく、特定事案における特定の法律関係に限って会社の法人格を否認し、会社とその背後にある実体とを同一視する

法的取扱いを図るのが法人格否認の法理である。この法理は、アメリカの判例上生成・発展し、わが国においても多くの学説と判例によって認められている。

（2）適用範囲

　法人格否認の法理は、①会社の法人格が全くの形骸にすぎない場合（法人格形骸化）、又は、②会社の法人格が法律の適用を回避するために濫用される場合（法人格濫用）に適用される（最判昭44・2・27民集23・2・511会社百選3）。

　例えば、形式的には新会社の設立登記がなされていても、新旧両会社の実質が同一であり、新会社の設立が旧会社の債務の免脱を目的としてなされた会社制度の濫用である場合には、会社はその取引相手方に対し、信義則上、新旧両会社の法人格が別個であるとの実体法上及び訴訟法上の主張をすることはできない（最判昭48・10・26民集27・9・1240）。

　この法理は、わが国の会社形態利用の実情から生じるさまざまな法律問題を解決するために大きな役割（とりわけ物的会社における会社債権者保護機能）を果たすものといえる。しかし、この法理は一般条項的性格を有するものであるだけに、その適用は慎重になされなくてはならない（最判昭49・9・26民集28・6・1306、第三者異議の訴えにおける適用を肯定した判例として、最判平17・7・15民集59・6・1742会社百選4）。

（3）判決の効力

　実体法上は、法人格否認の法理により、会社と社員の人格異別性を無視して両者を一体として取扱いうる場合でも、手続法上は、その形式的安定性の要請から、既判力・執行力などの判決の効力を一方から他方に拡張することはできない（最判昭53・9・14判時906・88）。

3.2.3. 会社の種類と分類

　1　会社法上の会社の類型と種類
　2　その他の会社の分類

□1.会社法上に会社の種類が法定されているのはなぜか。会社の種類を区別する基準は主としてなにか、その基準により、どのような会社の種類が認められるか。
□2.会社法上、会社の分類にはどのようなものがあるか。
□3.人的会社と物的会社とは、どのような観点での会社の分類か。これにより、各種の会社は、どのような位置づけが与えられるか。
□4.一般法上の会社と特別法上の会社とは、どのような会社の分類なのか。

1　会社法上の会社の類型と種類

（1）会社種類の法定

　会社法上、会社には、株式会社と持分会社との2つの類型があり、持分会社には、

合名会社、合資会社及び合同会社がある（会2条1号・575条1項）。このように、わが国の現行法上、会社の「種類」として、株式会社・合名会社・合資会社及び合同会社の4種類が認められている。会社の種類が法律上限定されるのは、法律関係を明確にして、会社と関係をもつ者の予測可能性を高め、法的安定を図るとともに、監督規制を容易にするためである。

　会社法では、企業の実態に即した各種の法的企業類型の選択を可能とし、公開会社法制と非公開会社法制の均衡と調整を図っている。

【会社法制定時の会社企業類型の再編と新設】

会社法制定前の商法		「会社法」	
合名会社	→	合名会社	持分会社
合資会社	→	合資会社	
		合同会社　LLC（新設）	
株式会社	公開的会社 →	公開会社	株式会社
	閉鎖的会社 →	株式譲渡制限会社※	
有限会社法 有限会社	（廃止）	※ すべての種類の株式が譲渡制限株式である会社（それ以外の株式会社は公開会社）	

新事業創出促進法（中小企業新事業活動促進法）	「有限責任事業組合（LLP）法」「有限責任事業組合契約に関する法律」平成17年4月24日成立、5月6日公布、8月1日施行
確認株式会社 確認有限会社	有限責任事業組合　LLP（新設）

（2）社員の責任態様と会社の種類

　会社の種類を区別する基準は、主として、会社債権者に対する関係からみた社員（出資者）の責任の態様にある。その態様として、社員が会社債権者に対しても直接に会社債務を弁済する義務を負う場合を直接責任といい、会社に対して出資義務を負うにすぎない場合を間接責任という。そして、それぞれの義務が一定額を限度とする場合を有限責任、そうでない場合を無限責任という。現行法上、間接無限責任の態様は認められない。

　合名会社は、会社債務につき会社債権者に対し連帯して直接無限の弁済責任を負う社員だけで構成される一元的組織の会社である（会576条2項・580条1項）。

　合資会社は、二元的組織の会社であり、合名会社の社員と法的に同じ地位に立つ直接無限責任社員と、会社債務につき、会社債権者に対し連帯して直接の弁済責任を負うが、出資額を限度とする責任しか負わない直接有限責任社員とで構成される会社である（会576条3項・580条）。

　株式会社は、会社債務につき会社債権者に対しては何らの弁済責任を負うことな

く会社に対して株式の引受価額を限度とする出資義務を負うにすぎない有限責任の社員(＝株主)だけで構成される一元的組織の会社である(会104条)。現行法上、その責任は間接有限責任である。

　会社法の施行とともに有限会社法は廃止され(会整1条3号)、従前の有限会社は、会社法にもとづく株式会社として存続し(会整2条1項)、商号中に「有限会社」を用い、旧有限会社法とほぼ同様の規律に服することになった。この会社を「特例有限会社」という(会整3条)。

　合同会社は、定款所定の出資額を限度とする有限責任を負うにすぎない社員だけで構成される一元的組織の会社である(会576条4項・580条2項)。条文上、有限責任社員の責任については、持分会社に共通の規定があるが(会580条2項)、合同会社の社員は、実質的には間接有限責任の扱いを受ける(会578条・604条3項・583条2項・630条3項)。合同会社については、従来から会社形態を分類する枠組みに馴染まないところも多い*。

【会社の類型・種類と社員の責任態様】

株　式　会　社		間接有限責任
持分会社	合名会社	直接無限責任
	合資会社	直接無限責任・直接有限責任
	合同会社	（間接）有限責任

（注）条文上、有限責任社員の責任については持分会社に共通の規定があるが(会580条2項)、合同会社の社員は実質的には間接有限責任の扱いを受ける(会578条・604条3項・583条2項・630条3項)。

＊**合同会社の特徴**　合同会社は、日本版LLC(Limited Liability Company)とも呼ばれ、その特徴は次のとおりである(機能が類似する「有限責任事業組合」との相違にも注目して、以下、指摘する)。

　①　合同会社は、有限責任社員のみから成る人的会社であり、内部規律としては合名会社・合資会社と同一規定が適用される。合同会社は法人格を有するが、有限責任事業組合は本質が組合契約であって法人格を有しない。

　②　合同会社の設立は、社員全員の合意による定款の作成、出資全額の払込及び設立登記による(会575-579条)。

　③　合同会社の構成員たる社員は1人でもよく、法人でよい。但し、出資の目的は金銭その他の財産のみである(会576条1項6号)。有限責任事業組合は構成員が1人では存続できない。

　④　合同会社の業務執行においては、原則として所有と経営が一致する。但し、定款で業務執行社員を定めることができる(会社590条1項)。業務執行社員に関して、旧物的会社の規律(責任・代表訴訟等)が導入されている(会597条他)。合同会社では必ずしも全社員が業務執行を担当する必要がないが、有限責任事業組合では、全組合員が何らかの形で業務執行に携わることが必要である。

　⑤　合同会社の内部組織に関して、社員間及び社員と会社間の事項の設定は定款により自由である(会585条他)。各社員の議決権は出資比率と無関係に定めることができる(会577条)。監査機関の設置も自由である。

　⑥　利益分配は、所定の財源規制を遵守すれば、定款で自由に決定でき、出資比率と無関係に個々の社員の業績への貢献度等に応じて分配することもできる(会622条)。

　⑦　合同会社の加入・持分譲渡につき、成立後は原則として社員全員の承認が必要とされる(会604条他)。退社の自由がある(会606条)。

　⑧　組織変更・資金調達その他として、社員全員の同意による株式会社への「組織変更」

ができ（会744条他）、社債発行可など資金調達の多様性が確保されている（会676条以下）。有限責任事業組合では、株式会社等の会社との間での組織変更は認められない。また、合同会社では会社間で合併等の組織再編行為が可能であるが、有限責任事業組合では会社との間での組織再編行為は認められない。
　⑨　合同会社においては、現行の法人税法上、法人税の納税主体である。有限責任事業組合では構成員課税である。

2　その他の会社の分類

（1）会社法上の区分
1）設立準拠法による区分：「外国会社」

　会社法上は、日本法に準拠して設立された会社を内国会社といい、外国の法令に準拠して設立された法人その他の外国の団体であって、会社と同種のもの又は会社に類似するものを「外国会社」という（会2条2号）。特に明文で定めない限り「会社」には外国会社は含まれず、外国会社の定義において法人格の有無を問わない。

2）持ち株数等の経営支配による区分：「親会社」「子会社」

　会社がその総株主の議決権の過半数を有する株式会社その他の当該会社がその経営を支配している法人として法務省令で定めるものを「子会社」といい、親会社とは、株式会社を子会社とする会社その他の当該株式会社の経営を支配している法人として法務省令で定めるものを「親会社」という（会2条3号4号）。対象となる範囲を株式会社に限定せず、判断基準として、議決権の過半数という形式基準に加えて実質的支配基準を採用する。子会社には外国会社も含まれると解される。実質的な支配基準は法務省令で定められ、連結計算書類の連結対象となる範囲と同等のものとされている（会施規3条）。

　会社法上、①子会社による親会社株式の取得禁止（会135条）、②親会社の監査役等の子会社調査権（会381条3項）、③連結計算書類の開示（会444条1項）、④親会社株主の子会社に対する閲覧等請求権（会318条5項・371条5項・442条4項・125条4項・252条4項・433条3項）が定められるとともに、社外監査役・社外取締役の要件、監査役の兼任禁止の範囲等においても、子会社概念が重要な役割を果たしている。

3）資本金又は負債額による区分：「大会社」

　規模に関して、最終事業年度の貸借対照表上の資本の額が5億円以上又は負債の合計額が200億円以上である株式会社を「大会社」といい（会2条6号）、会計監査人が強制される（会328条）などの厳格な規律がなされている。

4）発行しうる株式の種類による区分：「公開会社」「種類株式発行会社」

　公開性に関しては、すべての種類の株式が譲渡制限株式である全部株式譲渡制限会社（法文上は「公開会社でない株式会社」＝非公開会社）と、そうでない「公開会社」とに区分される。

　公開会社は、譲渡について株式会社の承認を要しない株式を発行している株式会社である（会2条5号）。発行しているすべての種類の株式の譲渡が制限されていないことまで必要ではなく、そのうちの1種類の株式でも譲渡が制限されていなければ

該当する。会社法では、公開会社の規律が強化して整えられるとともに、非公開会社の規律のなかに従来の有限会社規律が統合されている。

また、剰余金の配当その他の会社法所定（会108条1項各号）の事項について内容の異なる2以上の種類の株式を発行する株式会社を「種類株式発行会社」という（会2条13号）。但し、この場合、種類株式発行会社とは、現に種類株式を発行している会社を指すものではなく、種類株式についての定款の定めがある会社であればよい。

5）機関設計による区分

会社法においては、すべての株式会社に設置が義務づけられる機関は株主総会と取締役であり（会295条・326条1項）、このほかは、定款の定めや法律の規定によって、取締役会、会計参与、監査役、監査役会、会計監査人、監査等委員会又は指名委員会等・執行役を置くことができる（会326条2項）。

そこで、会社法では、選択される機関設計により、「取締役会設置会社」「監査役設置会社」「監査役会設置会社」「会計監査人設置会社」「監査等委員会設置会社」「指名委員会等設置会社」「会計参与設置会社」の定義がなされる（会2条7～12号）。なお、非公開会社では、監査役を置いても、監査の範囲を会計に限定することができる場合があり（会389条1項）、そうした場合には監査役設置会社とは呼ばない（会2条9号）。

（2）人的会社と物的会社

会社は、講学上、経済的・経営的な実質に着目して、人的会社と物的会社とに分類されてきた。すなわち、社員の個性と会社企業との関係が密接で、社員個人の信用が対外的信用の基礎となるなど、企業の人的要素が重視されている会社を人的会社といい、他方、社員の個性と会社企業との関係が希薄で、会社財産が対外的信用の基礎となるなど、企業の物的要素が重視されている会社を物的会社といってきた。合名会社は人的会社の典型であり、株式会社は物的会社の典型である。合資会社は両者の中間形態であるが、人的会社に属する。しかし、新たに創設された合同会社は、このような人的会社と物的会社との区分になじまない。

（3）一般法上の会社と特別法上の会社

一般法である会社法の規定だけに従う会社を一般法上の会社といい、その他の特別法の規定にも従う会社を特別法上の会社という。特別法上の会社には、特定の会社のために制定された特定特別法（日本電信電話株式会社法等）に従う会社（＝特殊会社）と、特定の種類の事業を目的とする会社のために制定された一般特別法（銀行法・保険業法等）に従う会社がある。

3.2.4. 会社法の展開

1　会社法の起源と変遷
2　会社法改革の展開
3　会社法制現代化と「会社法」の制定
4　「会社法」の見直しと平成26年改正
5　次期会社法改正への課題

□1.わが国の会社法は、どのような社会的背景のもとに、変遷を遂げてきたか。
□2.会社法改革は、どのような社会的要請にもとづき、どのように進展したか。とくに、「会社法」制定の背景、趣旨、改正内容は、どのようなものか。
□3.「会社法」の見直しの背景、趣旨、改正内容は、どのようなものか。

1　会社法の起源と変遷

（1）一般会社法の成立

　株式会社の起源は1602年設立のオランダ東インド会社にあるといわれ、フランス革命後の1807年に制定されたフランス商法典は株式会社に関して初めて一般的規定を設けたことで知られている。産業革命を経て、19世紀後半には各国の会社法が準則主義を採用して整備され、第一次世界大戦後には各国で大規模な会社法改正の時代を迎えた。

　わが国では、明治23年の商法典（旧商法、明治23年法）の制定により最初の一般会社法が成立し、明治32年に現行の商法典（新商法、明治32年法）が制定され、同法では準則主義が採用されていた。その後、明治44年改正を経て、昭和13年に大改正がなされ、各国の会社法と同様に、株式会社企業の近代化と資本集中に伴う対応が図られ、併せて有限会社法が制定された。

（2）戦後株式会社法の変遷

　第二次世界大戦の後、各国では株式会社法改正の動きが頻繁に見られ、経済構造の変革とともに展開を遂げている。わが国における戦後の会社法とりわけ株式会社法の展開について、近時の会社法改革時期に至るまでの改正の主要項目を示して素描すると以下のとおりである。

●昭和23年改正（昭和23年法148号、昭和23年7月12日施行）
○株金全額払込制度の導入
●昭和25年改正（昭和25年法167号、昭和26年7月1日施行）
①資金調達の機動性強化（授権資本制度・無額面株式制度の導入）、②会社機関の再構成（株主総会の権限縮小、取締役会制度・代表取締役制度の導入、監査役権限の縮小）、③株主の地位強化（総会決議要件の見直し、少数株主要件の緩和、反対株主の株式買取請求権・違法行為差止請求権・株主代表訴訟制度・帳簿閲覧権・累積投票制度等の導入）、④株式自由譲渡の法定、⑤外国会社規定の整備
●昭和26年改正（昭和26年法209号、昭和26年7月1日施行）
○株主代表訴訟における担保提供命令の制度の導入
●昭和30年改正（昭和30年法28号、昭和30年7月1日施行）
○株主の新株引受権の保障を廃止

●昭和37年改正（昭和37年法82号、昭和38年4月1日施行）
①計算規定整備（企業会計実務との整合性確保）、②合併・資本減少手続の整備
●昭和41年改正（昭和41年法83号、昭和41年7月1日施行・一部例外）
①定款による株式譲渡制限の導入、②株式制度の合理化（株式の相互転換・株券不所持制度・議決権の不統一行使の採用、新株有利発行規制の導入）
●昭和49年改正（昭和49年法21号、昭和49年4月2日施行・一部例外）
①監査役制度の改善（業務監査権限の付与、監査役の地位強化）10月1日施行、②計算規定の整備（商業帳簿規定の整備、中間配当の導入）10月1日施行、③商法特例法の制定（大会社の特例・小会社の特例）10月1日施行、④抱き合わせ増資の導入、他
●昭和56年改正（昭和56年法74号、昭和57年10月1日施行）
①株式制度の改善（株式単位の引き上げ、端株・単位株の制度、株式相互保有規制、子会社の株式取得規制、自己株式質受規制の合理化）、②株主総会の活性化と健全化（株主提案権、書面投票制度、取締役等の説明義務、議長権限の明確化、利益供与禁止規定）、③取締役会制度の改善（権限強化・監督機能明確化、法定決議事項）、④監査体制の強化（監査役の独立性強化、大会社の複数監査役・常勤監査役）、⑤計算・決算の公開の改善、⑥新株引受権付社債制度の導入、⑦罰則強化
●平成2年改正（平成2年法64号、平成3年4月1日施行）
①最低資本金制度の導入、②設立規制の改善、③譲渡制限会社の規定整備、③資金調達の改善
●平成5年改正（平成5年法62号、平成5年10月1日施行）
①株主権の強化（株主代表訴訟制度の改善、株主帳簿閲覧請求権）、②監査制度の強化（任期伸長、大会社の社外監査役制度・監査役会）、③社債制度の合理化（発行限度の緩和、社債発行管理会社・社債権者集会）
●平成6年改正（平成6年法66号、平成6年10月1日施行）：議員立法
○自己株式取得規制の緩和

2　会社法改革の展開

（1）平成9年・11年・12年改正　——　会社再編法制の整備

　経済構造改革（規制緩和）と金融改革による日本経済の再生に懸命の努力が続けられたなかで、商法とりわけ会社法の改革が展開した。これは、会社法制現代化のための序奏でもあった。まずは、合併制度の見直し、株式交換・株式移転制度の創設、会社分割制度の創設等、これまでの積み残し改正として、会社再編法制が整備された。

●平成9年5月改正（平成9年法56号、平成9年6月1日施行・一部例外）
①ストックオプション制度導入（新株引受権方式は10月1日施行）、②「株式消却特例法（平成9年法55号）」の制定（平成10年に一部改正）
●平成9年6月改正（平成9年法71号、平成9年10月1日施行）
○合併制度の改善（手続の簡素化、簡易合併制度、事前事後の開示制度、合併可能形態の改善）
●平成9年12月改正（平成9年法107号、平成9年12月23日施行）
○利益供与罪の罰則強化、同要求罪の新設
●平成11年改正（平成11年法125号、平成11年10月1日施行・一部例外）
①株式交換・株式移転制度の創設、②親子会社法規制の改善、③金融資産の時価評価：平成12年4月1日施行
●平成12年改正（平成12年法90号、平成13年4月1日施行）
○会社分割制度の創設

（2）平成13年・14年改正 ── 会社法抜本改革への着手

　平成13年と平成14年に着手された会社法の抜本改革は、①企業統治の実効性の確保、②高度情報化社会への対応、③企業の資金調達手段の改善、及び、④企業活動の国際化を視点としている。平成13年改正は3度に及び、議員立法を含んで、前記抜本改正の観点からの調整と一部前倒し実現として、株式制度の見直しやIT化対応に関する改正がなされた。平成14年改正では、株式会社等の経営手段の多様化及び経営の合理化を図るために、多岐にわたる大きな改正がなされた。

● 平成13年6月改正（平成13年法79号、平成13年6月29日施行）：議員立法
①自己株式取得保有規制の改正・金庫株解禁、②株式制度の改正(株式の大きさの任意化、額面株式の廃止、単元株制度の導入、端株制度の合理化)、③法定準備金制度の改善、④新株発行規制の合理化
● 平成13年11月改正（平成13年法128号、平成14年4月1日施行）
①種類株式の弾力化(議決権制限株式の導入、他)、②新株予約権の創設、③新株発行規制の緩和、④会社運営のIT化対応(会社書類の電子化、総会招集通知等の電子化、電子投票制度の導入、他)、⑤「商法施行規則(平成14年法務省令22号)」の制定
● 平成13年12月改正（平成13年法149号、平成14年5月1日施行・一部例外）：議員立法
①監査役制度の改善(機能強化と地位強化、社外監査役の要件・人数：平成17年5月1日施行)、②取締役等責任軽減制度の創設、③株主代表訴訟制度の合理化
● 平成14年改正（平成14年法44号、平成15年4月1日施行）
　1) 株式関係：①種類株主の取締役等の選解任権、②株券失効制度の創設、③所在不明株主の株式売却制度等の創設、④端株券の買増制度。
　2) 機関関係：①株主提案権の行使期間の繰上げ等、②株主総会等の特別決議の定足数の緩和、③株主総会招集手続の簡素化、④取締役の報酬規制の改正、⑤重要財産委員会制度の創設、⑥大会社以外の株式会社における会計監査人による監査、⑦委員会等設置会社に関する特例(定義、機関の設置に関する特例、取締役会及び取締役に関する特例、各委員会・指名委員会・監査委員会・報酬委員会、委員会の運営、執行役及び代表取締役、取締役の責任に関する特例及び執行役の責任、計算に関する特例、その他の規定整備)、⑧みなし大会社制度の導入、等。
　3) 計算関係：①計算関係規定の省令委任、②大会社についての連結計算書類の導入。
　4) その他：①現物出資等の価格の証明、②資本減少手続き等の合理化、③外国会社、④罰則。

（3）平成15年・16年改正 ── 会社法抜本改革の進展

　会社法抜本改革の進展が図られ、会社法制定の前奏となった。

● 平成15年改正（平成15年法132号、平成15年9月25日施行）
①定款に定めをおくことにより取締役会決議にもとづく自己株式の買い受けを認める。②中間配当限度額の財源規制の改善。③民事訴訟費用等に関する法律の改正の結果、株主代表訴訟の提起時の手数料の額が13,000円に。
● 平成16年改正
①電子公告制度の導入、②株券不発行制度(不動化から無券化へのペーパレス化の進展)

（4）会社法改革による会社法の変容

1）会社法の任意法規化と定款自治の拡大

　会社法は強行法規であるといわれてきたが、それは、主として、会社の利害関係人における予測可能性を確保し、取引安全の円滑化を実現する要請が強く働くと考えられる

からである。しかし、多様な実態に対して一律的な法規制を強制することが常に妥当であるとは限らない。この時期の会社法改革では、会社が自由な法律関係を形成することを可能とするために、「会社法の任意法規化」の傾向が強まった。

2）経済政策立法への変容

会社法は、株主・債権者など様々な利害関係人の利害調整を図る私法規律であるが、会社法改革による改正では、会社法が経済政策立法の役割を担う場面が目立った。例えば、いわゆる金庫株解禁では、株式相互持合解消によって放出された株式につき、発行会社側に受け皿を用意するとともに、組織再編（合併、会社分割など）の対価として発行される新株の代用としての機能が期待された。もちろん、株価対策や事業再編のための経済政策立法の色合いも濃い。また、中小企業・ベンチャー企業の支援策が随所に導入され、「中小企業挑戦支援法」の制定（いわゆる「一円会社」の許容）とともに、中小企業・非公開会社への対応という側面を強く有していた。企業倒産率が高く、新規開業率が低い情勢のもとで、とくにベンチャーに対し、新規起業のインセンティブを与えようとする経済政策的色彩が強い。

3）現実的・現代的ニーズへの対応

その他、現実に即した会社法制・会社区分規律の実現、会社法制の国際化対応、会社法制のIT化対応（法改正による議決権行使、ディスクロージャーのIT化対応など）、会社法制の資本市場対応（会社法と証券取引法の関係をめぐる議論）などが目指された。

4）法改正の手続き上の特色

従来、会社法分野の改正や立法は、法制審議会での審議を経由して、法務省からの政府提案立法の手続をとるものであったが、この時期の会社法改革では、議員立法のルートや、経済産業省による経済立法のルートによる場合もみられた。

3 会社法制現代化と「会社法」の制定

(1) 会社法制現代化の経緯と平成17年会社法

以上の会社法抜本改革の仕上げとなる商法改正が「会社法制の現代化」と称して準備された。形式的には、商法第2編、商法特例法、有限会社法についての大改正（①平仮名現代語化、②用語整理・解釈明確化・規定整備、③会社規定再編・「会社法」の制定）である。

しかし、法改正は、①「会社法」の制定と現代語化、②従来型企業の規制緩和（取締役の無過失責任の見直し、取締役会の権限強化）、③非公開中小企業の取締役の員数の自由化、④外資参入や企業再編の促進のための合併対価の多様化等に及び、現代語化という形式的な改正に止まらない社会経済情勢の変化に鑑みた実質的な改正が行われることになった。

併せて、「会社法の施行に伴う関係法律の整備に関する法律」が制定され、一部の法律の廃止、「商法」の一部改正、「有限会社法」等の廃止と「商法」の一部改正に伴う経過措置、その他の関係法律の整備等が行われた。

●平成17年「会社法」制定（平成17年法86号、平成18年5月1日施行、一部〔対価柔軟化〕
は平成19年5月1日施行）
　ⅰ）利用者の視点に立った規律の見直し
　中小企業や新たに会社を設立しようとする者の実態を踏まえ、会社法制を会社の利用者にとって使い易いものとするために、各種規制の見直しが行われた。
　①株式会社と有限会社を一つの会社類型（株式会社）として統合、②設立時の出資額規制の撤廃（最低資本金制度の見直し）、③事後設立規制の見直し。
　ⅱ）**会社経営の機動性・柔軟性の向上**
　会社経営の機動性・柔軟性の向上を図るため、株式会社の組織再編行為や資金調達に係る規制の見直し、株主に対する利益の還元方法等の合理化を行うとともに、取締役等が積極果敢な経営を行うことの障害にならないよう取締役等の責任に関する規律の合理化が行われた。
　①組織再編行為に係る規制の見直し、②株式・新株予約権・社債制度の改善、③株主に対する利益の還元方法の見直し、④取締役の責任規定の見直し。
　ⅲ）**会社経営の健全性の確保**
　会社経営の健全性を確保し株主及び会社債権者の保護を図るため、株式会社に係る各種の規制の見直しが行われた。
　①株主代表訴訟制度の合理化、②内部統制システムの構築の義務化、③会計参与制度の創設、④会計監査人の任意設置の範囲の拡大。
　ⅳ）**その他**
　①新たな会社類型（合同会社）の創設、②特別清算制度等の見直し、等。

（２）　**会社法制定と「法令工学」**

　平成17年制定の会社法では、形式的な改正として現代語化が行われ、用語・表記の修正、法典の整理統合、編立ての整理、規律の明確化と表現される改正作業が行われた（相澤他・新解説2頁以下）。そこには、「法令工学」上、注目すべき諸点がある（ここに法令工学とは、法令の作成やその改定などを工学的基盤の上で行う支援環境の構築を目指す新しい試みをいう）。すなわち、会社形態を株式会社と持分会社とに類型化して、旧来の有限会社をも含む多様な株式会社の実態に即した法規範を整え、適用規範へのアクセスとを容易にするために、工学的な発想や工夫が見受けられる。近時の立法全般にわたる工夫と軌を一にして、34項目（平成26年改正で3項目追加）にわたる詳細な定義規定を置くこともそうであるが、条文経済上の節約を厭わず従来の準用規定を極力用いないようにしていることも、その脈絡で理解できる。

　また、多様化した株式会社規律の整理にあたっては、旧来の発生史論的に想定される大規模公開的な株式会社像を対象として原則規定を設けた上で（ミディアム・スタンダード方式）、閉鎖的な会社の例外や、大規模又は小規模の会社の例外を特例法を含めて用意する立場を改め、最も簡潔な形態向けの規律を定めた上で（ミニマム・スタンダード方式）、順次、必要に応じて複雑性を増す形態向けの規律を付加していく立場を採っている。多様化する株式会社形態の規律を書き切ろうとする上で必要な工夫であったが、この結果、大規模公開的な株式会社の規律が分かりにくくなったとの懸念が無くもない。しかし、法令データへのデジタルアクセスによる支援を得られれば、そうした懸念は解消されよう。

　さらに、対象の現象的な相違にかかわらず、適用すべき共通規律を見出して、その共通規律を因数に持つ法概念を用意する手法は、法概念を数式に準えれば、いわゆる因数分解によって、必要な規律の本質を明らかにすることに資することにな

る。例えば、自己株式の有償取得を、すべて横断的に「剰余金の分配」という概念のもとに整理し、分配可能額を超えてはならないとの財源規制を課す（会461条1項）。

（3）会社法関係の政省令の整備

会社法においては、技術的・細目的事項について、約20項目にわたる事項が政令に、約300項目にわたる事項が省令に委任された。

当初は9省令案が公表されたが、寄せられた多数の意見を踏まえ、平成18年2月7日、会社法関係の法務省令として、以下の3本の規則にまとめられて公布された。すなわち、「会社法施行規則」（平成18年法務省令第12号）、「会社計算規則」（平成18年法務省令第13号）、「電子公告規則」（平成18年法務省令第14号）である。

会社法関係の政令としては、「会社法施行令（平成17年政令364号）」ほか、いわゆる「経過措置政令（同367号）」「整備政令（同366号）」等が、平成17年12月14日に公布されている。また、「会社法の施行期日を定める政令（平成18年政令77号）」が平成18年3月29日に公布され、会社法の施行期日は平成18年5月1日とされた。

その後、会社法施行規則、会社計算規則及び電子公告規則は、関連法令の制定等により改正されている。

4 「会社法」の見直しと平成26年改正

会社法施行後も、社外取締役機能の活用を始めコーポレート・ガバナンスの改善・強化についてさまざまな提言や取り組みが行われ、また、日本企業の業績低迷や競争力低下、日本市場の国際的地位の低下に対する危機感や、経営に対する監督が有効に機能しないため日本企業のROA（総資産利益率）やROE（自己資本利益率）が欧米企業より低くなっているという懸念があった。

他方で、持株会社を中心とした企業集団（企業グループ）の発展に伴い、企業集団としてのガバナンスを有効に機能させるため、会社法制定前から続く課題として、親子会社関係の規律（企業結合法制）について見直しが強く求められていた。

それらの議論を受けて、平成26（2014）年6月20日に「会社法の一部を改正する法律」（以下「改正法」という）及び関連法が成立し、平成27（2015）年5月1日に施行された。この改正は、会社法制定以来初の本格的改正であり、内容は、コーポレート・ガバナンスの強化（企業統治のあり方）と親子会社に関する規律（企業結合法制）の整備を大きな柱として、多岐に亘っている。

併せて、同改正の整備法が成立し、その後、会社法施行規則、会社計算規則及び電子公告規則についても、必要な改正が行われた。

●平成26年改正（平成26年法90号、平成27年5月1日施行）
（1）改正内容
 1）コーポレート・ガバナンスの強化（企業統治のあり方）に関する事項
 ①取締役会の監督機能の強化（社外取締役・社外監査役の活用、監査等委員会設置会社制度の創設等）
 ②責任限定契約を締結できる対象者の変更
 ③会計監査人の選解任等に関する議案の内容の決定

④内部統制システムの整備（監査役会設置会社で整備すべき内部統制システム、グループ内部統制システムの整備）
　⑤資金調達の場面における企業統治（支配株主の異動を伴う募集株式の発行等、仮装払込による募集株式の発行等、新株予約権無償割当てに関する割当通知）
　２）親子会社及び組織再編の規律（企業結合法制）に関する事項
　　i　親子会社規律の整備
　①多重代表訴訟制度（最終完全親会社等の株主による「特定責任追及の訴え」）の創設
　②株式会社が株式交換等をした場合における株主代表訴訟
　③企業集団の業務の適正を確保するための体制整備
　④親会社による子会社株式の譲渡、⑤親子間会社取引の開示
　　ii　組織再編の規律の再整備
　①スクイーズアウト＝キャッシュアウト（特別支配株主の株式等売渡請求、全部取得条項付種類株式制度の見直し、株式併合制度の見直し等）
　②組織再編における株式買取請求
　③組織再編等の差止請求の見直し
　④詐害的な会社分割等における債権者保護
　３）その他
　①株主名簿閲覧請求の拒絶事由の見直し
　②募集株式が譲渡制限株式である場合等の総数引受契約の扱い
　③監査役の監査の範囲に関する登記
　④特別口座の移管、等
（２）改正の手段的特徴
　①規律の多様化（監査等委員会設置会社の導入）
　②手続の横断整備（全部取得条項付種類株式制度と株式併合制度について情報開示・少数株主保護を組織再編並に整備）
　③エンフォースメント手段の多様化（組織再編における差止請求制度の導入）

（神田・入門45頁、参照）

5　次期会社法改正への課題

　平成29（2017）年2月9日開催の法制審議会第178回総会において、法務大臣より、会社法制（企業統治等関係）の見直しについて、「近年における社会経済情勢の変化等に鑑み、株主総会に関する手続の合理化や、役員に適切なインセンティブを付与するための規律の整備、社員の管理の在り方の見直し、社外取締役を置くことの義務付けなど、企業統治等に関する見直しの要否を検討の上、当該規律の見直しを要する場合にはその要綱を示されたい」との諮問がなされた。
　すでに、平成28（2016）年1月より、商事法務研究会会社法研究会において、次期会社法改正に向けた検討・議論がなされ、平成29（2017）年3月2日に公表された報告書（同研究会「会社法研究会報告書」商事法務2129号4頁）には、以下の論点が示されている。すなわち、①株主総会資料の電子提供、②株主提案権の濫用的な行使の制限、③取締役会の決議事項、④取締役の報酬、⑤役員の責任（会社補償、D&O保険）、⑥社債（新たな社債管理制度、社債権者集会）、⑦責任追及の等の訴え（和解その他）、⑧社外取締役（設置の義務付けの要否）である。
　今後、審議会でも、これらの論点を中心に次期会社法改正に関する議論が進行する模様である。

《会社法総則等》

3.3. 会社法総則と会社の登記・公告

3.3.1. 会社法総則等の意義と通則

1 会社法総則等の創設と商法総則編の変容
2 会社に関する通則

□1.会社法制定後、商法総則と会社法総則とは、どのような関係になっているか。
□2.会社法は、会社に関する通則として、どのような規定を設けているか。会社という概念は、商人・商行為という概念とどういう関係にあるか。

1 会社法総則等の創設と商法総則編の変容

（1）商法典の変貌

　平成17年の会社法の単行法化と会社法施行整備法により、商法典は大きく変貌した。では、第一に、第2編会社が削除されるなどの法典・規定の整理・統合が行われ、これによって商法総則規定の意義と適用範囲が変容し、第二に、会社に関する規律としての再検討の結果、会社法におけると同様に商人に関する制度の実質的改正が行われ、第三に、総則及び商行為に関する規定の現代語化（平仮名化）と用語・表記の修正を行うとの名目のもとに注意すべき改正が行われた。

　伝統的に、わが国の商法典は、商法総則編において、商法の適用に関する通則的規定と商人概念を中心にした商人に関する規定を定め、商法商行為編において、商行為概念を定義した上で商行為に関する規定を定めて、商人及び商行為という基本的概念を用いて体系的に構築されていた。そして、平成17年改正前では、商法総則編第2章以降に商人に関する規定を設け、会社に関する規律もそこに含まれていたので、商法総則編は、全体として、会社を含む商人全般の総則規定としての位置づけが与えられていた。

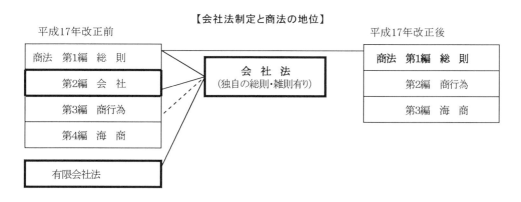

【会社法制定と商法の地位】

（2）会社法総則と商法総則

　会社に関する新たな統一的で体系的な法律として会社法が制定されたことに伴い、従来の商法総則にあった会社に適用されるべき規定については、会社法に「総則」及び「雑則」（両者を併せて総則等という）を設けて、そこに自足的に規定が置かれた。その結果、平成17年改正後の商法では、商法第1編（総則編）の第2章以降の規定は、会社形態を採らない商人の規定として整理されることになった（商法11条参照）。例えば、会社の商号中に使用する文字の制限に関する改正前商法17条・18条の内容は、会社法7条・8条に規定され、改正商法においては相当する規定がない。会社にのみ適用される規定は会社法にのみ置かれることになり、商法総則規定から姿を消した。

　他方、旧商法総則中の会社にも会社形態以外の商人にも適用される規定（商号、使用人、代理商等の規定）は、新しい会社法と商法総則との双方に置かれることになった。この場合、用語の検討が行われており、会社法上、会社については、「営業所」の語を用いず、「本店」「支店」とするのに対して、商法上、個人商人等については、本店・支店に関する規定や規律は削除され、営業所に関する規律として整理された。なお、会社法上、会社については、「営業」の語を用いず、「事業」として、「事業譲渡」等の表現が用いられるが、商法では、従来通りの「営業」の用語により、「営業譲渡」等の表現が用いられている。

2　会社に関する通則

　会社は法人であり（会4条）、会社（外国会社を含む。4条第1項、8条及び9条において同じ）がその事業としてする行為及びその事業のためにする行為は商行為とされる（会5条）。会社の行為は、商法503条2項により、その事業のためにするものと推定される（最判平20・2・22民集62・2・576商法百選36）。

　会社の住所は、本店所在地にあるとされる（会4条）

　会社は、当然に、商法上の商人である。但し、商法11条～31条の「商人」には会社は含まれない（商11条）。したがって、商法第2編（商行為編）の商人に関する規定は会社にも適用され、商行為に関する規定は会社の行為にも適用される。

【わが国の商法・会社法における「商人」概念と「商行為」概念の関係】

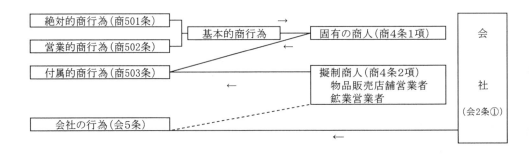

なお、会社については、商人資格の取得と喪失の時期は、法人格の有無と一致する。すなわち、本店所在地における設立登記によって会社は成立し、商人資格を取得し(会49条・579条)、清算の結了とともに商人資格を喪失する(会476条・645条)。
　(注)商法総則・会社法総則等の諸規定について、本書では概説にとどめるので、姉妹書の福原・総論を参照されたい。

3.3.2. 会社の商号

　1　商号の意義・機能と法制度
　2　商号選定の自由と制限
　3　会社商号の登記
　4　名板貸責任

□1.商号とはなにか、どのような機能があり、どのような法的規律に服するか。
□2.会社の商号選定に関する法的規律はどうなっているのか。
□3.会社の商号と登記との関係はどうなっているか。
□4.会社の商号について、名板貸人の責任はどうなっているか。

1　商号の意義・機能と法制度

　商号とは、法律的には、商人又は会社が営業上自己を表示するために用いる名称をいう。会社は、その商号を名称とする(会6条1項)。商号は、永続的な使用により商人の信用・名声が化体され、顧客誘引力を有し、また、それらによって独自の財産的価値をも有する。そこで、このような商号の機能と価値を保障し、商号の選定や利用関係をめぐる利害の調整を図る必要から、商法上又は会社法上、商号に関する制度が設けられるに至っている。

2　商号選定の自由と制限

(1) 商号選定の自由
　わが国では、商法上、原則として商号自由主義の立場を採用している。すなわち、商人は、その氏、氏名その他の名称をもってその商号とすることができる(商11条1項)。そして、会社法は、会社は、その名称を商号し(会6条1項)、その選定は原則として自由である。

(2) 会社の商号選定の制限
　会社の商号選定の自由には、以下のように、いくつかの制限がある。
　1) 会社の種類と商号
　会社は、株式会社、合名会社、合資会社又は合同会社の種類に従い、それぞれその商号中に株式会社、合名会社、合資会社又は合同会社という文字を用いなければならず、また、その商号中に、他の種類の会社であると誤認されるおそれのある

文字を用いてはならない(会6条2項3項)。会社は種類によって組織及び「社員(＝出資者)」の責任態様や法律関係を生じさせる機関構成等が異なり、このことが取引相手や一般公衆に重大な影響を及ぼすからである。

2）会社でない者の商号に関する制限

会社でない者は、その名称又は商号中に、会社であると誤認されるおそれのある文字を用いてはならない(会7条)。これに違反して会社であると誤認されるおそれのある文字をその名称又は商号中に使用した者は、100万円以下の過料に処せられる(会978条2号)。個人商人などが、一般に大きな信頼を寄せられる会社形態を装い、そのことで公衆が会社と誤解する弊害を防止するためである。

3）主体の誤認を生ぜしめる商号の禁止

何人も(誰であっても)、不正の目的をもって、他の商人・会社であると誤認されるおそれのある名称又は商号を使用してはならない(商12条1項・会8条1項)。この規定に違反する名称又は商号の使用によって営業上の利益を侵害され、又は侵害されるおそれがある商人・会社は、その営業上の利益を侵害する者又は侵害するおそれがある者に対し、その侵害の停止又は予防を請求することができる(商12条2項・会8条2項)。また、これに違反して、他の商人・会社(外国会社を含む。)であると誤認されるおそれのある名称又は商号を使用した者は、100万円以下の過料に処せられる(商13条・会978条3号)。これらは、公衆の誤解による弊害とりわけ他人の信用の侵害を防止するための規制である。

4）複数の商号の禁止（商号単一の原則）

商人は、1個の営業について、1個の商号のみを有することができ(商号単一の原則)、自然人たる商人が数個の営業を営む場合には、その商人は、各営業について、各別の商号を有することができると解されている。これに対し、会社の商号は会社の全人格を表すものであるから、会社は、数個の営業を営む場合でも、数個の商号をもつことはできない。

3　会社商号の登記

（1）商号登記制度

商号の有する社会的経済的な機能が発揮されるために、その使用関係を対世的に明確にしておくことが必要であり、また、そのことは商号を使用する商人にも一般公衆にも有用である。そこで、商法と会社法は、商号の使用関係を公示するために、商業登記制度の一つとして商号登記の制度を認めている。

（2）商号登記の手続

商号登記の手続は、商業登記法に規定されている(商登27条～34条)。会社の商号は、設立登記において各種の会社登記簿に必ず登記しなければならず(会911条3項2号・912条2号・913条2号・914条2号、商登34条1項)、これをもって商号登記も当然なされたものと解される。外国会社は、日本において取引を継続してしようとすると

きは、日本における代表者を定めなければならず（会817条1項）、この規定により初めて日本における代表者を定めたときは、外国会社の登記において、商号を登記しなければならない。

（3）類似商号規制

　会社法では、商号登記の効力による類似商号規制が廃止された。これに伴い、会社が本店を移転しようとするときに移転すべき地を管轄する登記所において商号の仮登記をすることができるとの仮登記制度も不要となり削除された。もっとも、登記実務の観点からは、商業登記法上、商号を登記すれば、その商号と同一で、かつ、会社にあっては本店の所在地が登記された商号の事業にかかる本店の所在地と同一であるときは、事業の種類を問わず、もはや登記することはできない旨が定められている（商登27条）。同一所在地に、同一の商号で事業を行う会社が複数存在すると、たとえ事業の種類が異なるとしても、事業主が不明確となり混乱が生じるから、これを防ぐためである。

　商号の不正使用に対する回復措置は、商法・会社法（商12条2項・会8条2項）及び不正競争防止法（不正競争2条1項1号2号・3条1項2項・4条・5条・7条）に定められている（最判昭58・10・7民集37・8・1082商法百選12、最判昭36・9・29民集15・8・2256商法百選13、参照）。

4　名板貸責任

　自己の商号を使用して事業又は営業を行うことを他人に許諾した会社は、当該会社が当該事業を行うものと誤認して当該他人と取引をした者に対し、当該他人と連帯して、当該取引によって生じた債務を弁済する責任を負う（会9条）。会社以外の商人についても同様の規定がある（商14条）。この名板貸人の責任の規定は、禁反言則ないし権利外観理論を基礎として、営業主・事業主であるかのような外観の作出への（名板貸人の）与因行為に帰責原因を認め、名板借人と取引した相手方の外観に対する信頼を保護するところにあり、また、間接的には、商号真実の要請にも応じるものである。

3.3.3. 会社の使用人と代理商

　1　会社の使用人等の会社法規定
　2　会社の使用人
　3　会社の代理商

□1.会社の使用人にはどのような種類があるか。それはなにを基準にしているか。
□2.会社の支配人は、どのような権限を有するか、また、どのような義務を負うか。
□3.会社の代理商とはなにか、それは、どのような義務を負い、どのような権限等を有するか。

1　会社の使用人等の会社法規定

　会社法は、対外的な事業活動の補助者につき、会社の使用人等として、会社と従属関係（主として雇用関係）にあって会社組織の内部で対外的事業活動を補助する「会社の使用人」に関する規定と（会10～15条）、会社の外部で独立した商人としてではあるが会社当該の対外的事業活動を補助する「会社の代理商」に関する規定（会16～20条）を置く。

【会社の使用人と代理商】

		補助の対象	補助対象との関係	補助の態様
商業使用人	「支配人」（商21・会11） 「ある種類又は特定の事項の委任を受けた使用人」 （商25・会14） 「物販店等の使用人」 （商26・会15）	特　定	従　属	代　理
代　理　商	締約代理商（商27・会16）	特　定	独　立	代　理
	媒介代理商（商27・会16）	〃	〃	媒　介

【補助者の補助態様比較】

代　理	媒　介	取　次
他人（代理人）の法律行為により、その効果が本人に帰属	他人間の法律行為の成立に尽力する単なる事実行為	自己の名をもって、他人の計算においてなす法律行為
本人　　◎代理人 　　　　　　　 　　　　　相手方 　══ 法律行為 　── 法律効果	本人　════　相手方 　　　媒介 　　　　◎	本人　　◎取次業者 　　　　　　 　　　　　相手方 　┄┄ 実質的（経済）効果

2　会社の使用人

（1）支配人

1）意　義

　支配人とは、商人又は会社に代わって、営業・事業に関する一切の裁判上又は裁判外の行為をなす権限を有する使用人をいう（商21条1項・会11条1項）。支配人であるかどうかは、この全般的包括的な代理権（支配権）の有無によって決せられる（実質説・通説、これに対して形式説も有力）。

　会社（外国会社を含む）は、支配人を選任し、その本店又は支店において、その事業を行わせることができる（会10条）。会社が支配人を選任し、又はその代理権が消滅したときは、その本店の所在地において、その登記をしなければならない（会918条）。支配人は、他の使用人を選任し、又は解任することができる（会11条2項）。

2）支配人の代理権（支配権）

　支配人は、会社に代わってその事業に関する一切の裁判上又は裁判外の行為を

する権限を有する(会11条1項)。支配人の代理権に加えた制限は、善意の第三者に対抗することができない(会11条3項)。

3) 支配人の競業の禁止

支配人は、会社の許可を受けなければ、次に掲げる行為をしてはならない(会12条1項)。すなわち、①自ら営業を行うこと、②自己又は第三者のために会社の事業の部類に属する取引をすること、③他の会社又は商人の使用人となること、④他の会社の取締役、執行役又は業務を執行する社員となること。支配人は会社に従属しており、その精力の分散を防止して会社の事業に専念させる必要があるとともに、支配人は会社との緊密な関係により、会社の機密事項を容易に知り得る立場にあることから、その立場を濫用することを防ぐために設けられた規定である。支配人がこの規定に違反して②に掲げる行為をしたときは、当該行為によって支配人又は第三者が得た利益の額は、会社に生じた損害の額と推定される(会12条2項)。

4) 表見支配人

会社の本店又は支店の事業の主任者であることを示す名称を付した使用人は、当該本店又は支店の事業に関し、一切の裁判外の行為をする権限を有するものとみなされる(会13条本文)。このような使用人を表見支配人という。但し、相手方が悪意であったときは、この限りでない(同条但書)。

(2) ある種類又は特定の事項の委任を受けた使用人

会社の使用人のうち、事業に関するある種類又は特定の事項の委任を受けた使用人は、当該事項に関する一切の裁判外の行為をする権限を有する(会14条1項)。この使用人の代理権に加えた制限は、善意の第三者に対抗することができない(会14条2項)。

(3) 物品の販売等を目的とする店舗の使用人

物品の販売等(販売、賃貸その他これらに類する行為をいう。以下この条において同じ。)を目的とする店舗の使用人は、その店舗に在る物品の販売等をする権限を有するものとみなす。但し、相手方が悪意であったときは、この限りでない(会15条)。

3 会社の代理商

(1) 意 義

代理商とは、使用人ではなく、自ら独立の商人として、特定の商人又は会社のために、平常その営業又は事業の部類に属する取引の代理又は媒介をなす者をいう(商27条・会16条)。取引の代理をなす者を締約代理商といい、媒介をなす者を媒介代理商という。代理店が必ずしも代理商とは限らない(大判昭15・3・12新聞4556・7)が、保険代理店はこれにあたる。代理商は、自ら独立の商人である点で、特定の商人又は会社に従属する商業使用人と異なり、特定の商人又は会社の補助者である点で、不特定多数の商人を補助する仲立人や問屋と異なる。

（2）義務

1）通知義務

代理商は、取引の代理又は媒介をしたときは、遅滞なく、会社に対して、その旨の通知を発しなければならない（会16条）。

2）競業の禁止

代理商は、会社の許可を受けなければ、次に掲げる行為をしてはならない（会17条1項）。すなわち、①自己又は第三者のために会社の事業の部類に属する取引をすること、②会社の事業と同種の事業を行う他の会社の取締役、執行役又は業務を執行する社員となること。代理商がこの規定に違反して①に掲げる行為をしたときは、当該行為によって代理商又は第三者が得た利益の額は、会社に生じた損害の額と推定する（同条2項）。

（3）権限等

1）通知を受ける権限

物品の販売又はその媒介の委託を受けた代理商は、商法526条2項の権限（物品の瑕疵等の通知その他の売買に関する通知を受領する権限）を有する（会18条）。

2）契約の解除

会社及び代理商は、契約の期間を定めなかったときは、2か月前までに予告し、その契約を解除することができる（会19条1項）。但し、やむを得ない事由があるときは、会社及び代理商は、いつでもその契約を解除することができる（同条2項）。

3）留置権

代理商は、取引の代理又は媒介をしたことによって生じた債権の弁済期が到来しているときは、その弁済を受けるまでは、会社のために当該代理商が占有する物又は有価証券を留置することができる（会20条本文）。但し、当事者が別段の意思表示をしたときは、この限りでない（同条但書）。

3.3.4. 会社の事業譲渡に関する取引法的規律

 1 会社の事業譲渡の意義と法的規律の二側面
 2 譲渡会社と譲受会社における取引法的規整

□1.会社の事業譲渡とはなにか、その法的規律にはどのような側面があるか。
□2.事業譲渡会社は、どのような義務を負うか。
□3.会社の事業に関する債権者と債務者は、その事業が譲渡された場合、どのような法的立場に置かれるのか、詐害的事業譲渡の場合はどうか。

1　会社の事業譲渡の意義と法的規律の二側面

（1）会社の事業譲渡の意義

客観的意義における営業又は事業は、それを構成する各個の財産の単純総和以

上の価値を有しており、その客観的な同一性を保持して移転することを認めたのが営業譲渡又は事業譲渡の制度である。営業譲渡又は事業譲渡は、営業又は事業の解体を防止して、企業の維持に役立ち、企業結合の一つの法的手段として社団法上の合併と類似の機能を果たし、また、企業分割の法的手段ともなりうる*。

* **事業譲渡の意義**　従来から、営業譲渡の意義及び本質については、客観的意義における営業の本質をどのように理解するかに対応して、見解が分かれていた。営業行為説から、営業者ないし経営者たる地位の交替ないし承継に伴ってなされる営業財産の譲渡と解する説（地位交替承継説）があり、また、営業の経営者たる地位を引継ぐ約束をもってする営業財産の譲渡と解する立場（地位財産移転説）がある。しかし、経営者たる地位の承継は、営業財産の移転に事実上当然に伴う結果に過ぎず、それらの見解は、法律論としてはとることができない。営業譲渡は、一定の営業目的のために組織化された有機的一体としての機能的財産の移転を目的とする債権契約であると解される（有機的営業財産移転説、通説。なお、判例は、この有機的営業財産移転説に地位交替承継説を加味した構成を採っている。最判昭40・9・22民集19・6・1600商法百選22、参照）。

（2）会社の事業譲渡に関する法的規律の二側面

会社法は、従来からの営業譲渡を事業譲渡の概念と称して、組織法的側面での規律を467条〜470条に置き、その取引法的側面の規律を21条〜24条に置く。ここでは、後者の規律を扱う。

2　譲渡会社と譲受会社における取引法的規整

（1）譲渡会社の競業の禁止

事業を譲渡した会社（以下「譲渡会社」という）は、当事者の別段の意思表示がない限り、同一の市町村（東京都及び指定都市にあっては区）の区域内及びこれに隣接する市町村の区域内においては、その事業を譲渡した日から20年間は、同一の事業を行ってはならない（会21条1項）。譲渡会社が同一の事業を行わない旨の特約をした場合には、その特約は、その事業を譲渡した日から30年の期間内に限り、その効力を有する（同条2項）。前2項の規定にかかわらず、譲渡会社は、不正の競争の目的をもって同一の事業を行ってはならない（同条3項）。事業譲渡の実効性を確保するために、譲渡会社に課された競業避止義務である。

（2）譲渡会社の商号を使用した譲受会社の責任等

事業を譲り受けた会社（以下「譲受会社」という）が譲渡会社の商号を引き続き使用する場合には、その譲受会社も、譲渡会社の事業によって生じた債務を弁済する責任を負う（会22条1項）。但し、事業を譲り受けた後、遅滞なく、譲受会社がその本店の所在地において譲渡会社の債務を弁済する責任を負わない旨を登記した場合には、責任を負わず、事業を譲り受けた後、遅滞なく、譲受会社及び譲渡会社から第三者に対しその旨の通知をした場合において、その通知を受けた第三者についても責任を負わない（同条2項）。譲渡される事業についての譲渡会社の債権者を保護している。

譲受会社が上記の規定により譲渡会社の債務を弁済する責任を負う場合には、譲渡会社の責任は、事業を譲渡した日後2年以内に請求又は請求の予告をしない債権者に対しては、その期間を経過した時に消滅する(同条3項)。
　なお、譲受会社が譲渡会社の商号を引き続き使用する場合において、譲渡会社の事業によって生じた債権について、譲受会社にした弁済は、弁済者が善意でかつ重大な過失がないときは、その効力を有する(同条4項)。

(3) 譲受会社の債務引受広告による責任等
　譲受会社が譲渡会社の商号を引き続き使用しない場合においても、譲渡会社の事業によって生じた債務を引き受ける旨の広告をしたときは、譲渡会社の債権者は、その譲受会社に対して弁済の請求をすることができる(会23条1項)。一種の禁反言則である。譲受会社がこの規定により譲渡会社の債務を弁済する責任を負う場合には、譲渡会社の責任は、同項の広告があった日後2年以内に請求又は請求の予告をしない債権者に対しては、その期間を経過した時に消滅する(同条2項)。

(4) 詐害的事業譲渡における譲受会社に対する債務履行請求
　平成26年改正で詐害的会社分割における債権者保護の規定が新設されたことに合わせて、詐害的事業譲渡における債権者保護の規定が設けられた。すなわち、譲渡会社が、譲受会社に承継されない債務の債権者(残存債権者)を害することを知って事業を譲渡した場合には、残存債権者は、その譲受会社に対して、承継した財産の価額を限度として、当該債務の履行を請求することができる(会23条の2第1項本文)。その譲受会社が、事業譲渡の効力が生じた時において、残存債権者を害すべき事実を知らなかったときは、この請求はできない(同条項但書)。
　この譲受会社の履行責任は、譲渡会社が残存債権者を害することを知って事業を譲渡したことを知った時から2年以内に請求又は請求の予告をしない残存債権者に対しては、その期間を経過した時に消滅し、また、事業譲渡の効力が生じた日から20年を経過したときに消滅する(同条2項)。譲渡会社について破産手続開始の決定、再生手続開始の決定又は更生手続開始の決定があったときは、残存債権者は、譲受会社に対して履行請求権を行使することができない(同条3項)。

(5) 会社と商人との間での事業の譲渡又は譲受け
　会社が商人に対してその事業を譲渡した場合には、当該会社を商法16条1項に規定する譲渡人とみなして、商法17条及び18条の規定が適用され、会社が商人の営業を譲り受けた場合には、当該商人を譲渡会社とみなして、会社法22条と23条の規定が適用される(会24条、結局、譲受人が会社の場合には会社法が、譲受人が商人の場合は商法が適用される)。

3.3.5. 会社の登記

1　会社登記の意義・機能と範囲
2　会社登記の効力
3　会社の本店・支店の所在地における登記

□1.会社登記の意義と機能はなにか。
□2.会社の登記には、どのような効力があるか。
□3.会社の本店の所在において登記すべき事項はどうなっているか、支店の所在において登記すべき事項はIT化のもとでどうなっているか。

1　会社登記の意義・機能と範囲

（1）企業の公示の機能

　企業が取引を安全に行うためには、その相手方のことをできるだけ知っておきたいという要請が生じる。そこで、商人・会社に関する一定の事項を登記して公示し、また、その登記に一定の効力を付与する等して、商人とその利害関係人の利益を調整することを目的とする商業登記の制度が設けられている。また、商人・会社にとっては、商業登記により、自己に関する重要事項を取引の相手となる一般公衆に知らせておくことは便利であり、そのことによって社会的信用を維持増大できるというメリットもある。商業登記の制度は、それらの要請に応じて、反復・継続して大量・集団的になされる企業取引の安全と円滑を確保するために設けられている制度である。

（2）会社登記の意義と範囲

　会社法により登記すべき事項（同938条3項の保全処分の登記に係る事項を除く）は、当事者の申請又は裁判所書記官の嘱託により、商業登記法に従って商業登記簿に登記する（会907条）。そのように登記した事項に変更が生じ、又はその事項が消滅したときは、当事者は、遅滞なく、変更の登記又は消滅の登記をしなければならない（会909条）。登記すべき事項のうち官庁の許可を要するものの登記の期間については、その許可書の到達した日から起算する（会910条）。

2　会社登記の効力

（1）登記の一般的効力（公示力）

　会社法の規定により登記すべき事項は、登記するまでは、善意の第三者に対抗することができず、登記後は、善意の第三者に対しても対抗することができる（会908条1項前段）。登記の後であっても、第三者が正当な事由によってその登記があることを知らなかったときは、その登記事項を、その善意の第三者に対抗することはできない（同条1項後段）。

　ここにいう「正当な事由」とは、通説・判例（最判昭52・12・23判時880・78）によれば、厳格に解され、災害による交通の途絶や登記簿の滅失など、登記簿の閲覧又は謄

本・抄本の交付を妨げる客観的事由を指し、長期の旅行や病気などの第三者の主観的事由を含まない。インターネットによる登記の閲覧が可能となった今日の状況のもとでは、サーバーのダウンなどの客観的事由を指す。

（２）外観保護規定との関係

登記の一般的効力として、第三者の悪意の擬制を強調すると、商法24条・会社法354条及び民法112条などの外観保護規定は登記された事項について適用の余地がなくなり、商法9条1項・会社法908条1項と外観保護規定の各条とは矛盾するのではないかとの疑問が生じる*。

> ＊ **商業登記と一般的効力と外観保護規定**　　通説によると、外観保護規定は商法9条1項・会社法908条1項の例外として優先的に適用されると解されている（例外説）。
>
> 判例は、登記事項について登記の後は商法9条1項・会社法908条1項のみの適用を受け、民法112条の適用ないし類推適用の余地はないと解するものもあるが（退任登記のなされている旧代表取締役が会社のために約束手形を振り出した事例につき、最判昭49・3・22民集28・2・368）、商法上の外観保護規定については、商法9条1項・会社法908条1項より優先して適用されると解する傾向にある（最判昭42・4・28民集21・3・796、最判昭43・12・24民集22・13・3349）。
>
> これに対して、学説には、商法9条1項・会社法908条1項の趣旨を通説とは異なる視点でとらえる立場から、商法9条1項・会社法908条1項の正当事由を弾力的に解し、登記に優越する外観がある場合をその正当事由にあたるとする見解（正当事由弾力化説）、さらに、商法9条1項・会社法908条1項を登記励行の趣旨で理解して外観保護規定とは次元を異にし、何ら矛盾を生じないと解する見解（異次元説）もある。

（３）不実登記の効力

故意又は過失によって不実の事項を登記した者は、その事項が不実であることをもって善意の第三者に対抗することができない（会908条2項）。権利外観法理ないし禁反言の法理にもとづく規定である。

同条は、不実の事項を登記した者、すなわち登記申請者について規定しているが、自己に関する登記をなすことに承諾を与え、不実登記の出現に加功した者にも類推適用され、その者も登記の不実を対抗できないと解される（多数説）。

判例も、適法な選任手続を経ていない名目上の取締役について、取締役に第三者に対する責任を負わせるにあたり、不実登記の出現に加功した者として平成17年改正前商法14条（同改正後商9条2項・会908条2項）を類推適用している（最判昭47・6・15民集26・5・984。なお、不実登記の残存につき明示的に承諾するなどの特段の事情がある場合にかぎって責任を負うと判示するものとして、最判昭62・6・16判時1248・127）。

3　会社の本店・支店の所在地における登記

会社法の規定により登記すべき事項は、原則として本店の所在地において登記する（会911条～929条）。さらに、支店の所在地においても登記すべき事項がある。但し、商業登記のコンピュータ化に対応して、支店所在地において登記すべき事項は

簡素化されており、①商号、②本店の所在場所、③支店(その所在地を管轄する登記所の管轄区域内にあるものに限る)の所在場所に限定される(会930条2項)。なお、支配人の登記は本店所在地で行うこととされている(会918条)。

3.3.6. 会社の公告

1　公告の意義と方法
2　電子公告

□1.会社法上、公告の制度があるのはなぜか、どのような公告方法があるか。
□2.電子公告とはどのような公告方法なのか、電子公告が機能を果たすために、どのような特別の制度があるか。

1　公告の意義と方法

　会社法は、株主や株式の質権者、新株予約権者、会社債権者などに、権利行使や差し止め、異議申立などの機会を保障するため、一定の重要な事項を知らせる方法として、通知とともに公告の制度を設けている。すなわち、会社は、公告方法として、①官報に掲載する方法、②時事に関する事項を掲載する日刊新聞紙に掲載する方法、③電子公告のいずれかを定款で定めることができる(会939条1項2項)。定款の定めがないと、官報に掲載する方法を採ることになる(同条4項)。また、公告の方法は登記事項である(会911条3項28号〜30号)。
　官報公告の場合、資本金等の額の減少や組織再編の際に債権者保護手続(債権者の異議を述べる機会の確保)を行うには、知れている債権者に対して個別の催告をしなければならない(会449条2項)。しかし、その場合でも、日刊新聞紙掲載公告又は電子公告を定款で定めておけば、それらの公告を官報公告と同時に行うことで、個別催告の作業を回避することができる(会449条3項)。

2　電子公告

(1) 意義と方法

　電子公告とは、公告方法のうち、電磁的方法(電子情報処理組織を使用する方法その他の情報通信の技術を利用する方法であって法務省令で定めるもの)により不特定多数の者が公告すべき内容である情報の提供を受けることができる状態に置く措置であって法務省令で定めるものをとる方法をいう(会2条34号、会施規222条)。電子公告を行うための電磁的方法は、インターネットに接続されたサーバーを使用する方法をいう(会施規223条)。電子公告は、インターネットのウェブサイト上に掲載する方法で公告を行うことを制度化したものである。
　会社法に定められた電子公告に関する法制度は、電子公告に関する制度の一般

法としての性格を有し、企業組織関連の特別法において多く準用されている（電子公告に関する会社法上の全条文の解説として、逐条解説(9)639頁以下〔福原紀彦〕、参照）。

　電子公告を行うためには、公告方法として定款に定め（又はその旨の定款変更を行い）、本店所在地においては2週間以内に、支店所在地においては3週間以内に、ウェブサイトのアドレス等、公告内容の情報が提供されるために必要な事項を登記しなければならない（会911条3項29号）。

（2）公告期間

　電子公告が機能を果たすためには、継続した公告がなされなければならない。そのため、会社法では、電子広告に必要な継続した期間を、次の日までと定めている（会940条1項）。すなわち、①会社法により特定の日の一定の期間前に公告しなければならない場合における当該公告では、当該特定の日まで、②会社法440条1項の規定による決算公告では、同項の定時株主総会の終結の日後5年を経過する日まで、③公告に定める期間内に異議を述べることができる旨の公告では、当該期間を経過する日まで、④それら以外の公告では、当該公告の開始後1か月を経過する日までである。

　公告期間中、「公告の中断（＝不特定多数の者が提供を受けることができる状態に置かれた情報がその状態に置かれないこととなったこと又はその情報がその状態に置かれた後改変されたこと）」が生じた場合において、次のいずれにも該当するときは、その公告の中断は、当該公告の効力に影響を及ぼさない（同条3項）。すなわち、①公告の中断が生ずることにつき会社が善意でかつ重大な過失がないこと又は会社に正当な事由があること、②公告の中断が生じた時間の合計が公告期間の10分の1を超えないこと、③会社が公告の中断が生じたことを知った後速やかにその旨、公告の中断が生じた時間及び公告の中断の内容を当該公告に付して公告したことである。

（3）電子公告調査

　電子公告は改ざん等に晒されやすい。そこで、電子公告をしようとする会社は、公告期間中、当該公告の内容である情報が不特定多数の者が提供を受けることができる状態に置かれているかどうかについて、法務省令で定めるところにより、法務大臣の登録を受けた「調査機関」に対し、「電子公告調査」を行うことを求めなければならない（会941条）。調査機関から会社に通知される調査結果が、公告が適法になされたことの証拠となる。

　電子公告調査を求める方法、調査方法、調査結果の通知方法、調査記録簿の記載等に関しては、電子公告規則（平成18年2月7日法務省令第14号）に定められている。電子公告規則が会社法施行規則から独立した省令として設けられているのは、本規則の規定が、会社法のみならず会社法の電子公告関係規定を準用する他の法律の規定による委任をも受けて定められるものであり、他の省令委任事項に係る規定とは、その性格を異にするためである（相澤他・新解説2頁注2）。

会 社 法 各 論

《株式会社法総論》

3.4. 株式会社の特質と法的規律

3.4.1. 株式会社の特質

1　株式会社の基本的特質　──　株式と株主有限責任原則
2　資本の制度

□1.株式会社の基本的特質または第一次的特質として、どのようなことが指摘できるか。それらの関係は、どのように理解できるか。
□2.株式会社の第二次的特質とされる資本(資本金)の制度とは、どのようなものか。資本に関する原則がいくつかあるが、それらはどういう意味をもつか。わが国の会社法では、どのような理由で、どのように変容しているか。
□3.最低資本金制度とはなにか、どのような機能を有するか。わが国の会社法では、どのような理由で、どのような扱いになっているか。

1　株式会社の基本的特質　──　株式と株主有限責任原則

　株式会社は、本来、社会に散在する巨額の資本を広範囲・最高度に集中して、大規模な企業活動を長期的・継続的に営むために案出された共同企業形態である。株式会社は、その機能を発揮するために、株式制度および株主有限責任の原則を基本的特質(第一次的特質)とし、資本の制度を第二次的特質としている。

(1) 株式制度

　株式会社の出資者(社員)たる地位は株式と呼ばれ、細分化された割合的単位の形をとるところに特色がある。このことにより、株式会社においては、零細な資金による出資も可能となり、多数の者の参加が容易になり、大規模な資本の集中が可能となる。さらに、多数の社員からなる株式会社の法律関係を処理する上で、さまざまな便宜がもたらされる(資本多数決原理による統一的意思の形成、株主の平等取扱い等)。株式

会社の社員は、株式の所有者であるため、株主と呼ばれる。

株主には出資の払戻しが認められないので、投下資本回収の必要から、原則として株式譲渡を自由とし（会127条）、株式の譲渡性を高める制度が設けられている。まずは、株券流通による株式譲渡の促進をはかるため、株式を表章する有価証券である株券の発行（会215条1項）と有価証券法理の活用を行うことがそれであり、最近では、株券の不動化から無券化へとペーパレス化を進め、保管振替制度から振替制度へと進化した仕組みが構築されている（「社債、株式等の振替に関する法律」）。

（2）株主有限責任の原則

すべての株主は、会社に対し、その有する株式の引受価額を限度とする出資義務のみを負い、会社債権者に対しては、なんらの責任も負わない（会104条）。このことにより、出資が促進される。

現行法では全額払込制が採られているので、出資義務は株主となる前の株式引受人の段階で完全に履行されるべき義務であり（会34条1項本文・63条1項3項・208条1項2項5項）、株主となった以上は会社に対しても原則としてなんらの義務もない。

2 資本の制度

（1）資本の意義

株式会社においては、株主有限責任の結果、対外的信用の基礎は会社財産のみに存するから、会社債権者を保護して会社の信用を維持するためには、会社債権者にとって唯一の担保となる会社財産の確保が図られなくてはならない。そこで、立法政策上、会社財産を確保するための基準となる計算上の金額を資本（＝資本金）として定め、会社債権者のために一定の機能を果たさせるという制度が考案され、これが資本の制度である。

ここに資本というのは、一定の計算上の金額を意味する法律上の観念であり、経済上の資本の観念とは異なり、また、絶えず変動する現実の会社財産とも異なる。

資本の制度は、ドイツおよびフランスでは存在し、アメリカでは廃止されている。わが国では、商法上、資本の制度を重視してきたが、会社法は、資本の制度を残しながらも大きな変更を加えている。

会社法上、株式会社は、会社財産を確保するための基準となる計算上の金額を資本（＝資本金）として定め（会445条1項）、登記と貸借対照表とによって公示すべきものとし（会911条3項5号。定款には掲記されない）、この資本金という一定額を基準として、さらに準備金制度を設け、これらに対応する会社財産を維持することを求めている。

会社法では、株式会社の資本金の額は、別段の定めがある場合を除き、設立または株式の発行に際して株主となる者が当該株式会社に対して払込みまたは給付をした財産の額（発行価額ではなく払込額が基準）とされ、その額の2分の1を超えない額を資本金として計上しないことができる（会445条1項2項）。

（2） 資本に関する諸原則の変容

資本制度を具体化するための諸規定を要約したものとして、資本に関するいくつかの原則が認められてきたが、会社法では、資本制度の機能の変容とともに、それら原則の存在意義が大きな変貌を遂げている。

1） 資本充実の原則

これは、会社が設立または新株発行の際に、資本金の額に相当する財産が確実に会社に拠出されることを要求するものであり、資本の制度にとって本質的な原則とされてきた。会社法上、これを趣旨とする規定として、発行価額全額の払込（会34条1項2項・63条1項3項・208条1項2項・281条1項2項）、現物出資の規制（会33条・93条・96条・207条・284条）等がある。

しかし、会社法では、後述のように、最低資本金制度が撤廃されて、低い資本金額が可能となり、発起人等の引受・払込担保責任（改正前商192条・280条の13）や給付未済財産価額填補責任（改正前商192条ノ2・280条ノ13ノ2）の規定がなく、発起人や募集株式引受人は出資の履行をしなければ失権して株主になれず（会36条3項・63条3項・208条5項）、いわゆる打ち切り発行が許容されている。したがって、会社法上、資本充実の原則とは、はじめに定められた資本金額に見合う会社財産を確保するという意味ではなく、実際に拠出された会社財産の額に見合う額を資本金額とすることを実質的に保障するという意味で理解できるにとどまる。

2） 資本維持の原則

これは、資本額に相当する財産が実際に会社に維持されることを要求する原則をいう。会社法上、これを趣旨とする規定として、剰余金の配当規制（会461条・446条）、準備金の積立（会445条2項3項4項・448条）等がある。会社法では、他の原則が意味を喪失しているのに対して、この原則だけが認められる。

3） 資本不変の原則

これは、いったん定められた資本額を自由に減少することを許さないとする原則である。もっとも、資本の減少が経営上必要となる場合もあるので、会社法では、会社債権者の保護に配慮した厳格な法定手続きによらない限り、資本の減少を許さないとされている（会447条・449条）。

4） 資本確定の原則

これは、会社設立または資本増加に際して、資本額が定款に記載され、その資本総額に相当する株式の引受により出資者が確定すべきことを要求する原則で、総額引受主義ともいわれる。この原則は、昭和25年改正商法により授権資本制度が採用されて修正されたが、会社法では、打ち切り発行が認められたことで、この原則は廃棄されたと考えられる（会36条3項・63条3項・208条5項）。

（3） 最低資本金制度の変遷と廃止

1） 最低資本金制度の意義と機能別見直し

株式会社の財産的基礎を確保して会社債権者保護を図る上で、資本の制度をより強固にするために、制度上に資本金額の下限を定める最低資本金制度があり得る。

わが国では、平成2年商法改正により導入され、株式会社では1000万円(商168条ノ4)、有限会社では300万円(有9条)とされていた時期があった。しかし、現実に、最低資本金制度は、債権者保護のために十分に機能せず、むしろ、会社形態を選択する際の規制として起業の障碍となっていた。そのため、新事業創出促進法・中小企業新事業活動促進法により、一定の創業者が株式会社または有限会社を設立する場合には、会社設立から5年間に限り、最低資本金規制が免除され、「一円会社」の登場も許容する特例が設けられた＊。

＊ **最低資本金制度下の特例**　平成2年商法改正により最低資本金制度が導入され、株式会社では1000万円(商168条ノ4)、有限会社では300万円(有9条)とされた。しかし、平成14年に改正された新事業創出促進法10条・中小企業新事業活動促進法3条により、創業者に該当することについて、経済産業大臣に申請して確認を受けた者が、株式会社または有限会社を設立する場合には、会社設立から5年間に限り、最低資本金規制を免除し、5年経過以降、商法の最低資本金規制にかからしめることとし、その結果、確認を受けた創業者が設立する株式会社(確認株式会社)または有限会社(確認有限会社)の資本金は1円でもよいこととされた(「一円会社」の登場)。
　ここに創業者とは、事業を営んでいない個人であって、2か月以内に新たに会社を設立して、その会社を通じて事業を開始する具体的な計画を有する者をいい、個人事業を営んでいる人や代表権のある会社役員は含まれない(新事業創出促進法2条2項3号)。同法では、設立時および増資後の資本の額が1000万円(有限会社の場合300万円)以下の新株発行時の払込について、払込取扱機関による払込保管証明を受ける義務を免除する特例が設けられた(同法10条の5・10条の10)。また、設立時の現物出資・財産引受・設立後の事後設立にかかる検査役調査について、資本の額にかかわらず200万円(確認有限会社の場合60万円)以下の財産については検査役調査を不要とする特例が設けられた(同法10条の6・10条の9)。但し、そうして設立された会社には、債権者保護のために、開示強化と会社財産流出防止の担保措置が講じられた。同法による特例の適用実績は急増し、経済産業省の調査では、同改正法施行日である平成15年2月1日から平成16年3月19日までで、確認申請件数は13,299件(582件)に昇り、成立届出件数は10,133件(437件)を数えた。()内の件数は、資本金1円による起業数である。この適用実績が会社法改革における最低資本金制度撤廃を促したことは、想像に難くない。

最低資本金制度が果たしていた機能は、①設立時の出資額(設立に際して払い込むべき金銭等の価額)の下限規制、②配当規制における純資産額の下限規制、③資本金として表示する計数の下限規制の3つに分類でき、会社法では、それぞれの機能ごとに見直しを行われた。すなわち、新事業創出促進法・中小企業新事業活動促進法の改正による特例の適用期間を勘案して、その恒久化を図る趣旨も含めて、会社法上、①と③の機能としての最低資本金制度を撤廃し、②の機能については別途の基準(300万円の純資産規制〔会458条〕)を設けて対応することになった。

2）会社設立時の出資額規制としての最低資本金制度の撤廃

会社法においては、株式会社の設立に際して定款に「出資される財産の価額またはその最低額」を定めることを必要とするが、その下限額の制限を置かない(会27条4号)。出資すべき額は定めることを要するが、最低資本金制度は廃止された。出資額は1円以上が必要であるが、資本金の額は設立費用等を差し引いて定めるので(計規74条1項)、その結果、ゼロないしマイナス額となった場合、資本金の計上額としては、会社設立時も成立後も、0円となる(計規74条4項)。

3) 債権者保護のための措置

会社法は、最低資本金制度の撤廃に併せて、次のような債権者保護のための措置を講じている。

第一に、財産状況の適切な開示・計算書類の適正を確保するため、①会計帳簿作成の適時性・正確性の明文化（会432条1項）、②会計参与制度の創設、会計監査人設置範囲の拡大（会326条2項）、③すべての株式会社の貸借対照表の公告義務（会440条1項）を規定する。

第二に、適切な財産の留保と不当な財産流出の防止を図り、①株主に対する会社財産の払い戻しに対する統一的な（剰余金の分配として）財源規制（会461条）、②財源規制違反の配当をなした取締役の責任の厳格化（分配可能額を超える部分につき総株主同意免除を適用除外、会462条3項）、③純資産額300万円を下回る場合の剰余金配当の禁止（会458条）を規定する。

3.4.2. 株式会社法の意義・目的・特色・変容

1 株式会社法の意義と目的
2 株式会社法の一般的特色と変容

□1.株式会社法と実質的に呼ばれる法は、どのような目的を有しているか。
□2.株式会社法は、その目的を達成するための一般的な特色として、どのようなことが指摘できるか。
□3.株式会社法は、株式会社組織の意義と役割に照らして、どのような理論的体系を構想できるか。また、その体系に即して、どのようなパラダイムシフトを認識することができるか。

1 株式会社法の意義と目的

実質的意義における会社法のなかで株式会社に関する法規の総体を株式会社法と呼ぶことができる。

そして、株式会社法の目的は、①株式会社たる会社企業の機能保障（企業の維持と合理的経営確保）、②その利用に伴う弊害の除去と防止、および、③関係者の利益調整（出資者保護と会社債権者保護・取引の安全）にあるということができる。

2 株式会社法の一般的特色と変容

（1）一般的特色

株式会社法は、その目的を達成するための特色として、一般的に、強行法規性*、公示・開示主義の強化、集団的画一的処理、国家機関の関与、罰則の強化等が指摘されてきた。

それらは、大規模で公開的な株式会社に対しては適合的である。しかし、現実には中小規模の企業や閉鎖的性格の企業も株式会社形態を採用するようになり、その

ため、規律の分化が必要となった。会社法では、株式会社が実態に即した運営形態を採用できるように規律の区分がなされている。これと併せて、強行法規性に関しては、定款自治の拡大とともに任意法規化の傾向が強まっている。

* **株式会社法の強行法規性**　株式会社に関する民事規律が、契約法に象徴されるような任意法規性とは異なり、そもそも、強行法規性を有するものとして設定されることの意味はなにか。交渉相手方の予測可能性（株式会社組織における権利・義務・責任関係の明確化）を担保することにあるといえるが、さらに、「標準化」による情報収集コストの節約にあるとの指摘がある（もっとも、当事者間の選択の自由を妨げることは問題である。柳川・前掲契約と組織の経済学87頁、その他、三輪他・前掲会社法の経済学463頁以下、参照）。

（2）株式会社法のパラダイムシフト
1）民商法時代の旧法人法の延長から企業組織法の中核へ
　　　　　―　権利義務関係整備からガバナンス重視の法システムへ

　民商法の一分野としての会社法は、まず、どのような形態・組織の企業が経済主体として独立の法主体となるのかを規定し、経済主体としての企業を法的主体として確立する。そして、民事規律によって、企業の法的主体としての権利義務関係の発生・変動のシステムを整備することを任務とする。そこで、「会社法は、会社の設立から消滅に至る諸段階の法律関係を整序する・・・」と表現された。民事規律により、出資者・債権者等の関係人の利害調整を図り、他の規律も援用して、反社会的非倫理的行動を防止する。そうして、企業組織法の民事規律は、市場から観る予測可能性・選好・選択の確保の観点から、発生史論的規律による定型化と強行法規性を顕著な特色として生成したということができる。

　その後、企業組織法の民事規律は、市場機能を高める多様性の確保と規制緩和の観点から、定款自治の拡大と任意法規化の傾向を強めた。そこでは、組織の役割を考慮した競争力・収益力・企業価値の向上を図るために、ガバナンスシステム重視の組織規律が求められるようになった。また、その先端的な法技術により、一般法人法の法規範や各種事業組織法を先導している（例えば、「電子公告」は、組織全般にとって必要な規範であるが、会社法に規定があり、各種特別法で準用されている）。

　このように、民商法時代の旧法人法の延長にあった会社法から、企業組織法の中核としての役割を担いながら、「企業組織法」時代の会社法として大きく展開しているということができる（本書の書名に込められた問題意識は、この点にある）。

2）単体の企業組織の規律から企業結合・企業集団の規律へ

　他方で、単体の企業組織創設の規律から組織再編・企業集団規律へと展開を遂げている。単一の法人組織の形成と、その法人組織をめぐる利害関係の調整を主眼とすることから進んで、複数の法人組織を視野に収めて、適切な企業結合・企業集団の形成を秩序づけ、そこでの利害関係を調整することを目的にして展開している。

3）株式会社法の理論的体系の再編成

　株式会社法は、伝統的に、設立、株式、機関、計算、新株発行・社債、基礎的変更、合併等、その他の規定群を擁していた（平成17年改正前商法第2編会社等）。これは、株式会社発生史論的な発想、すなわち、株式会社を新たに創設することに始

まり、解散に至るまでの諸段階について（株主への配当、株式の追加発行、社債の発行、基礎的変更や合併等）、法律関係を設定しつつ関係人の利害調整を図ることを主たる目的としていたとの認識に拠る。しかし、最近では、市場との関連で理解される株式会社組織の意義と役割に照らして、発生史論的発想から展開し、現代的な理論的体系が構想される傾向にある。

　すなわち、機関については会社統治（コーポレート・ガバナンス）として、株式を含む資金調達については会社金融（コーポレート・ファイナンス）として、計算は会社会計（コーポレート・アカウンティング）として、合併等は組織再編（リ・オーガナイゼーション）として（これに設立〔ファンデーション〕を加えて）、隣接諸科学の成果をより活用しやすい体系が構想されている。この新しい体系に即し領域毎に法改正の傾向を整理することで、最近の株式会社法のパラダイムシフトをより明確に認識できる。

【株式会社法の理論的体系とパラダイムシフト】

	戦後商法時代	平成13年商法改正～会社法（平成17年）～	会社法改正（平成26年）＊
企業統治（ガバナンス）	規制強化	**多様化・定款自治拡大** 公開会社のガバナンス強化（守りから攻めへ） 　委員会等設置会社導入 　内部統制システム整備 　中小規模・非公開会社の機関設計整備	◎**企業統治のあり方の整備** 取締役会モニタリング機能強化 　社外取締役活用 　監査等委員会設置会社、等 　cf. ソフトローの活用
企業金融（ファイナンス）	規制緩和	**規制緩和、市場機能の重視、** 　金庫株解禁、株式種類多様化、 **ファイナンス（オプション理論）の導入、** 　新株予約権制度	○企業調達面でのガバナンス 支配株主移動を伴う募集株式発行等の規整、等
企業会計（アカウンティング）	財産法→損益法 利益配当規制→	国際会計基準への対応、資本制度変容、 横断的・統一的な剰余金分配規制へ 中小会社の会計ガバナンス	───
企業再編（リ・オーガナイゼーション）	未整備	**組織再編制度整備（平成11・12年）** 　会社分割・株式交換・株式移転 　会社法で継承・規制緩和、 **組織再編の機動性強化と活用範囲拡大** 　合併対価の柔軟化、 　簡易組織再編、略式組織再編	◎**親子会社規律・組織再編制度の整備・充実** 多重株主代表訴訟、株式買取請求権、キャッシュアウト、組織再編差止請求権、詐害的会社分割、企業グループ内部統制、等

＊ 平成26年会社法改正の法機能面での特徴　①規律の多様化（監査等委員会設置会社の導入）、②手続の横断整備（全部取得条項付種類株式制度と株式併合制度について情報開示・少数株主保護を組織再編並に整備）、③エンフォースメント手段の多様化（組織再編における差止請求制度の導入）。

（神田・入門20頁掲載図表・45頁を参照・加筆）

4）株式会社法の法規範性の変容

現代の株式会社法では、強行法規性が緩和されているほか、エンフォースメント（実効性）手段の多様化がみられる。

企業組織法は主に民事規律で構成され、民事規律のエンフォースメントは権利・義務・責任関係の設定の手法にもとづいているから、その実効性は必ずしも強くない。そこで、会社法では、刑事規律（刑事罰）や行政規律（行政罰）による実効性を担保するサンクションの強化が図られる場面がある。

他方で、企業組織法の民事規律において、無効や責任という効果を常に伴わせることが適切でなく、かといって任意法規としてしまうことはできない場面もあり得る。民事規律によってガバナンスを強化する場面がそれである。この場合、わが国でも、平成26年会社法改正により、「コンプライ・オア・エクスプレイン」（= Comply or Explain〔遵守せよ、さもなくば、説明せよ〕）というエンフォースメントの手法が採用された（社外取締役設置の場面）。この手法は、金融に関する規律において、国家による監督規制を緩和して、ミニマム・スタンダードを設定するに止め、顧客本位のベストプラクティスを醸成するための手法として用いられたり（ルールベースからプリンシプルベースへ）、ソフトローのエンフォースメントとして採用されているものである。この場合のサンクションは自主的・事実的な強制力に委ねられている。法的規律のエンフォースメント手段の多様化の一環として注目すべき手法である。

《株式会社法各論》

3.5. 株式会社の設立

3.5.1. 会社設立の意義と株式会社設立手続の特色

1 会社設立の意義
2 株式会社設立手続の特色と概要
3 発起人と設立中の会社

□1.会社設立とはなにか、各種会社に共通する要件はなにか。
□2.会社の成立とはなにか、会社の成立時期はいつか。
□3.株式会社設立手続の特色はなにか。
□4.発起人とはなにか、発起人の権限の範囲をどう考えるか。

1 会社設立の意義

　会社の設立とは、会社の実体を形成し、これを法人として成立させることである。会社設立は、合同行為としての法律行為と考えられている。

　会社設立の手続は一連の行為からなるが、各種の会社に共通して、①会社の根本規則たる定款の作成、②構成員であり出資者である社員の確定、及び、③機関の具備により、会社の実体が形成され、④設立登記により法人格が付与される。

　会社の実体が法人格を取得することを、会社の成立といい、その時期は、会社の本店所在地で設立登記をなした時である（会49条・579条）。

　会社法は、会社の設立につき、法定の要件を満たすときに当然に法人格を付与するという立法主義＝「準則主義」を採用している。

2 株式会社設立手続の特色と概要

　株式会社の設立においては、財産的基礎の確保が強く要請され、通常、多数の出資者が予定されるので、簡単な手続によることはできず、周到で厳格な強行規定にもとづいて、複雑な手続が定められている。すなわち、設立手続が発起人によって遂行され、各種の会社に共通する設立の要件を、それぞれ段階的に満たしていくことになる（対照的に、合名会社においては、定款作成段階で定款への記載を通じて実体形成の要件を満たしてしまうことになる。すなわち、社員が確定し、機関たる地位が社員たる地位と一致するので併せて機関が具備されることになる）。

　株式会社の設立手続では、発起人が定款を作成し（会26条）、定款について公証人の認証を受け（会30条）、株式発行事項を決定し（会37条）、株式引受その他の手続に入る。株式引受その他の手続には株式の引受方法によって2通りがあり、そのこ

とから、株式会社の設立手続には発起設立（会25条1項1号参照）と募集設立（会25条1項2号参照）の2つの態様が存する。諸手続を終え設立登記がなされると、法人としての株式会社が成立する（会49条）。

会社法は、これら会社の設立方法を明確にするとともに（発起設立につき会社法第2編第1章第2節～第8節、募集設立につき、会社法第2編第1章第2節3節、39条、第6節～第9節）、その他の会社設立場面についての規定を設けている（①新設合併、②新設分割、③株式移転の場合には、会社法第2編第1章の諸規定は適用除外（会814条））。

【株式会社の設立手続】

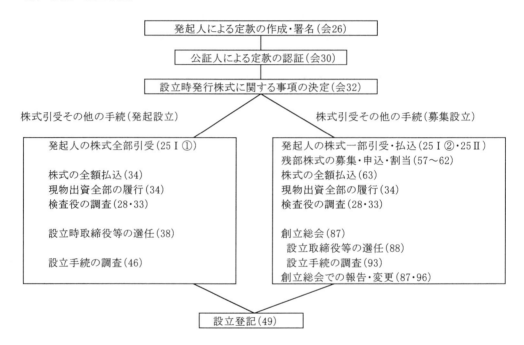

3　発起人と設立中の会社

（1）発起人

発起人とは、実質的には株式会社設立の企画遂行者のことであるが、会社法上は、形式的に解され、定款に発起人として署名又は記名捺印（電子署名）した者をいう（通説、大判昭7・6・29民集11・1257）。発起人としての法的地位を有し、法的責任を負う者を明確にするためでる。

発起人の員数に下限はなく、1人以上であればよい（会26条1項）。発起人の資格については制限はなく、制限能力者や法人も発起人となることができる。各発起人は、1株以上の株式を引き受けることを要し、株式会社の最初の構成員となる（会25条2項）。

（2）設立中の会社と発起人の権限

　設立手続の過程において株式会社の実体が漸次成長していくことを把握することにより、そこに実在する団体の実体を法律的に承認し、これを「設立中の会社」という。

　設立中の会社は、発起人を執行機関として自ら会社として成立することを目的とする権利能力なき社団であり、設立登記により法人格を取得して完全な会社となる。設立中の会社と成立後の会社とは実質的に同一であるから、発起人が設立中の会社の機関として会社のためになした行為の効果は、会社成立と同時に実質に従い形式的にも当然に会社に帰属する（同一性説）。

　設立中の会社の機関としての発起人の権限の範囲については、見解が分かれるが、発起人の権限に属する行為には、法人たる会社の形成・設立それ自体を直接の目的とする行為と、会社の設立にとって法律上・経済上必要な行為とが含まれ、開業準備行為については法定要件を満たした財産引受（会28条2号）だけが含まれると解するのが多数説である（判例は、少なくても、設立準備行為は発起人の権限の範囲に含まれないと解している。最判昭33・10・24民集12・14・3228会社百選5）*。

*****設立中の会社の執行機関としての発起人の権限**　　発起人がなしたどのような行為の効果が成立後の会社に帰属するにいたるのか、発起人の権限に属する行為の範囲が問題となる。発起人が会社設立にいたるまでに事実上なしうる行為には、①会社の形成・設立それ自体を直接の目的とする法律上必要な行為（定款の作成、株式の引受け・払込み、創立総会の招集等）、②会社の設立にとって事実上・経済上必要な行為（設立事務所の賃貸、設立準備事務の職員の雇用等）、③会社の将来の開業の準備として必要な行為（開業準備行為、本店・支店を設置するための土地や建物の取得、製造や業務のための設備・備品の購入、原材料の仕入れ等）、④営業行為があり、どこまでが発起人の権限に属する行為と考えるかが問題である。
　「健全な株式会社の設立」という点を重視すれば①まで(a説)、さらに現実的な必要性を加味すれば②まで(b説)、さらに、「迅速な営業開始の必要性」を考慮すれば③まで(c説)となる。
　そして、開業準備行為の一種たる財産引受について厳重な法規制の存することをどのように解するかについては、a説又はb説では、本来、発起人の権限に属さないが、必要上、法定要件を満たした財産引受だけは例外的に含めることになり、c説の立場からは、本来でも発起人の権限の範囲内であるが、財産的基礎を危うくしないため、例外的に財産引受は法定要件を満たす必要があると考えることになる（財産引受以外の開業準備行為についても、財産引受の規定を類推する見解もある）。

　なお、発起人として会社設立の企画にあたろうとする者の間には、会社設立という事業を目的とする組合契約関係が存し、これを「発起人組合」という。設立中の会社と発起人組合とは別個に並存するものである。

3.5.2. 株式会社の設立手続

1　定款の作成・認証・備置き等
2　設立時発行株式に関する事項の決定
3　発起設立における株式引受その後の手続
4　募集設立における株式引受その後の手続
5　株式の仮装払込
6　設立登記

□1.株式会社の定款の記載事項にはどのようなものがあるか。
□2.発起設立の手続はどうなっているか。発起設立の場合はどうか。両者の相違はなにか。
□3.株式の仮装払込にはどのような態様があるか。それぞれについて、そのような法的対処がなされているか。

1　定款の作成・認証・備置き等

（1）定款の意義と作成・認証

「定款」とは、実質的には、会社の組織・活動に関する根本規則を意味し、形式的には、このような根本規則を記載した書面（又は記録した電磁的記録）を意味する。

株式会社の設立手続は、発起人が定款を作成し、これに署名又は記名捺印（電子署名も可）することに始まる（会26条1項2項）。

定款は、その内容を明確にして後日の紛争や不正行為を予防するため、公証人による「認証」を必要とし（会30条1項）、その認証を受けなければ効力を生じない（但し、後に定款を変更する場合の認証は不要）。一般に、設立当初に作成された定款を「原始定款」という（認証の対象となる定款という意味で理解する考え方もある）。

（2）定款の記載事項

定款の記載事項は、その法的効力によって、絶対的記載事項・相対的記載事項・任意的記載事項に分けられる。

1）絶対的記載事項

定款の絶対的記載事項とは、定款に必ず記載しなければならない事項で、その記載を欠くときは定款自体が無効となるものをいう。会社法制定時に合理化が進み、現在では、次のものがある（会27条）。すなわち、①会社の目的、②商号、③本店所在地、④設立に際して出資される財産の価額又はその最低額、⑤発起人の氏名及び住所（会27条1～5号）、⑥発行可能株式総数＝「授権株式数」（会37条1項）がある。

定款記載事項と登記事項とは同一ではないが、④⑤を除いて、①②③⑥は登記事項でもある（会911条3項）。

なお、発行可能株式総数＝授権株式数は、定款認証時までに定める必要はなく、会社成立時までに発起人全員の同意で定めることが認められる（会37条1項・98条）。各発起人に割り当てる株式数は、定款に記載する必要はない（会32条参照）。株式譲渡制限会社を除き、設立時発行株式の総数は発行可能株式総数の4分の1を下ることはできない（会37条3項）。この、発行可能株式総数は常に発行株式の総

数の4倍以上を保っていなければならないとの原則は、「4倍ルール」と呼ばれる。
2）相対的記載事項
　定款の相対的記載事項とは、定款に記載しなくても定款自体の効力には影響がないが、定款に記載しなければその効力が生じない事項をいう。これには、数多くの事項があるが、主要なものとしては、公告の方法と変態設立事項等がある（会28条・29条）。
　ｉ　**公告の方法**　会社又は外国会社は、公告方法として、①官報に掲載する方法、②時事に関する事項を掲載する日刊新聞紙に掲載する方法、③電子公告のいずれかを定款で定めることができる（会939条1項2項）。定款の定めがないと、官報に掲載する方法を採ることになる（同条4項）。また、公告の方法は登記される（会911条3項28号〜30号）。
　ⅱ　**変態設立事項**　変態設立事項（危険な約束）と呼ばれるものがある（会28条）。すなわち、①現物出資（同条1号）、②財産引受（同条2号）、③発起人の報酬・特別利益（同条3号）、④設立費用（同条4号）である。
　これらの変態設立事項は、いずれも会社の財産的基礎を危険にするおそれがあるので、第1に、原始定款の相対的記載事項とされ、第2に、原則として裁判所の選任する検査役の調査を受けることを要し、第3に、そこで不当と認められた場合は、裁判所又は創立総会において変更される（会33条1項7項）。
3）任意的記載事項
　単に定款に記載しうるにすぎない事項がある（会29条）。株式会社の本質又は強行法規に反しない限り、任意の事項を定款に記載できる。これを定款の任意的記載事項という。

（3）現物出資・財産引受・設立費用・事後設立
1）現物出資（会28条1号）
　現物出資とは、株式の対価として金銭以外の財産をもってする出資をいう。株式会社では金銭出資が原則であるが、予め特定財産を確保しておく必要もあることから、現物出資も例外として認められる。しかし、現物出資の目的物たる財産が過大評価されると、会社の資本充実が害されるので、会社法は、設立の場合には、これを変態設立事項として厳重な規制に服せしめ、その弊害を防止している。発起人に限って行うことができる（会34条1項・63条1項参照）。
2）財産引受（会28条2号）
　財産引受とは、発起人が設立中の会社のために、会社の成立を条件として一定の財産を譲り受けることを約する契約をいう。財産引受は、現物出資のような団体法上の行為ではなく、純然たる個人法上の行為（通常は売買契約）であるが、目的物の過大評価による危険があり、現物出資の潜脱行為として利用されるおそれがあるので、現物出資と同様に変態設立事項としての規制に服する。
　定款に記載のない財産引受は無効であり、成立後の会社はこれを無権代理行為として追認することはできないと解されている（多数説、最判昭28・12・3民集7・12・1299、なお、追認を肯定する見解も近時有力である）＊。

* **定款に記載のない財産引受の効力**　　効力及び追認の可否が問題となるが、理論上、設立中の会社の概念及び発起人の権限の範囲についての理解の仕方によって、法律構成や結論が異なる。

　発起人の権限を狭く解し、財産引受は定款記載という法定要件を満たす場合にのみ発起人の権限に含まれると解すると、定款に記載のない財産引受は絶対無効となり、この立場では設立中の会社の概念は発起人の権限内の行為の効果が実質的に帰属するために想定されるので、遡及効のある本来的な追認の余地はない（最判昭42・9・26民集21・7・1870、最判昭61・9・11判時1215・125会社百選6）。

　これに対して、発起人の権限を広く解し、財産引受は本来発起人の権限に含まれるが定款記載という法定要件が課せられていると解する立場では、設立中の会社の実質的権利能力ということを想定して、それを成立後の会社の権利能力と同一の範囲で設定すると、定款に記載のない財産引受は発起人による一種の無権代理行為と構成でき、無権代理無効となり、遡及効のある追認が可能と解することになる。もっとも、前者の立場でも、会社成立後に事後設立の要件を満たす総会決議により、実質的に追認ができると解している。

3）検査役調査の省略

　現物出資と財産引受については、例外的に、裁判所選任の検査役の調査を受けることを要しない場合として、一定の条件のもとでの、①少額免除（会社法制定により少額免除要件が緩和され、「資本金の5分の1」基準が撤廃されて、財産価額500万円以下となった。会33条10項1号）、②有価証券に関する免除（会社法制定により有価証券免除の特例範囲が拡大され、「市場価格のある有価証券」なら可となった。会33条10項2号）、③価額が相当であることについて弁護士等の証明を受けた場合の免除がある（会33条10項）。

4）設立費用（会28条4号）

　設立費用とは、発起人が設立中の会社の機関として支出した会社設立のために必要な費用をいう（事務所の賃貸料や株式募集広告費等）。

　会社と発起人との内部求償関係において、会社は、この設立費用を変態設立事項としての法定の要件を満たす限度で負担する。但し、定款認証手数料、払込取扱機関報酬、設立登記登録免許税等は、濫費のおそれがないので、設立費用としての規制に服さない（会28条4号括弧書、会施規5条）ので、定款に記載されなくても、会社が負担する。他方、第三者との外部関係において、会社成立後も未払いの設立費用の対外的債務負担者が誰かについては議論がある（大判昭2・7・4民集6・428会社百選7は、会社が法定要件を満たす限度内で対外的にも債務負担者となるとするが、この判例は学説上どの立場からも支持されていない）*。

* **設立費用をめぐる法律関係**　　対内的負担・求償関係と対外的債務負担関係とがあることに注意を要する。まず、対内的負担・求償関係においては、設立費用は、変態設立事項としての法定の要件を満たす限度で会社の負担となる。この限度を越える費用は、たとえ会社の設立に必要なものであっても、発起人自らが負担することを要し、発起人は、不当利得、事務管理その他いかなる理由をもってしても、会社に求償することはできない。他方、対外的債務負担関係においては、発起人の権限の範囲をどのように解するかの問題との理論的関連、及び、会社の財産的基礎の確立の要請と取引相手方の信頼保護の要請への考慮から、a.発起人全額負担説、b.会社全額負担説、c.会社・発起人重畳責任負担説（理論的にはbを前提にする）の諸説が存する。

5）事後設立（会467条1項5号）

現物出資や財産引受に関する設立時の規制を潜脱して、会社設立後に同様の効果を得ようとする弊害を防ぐため、会社が、その成立後2年以内に、成立前から存在する財産で事業のために継続して使用すべきものを、純資産額の20％を超える対価で取得する契約（事後設立）をなすには、株主総会の特別決議を要する（会467条1項5号・309条2項11号。会社法制定時に事後設立規制が緩和され、検査役調査〔旧商246条2項〕は廃止され、株主総会特別決議を必要とする基準は、改正前の「資本の20分の1」から「純資産額の5分の1」〔会467条1項5号但書〕へと緩和された）。

(4) 定款の備置き・閲覧

発起人（会社成立後にあっては株式会社）は、発起人が定めた場所（会社成立後にあっては本店及び支店）に定款を備え置かなければならない（会31条1項）。発起人（会社成立後にあっては株主及び債権者）は、発起人が定めた時間（会社成立後にあっては営業時間）内は、いつでも、会社法所定の規定にもとづき、定款の閲覧・謄写の請求ができる（同条2項）。会社成立後において、当該株式会社の親会社社員（親会社の株主その他の社員）がその権利を行使するため必要があるときは、当該親会社社員は、裁判所の許可を得て、当該株式会社の定款について、同様の定款の閲覧・謄写の請求をすることができる（同条3項）。

なお、定款が電磁的記録をもって作成されている場合であって、支店での請求に応じることを可能とするための措置として法務省令で定めるものをとっている株式会社については、備置きは本店のみでよい（同条4項、会施規227条）。

2 設立時発行株式に関する事項の決定

設立に際して発行する株式の発行に関する事項のうち、設立に際して出資される財産の価額又はその最低額は定款で定めることを要するが（会27条4号）、それ以外は、定款外で決定でき、原則として発起人の多数決で決定できる（民670条類推）。

しかし、①発起人が割当を受ける設立時発行株式の数、②その株式と引換に払い込む金銭の額、③成立後の株式会社の資本金と資本準備金の額に関する事項については、定款で定めない場合は、発起人全員の同意によって決定することを要する（会32条）。

3 発起設立における株式引受その後の手続

(1) 発起設立の概要

発起設立は、発起人のみで会社設立に際して発行する株式の総数を引き受けて会社を設立する方法である（会25条1項1号）。

発起設立では、発起人は、書面による株式の引受の後、各株式につき発行価額全額の払込又は現物出資の全部の給付をなす（会34条1項本文）。そして、発起人

が取締役と監査役を選任し(会38〜45条)、取締役は、原則として、変態設立事項を調査させるために検査役の選任を裁判所に請求する(会33条1項)。また、取締役及び監査役は、株式の引受・払込及び現物出資の給付の有無等を調査する(会46条1項)。それら設立経過の調査等の手続が行われた後に、設立登記がなされる(会49条・911条)。

(2) 株式の引受と出資の履行

　発起人は、株式会社の設立に際し、設立時発行株式を1株以上引き受けなければならず(会25条2項)、発起設立で株式の総数を引き受けたときは、発起人は、設立時発行株式の引受け後遅滞なく、その引き受けた設立時発行株式につき、その出資に係る金銭の全額を払い込み、又はその出資に係る金銭以外の財産の全部を給付しなければならない(全額払込制度、会34条1項本文)。但し、発起人全員の同意があるときは、登記、登録その他権利の設定又は移転を第三者に対抗するために必要な行為は、株式会社の成立後にすることができる(同条項但書)。

　株式の払込は、発起設立・募集設立のいずれの場合も、発起人が定めた取扱銀行又は信託会社の取扱場所においてなすことを要する(会34条2項・63条1項)。なお、払込取扱機関は、銀行又は信託会社の他、法務省令で範囲が拡大されている(会34条2項、会施規7条)。

　募集設立では払込金保管証明責任制度が維持されているが(会64条1項。払込取扱機関の払込金保管証明責任について〔同2項〕)、発起設立では払込取扱機関による払込金保管証明制度を用いることなく、銀行口座の残高証明等の任意の方法によって、設立に際して払い込まれた金銭の額を証明することにより設立手続を行うことができる(商登47条2項5号参照)。発起設立では、発起人たる出資者自身が出資財産の保管に携われるため、特段の措置を設ける必要性に乏しいからである。新株発行の場合には、払込金保管証明責任制度を採用しない(商登56条2号参照)。

　発起人のうち出資の履行をしていないものがある場合には、発起人は、当該出資の履行をしていない発起人に対して、期日を定め、その期日までに当該出資の履行をしなければならない旨を、期日の2週間前までに通知しなければならない(失権予告付催告、会36条1項2項)。この通知を受けた発起人は、期日までに出資の履行をしないときは、当該出資の履行により設立時発行株式の株主となる権利を失う(失権、同条3項)。

　募集設立では、株式引受人が払込をしないときは、当然に失権する(会63条3項)。募集設立では、株式引受人の全部又は一部が払込を行わない場合でも、定款に定める「株式会社の設立に際して出資される財産の価額又はその最低限」以上の出資がなされているときは、そのまま設立ができ、いわゆる打ち切り発行が認められることになる。

　なお、発起人は設立時発行株式を1株以上引き受けなければならないので(会25条2項)、失権したため結果として発起人が1株も権利を取得しなくなった場合には、設立無効事由があると解される。

（3）設立時役員等の選任・解任

　発起人は、出資の履行が完了した後、遅滞なく、設立時取締役（株式会社の設立に際して取締役となる者）を選任しなけらばならず、また、機関設計に応じて、設立時会計参与、設立時監査役、設立時会計監査人を選任しなければならない（会38条1項2項）。設立時役員等の選任は、発起人の議決権の過半数をもって決定し、この場合には、発起人は、出資の履行をした設立時発行株式1株につき1個の議決権を有する（但し、単元株式数を定款で定めている場合には、1単元の設立時発行株式につき1個の議決権を有する〔会40条1項2項〕）。

　なお、定款で設立時取締役、設立時会計参与、設立時監査役又は設立時会計監査人として定められた者は、出資の履行が完了した時に、それぞれ設立時取締役、設立時会計参与、設立時監査役又は設立時会計監査人に選任されたものとみなされる（会38条3項）。

　発起人は、株式会社の成立の時までの間、その選任した設立時役員等を解任することができる（会42条）。設立時役員等の解任は、発起人の議決権の過半数（設立時監査役を解任する場合にあっては、3分の2以上に当たる多数）をもって決定する（会43条、特則として、44条・45条参照）。

　設立時取締役は、設立しようとする株式会社が取締役会設置会社（委員会設置会社を除く）である場合には、設立時取締役の中から設立時代表取締役（株式会社の設立に際して代表取締役となる者）を選定し、設立しようとする株式会社が委員会設置会社である場合には、設立時委員、設立時執行役、設立時代表執行役を選定しなければならない（会47条1項・48条1項）。設立時取締役は、株式会社の成立の時までの間、設立時代表取締役、設立時委員、設立時執行役、設立時代表執行役を解職・解任することができる。これらの選定及び解職・解任は、設立時取締役の過半数をもって決定する（会47条2項3項・48条2項3項）。

（4）設立時取締等による設立経過の調査

　設立時取締役及び設立時監査役は、その選任後遅滞なく、設立に関する事項（検査役調査が不要な場合における現物出資財産等の定款記載価額の相当性、弁護士等の証明の相当性、出資の履行の完了、設立手続の法令・定款遵守）を調査しなければならない（会46条1項）。設立時取締役は、この調査により、当該事項について法令・定款違反又は不当な事項があると認めるときは、発起人にその旨を通知しなければならない（同条2項。委員会設置会社の場合には、設立時代表執行役への通知も必要〔同条3項〕）。

4　募集設立における株式引受その後の手続

（1）募集設立の概要

　募集設立は、発起人が会社設立に際して発行する株式の一部を引き受け、残余の株式については他に株主を募集して会社を設立する方法である（会25条1項2号）。募集設立では、発起人による株式の引受の後、株主を募集する（会25条2項・

57条・58条)。株主募集の態様には制限がなく、公募でも縁故募集でもよい。発起人は株式の申込に対して割当をなし、出資の履行の後に、創立総会を招集する(会60条・63条1項・65条)。創立総会で取締役・監査役等の選任や設立経過の調査等が行われ(会93条・94条)、その後に設立登記がなされる(会49条・911条2項)。

(2) 株式の引受と出資の履行
1) 株主の募集と株式の申込

発起人による株式の引受の後、必要事項の通知(会59条1項)がなされ、設立時募集株式の申込が、所定の事項を記載した書面によって行われる(同3項、株式申込証制度(平成17年改正前商175条)は廃止)。

株式の申込ないし引受の効力は会社設立にとって重要な影響を及ぼすから、会社法は、株式申込の効力を確保するために次の2つの特則を設けている。①心裡留保・通謀虚偽表示の規定は、設立時発行株式の引き受けに関する意思表示には適用されない(会51条1項・102条3項)。②錯誤による無効の主張と詐欺・強迫による取り消しは、会社の成立後は、主張できない(会51条2項・102条4項)。

他人の承諾を得てその他人名義で株式を引き受けた場合、名義人ではなく、実質上の引受人が株主となる(実質説。平成17年会社法制定前の事例につき、最判昭42・11・17民集21・9・2448)。

2) 株式の割当

発起人は、株式募集広告や目論見書などで割当方法を定めていない限り、適当と認める者に対して自由に株式を割り当てることができる(割当自由の原則)。

株式の割当により、株式申込人は株式引受人となり、割当に応じた払込義務を負う(会63条1項)。なお、株式引受人の地位を「権利株」といい、権利株の譲渡は、譲渡の当事者間では有効であるが、成立後の会社に対抗することができない(会50条2項・63条2項)。

3) 出資の履行

設立に際して発行する株式総数の引受がなされると、遅滞なく、引受価額全額の払込及び現物出資全部の給付がなされなくてはならない(全額払込制、会63条1項)。株式の払込は、発起設立・募集設立のいずれの場合も、発起人が定めた取扱銀行又は信託会社の取扱場所においてなすことを要する(会34条2項・63条1項)。

募集設立の場合の払込については、払込取扱機関が払込金保管証明責任を負う(会64条1項2項、発起設立では払込保管証明を要しないのと対照的である)。設立登記の申請には保管証明書の添付を要する(商登47条2項7号)。

株式引受人が払込をしないときは、当然に失権する(会63条3項)。この場合に、定款で定めた「設立に際して出資される財産の価額又はその最低限」を満たしていれば設立手続は続行できるが、満たしていないときは引受人の追加募集が必要となる。

(3) 創立総会

募集設立においては、払込期日又は期間が経過すると遅滞なく創立総会が招集される(会65条)。創立総会は、設立時株主(設立時に株主となる、発起人を含む株式引

受人）によって構成される設立中の会社の意思決定機関であり、成立後の会社の株主総会に相当する。

創立総会は、会社設立に関するすべての事項を決議することができる（会66条）。創立総会の決議は、議決権を行使できる設立時株主の議決権の過半数であって、出席した設立時株主の議決権の3分の2以上の多数をもって行う（会73条）。

創立総会での必要な法定権限として、①発起人から設立に関する事項の報告を受けること（会87条）、②設立時取締役・設立時監査役等の選任（会88条）、③設立事項の調査（会93条1項・94条）がある。創立総会では、必要な報告を受けて（会87条2項・93条2項）、定款変更又は設立廃止の決議をすることができる（会73条4項・96条、変態設立事項を不当と認めたときに変更できる点につき、平成17年改正前商法のもとでは、その変更は定款記載事項の縮小・削減に限られ、追加・拡張は許されないと解されていたが（通説・判例）、会社法のもとでは条文にもとづき解釈が変更される）。

5　株式の仮装払込

（1）預　合

発起人が払込取扱機関から借入をなし、その借入金を株式払込金として会社預金に振り替え、同時に、その借入金を返済するまではその預金を引き出さない旨を約することを、「預合（あずけあい）」という。

会社法は、預合に対し、罰則（会965条）を課すとともに、募集設立では、払込取扱機関は、発起人又は取締役の請求により、払込金保管証明書の発行を要し、それによって証明した金額については、払込がなかったこと又はその返還に関する制限をもって会社に対抗することができないと定める（払込金保管証明責任、会64条）。

預合による株式の払込は無効と解されるが（通説）、会社法下で有効と解する見解も登場している。

（2）見せ金

発起人が払込取扱機関以外の第三者から借入をして株式の払込にあて、会社成立後これを引き出してその借入金を返済することを、「見せ金」という。見せ金に対する法規制は存しないが、こうした仮装払込について、実質関係を全体的に検討して払込があったものと解することができない場合には、その株式払込の効力が否定される（多数説、払込取扱銀行から借り入れた事例につき、最判昭38・12・6民集17・12・1633会社百選8、公正証書原本不実記載罪を認めた事例、最判平3・2・28刑集45・2・77会社百選102）。

但し、見せ金であるかどうかは、①会社成立後借入金を返済するまでの期間の長短、②払戻金が会社資金として運用された事実の有無、③借入金の返済が会社の資金関係に及ぼす影響の有無等、客観的事情を総合的に観察して決する。

6　設立登記

（1）設立登記の手続

　会社は、本店所在地における設立登記により、その設立登記のときに成立し法人格を取得する（会49条・3条）。株式会社の設立登記は、発起設立の場合には、設立時取締役等による調査が終了した日又は発起人が定めた日のいずれか遅い日から2週間以内に、募集設立の場合には、原則として創立総会の終結の日から2週間以内にしなければならない（会911条1項2項）。会社の代表者が、商業登記法の規定に従って登記することになる（商登47条2項等）。

（2）設立登記事項

　設立登記において登記すべき事項は、会社法に法定されている（会911条3項）＊。

＊**法定の設立登記事項**　①目的、②商号、③本店及び支店の所在場所、④株式会社の存続期間又は解散の事由についての定款の定めがあるときは、その定め、⑤資本金の額、⑥発行可能株式総数、⑦発行する株式の内容（種類株式発行会社にあっては、発行可能種類株式総数及び発行する各種類の株式の内容）、⑧単元株式数についての定款の定めがあるときは、その単元株式数、⑨発行済株式の総数並びにその種類及び種類ごとの数、⑩株券発行会社であるときは、その旨、⑪株主名簿管理人を置いたときは、その氏名又は名称及び住所並びに営業所、⑫新株予約権を発行したときは、新株予約権の数、第236条第1項第1号から第4号までに掲げる事項、同事項のほかに新株予約権の行使の条件を定めたときはその条件、第236条第1項第7号並びに第238条第1項第2号及び第3号に掲げる事項、⑬取締役の氏名、⑭代表取締役の氏名及び住所（第22号に規定する場合を除く）、⑮取締役会設置会社であるときは、その旨、⑯会計参与設置会社であるときは、その旨並びに会計参与の氏名又は名称及び第378条第1項の場所、⑰監査役設置会社（監査役の監査の範囲を会計に関するものに限定する旨の定款の定めがある株式会社を含む）であるときは、その旨及び監査役の氏名、⑱監査役会設置会社であるときは、その旨及び監査役のうち社外監査役であるものについて社外監査役である旨、⑲会計監査人設置会社であるときは、その旨及び会計監査人の氏名又は名称、⑳第346条第4項の規定により選任された一時会計監査人の職務を行うべき者を置いたときは、その氏名又は名称、㉑第373条第1項の規定による特別取締役による議決の定めがあるときは、次に掲げる事項（イ・第373条第1項の規定による特別取締役による議決の定めがある旨、ロ・特別取締役の氏名、ハ・取締役のうち社外取締役であるものについて、社外取締役である旨）、㉒委員会設置会社であるときは、その旨及び次に掲げる事項（イ・取締役のうち社外取締役であるものについて、社外取締役である旨、ロ・各委員会の委員及び執行役の氏名、ハ・代表執行役の氏名及び住所）、㉓第426条第1項の規定による取締役、会計参与、監査役、執行役又は会計監査人の責任の免除についての定款の定めがあるときは、その定め、㉔第427条第1項の規定による社外取締役、会計参与、社外監査役又は会計監査人が負う責任の限度に関する契約の締結についての定款の定めがあるときは、その定め、㉕前号の定款の定めが社外取締役に関するものであるときは、取締役のうち社外取締役であるものについて、社外取締役である旨、㉖第24号の定款の定めが社外監査役に関するものであるときは、監査役のうち社外監査役であるものについて、社外監査役である旨、㉗第440条第3項の規定による措置をとることとするときは、同条第1項に規定する貸借対照表の内容である情報について不特定多数の者がその提供を受けるために必要な事項であって法務省令で定めるもの、㉘第939条第1項の規定による公告方法についての定款の定めがあるときは、その定め、㉙前号の定款の定めが電子公告を公告方法とする旨のものであるときは、次に掲げる事項（イ・電子公告により公告すべき内容である情報について不特定多数の者がその提供を受けるために必要な事項であって法務省令で定めるもの、ロ・第939条第3項後段の規定による定款の定めがあるときは、その定め）、㉚第28号の定款の定め

がないときは、第939条第4項の規定により官報に掲載する方法を公告方法とする旨である。

（3）設立登記の効果

1）設立登記の創設的効力

諸手続の後、設立登記によって法人としての株式会社が成立する（会49条）。この登記の創設的効力は商業登記の一般的効力の規定（会908条1項）の例外をなす（通説）。

2）設立登記の付随的効力

さらに、設立登記には、次のような付随的効力がある。

i　株式引受の無効・取消の制限（会51条1項2項）

ii　「権利株」譲渡制限の解除　権利株の譲渡は、当事者間では有効であるが会社に「対抗することができない」（会35条・63条2項）。設立登記により、この制限が解除される（但し、会128条2項に注意）。

iii　株券発行の許容と強制　会社の成立により、株券発行会社は株券を発行できるようになり、また、遅滞なく発行しなければならない（会215条）。但し、株券が発行されるまでは、権利株譲渡の場合と同じく譲渡しても会社に対抗することができない（会128条2項）。

【株式会社設立に要する手数料等】
　会社法は、起業の促進を図るために、株式会社の設立を容易にしており、株式会社を設立する場合の最低費用は約25万円程度となっている。まず、公証人による定款の認証（会30条1項）の費用として、認証手数料5万円、公証人保存定款原本の印紙税4万円（印紙税法別表第16号、但し、電子認証制度を利用すれば印紙税不要）、謄本交付料2千円（定款の枚数によって変動）が必要となる。次いで、法務局での登記申請の際に、設立登記の費用として、登録免許税が15万円（登録免許税法別表第1第19号）が必要である。謄本取得時に、登記簿謄本1通につき1千円、印鑑証明書1通につき5百円が必要となる。

3.5.3. 設立無効・会社不存在・会社の不成立

1　会社設立無効
2　会社の不存在・不成立

□1.会社設立の無効とはどのようなことか。株式会社の設立手続に瑕疵あるときはどのような扱いになるか。
□2.会社の不存在とはなにか、会社の不成立とはなにか。それぞれ、会社設立無効と比べて、どのような扱いになるか。

1　会社設立無効

設立登記がなされて株式会社が成立しても、設立の法定要件を欠き、設立手続に瑕疵がある場合について、会社法は、一般原則による無効の扱いに委ねるのではなく、設立無効の訴えの制度を設けて対処している。株式会社の設立無効の主張は、

会社成立の日から2年以内に、設立無効の訴えの方法によってのみ、株主・取締役・清算人(機関設計によっては監査役・執行役)だけが(提訴権者の制限)行うことができる(会828条1項1号・2項1号・834条1号)。確定した設立無効判決は、対世的効力を有するが、判決の効力は遡及しない(会838条・839条)。設立無効判決により、解散に準ずる効果が生じ、会社は清算をなすべきこととなる(会475条2号)。

　株式会社の設立無効原因については、とくに規定がなく、一般的には、設立手続において強行法規又は株式会社の本質に反する客観的瑕疵が存する場合を指すが、企業維持と取引安全の観点から判断基準は狭く解される。

　なお、株主が株式会社設立無効の訴えを提起した場合において、裁判所は、被告の請求により、相当の担保を命ずることができる(会828条1項1号・836条1項)。会社法で、「会社の組織に関する訴え」全般について担保提供命令制度が導入されたことの一環でもある。

2　会社の不存在・不成立

　設立登記がなされても会社と認めるべき実体が全く存在しない場合を「会社の不存在」といい、これは、一般原則により、誰でも・いつでも・どのような方法によっても主張できる。他方、設立手続が途中で挫折したり、創立総会で設立廃止決議がなされて、設立登記にまで至らず、会社が法律上も事実上も成立しなかった場合を、「会社の不成立」という。

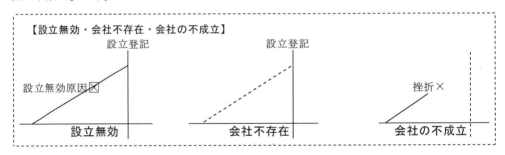

3.5.4. 設立関与者の責任

　1　設立関与者責任の趣旨と概要
　2　設立関与者の民事責任

□1.株式会社の設立に関与した者には、どのような趣旨でどのような責任が法定されているか。
□2.仮装出資の場合の履行責任は、どのような趣旨のもとに、どのように定められているか。

1　設立関与者責任の趣旨と概要

　株式会社の設立に際しては、不正行為を防止し、財産的基礎を確保して、健全な

会社設立と関係者の保護を図るために、会社法は、厳重な罰則を定めるとともに(会960条1項・他)、次のように、設立に関与した者(発起人・設立時取締役・設立時監査役等)に対する厳格な民事責任を定めている。なお、改正前商法にあった発起人等の資本充実責任の規定(引受・払込担保責任、平成17年改正前商192条・203条1項)は、会社法では削除された。

2　設立関与者の民事責任

(1) 現物出資等差額填補責任

現物出資又は財産引受の対象となった財産の会社成立当時の実価が定款所定の価額に著しく不足する場合には、発起人と設立時取締役は連帯して不足額を支払う義務を負う(会52条1項)。但し、発起設立では、検査役の調査を受けたとき、又は、無過失を立証したときは、出資者以外の者は、その責任を免れる(同2項・103条1項)。

変態設立事項について検査役調査が必要であるが、弁護士等の証明がある場合は検査役調査を省略できる(会33条10項3号)。このことに関して、現物出資・財産引受に関する証明及び鑑定評価をした弁護士等は、発起人の場合と同様、その財産の実価が定款に定める価格に著しく不足するときは、その不足額につき、会社に対し連帯して損害賠償責任を負う(会52条3項)。弁護士等の証明が適正になされるように、弁護士等の責任を定めたものである。但し、これは発起人の責任のように無過失責任ではなく、その証明等をするについて注意を怠らなかったことを証明したときは、責任を免れる(同項但書)。

(2) 仮装出資における履行責任

平成26年改正により仮装出資の場合の履行責任が定められた。すなわち、出資の履行(金銭の払込み又は現物出資財産の給付)を仮装した発起人や設立時募集株式の引受人は、払込期日や払込期間が経過した後でも、会社に対して、引き続き出資を履行する義務を負う(無過失責任、会52条の2第1項・102条の2第1項)。会社は当該給付に代えて、価額に相当する金銭の支払いを請求することもできる。発起人の履行義務は総株主の同意がなければ免除できない(会55条・102条の2第2項)。仮装出資が判明して払込みがなされていないと、払込期日や払込期間の経過後に発起人や株式引受人は失権していまい、会社に資金が入らず第三者の信頼を害することになる事態を避けるためである。

このような仮装の出資の履行に関与した発起人や設立時取締役等(会施規7条の2・18条の2)は、会社に対して払込人と同様の義務を負う(会52条の2第2項・103条2項)。但し、注意を怠らなかったことを証明した取締役は除外される(会52条の2第5項但書・103条2項但書)。この義務は総株主の同意がなければ免除できない(会55条・103条3項)。

なお、上記の払込義務の履行後でなければ、引受人は株主の権利を行使できな

い（会52条の2第4項・102条3項）。もっとも、この引受人から株式を譲り受けた者の保護を図る必要から、譲受人は悪意又は重過失がない限り、株主としての権利を行使することができるものとされている（会52条の2第5項・102条4項）。

（3）任務懈怠責任
　会社設立に関して任務を怠った発起人・設立時取締役・設立時監査役は、会社に対し連帯して損害賠償責任を負う（会53条1項）。会社設立に関して任務を怠った場合において、悪意又は重大な過失があったときは、第三者に対しても連帯して損害賠償責任を負う（同2項）。

（4）擬似発起人の責任
　定款に発起人として署名・記名捺印をした者でなくても、株式申込証・目論見書・株式募集広告その他の文書に、自己の氏名及び会社の設立に賛助する旨の記載をなすことを承諾した者は、擬似発起人として、発起人と同様の責任を負う（会103条2項）。本条は、禁反言の法理にもとづく規定である。

（5）責任の追及・免除等
　上記の民事責任については、株主の代表訴訟が認められている（会847条）。また、現物出資等差額填補責任や任務懈怠による過失責任たる損害賠償責任は、総株主の同意による免除が可能である（会55条）。

（6）会社不成立の場合の発起人の責任
　会社が成立するに至らなかった場合には、発起人は、会社の設立に関してなした行為について連帯して責任を負い、会社の設立に関して支出した費用を負担する（会56条）＊。

> ＊ **会社不成立の場合の発起人の責任の理論構成**　会社法56条の定めるところの意義と趣旨の理解の仕方に議論がある。会社不成立の場合にまで「設立中の会社」概念を想定しないなら、発起人が会社の設立に関してなした行為の効果は発起人に帰属するしかなく、当然に、発起人が連帯して会社の設立に関して支出した費用を負担することになる（当然規定説）。
> 　これに対して、会社不成立の場合にも「設立中の会社」の概念を認めて理論構成すると、発起人が会社の設立に関してなした行為の効果は実質的に設立中の会社に帰属し、会社不成立の場合は設立中の会社が破産に準じて清算されることとなり、そうすると債権者に弁済がなされた後に残余財産で出資者が弁済を受けることになって、まだ株主として何らの権利を行使することがなかった出資者が不利益を受けることになるので、当該規定により、発起人が連帯して会社の設立に関して支出した費用を負担することによって出資者を保護すると解することになる（政策的規定説）。

3.6. 株式会社の機関

3.6.1. 機関の意義と株式会社の機関設計

1 会社機関の意義と機関に関する規律の任務
2 株式会社の機関の特色
3 株式会社の機関設計原則

□1.会社の機関とはなにか。会社機関に関する民事規律の任務はなにか。
□2.株式会社の機関の特色はなにか。
□3.株式会社の機関設計の原則はどうなっているか。

1 会社機関の意義と機関に関する規律の任務

　法人たる会社では、その組織上一定の地位にあり、一定の権限を有する自然人（又は会議体）の意思決定又は行為が、会社の意思決定又は行為として認められ、この会社の組織上の存在を「機関」という。
　会社に関する民事規律では、会社が法人として権利義務の帰属点であることから、会社に帰属する権利義務関係の発生・変動・消滅のために必要な仕組みとして、会社の法律行為の要素となる意思決定と意思表示の仕組みを整えることが基本的な任務である。さらに、会社が企業組織として、経済市場の機能を維持・向上させ、必要に応じて代替する上で、公正と効率性を目指して統治の仕組みを整えることが重要な任務となる。会社機関に関する規律が担うべき役割として、その後者の任務が、コーポレート・ガバナンス（企業統治）の構築に他ならない。

2 株式会社の機関の特色

　本来的な株式会社の制度では、企業の所有と経営の分離現象のもとに、株主総会は別として、社員たる資格と機関たる資格とが分離し（第三者機関性）、機関が専門的に分化して権限が分配され、他の種類の会社と較べると、この点に株式会社の機関の特色が現れる。
　しかし、現実には、株式会社形態を採用する会社の実態に応じて設けられる制度のもとで、機関の分化と権限の分配には多様な設計がなされ、機関構造の選択肢が多様化している。
　わが国では、上場会社などの公開的な実態をもつ株式会社では、株式所有の分散のもとでの経営者支配へのコントロールを課題として、さまざまな機関構造が案出され展開しており、他方において、株主が経営に参加することが常態の閉鎖的な実態をもつ株式会社も制度上認められ、閉鎖性維持や制度運営コスト削減等に配慮し

た機関構造が認められており、総じて、機関の分化と権限分配のあり方により多様な機関構造の選択が可能となっている。

企業統治に関して長らく維持されてきた二層式と呼ばれる従来型の機関構造に加えて、平成14年改正商法と平成17年制定会社法では、一層式と呼ばれるアメリカ型の「指名委員会等設置会社」の機関構造を選択できるようになり、さらに平成26年改正会社法では、「監査等委員会設置会社」の機関構造を選択できるようになった。取締役会のモニタリング機能を強化するガバナンス・システムの導入によるものである。

3 株式会社の機関設計原則

会社法では、株式会社形態を採用する会社の実情を踏まえ、また、従来の有限会社規律との一本化を図るために、株式会社の機関設計について、定款自治による大幅な柔軟化・多様化が図られている。

すべての株式会社において、株主総会と取締役とが必要的機関である(会295条・326条1項)。このほか、下記の原則にもとづき、定款の定めによって、取締役会、監査役、監査役会、会計参与、会計監査人、委員会を設置することができる(会326条2項)。もっとも、株式の譲渡制限の有無(公開会社か否か)、会社の規模(大会社か否か)の区分に応じて、一定程度以上の厳格な機関設計の採用が義務づけられる場合がある(会327条・328条)。これらの機関の設置は定款で定める必要があるほか、登記事項でもある(会911条3項13-22号)。

現行会社法における株式会社の機関設計原則は次のとおりである。

① すべての株式会社には、株主総会のほか、取締役の設置を要する(会295条・326条1項)。

② 取締役会の設置は任意であるが、株式譲渡制限会社以外の会社(公開会社)には、取締役会の設置を要する(会327条1項1号)。

③ 取締役会を設置する場合には、監査役(監査役会を含む)、監査等委員会又は三委員会(指名・監査・報酬の各委員会と執行役)のいずれかの設置を要する(会327条2項本文・328条1項)。但し、大会社以外(中小会社)の株式譲渡制限会社(=非公開会社〔すべての種類の株式が譲渡制限株式である株式会社〕)において、(監査役を置かないで)会計参与を設置する場合はこの限りではない(会327条2項但書)。

④ 取締役会を非設置の場合には、監査役会、監査等委員会及び三委員会を設置することはできない(会327条1項)。

⑤ 監査役(監査役会を含む)を設置すれば、監査等委員会及び三委員会を設置することはできない(会327条4項)。

⑥ 会計監査人を設置するには、監査役(監査役会を含む)、監査等委員会又は三委員会(大会社であって株式譲渡制限会社でない株式会社では、監査役会、監査等委員会又は三委員会等)のいずれかの設置を要する(会327条3項5項)。

⑦ 会計監査人を設置しない場合には、三委員会を設置することはできない。

⑧ 大会社には、会計監査人を設置しなければならない(会328条1項2項)。

6. 株式会社の機関

【従来型（監査役設置会社）の機関構造】

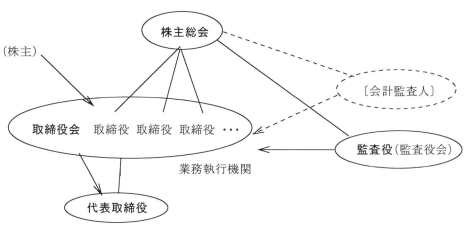

【指名委員会等設置会社の機関構造】

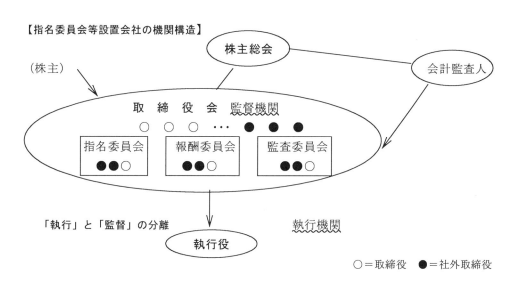

【監査等委員会設置会社の機関構造】

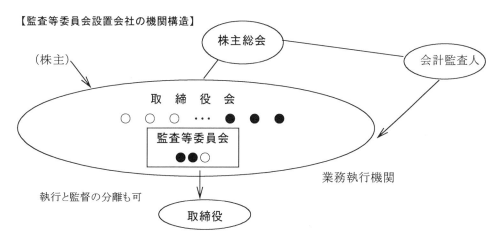

【株主総会に加えて設置する機関】

		大会社	中小会社(非大会社)	
		会計監査人(強制)設置会社	会計監査人(任意)設置会社	会計監査人非設置
公開会社	取締役会設置会社	㉔取締役会＋三委員会＋会計監査人 ㉓取締役会＋監査等委員会 　　　　　　　　　＋会計監査人 ㉒取締役会＋監査役会＋会計監査人	㉑取締役会＋三委員会＋会計監査人 ⑳取締役会＋監査等委員会 　　　　　　　　　＋会計監査人 ⑲取締役会＋監査役会＋会計監査人 ⑱取締役会＋監査役　＋会計監査人	⑰取締役会＋監査役会 ⑯取締役会＋監査役
株式譲渡制限会社	取締役会設置会社（選択）	⑮取締役会＋三委員会＋会計監査人 ⑭取締役会＋監査等委員会 　　　　　　　　　＋会計監査人 ⑬取締役会＋監査役会＋会計監査人 ⑫取締役会＋監査役　＋会計監査人	⑩取締役会＋三委員会＋会計監査人 ⑨取締役会＋監査等委員会 　　　　　　　　　＋会計監査人 ⑧取締役会＋監査役会＋会計監査人 ⑦取締役会＋監査役　＋会計監査人	⑥取締役会＋監査役会 ⑤取締役会＋監査役☆ ④取締役会＋会計参与 （原則3但書参照）
	取締役会非設置会社	⑪取締役＋監査役＋会計監査人	③取締役＋監査役＋会計監査人	②取締役＋監査役　☆ ①取締役

（注）
・上記の24の各会社類型は、④の類型（取締役会＋会計参与）を除き、それぞれ、会計参与設置会社の選択ができ、これにより、24＋23＝47通りの機関設計の選択肢が存在する。
・最も簡易な機関設計（図表の右下①）が基本となり、会社の成長実態に即して（図表の右下から左上に向けて）機関設計の充実度が増すことになる。
・「公開会社」＝<u>その発行する全部又は一部の株式の内容として</u>譲渡による当該株式の取得について株式会社の承認を要する旨の定款の定めを設けていない株式会社をいう（会2条5号）。したがって、一部の種類の株式が譲渡制限株式である場合は公開会社となり、会社法上の公開会社たる概念は上場会社の概念とも異なる。結果的には、すべての種類の株式が譲渡制限株式である会社を「**株式譲渡制限会社（非公開会社）**」と呼べば、それ以外の会社が公開会社となる。
・「**大会社**」＝次に掲げる要件のいずれかに該当する株式会社をいう（会2条6号）。①最終事業年度に係る貸借対照表（第439条前段に規定する場合にあっては、同条の規定により定時株主総会に報告された貸借対照表をいい、株式会社の成立後最初の定時株主総会までの間においては、第435条第1項の貸借対照表をいう。ロにおいて同じ。）に資本金として計上した額が五億円以上であること。②最終事業年度に係る貸借対照表の負債の部に計上した額の合計額が二百億円以上であること。なお、従来の小会社と中会社との区分規整や、みなし中会社の規整はなくなった。大会社以外を便宜的に「**中小会社**」と呼んでおく。
・なお、非公開会社では（監査役設置会社又は会計監査人設置会社を除く）、監査役の権限を会計監査権限に限定することができ、この場合は監査役設置会社とは呼ばない（会2条9号・389条1項）。

【株式譲渡制限会社における旧有限会社型機関設計の選択採用】
　１）**株式譲渡制限会社の意義と法規整**
　　株式譲渡制限会社（法文上は「公開会社でない株式会社」＝非公開会社）とは、すべての種類の株式が譲渡制限株式である株式会社をいい、株主の変動を制限した閉鎖性の強い株式会社であり、中小企業の多くが該当する。
　　会社法では、株式譲渡制限会社の規律のなかに従来の有限会社の規律が統合されている。会社法の創設は、株式譲渡制限会社たる非公開会社のための法改正と言っても過言ではなく、実質的には、会社法改革の成果を組み入れて充実が図られ、形式的には、会社法の条文が、旧有限会社型の株式譲渡制限会社（取締役会非設置会社）を基盤に組み立てられており、非公開会社を最大のユーザーにした形にも見える。
　２）**株式譲渡制限会社の機関設計**
　　従来の有限会社に準じた簡易な機関設計とともに、成長実態に応じた各機関等の任意設置も可能となっている。
　　株式会社の絶対的必要機関は株主総会と取締役のみであり（会295条・326条1項）、取締役会と監査役は不設置も可能である（オーナー経営者による迅速な経営が可能）。株式譲渡制限

会社では、定款で（所有と経営の一致の実態に合わせて）、取締役になれるものを株主に限定できる（会331条2項）。

取締役会非設置会社においては取締役は1人でも足り（会326条・327条、名目取締役を置いて数合わせをする必要がなくなった）、複数の取締役を置いたとしても、原則として各取締役が会社の業務執行権及び代表権を有する（会348条・349条1項2項、代表権のある取締役を定めることも可、同条3項）。

取締役（会計参与も含む）の任期は、原則として「選任より2年」（会332条1項・334条1項）、監査役の任期は、原則として「選任より4年」（会336条1項）である。但し、株式譲渡制限会社では、それぞれ、定款により、最長10年まで伸長することができ（会332条2項・334条1項・336条2項）、就任時から任期を最長10年とすることもできる。株主変動が少ない会社では、株主に信任を頻繁に問う必要性が乏しいからである。

3.6.2. 株主総会

1 株主総会の意義・権限
2 株主総会の招集
3 株主提案権
4 株主の議決権
5 株主総会の議事
6 株主総会の決議
7 株主総会決議の瑕疵

□1.株主総会とは、どのような機関なのか、その権限はどうなっているか。
□2.株主総会の招集は、どのような法的意義を有し、どのような手続が必要か。
□3.株主の提案権とはなにか、どのような内容があるか。
□4.株主の議決権の意義・性質を踏まえて考察すると、議決権の代理行使はどのように認められるか。一株一議決権の原則の例外には、どのようなものがあるか。
□5.株主総会の議事に関する会社法規律はどうなっているか。
□6.株主総会の決議の要件には、どのようなものがあるか。
□7.株主総会決議に瑕疵ある場合には、どのような法的処理がなされるのか。

1 株主総会の意義・権限

（1）意義・態様

株主総会は、株式会社の必須の機関であり、議決権を有する株主によって構成され、決議によって株式会社の意思を決定する株式会社の最高意思決定機関である。会議体の機関であるから、常置の機関ではなく、定時総会又は臨時総会として招集され開催される。株主総会は毎事業年度ごとに定時に開催することを要し、これを「定時総会」という。このほか、必要がある場合にはいつでも開催することができ、これを臨時総会という。

（2）権 限

株主総会の意思決定権限は、取締役会設置会社か否かによって、その範囲が異なる。取締役会設置会社では、会社法又は定款に定めのある事項に限定されている（会295条2項）*。取締役会設置会社では、取締役会に業務執行の意思決定を行わ

せることを原則とすることで、所有と経営の分離を進めて効率的な経営を行えるようにすることが予定されている。
　株主総会の法定権限としては、取締役・監査役の選任・解任、定款変更・合併・分割・解散等の基礎的な変更、剰余金配当・株式併合等の株主利益にとって重要な事項、取締役報酬の決定等の取締役に委ねることが適切でない事項がある。会社法の規定により株主総会の決議を必要とする事項について、他の機関が決定することを内容とする定款の定めを設けることはできない（会295条3項）。それ以外の決定は取締役会に委ねることができる。

　　＊ **勧告的決議**　取締役会設置会社においても定款で定めれば法定事項以外の事項を株主総会の権限とすることができる。さらに、最近の上場会社では、会社法上は株主総会の権限外とされる事項について、株主総会で決を採ることが行われ、これは、勧告的決議又は株主意思確認決議と呼ばれる。これに、どのような法的意義をもたせることができるかは、問題である。

　取締役会非設置会社（取締役会設置会社ではない会社）では、会社法に規定する事項だけでなく、株式会社に関する一切の事項について決議することができる（会295条1項）。取締役会非設置会社では、会社の業務執行に株主が関与しうる場面がより多くなっている。
　会社法における株主総会に関する規律の特色は、非公開会社（全部株式譲渡制限会社）における改正前有限会社社員総会規定の導入による規律の一本化が行われたので、取締役会非設置会社において、所有と経営の分離が必ずしも徹底しておらず、その結果、総会権限が大きく、株主の権利が相対的に強化されている点にある。また、取締役会設置会社においては、平成17年改正前商法における株式会社株主総会の諸規定を継受するが、公開会社では非公開会社に較べて合理化が進んでいる点にも注意を要する。

【取締役会非設置会社の株主総会】
（1）権　限
　取締役会非設置会社の株主総会は、決議事項が法令・定款所定事項に限定されず、強行規定に反しない限り、いかなる事項についても決議できる（会295条1項）。取締役の権限が強大というなら、総会で予算などを決議して拘束をかけることもでき、他方で、株主の権限が強大というなら取締役会を設ければよい。
（2）招集手続
　① 招集通知の発出期限：　公開会社では総会期日の2週間前であるが、株式譲渡制限会社では、書面又は電磁的方法による議決権行使を採用する場合は2週間前を要するも、そうでない限りは1週間前でよい（取締役会非設置会社では定款で短縮可、会298条・299条）。
　② 招集通知の方法と内容：　書面投票や電子投票を採用する場合（あるいは取締役会設置会社の場合）は、通知は、書面をもって、又は株主の承諾を得た上で電磁的方法によって行わなければならない（会299条2項3項）。これら以外には、口頭の通知でも足り（少なくても開催の日時と場所）、会議の目的を通知内容とする必要がない（同条4項）。取締役会非設置会社の場合、招集通知に計算書類等の添付は不要（同条2項2号・437条参照、旧商特25条では小会社における添付不要を定めていた）。
　招集決定において、書面投票は、株主数1000人以上であれば大会社でなくても採用が強制される（会298条2項）。その他、書面投票・電子投票の採用は任意であり、両者併用も可能（同条3項4項）。書面投票を採用する場合は招集通知に参考書類（議案の説明書類）と議決権行使

書面の添付が必要である(会301条1項)。株主の承諾を得て電磁的方法による招集通知を発出する場合、書類交付を株主が請求しない限り、電磁的方法による参考書類と議決権行使書面の提供が可能(同条2項)。
　③　省略：　書面投票・電子投票を行う場合を除き、株主全員の同意があるときは、招集通知を省略できる(会300条、旧商236条と同)。
(3) 株主の権利
　①　議題提案権：取締役会非設置会社では、当該株主が議決権を行使できる事項に関しては、単独株主権として、いつでも提案することができる(会303条1項、継続保有要件は不要)。なお、取締役会非設置会社では、招集の際に定めた以外の議題に関しても決議ができる(会309条5項参照)。
　②　議案提出権：会社法では、株主総会の場における議案提出権(会304条)と事前の議案提出権(会305条1項)が規定されている。この事前の議案提出権の行使につき、取締役会非設置会社の株主には継続保有要件は不要とされている(会305条1項)。
　③　議決権の不統一行使：取締役会非設置会社の株主は、事前通知が不要とされる(会313条2項)。

2　株主総会の招集

(1) 招集の意義・決定機関

　株主総会は、会議体の機関であるから、機関としての権限を行使するには、法定の招集手続を経た会議の開催が必要である。株主総会の招集は、原則として、取締役(取締役会設置会社では取締役会)が決定し(会298条1項4項)、取締役が執行する(会296条3項)。但し、総株主の議決権の100分の3以上の議決権を有する株式を6か月以上継続して保有(非公開会社では6か月の継続保有要件は不要)する株主は、取締役に対して株主総会の招集を請求することができ(会297条1項2項)、それに応じた招集手続が行われない場合、又は請求の日から8週間以内の日を株主総会の日とする招集通知が発せられない場合には、裁判所の許可を得て自ら株主総会を招集することができる(同条4項)。
　裁判所は、総会検査役の報告にもとづき、調査結果の株主への通知や株主総会の招集を、取締役に対して命じることがある(会307条1項)。このほか、裁判所が株主総会の招集を命じる場合として、業務執行検査役の報告にもとづく場合がある(会359条1項1号)。

(2) 招集通知

　株主総会を招集するには、株主の出席と準備の機会を確保するため、議決権を有する各株主に対して招集通知を発しなければならない。
　公開会社の場合は、会日の2週間前までに、総会の日時・場所、会議の目的事項(議題)、書面又は電磁的方法による議決権行使を可能とする場合には、その旨(会298条2項)等を、記載又は記録した書面又は電磁的方法によって通知しなければならない(会299条)。
　非公開会社では、書面又は電磁的方法による議決権行使を可能とする旨を定めた場合を除き(この場合は公開会社と同様の手続・方法を要する)、会日の1週間前までに通知を発すれば足りる(会299条1項)。さらに、その会社が取締役会非設置会社であ

れば、定款をもって招集通知の期限を1週間より短縮することができ(会299条1項)、通知の方法に制限はなく(口頭や電話等でもよい)、会議の目的事項の記載又は記録を要しない。

　株主総会の招集地に関しては、会社法上特に制限はないが、定款で制限することもできる。また、株主が出席しにくい招集地をことさらに選択したような場合には、招集手続が著しく不公正な場合として、総会決議の取消事由となりうる(会831条1項1号)。

　招集通知の際の提供書類として、取締役会設置会社では、定時総会の通知にあたり、計算書類及び事業報告(及び監査報告・会計監査報告)の提供を要する(会437条)。書面投票・電子投票を採用する株主総会と議決権を有する株主の数が1000人以上の会社の株主総会では、議決権行使の書面・電磁的手段及び参考書類の交付を要する(会301条・302条)。

　この総会招集通知とともに株主に提供すべき資料に表示すべき事項の一部を、インターネットのホームページに掲載するとともに、当該ホームページのアドレスのみを株主に通知すれば、これらの事項は株主に通知されたものとみなされる(「ウェブ開示制度」会施規94条・133条3項、計規161条4項・162条4項)。

(3) 招集手続の省略

　書面又は電磁的方法による議決権行使ができる旨定めた場合を除き、議決権を有する株主全員の同意があるときは、招集手続を省略して株主総会を開催することもできる(会300条)。

　このほか、議決権を有する株主全員(代理人による出席も含む)が株主総会の開催に同意して出席する場合には、招集手続を経ていなくても株主総会を開催することができると解されている(「全員出席総会」という。最判昭60・12・20民集39・8・1869会社百選32)。招集手続は、株主に株主総会への出席と参加準備の機会を与える等、株主を保護するためのものであるから、株主全員が同意して出席する場合には招集手続を不要であると解しても問題はないからである。

　なお、会社法300条の場合は、株主総会開催前に、招集手続を省略することについて、株主全員の同意があれば足り、欠席する株主がいてもその者の同意があれば招集手続を省略できる。したがって、株主が1人の会社(一人会社)では、その1人の株主が望めば招集手続なしに株主総会を開催できる(最判昭46・6・24民集25・4・596)。

(4) 総会検査役

　会社又は一定の株主は、株主総会に係る招集手続及び決議方法の公正を調査し、決議成否の証拠を保全させるため、株主総会に先立ち、裁判所に対して「検査役(総会検査役)」の選任を申し立てることができる(会306条)。総会検査役選任申請権は、株主に限られず、会社にも認められる(同条1項。なお、少数株主権としての総会検査役選任請求権の行使要件に注意〔同条1項2号〕)。また、総会検査役の調査結果の報告を受けた裁判所は、総会招集命令だけでなく、調査結果を全株主に通知するよう命令できる(調査結果開示命令、会306条5項6項・307条1項2号)。なお、同調査結

果の開示制度は、業務財産調査検査役にも導入されている(会359条1項2号)。

3 株主提案権

　一定の株主は、取締役に対し、①一定の事項を株主総会の目的とすることを請求することができ(議題追加権、会303条)、②会日の8週間前までに、自己の提出する議案の要領を株主に通知すること(招集通知が書面又は電磁的方法により行われる場合には、その通知に記載又は記録すること)を請求することができる(議案提出権、会305条、事前の議案提出権＝議案要領通知権)。

　これらの権利を行使できる株主は、取締役会設置会社では、総議決権の100分の1以上又は300個以上の議決権を6か月以上継続して保有(非公開会社では6か月の継続保有要件は不要)することが要件とされており(会303条2項3項、305条1項2項)、また①の請求をする場合であっても、会日の8週間前までにしなければならない(会303条2項)。

　取締役会非設置会社では、①及び②ともに単独株主権とされており、①の請求をする場合の請求行使期限に制限はない。

　取締役会設置会社では、招集通知に株主総会の目的事項(議題)を記載又は記録して株主に通知することが必要とされているだけでなく、当該株主総会で決議できる事項は通知された議題に限定される(会309条5項)。したがって、会社が招集通知に議題を記載又は記録するための準備期間を確保する必要がある。また、持株要件等の差異は、所有と経営の分離の程度の差異を反映している。

　取締役会非設置会社では、取締役会設置会社と異なり、定時株主総会招集通知の際に計算書類等を添付する必要もない(会437条)。

　なお、株主総会の会場における株主による議案の提出については、行使要件に特に制限はない(会304条、「総会時の議案提出権」)。但し、株主が提出する議案が、法令若くは定款に違反する場合又は実質的に同一の議案について、総株主の議決権の10分の1以上の賛成を得られなかった日から3年を経過していない場合には、提出できない(会304条但書)。議案提出権(議案要領通知権)についても同様である(会305条4項)。これらは、その濫用を防止する趣旨である。

4 株主の議決権

(1) 一株一議決権の原則

　株主が株主総会に出席して決議に加わる権利を議決権といい、株主は、原則として、1株につき1議決権を有する(会308条本文)。

　但し、次の例外がある。すなわち、①単元未満株式(会308条1項但書)、②議決権制限株式(会108条1項3号、なお、種類株主総会は株主総会とは異なり、そこでは議決権制限株式についても議決権が認められる)、③取締役・監査役の選解任株式(会108条1項9号)、④「相互保有株式」(会308条1項本文括弧書。株式会社がその総株主の議決権の

4分の1以上を有する場合（その他の事由を通じて株式会社がその経営を実質的に支配することが可能な関係にあるものとして法務省令で定める場合も同様）、支配されている会社等は、支配している会社の株式を有していたとしても、議決権を有しないこととされる。⑤と同じく、会社支配の公正維持を目的とする）、⑤自己株式（会308条2項）、⑥特別利害関係人たる株主の株式（会140条3項・160条4項。株主総会の決議について特別利害関係を有する株主であっても、一般的には議決権を排除されることはなく、一定の場合に決議取消事由が生じうるだけである〔会831条1項3号〕。この点で、取締役会の議決権が排除される特別利害関係人たる取締役とは異なる〔会369条2項参照〕）、⑦基準日後に取得された株式（会124条）である。

（2）議決権の代理行使

株主は、代理人によって議決権を行使することができる（会310条1項前段）。株主の議決権は株式の内容に含まれるので、財産権的性質が強く、私的自治に服するので代理に親しむ。議決権を代理行使する場合、株主又は代理人は委任状を会社に提出することを要し（会310条1項後段・3項）、代理権の授与は、株主総会ごとに行わなければならない（会310条2項）。会社は代理人の数を制限することができる（会310条5項）。

代理人の資格については、法律上の制限はないが、実際上代理人の資格を株主に限定する旨の定款を定めている会社は多い。こうした定款規定は、株主の権利行使に制約を加えるものではあるが、株主総会が株主以外の第三者によって攪乱されることを防止し、会社の利益を保護するものであるから、合理的理由による相当程度の制限の範囲で有効と解される（多数説、最判昭43・11・1民集22・12・2402会社百選34）。

（3）議決権の不統一行使

2個以上の議決権を有する株主は、議案につき、その一部をもって賛成し、残部をもって反対することができる（会313条1項）。株式が信託されるなど他人のために保有されている場合に、その他人の意向に従った議決権行使を可能とするためである。しかし、株主が他人のために株式を有する者でないときは、その必要はないので、会社は株主の議決権不統一行使を拒否できる（会313条3項）。

取締役会設置会社の株主は、不統一行使をする旨、及び、その理由を株主総会の日の3日前までに通知しなければならない（会313条2項）。なお、取締役会非設置会社の株主は、事前に会社に通知することなく、議決権の不統一行使が可能である（会313条2項参照）。

（4）書面投票・電子投票の制度

株主が、株主総会に出席せずに議決権を行使することを可能とする制度がある。すなわち、株主総会の招集を決定するに際して「書面又は電磁的方法による議決権行使（書面投票・電子投票）」を利用するか否かが決定される（会298条1項3号4号）。株主の承諾がなくても取締役会決議で総会ごとに採用を決めることができる。但し、議決権を行使することができる株主の数が1000名以上の会社では（大会社でなくても）、原則として書面投票が義務づけられる（会298条2項）。

書面投票・電子投票を採用した場合、取締役会非設置会社においても、招集通知は書面又は電磁的方法によりなされなければならず(会299条2項3項)、招集通知と同時に、株主総会参考書類及び議決権行使書面が交付される(会301条・302条。書面投票制度が義務づけられる会社であっても、招集通知を電磁的方法により受領することを承諾した株主に対しては、株主からの請求がない限り、株主総会参考書類及び議決権行使書面の交付を要せず、それらに代えて、議決権行使書面に記載すべき事項を電磁的方法で提供することができる〔会301条2項〕)。

　株主は、交付された株主参考書類等を参考にして、一定の時までに議決権行使書面又は電磁的方法により議決権行使を行うことができ、また、これらの方法で行使された議決権の数は出席株主の議決権数に算入される(会311条・312条。電子投票による議決権行使を受け付けるべき期間について、会社があらかじめ合理的な定めを設けることができ、それによって集計作業の負担を軽減することができる)＊。

　＊ **電子投票と議決権行使の重複**　　株主は電磁的議決権行使をしても総会に出席できるが、その場合、事前の電磁的議決権行使は効力が認められない。書面投票と電子投票との双方が到着してしまった場合は、別段の定め(会施規63条4号ロ)がない限り、後に到着した方が優先され、電子投票・書面投票により複数到着の場合も同様と解される。

5　株主総会の議事

(1) 議事運営と議長の権限

　株主総会の議事運営は、議長が行い、議長は、定款に定めなかったときは、総会で選任される。議長は、総会の秩序を維持し議事を整理する権限(議事整理権限)を有し、議長の命令に従わない者その他総会の秩序を乱す者を退場させることができる(退去命令権限) (会315条1項2項)。

(2) 取締役等の説明義務

　取締役・会計参与・監査役・執行役は、株主総会に出席して議題や議案について説明する必要があるが、さらに、株主が質問した特定の事項について説明義務がある(会314条)。但し、次の場合は説明を拒絶できる(会314条但書)。①事項が総会の目的事項(決議事項・説明事項、会298条1項)と関係がない場合、②説明することが企業秘密を害する等の株主共同の利益を著しく害する場合、③その他正当な理由があるとして法務省令(会施規71条)で定める場合。また、説明のため調査を必要とするときにも説明を拒絶できるが、株主が総会日の相当の期間前に質問事項を通知した場合又は調査が著しく容易である場合には、調査を理由として説明を拒むことはできない。

　説明の方法として、「一括説明」は認められる(東京高判昭61・2・19判時1207・120会社百選37)。説明の程度は、平均的な株主の理解を基準とする(東京地判平16・5・13金判1198・18)。

　なお、会計監査人は、定時総会で出席を求める決議がされたときは、出席して意

見を述べなければならない（会398条2項）。

（3）総会提出資料等の調査

株主総会は、その決議により、取締役・会計参与・監査役・監査役会・会計監査人が当該株主総会に提出・提供した資料を調査する者を選任することができる（会316条1項）。少数株主が招集した株主総会においては（会296条）、その決議によって、株式会社の業務及び財産の状況を調査する者を選任することができる（同2項）。

（4）延期・続行の決議

株主総会では、延期（総会は成立したが議事を後日に延期すること）又は続行（議事に入った後に議事を終了することなく後日に継続すること）の決議をすることができ、延期・続行の決議後の株主総会は、同一の総会であるから、別途の招集手続を要しない（会314条）。

（5）議事録の作成・保管・閲覧

総会議事につき、議事録を作り、一定期間会社に備え置く必要がある。また、会社は、議事録を株主総会の日から10年間本店に備え置くことを要し（会318条2項）、株主及び会社債権者は、その閲覧・謄写を請求できる（会318条4項）。支店においても、原則として、議事録の写しを5年間備え置くことを要し（会318条3項）、株主等の閲覧等に供される。但し、議事録が電磁的記録をもって作成され、かつ閲覧等の請求に応じることができる一定の措置をとっていれば、支店での備え置きは不要となる（会318条3項但書）。議事録の閲覧・謄写は、裁判所の許可などの一定の要件を満たした親会社社員にも認められる（会318条5項）。なお、議事録は証拠のためのものにすぎず、決議の効力には関係がない。

6　株主総会の決議

（1）決議事項と決議要件

決議に必要な多数決の要件は、決議事項によって異なり、次の3種類のものがある。なお、取締役会設置会社では、一定の例外を除き、招集時に決定された総会の目的事項（会298条1項2号）についてのみ決議することができる（会309条5項）。

1）普通決議

普通決議とは、特別の要件が法律又は定款によって定められていない場合の決議で、議決権を行使することができる株主の議決権の過半数にあたる株式を有する株主が出席し（定足数）、その出席株主の議決権の過半数をもって決する（会309条1項）。但し、定足数を定款で変更できるが、その変更は、取締役・会計参与・監査役の選解任決議と公開会社における支配株主の異動をもたらす募集株式発行等の決議では制約があり、総株主の議決権の3分の1未満とすることはできない（会341条・206条の2第5号）。決議要件を定款で引き上げることは可能である。

法定の普通決議事項としては、取締役・会計参与・監査役・会計監査人の選任（会329条）、取締役（但し、累積投票によって選任された取締役・監査等委員である取締役は除く）・会計参与・会計監査人の解任（会339条）、総会提出資料等の調査者の選任（会316条）、計算書類等の承認（会438条2項）、剰余金の配当（会454条）等があり、後述の特別決議・特殊決議以外の事項が該当する。

2）特別決議

特別決議とは一定の重要事項の決議で、議決権を行使することができる株主の議決権の過半数にあたる株式を有する株主が出席し（定足数）、その出席株主の議決権の3分の2以上にあたる多数をもって決する（会309条2項）。定款により、この定足数は、議決権の3分の1までは軽減することができ、また、一定数以上の株主の賛成を要する等の方法で要件を加重することも、定款で定めることができる。

法定の特別決議事項は、会社法309条2項1号〜12号で定められており、第三者に対する募集株式の有利発行等、累積投票によって選任された取締役の解任、監査等委員である取締役の解任、監査役の解任、取締役等の責任の一部免除、資本金の額の減少、金銭以外での剰余金の配当、定款変更、事業譲渡、解散、会社の合併・分割等、会社組織の基礎的変更等、株主の利益に重大な影響がある場合が列挙されている。

3）特殊の決議

特別決議より厳重な決議で、次の2つがある。①議決権を行使することができる株主の半数以上であって、当該株主の議決権の3分の2以上の多数をもってなす決議（会309条3項。例えば、全株式について株式譲渡制限を定めるための定款変更の場合〔同条3項1号〕）、及び、②総株主の半数以上であって、当該株主の議決権の4分の3以上の多数をもってなす決議（同条4項、例えば、非公開会社で株主の人的属性にもとづいて権利内容に差を設ける場合）である。

これらの要件は、定款をもってしても軽減することはできない。なお、取締役の責任免除等には総株主の同意が必要とされているが、この場合は必ずしも株主総会の決議は要しない。

【種類株主総会の決議】

会社が数種の株式を発行した場合に、異なる種類の株主の間で権利の調整をする必要があることから、種類株主総会の制度があり（会321条〜325条）、①株式の種類の追加、②株式の内容の変更、③発行可能（種類）株式総数の増加の場合の定款変更には、種類株主総会の特別決議が必要とされる（会322条・324条2項）。また、ある種類の株式につき、あらかじめ定款をもって、種類株主総会を要しない旨を定めることができるが（会322条2項）、この定款変更の場合にはその種類株主全員の同意が必要である（会322条4項）。

（2）決議の省略（書面決議）

株主総会の決議事項について、議決権を行使できる株主全員が、取締役又は株主の提案に同意する旨の意思表示を、書面又は電磁的記録によりした場合、当該提案を可決する旨の株主総会決議があったものとみなされる（会319条1項）。株主総会の議題全てについて決議があったものとみなされる場合には、株主総会の開催を省略することができる（会319条5項）。同様の方法で、株主総会での報告を省略するこ

ともできる（会320条）。

（3）多数決の限界と修正

総会決議における多数決の原則には、次の制約がある。①多数決の限界として、強行法規違反の決議はできないほか、株主平等原則違反や株主の固有権の侵害にあたる決議は無効となる。②多数決の修正として（多数決の原則を承認しつつ、少数派株主のために修正する制度）として、反対株主の株式買取請求権（後述）、取締役の累積投票制度（会342条）、取締役等の解任の訴え（会854条）がある。

（4）株主の株式買取請求権

1）株主総会決議の場合

株主の利益に特に重大な関係のある一定の基礎的変更が、株主総会の多数決等によって行われる場合、「反対株主」は、投下資本を回収して経済的救済を得るため、会社に対し、一定の手続の下で自己の有する株式を「公正な価格」で買い取るよう請求することができる。

すなわち、①株式譲渡制限を定める定款変更の決議等（会116条・117条）、②一定の端数を生じる株式併合の決議（会182条の4・182条の5）、③事業の全部又は重要な一部の譲渡等の決議（会469条・470条）、④合併、会社分割、株式交換・株式移転の決議（会785条・786条、797条・798条、806条・807条）の場合である。

総会決議を要する場合に、議決権を行使できる株主が買取請求をするには、総会前に会社に反対の意思を通知し、総会で反対することが必要である（会785条2項1号イ）。これらの要件は、議決権制限株式の株主等、総会で議決権を行使できない株主については不要である（同ロ）。総会決議が不要の場合は、議決権行使を前提にしないので、「反対株主」といっても反対の意思表示は要件ではない。なお、簡易手続の場合と略式手続における特別支配株主については、買取請求は認められない（平成26年改正事項、会469条1項2号・797条1項但書・469条2項2号・785条2項2号・797条2項2号）。

2）単元未満株式の場合

単元未満株式を有する者の投下資本回収機会を保障するために、単元株式の買取請求権が認められている（会192条・193条）。

7　株主総会決議の瑕疵

（1）決議の瑕疵の扱い

株主総会決議の効力は、多数の利害関係人に影響を及ぼすので、総会決議に瑕疵がある場合、無効の一般原則に委ねることは妥当ではなく、会社法は、総会決議の瑕疵の性質に応じて、各種の訴えの制度を導入し、合理的な処理を図っている。

（2）決議の取消し

株主総会（種類株主総会、創立総会、種類創立総会も同様）の決議は、次の場合に、

取消しの対象となる（会831条1項）。①招集手続又は決議方法の法令・定款違反、又は著しい不公正（同条項1号）、②決議内容の定款違反（同条項2号）、③特別利害関係人が議決権を行使した結果著しく不当な決議*がなされたとき（同条項3号）。

総会決議の取消しは、株主・取締役等一定の者だけが（提訴権者・原告適格）、決議の日から3か月以内に（提訴期間）、会社に対する「総会決議取消しの訴え」を提起する方法によってのみ主張できる**。当該株主総会決議で株主・取締役等（提訴権者）の資格が奪われた者（決議取消しで株主に戻る者、例えばキャッシュアウトで株主でなくなっていた者等）も原告適格を有する（平成26年改正で明文化）。

招集手続又は決議方法の法令・定款違反を原因として、総会決議取消しの訴えが提起された場合でも、①その瑕疵が重大でなく、かつ、②決議に影響を及ぼさないときは、裁判所は取消しの請求を「裁量棄却」することができる（同条2項、最判昭46・3・18民集25・2・183会社百選42等、判例で確立された要件が昭和56年改正商法で明文化）。

決議取消しの判決は、第三者に対しても効力が及ぶ（対世的効力。会838条）。この判決は、会社設立無効の訴えや新株発行無効の訴え等と異なり、遡及効を否定する規定（会839条）がないので、決議時に遡って無効となる。

* **特別利害関係と不当決議の取消し**　株主総会決議では特別利害関係を有する株主の議決権行使は事前に排除されず（昭和56年改正商法）、その議決権行使の結果、著しく不当な決議がなされた場合に決議取消原因となる。特別利害関係の解釈は、議決権が事前排除されていた時は狭く解されていたが、現行法では、そういう解釈の必要はなくなっている。

** **決議取消しをめぐる裁判例**　会社支配の争いが取締役選任決議等の効力をめぐる訴訟となることが多く、会社訴訟のなかでも決議取消訴訟は数多い。主な裁判例として以下のものがある。

取消原因に関しては、招集通知が自分にはなされたが他の株主になされていない場合、学説上見解は分かれるが、判例は、取消原因となると解している（最判昭42・9・28民集21・7・1970会社百選38）。

訴えの利益に関して、役員選任の総会決議取消の訴の係属中、その決議にもとづいて選任された取締役ら役員がすべて任期満了により退任し、その後の株主総会の決議によって取締役ら役員が新たに選任されたときは、特別の事情のない限り、決議取消の訴は、訴の利益を欠くに至る（最判昭45・4・2民集24・4・223会社百選40）。他方、計算書類等承認の株主総会決議取消の訴の係属中、その後の決算期の計算書類等の承認がされた場合であっても、当該計算書類等につき承認の再決議がされた等の特別の事情がない限り、当該決議取消しの訴の利益は失われない（最判昭58・6・7民集37・5・517会社百選41）。

提訴期間に関して、株主総会決議取消の訴において、商法（平成17年法律87号改正前）248条1項（会社法831条）所定の期間経過後に新たな取消事由を追加主張することは許されない（最判昭51・12・24民集30・11・1076会社百選38）。他方、決議無効確認を求める訴において決議無効原因として主張された瑕疵が決議取消原因に該当しており、しかも、決議取消訴訟の原告適格、出訴期間等の要件を満たしているときは、たとえ決議取消の主張が出訴期間経過後になされたとしても、決議無効確認訴訟提起時から決議取消の訴が提起されていたものと同様に扱うのが相当である（最判昭54・11・16民集33・7・709会社百選45）。

裁量棄却に関して、営業の重要な一部の譲渡について招集通知にその要領が記載されなかった場合には、右営業譲渡の決議は招集手続に違法があり、しかも右違法は重大でないといえないことは明らかであるから、右決議の取消請求を棄却することはできない（最判平7・3・9判時1529・153）。会社が議決権行使を条件として株主1名につき500円分の金券の提供をしたことが会社法120条の禁止する利益供与に該当し、かかる利益供与を受けた議決権行使により可決された株主総会決議が、決議方法の法令違反として取り消された事例で、かつ、株主提案に賛成して提案株主に委任状を提出した株主は、委任事項における「白紙委任」との

記載に関わらず、同委任状によって会社提案には賛成しない趣旨で提案株主に対して議決権行使の代理権の授与を行ったと解され、同委任状が会社提案について賛否を記載する欄を欠くことは同代理権授与の有効性を左右しないと解されることから、同委任状にかかる議決権数を同会社提案については出席株主の議決権の数に含めずに可決された総会決議が、決議方法の法令違反として取り消された事例がある（東京地判平19・12・6金判1281・37会社百選36）。

（3）決議の無効・不存在

総会決議の内容が法令に違反するときは、決議は無効となる。また、決議の手続的瑕疵が著しく、外形的にも決議と認められるものが存在しない場合は、「決議不存在」となる。

総会決議の無効又は不存在は、誰でも・いつでも・どのような方法によっても主張でき、必要があれば、決議無効確認の訴え（会830条2項）又は決議不存在確認の訴え（会830条1項）を提起することができる*。これらの訴えによる判決にも対世的効力が認められているため（会838条）、法律関係の画一的処理が図られる。もっとも、決議を有効要件とする行為は、決議が無効・不存在と確認されると、決議の時に遡及して無効とならざるを得ないが（設立無効では遡及効が排除されているのと対照的である）、対外的には善意者保護のための解釈論上の工夫が必要となる。

* **決議不存在の裁判例**　取締役を選任する旨の株主総会の決議が存在するものといえない場合に、当該取締役によって構成される取締役会の招集決定にもとづき当該取締役によって構成される取締役会で選任された代表取締役が招集した株主総会においてなされた取締役選任決議は、いわゆる全員出席総会においてなされたなど特段の事情がない限り、法律上不存在である（最判平2・4・17民集44・3・526会社百選43）。

3.6.3. 取締役・取締役会・代表取締役

1　株式会社の業務執行
2　取締役
3　取締役会
4　代表取締役
5　取締役の義務
6　取締役の報酬

□1.会社法上、株式会社の業務執行と代表を担う機関構造には、どのような類型があるか。
□2.株式会社の取締役の選任と終任に関する規律はどうなっているか。
□3.株式会社の社外取締役の機能と現行会社法上の定義はどうなっているか。
□4.株式会社の取締役会の機能はなにか。会社法上の権限にはどのようなものがあるか。
□5.内部統制システムとはなにか。会社法上、その構築義務はどうなっているか。
□6.代表取締役の権限には、どのような特色があるか。また、表見代表取締役とはなにか。
□7.株式会社の取締役は、会社との間に、どのような法律関係があるか。会社法は、取締役と会社との間の利害衝突を防止するために、どのような措置を設けているか。
□8.「経営判断の原則」とはなにか。日本の会社法上、どのような意義と機能が認められるのか。
□9.株式会社の取締役等の報酬に関して、会社法上の規律の趣旨、規制範囲、決定手続、開示方法はどうなっているか。

1　株式会社の業務執行

（1）基本的な仕組みと変遷

　株式会社の業務執行は、株主総会によって選任される取締役に委ねられている。昭和25年改正以前は、それぞれの取締役に業務執行の権限と代表権が原則として与えられていたが（昭和13年改前商170条1項・昭和25年改前商261条1項）、昭和25年改正によって、取締役を構成員とする取締役会が会社の機関として法定され、取締役会中心主義のもとに、株式会社の業務執行の決定は原則として取締役会の権限とされた。他方、有限会社では（有27条2項）、取締役会は法定されず、それぞれの取締役に業務執行の権限と代表権が原則として与えられていた（各自執行・各自代表の原則）。

　平成17年制定の会社法は、株式会社のうち公開会社では、取締役会を維持して取締役会を置くことが義務づけられているが（会327条1項1号）、非公開会社では取締役会を置くか否かは定款の定めに委ねられている（会326条2項）。有限会社は株式会社に統合されている。

　取締役会設置会社では、経営者を監督する機能について、従来型どおり監査役が担う機関設計（監査役設置会社又は監査役会設置会社）のほか、三委員会（指名委員会、報酬委員会、監査委員会）を有する取締役会が担う機関設計（平成14年商法改正で導入され平成17年会社法及び平成26年会社法改正で改称が重ねられた指名委員会等設置会社）、そして、監査等委員会を有する取締役会が担う機関設計（平成26年会社法改正で導入された監査等委員会設置会社）がある。

（2）会社法における業務執行態勢の類型

　会社法は、業務執行＊（業務執行の決定と業務執行）に関して取締役を置く必要があるとしているほか、機関設計に応じて取締役会・代表取締役・執行役などを定め、それらの権限を適切に分配できる仕組みを設けている。

　　＊**業務執行**　　一般的用語での会社経営を、法律上は、会社の業務執行という。そして、業務執行には、「業務の決定（又は業務執行の決定）」と、その執行である「業務の執行（又は業務執行）」とがある。業務の執行には、対内的業務執行と対外的業務執行とがあり、会社の代表は対外的業務執行に当たる。

1）取締役会非設置会社における業務執行

　取締役会を設置しない会社では、定款に別段の定めがある場合を除き、各取締役が業務執行権限を有し（会348条1項）、2人以上の取締役がいる場合には業務執行の意思決定は取締役の過半数をもって決する（同条2項）。業務執行の決定は、定款に定めることで、一定の事項を除き、各取締役に委任することもできる（同条3項）。

　原則として、各取締役が会社を代表するが（会349条1項）、定款、定款の定めによる取締役の互選、又は、株主総会の決議により、取締役の中から代表取締役を定めることもできる（同条3項）。代表取締役が定められると、代表取締役だけが会社を代

表することになる。

2）取締役会設置会社における業務執行

取締役会設置会社（取締役会を任意に置く会社又は会社法により設置が強制される会社）における取締役は、取締役会を構成する一員であって、各取締役自体は直ちに会社の機関となるわけではない。3人以上の取締役の全員で構成される取締役会が、その決議で会社の業務執行を決定する（会362条2項1号・4項）。取締役会設置会社（指名委員会等設置会社を除く）では、取締役会は取締役のなかから代表取締役を選定しなければならない（会362条2項3号・3項、但し、監査等委員会設置会社については、後述参照）。

会社の業務執行権を有するのは、①代表取締役、及び、②取締役会決議により業務を執行する取締役として選定された者（選定業務執行取締役）である（会363条1項、①②に③会社の業務を執行したその他の取締役を加えて、「業務執行取締役」という〔会2条15号〕）。対外的には代表取締役が会社を代表する（会349条4項）。

3）指名委員会等設置会社における業務執行

指名委員会等設置会社では、執行と監督が分離される機関構造をとり、取締役は取締役会構成員として主に監督を行い（416条1項）、取締役会に三委員会（指名委員会・報酬委員会・監査委員会）が設けられる。業務執行の決定の大部分は取締役会で選任される執行役に委任される（会416条4項）。業務執行は、執行役が行い（会418条）、執行役の中から選定される代表執行役が会社を代表する（会420条）。

（注）詳細については、後述する。

4）監査等委員会等設置会社における業務執行

監査等委員会設置会社では、取締役会と会計監査人が必置であるが、監査役を置くことができない機関構造をとり、取締役会に監査等委員会が設けられる。監査等委員会の委員は取締役であるが、監査等委員である取締役は、それ以外の取締役とは、区別して選任されるなど、多くの点で区別されている。取締役会が会社の業務執行その他株主総会の権限以外の事項について会社の意思を決定するのが原則であるが、一般の取締役会より監視・監督の職務が重視されている（会399条の13第1項～4項）。そして、代表取締役が、業務の執行をし、対外的に会社を代表する。

但し、社外取締役が過半数である場合又は定款で定めた場合には、監督と執行を分離することが認められる。すなわち、そのような場合には、取締役会の権限を基本事項の決定等に限定し、一定事項を除いて、業務決定の権限を取締役に委譲することができる（同条5項、なお、同条6項参照）。

（注）詳細については、後述する。

2　取締役

(1) 意義・権限

株式会社の機関設計では、最低限、株主総会と取締役が必要であり、取締役は会社の経営（業務執行）を担うが、取締役の具体的な地位と権限（業務執行の決定、

業務の執行、業務執行の監視・監督）は選択される機関設計に応じた業務執行機関の類型（前掲1（2））によって異なる。会社法上、「取締役」との表記が会社の行為に関して用いられている場合には、当該業務を執行する権限を有する取締役（代表取締役など）を指すことに注意を要する。

「代表取締役」とは、株式会社を代表する取締役をいい（会47条1項）、次の業務執行取締役の一部となる。

「業務執行取締役」とは、①取締役設置会社の代表取締役、②代表取締役以外の取締役であって、取締役会の決議によって、取締役会設置会社の業務を執行する取締役として選定されたもの、③当該株式会社の業務を執行したその他の取締役をいう（会2条15号）。

これに、執行役と使用人を加えて、「業務執行取締役等」という。業務執行取締役等は、社外取締役から除外される。

会社法上、「業務執行者」という用語も使われている。業務執行者とは、業務執行取締役（指名委員会等設置会社では執行役）その他業務の執行に職務上関与した者として法務省令で定めるものをいい、違法な剰余金の配当等に関する責任を負う（会462条1項）。

平成26年会社法改正により定められた「非業務執行取締役等」の概念は、取締役（業務執行取締役等を除く）に会計参与・監査役・会計監査人を加えたもので、責任限定契約を締結できる者を示している。

「社外取締役」とは、株式会社の取締役であって、当該株式会社又はその子会社の業務執行取締役若しくは執行役又は支配人その他の使用人でなく、当該株式会社と一定の利害関係（親会社関係者等）がなく、かつ、就任前一定期間内に当該株式会社又はその子会社の業務執行取締役若しくは執行役又は支配人その他の使用人となったことがない等の要件を満たすものをいう（会2条15号、平成26年改正により要件が変更されていることなど、詳細については後述）。

「特別取締役」は、取締役設置会社において6名以上の取締役と1名以上の社外取締役が存在することを要件として、重要財産の処分・譲受けと多額の借財についての取締役会の決定権限を委任される取締役で、取締役のなかから予め選定された3名以上の取締役をいう（会373条1項）。

（2）取締役の資格
1）資格制限
公開会社では、定款によっても、取締役の資格を株主に限定することができない（会331条2項）。但し、定款により一定の合理的範囲内で取締役の資格に制限を設けることは妨げられない。非公開会社では、定款で取締役の資格を株主に限定することが明文上認められている（会331条2項）。

2）欠格事由
会社法は、取締役の欠格事由を定め、法人、成年被後見人・被保佐人、一定の犯罪者は取締役となることができない（会331条1項）。欠格事由に該当しない限り、だれでも取締役になることができる。

破産宣告を受け復権していないことは取締役の欠格事由から除外され、免責を得ていない破産者であっても株主総会の選任決議があれば取締役になることができる（会331条・330条）。

会社法はもとより、金融商品取引法及び破産法等の各種倒産法上の犯罪についても、従来の商法上の犯罪と同様に厳しく対処されることになり、それらの罪を犯し、刑に処せられ、その執行を終わり又はその執行を受けることがなくなった日から2年を経過しない者は取締役になれない（会331条1項3号）。

3）兼任禁止

委員会設置会社の取締役は、当該委員会設置会社の支配人その他の使用人との兼任が禁止される（会331条3項）。会計参与・会計監査人の欠格事由、監査役・監査委員との兼任禁止規定に該当する場合もある。

（3）取締役の選任・終任

1）選　任

「役員（取締役、会計参与及び監査役をいう）」及び会計監査人は、通常、株主総会の決議によって選任する（会329条1項）。取締役の選任は、原則として株主総会の普通決議による。2人以上の取締役の選任をする際には、定款で排除されていない限り、株主は累積投票によって取締役を選任する旨の請求ができる（会342条）。取締役等役員の選任決議については、これを定款によって緩和する場合には、他の決議の場合と異なり、その割合は3分の1以上でなければならない（会341条）。

取締役の選任では、監査等委員会設置会社では、監査等委員である取締役とそれ以外の取締役とを区別しなければならない（会329条2項）。

「役員（取締役、会計参与及び監査役をいう）」及び会計監査人の選任の決議をする場合に、法務省令で定めるところにより、役員が欠けた場合又は会社法もしくは定款で定めた役員の員数を欠くこととなるときに備えて、「補欠役員」を選任することができる（同条2項）。これにより、臨時総会の開催や裁判所による仮取締役等の選任手続（会346条2項）の時間とコストを節減できる。

総会で選任された者が承諾することにより取締役等の地位に就くことになり、選任の登記が必要となる（会911条3項13号）。

2）終　任

i　終任事由　　取締役を含む役員及び会計監査人と会社との関係は、委任の規定に従うので（会330条）、取締役は、辞任、死亡、成年被後見、会社又は取締役の破産手続開始の決定によって終任となる（民653条）。そのほか、任期の満了、欠格事由の発生、定款所定の資格喪失、会社の解散によって地位を喪失する。取締役の終任は登記事項である。

ii　解　任　　他方、会社は、いつでも、かつ、事由のいかんを問わず、その取締役を選任した株主総会等の決議により解任できる（会339条・347条）。取締役（累積投票により選任されたものを除く）の解任決議は、選任決議と同様に、普通決議の要件によるが、これを定款によって緩和する場合には、他の決議の場合と異なり、その割合は3分の1以上でなければならない（会341条）。累積投票で選任された取締役の

解任決議は、監査役の解任決議の場合と同じく、特別決議の要件による（会309条2項7号・343条4項）。正当な理由なく解任した場合は、会社は損害賠償をしなければならない（会339条1項、「正当な理由」について、最判昭57・1・21判時1037・129会社百選46）。

　iii　解任の訴え　　一定の少数株主に、取締役解任の訴えの提起が認められている（会854条）。

　iv　欠員の場合　　終任により役員の員数が欠けた場合、退任した役員は後任者が就任するまで引き続き役員としての権利義務を有し（会346条1項、役員権利義務者）、その間は退任登記ができない（株主による解任の訴えの対象にすることはできない。最判昭43・12・24民集22・13・3334商法百選11）。そのことが不適当な場合と解任等の事由によるときは、裁判所に一時役員として職務を行う者を選任してもらうことができる（会346条2項3項、仮役員）

3）職務執行停止・職務代行者

取締役の選任決議について無効・不存在確認の訴え、取消しの訴え、解任の訴えが提起されても、当然にその取締役に職務執行停止の効力が生じるわけではないが、その職務の遂行を認めることが適切でない場合があり得る。そこで、民事保全法上の仮処分の制度にもとづき、訴えの提起後、又は訴起前でも急迫な事情がある場合には、裁判所は当事者の申立てにより、取締役等の職務執行を停止し、さらに職務代行者の選任ができる（民事保全23条2項・24条、後任取締役選任の事例として、最判昭45・11・6民集24・12・1744会社百選48）。代表取締役についても職務執行停止と職務代行者選任が認められる。会社法には、これら取締役等の仮処分の登記（会917条1項）と取締役及び代表取締役の職務代行者の権限について規定がある（会352条1項2項、同1項の「常務」につき、最判昭50・6・27民集29・6・879会社百選49）。

4）選解任種類株式の特例

取締役・監査役の選任について内容の異なる種類株式がある場合には（会108条1項9号）、以上の規律の適用はなく、その種類株式の定款の定めに従って、取締役・監査役の選解任が行われる（会347条）。

5）員　数

取締役会非設置会社では取締役は1人で足りるが、取締役会設置会社では、取締役は3人以上でなければならない（会331条4項）。

6）任　期

取締役の任期は、選任後2年以内に終了する事業年度のうち最終のものに関する定時株主総会の終結の時までであり、定款又は株主総会の決議によって、その任期を短縮できる（会332条1項）。

非公開会社（委員会設置会社を除く）では、定款によって、任期を選任後10年以内に終了する事業年度のうち最終のものに関する定時株主総会の終結の時まで伸長することができる（同条2項）。

委員会設置会社の取締役の任期は、選任後1年以内に終了する事業年度のうち最終のものに関する定時株主総会の終結の時までであり、定款又は株主総会の決議によって、その任期を短縮できる（同条3項）。

会計監査人及び監査役会を設置した会社で、剰余金配当等の権限を取締役会に与えた場合も1年である（会459条1項）。

次に掲げる定款の変更をした場合には、取締役の任期は、当該定款の変更の効力が生じた時に満了する。①委員会を置く旨の定款変更、②委員会を置く旨の定款の定めを廃止する定款変更、③株式譲渡制限会社である旨の定款の定めを廃止する定款変更（委員会設置会社がするものを除く）（会332条4項）。

（4）社外取締役
1）意義・資格

株式会社の公正で効率的な業務執行を確保する上で、当該株式会社の業務執行の監視・監督等（モニタリング）の役割を担う取締役として、当該株式会社やその親会社・子会社等との間で独立性が担保された者（業務執行の指揮命令系統になく、かつ、過去一定期間その系統に属さなかった者）が就く取締役である。取締役会のモニタリング機能を強化する上で、法制上また事実上、その役割に大きな期待が寄せられている。

会社法は、「社外取締役」の資格を定めている（会2条15号）。すなわち、①当該株式会社又はその子会社の業務執行取締役・執行役・支配人その他の使用人でなく、かつ、その就任の前10年間当該株式会社又はその子会社の業務執行取締役・執行役・支配人その他の使用人であったことがないこと。②就任の前10年内のいずれかの時において当該株式会社又はその子会社の取締役・会計参与（法人のときは、その職務を行うべき社員）・監査役であったことがある者（業務執行取締役・執行役・支配人その他の使用人であったことがあるものを除く）にあっては、当該取締役・会計参与・監査役への就任の前10年間当該株式会社又はその子会社の業務執行取締役・執行役・支配人その他の使用人であったことがないこと。③当該株式会社の自然人たる親会社等（会2条4号の2）又は親会社等の取締役・執行役・支配人その他の使用人でないこと。④当該株式会社の親会社等の子会社等（当該株式会社及びの子会社を除く）の業務執行取締役・執行役・支配人その他の使用人でないこと。⑤当該株式会社の取締役・支配人その他の重要な使用人又は自然人たる親会社等の配偶者・2親等内の親族でないこと。

2）社外取締役不設置の理由開示

平成26年改正により、公開会社かつ大会社である監査役設置会社であって、事業年度の末日において、その発行する株式について有価証券報告書提出義務を負う株式会社（金融商品取引法の適用会社）は、社外取締役を置いていない場合には、取締役は、当該事業年度に関する定時株主総会において、「社外取締役を置くことが相当でない理由」の説明義務を負う（会327条の2）。ここで求められているのは、社外取締役を置かない理由ではなく、「置くことが相当でない理由」である。この「相当でない理由」については、事業報告に記載しなければならず（会施規124条2項）、株主総会参考書類に記載しなければならない（会施規74条の2第1項）。その内容は、①個々の会社の各事業年度における事情に応じたものでなければならず、また、②社外監査役が2名以上あることのみをもって理由とすることはできない（会施規124条

3項・74条の2第3項)。

　このような「コンプライ・オア・エクスプレイン(comply or explain)ルール」が採用されているのは、株主総会での説明等を通じて、社外取締役の選任を促す効果が期待されているためである(なお、会社法改正附則25条は、政府は、この法律の施行後2年を経過した場合において、社外取締役の選任状況その他の社会経済情勢の変化等を勘案し、企業統治に係る制度の在り方について検討を加え、必要があると認めるときは、その結果にもとづいて、社外取締役を置くことの義務付け等所要の措置を講ずるものとすると規定している)。

3) 公示と開示

　取締役は登記事項であるが(会911条3項13号)、さらに、社外取締役であるということだけが一律に登記事項となるのではなく、以下に該当する場合にのみ、社外取締役である旨の登記を要する。すなわち、①責任限度額をあらかじめ定める契約を締結した社外取締役(同条項25号)、②委員会設置会社の社外取締役(同条項22号イ)、③特別取締役による取締役会決議制度を採用する会社の社外取締役(同条項21号ハ)の場合である。なお、会社法では、社外取締役に関する事項について、株主総会参考書類及び事業報告書の記載事項とされ、この点で開示の充実が図られている。

【独立社外取締役】

　社外取締役に期待される機能が発揮されるためには、「社外性」のみならず「独立性」が求められるべきとの考え方が強い。独立性の一般的要件として、①雇用関係の不存在、②親族関係の不存在、③取引関係・経済的利害関係の不存在が求められる。平成26年改正会社法は、社外取締役の要件としては③を求めていないが、上場会社は取引所規則で、これらを満たす「独立」役員を置いて届け出ることを要求している。東京証券取引所は、有価証券上場規程の別添「コーポレートガバナンス・コード」において、次のように定めている。

> **原則4-7.　独立社外取締役の役割・責務**
> 　上場会社は、独立社外取締役には、特に以下の役割・責務を果たすことが期待されることに留意しつつ、その有効な活用を図るべきである。
> (ⅰ)経営の方針や経営改善について、自らの知見にもとづき、会社の持続的な成長を促し中長期的な企業価値の向上を図る、との観点からの助言を行うこと
> (ⅱ)経営陣幹部の選解任その他の取締役会の重要な意思決定を通じ、経営の監督を行うこと
> (ⅲ)会社と経営陣・支配株主等との間の利益相反を監督すること
> (ⅳ)経営陣・支配株主から独立した立場で、少数株主をはじめとするステークホルダーの意見を取締役会に適切に反映させること
>
> **原則4-8.　独立社外取締役の有効な活用**
> 　独立社外取締役は会社の持続的な成長と中長期的な企業価値の向上に寄与するように役割・責務を果たすべきであり、上場会社はそのような資質を十分に備えた独立社外取締役を少なくとも2名以上選任すべきである。
> 　また、業種・規模・事業特性・機関設計・会社をとりまく環境等を総合的に勘案して、自主的な判断により、少なくとも3分の1以上の独立社外取締役を選任することが必要と考える上場会社は、上記にかかわらず、そのための取組み方針を開示すべきである。

　本則市場(市場1部及び2部)の上場会社に対し、①当該原則を実施するか、又は、②実施しない場合にはその理由をコーポレート・ガバナンス報告書において説明する旨の規律すなわち「コンプライ・オア・エクスプレイン(comply or explain)ルール」を導入している(有価証券上場規程436条の3、2015年6月1日施行)。なお、その他に、金融庁「監督方針」や議決権行使助言会社ISSの「助言方針」があり、これらも社外取締役選任への事実上の圧力となっている。

3　取締役会

（1）意義・機能

　株式会社では、取締役会を置くことができ（非公開会社〔監査役会設置会社を除く〕では取締役会の設置は任意、会326条2項）、公開会社、監査役会設置会社、指名委員会等設置会社、監査等委員会設置会社では、取締役会の設置が義務づけられる（会327条1項）。取締役会を置く株式会社又は取締役会を置くことを会社法上強制される株式会社を「取締役会設置会社」という（会2条7号）。

　取締役会設置会社の取締役会（Board of Directors）は、取締役の全員で構成される合議制の会議体（Meeting of Directors）として活動し、①業務執行につき会社の意思を決定するとともに、②取締役の職務の執行を監督する機関である（会362条1項2項）。

　取締役会は、経営に関する判断を行う機関（マネジメント・ボード）として位置づけることができるほか、コーポレート・ガバナンス強化のために、経営の監督と評価を行う機関（モニタリング・ボード）としての性格を強めることができる。株式会社の機関設計によっては（指名委員会等設置会社及び監査等委員会設置会社では）、執行と監督との分離や社外取締役の活用等により、取締役会の監督機能が強化されている。

　（注）ここでは、指名委員会等設置会社以外の取締役会設置会社の取締役会について扱う。

（2）権　限

1）業務執行の決定

　取締役会設置会社では、株主総会における決定権限は、法定事項と定款で定める事項に限定されており（会295条2項）、会社業務に関するそれ以外の事項は原則としてすべて取締役会が決定する（但し、例外的に、監査役〔385条1項・386条〕、又は、株主〔会847条3項5項・360条等〕に決定が委ねられる場合もある）。

　i　**専決事項**　取締役会は日常の会社業務に関わる事項を決定する権限の一部を、代表取締役又は業務担当取締役に委ねることが認められるが、そうした権限の委譲をあまりに広範に認めると、取締役会それ自体が形骸化する。そこで、現行法（昭和56年商法改正以降）では、取締役会の専権事項を例示したうえで、「重要な業務執行」の決定を取締役会の専権事項として定め、そのような重要な業務執行の決定を代表取締役又は業務担当取締役に委ねることを認めない（会362条4項、但し、例外として、特別取締役による取締役会決議〔会373条〕の制度がある）。

　すなわち、①重要な財産の処分と譲受け、②多額の借財、③支配人その他の重要な使用人の選任と解任、④支店その他の重要な組織の設置、変更及び廃止、⑤社債を引き受ける者の募集に関する重要な事項（会676条1号、会施規99条）、⑥取締役の職務の執行が法令及び定款に適合することを確保するための体制その他、株式会社の業務の適正を確保するために必要な体制（会施規100条）の整備（この「内部統制システムの構築」に関して、大会社では、取締役会が決議することが明文で義務づけられている〔会362条5項〕。下記コラム参照）、⑦定款の定めにもとづく取締役・執行役・会

計参与・監査役・会計監査人の責任の免除（会426条1項）を例示し、それにあたらない場合も含めて、一般的に、⑧重要な業務執行を、取締役会の専権事項としている（会362条4項）。

①②について、「重要」であるか否か、あるいは「多額」であるか否かに関して一般的な基準は存在し得ず、各会社の規模、事業の性質、業務及び財産の状況などを総合的に考慮して判断される（「重要な財産の処分〔会362条4項1号〕」に該当するか否かに関する判例として、最判平6・1・20民集48・1・1会社百選64）。

それらの専権事項の決定を、会社が定款をもって株主総会の権限として定めることは可能である（会295条2項）。

ⅱ 個別法定事項と決議事項とし得る事項　　以上に対して、個別に法定された取締役会の決議事項*は、明文でそれが認められている場合（会139条1項但書・140条5項但書・169条2項但書・265条1項但書）を除いて、定款によってもそれらの事項を株主総会の決議事項にすることはできない（但し、株主総会決議〔会165条3項・364条〕又は定款〔会366条1項但書〕による定めが同時に認められている場合もある）。また、法律上株主総会の決議が必要とされている事項については、それを取締役会その他の会社機関の決議事項にすることができないが（会295条3項）、一定の事項に関しては、株主総会の決議又は定款の定めにより、取締役会の決議事項にすることが明文で認められている**。

* **個別に法定されている取締役会の決議事項**　　次のものがある。①譲渡制限株式（会2条17号）についての譲渡の承認又は不承認（会139条1項・140条5項）、②子会社からの自己株式の取得（会163条）、③市場取引等による自己株式の取得（会165条3項）、④会社が取得する取得条項付株式の決定（会169条2項）、⑤自己株式の消却（会178条2項）、⑥特別支配株主による株式等売渡請求の承認（会179条の3第3項）、⑦特別支配株主による株式等売渡請求の撤回の承認（会179条の6第2項）、⑧株式分割（会183条2項）、⑨単元株式数の減少又はその定めの廃止（会195条1項）、⑩所在不明株主の株式の買取り（会197条4項）、⑨募集株式の発行・処分に関する募集事項の決定（会201条1項・202条3項3号）、⑩新株予約権の発行に関する募集事項の決定（会240条1項・241条3項3号）、⑩譲渡制限新株予約権の取得の承認（会265条1項）、⑩株主総会招集事項の決定（会298条4項）、⑩取締役による競業取引と利益相反取引の承認（会356条1項）、⑩代表取締役の選定と解職（会362条2項3号・3項・399条の13第1項3号・3項）、⑥業務担当取締役の選定（会363条1項2号）、⑩監査役と委員会が設置されていない会社における会社・取締役間の訴訟についての会社代表者の決定（会364条）、⑪取締役会招集権者の定め（会366条1項但書）、⑫特別取締役による議決の定め（会373条1項）、⑬監査等委員会設置会社・監査等委員間の訴訟についての会社代表者の決定（会399条の7第1項1号）、⑭委員会を構成する取締役（委員）の選定と解職（会400条2項・401条1項）、⑮執行役の選任・解任（会402条2項・403条1項）、⑯指名委員会等設置会社・監査委員間の訴訟についての会社代表者の決定（会408条1項1号）、⑰執行役による競業取引と利益相反取引の承認（会419条2項・356条2項）、⑱代表執行役の選定・解職（会420条1項前段・2項）、⑲定款の定めにもとづく取締役等の責任制限（会426条1項）、⑲計算書類・事業報告・附属明細書の承認（会436条3項）、⑳臨時計算書類の承認（会441条3項）、㉑連結計算書類の承認（会444条5項）、㉒株式の発行と同時になされる資本金額・準備金額の減少（会447条3項・448条3項）。

** **取締役会決議事項にできる事項**　　①種類株式の内容（会108条3項、会施規20条）、②非公開会社における募集株式の発行・処分に関する募集事項の決定（会200条1項・202条3項2号）、③非公開会社における新株予約権発行に関する募集事項の決定（会239条1項・241条3項2号）、④中間配当（会454条5項）、⑤剰余金の配当等（会459条1項）がある。

【内部統制システムの構築】
　ⅰ　意義・沿革　　株式会社の業務執行は、取締役会の決定にもとづいて代表取締役（及び業務担当取締役）が多数の使用人（従業員）を指揮して行うことになるので、取締役会は、会社の業務内容そのものの決定だけではなく、同時に、業務執行が多数の使用人を介して適正に行われるようにするための体制＝「内部統制システム」を整備することが求められる。
　この「内部統制システム」は、当初、財務報告の信頼性を確保する前提として求められたことに始まって、その後、経営者による使用人の業務効率性・有効性・法令遵守（コンプライアンス）の監視システムとして理解され、さらに、経営者自身を監督する体制を含む経営者による監督体制として理解されるようになった。
　わが国では、大和銀行事件判決（大阪地判平12・9・20判時1721号3頁）が、内部統制システムの構築義務を取締役に認めて、それに違反したことを理由に取締役に巨額の損害賠償責任を課したことから特に注目されるようになった。会社法制現代化においては、内部統制システム構築義務の規定化の方向が要綱案から加わり、平成17年会社法制定を通じて整備され、平成26年改正で企業集団の業務の適正を確保する体制としても整備された。
　ⅱ　内　容　　会社法は、取締役会（取締役会非設置会社では取締役の過半数）が決定し、取締役に委ねることはできない決定事項として、「取締役（又は執行役）の職務の執行が法令及び定款に適合することを確保するための体制その他株式会社の業務並びに当該株式会社及びその子会社からなる企業集団の業務の適正を確保するために必要な体制の整備」を掲げる（会348条3項4号・362条4項6号・399条の13第1項1号ハ・416条1項1号ホ）。
　具体的には、①取締役の職務の執行にかかる情報の保存及び管理に関する体制、②損失の危険の管理に関する規程その他の体制、③取締役の職務の執行が効率的に行われることを確保するための体制、④使用人の職務の執行が法令及び定款に適合することを確保するための体制、⑤当該株式会社並びにその親会社及び子会社からなる企業集団における業務の適正を確保するための体制である（会施規98条1項・100条1項・110条の4第2項・112条2項）。最後の⑤については、イ.当該株式会社の子会社の取締役、執行役、業務を執行する社員、法人社員の場合の職務執行者（会598条1項）その他これらの者に相当する者（ハ及びニにおいて「取締役等」という）の職務の執行に係る事項の当該株式会社への報告に関する体制、ロ.当該株式会社の子会社の損失の危険の管理に関する規程その他の体制、ハ.当該株式会社の子会社の取締役等の職務の執行が効率的に行われることを確保するための体制、ニ.当該株式会社の子会社の取締役等及び使用人の職務の執行が法令及び定款に適合することを確保するための体制等である（会施規100条1項5号）。
　取締役会非設置会社で取締役が2人以上ある株式会社である場合には、業務の決定が適正に行われることを確保するための体制を含む（会施規98条2項）。
　監査役が置かれている会社（監査役の監査の範囲を会計に関するものに限定する旨の定款の定めがある株式会社を含む）では、監査役（監査等委員会設置会社では監査等委員会、指名委員会等設置会社では監査委員会）の監査体制にかかわる事項も、会社業務の適正を確保するために必要な体制として掲げられている（会施規98条4項・100条3項・110条の4第1項・112条1項）。具体的には、①当該監査役設置会社の監査役がその職務を補助すべき使用人を置くことを求めた場合における当該使用人に関する事項、②上記使用人の当該監査役設置会社の取締役からの独立性に関する事項、③当該監査役設置会社の監査役の第一号の使用人に対する指示の実効性の確保に関する事項、④当該監査役設置会社の監査役への報告に関する体制（イ.当該監査役設置会社の取締役及び会計参与並びに使用人が当該監査役設置会社の監査役に報告をするための体制、ロ.当該監査役設置会社の子会社の取締役、会計参与、監査役、執行役、業務を執行する社員、法人社員の場合の職務執行者（会598条1項）その他これらの者に相当する者及び使用人又はこれらの者から報告を受けた者が当該監査役設置会社の監査役に報告をするための体制等）、⑤上記報告をした者が当該報告をしたことを理由として不利な取扱いを受けないことを確保するための体制、⑥当該監査役設置会社の監査役の職務の執行について生ずる費用の前払又は償還の手続その他の当該職務の執行について生ずる費用又は債務の処理に係る方針に関する事項、⑦その他当該監査役設置会社の監査役の監査が実効的に行われることを確保するための体制等である（会施規100条3項1号～7号）。
　監査役設置会社以外の株式会社である場合には、上記①～⑦に代えて、取締役が株主に報告すべき事項の報告をするための体制を含む（会施規98条3項）。
　ⅲ　決定の方法と程度　　以上の業務の適正を確保する体制の整備（内部統制システムの

構築)に関しては、監査等委員会設置会社・指名委員会等設置会社・それ以外の大会社にあたる株式会社では、個々の取締役に決定を委ねることができず、取締役会が(取締役会非設置会社では取締役の過半数で)決定することが義務づけられている(会348条4項・362条5項・399条の13第2項・416条2項)。決議すべき事項はそれらの体制の整備に関する事項であるから、目標の設定、目標達成のために必要な内部組織及び権限、内部組織間の連絡方法、是正すべき事実が生じた場合の是正方法等に関する重要な事項(要綱・大綱)を決定すれば足り、その細目的事項まで取締役会で決議する必要ない。また、整備そのものについての決定であるから、「内部統制システムを設けない」という決定であっても、決定義務との関係では一応果たされている(相澤他・論点解説334～335頁)。しかし、取締役が会社の性質や規模に応じた内部統制システムを整備していない場合には、別途、善管注意義務違反として任務懈怠責任(会423条1項)を問われる可能性がある(最判平21・7・9判時2055・147会社百選54)。

　ⅳ　開　示　会社は、大会社か否かを問わず、内部統制システムの整備について取締役会で決定した場合、その内容の概要及びその体制の運用状況の概要を事業報告に記載しなければならない(会435条2項、会施規118条2号)。業務監査権限をもつ監査役(監査役会・監査等委員会・監査委員会)は、事業報告書における記載を監査して、内容が相当でないと認めるときはその旨と理由を監査報告に記載しなければならない(会436条1項・2項2号、会施規129条1項5号・130条2項2号・130条の2第1項2号・131条1項2号)。従来は、事業報告に記載すべき内容が内部統制システムの整備の点のみであったが、平成26年会社法改正により、その「運用状況の概要」についても報告を要することになった。このことから、内部統制システムは単に整備・策定すれば足りるのではなく、日常の業務の中で具体的かつ適切に運用する必要があることが法令上も明らかになったと解される(アドバンス会社法461頁)。立案担当者によれば、体制の整備についての決定又は決議の内容を「内部統制システムの基本方針」と呼ぶとすれば、それに続いて、基本方針にもとづいた具体的なシステムの構築(部門設置・規程整備)、システムの日々の運用、運用状況を踏まえた基本方針や具体的システムの見直しというサイクルでの整備と稼働が想定されるとして、そのなかで運用状況の概要の記載を意義付けられている(坂本他・平26省令解説19頁)。

2）業務執行の監督

　会社業務は、原則として取締役会が決定し、決定された会社業務を、代表取締役又は業務担当取締役が実際に執行し、それら代表取締役又は業務担当取締役の指揮のもとに会社の使用人(従業員)を介して行われるので、取締役会は、同時に、そのように行われる業務執行が自らの決定に従って会社の利益のために適正になされているかどうかを「監督」する(会362条2項2号)。取締役会は「内部統制システム」の体制が会社の業務執行の一環として実際に整備されているのかどうかも監督すべきことになる。

　取締役会は、代表取締役又は業務担当取締役による業務執行の内容又は体制に問題があると判断した場合には、その是正を求めなければならない。その是正が図られない場合、あるいは業務執行を委ねることが適切ではないと判断した場合には、最終的には、当該の代表取締役又は業務担当取締役の解職(会362条2項3号)を決議することになる。　会社業務を執行する代表取締役及び業務担当取締役は、取締役会による監督を受けるために、自己の業務執行の状況を、少なくとも3か月に1回は、取締役会に報告しなければならない(会363条2項)。

　代表取締役や業務担当取締役ではない取締役も、会社の業務執行に問題を発見し、取締役会の開催が必要であると判断した場合には、取締役会の招集を招集権者に請求し又は自ら招集して、その事実を取締役会において指摘しなければならない(取締役会構成員としての職務・監視義務)。

業務監査権限をもつ監査役が置かれている限り、監査役も職務として取締役会に出席しなければならず、取締役会は監査役からも業務執行上の問題について指摘を受ける（会383条1項）。特に、取締役が不正の行為をしもしくはするおそれがあり、又は法令・定款違反の事実もしくは著しく不当な事実がある場合には、監査役は、遅滞なくその旨を取締役会に報告しなければならず（会382条）、そのような場合、取締役会の開催まで待つことが適切ではないときは、監査役は取締役会の招集を招集権者に請求し又は自ら招集しなければならない（会383条2項〜4項）。

（3）招　集

　取締役会という会議体は、必要に応じて、招集権者による各取締役（監査役設置会社では監査役も含む）に対する招集手続を経て開催される（会368条1項）。取締役及び監査役の全員の同意がある場合は、招集手続を省略することもできる（会368条2項）。

　招集権者は、原則として、各取締役である（会366条1項）。定款又は取締役会で招集権を持つ取締役を限定することもできるが（同条項但書）、その場合であっても、他の取締役は法定の手続により、取締役会の招集を請求でき、また、自ら招集することもできる（会366条2項3項）。また、監査役も、前述のように、一定の場合に、取締役会の招集を請求でき、自ら請求できる（会383条2項〜4項）。株主も、監査役設置会社・指名委員会等設置会社・監査等委員会設置会社を除き、一定の場合に取締役会を招集することが認められている（会367条）。

　招集通知は、取締役会の1週間前までに発せられる必要があるが（会368条1項〔定款で短縮が可能〕）、通知方法に制限はない。取締役会において決議できる事項は、取締役会の機能に照らして、招集通知に記載された議題に限定されない（名古屋高判平21・1・19金判1087・18、福原紀彦「取締役会の決議」加美和照（編著）『取締役の権限と責任』中央経済社（2001年）87頁以下）。

（4）議　事

　取締役会の議事については、法令上の規定はなく、定款のほか取締役会規程等の内部規則及び慣行に従う。

　取締役会は、取締役相互の協議により、その知識と経験の結集を図ろうとするものであり、各取締役はその個性にもとづいて選任されているので、代理出席は認められない。また、会議を開かない持回り決議や個別同意による決定は取締役会の決議としての効力を有しないと解されてきたが、機動的な企業経営を実現する措置として、後述するような決議・報告の省略が一部認められ、また、情報通信手段の発達に応じた扱いも認められている*。

　　＊**取締役会運営の電子化**　　取締役会への出席方法については、テレビ会議方式や電話会議方式であっても、現に会議が開催され、かつ出席者間において、現実に一同に会する場合と同様の意思疎通が可能である場合など、一定の要件を満たす場合には、取締役会への出席方法として認める扱いがなされていた（平成14年12月18日法務省民商3044号民事局商事課長回答）。そして、会社法制定に伴う規則整備においては、取締役会議事録の内容

の一つに、「取締役会が開催された日時及び場所(当該場所に存しない取締役、執行役、・・・又は株主が取締役会に出席した場合における当該出席方法を含む)」と表現され(会規101条3項1号)、遠隔会議システム等による取締役会への出席方法の許容を前提にした規定が設けられた。情報伝達の双方向性及び即時性が確保される等の一定の要件を満たす限りにおいて、インターネットによるチャット方式についても同様とする見解もある(相澤他・論点解説362頁)。その他、書面・電磁的記録による取締役会の「みなし決議」の要件としての同意の方法として、書面のみならず電磁的記録を利用することが認められている(下記本文参照、会370条)。

(5) 決　議
1) 決議要件
　取締役会の決議は、議決に加わることができる取締役の過半数が出席し、その過半数をもって行う(会369条1項)。この要件は、定款で加重できるが、軽減することはできない。

2) 決議の省略
　取締役会設置会社は、定款の定めにより、取締役が取締役会の決議の目的である事項について提案をした場合において、①当該提案につき取締役(当該事項について議決に加わることができる者に限る)の全員が書面又は電磁的記録により同意の意思表示をしたとき、②監査役設置会社では(すなわち、業務監査権限のある監査役がいるときは)、各監査役が当該提案について異議を述べない場合には、当該提案を可決する旨の取締役会の決議があったものとみなすことができる(書面決議・みなし決議、会370条)。

　なお、株主全員(一人会社の場合には一人株主)が取締役会の法定権限事項に同意している場合には、株主の利益保護に欠けるところがなく、取締役会決議を欠く行為が有効と解される場合もある(一人株主が行った譲渡制限株式の譲渡の承認につき、最判平5・3・30民集47・4・3439会社百選18、取締役の利益相反取引の承認につき、最判昭44・9・26民集28・6・1306)。

3) 報告の省略
　取締役、会計参与、監査役又は会計監査人が取締役(監査役設置会社にあっては取締役及び監査役)の全員に対して取締役会に報告すべき事項を通知したときは、当該事項を取締役会へ報告することを要しない(会372条1項。議事録への記載は必要〔会施規101条4項〕)。但し、業務執行の監督のため、取締役会設置会社の代表取締役・業務執行取締役、指名委員会等設置会社の執行役による職務執行状況の取締役会での報告(会363条2項。最低3か月に1回以上)は、省略することはできない(同条2項3項)。

　監査役会及び委員会設置会社の各委員会については決議の省略は認められないが、報告事項については、監査役会に対する報告事項については監査役の全員、委員会に対する報告事項については委員の全員に対して報告事項を通知したときは、監査役又は委員会に対する報告を、それぞれ省略できる(会395条・414条)。

4) 議決権
　取締役は1人につき1個の議決権を有し、その議決権を他人に委任にして代理行

使することはできない（取締役は個人の資質と能力にもとづき選任されていることによる）。

　取締役会決議の公正を期すために、決議につき特別利害関係を有する取締役（特別利害関係人）は、決議に参加できず（会369条2項）、定足数と多数決の要件の関係でも取締役の人数から除外される。どのような場合に取締役が取締役会決議において特別利害関係人に該当するかについては、規定がなく、その範囲は解釈に委ねられている。制度の趣旨から一般的には、当該決議につき取締役としての任務を遂行することが困難と認められる個人的利害関係を有する場合というほかなく、各場合に具体的・客観的な判断が必要となる*。

　　* **特別利害関係人の範囲**　　取締役会が競業取引又は利益相反取引を承認（会365条1項・356条）する際の当該の取締役、譲渡制限株式の取得を取締役会が承認（会139条1項）する際の譲渡の当事者になっている取締役、取締役・会社間の訴訟に関する会社の代表者を選任（会364条）する際の相手方である取締役は、いずれも特別利害関係人に当たると解される。
　　代表取締役選任決議における候補者は特別利害関係人に該当しないと解されるが、解任決議の場合の対象たる代表取締役については見解が対立している。判例は、特別利害関係人に該当すると解しており（最判昭44・3・28民集23・3・645会社百選66）、多数説も、代表取締役の解任は、本人にとっては社会的経済的に重要な個人的利害関係があり、忠実義務にしたがってもっぱら会社の利益のためにだけ議決権を行使することを期待するのは困難であり、公正な決議を期待できないことを理由に、判例の立場を支持している。反対説は、代表取締役のポストの争奪は会社支配権争奪の一環でもあり、取締役及びその背後にある株主の勢力関係を反映せざるを得ないものであるから、ある者が代表取締役として適任か否かの判断は忠実義務以前の問題であると解し、代表取締役の解任は会社の利益と取締役の利益とが衝突する場面ではないと主張する。この反対説は、社会的現実認識にもとづき、当該代表取締役の議決権行使を認める積極的理由を示している点で説得力があるが、代表取締役解任案件が、支配権争奪の場合だけでなく、不正・違法な業務執行を理由にしても提案されることを考慮するならば、判例・多数説の結論を支持してよい（福原・前掲稿90頁）。
　　定款又は株主総会で定められた取締役の報酬総額を各取締役に配分することを取締役会で決定する場合についても見解が分かれている。取締役会が取締役全員の報酬を一度に決定する場合には、全員が特別利害関係人となるから多数決をなし得ず全員の同意を必要とし、各取締役の報酬を個別に決定する場合には、当該取締役を特別利害関係人として排除した上で決するべきとの見解がある。しかし、その決定は取締役全員の共通事項に関し、すでに総会で報酬総額を定めて承認したことによって会社との利害対立の問題が解消されていると解する以上（会社法361条の解釈）、各取締役への配分いかんによって会社の利益を害することはなく特別利害関係人の問題とする必要はないと考えられる。

5）議事録

　取締役会の議事については議事録の作成を要し、出席者は、これに署名することを要する（会369条3項4項）。取締役会議事録は、10年間本店に備え置くことが必要とされており（会371条1項）、一定の条件の下に、株主等に公開される。①株主は、その権利行使に必要があるときは、裁判所の許可を得て（監査役設置会社又は委員会設置会社以外の会社の株主は裁判所の許可不要）、②会社債権者は、役員又は執行役の責任を追及するために必要があるときは、裁判所の許可を得て、③親会社社員は、その権利行使に必要があるときは、裁判所の許可を得て、それぞれ議事録の閲覧又は謄写を請求することができる（会371条2項～5項）。裁判所は、当該会社・その親会社・その子会社に著しい損害を及ぼすおそれがあると認めるときは、許可をする

ことができない（会371条6項）。

なお、取締役会に参加して議事録に異議を留めていない取締役は、その決議に賛成したものと推定される（会369条5項）。

6）決議の瑕疵

取締役会決議の手続又は内容に瑕疵がある場合は、株主総会の場合とは異なり、当然に無効となり、いつでも誰でもどのような方法によっても、その無効を主張することができる*。抗弁によって主張することもでき、必要であれば、取締役会無効確認の訴え又は不存在確認の訴えを提起することができる（通説。決議不存在を認めた裁判例として、東京地判平22・6・24判時2090・137）。

* **一部の招集通知を欠く取締役会決議の効力**　一部の取締役に対し招集通知漏れがあった場合について、判例によれば、その取締役が出席しても決議の結果に影響がないと認めるべき特段の事情があるときは、その瑕疵は決議の効力に影響がないものと解される（最判昭44・12・2民集23・12・2396会社百選66）。しかし、取締役会制度の趣旨からは、取締役全員に意見陳述の機会を与えるべきであり、招集通知漏れで欠席した取締役を除外しても計数上表決数を満たしているとの理由だけでは決議の結果に影響しないとはいえない。1人の取締役の説得的発言が他の取締役の議決権行使に影響を及ぼす可能性があり、その影響の程度を推量するのは困難だからである。判例にいう「特段の事情」は限定的に解されるべきである（鳥山＝福原他・139頁）。

監査役（業務監査権限のない監査役を除く）に対する招集通知漏れがあった場合は、監査役の業務監査権限を補助する取締役会出席権・意見陳述権（会）の趣旨から、通知漏れゆえに監査役欠席のもとでなされた決議は、決議の結果に対する影響の有無を問わず無効と解される。但し、その通知漏れの監査役が出席し異議を述べなかったときは、招集通知の瑕疵は治癒されると解してよい。

（6）特別取締役の制度

会社法では、平成14年商法改正で導入された重要財産委員会制度が、機動性を確保して利用可能性を高めるため、取締役会設置会社（委員会設置会社を除く）において、会社を限定せずに、取締役会の決議要件の特則である「特別取締役」の制度として整備された。

すなわち、取締役会設置会社（委員会設置会社を除く）においては、重要財産の処分・譲受けや多額の借財についての取締役会の決議について（会362条4項1号2号）、取締役会があらかじめ選定した3人以上の取締役（特別取締役）のうち議決に加わることができるものの過半数（これを上回る割合を取締役会で定めた場合にはその割合以上）が出席し、その過半数（これを上回る割合を取締役会で定めた場合にはその割合以上）をもって行うことができる旨を定款で定めることができる（会373条1項）。この特別取締役による取締役会決議には、全員の同意による決議の省略（書面決議）は認められない（同条4項）。

特別取締役を選定できる株式会社は、取締役会設置会社（委員会設置会社を除く）であって、①取締役の数が6人以上であること、②取締役のうち一人以上が社外取締役であることを要する（同条1項1号2号）。

監査役は、取締役会に出席し、必要があると認めるときは意見を述べなければならないが、監査役が複数いる場合において、特別取締役による議決の定めがあるとき

は、監査役の互選によって、監査役の中から特に当該特別取締役による取締役会に出席する監査役を定めることができ、その定められた監査役以外の監査役は当該取締役会に出席しなくてもよい（会383条1項）。

4 代表取締役

(1) 意義・選任・終任

代表取締役とは、株式会社を「代表」する取締役である（会47条1項括弧書）。会社法は、代表取締役その他株式会社を代表する者を定めた場合（会349条3項）を除き、取締役は会社を代表することとしているため（同条1項）、取締役会非設置会社では、原則として各取締役が代表取締役に該当する。但し、特に代表取締役を定めた場合（会349条3項）、又は、取締役会設置会社において、代表取締役（指名委員会等設置会社では代表執行役）が選定された場合（会362条2項3号・420条）等には、各取締役は代表権を有しないことになる。

取締役会設置会社では（指名委員会等設置会社は除く）、代表取締役が、取締役会の決議をもって、取締役のなかから「選定」されなければならない（会362条2項3号・3項）。業務担当取締役も、取締役会の決議により取締役のなかから選定される（会363条1項2号）。株式会社においては、対外業務と対内業務の執行権限をもつ1人の代表取締役（会363条1項1号・47条1項）の選定だけが法律上義務づけられている（会362条3項）。それに加えて、取締役会は任意に（定款で上限又は下限を設けるなどして）、複数人の代表取締役及び1人又は複数人の業務担当取締役（会363条1項2号）を選定することができる。

代表取締役と業務担当取締役は、取締役の地位にあることが前提になるので、取締役の任期（会332条）の満了、株主総会による解任（会339条1項）、その他の事由によりその者が取締役の地位を失えば、代表取締役又は業務担当取締役も当然に終任になる。

また、取締役会はその決議によって、いつでも代表取締役又は業務担当取締役を「解職」することができる（会362条2項3号）。この場合に解職された者は取締役の地位を維持する。代表取締役又は業務担当取締役が、取締役の地位は維持しながら、代表取締役又は業務担当取締役の地位だけを辞任（民651条1項）することも可能である。

(2) 権　限
1) 代表権
ⅰ　意義・方式　　代表取締役は、株主総会又は取締役会の決議にもとづいて、会社の業務執行自体を行い、かつ、会社を代表する権限（会社に対外的法律効果を帰属させる権限）を有する。株式会社の代表行為は、その法律効果の帰属先となる会社の名称（商号）と行為者の代表資格（代表取締役）とを示し、代表取締役が署名又は記名押印することによって行われている（会社の実印は設立登記時に届ける）。

ⅱ　**包括定型性・不可制限性**　代表取締役の代表権は、会社の業務に関する一切の裁判上及び裁判外の行為に及び（包括定型性、会349条4項）、会社は、この内容に制限を加えたとしても、その制限を知らない善意の第三者に対抗することができない（不可制限性、会349条5項）。なお、共同代表取締役・共同代表執行役・共同支配人の各制度は、会社法によって廃止された。

ⅲ　**代表権の濫用**　客観的に代表取締役の代表権限の範囲内である限り、代表取締役が主観的には自己又は第三者の利益を図るために行った会社代表行為（権限濫用行為）について、その効力は会社に帰属せざるを得ない（客観性）。判例は、民法93条但書を類推適用して、相手方が代表取締役の真意を知り又は知り得べきであったときは、その法律行為は効力を生じないと判示している（最判昭38・9・5民集17・8・909、最判昭51・11・26判時839・111）。しかし、代表取締役が効果を会社に帰属させる意思で行った代表行為は有効に成立するので、相手方から会社への請求は、権利濫用又は信義則違反に当たる場合に限り、会社は拒むことができると解される（鳥山＝福原他・149頁）。

ⅳ　**不法行為**　代表取締役その他株式会社を代表する者がその職務を行うについて第三者に損害を加えたときは、会社も損害賠償責任（不法行為責任）を負う（会350条）。

ⅴ　**会社・取締役間の訴訟**　会社と取締役間の訴訟については、訴訟の公正を期すため、例外的に代表取締役には代表権はなく、別途の規定が設けられている。すなわち、この場合に会社を代表する者は、株主総会で定める（会353条・364条、取締役会設置会社では株主総会で定めた場合を除き取締役会で定めることができる）。但し、監査役設置会社では監査役が会社を代表し（会386条）、監査等委員会設置会社では監査等委員会が選定する監査等委員又は取締役会が定める者等が会社を代表し（会399条の7）、指名委員会等設置会社では監査委員会が選定する監査委員又は取締役会が定める者等が会社を代表する（会408条）。

2）業務執行権限

代表取締役には、対外的な業務執行である「代表」の権限だけではなく、対内的な業務執行の権限も付与されている（会363条1項1号）。業務担当取締役は、会社の代表権を持たず、対内業務の執行権限だけが付与されている（会363条1項2号）。取締役会は、重要ではない業務執行とりわけ日常的な業務執行に関して、その決定の権限を代表取締役及び業務担当取締役に授権することが認められ（会362条4項参照）、代表取締役及び業務担当取締役は、日常業務など取締役会から委譲された事項について、決定し執行する。

【取締役会と代表取締役との関係】

昭和25年改正商法において取締役会制度が株式会社の必置機関として導入され、業務執行の必置機関である代表取締役が取締役会で選定されることになって以来、その機関構造において取締役会と代表取締役とはどのような関係にあるのかをめぐり、理論上の対立がある。通説は、業務執行の意思決定機関が取締役会であり、その決定された意思を対外的に表明し実行する業務執行機関が代表取締役であり、両者は並列する機関であると解している（並列的機関説）。但し、この見解でも取締役会の意思決定権限は、法律又は定款で取締役会で決定すべきことが定められている場合には代表取締役に委任できないが、その他の事項については、取

締役会の規則又は決議により代表取締役に委任でき、日常業務に関する意思決定権限は選定時に委任されているものと推定される。これに対して、別の見解では、代表取締役は業務執行全般の権限を有する取締役会から派生した機関であると理解し(派生的機関説)、そうすると代表取締役は業務執行に関する意思決定権限を当然に有していることになり、法律・定款又は規則・決議によって定められた範囲で制限を受けることになる。

では、代表取締役の選定解職を定款で株主総会の権限とすることができるだろうか。並列的機関説に拠れば理論上円滑に肯定できる。他方で、取締役会制度のもとで取締役会の監督権限がある以上は、取締役会にこそ代表取締役の選定解職の権限が保持されるべきことから、否定説も有力である(大隅=今井・会社法論中巻209頁、柴田・詳解205頁)。解職権が株主総会に属すると定められても直ちに取締役会の監督権限が失われるわけではないので、当該定款を無効とするまでもないと解される(江頭・株式会社法316頁)。

(3) 定款や決議にもとづかない代表取締役の行為の効力

定款所定の会社の目的の範囲を逸脱する代表取締役の行為の効力については、会社の権利能力の範囲と関連して、問題となる(本書3.2.2.の3(1)参照)。

前提となる決議を欠く代表取締役の行為の効力については(瑕疵があり無効な決議にもとづく代表取締役の行為の効力についても同様)、会社法上に規定がなく、理論によって解決せざるを得ない。一般に、それらの行為の効力は、すべて無効というわけではなく、その決議を要求することにより守られるべき会社の利益と、その行為を有効な会社代表行為と信頼した第三者の利益とを比較衡量して決せられる*。

* **前提となる決議を欠く代表取締役の行為の効力** 具体的場面では、決議及び行為の性質についての理解の相違によって見解が分かれる。

　ⅰ **株主総会決議を欠く場合** 法令により株主総会決議事項とされている場合は、会社にとって重要であり、第三者は決議事項であることを知るべきであることから、有効な決議にもとづかないでなされた代表取締役の行為は原則として無効である。事業譲渡(会467条)の場合には、株主総会の決議事項に該当するかどうか譲受人には判別し難いことから、譲受人が決議事項であることにつき悪意であることを会社が立証し得たときに限り、会社から無効を主張できると解される(東京高判昭53・5・24判タ368・248、譲渡人の無効主張を信義則上認められないとした判例として、最判昭61・9・11判時1215・125会社百選6)。公開会社において、株主総会決議を経ずに行われた特に有利な金額・条件での募集株式の発行等や新株予約権の発行は、迅速な資金調達が取引の安全を確保することで可能となることから(弥永・リーガルマインド会社法191頁)、有効と解される(最判昭46・7・16判時641・97)。

　ⅱ **取締役会決議を欠く場合** 取引の安全を顧慮する必要がない会社の純粋な内部事項(単純な準備金の資本組入等)については、取締役会決議が無効なことにより、その代表取締役の行為も無効となる。代表取締役や支配人の選任については、取締役会決議が効力要件であるから、決議の無効により選任行為も無効となるが、それらの者が会社を代表・代理してなした行為の相手方は、不実登記の効力に関する規定(会908条1項)、表見代表取締役や表見支配人の規定(会354条・13条)によって保護される。株主総会の招集については、会社の内部事項ではあるが、代表取締役により招集された以上、招集についての取締役会決議が無効であっても当然に無効とはならず、招集手続違反として株主総会決議の取消原因になるにすぎない。会社・取締役間の利益相反取引(会356条1項)については、取締役会の承認決議がなければ原則として無効であるが、会社は、その無効を善意の第三者に対抗できないと解される。

社債の発行については、集団的画一的行為としての取引安全保護の要請が強いので、有効と解される。新株発行については、授権資本制度のもとでの資金調達の機動性を重視し、業務執行に準ずる行為と解して、また、代表取締役による株式発行を信頼した株式引受人や会社債権者の利益を考慮して、対外的な新株発行自体の効力には影響がない(多数説、最判昭36・3・31民集15・3・645)。

取締役会決議を経ることを要する対外的取引行為については、取引の安全が強く要請されるので、原則として有効と解される。但し、その理論構成について争いがある。判例は、民法93条但書を類推して、相手方が取締役会決議を経ていないことを知り又は知りうべきときに限って無効と解する（心裡留保説、最判昭40・9・22民集19・6・1656会社百選65）。しかし、代表取締役の代表行為自体には内心の効果意思が存在しており、この立場は理論的に妥当でない。また、学説上、取締役会の決議を要することを代表権の制限と解し、このような制限は善意の第三者に対抗できない（会349条4項5項、旧商法261条3項・78条2項は民法54条を準用）とする見解（代表権制限説・内部的制限説）や、権限を超えた行為と解し、民法110条の法理を適用して、会社は善意無過失の相手方に対してのみ責任を負うとする見解（超権代理説）もある。しかし、定款や取締役会規則等の違反についてであればともかく、取締役会の専決事項（会362条4項5項）に違反した場合には理論的に疑問が生じ、また、相手方の保護に無過失まで求めることは酷である。

会社は、取締役会の決議を要する取引であること、及び、決議の欠缺又は決議無効につき、悪意又は重過失の相手方に対しては、信義則違反又は権利濫用を理由に一般悪意の抗弁を対抗できるとの見解（一般悪意の抗弁説）が妥当と考えられる。当該問題の解決のあり方は、株式会社の機関構造、とりわけ取締役会と代表取締役との関係についての本質的理解と深くかかわっており、当該問題において代表取締役の行為を有効と解する理論的前提が改めて検討される必要がある（福原・前掲稿96頁）。

（4）表見代表取締役

代表取締役でなくて、社長・副社長などの株式会社を代表する権限を有するものと認められる名称を付した取締役を「表見代表取締役」という。代表取締役の氏名は登記事項ではあるが（会911条3項14号）、表見代表取締役がした行為については、外観を信頼した者を保護するため、会社は善意の第三者に対して責任を負う（会354条）。この規定は、表見代理（民109条・110条）、表見支配人（商24条、会13条）等の規定と同様に表見法理にもとづき、真実と異なる外観が存在する場合に、外観の作出に帰責性がある者は、外観を信頼した者に外観に従って責任を負うことにして、外観に対する信頼を保護するものである。本規定は、取引安全を図るために設けられているので、訴訟手続には適用がない（最判昭45・12・15民集24・13・2072）。

本規定（会354条）と商業登記の公示力（会908条1項）との関係に関して争いがある（福原・総論123頁参照）。代表取締役の選任と終任は登記事項（会911条3項14号・915条1項）であるが、そのことは、それ以外の取締役（会911条3項13号）に代表権はないという事実にまで公示力（会908条1項）を付与するものではなく、その意味において、代表取締役に関する商業登記の公示力は、表見代表取締役の規定による会社の責任の成立を妨げるものではない（鳥山＝福原他・150頁）。

【表見代表取締役の要件】

権利外観理論の一般的要件に即して、表見代表取締役の要件とその解釈は、次のように整理できる。

ⅰ　**外観の存在**　「会社を代表する権限を有するものと認められる名称」として、法文上は社長と副社長が例示されているが（会354条）、旧来の条文にあった「専務取締役」「常務取締役」も該当することが多く、また、判例は、「代表取締役代行者」も該当するとしている（最判昭44・11・27民集23・11・2301）。また、取締役ではなく使用人が常務取締役の名称を使用して取引をした場合にも、表見代表取締役の規定が類推適用される（最二小判昭35・10・14民集14・12・2499）。

ⅱ　**外観への与因（帰責性）**　表見代表取締役の規定（会354条）によって会社が責任を負うには、会社がそうした名称の使用を明示的又は黙示的になんらかの形で認めていたこと

が必要である。適用が認められた事例として、株式会社の代表取締役が行方不明のため、他の取締役全員により、正式に代表取締役が選任せられるまでの間一時的に、会社の代表権を行使することを承認された取締役が、右承認にもとづき代表権を有するものと認むべき名称を使用してその職務を行った事例（前掲最判昭44・11・27）、代表取締役に通知しないで招集された取締役会において代表取締役に選任された取締役が、この選任決議にもとづき代表取締役としてその職務を行った事例（最判昭56・4・24判時1001・110）がある。

 iii　**外観への信頼（保護事由）**　表見代表取締役の規定（会354条）によって会社の責任を追及できるのは、代表権をもつと認められる名称を信頼し、行為者に代表権がないという事実について善意の第三者でなければならない。善意であることについて軽過失があっても請求は認められるが（最判昭41・11・10民集20・9・1771）、重過失は悪意と同視される（最判昭52・10・14民集31・6・825）。

5　取締役の義務

（1）一般的義務
1）善管注意義務と忠実義務

 会社と取締役の間の法律関係には、委任の規定が適用されるので（会330条）、取締役は職務を行うにあたり、会社に対して善良な管理者の注意義務を負う（善管注意義務、民644条）。また、会社法上、取締役は会社のため忠実にその職務を遂行する義務を負うと定められている（忠実義務、会355条）。両者の義務の関係について、多数説・判例は、忠実義務は民法644条に定める善管注意義務を敷衍し、かつ一層明確にしたにとどまり、善管注意義務とは別個の高度な義務を規定したものではないと解している（同質説、最大判昭45・6・24民集24・6・625会社百選2）。この見解では、忠実義務規定の存在意義は、委任関係に伴う善管注意義務を取締役について強行規定とする点にある（江頭・株式会社法431頁）。

 他方、英米法において、信任関係にもとづいて取締役が負う誠実義務（Fiducialy duty of loyalty）が強調されることを参考にして、忠実義務は、取締役がその地位を利用し、会社利益を犠牲にして自己の利益を図ってはならないという内容を有し、善管注意義務とは異なるものとして理解する見解がある（異質説。この方が取締役の負っている義務が明確になると考えられている〔近藤・最新259頁〕）。

 善管注意義務は受任者が委任者に対して負う義務の程度をいい、これは取締役が会社に対して負う義務の程度にもあてはまり、これを取締役と会社との関係で敷衍し明確にしたものが忠実義務という表現である。義務の内容は委任契約によって具体的に定まるものであるから、忠実義務という一般的表現から直ちに特別の内容の義務を導くことは、大陸法系にあるわが国の伝統的な理解からは難しい。同質説でも、取締役がその地位を利用し、会社利益を犠牲にして自己の利益を図ってはならないという義務は、委任契約の内容として把握できる（同質説でも、利益相反の場面を規律する機能に着目して「忠実義務」と呼ぶ用語法が定着している。山本・考え方188頁。なお、同質説において、忠実義務が善管注意義務のなかに当然に含まれると解する見解がある。青竹・新会社法284頁、三浦・会社法90頁、参照）。

2）経営判断の原則

　事業経営には不測のリスクやコストの発生が不可避であるので、会社に損害が生じた事実から当然に取締役の結果責任を認めると、取締役の経営行動を萎縮させるおそれがある。また、裁判官は経営の専門家ではないので、経営判断の是非を事後的に判定することにも疑問がある。そこで、アメリカ法では、裁判官が取締役の判断を尊重する「経営判断の原則(business judgement rule)」が適用されてきた。わが国でも、この考え方を指摘する裁判例は少なくない（東京地判平5・9・16判時1469・25、東京地判平16・9・28判時1886・111〔そごう事件〕）。

　経営判断の原則を適用した上で、取締役に善管注意義務違反による損害賠償責任（会423条）を認めるには、判断の前提になった事実の認識に重要かつ不注意な誤りがあったか、あるいは、意思決定の過程・内容が経営者として特に不合理・不適切なものであったことを要すると解される（最判平22・7・15判時2091・90〔アパマンショップ事件〕会社百選52、参照）。

　なお、経営判断の原則は、取締役の第三者に対する責任（会429条）についても適用が認められる（東京地判昭55・9・30判タ434・197）。

3）監視義務と内部統制システム構築義務

　代表取締役はもとより、取締役は取締役会構成員としての職務から、他の代表取締役又は取締役の行為が法令・定款を遵守し適法かつ適正になされていることを監視する義務を負う（最判昭48・5・22民集27・5・655会社百選72）。監視義務違反にもとづく責任は、現実に職務を行っていない名目上の取締役にも認められ、また、取締役でないのに取締役就任登記を承諾した者にも会社法908条の解釈を介して認められている（最判昭47・6・15民集26・5・9841商法百選9）。

　また、前述のように、取締役会の決定にもとづいて代表取締役等の業務執行権限を有する取締役は、会社法上、リスク管理体制（内部統制システム）の構築と運用の義務を負い、取締役は代表取締役等がその義務を履行しているかどうかを監視する義務を負うことになる。

（2）競業取引・利益相反取引の制限

1）趣　旨

　取締役は、①自己又は第三者のために会社の事業の部類に属する取引をしようとするとき、②自己又は第三者のために会社と取引をしようとするとき、又は、③会社が取締役の債務を保証するなど、取締役以外の者との間において会社と取締役の利益が相反する取引をしようとするときには、①〜③に該当する取引について、重要な事実を開示し、株主総会（取締役会設置会社では取締役会）の承認を受けなければならない（①競業取引の制限（競業避止義務）、②③利益相反取引の制限、会356条・365条1項）。取締役会設置会社では、当該取引後の取締役会への報告も要する（365条2項）。これらの条文により、取締役が地位を利用し会社の利益を犠牲にして自己の利益を図ってはならないとの義務の内容が明確にされ、その義務履行を確保する措置が定められている。

2）競業取引規制

i　承認を要する行為　取締役会（又は株主総会）の承認を受けることが必要な「株式会社の事業の部類に属する取引」（会356条1号・365条1項）とは、会社が実際に行っている事業又は準備をしている事業である。定款に会社の目的（会27条1号）として記載された事業に限らない。会社の事業の部類に属する取引である限り、実質的な競合関係が将来生じ得れば該当する。

承認が必要な取締役の競業取引は、それが取締役にとって「自己のため」であるか又は「第三者のため」である場合である。自己又は第三者の計算においての意味と解される（通説）。取締役が、競業会社の代表取締役として行為する場合は、第三者のために取引をする場合にあたる。取締役が競業会社の代表取締役に就任する際には、包括的に取締役会（又は株主総会）の承認を受ける場合が多い。取締役が、競業会社の代表権がない取締役に就任する場合には、取締役会の承認を受ける必要はない。但し、その取締役を通して機密情報が競業会社に伝わるなどの事実があれば、その取締役の忠実義務違反による責任が問題になる。

ii　承認・報告　競業取引をする取締役は、重要な事実を開示して取締役会（又は株主総会）の承認を受けなければならない（会356条1項1号・365条1項）。取締役会においては、当該の取締役は利害関係人（会369条2項）にあたるために承認決議に参加することはできない（株主総会の承認決議に関しては会831条1項3号を参照）。また、取締役会設置会社では、競業取引を履行した取締役は、取締役会の承認を受けていたか否かを問わずに、その取引につき重要な事実を取締役会に報告することが義務づけられる（会365条2項）。

iii　承認がない競業取引の効力　競業取引は、本規定に違反して取締役会（又は株主総会）の承認なしになされた場合でも、有効である。会社の不利益回復の措置として法定されていた会社の介入権の制度（平成17年改正前商法264条3項）は、会社法制定時に削除された。

iv　競業取引による責任　取締役が自己又は第三者のために競業取引を行ったことにより、その忠実義務に違反し、会社に損害を与えた場合には、その取締役は会社に対して損害賠償責任を負う（会423条1項2項）。取締役の義務違反は解任の正当事由になる（会339条）。

取締役の競業取引により生じた会社の損害の額の立証は実際には容易ではない。そこで、競業取引による取締役の損害賠償責任の追及を容易にするために、取締役が以上の規定に違反して取締役会（又は株主総会）の承認を得ずに、自己又は第三者のために賤業取引をした場合には、その取引により取締役又は第三者が得た利益の額が会社の損害額であると推定される（会423条2項）。

競業取引が取締役の忠実義務に実質的に違反するか否かは判断が微妙になる場合も考えられる。競業取引に関する以上の規定には、形式的に競業取引の範囲を定めて、そうした取引に関して取締役会（又は株主総会）の承認を受けるという手続を要求することにより、その手続を怠ってなされた行為の違法性を明確にする効果がある。反対に、たとえ取締役会（又は株主総会）の承認を得たとしても、その競業取引の内容又は履行の態様によっては、当該取締役の忠実義務（競業避止義務）違反が

問題になる余地は残されている。そして、取締役会の承認を得てなされた場合には、そうした競業取引の承認決議に賛成した他の取締役（会369条5項参照）の責任が生じる余地もある。

また、競業取引規制の対象にはならないが忠実義務違反となり得る例として、会社が工場用地として土地の購入を検討しているときに、取締役がその土地を購入するというように、取締役が「会社の機会（corporate opportunity）」を奪っている場合や、取締役が影響力を行使して退任後に従業員を引き抜いた場合（東京高判平元・10・26金判835・23）がある。

3）利益相反取引規制

ⅰ **承認を要する取引**　利益相反取引として取締役会（又は株主総会）の承認が必要になる取引には、直接取引と間接取引がある。

まず、取締役が自己又は第三者のために会社と取引をする直接取引の場合がある。これには、取締役が個人として会社と取引をする場合はいうまでもないが、取締役が他社の代表取締役に就任していて、会社が当該他社と取引をする場合でも、その取締役が他社の代表行為をしている限り、承認を要する。但し、取締役による会社への無償の贈与あるいは無利息の貸付け、普通取引約款に従った取引等、会社に損害が生じるおそれが類型的に存在しない行為については、承認を要しない。

直接取引の際に、会社を代表する取締役が当該取引をする取締役と同一人であるかどうかは問題にされていない。両者が同一人である場合には、代表取締役が自ら直接取引を自己のため（自己契約）又は第三者のため（双方代理）に行う場合でも、取締役会（又は株主総会）の承認があれば民法108条の規定は適用されないと定められているが（会356条2項）、取締役会（又は株主総会）の承認がなければ同条の規定も適用されることになる。

次に、直接取引にはあたらない会社と第三者との間の取引であっても、取締役と会社の利益が類型的に対立する間接取引に関しては、昭和56年商法改正以来、承認を要することが明文化されている。例えば、取締役の債務について会社が保証し、物上保証人となり、あるいは債務引受けをする場合である。

ⅱ **承認・報告**　取締役会の承認決議の際には、当該の取締役はいうまでもなく利害関係人にあたり、決議に参加することはできない（会369条2項。株主総会の承認決議に関しては、会831条1項3号参照）。また、直接取引又は間接取引が履行された場合には、取締役会設置会社では取締役会の承認の有無を問わずに、取締役はその取引につき重要な事実を取締役会に報告することが義務づけられる（会365条2項）。

ⅲ **承認がない利益相反取引の効力**　直接取引又は間接取引が本規定に違反して取締役会（又は株主総会）の承認なしになされた場合、取締役会（又は株主総会）の承認を受けていない当該取引は原則として無効である。但し、①間接取引における取引の相手方との関係、及び、②直接取引における第三取得者との関係では、会社はそれら第三者の悪意（取締役会又は株主総会の承認が必要であるという事実とそれにもかかわらず承認を経ていないという事実を知っていること）を主張し立証してはじめて、それらの第三者に対して取引の無効を主張できると解される（①につき、最大判昭43・12・

25民集22・13・3511会社百選58、②につき、最大判昭46・10・13民集25・7・900会社百選57)。

　　iv　利益相反取引による責任　　本条に定める利益相反取引により会社に損害が生じた場合には、取締役(又は株主総会)の承認の有無を問わず、当該取締役は忠実義務違反があれば会社に対し損害賠償責任を負う(過失責任であるが〔会423条1項〕、任務懈怠の推定が働く〔同条3項〕)。但し、自己のために直接取引をした取締役は、任務懈怠が責めに帰することができない事由によるものであったときでも、損害賠償責任を負う(無過失責任、会428条1項)。

　必要な承認なしに利益相反取引がなされれば、その事実(会356条1項・365条1項違反)をもって当該取締役の義務違反が基礎づけられる。必要な承認を得てなされた場合であっても、その承認決議には免責の効果はなく、利益相反取引の内容又は履行の態様によっては、当該取締役の忠実義務違反が問題になる。その場合に取締役会設置会社ではさらに、取締役会の承認決議に賛成した他の取締役(会369条5項)の責任も問題になる。

　利益相反取引に関わる取締役の責任は、総株主の同意がないと免除されない(会424条)。但し、自己のために会社と直接取引を行った取締役の責任を除いて(会428条2項)、それ以外の責任は株主総会の特別決議などによる責任の一部免除(会425条～427条)の対象になり得る。

6　取締役の報酬

(1)　報酬規制の趣旨と構造

　取締役が株式会社から受ける報酬等について、指名委員会等設置会社の場合には報酬委員会で定めるが(会404条3項・409条1項)、その他の会社の場合には、定款又は株主総会で定めることを要する(会361条。その他、監査役の報酬〔387条〕、会計参与の報酬〔379条〕、及び会計監査人の報酬〔399条〕の規定がある)。すなわち、取締役の報酬、賞与その他の職務執行の対価として株式会社から受ける財産上の利益(＝報酬等)に関する一定の事項は、定款に定めていないときは株主総会の決議によって定める。その一定の事項として、①確定額の報酬等の額、②不確定額の報酬等の額の具体的算定方法、③非金銭の報酬等の具体的内容を明示し(会361条1項)、併せて、②又は③の事項を新設・改訂する際には、議案を株主総会に提出した取締役は当該総会において当該議案内容を相当とする理由を説明しなければならない(同条4項)。

　会社と取締役との関係は委任に関する規定に従い(会330条、民643条～656条)、委任契約では受任者は無報酬が原則であるが(民648条1項)、実務上、取締役の任用契約には報酬に関する特約が含まれ、取締役は会社から報酬を受けることが通例となっている。その報酬額は、代表取締役であるか否か、業務執行に携わるか否か、非常勤取締役かにより大きく異なる。親会社の取締役や使用人が子会社の取締役を兼任する場合には、その子会社の取締役としての報酬が無償となることも多い。

　取締役の報酬等に関して規制を設ける趣旨については、その決定が会社の業務

執行機関の権限であることから取締役会で行われると、取締役によって不当に高額な報酬等の設定(いわゆる「お手盛り」)がなされるという弊害が生じるので、その弊害を防止して、高額の報酬が株主の利益を害する危険を排除するためと解するのが多数説・判例である(政策的規定説。江頭・株式会社法447頁、最判平17・2・15判時1890・143、最判昭60・3・26判時1159・150、最判昭39・12・11民集18・10・2143)。これに対し、報酬等の決定は取締役の任用契約に際して取締役の選任権者たる株主総会が本来的に関与すべきことを定めたと解する見解も有力である(非政策的規定説。神田・会社法236頁)。後者の見解でも、お手盛り防止の趣旨を排するものではない。

さらに、会社法361条はお手盛り防止という消極的見地の規制にとどまらず、株主によるコーポレート・ガバナンスの実現という見地から経営者の業績を評価する役割を株主に与えるという積極的意味を有することが指摘され、最近では、取締役報酬規制のあり方を経営者に対する監督とインセンティブ付与の仕組みと捉えられている(伊藤靖史『経営者の報酬の法的規律』有斐閣(2013年)120頁・264頁)。また、本条第4項の存在について、株主が報酬の妥当性を判断できるようにするという立法者の意図が注目されている(近藤・最新268頁)。

【取締役報酬規制の沿革】
　取締役の報酬を定款又は株主総会で定めるべきことのみ規定した条文は、古くレスラー草案にもとづく明治32年制定商法179条に存在し、同規定は昭和13年改正商法により商法269条に移動した。
　平成14年改正商法269条は、新しい報酬の類型に対応して、取締役の報酬を確定額、不確定額及び非金銭の報酬に区分し、それぞれを定款又は株主総会で定めるべきことを規定し、不確定額及び非金銭の報酬の新設・改訂には内容を相当とする理由の開示を求めた。本条は、その規定内容を会社法でも基本的に引き継ぐとともに、規制対象を報酬とだけ規定するのではなく、「報酬、賞与その他の職務執行の対価として株式会社から受ける財産上の利益」と明記した(この表現は、平成17年改正前商法266条7項1号、改正前商法施行規則103条1項10号・107条1項11号の表現を引き継ぐ)。これにより、従来は報酬に含まれないと解される余地のあった賞与やストックオプションが規制対象に含まれることが明確になるとともに、他方で、規制対象が職務執行の対価として受け取るものに限定されることにより解釈論に一定の影響を及ぼすと指摘されている(会社法コンメ(8)150頁〔田中亘〕)。
　平成26年改正会社法では、監査等委員会設置会社制度の創設に伴い、監査等設置会社の取締役の報酬等に関する規定を設け、とくに監査等委員である取締役の地位の独立性を確保するために、監査役と同様の規制を定めた(本条2項3項5項、但し本条6項は監査等委員会設置会社特有の規定である)。

【報酬規制の視点と構造】
　取締役等の会社経営陣の報酬制度は、エージェンシー問題を軽減する仕組みとして機能するとともに、経営陣にとって適切なリスクテイクをしつつ積極的な経営を行うインセンティブとして機能し、また、より優れた経営陣を確保・招聘・維持すること(リテンション)に役立つ(伊藤靖史・前掲書17頁、森・濱田松本法律事務所(編)『コーポレートガバナンスの新しいスタンダード』日本経済新聞社(2015年)50頁)。東京証券取引所で規範化され2015(平成27)年6月に上場会社への適用が開始された「コーポレートガバナンス・コード」では(神田・会社法178頁)、「経営陣の報酬については、中長期的な会社の業績や潜在的リスクを反映させ、健全な企業家精神の発揮に資するようなインセンティブ付けを行うべき」と定められている(同原則4-2)。
　わが国での取締役等の会社経営陣の報酬として、①固定報酬(月額又は年額の金銭報酬)、②短期業績連動報酬(単年度賞与等)、③中長期業績連動型報酬(中長期業績連動型賞与、株式報酬的金銭報酬、株式報酬、ストックオプション報酬等)がある。そして、前記のコーポレー

トガバナンス・コードでは、「経営陣の報酬は、持続的な成長に向けた健全なインセンティブの一つとして機能するよう、中長期的な業績と連動する報酬の割合や、現金報酬と自社株報酬との割合を適切に設定すべき」と定められ（同補充原則4-2①）、適切な報酬の構成割合（報酬ミックス）と水準の設計が求められている。

　取締役等の会社経営陣の報酬制度は、さまざまな法規制に服している。すなわち、①会社法による手続規制、②会社法や金融商品取引法等による開示規制、③法人税法による損金算入規制である。コーポレート・ガバナンスを実践する手段として報酬制度を理解し、平成26年会社法改正によるコーポレート・ガバナンス強化の傾向や、政府の成長戦略に伴う平成28年度税制改正の動向を踏まえると、会社法制定に併せて整備されてきた報酬規制のトライアングル体制は、それぞれの法分野で、また相互の関連において、検討の余地が少なくない。その検討の際には、報酬をめぐる関係者の利害衝突（エージェンシー問題）のあり方やコーポレート・ガバナンスの手法が、上場会社と非公開会社とでは異なることにも留意する必要がある（伊藤靖史・前掲書2頁、新基本法コンメ(2)175頁〔福原〕）。

（2）会社法規制の対象
1）報酬等の意義

　会社法の規制対象は、取締役が、報酬、賞与その他の職務執行の対価として株式会社から受ける財産上の利益であり、会社法361条は、これらを「報酬等」と呼ぶものと解される。取締役の報酬等として本条の規制対象となるかどうかは、取締役が会社から得た利益が、①職務執行の対価として提供されていること、②財産上の利益であること、③会社から出捐されていることを基準にして決定される。

　報酬等は、職務執行の対価として会社から支給される限り名目を問わない。功労金、退職慰労金や弔慰金*も、職務執行の対価として支給される限り、報酬等に含まれる。他方、職務執行の対価ではなく、交通費、日当、交際費等の実費支給の性質を有するものは報酬等にあたらない。なお、実務上は、税務基準により給与とされなければ会社法上も報酬等にあたらないと理解されているが、課税利益有無の税務基準と会社法上の報酬該当性とは必ずしも一致する必要はない（会社法コンメ(8)151頁〔田中亘〕）。

> ＊**退職慰労金・弔慰金**　　終任した取締役に対して支払われる退職慰労金（弔慰金を含む）については、平成14年商法改正前には、退任取締役に支払われるのでお手盛りの危険がないとして報酬に該当しないとする見解があった（鈴木竹雄『商法研究Ⅲ』有斐閣（1971年）124頁、贈与であることを理由に平成14年改正前商法269条の適用を否定する見解として、倉沢康一郎『会社法の論理』中央経済社（1979年）216頁）。しかし、退職慰労金は在職中の職務執行の対価と認められる限りは、報酬等にあたると解される（最判昭39・12・11民集18・10・2143、江頭・株式会社法458頁、神田・会社法237頁）。
>
> 　取締役の退職慰労金は、従業員にも共通に適用される支給規定にもとづいて算出される場合でも、本条の報酬にあたる（最判昭56・5・11判時1009・124）。また、弔慰金も、少額の香典と認められる場合は別として、職務執行の対価と認められる限り報酬にあたる（最判昭48・11・26判時722・94）。なお、近年では、退職慰労金制度を廃止する動きが加速しており、他の形態の報酬に振り替えることが多い。

　本条の規制対象となる報酬等は財産上の利益であるが、現金以外の現物報酬や賞与*のほか、職務執行の期間と経済的利益との関係が明確なものに限らず、インセンティブの目的でのストック・オプション**の付与、福利厚生目的で付与される利益等、およそ取締役としての地位に着目して付与される利益を広く含む（相澤他・論点解

説313頁）＊＊＊。

＊ **賞与** 　賞与については、会社法制定前は、会社が利益があるときに利益分配の一形態として支給される利益処分の方法であるから、平成17年改正前商法269の報酬にはあたらず、その支給は決算期の利益処分議案として同商法283条の株主総会決議を要し、それで足りると解するのが通説であった。しかし、本条は、賞与を職務執行の対価としての性質を有するものとして、通常の報酬と区別せず、同条の規制対象に含まれることを明記した。会社法452条括弧書により、株主総会決議によって行うことができる「剰余金の処分」から「剰余金の配当その他株式会社の財産を処分するもの」が除かれ、かつ、剰余金の配当以外の株式会社の財産を処分するものについては、これを許容する規定は会社法に置かれなかった。したがって、賞与については、剰余金の処分として総会決議を行うことができなくなり、本条所定の決議にもとづいて支給を決定しなければならなくなった（相澤他・新解説105頁・130頁）。

＊＊ **ストック・オプション** 　インセンティブとして会社から発行される新株予約権は、ストック・オプションと呼ばれる。これは、あらかじめ定められた期間内に一定の払込金額で所定の数の株式を取得できることを新株予約権の内容として定めるものである（会2条21号・236条1項）。これが付与された取締役は自社の株価が高くなれば相対的に安価で株式を所得できるので、期間内に会社の業績を向上させて株価を上昇させようというインセンティブが働くことから、これが付与されることは、業績連動型報酬としての性格を有する。

平成17年改正前商法のもとでは、ストック・オプションは新株予約権の有利発行とされ、株主総会の特別決議を要することになっていたので（平成13年法律149号改正後・平成17年改正前商法280ノ21）、ストック・オプションの付与には取締役の報酬としての決議は不要と解されていた（始関正光編著『Q&A平成14年改正』商事法務〔2003年〕）。ところが、会社法のもとでは、ストック・オプションとしての新株予約権は職務執行の対価とされ（会施規114条1項、参照）、会社は公正な評価額を職務執行の費用として計上することが義務づけられた（ストック・オプション等に関する会計基準4〜6）。なお、公開会社では取締役会決議によって可能な場合もある（会240条1項）。そこで、このような新株予約権の付与については、新株予約権の発行規制（会238条〜240条）を要するほか、本条の規制対象となる。

取締役に対し職務執行の対価として新株予約権を付与する方法には、①新株予約権を無償で割り当てることにより、新株予約権そのものを付与する方法（現物構成）と、②新株予約権の評価額を払込金額として定めた上で、取締役に対して当該払込金額と同額の（金銭）報酬請求権を付与し、当該取締役が当該報酬請求権をもって相殺することにより払込み（会246条2項）を行う方法（相殺構成）がある。前者では付与された新株予約権そのものが、後者では報酬請求権が、それぞれ「報酬等」に該当し、将来、新株予約権を行使した際に得られる利益は報酬等には該当しない。

通常、ストック・オプション自体の価格は、その付与時に公正な価格を算定することが可能とされており、この付与は本条の確定額報酬（本条Ⅰ①）かつ非金銭報酬（本条Ⅰ③）と位置づけられ、それらの規制を受ける（相澤他・論点解説314頁、江頭・株式会社法451頁。なお、不確定額報酬としての規制が望ましいとの見解として、神田・会社法237頁）。

＊＊＊ **使用人兼務取締役の使用人給与部分** 　使用人兼務取締役の使用人給与部分については、平成14年商法改正前には、当時の商法269条の報酬にはお手盛り防止の趣旨から使用人の資格で受ける報酬も含まれるとの見解があり（大森忠夫他編『注釈会社法(4)』有斐閣(1968年)532頁〔星川長七〕）、会社法下でも、委員会設置会社において執行役が使用人を兼ねているときは当該使用人分の報酬等の内容についても報酬委員会が決定するとの規定（会404条3項）を参考にしたり、損害賠償責任軽減制度における最低責任限度額の算定では報酬に使用人分を含ませる規定（会425条1項・426条1項・427条1項、会施規113条）を手掛かりに、一体として取締役の報酬等の規制対象にすべきとの見解がある（鳥山恭一・会社法判例百選〔第2版〕128頁、龍田・会社法大要88頁）。しかし、使用人兼務取締役の使用人給与部分は使用人としての職務の対価であって取締役としての職務執行の対価ではないから、取締役の報酬等の規制に服さないとの見解が従来からの判例・多数説である（最判昭60・3・26判時1159・150、江頭・株式会社法449頁、加美・新訂317頁、会社法コンメ(8)159頁

〔田中亘〕、逐条解説(4)470頁〔高橋英治〕)。但し、後者の見解であっても、総会決議に際し対象に使用人分給与が含まれないことを明らかにすべきであり(稲葉威雄・他(編)『実務相談株式会社法(新訂版)3』商事法務研究会(1992年)421頁〔黒木学〕)、公開会社では会社役員に関する事項として事業報告への記載が求められる(会施規119条・121条9号)。

【会社補償と報酬規制】
　取締役が損害賠償責任を追及された場合に、会社が当該損害賠償責任額や争訟費用を補償すること(会社補償)が報酬規制とどのように関係するかが問題となる。取締役が勝訴した場合の争訟費用については、受任者が「委任事務を処理するため自己に過失なく損害を受けたとき」(民法650条3項)にあたり、当然に会社への求償を認める見解が有力であり、この見解では、そもそも報酬規制は及ばず、支出に際して株主総会決議等の特別な手続は不要と解される(会社法コンメ(8)153頁〔田中亘〕)。
　他方、取締役が敗訴した場合については、まず、会社が本条の報酬規制に従って、定款又は株主総会決議にもとづき、争訟費用や賠償額に相当する額を通常の報酬に上乗せして支払うことは可能と解される。この場合、さらに、取締役会設置会社が、本条の報酬規制に従うことなく取締役会決議にもとづいて争訟費用や賠償額を支出することが可能かどうか問題となる。この点について、第三者から責任追及を受けて敗訴した場合には、少なくともそれが取締役の過失によるものである(故意重過失ではない)限り、争訟費用と賠償額のいずれについても、広い意味での職務執行のための費用にあたるとして、会社はこれを取締役会決議にもとづき負担することが可能と解される。他方、株主代表訴訟で敗訴した場合には、争訟費用については、同じく職務執行のための費用にあたるとして、会社は取締役会決議にもとづきこれを負担することは可能と解する余地があるが、賠償額については、役員等の責任免除規定(会424条〜427条)との関係で取締役会決議によって負担することはできないと解される(会社法コンメ(8)153頁〔田中亘〕)。
　同様に、役員賠償責任保険(D&O 保険)の保険料の会社負担が問題となる。基本契約部分の保険料は、費用として会社が負担し、報酬規制によらずとも可能である。株主代表訴訟担保特約(代表訴訟に敗訴した場合における損害賠償金と争訟費用を担保する特約)部分の保険料については、報酬規制によらずに会社が負担できると解する見解もあるが、実務上は役員個人が経済的に負担しており、今後、利益相反の観点から取締役の承認を得て会社が保険料を負担する等の工夫が求められる(会社法コンメ(8)156頁〔田中亘〕)。

(3) 報酬等の決定の内容と方法
　会社法361条により、指名委員会等設置会社以外の会社において、取締役の報酬等につき定款又は株主総会決議により定めなければならないものは、報酬等の3つの形態に応じて定められた事項である。
　i　確定額報酬　報酬等のうち額が確定しているもの(確定額報酬)については、その額である(本条1項1号)。「額が確定しているもの」とは上限額が定まっているものをいう。この場合、取締役の個人別の報酬額を定めることもできるが、実務上は、個人別の報酬額が明らかになることを避けるために、株主総会決議では取締役全員の報酬総額の最高限度額のみを定め、その枠内で各取締役に対する配分を取締役会(取締役会設置会社以外の会社では取締役の過半数)の決定に委ねることが多く、この「総額枠方式」による取り扱いは、高額報酬により株主利益を害する危険を排除する本条の趣旨を踏まえつつ実務の事情を配慮して、判例・学説によっても許容されている(最判昭60・3・26判時1159・150、大判昭7・6・10民集11・1365、江頭・株式会社法447頁、会社法コンメ(8)162頁〔田中亘〕)。この一任を受けた取締役会では、多数決によって報酬の具体的配分を決定でき(前掲・大判昭7・6・10)、当該決定において各取締役は特別利害関係人には当たらないと解されている。さらに、株主総会での限度

額の決定は、その後の変更決議がない限り有効であるとの実務慣行も許容されている（大阪地判昭2・9・26新聞2762・6。但し、再検討を主張する見解として、永井和之「取締役・執行役の報酬等の決定方法」会社法の争点〔有斐閣・2009年〕148頁）。

　また、総額枠方式で一任を受けた取締役会が報酬の配分をさらに代表取締役に一任することについて、判例はこれを認める（最判昭31・10・5裁判民集23・409）。学説では、各取締役への配分は会社の利害に関わらないことを理由に認める見解があるが（江頭・株式会社法449頁）、取締役全員の同意がなければ認められないとの見解もあり（大隅＝今井・会社法論（中）171頁）、代表取締役に対する監督の実効性が失われることを理由に認めない見解も有力である（加美・新訂323頁、永井・前掲稿149頁）。

　ⅱ　**不確定額報酬**　報酬等のうち額が確定していないもの（不確定額報酬）については、その具体的な算定方法を定めなければならない（本条1項2号）。業績連動型報酬や株価連動型報酬など、一定の指標等に連動させる場合が該当し、例えば、業績連動型であれば、当期利益の100分の1に相当する額というように、算定方法が定められればよい（インセンティブとして機能するので、退職慰労金制度の廃止に伴い採用されることが多い）。

　ⅲ　**非金銭報酬**　報酬等のうち金銭でないもの（非金銭報酬）については、その具体的な内容を定めなければならない（本条1項3号）。例えば、無償や低賃料での社宅の提供、退職年金の受給権・保険金請求権の付与、業務執行の対価としての新株予約権の付与（いわゆるストック・オプション）、株式交付信託の受益権の付与などがこれに該当する。

　これら不確定額報酬や非金銭報酬の場合でも、確定額報酬の場合と同様に総枠方式で定めることも認められる。また、不確定額報酬や非金銭報酬の場合には、不適切な運用による危険が生じないよう、各事項を新設・改訂する際には、議案を株主総会に提出した取締役は当該総会において当該議案内容を相当とする理由を説明しなければならない（本条2項）。

【退職慰労金の決定方法】
　退職慰労金は、在職中の職務執行の対価と認められる限り報酬等にあたり、本条の規制対象となるが、その決定方法が従来から議論されてきた。実務上、特定の退任取締役の報酬額が対外的に明らかになることを避けるため、株主総会では退職慰労金を贈呈することのみを決議し、金額、時期、方法等については内規に従って算定することを取締役会に一任する旨の決議をするということが慣例となっていた。

　判例は、このような慣例に一定の理解を示して、株主総会の決議により、退職慰労金の金額などの決定をすべて無条件に取締役会に一任することは許されないが、会社の業績、退職役員の勤務年数、担当役職、功績の軽重などから割り出した一定の基準によって慰労金を決定し、その決定方法が慣例となっていた場合に、株主総会の決議において、明示的もしくは黙示的に、その支給に関する基準を示し、具体的な金額・支払期日・支払方法などは右基準によって定めるべきものとして、その決定を取締役会に任せることは許されるとする（最判昭39・12・11民集18・10・2143を経て、最判昭48・11・26判時722・94、最判昭58・2・22判時1076・140、烏山・会社法判例百選〔第2版〕128頁、参照）。

　学説では、判例の立場を支持するものが多く、さらに厳しい要件を追加する裁判例（大阪地判昭44・3・26下民集20・3-4・146、東京地判昭63・1・28判時1263・3、奈良地判平12・3・29判タ1029・299）を踏まえて、会社に一定の確定された内規・慣行が存在し（明確性）、株主はその内規・慣行の存在を知りうる状況にあり（周知性・開示性）、また、その内容がお手盛り防止の基準

に合致するもの（合理性）であれば、株主総会が、内規や慣行に従って金額等の決定を取締役会に一任する旨の決議は有効であると解されている（加美・新訂315頁、逐条解説(4)470頁〔高橋英治〕）。会社法施行規則では、株主総会が一定の基準に従い退職慰労金を取締役等に一任することを認め、その場合には原則として株主総会参考書類に当該一定の基準を記載しなければならない（会施規82条2項）。

　退任取締役を救済すべき事例では、定款の定めも株主総会決議もなかった場合に、実質株主全員の同意があれば、総会決議があったと擬制・同視でき、取締役の請求権が認められ（大阪高判平元・12・21判時1352・143、新版注釈(6)387頁〔浜田道代〕、中小企業における不支給問題につき、江頭・株式会社法459頁）、総会決議を経ずに退職慰労金の支給がなされても、会社が退職取締役に対して支給額相当額の不当利得返還請求をすることが権利の濫用にあたる場合もある（最判平21・12・18判時2068・151、弥永真生・ジュリスト1393号36頁）。なお、退任取締役に退職慰労金を支給することとし、その具体的金額、支給時期、方法等を取締役会に一任する旨の総会決議がなされたときは、合理的理由の存する場合に一定の期間その支給を留保することも許されるが、その期間を経過するも同決議の実行を放置することは、特段の事情のない限り、取締役の任務懈怠を構成する（東京地判平6・12・20判タ893・260）。

　なお、退職慰労金の額は、取締役の会社に対する責任の一部免除が行われる場合には、免除限度額を算定する一基準となり（会425条1項1号・426条1項・427条1項、会施規113条2号）、責任の一部免除を受けた取締役に退職慰労金を支給する場合には、株主総会において、その旨を明示し、かつ、退職慰労金の額を個別に決議しなければならない（会425条4項・426条8項・427条5項、会施規84条の2・115条）。

（4）取締役の報酬請求権と報酬等の減額

1）報酬請求権

　会社法361条は報酬請求権発生の効力要件と解されるので、取締役の報酬等を定款又は株主総会で定めなければ、具体的な報酬請求権は発生せず、取締役は会社に対して報酬を請求することはできない（任用契約に報酬の約定があるだけでは報酬請求権は発生しない。最判平15・2・21金判1180・29）。総枠方式で具体的配分を取締役会に一任した場合は、委任を受けた取締役会の決議による決定があってはじめて具体的な報酬請求権が発生する（このことを退職慰労金に関して判示する裁判例として、東京高判平12・6・21判タ1063・185）。なお、株主総会の決議を経ずに役員報酬が支払われた場合であっても、事後的に株主総会の決議を経れば、規定の趣旨目的は達せられるから、特段の事情がないかぎり、役員報酬の支払いは適法有効なものになる（最判平17・2・15判時1890・143、疑問として、近藤・最新271頁）。

2）報酬額の減額

　本条にもとづき各取締役の報酬等の額が具体的に定められた場合、その報酬額は会社と取締役間の契約内容となって契約当事者を拘束するので、その後に当該取締役の職務内容に著しい変更があっても、当該取締役が同意しない限り、これを変更することはできない。後に総会が特定の取締役について無報酬とする旨の決議をしても、当該取締役が同意しない限り報酬請求権を失わない（最判平4・12・18民集46・9・3006、退職慰労金について、最判平22・3・16判時2078・155）。もっとも、取締役が減額変更に当初から合意するか事後的に明示又は黙示に同意していた場合には、報酬請求権の内容が変更されるが、同意の有無の認定には慎重を要する（名古屋地判平9・11・21判タ980・257、福岡高判平16・12・21判タ1194・271、会社法大系(3)155頁〔関口剛弘〕、江頭・株式会社法450頁）。小規模会社の事案では、株主総会決議を経なくても取締役への

退職慰労金の支給を肯定すべき場合がないとはいえない（最判平21・12・18判時2068・151）。

（5）報酬等に関する開示

　報酬の手続規制の趣旨を実効あらしめるために、報酬等の開示のあり方は重要な課題である。報酬等が株主総会の審議対象とされること自体にすでに開示機能があるが（新版注釈（6）387頁〔浜田道代〕）、会社法は、報酬等について総会決議前及び事後の開示制度を充実させている。

　指名委員会等設置会社以外の会社では、株主総会招集通知に報酬等に係る議案の記載又は記録を要する（会299条4項・298条1項5号、会施規63条7号ロ）。また、公開会社において、取締役が総会に取締役の報酬等に関する議案を提出する場合には、株主総会参考書類に、本条1項各号の決議事項の算定基準など、一定の事項を記載することを要する（会301条1項、会施規82条1項、公開会社の社外取締役については、それ以外の取締役との区分記載が必要〔同82条3項〕）。なお、定款によりWEB開示制度を採用しても省略はできない（会施規73条3項・94条・133条3項・121条）。退職慰労金の決定の場合には、算定基準等に加えて退職する各取締役の略歴の記載が必要であり（会施規82条1項）、株主総会が一定の基準に従い退職慰労金を取締役等に一任する場合には、原則として株主総会参考書類に当該一定の基準を記載しなければならないが、各株主が当該基準をしることができるようにするための適切な措置を講じている場合は、基準内容の記載は必要ない（会施規82条2項・83条1項2項・84条2項）。また、責任免除を受けた役員等に対し退職慰労金を与える議案における参考書類記載事項に関する規定がある（会施規84条の2）。

　他方、指名委員会等設置会社を含め、すべての公開会社では、取締役・執行役等の会社役員（会施規2条3項4号）に関する事項の一部として、当該事業年度の報酬等を事業報告に記載しなければならず（会435条2項・437条・442条、会施規121条4号）、当該事業年度において受け、又は受ける見込みの額が明らかになった報酬額（会施規同条同号）、各役員の報酬等の額又は算定方法の決定に関する方針を定めているときは、その決定方法及び方針の内容の概要（同5号）も記載しなければならない。この事業報告に記載すべき報酬額は、取締役全員・執行役全員の報酬等の総額でよいが、全員もしくは一部の者について報酬額を個別に記載することもできる（同3号）。社外取締役に係るものは、別途記載しなければならない（会施規124条5号6号）。

【報酬開示規制の展開】

　上場会社等のコーポレート・ガバナンスに関する開示を充実させる一環として、金融商品取引法にもとづいて提出される有価証券報告書において役員報酬に関する開示が要求され、「企業内容等の開示に関する内閣府令」の平成22年改正により、①決定方針に開示（役員報酬等の額又はその算定方法の決定に関する方針の有無及びその方針がある場合にはその内容等の開示）、②役員区分毎の総額開示（取締役、監査役等の役員区分ごとの報酬等の総額表示）、及び、③個別開示（個別の役員報酬等の開示）が求められている（同府令15条1号2号、様式記載上の注意57a(d)）。個別開示では、役員毎に、氏名、役員の区分、提出会社の役員としての報酬額の総額、及び、その総額の種類別（金銭報酬、ストック・オプション、賞与、退職慰労金

等）の額を個別に開示する。但し、報酬等の総額が1億円以上の者に限定して開示することができる（最近の開示例につき、コーポレート・プラクティス・パートナーズ他（編著）『上場会社におけるコーポレート・ガバナンスの現状分析〔平成27年版〕』別冊商事法務No.398（2015年7月）105頁以下、参照）。

なお、コーポレートガバナンス・コードは、「上場会社は、法令にもとづく開示を適切に行うことに加え、会社の意思決定の透明性・公正性を確保し、実効的なコーポレート・ガバナンスを実現するとの観点」から、一定の事項について開示を行い、主体的な情報発信を行うべきであるとして、「(i)取締役会が経営陣幹部・取締役の報酬を決定するに当たっての方針と手続」を挙げている（同原則3-1）。

【取締役の報酬等と法人税法所得計算上の損金参入問題】

役員や職務執行の対価として支給される給与は、本来、会計上費用として認識されるから、全額を当該事業年度の損金の額に算入できるはずであるが、会社が役員に対して支給する給与については、利益の操作による租税回避の防止等の政策的な理由により、伝統的に損金不算入が原則とされ（法人税法34条1項）、会社法の施行に併せて規制体系が整備された現在でも、この枠組みが維持されている。そして、この規制の例外として、定期同額給与、事前確定届出給与、利益連動給与に該当する役員給与は損金の額に算入されるが、これらの給与に該当しても、不相当に高額な部分の金額（過大役員給与）は損金の額に算入されないこととされている（法人税法34条2項）。

所有と経営とが一致する閉鎖型の中小企業では、一般的な税制上の都合により、取締役の報酬が剰余金の配当に代わる機能を果たすことが多く、「隠れた剰余金の処分」と言われている。これは、会社法上は報酬に該当するが、法人税法上は、支給される報酬額のうち不相当に高額の部分の金額は、会社の所得計算上、損金に算入されない（法人税法34条、同施行令69条）。また、そうした隠れた剰余金の処分が行われている会社では、株主が取締役の地位を排除されて特別の不利益を受けることを回避するため、株主間契約や種類株主の拒否権等が重要となる（江頭・株式会社法446頁）。

過大役員給与として損金不算入とされる不相当に高額な部分とは、(i) 実質基準（役員の職務内容、法人の収益、使用人に対する給与の支給状況、業種規模等で類似する法人の以下の状況を総合勘案して算定した額を基準とするもの）による超過額、(ii) 形式基準（定款の規定又は株主総会等の決議により (a) 定められた給与としての限度額、(b) 定められた算定方法により算定した金額、及び(c) 現物給与として定められた資産で実際に支給されたものの支給時の時価の合計額を基準とするもの）による超過額のうち何れか多い金額とされている（法人税法施行令70条1項）。しかし、コーポレート・ガバナンスの実践として役員報酬のインセンティブとしての機能に期待される今日、現行の実質的基準によって損金不算入とする税制上の措置を墨守することには疑問が生じる。報酬ガバナンスの構築がなされている場合には、税制上も損金算入とする方向での議論が望まれる。

わが国で、過大役員給与として損金不算入とされる不相当に高額な部分を判断する際の実質基準の問題性を指摘することができる。まず、役員報酬について、「その内国法人の収益」と「事業規模類似の同業種法人における役員給与の支給状況」等を総合判断して、その相当性を判断する上で、いわゆる「倍半基準」を使うことは妥当であろうか。ここに、倍半基準とは、課税の根拠となる所得資料がない場合に、同規模同業者の原価・売上・利益等の資料から 推計対象者の所得を推計する実務的方法として発達してきた基準であり、事業規模等を表す収入等の指標について、その値が推計対象者の値の2倍以内半分以上の同業者を比準同業者として同規模とみなす手法である。この基準を、過大役員給与の判断に用いることの合理性の根拠は見出し難い。法人税法施行令70条は、4つの考慮要素「などに照らして」としており、総合判断基準を採用しており、必ずしも倍半基準を適用することを求めていない。そして、役員報酬の相当性を総合判断することは、アメリカの裁判例をみても、極めて困難な作業であることが分かる。その実質的基準として、会社の売上金額等を勘案し同規模同業者と比較するということは、はなはだ合理性を欠くと思われる。役員給与額は、極めて個別性の強い種々の要因に左右されて決定されるものである。

本書でもすでに述べたように、取締役等の会社経営陣の報酬制度は、エージェンシー問題を軽減する仕組みとして機能するとともに、経営陣にとって適切なリスクテイクをしつつ積極的な経

営を行うインセンティブとして機能し、また、より優れた経営陣を確保・招聘・維持すること(リテンション)に役立つ。したがって、業績の向上が顕著である場合や優秀な人材を獲得する必要性がある場合など、当該企業の個別的な事情を斟酌した上で、役員給与(報酬)額が決定されるという実態があることも考慮されなければならない。そもそも、役員報酬の決定は私的自治の範囲にあり、課税庁は虚偽給与だけを否認すればよいはずとの見解が説得的である。行政法における課税要件事実の立証は、課税庁側が担うべきであるとするのが通説・判例の立場であるから、課税庁は、虚偽給与であること、又は法人収益に対する役員の貢献が無いことを立証しない限り、損金算入を否認出来ないと解することが妥当のように思われる。そのような考えのもとに、今後の裁判例や役員報酬規制のゆくえに注目したい。

3.6.4. 会計参与

1　会計参与の意義・制度趣旨
2　会計参与の資格と選任等
3　会計参与の権限と義務
4　会計参与の責任

□1.会計参与とはどのような機関なのか、会計参与制度の趣旨はなにか。
□2.会計参与に就任できる資格はなにか、どのような兼任禁止の定めがあるか。
□3.会計参与の権限と責任はどうなっているか。

1　会計参与の意義・制度趣旨

　会計参与は、株主総会で選任され、取締役(委員会設置会社では執行役)と共同して計算書類の作成等に携わる株式会社の機関であり(会374条1項)、すべての株式会社において定款に定めて任意に設置できる(会326条2項、「会計参与設置会社」という〔会2条8号〕)。中小会社の会計参与設置会社では監査役を置かなくてよい(会327条2項但書)。会計参与と会計監査人との併存は可能である。

　会計参与制度は、中小企業における会計業務の実態を踏まえ、その会計業務の中核を担っている税理士及び公認会計士の専門性を活かして、中小企業の計算書類等の適正を確保するものである。その適正性を対外的に明らかにすることにより、公的融資・補助金を含めた中小企業の資金調達の円滑化が図られるとともに、取引先の信頼確保や、株式公開準備等に資することになる。中小企業における会計ガバナンスの実効性を高める制度である。

　従来から、中小企業が多いわが国の株式会社の有限責任制度の条件を整備する上で、計算書類の適正を確保する手立てが模索され、会計調査人制度の提案や会計指導案があったが、専門的会計監査業務の職域問題が絡んで成案を得ることができなかった。しかし、税理士が監査ではない「関与」を行うことができることから(税理士法2条2項)、中小企業における会計の信頼性を向上させるため、会計監査人監査と棲み分ける形で、税理士も就任できる制度として会計参与制度が導入された。会計参与は、株式会社の任意機関であり、監査役ではなく取締役に近い形で制度設計されている。

　但し、税理士が行ってきた会計業務と会計参与の業務とでは差異があることに注

意しなければならない。すなわち、前者は会社の外部者による税務会計業務（税法を基準）であるのに対して、後者は会社の内部の機関として計算書類の作成等の会計業務であり、その基準は商法・会社法である（課税政策を反映する税法基準ではなく会社法会計基準による方が、会社の実態を正しく反映できる可能性が高く〔ex.減価償却は法人税法上では任意だが、会社法では必須〕、また、内部者として会計業務を行う以上は不知の言い逃れは困難で、会社法上、責任が明確化され追及手段が多様となり、それらによって会計参与が作成する計算書類への信頼性が高まる）。

2　会計参与の資格と選任等

（1）資格・兼任禁止

　会計参与は、公認会計士（監査法人を含む）又は税理士（税理士法人を含む）でなければならない（会333条1項）。会計参与に選任された監査法人又は税理士法人は、その社員の中から会計参与の職務を行うべき者を選定し、これを株式会社に通知しなければならない（同条2項）。

　次に掲げる者は、会計参与となることができない。すなわち、①株式会社又はその子会社の取締役、監査役若しくは執行役又は支配人その他の使用人、②業務の停止の処分を受け、その停止の期間を経過しない者、③税理士法の規定により税理士業務を行うことができない者である（同条3項）。なお、税理士業務（税理士法2条）を受任している税理士は、会計参与との兼任を禁止されないと解される。

　欠格事由に該当する場合、その者を役員等として選任することができない（選任しても無効）だけでなく、任期中に欠格事由が生じると当然にその資格を失う。他方、兼任禁止に該当する場合であっても、その者を選任できないわけではなく、選任後又は任期中に兼任禁止事由が生じた場合には、それを解消するような措置をとることが必要となる。

（2）会計参与の選任・任期・報酬・登記

　会計参与は、株主総会の決議によって選任され（会329条1項）、株主総会の普通決議により解任される（会339条1項・341条・309条2項7号）。会計参与は、株主総会において、会計参与の選任若しくは解任又は辞任について意見を述べることができる（会345条1項）。

　会計参与の任期は、取締役の任期と同様に、委員会非設置会社では、原則として、選任後2年以内に終了する事業年度のうち最終のものに関する定時株主総会の終結の時までであるが、定款又は株主総会決議で、任期の短縮ができる（会334条1項・332条1項）。中小会社（委員会設置会社は除く）では、定款により、任期を10年まで伸長することができるが、委員会設置会社では、任期は1年で、伸長はできない（会334条1項・332条2項3項）。

　会計参与設置会社となったときは、その旨と会計参与の氏名・名称及び計算書類の開示場所について、変更登記を要する（会915条1項・911条3項16号）。

3 会計参与の権限と義務

(1) 権　限

1) 計算書類等・会計参与報告の作成

会計参与は、取締役・執行役と共同して、計算書類及びその附属明細書、臨時計算書類並びに連結計算書類を作成する。この場合において、会計参与は、法務省令で定めるところにより、「会計参与報告」を作成しなければならない（会374条1項、会施規102条）。

2) 計算書類等の作成等に必要な権限

i　**会計帳簿閲覧等**　会計参与は、いつでも、会計帳簿又はこれに関する資料（書面又は電磁的記録）の閲覧及び謄写をし、又は取締役・執行役及び支配人その他の使用人に対して会計に関する報告を求めることができる（会374条2項）。

ii　**子会社調査**　会計参与は、その職務を行うため必要があるときは、会計参与設置会社の子会社に対して会計に関する報告を求め、又は会計参与設置会社若しくはその子会社の業務及び財産の状況の調査をすることができる（同条3項）。その子会社は、正当な理由があるときは、同項の報告又は調査を拒むことができる（同条4項）。

iii　**禁止事項**　会計参与は、その職務を行うにあたり、兼任禁止の地位にある者（会333条3項2号3号）を使用できない（会374条5項）。

3) 取締役と意見が異なる場合の株主総会での意見陳述

計算書類等の作成に関する事項について会計参与が取締役（委員会設置会社においては執行役）と意見を異にするときは、会計参与（会計参与が監査法人又は税理士法人である場合には、その職務を行うべき社員）は、株主総会において意見を述べることができる（会377条）。

(2) 義　務

1) 一般的義務

会計参与は、職務を行うについて会社に対して善管注意義務を負う（会330条、民644条）。しかし、会計参与は、取締役とは異なり、計算書類等の作成をするのみであり、その他の会社の業務執行にあたらないので、競業避止義務や利益相反取引の事前規制には服さない。

2) 取締役の不正行為の報告義務

会計参与は、その職務を行うに際して取締役の職務の執行に関し不正の行為又は法令若しくは定款に違反する重大な事実があることを発見したときは、遅滞なく、これを株主（監査役設置会社にあっては監査役、監査役会設置会社にあっては監査役会、委員会設置会社にあっては監査委員会）に報告しなければならない（会375条1項2項）。

3) 計算書類を承認する取締役会への出席義務

取締役会設置会社の会計参与（会計参与が監査法人又は税理士法人である場合にあっては、その職務を行うべき社員。以下同じ）は、計算書類等の承認をする取締役会に

出席しなければならない。この場合において、会計参与は、必要があると認めるときは、意見を述べなければならない(会376条1項)。会計参与設置会社において、前項の取締役会を招集する者は、当該取締役会の日の1週間(これを下回る期間を定款で定めた場合にあっては、その期間)前までに、各会計参与に対してその通知を発しなければならない(同条2項)。会計参与設置会社において、第368条2項の規定により、第1項の取締役会を招集の手続を経ることなく開催するときは、会計参与の全員の同意が必要である(同条3項)。

4）株主総会における計算書類の説明義務

取締役、会計参与、監査役及び執行役は、株主総会において、株主から特定の事項について説明を求められた場合には、当該事項について必要な説明をしなければならない。但し、当該事項が株主総会の目的である事項に関しないものである場合、その説明をすることにより株主の共同の利益を著しく害する場合その他正当な理由がある場合として法務省令で定める場合は、この限りでない(会314条)。

5）計算書類の保存と開示

ⅰ **計算書類等の備置き**　会計参与は、次の各号に掲げるものを、当該各号に定める期間、法務省令で定めるところにより、当該会計参与が定めた場所に備え置かなければならない。①各事業年度に係る計算書類及びその附属明細書並びに会計参与報告につき、定時株主総会の日の一週間(取締役会設置会社にあっては2週間)前の日(会社法319条第1項の場合にあっては、同項の提案があった日)から五年間、②臨時計算書類及び会計参与報告につき、臨時計算書類を作成した日から5年間(会378条1項)。会社の保存義務とは別である。

ⅱ **株主・債権者による閲覧**　会計参与設置会社の株主及び債権者は、会計参与設置会社の営業時間内(会計参与が請求に応ずることが困難な場合として法務省令で定める場合を除く)は、いつでも、会計参与に対し、次に掲げる請求をすることができる。但し、②又は④に掲げる請求をするには、当該会計参与の定めた費用を支払わなければならない。①前項各号に掲げるものが書面をもって作成されているときは、当該書面の閲覧の請求、②前号の書面の謄本又は抄本の交付の請求、③前項各号に掲げるものが電磁的記録をもって作成されているときは、当該電磁的記録に記録された事項を法務省令で定める方法により表示したものの閲覧の請求、④前号の電磁的記録に記録された事項を電磁的方法であって会計参与の定めたものにより提供することの請求又はその事項を記載した書面の交付の請求(同条2項)。

ⅲ **親会社社員による閲覧**　会計参与設置会社の親会社社員は、その権利を行使するため必要があるときは、裁判所の許可を得て、当該会計参与設置会社の計算書類等(1項各号に掲げるもの)について閲覧等の(前項各号に掲げる)請求をすることができる。但し、抄本交付・記録提供の(同項2号又は4号に掲げる)請求をするには、当該会計参与の定めた費用を支払わなければならない(同条3項)。

(3) 報酬・費用請求

1) 報　酬

会計参与の報酬等は、定款にその額を定めていないときは、株主総会の決議によって

定める(会379条1項)。会計参与が2人以上ある場合において、各会計参与の報酬等について定款の定め又は株主総会の決議がないときは、当該報酬等は前項の報酬等の範囲内において会計参与の協議によって定める(同条2項)。会計参与(会計参与が監査法人又は税理士法人である場合にあっては、その職務を行うべき社員)は、株主総会において、会計参与の報酬等について意見を述べることができる(同条3項)。監査役の報酬等に関する規制と同様、独立性の確保が図られている。

なお、指名委員会等設置会社においては、会計参与の報酬は、報酬委員会において決定され(会404条3項)、確定金額の形でのみ決定される(会409条3項但書)。

2) 費用等の請求

会計参与がその職務の執行について会計参与設置会社に対して次に掲げる請求をしたときは、当該会計参与設置会社は、当該請求に係る費用又は債務が当該会計参与の職務の執行に必要でないことを証明した場合を除き、これを拒むことができない。すなわち、①費用の前払の請求、②支出した費用及び支出の日以後におけるその利息の償還の請求、③負担した債務の債権者に対する弁済(当該債務が弁済期にない場合にあっては、相当の担保の提供)の請求(会380条)である。

4 会計参与の責任

(1) 会社に対する責任

会計参与は、計算書類等の作成に関して会社に損害を与えた場合は、他の役員等と同様に、会社に対して損害賠償責任を負う(会423条1項)。会社に対する債務不履行にもとづく過失責任である。この責任は、株主代表訴訟の対象となる(会874条1項・423条1項)。

この責任は総株主の同意がなければ免除されないが(会424条)、社外取締役と同様の規律のもとに、軽過失の場合には、次の3つの手続のいずれかにより、責任の軽減・一部免除を図ることが可能である。すなわち、①株主総会の特別決議(会425条1項・309条2項8号)、②定款の定めによる、取締役の過半数の同意又は取締役会の決議(会426条1項)、③定款の定めによる責任限定契約(定款で定めた額の範囲内であらかじめ株式会社が定めた額と「最低責任限度額」とのいずれか高い額を限度とする旨の、会社と会計参与との間で締結した契約〔会427条1項〕)。それらいずれも、「会計参与としての報酬の2年分(及び当該役員等が当該株式会社の新株予約権を引き受けた場合〔第238条第3項各号に掲げる場合に限る〕における当該新株予約権に関する財産上の利益に相当する額として法務省令で定める方法により算定される額)」=「最低責任限度額」を超える部分を免除できる(会425条1項1号ハ2号・426条1項・427条1項)。

責任の負担感が重いことで会計参与制度が導入されない事態を回避する上で、税理士又は公認会計士の職業賠償責任保険の対象業務を拡大したり、とくに中小企業向けの役員損害賠償責任保険(D&O保険)で会計参与を対象とする保険を利用することが有意義である。

(2) 第三者に対する責任

　会計参与は、計算書類等の作成に関して悪意又は重大なる過失があり、第三者に損害を与えた場合は、他の役員等と同様に、その第三者に対して損害賠償責任を負う（会429条1項）。会計参与は、計算書類及びその附属明細書、臨時計算書類並びに会計参与報告に記載し、又は記録すべき重要な事項についての虚偽の記載又は記録をしたときは、当該行為をすることについて注意を怠らなかったことを証明しないかぎり、第三者に対して損害賠償責任を負う（会429条2項2号）。これらの規定により、粉飾決算（商法・会社法違反の違法な決算）の場合に、会計参与が金融機関等に責任を負う場合がある。

(3) その他の責任

　刑事責任（特別背任罪・会960条）、過料（虚偽記載・会976条7号）、士業法による懲戒処分（税理士法37条・46条、公認会計士法26条・31条）がある。

【中小企業のガバナンス強化】

　会社法では、中小企業や新たに会社を設立しようとする者の実態を踏まえ、会社法制を会社の利用者にとって使い易いものとするために、各種の規制緩和を行っている。例えば、最低資本金の制度は撤廃されている。しかし、他方で、中小企業たる株式会社のガバナンスを強化して、取引先などから信頼を得られるように配慮がなされている。

　第1に、監査・監督が強化されている。すなわち、監査役が設置されている場合には、すべての会社の監査役が、原則として業務監査権限を有する（会381条）。他方、株式譲渡制限会社で監査役権限が会計監査権限に限定されている会社（会389条）や、監査役非設置会社では（業務監査機関が設置されない場合）、会社業務執行に対する株主の監督権限が強化されている（会371条2項・367条・360条2項など）。

　第2に、会計面でのガバナンスが強化されている。すなわち、会計監査人が、大会社では強制設置であるが、中小会社でも任意に設置できるようになり（会326条2項）、また、「会計参与」制度（会374条以下）が新設された。

　そして、中小企業会計の適正を確保して、信頼性を向上させるために、会社法は、記帳の「適時性」と「正確性」の確保を要求し（会432条）、これを受けて、「中小企業の会計に関する指針」が制定され（2005年8月1日公表、2006年4月25日改正指針確定）、中小企業の実態に即した会計基準が整備された。

　従来から、中小企業の決算書は、税務申告のために作成され、融資の際に調査が必要な企業実態を適切に反映しているとは言い難い状況が多々見られる。したがって、どうしても、中小企業への融資では、過度に不動産担保や個人保証を求める傾向があった。そこで、中小企業金融の改革を進める上で、決算書の正確性を保障するために、中小企業の会計面でのガバナンスが強化される必要がある。会計参与と決算公告の制度は、そのために重要な役割を果たす制度である。

3.6.5. 監査役・監査役会

1 監査役
2 監査役会

□1.監査役設置会社において、監査役の意義と権限、権利・義務・責任はどのように定められているか。そこでは、監査役の地位の独立性と職務の公正はどのように確保されているか。
□2.監査役会を設置する必要がある株式会社はどのようなものか。監査役会は、どのような権限を有するか。その場合の個々の監査役はどういう地位にあるか。
□3.監査役会における社外監査役とはどのようなものか。

1 監査役

（1）意 義
1）「監査役」「監査役設置会社」
「監査役」とは、取締役（及び会計参与）の職務執行を監査する機関であり、監査報告を作成し（会381条）、原則として、業務監査及び会計監査の権限を有する。

昭和25年改正商法により、わが国の株式会社では取締役会と監査役が必置機関とされ、以後、不祥事を防止して業務執行の適正を確保するために、監査役制度を中心に法改正が重ねられてきた。最近では、機関設計の柔軟化と取締役会の監督機能強化により、株式会社の監査にも多様な仕組みが用意されている。

現行会社法上、「監査役設置会社」とは、監査役を置く株式会社（その監査役の監査の範囲を会計に関するものに限定する旨の定款の定めがあるものを除く）又は会社法により監査役を置かなければならない株式会社をいう（会2条9号）。監査役会設置会社及び会計監査人設置会社を除き、公開会社でない株式会社では、監査役の権限を、会計監査に限定する旨を定款で定めることができ（会389条）、このような定めを置いた会社は、監査役を置いていたとしても、会社法上「監査役設置会社」には該当しない（会2条9号参照）。

2）監査役の業務監査権限と株主の監督権限
業務監査権限を有する監査役又は監査委員を置いていない会社では、株主の監督権限が強化されている（①取締役会の議事録閲覧につき裁判所の許可不要（会371条2項）、②取締役会の招集請求・招集・出席と意見陳述（会367条1項3項4項）、③定款規定による取締役（取締役会）による責任の免除の排除（会426条1項）、④取締役の報告義務（会357条）、⑤取締役の違法行為差止請求権の要件緩和（会360条）等）。

3）各種機関構造と監査役・監査役会の設置
株式会社は、定款の定めにより監査役又は監査役会を置くことができる（会326条2項）。会計監査人設置会社は監査役を置かなければならず、また、取締役会設置会社では原則として監査役を置く必要がある。取締役会設置会社であっても全株式譲渡制限会社＝非公開会社（会計監査人設置会社又は監査役会設置会社を除く）では、会計参与を設置することにより監査役を設けないことも認められる。指名委員会等設置会社では、監査役を置くことはできない（会327条2項〜4項）。

4）監査役と会計監査人

会計監査人が設置されている場合には、監査役は、会計監査人から報告を受け（会397条）、会計監査人の選任・報酬の決定などに関与し（会340条・344条・399条）、会計監査人と連携して職務を執行することが予定されている（会327条3項・389条1項参照）。

（2）権　限

監査役は、原則として、取締役（及び会計参与）の職務執行を監査する権限を有し、その権限は、会計監査を含む会社の業務全般の監査に及ぶ（会381条1項）。その業務監査権限の範囲は、業務執行の適法性監査に限定され、取締役会のもつ妥当性監査にまでは及ばない（多数説）。但し、不当と認められる業務執行に対しては、「著しく不当」として監査の対象となり得る（会382条）。

監査役はその職務を執行するため、次のような種々の権限を有する。①取締役・会計参与・支配人その他の使用人に対する事業報告徴収権及び業務財産状況調査権（会381条2項）、②子会社に対する事業報告徴収権及び業務財産状況調査権（会381条3項）、③取締役会への出席・意見陳述（会383条1項本文）、④取締役に違法行為がある場合の取締役（取締役会）への報告義務（会382条）と取締役会招集請求権・招集権（会383条2項3項）、⑤株主総会提出書類の調査・意見報告（会384条）、⑥取締役の違法行為差止請求権（会385条）、⑦会社と取締役間の訴訟における会社代表権（会386条）、⑧各種訴訟提起権（会828条・831条）、⑨各種手続開始申立権（会511条・522条）。

特別取締役による取締役会（会373条）の出席については、監査役の互選によって出席する監査役を定めてもよい（会383条1項但書）。

（3）選任・終任

1）資格・兼任禁止

取締役と同様、自然人に限られ、一定の欠格事由が法定され、また、公開会社では定款による資格限定に制限がある（会335条1項・331条1項2項）。監査役は、株式会社・その子会社の取締役・執行役・支配人その他の使用人を兼務することができず（会335条2項）、また、会社その子会社の会計参与を兼務することができない（会333条2項・3項1号）。

弁護士資格を有する監査役が特定の訴訟事件につき会社の訴訟代理人になることは監査役の兼任禁止規定（平成17年改正前商法276条）に反しないとした判例がある（最判昭61・2・18民集40・1・32会社百選74）。

2）選任

設立時監査役の選任は、設立時取締役の選任と同様である（前述の株式会社の設立に関する部分を参照）。また、取締役の選任と同様に、監査役は、原則として、株主総会の決議によって選任され（会329条1項）、株式譲渡制限会社では定款の定めにより種類株主の総会で選任できる（会108条1項9号・2項9号・347条2項）。もっとも、取締役選任の際に認められる累積投票の制度はない。

監査役は、選任にあたり、株主総会で意見を述べることができる（会345条1項4項）。さらに、監査役の選任に関する議案が株主総会に提出される際には、監査役の過半数（監査役会）の同意が必要とされ、逆に監査役（監査役会）の方から取締役に対して監査役選任議案の提出も認められている（会343条1項3項）。これらの選任議案への同意権や選任議題議案提案権等により、監査役の地位が強化されている。なお、監査役を置く旨と監査役の氏名、権限を会計監査に限定する場合にはその旨は、登記事項である（会911条3項）。

３）任期・終任

監査役の任期は、選任後4年以内に終了する事業年度のうち最終のものに関する定時株主総会の終結の時までであり（会336条1項）、非公開会社では、定款によって、その任期を選任後10年以内に終了する事業年度のうち最終のものに関する定時株主総会の終結の時まで伸長することができる（同条2項）。また、定款により、任期の満了前に退任した監査役の補欠として選任された監査役の任期を、退任した監査役の任期の満了する時までとして、補欠監査役の任期を退任監査役の残任期間満了まで短縮することができる（同条3項）。

以上にかかわらず、次に掲げる定款の変更をした場合には、監査役の任期は、当該定款の変更の効力が生じた時に満了する。すなわち、①監査役を置く旨の定款の定めを廃止する定款変更、②委員会を置く旨の定款変更、③監査役の監査の範囲を会計に関するものに限定する旨の定款の定めを廃止する定款変更、④株式譲渡制限会社である旨の定款の定めを廃止する定款変更の各場合である（同条4項）。

このほか、委任契約の終了に伴う終任事由については、取締役と同様である。原則として、株主総会の特別決議によりいつでも監査役を解任できる（会339条・309条2項7号）。補欠監査役等について、補欠取締役と同様である（会329条2項）。監査役は、解任・辞任につき、株主総会で意見を述べることができる（会345条1項4項）。

（４）義務・報酬

会社と監査役との関係は、委任に関する規定に従うので、監査役は、その職務を行うにあたって、会社に対して善管注意義務を負う。但し、監査役は、取締役と異なり、会社の業務執行にあたらないので、忠実義務を負わず、競業避止義務や利益相反取引の事前規制には服さない。

監査役の報酬等については、定款又は株主総会の決議で、取締役の報酬等とは別に定められる（会387条）。監査役が2人以上いる場合、各監査役の報酬等について、定款・株主総会の決議で定められていなければ、定款・総会決議の範囲内で、監査役の協議によって定める（会387条2項）。監査役は、株主総会において、監査役の報酬等について意見を述べることもできる（会387条3項）。また、職務執行に関する費用につき、特別の規定が置かれている（会388条）。これらは、監査役の地位の独立性と職務執行の公正を確保するためである。

（５）責　任

監査役は、任務懈怠により会社に対して責任を負い（会423条1項）、職務の執行

につき悪意又は重過失があれば、第三者に対しても責任を負う（会429条）。社外取締役に準じて、株主総会の決議又は定款規定による取締役の過半数の同意（取締役会の決議）により、会社に対する責任の一部免除が認められ（会425条・426条）、社外監査役については、責任限定契約も認められる（会427条）。監査役の責任は、株主代表訴訟の対象になる（会847条）。

2　監査役会

(1)　意義・権限

　監査役会とは、3名以上の監査役全員で組織される機関であり、監査報告の作成、常勤監査役の選定・解職、監査の方針等監査役の職務執行に関する事項の決定を行う（会390条1項2項）。委員会設置会社を除く、大会社かつ公開会社では設置が必要とされる（会328条1項）。監査役会は必要に応じて開催され、原則として、招集権者（原則として個々の監査役に招集権がある）が監査役全員に通知して招集する（会392条）。監査役会の決議は、監査役の過半数をもって決定する（会393条1項）。監査役会の議事については、法務省令の定めにより、議事録を作成し、出席した監査役が署名又は記名押印し（会393条2項3項〔電磁的記録可〕）、議事録は10年間本店に備え置く（会394条1項〔電磁的記録可〕）。

　監査役会が置かれても、監査役の独任制の長所を留保しつつ（会390条2項但書）、監査役会と個々の監査役の権限が分配されている。また、監査役の中から、常勤の監査役を選定しなければならない（会390条3項）。「常勤」の意義には立法論的に疑義がある（神田・会社法245頁）。

(2)　社外監査役

　監査役会設置会社の監査役は、3人以上で、かつ、そのうち半数以上は「社外監査役」でなければならない（会335条3項）。社外監査役の制度は、業務執行担当者の影響を受けるおそれのない者を監査役に迎えて監査の独立と公正を図るために導入されている。

　ここに、社外監査役とは、株式会社の監査役であって、次の要件のいずれをも満たす必要がある（会2条16号〔平成26年改正事項〕）。すなわち、①就任前10年間当該株式会社又はその子会社の取締役・会計参与（法人のときは、その職務を行うべき社員）・執行役・支配人その他の使用人であったことがないこと。②就任前10年内のいずれかの時において当該株式会社又はその子会社の監査役であったことがある者にあっては、当該監査役への就任前10年間当該株式会社又はその子会社の取締役・会計参与・執行役・支配人その他の使用人であったことがないこと。③当該株式会社の親会社等（自然人に限る）又は親会社等の取締役・監査役・執行役・支配人その他の使用人でないこと。④当該株式会社の親会社等の子会社等（当該株式会社及びその子会社を除く）の業務執行取締役等でないこと。⑤当該株式会社の取締役・支配人その他の重要な使用人又は親会社等（自然人に限る）の配偶者・二親等内の親族でないこ

と、である。

　監査役会設置会社では、その旨及び社外監査役である者の氏名は登記事項である（会911条3項18号）。

3.6.6. 会計監査人

1　会計監査人の意義・制度趣旨
2　会計監査人の資格と選任等
3　会計監査人の権限・義務・責任

□1.会計監査人とはなにか。会社法上、「機関」や「役員」の概念に照らして、どのような存在か。
□2.会計監査人となるために必要な資格はなにか、会計監査人はどのように選任されるのか。
□3.会計監査人の権限・権利・義務・責任はどうなっているのか。

1　会計監査人の意義・制度趣旨

　会計監査人とは、会社外の独立した会計専門家の立場から、株式会社の計算書類とその附属明細書等について会計監査を行う存在である（会社法上、「役員」ではないが（会396条1項）、「役員等」に含まれる（会423条1項）。一般に「機関」と解するかどうか見解が分かれる。江頭・株式会社法307頁）。

　委員会設置会社（監査等委員会設置会社及び指名委員会設置会社）において設置が義務づけられる（会327条5項）。大会社では設置が強制され（会328条1項2項）、中小会社では、規模にかかわらず、定款の定めにより任意に設置できる（会326条2項）。

　会計監査人設置会社では、一定の場合、計算書類等を取締役会で確定することができ（会439条）、剰余金の配当等を取締役会で決定する旨を定款で定めることができる（会459条1項4号）。

2　会計監査人の資格と選任等

（1）資格と欠格事由
　会計監査人は公認会計士又は監査法人でなければならない（会337条1項）。会計監査人に選任された監査法人は、その社員の中から会計監査人の職務を行うべき者を選定し（後掲②の欠格事由がある者は選定できない）、これを株式会社に通知しなければならない（同条2項）。

　次に掲げる者は、会計監査人となることができない。①公認会計士法の規定により、計算書類について監査をすることができない者、②株式会社の子会社若しくはその取締役、会計参与、監査役若しくは執行役から公認会計士若しくは監査法人の業務以外の業務により継続的な報酬を受けている者又はその配偶者、③監査法人でその社員の半数以上が前号に掲げる者であるものは、法定の欠格者である。

（2）選任等と監査役の関与

　会計監査人は、株主総会の決議によって選任される（会329条1項）。員数に規制はない。任期は1年であるが、別段の決議がなければ再任されたものとみなされる（会338条1項2項）。監査役設置会社では、株主総会に提出する会計監査人の選任・解任・不再任に関する議案の内容は、監査役（監査役会）が「決定」する（会344条。監査等委員会設置会社では、監査等委員会の「同意」を要する（会344条の2第1項）。その他、同条2項参照）。会計監査人についても、会社法制定時から、登記事項とされている（会911条3項19号）。

　会計監査人と会社との関係は委任の規定に従うので（会330条）、会計監査人はいつでも辞任することができ、死亡・破産・成年被後見が終任事由となり、その他、任期満了・解任・資格喪失・会社の解散によっても終任となる。株主総会は、普通決議によって、いつでも会計監査人を解任することができ（会339条1項）、監査役（監査役会・監査等委員会・監査委員会）は、一定の場合に会計監査人を解任することができる（会340条）。また、会計監査人の報酬の決定には、監査役等の同意が必要である（会399条）。

3　会計監査人の権限・義務・責任

（1）権　　限

　i　**会計監査とその報告**　　会計監査人は、会社の計算書類及びその附属明細書、臨時計算書類・連結計算書類を監査し（会396条1項前段）、計算書類等の監査について、法務省令で定めるところにより、会計監査報告を作成しなければならない（会396条1項後段、会施規110条・計規126条）。

　ii　**会計帳簿閲覧・調査・報告徴収権**　　会計監査人は、いつでも、会計帳簿又はこれに関する資料の閲覧及び謄写をし、取締役（指名委員会等設置会社では執行役・取締役）・会計参与・支配人その他の使用人に対して会計に関する報告を求めることができる（会396条11項4号）。また、その職務を行うため必要があるときは、子会社に対して会計に関する報告を求め、また、会社又はその子会社の業務及び財産の状況の調査をすることができる（会396条3項、但し、その子会社は、正当な理由があるときは、報告又は調査を拒むことができる〔同条4項〕）。

　なお、会計監査人は、その職務を行うに当たっては、欠格事由のある者を使用することはできない（会396条5項）。

（2）義　　務

　会計監査人は職務を行うについて会社に対して善管注意義務を負い（会330条、民644条）、会社法上、以下の義務を負う。

　i　**不正行為報告**　　会計監査人は、その職務を行うに際して取締役の職務の執行に関し不正の行為又は法令・定款に違反する重大な事実があることを発見したときは、遅滞なく、これを監査役（監査役会設置会社では監査役会）に報告しなければな

らない(会397条1項3項、金商193条の3。なお、監査等委員会設置会社では監査等委員会宛てに、指名委員会等設置会社では執行役・取締役の職務執行について監査委員会宛てに報告する〔会397条4項5項〕)。

　ⅱ　**監査役等からの報告徴収への対応**　監査役は、その職務を行うため必要があるときは、会計監査人に対し、その監査に関する報告を求めることができ(会397条2項)、会計監査人はこれに対応しなければならない(報告徴収権限は、監査等委員会設置会社では、監査等委員会が選定した監査等委員にあり、指名委員会等設置会社では、監査委員会が選定した監査委員会の委員にある〔会397条4項5項〕)。

　ⅲ　**総会での意見陳述**　監査する計算書類等が法令又は定款に適合するかどうかにつき、監査役(監査役会設置会社では監査役会又は監査役、監査等委員会設置会社では監査等委員会又は監査等委員、指名委員会等設置会社では監査委員会又はその委員)と意見を異にするときは、会計監査人(監査法人では職務を行うべき社員)は、定時株主総会に出席して意見を述べることができ(会398条1項)、定時株主総会において出席を求める決議があったときは、会計監査人は、定時株主総会に出席して意見を述べなければならない(会398条2項)。

(3) 責　任

　会計監査人は、会社外の独立した存在であるが、会社法上、「役員等」に含まれ(会423条1項)、会社に対する責任を負う(会423条)とともに、第三者に対する責任(会429条)を負うことが規定されている。

　会社に対する責任については、株主代表訴訟の対象となり(会847条)、責任の一部免除・軽減の制度(社外取締役と同様、会425～427条)の適用がある。その他、金融商品取引法(金商24条の4・同22条1項・同21条1項3号)や民法にもとづき、不法行為責任・債務不履行責任を追及される余地がある。

　最近では、会計監査人(監査法人・公認会計士)に損害賠償責任が認められた事例があり(会社に対する責任が認められた事例に、大阪地判平20・4・18判時2007・104会社百選75、投資家に対する責任が認められた事例に、東京地判平21・5・21判時2047・36)、企業不祥事の発生における公認会計士等の責任追及が社会的関心を集めている。

3.6.7. 監査等委員会設置会社の機関規律

1　監査等委員会設置会社制度の趣旨と特色
2　監査等委員たる取締役と監査等委員会
3　監査等委員会設置会社の取締役会の権限

□1.監査等委員会設置会社制度の趣旨と特色はなにか。
□2.監査等委員である取締役の選任・資格・任期・報酬等は、そうでない取締役の場合と較べて、どのような相違があるか。
□3.監査当委員会の機能と権限は、どのようなものか。そのことにより、監査等委員にはどのような地位が与えられているか。
□4.監査等委員会設置会社の取締役会の権限はどうなるか。

1 監査等委員会設置会社制度の趣旨と特色

（1）沿革
　平成14年改正商法により導入され平成17年会社法によって整備された委員会設置会社（平成26年改正により指名委員会等設置会社に改称）は、執行と監督を分離したモニタリング・モデルを実現し、ガバナンスを強化する上で魅力的な機関構造をもつが、現実には三委員会の設置（とくに報酬委員会と指名委員会の設置）がコストやニーズの点で会社側に受け入れ難く、あまり普及しなかった。そこで、取締役会の監督機能を充実させるために、平成26年改正会社法によって「監査等委員会設置会社」の機関構造が設けられ、ガバナンス強化の仕組みとしてのもう一つの選択肢が用意された。

（2）趣旨と特色
　定款で定めて選択する「監査等委員会設置会社」は、取締役会に「監査等委員会」が置かれる会社であり（会2条11号の2・326条2項）、監査等委員の過半数は社外取締役でなければならない（会331条4項）。監査等委員会設置会社では、取締役会と会計監査人を置くことが求められ（会327条1項3号・同条5項）、監査役を置くことはできない（同条4項）。監査等委員会の機能のなかに、監査役設置会社・監査役会設置会社における監査役・監査役会の機能と取締役会の監督機能が一元化されている。
　さらに、取締役の過半数が社外取締役である場合、又は、定款で定めた場合には、業務の決定権限を取締役会から取締役に大幅に委譲することが認められ（委譲できる事項は指名委員会等設置会社で取締役会から執行役に委譲できる事項と同様である）、これにより、執行と監督を分離するモニタリング・モデルを実現することができる。
　こうしたことから、監査等委員会設置会社制度の特色として、①組織に対する規制が柔軟で選択の余地が広い点、②制度の利用勧奨策が手厚く盛り込まれている点が指摘されている（江頭・株式会社法575頁）。

2 監査等委員たる取締役と監査等委員会

（1）監査等委員たる取締役
　監査等委員は取締役であるが、それ以外の取締役とは多くの点で区別されており、選任も他の取締役と区別して株主総会の決議によって選任される（会329条2項）。監査等委員である取締役の解任は、株主総会の特別決議による（会309条2項7号）等、他の取締役とは異なる扱いを受ける。監査等委員である取締役は3人以上で、その過半数は社外取締役でなければならない（会331条7項）。監査等委員である取締役は、会社又は子会社の業務執行取締役、支配人、その他使用人、子会社の会計参与・執行役を兼ねることができない（同条3項）。
　任期については、監査等委員である取締役は選任後2年以内、そうでない取締役は選任後1年以内に終了する事業年度のうち最終のものに関する定時総会終結時

までである(会332条3項4項)。監査等委員である取締役の任期は、定款や総会決議でも短縮することはできない(同条4項)。取締役が総会に委員である取締役の選任議案を提出するには、監査等委員会の同意が必要である(会344条の2第1項)。監査等委員会は取締役に対して委員である取締役の選任を総会の議題とすること又は選任議案を総会へ提出をすることを請求できる(同条2項)。

監査役の場合と同様、委員である取締役の選任、解任、辞任、報酬のいずれについても、委員である取締役は意見を述べることができる(会342条の2第1項・361条5項)。辞任した者は、辞任後最初の総会に出席して辞任の理由を述べることができる(会342条の2第2項)。しかも、委員会の選定した委員は、委員でない取締役の選任、解任、辞任、報酬についても、意見を述べられる(同条4項・361条6項)。このような規定が置かれているのは、社外取締役による経営を評価する機能に期待が寄せられているからである。

取締役の報酬については、委員である取締役とそれ以外の取締役とで区別して定める(会361条2項)。総会決議や定款で決められた取締役の報酬のうち委員である各取締役の報酬の決定は、監査等委員である取締役の協議で定める(会361条3項)*。

監査等委員は、監査役とは異なり取締役として取締役会での議決権を持っている。また、監査等委員は、指名委員会等設置会社の監査委員と比較すると、指名委員会・報酬委員会を置くことができない(任意に置いても会社法上の権限を持たない)ことを補うために、上述のように、その権限が強化されている(監査等委員は、監査等委員以外の取締役に関する選任・解任や報酬についても、株主総会で意見を述べることができる)。

＊監査等委員会設置会社の取締役の報酬 平成26年改正会社法により、監査等委員会設置会社制度の創設に伴い、監査等設置会社の取締役の報酬等に関する規定が設けられた。第一に、監査等委員会設置会社においては、報酬等についての定款又は株主総会の決議において定める本条1項各号の事項は、監査等委員である取締役とそれ以外の取締役とを区別して定めることを要する(本条2項、監査役につき329条2項)。第二に、定款又は株主総会の決議で総額枠を定め、監査等委員である各取締役の報酬等について定めないときは、監査等委員の個人別の報酬等は、取締役の決議ではなく監査等委員である取締役の協議によって定めることを要する(本条3項、監査役につき387条2項)。第三に、監査等委員である取締役は、株主総会において、監査等委員である取締役の報酬等について意見を述べることができる(本条5項、監査役につき387条3項)。これらは、監査等委員である取締役の地位の独立性を確保するために、監査役と同様の規制を定めたものである。

さらに、監査等委員会が選定する監査等委員は、株主総会において、監査等委員である取締役以外の取締役の報酬等について監査等委員会の意見を述べることができる(本条6項)。本条項は、監査役についてはなく、監査等委員会設置会社に特有の規定である(同様の権限は、監査等委員である取締役以外の取締役の選任・解任・辞任について、株主総会で監査等委員会の意見を述べる形でも定められている。会342条の2)。監査等委員会設置会社における取締役会の監督機能の実効性を確保するために、社外取締役が過半数を占めて経営陣から独立性が担保された監査等委員会に与えられた重要な権限である(坂本他・平26改正解説132頁、論点体系(補巻)294頁〔髙田剛〕)。

(2) 監査等委員会

監査等委員会はすべての監査等委員から組織され、監査等委員はすべて取締役である(会399条の2第1項2項)。その主たる職務は、取締役の職務執行の監査と監査

報告の作成であるが、さらに、会計監査人の選任・解任議案の内容の決定や、委員ではない取締役の選任、解任、報酬についての意見を決定する（同条3項）。監査等委員会の権限を取締役会の権限とすることはできない。

監査等委員会の権限は、監査役（監査役会）設置会社の監査役（監査役会）の権限に相当する上、妥当性監査の権限も有する。したがって、委員会で選定された監査等委員には、調査権（会399条の3）、取締役会や株主総会への報告義務（会399条の4・399条の5）、取締役の行為を差し止める権限（会399条の6）、会社・取締役間の訴訟で会社を代表する権限（会399条の7。但し、監査等委員が訴訟当事者である場合を除く）、費用請求権（会399条の2第4項）が認められる。

監査等委員会の権限及び監査等委員の権限・義務は、指名委員会等会社の監査委員会及び監査委員のそれらと同様である。また、監査等委員会の運営は、ほぼ指名委員会等設置会社の委員会の運営と同様である（会399条の8～399条の12。議事録の扱いも同様〔会399条の11〕）。

監査等委員会の監査は内部統制システムを利用して行うことが予定されていることから、監査役会設置会社における常勤監査役のような常勤の監査等委員の設置はとくに求められていない。

職務執行の費用については、監査役と同様の規定が置かれており、監査等委員が監査等委員会の職務の執行に関して、会社に対して費用の前払いや支出した費用の償還等を請求したときは、会社は、当該請求に係る費用又は債務が当該監査等委員の職務の執行に必要でないことを証明した場合を除き、これを拒むことができない（会399条の2第4項）。

3　監査等委員会設置会社の取締役会の権限

監査等委員会設置会社における取締役会の権限は、業務執行の決定と監督及び代表取締役の選定・解職であるが、一般の取締役会（会362条）と異なり、監視・監督の職務が重視され、必ずしも細目的な事項を決定するのが適切ではないと考えられている。このため、ほかに必ず決定しなければならない事項としては、経営の基本方針と委員会の職務執行についての省令事項、内部統制体制の整備が規定されている（会399条の13第1項2項）。

一般の会社の取締役会の専決事項（会362条4項）や重要な業務執行の決定については、取締役に決定を委任することはできないことを原則とするが（会399条の13第4項）、監査等委員会設置会社では、一定の要件を満たす場合には、指名委員会等設置会社の執行役への委任と同様に、取締役への委任も認められる。すなわち、取締役の過半数が社外取締役である場合には、取締役会決議で重要な業務執行（指名委員会等設置会社で執行役に委任できない事項である会社法416条4項各号の事項に対応する事項を除く）の決定を取締役に委任することができる（同条5項）。また、このような社外取締役要件を満たさなくても、定款で定めれば、重要な業務執行（同様の委任できない事項を除く）を取締役に委任できる（同条6項）。なお、代表取締役の選定におい

ては、監査等委員である取締役から代表取締役を選ぶことはできない(同条3項)。

取締役会の招集権者が定められている場合においても、監査等委員会の選定する監査等委員は取締役会を招集することができる(会399条の14)。

利益相反取引(会356条1項2号3号)について、監査等委員が取引当事者でない場合に、当該取引について監査等委員会が承諾したならば、任務懈怠が推定される会社法423条3項は適用されない(会423条4項)。この点は、株式会社が監査等委員会設置会社を選択するインセンティブになる。もっとも、推定されないだけであり、監査等委員会が承諾しても裁判所が取締役の任務懈怠を認定することは可能である。

3.6.8. 指名委員会等設置会社の機関規律

1 指名委員会等設置会社制度の趣旨と特色
2 指名委員会等設置会社の取締役・取締役会
3 指名委員会・監査委員会・報酬委員会
4 執行役と代表執行役

□1.指名委員会等設置会社制度の趣旨と特色はなにか。
□2.指名委員会等設置会社の取締役会の権限はどうなっているか。
□3.指名委員会等の委員会の委員の選任・資格・任期等、及び、委員会の招集・運営はどうなっているか。
□4.指名委員会・監査委員会・報酬委員会の機能と権限は、どのようなものか。
□5.執行役の権限・選任等はどうなっているか。代表執行役ではどうか。

1 指名委員会等設置会社制度の趣旨と特色

(1) 沿 革

戦後のわが国の株式会社制度では、長らく、取締役会と監査役(監査役会)を常置する機関構造のもとで、機動的経営と業務執行の適正確保が図られてきたが、取締役会の実効的監督(モニタリング機能)を確保し、業務の執行と監督とを分離する機関構造を実現すべく、平成14年改正商法により委員会等設置会社制度が導入され、平成17年会社法によって委員会設置会社として整備され、さらに、平成26年改正により監査等委員会設置会社制度の導入(選択肢拡大)により、指名委員会等設置会社と改称された。

(2) 趣旨と特色

定款で定めて選択できる「指名委員会等設置会社」とは、取締役会に指名委員会、監査委員会及び報酬委員会を置く株式会社をいう(会2条12号・326条2項)。取締役会と会計監査人の設置が義務づけられ、監査役を置くことはできない(会327条1項4項5項)。

指名委員会等設置会社では、取締役会の役割は基本的事項の決定と委員及び執行役の選定・選任等の監督機能が中心となり、社外取締役が過半数を占める三委

員会が監査・監督の役割を分担するというガバナンス構造をとる。そして、執行と監督が制度的に分離され、執行役が業務執行を担当し（取締役会の決議事項の多くを執行役に委任できる）、代表執行役が会社を代表する。

2　指名委員会等設置会社の取締役・取締役会

(1) 取締役

　指名委員会等設置会社の取締役は、任期が1年とされ（会332条4項）、毎年の株主総会で信任を受ける。取締役会の機能は監督に特化されるため、各取締役は、会社法又は同法にもとづく命令に別段の定めがある場合を除き、指名委員会等設置会社の業務を執行することができない（会415条）。但し、執行役は取締役を兼ねることができ（会402条6項）、執行役と使用人との兼務も認められる（会404条3項参照）。しかし、指名委員会等設置会社の取締役は、当該委員会設置会社の支配人その他の使用人を兼ねることができない（会331条3項）。

```
○（会402条6項）　　　　　取締役・執行役
○（会404条3項参照）　　　　　　執行役・使用人
×（会331条3項）　　　　　取締役・　　　　使用人
×（会331条3項）　　　　　取締役・執行役・使用人
```

　なお、指名委員会等設置会社の取締役の報酬は、使用人分報酬等の内容を含めて報酬委員会が決定する（会404条3項）。

(2) 取締役会
1) 権　限

　取締役会の権限は、経営の基本方針の決定と各委員会委員・執行役の選定・選任による監督が中心となる（会416条1項～3項。取締役会で決定しなければならない事項は、①経営の基本方針、②監査委員会の職務の執行のためめ必要なものとして法務省令（会施規112条1項）で定める事項、③執行役が2人以上ある場合における執行役の職務の分掌及び指揮命令の関係その他の執行役相互の関係に関する事項、④執行役から取締役会の招集の請求を受ける取締役、⑤執行役の職務の執行が法令及び定款に適合することを確保するための体制その他株式会社の業務並びに当該株式会社及びその子会社から成る企業集団の業務の適正を確保するために必要なものとして法務省令（会施規112条2項）で定める体制＝内部統制システムの整備である〔会416条1項1号イ～ホ〕）。

　株主総会提出議案の内容の決定、合併等の会社の基礎に関する契約内容の決定等、一定の事項の決定を除き、業務執行の決定の大部分を執行役に委任することができる（会416条4項）。

2) 招集・報告等

　指名委員会等がその委員の中から選定する者は、取締役会を招集することができる（会417条1項）。執行役は、取締役に対し、取締役会の目的事項を示して取締役会

の招集を請求することができ、法の要件のもとで、招集がされないときは自ら招集することができる(会417条2項)。

また、指名委員会等がその委員の中から選定する者は、遅滞なく、その委員会の職務の執行の状況を取締役会に報告しなければならない(会417条3項)。執行役は、3か月に1回以上、自己の職務の執行の状況を取締役会に報告しなければならない(会417条4項。代理人による報告もできるが、その代理人は他の執行役に限る)。執行役は、取締役会の要求があったときは、取締役会に出席し、取締役会が求めた事項について説明をしなければならない(会417条5項)。

3 指名委員会・監査委員会・報酬委員会

(1) 委員会の構成・運営

各委員会は、取締役会で選定される3人以上の委員で構成され、その委員は取締役でもあり、その過半数は社外取締役であることを要する(会400条1〜3項)。同一の人物が複数の委員会の委員を兼ねることは差し支えない。取締役会が委員の解職権を有する(会401条1項)。

委員会は、当該委員会の各委員が招集する(会410条)。委員会の運営は、監査役(監査役会)設置会社の取締役会とほぼ同様に行われる(会410条〜414条)。取締役と執行役は、委員会の要求があったときは、当該委員会に出席して委員会が求める事項について説明しなければならない(会411条3項)。取締役はすべての委員会の議事録を閲覧することができる(会413条2項)。

(2) 各委員会の権限

各委員会は、それぞれ下記の権限を有し、それらの権限は取締役の権限とすることができない。

1) 指名委員会

指名委員会は、株主総会に提出する取締役(及び会計参与)の選解任議案の内容を決定する(会404条1項)。

2) 監査委員会

監査委員会は、執行役等(取締役・執行役及び会計参与)の職務執行に対する監査及び監査報告の作成を行い、株主総会に提出する会計監査人の選任解任及び再任しないことに関する議案の内容を決定する(会404条2項)。監査委員会は、監査役(監査役会)設置会社の監査役(監査役会)の権限に相当する権限を有する。その他、監査役(監査役会)の業務監査権限が業務執行の適法性監査に限定されるのに対して、監査委員会の監査権限は、各委員が取締役でもあることから、妥当性監査にも及ぶと解される。

監査委員については、兼任禁止規定(会400条4項)、事業報告徴収権・調査権(会405条)、違法行為差止請求(会407条)、訴訟時の会社の代表(会408条)など、監査役と類似の規定が多く設けられている。

3) 報酬委員会

　報酬委員会は、執行役等(取締役・執行役及び会計参与)が受ける個人別の報酬等につき、内容の決定に関する方針を定めた上で、その方針に従って各報酬を決定する(会404条3項・409条1項2項。定款又は株主総会決議は不要となる)。執行役が支配人その他使用人を兼ねているときは、その支配人その他使用人の報酬等の内容についても、同様に決定する。

4　執行役と代表執行役

(1) 執行役の選任・権限

　指名委員会等設置会社では、1人又は2人以上の「執行役」を取締役会で選任し(会402条1項2項)、任期は原則として1年であり(同条7項)、取締役会はいつでも執行役を解任できる(会403条)。欠格事由は取締役と同様であり(会402条4項)、取締役が執行役を兼ねることは認められている(同条6項)。

　執行役は、取締役会決議により委任された業務を決定し、業務執行権限を有する(会418条)。執行役は業務の執行を行うため、会社の利益を損なうおそれがあり、委任関係(会402条3項)にもとづく善管注意義務のほかに、取締役と同様の忠実義務を負う。執行役は、会社に著しい損害を及ぼすおそれのある事実を発見したときは、直ちに、その事実を監査委員に報告しなければならず(会419条1項)、また、競業・利益相反取引の制限が適用される(同条2項)。執行役の責任やその免除等に関しても、取締役と同様の規定(会423条以下)が設けられており、違法行為差止請求や代表訴訟の対象にもなる(会422条・847条)。

(2) 代表執行役

　指名委員会等設置会社では、代表取締役は置かれず、執行役が1人であるときはその者が、執行役が複数あるときは取締役会で執行役の中から選定した代表執行役が、会社を代表する(会420条1項)。代表執行役は取締役会の決議により、いつでも解職することができる(同条2項)。代表執行役に関しては、表見代表執行役の制度があり(会421条)、代表権の範囲等につき一般の会社の代表取締役と同様の規定がある(会420条3項)。また、株主による執行役の行為の差止請求権が認められている(会422条)。

3.6.9. 役員等の損害賠償責任

1 会社に対する損害賠償責任
2 第三者に対する損害賠償責任

□1.会社法上、「役員等」とは、どのような概念か。
□2.会社法上、役員等は会社に対して、どのような原因により、どのような内容の損害賠償責任を負うか。
□3.役員等が会社に対して負う損害賠償責任は、どのような場合に、どのような要件のもとで、免除し、また軽減することができるのか。
□4.どのような場面で役員等が第三者に対して責任を負うか。会社法上、役員等が第三者に対して責任を負う規定を設けている趣旨はなにか。その要件はどうなっているか。

1 会社に対する損害賠償責任

（1）責任の原因と内容
1）役員等の任務懈怠責任一般

　株式会社の「役員等」（＝役員（取締役・会計参与・監査役）、執行役及び会計監査人）に就任すると、会社との間で、民法上の委任の規定が適用されることになり（会330条）、その職務を行うにあたり、会社に対して善良な管理者の注意義務（善管注意義務）を負い（民644条）、会社のため忠実にその職務を遂行する義務（忠実義務）を負う（会355条）。そして、役員等は、その任務を怠ったときは、会社に対して損害が生じれば、その損害を賠償する責任を負う（会423条1項）。

　会社法は、役員等の責任を、原則として任務懈怠責任として整理している（会423条1項。会社法は、委員会設置会社とそれ以外の会社とを区別せず、利益供与に関する責任を含めて、取締役の株式会社に対する責任を原則として過失責任とし、旧商法下の会社形態による取締役の責任の不均衡を是正した）。会社法のもとで、法令・定款違反は、任務懈怠となると解される（会社法制定前商法266条1項5号では法令定款違反は責任原因として規定され、具体的な法令違反は責任原因となると解するのが判例・通説であった。最判平12・7・7民集57・6・1767会社百選49）。

　役員等の任務懈怠にもとづく損害賠償責任の追及においては、民法上の債務不履行にもとづく損害賠償責任の追及と同様に、責任を追及する会社側が、①役員等の債務不履行の事実、すなわち任務懈怠の事実、②会社に損害が発生した事実、及び③それらの事実の間に相当因果関係があることについて立証責任を負い、その立証がなされると、役員等が④当該任務懈怠につき自己に帰責事由がなかったこと（自己の善意・無過失）を立証しないかぎり損害賠償責任を負うのが原則である*。但し、後述のように、例外的に、任務懈怠が推定される場合や、無過失責任となる場合がある。

　責任を負う者が複数いる場合は連帯責任となる（会430条）。消滅時効期間は民法の規定により10年となる（最判平20・1・28民集62・1・128）。

*　**任務懈怠と過失との関係（一元説と二元説）**　会社法423条1項の定める役員等の会

社に対する損害賠償責任については、従来から過失責任と解され、任務懈怠は同時に善管注意義務・忠実義務の違反を意味し、その証明がなされれば通常取締役が無過失を立証する余地はないとして、任務懈怠と過失とを一元的に捉える見解が多い(吉田直『重要論点株式会社法』中央経済社(2016年)103頁、江頭・株式会社法466頁)。しかし、会社法428条では、取締役が自己のためにした取引については、423条1項の責任は「任務を怠ったこと」が当該取締役又は執行役の「責めに帰することができない事由」によるものであることをもって免れることができないと定めている。このことから、任務懈怠(違法性)と過失(責めに帰する事由)とを別の要件ととらえ、任務懈怠があったとしても過失がなければ会社法423条1項の責任を負わないと解する二元説も有力である(相澤他・新解説117頁～118頁)。損害が巨額に上ることが多い場合に賠償額の算定をめぐり立証を尽くす必要からも、二元説が妥当である(落合・要説101頁)。なお、判例の趨勢は、善管注意義務違反(内部統制システム構築義務違反を含む)の有無を判断する際は、「任務懈怠＋過失」というように二段階には考えないで、善管注意義務違反があると判断すると過失の有無は問題にしない、すなわち、過失の有無も善管注意義務違反のなかで判断していると評されている(神田・会社法260頁)。

２）取締役・執行役の競業取引に関する責任

取締役や執行役が自己又は第三者のために会社の事業の部類に属する取引(競業取引)をしようとするとき、すなわち、取締役等でありながら会社とライバル関係になる取引をしようとするときは、取締役会(取締役会非設置会社では株主総会)の承認を受けなければならない(会356条1項・365条1項)。この競業取引を行った取締役等の責任を追及するには、会社が取締役等の任務懈怠や損害等を立証する必要があるが、取締役等が会社の承認を得ずに競業避止義務に違反する取引を行った場合には(会356条1項1号)、会社の損害額は、取締役又は第三者が得た利益の額と推定される(会423条2項)。

３）取締役・執行役の利益相反取引に関する責任

取締役や執行役が利益相反取引(会356条1項2号3号)を行った結果、会社に損害が生じた場合、①当該取引を行った取締役、②取引を行うことを決定した取締役、③取引に関する取締役会の承認決議に賛成した取締役は、任務懈怠があったと推定される(会423条3項)。決議に参加した取締役は議事録に異議をとどめておかないと決議に賛成したものと推定される(会369条5項)。

なお、自己のために当該取引を行った取締役については、任務懈怠について帰責事由がなかったとしても免責されず(無過失責任)、後述する責任の一部免除制度(会425～427条)は適用されない(会428条)。

４）利益供与・剰余金分配・現物出資

任務懈怠責任とは別の法定責任として、①株主の権利行使に関する利益供与に関与した取締役・執行役の責任(会120条)がある。例えば、総会屋に利益供与したような場合である(この場合には、厳重な刑事罰則(会970条)も用意されているが、ここでは民事の責任を取り上げている)。この利益供与に関与した取締役等の民事責任は、無過失の立証責任が転換された過失責任とされている。当該利益供与を直接行った取締役や執行役は無過失責任とされ、過失の立証責任が転換されている(会120条4項)。

なお、会社法では(制定時に、取締役会決議に賛成した取締役のみなし行為者責任規定を廃止したが)、利益供与に関しては、当該利益供与をした取締役・執行役に加え、法務省令に定める(取締役会決議等に賛成した取締役等〔会施規21条〕)利益供与に関与し

た取締役や執行役も、利益供与額に相当する額について連帯して弁済責任を負う（会120条4項・369条5項）。

また、②剰余金の配当等に関する職務を行った業務執行者の責任（会462条）がある。分配可能額を超える剰余金の分配をした取締役・執行役・職務上関与者及び分配議案を作成した取締役・執行役・職務上関与者は、その分配額について連帯して弁済責任を負う（会462条1項2項）。この責任は、無過失の立証責任が転換された過失責任とされている。総株主の同意をもってしても、分配可能額の限度しか免責することができない（会462条2項3項）。会社債権者保護のためであり、会社法464条・465条も同趣旨の規定である。

ここに、業務執行者とは、業務執行取締役（執行役）その他業務執行取締役の行う業務の執行に職務上関与した者として法務省令で定めるものをいう。

なお、剰余金の配当について欠損が生じた場合の期末の填補責任が規定され（会465条1項10号）、その責任を負わない場合（同号イ～ハ）や、填補責任の算定方法が明定されている。

①②の法定責任については、責任の一部免除制度はない。

③募集株式の発行等及び新株予約権行使の際に現物出資が行われた場合の財産価格填補責任について法定されているが、検査役の調査を受けた場合や無過失の立証をした場合には、取締役の責任は生じない（会213条・286条）。また、生じた責任の免除について、手続や限度額など特に制限はない。

5）決議賛成者の責任

以上の責任につき、取締役会決議に賛成した取締役は、責任行為者とみなされない（会社法制定前商266条2項の「みなし行為者責任規定」は廃止された）が、任務懈怠に該当するときには同一の責任を負う。但し、前述のように、利益相反取引の場合には、決議に賛成した取締役は任務懈怠が推定される（会423条3項3号・4項）。

（2）責任の免除・軽減

1）責任の免除

役員等の会社に対する責任は、原則として、総株主（議決権のない株主を含む）の同意がなければ免除されない（会424条・120条5項。なお、剰余金の配当等に関する職務を行った業務執行者の責任の免除は、会社債権者保護のために分配可能額までの額に限られる〔会462条3項〕）。

会社に最終完全親会社等がある場合、多重代表訴訟の対象となる特定責任（会847条の3第5項）を総株主の同意で免除するには、会社の総株主の同意に加えて、その会社の最終完全親会社等の総株主の同意も必要である（同条第10項〔平成26年改正事項〕）。

2）責任の軽減

巨額の損害について役員等が全額の責任を負うことになると、経営が萎縮したり役員等のなり手がいなくなったりすることが懸念されることから、会社に対する役員等の責任は、任務懈怠責任（会423条）に限り、会社・役員等の間での問題として一定の条件の下で軽減することが許容されている（平成5年商法改正で株主代表訴訟が利用し

易くなり、その濫用や経営者への威嚇が指摘されて、平成13年商法改正により当該制度が導入された)。

　ⅰ　**株主総会の特別決議による事後の責任軽減**　役員等の会社に対する責任が認定された場合、その役員等に「職務を行うにつき善意でかつ重大な過失がないとき」は(＝主観的要件)、株主総会(多重代表訴訟の対象となる特定責任(会847の3条第6項)については会社の株主総会と最終完全親会社等の株主総会)の特別決議によって、損害賠償額を、「最低責任限度額」＊にまで軽減できる(事後免除。会425条1項・309条2項8号)。

　　＊　**最低責任限度額**　①代表取締役・代表執行役については一定年額の6年分、②代表取締役以外の取締役(業務執行取締役等)、代表執行役以外の執行役については一定年額の4年分、③それ以外の取締役・会計参与・監査役・会計監査人については一定年額の2年分と、新株予約権行使額等(会施規114条)の合計額(最低責任限度額)である。①～③でいう「一定年額」とは、その役員等がその在職中に会社から職務執行の対価として受け、又は受けるべき財産上の利益の1年間当たりの額に相当する額として法務省令で定める方法により算定される額である(会施規113条)。

　取締役(監査等委員や監査委員ではない)・執行役の責任軽減の議案の提出には、監査役(監査等委員会設置会社では監査等委員、指名委員会等設置会社では監査委員)の全員の同意を要し、また、株主総会において一定の事項を開示しなければならない(会425条2項3項)。

　責任軽減の決議があった場合、会社が決議後にその役員等に対し、退職慰労金その他の法務省令で定める財産上の利益(会施規115条)を与えるとき、又は、その役員等が決議後に新株予約権の行使・譲渡をするときには、株主総会の承認が必要である(会425条4項)。役員等が新株予約権証券を所持するときは会社に遅滞なく預託することを要し、その譲渡のため返還を求めるには譲渡を承認する株主総会決議が必要である(会425条5項)。

　ⅱ　**定款規定による取締役（取締役会）の決議にもとづく責任軽減**
　取締役が2人以上の監査役設置会社、監査等委員会設置会社又は指名委員会等設置会社では、事前に定款で定めておけば、当該責任を負う取締役を除く取締役の過半数の同意(取締役会設置会社では取締役会の決議)によって、取締役の損害賠償責任額を上記事後免除の場合と同額を限度として軽減できる(会426条1項。但し、「責任の原因となった事実の内容、当該役員等の職務の執行の状況その他の事情を勘案して特に必要と認めるとき」に限られる)。この定款は登記を必要とする(会911条3項24号。監査役の全員の同意は株主総会での定款変更時及び取締役会への責任免除議案提出時の双方で必要となる〔会426条2項〕)。

　この方法による免除の場合には、株主に異議手続が定められており、総株主の議決権の100分の3以上を有する株主が異議を述べたときは、免責ができない(会426条7項)。

　3）定款規定による責任限定契約にもとづく事前の責任軽減
　社外取締役等の責任については、定款に定めを置くことにより、法定の限度内で

制限しておく特約(責任限定契約)を会社と社外取締役等との間で締結することが認められており、社外取締役等の確保と活用を容易にすることが図られている。すなわち、会社は、業務執行取締役等を除く取締役、会計参与、監査役又は会計監査人(非業務執行取締役等)の責任について、当該非業務執行取締役等が職務を行うにつき善意で重過失のないときは、定款で定めた額の範囲内で、あらかじめ「会社が定めた額と最低責任限度額とのいずれか高い額を限度とする」旨の責任限定契約を非業務執行取締役等と締結することができる旨を、定款で定めることができる(会427条1項)。

責任限定契約を締結した非業務執行取締役等が当該株式会社の業務執行取締役等に就任したときは、当該契約は将来に向かってその効力を失う(同条2項)。責任限定契約を締結できる旨を定める定款変更議案を株主総会に提出する場合には、監査役又は監査等委員、監査委員の同意を得なければならない(同条3項・会425条3項)。

責任限定契約を締結した会社が、契約の相手方である非業務執行取締役等の任務懈怠により損害を受けたことを知ったときは、その後最初に招集される株主総会において、一定の事項を開示しなければならない(会427条4項)。責任限定契約にもとづいて賠償責任が一部免除された後に退職慰労金等の支給があった場合や、非業務執行取締役等が新株予約権証券を所持する場合は、総会決議による免除の場合と同様である(会427条5項)。

2　第三者に対する損害賠償責任

(1) 役員等の任務懈怠にもとづく第三者に対する損害賠償責任
1) 本条項の法意と機能

役員等は会社に対して任務を負う関係にあり、第三者に対しては直接の法律関係に立たないので不法行為の要件を満たさない限りは損害賠償責任を負わないのが原則である。しかし、会社法は、一定の場面で、役員等が第三者に対して損害賠償責任を負う規定を設けている。すなわち、まず、任務懈怠の場面において、役員等がその職務を行うにつき、悪意又は重過失があったときは、第三者に対しても連帯して損害賠償責任を負う(会429条1項・430条)。

本条項の責任を不法行為責任と較べて、主観的要件において軽過失の場合に責任が免除されている点に注目し、本条項は会社の職務に鑑みて責任を軽減したと解する立場(不法行為責任特則説)がある。しかし、主観的要件の対象が損害の発生ではなく職務執行にあるから、不法行為責任とは異なる責任であり、会社債権者を主とした第三者の保護を趣旨とする規定と解する立場(特別法定責任説)が通説・判例である(最大判昭44・11・26民集23・11・2150会社百選70、なお、多様な学説の整理につき、新基本法コンメ(2)383頁以下〔三原園子〕、参照)。後者の立場では、本条項の責任は、不法行為と成立要件が異なるから不法行為責任と競合し、このことも損害を受けた者の保護に資することになる。

現実に、株式会社形態を採りながら資力の乏しい小規模会社が倒産した場合に、弁済を受けられない会社債権者が、取締役等の資力をあてにして当該責任を追及する事例が多い。わが国特有の株式会社制度利用の実態においては、当該責任規定が、法人格否認の法理とともに、株式会社の債権者を保護する機能を担っている。

2）要　件

i　**違法性と損害の発生**　役員等が任務懈怠によって第三者に対して負う責任は損害賠償責任であるから、損害を与える違法な行為と第三者における損害の発生がなければならない。役員等の職務に関係のない違法行為は原因とならない。違法性は、役員等の会社に対する任務懈怠に求められる（任務懈怠の典型は放漫経営であるが、監視義務違反が問題となる事例が多い〔後掲コラム参照〕）。

ii　**悪意・重過失と相当因果関係・損害の種類**　責任の主観的要件となる悪意・重過失は会社に対する任務懈怠について存在すれば足り、役員等の任務懈怠行為と第三者における損害の発生との間に相当因果関係が必要である。その相当因果関係がある限り、直接損害と間接損害とを問わない（前掲最大判昭44・11・26）。

【取締役の第三者に対する責任をめぐる問題点】

i　**監視義務違反の責任（名目的取締役の責任）**　取締役会が会社の業務執行を監視・監督する権限を有することを根拠として、取締役会の構成員たる地位にある取締役が他の取締役の業務執行につき監視義務を負うとするのが通説・判例の立場である（最判昭48・5・22民集27・5・655会社百選71、最判昭55・3・18判時971・101）、その後、昭和56年商法改正（旧商260条1項〔現・会362条2項2号〕）によって、取締役会の業務執行の監視・監督権限が明定された）。その取締役の職責は、取締役会に上程された事項に限られず、業務執行一般に及ぶ。そして、代表取締役の監視義務は、他の代表取締役に対しても（最大判昭44・11・26民集23・11・2150会社百選70）、それ以外の取締役に対しても（最判昭49・12・17民集28・10・2059）、認められる。取締役会非設置の場合でも、各取締役が業務執行機関として、代表取締役・取締役を監視・監督する義務を負う。

これら取締役の監視義務違反は、任務懈怠として、第三者に対する責任の原因となりうる。そして、取締役の員数の辻褄合わせや会社の社会的信用の増強等を目的として、会社の業務に一切関与することなく、名義のみを貸して取締役に就任している「名目的取締役」でも、本条項によって監視義務違反の責任を追及される場合もある（最判昭48・5・22民集27・5・655会社百選71、最判昭55・3・18判時971・101、但し、重過失による任務懈怠があるとは言えないとして、また、第三者の損害との因果関係がないとして、否定する裁判例もある）。

ii　**登記簿上の取締役の責任**　適法な選任手続を経ていない「登記簿上の取締役」について、取締役に第三者に対する責任を負わせるにあたり、不実登記の出現に加功した者として改正前商法14条（現会社法908条2項）が類推適用される（最判昭47・6・15民集26・5・984商法百選9、最判昭55・9・11民集34・5・717）。

また、「辞任登記未了の辞任取締役」については、不実登記の残存につき明示的に承諾する等の特段の事情がある場合に限って責任を負うと解されている（最判昭62・4・16判時1248・127会社百選72、最判昭63・1・26金法1196・26商法百選10）。学説も、多くは、同様の見解を示している。しかし、会社法103条4項が、擬似発起人の責任については発起人とみなして任務懈怠を要件とする第三者に対する責任規定（会53条2項）を適用する旨を明らかにしているのに対して、明文規定のない登記簿上の取締役に、取締役としての職務権限があるとみなすことは無理があり、登記義務者でもなく、契約上の責任でもなく、取締役としての義務でもない者に、会社法908条1項を類推適用して会社法429条1項の責任を認めることはく疑問であるとの見解も有力である（青竹・新会社法376頁）。

iii　**事実上の取締役の責任**　取締役として選任されておらず、かつ取締役の名称を使用していなくても、実際には経営者として強大な権力を握っている場合、「事実上の取締役」として本条項の規定を類推適用した裁判例がある（名古屋地判平22・5・14判時2112・66、大阪地判平

23・10・31判時2135・121)。実質的所有者である場合は、法人格否認の法理によるべきであり、事実上の取締役として責任を追及するには会社の業務執行に相当程度関与していることが必要である。

　ⅳ　第三者の範囲　　本条項の「第三者」には、債権者が含まれるが、間接損害の場合に株主が含まれるかどうか、見解が分かれる。株主非包含説は、株主の損害回復のためには代表訴訟が用意されていること、取締役が株主に賠償しても会社の損害賠償請求権が消滅せず取締役は二重の責任を負いかねないこと、それを避けるとすると取締役の会社への損害賠償責任を免除するために総株主の同意が必要とする規定と抵触すること、特定の株主が早い者勝ちで取締役の責任を追及してしまい不当な結果となることを理由とする(神田・会社法265頁、前田・入門452頁)。他方、株主包含説は、代表訴訟によって損害が回復できない場合があること、法文に沿った解釈であること、株価の下落という形で株主が受けた損害につき株主は賠償請求できると解するべきことを理由とする(江頭・株式会社法504頁、弥永・リーガルマインド256頁、青竹・新会社法373頁)。なお、会社法の立案担当者は、株主を排除する理由はないとして、「直接損害」と「間接損害」とで区別していない(相澤他・論点解説354頁)。

3）民法規定の適用

　本条項の責任については、過失相殺が認められる(最判昭59・10・4判時1143・143は、根拠条文を示さず肯定する。民722条2項の類推適用を肯定するものとして、最判昭49・12・17民集28・10・2059)。遅延損害金の起算点は、損害発生の時からではなく、期限のない債務として履行の請求があった時(民412条3項)となる。また、法定利率は民法の規定に従う(民法404条の年5分とする判例があるが(最判平元・9・21判時1334・223)、民法(債権関係)改正法では、3年ごとに法務省令で定められる変動利率となる)。消滅時効期間については民法167条1項により10年となる(最判昭49・12・17民集28・10・2059)。また、前述のように、一般不法行為の要件を満たす場合、第三者は、不法行為の責任規定(民709条)によっても責任を追及できる。

（2）役員等の虚偽記載等にもとづく第三者に対する損害賠償責任

　もう一つ、会社法上、役員等が第三者に対して損害賠償責任を負う規定の特則として、不実情報開示の場面の規定がある。すなわち、特定の書類や登記・公告等に虚偽の記載・記録があった場合には、当該虚偽記載等をした役員等*は、注意を怠らなかったことの証明をしない限り、責任を免れない(会429条2項)。

　　＊　**不実情報開示の責任を負う役員と虚偽記載等の対象**　　1)取締役・執行役については、①株式、新株予約権、社債・新株予約権付社債を引き受ける者の募集をする際に通知を要する重要事項についての通知、②募集のための会社の事業その他の事項に関する説明に用いた資料、③計算書類・事業報告・その附属明細書・臨時計算書類に記載・記録すべき重要事項、④登記、⑤公告、2)会計参与については、計算書類・その附属明細書・臨時計算書類・会計参与報告に記載・記録すべき重要事項、3)監査役・監査等委員・監査委員については、監査報告に記載・記録すべき重要事項、4)会計監査人については、会計監査報告に記載・記録すべき重要事項である。
　　なお、金融商品取引法は、投資家保護のため、有価証券届出書及び目論見書の記載・不記載にもとづく役員等の損害賠償責任を定めており(金商21条1項1号・2項1号・22条)、上記①②③については必要又は重要な事項が含まれる。

　会社法429条2項の役員等の責任は、直接損害の責任の一場面に該当し、虚偽の書面を信頼した第三者をとくに保護するため、その第三者との関係では役員等に任

務懈怠があったものとみなされる。そして、情報開示の重要性及び虚偽記載等の危険性に鑑み、同条1項の責任と異なり、軽過失でも責任を負い、過失がないことを役員等の側で証明しなければ免責されない(会429条2項但書)と規定されている(相澤他・論点解説355頁)。会社法は、昭和56年改正商法の立場を引き継いで「挙証責任転換説」を採用している。また、本条2項が列挙していないものには、原則どおり本条1項が適用されるので、本条項は「制限列挙説」を採用したものと解される(新基本法コンメ(2)389頁〔三原園子〕)。

書類等の虚偽記載等の責任についても記載等と第三者の損害発生との間に相当因果関係が必要である(同条項本文)。なお、第三者の範囲について、昭和56年商法改正以来、会社法上、過失責任であることが明定されているので、限定する理由はなくなっている。

3.6.10. 株主代表訴訟と差止請求権

    1   業務執行に対する株主の直接的な監督是正
    2   株主の差止請求権
    3   株主代表訴訟

□1.株式会社の業務執行に対して株主が監督是正を行う方法はなにか。
□2.役員等の違法行為等に対する株主の差止請求権とはどのような権利か。
□3.株主代表訴訟とはなにか。多重株主代表訴訟とはなにか。

1 業務執行に対する株主の直接的な監督是正

会社の業務執行に対する株主の監督は、原則として、株主総会の権限(取締役の選任・解任など)を通じて間接的に行われるが、会社法上、各株主に機関的地位を認めて、会社の業務執行に対する直接的な監督是正を行わせる制度が設けられている。後述する株主の差止請求、株主代表訴訟制度がある。

また、取締役(指名委員会等設置会社の取締役を除く)は、会社に著しい損害を及ぼすおそれのある事実があることを発見したときは、直ちに、当該事実を株主(監査役設置会社では監査役、監査役会設置会社では監査役会)に報告しなければならない(取締役の報告義務、会357条。執行役の監査委員への報告義務は会419条3項)。取締役による監督とは別に、業務執行を監督する機関が常置されていない場合には、株主が直接監督しやすくなるよう配慮されており、また、業務執行検査役の選任(会358条)や各種の議事録・帳簿の閲覧請求の制度も、株主による監督に資するものである。

2 株主の差止請求権

(1) 株主の差止請求権の制度趣旨

会社法360条は、6か月前から継続して株式を保有する株主(非公開会社では6か月

の継続保有要件は不要）は、取締役が株式会社の目的の範囲外の行為その他法令若しくは定款に違反する行為（＝違法行為等）をし、又は、するおそれがある場合、この行為によって会社に「著しい損害」（監査役設置会社、監査等委員会設置会社又は指名委員会等設置会社では、「回復することができない損害」）が生じるおそれがあるときは、取締役に対して当該行為をやめるよう請求することができる旨を定める。

　取締役が違法行為等を行って会社に損害が及ぼしたときは損害賠償責任を負うが、事後的な損害賠償では十分な救済が得られない場合があるから、そのような行為を事前に抑止する必要がある。そして、取締役の違法行為等については、本来、会社が事前に差し止めるべきであるが、取締役は会社の業務執行にあたり一定の地位を有しているため、会社が差し止めによってそうした行為を抑止することは必ずしも期待できない。また、取締役の業務執行を監視する機関が常置されていない場合、あるいは、それが常置されていても機能しない場合に備える必要がある。そこで、一定の要件のもとに、個々の株主に会社のために機関的な地位を認め、取締役の違法行為等の差止を請求する権利（＝違法行為差止請求権）を定めたのである（会社法360条の解説につき、新基本法コンメ(2)360頁以下〔福原〕参照）。

　指名委員会等設置会社においては、執行役や清算人の違法行為等に対しても株主の差止請求権がある（会422条・482条4項）。取締役又は執行役の違法行為等に対する同様の差止請求権は、監査役設置会社の監査役、監査等委員会設置会社の監査等委員、指名委員会等設置会社の監査委員にも認められる（会385条・399条の6・407条）。

　他方、株主の会社に対する差止請求権としては、募集株式発行等差止請求権（会210条）、募集新株予約権発行等差止請求権（会247条）、組織再編の差止請求権（会784条2項・796条2項）等があるが、これらは株主等の利益保護を直接の目的としたものであり、本条とは制度趣旨や要件が異なる。

（2）差止請求権の要件
1）差止請求ができる株主
　会社法360条の差止請求ができる株主は、原則として、6か月前から継続して株式を保有する株主である（この株式保有期間の定めは、昭和25年商法改正に際し、共益権を行使する株主は一時的な権利者とせず、また、権利を濫用しない者に限定しようとして設けられたが、その合理性には批判がある（会社法コンメ(8)139頁〔岩原紳作〕）。本条1項では、定款自治を認めて、要件となる株式保有期間を定款によって6か月より短縮することができる旨を括弧書きで定めている。また、非公開会社においては、株式保有期間の要件は要求されない（本条2項）。

　株主の差止請求権は単独株主権であり、1株を有していれば認められる。議決権のない株主にも認められる。単元未満株主であっても原則として有するが、定款により単元未満株主が有しない旨を定めることもできる（会189条2項6号、会施規35条）。

2）取締役の違法行為等
　差止請求の対象となる取締役の行為は、株式会社の目的の範囲外の行為その他

法令もしくは定款に違反する行為(違法行為等)である。
　「株式会社の目的の範囲外の行為」とは、定款所定の目的の範囲外の行為のことであり、これは定款の具体的な規定に違反する行為の例示にすぎず、明文化されたのはアメリカの州会社法の伝統にもとづく(江頭・株式会社法496頁、逐条解説(4)450頁〔髙橋英治〕)。差止めは会社内部の問題であり取引の安全を考慮する必要がないので、客観的に会社の定款所定の目的の範囲内であっても主観的に目的の範囲外であれば差止の対象となる。
　差止請求の対象となる「法令に違反する行為」とは、法令の具体的規定に違反する行為のほか、取締役の善管注意義務(会330条)及び忠実義務(会355条)に違反する行為も含まれる。また、法令には、会社法以外の法令もすべて含まれる。
　なお、違法行為等が有効であると無効であるとを問わず、差止めの対象となると解される(前田・入門449頁)。
　差止請求の対象となる取締役の行為について、代表取締役の行為に限定する見解があるが、代表取締役の行為に限らず、差止めの対象となる行為につき業務執行権を有する代表権のない業務担当取締役の行為も差止めの対象となると解されるべきである(森本滋『会社法(第2版)』有信堂高文社(1995年)259頁)。さらに、業務執行行為ではないが、取締役会の承認を得ない競業取引、取締役会の招集や議決権行使も、差止めの対象とする余地がある(会社法コンメ(8)139頁〔岩原〕、反対説として、畠田公明「株主・監査役・監査委員による取締役の行為の差止めの要件と効果」会社法の争点〔有斐閣・2009年〕147頁)。差止請求は違法行為等がなされないうちに事前になされなければならないが、違法行為等が継続している場合に違法状態を取り除くことも差止の請求の対象と解される(畠田・前掲147頁)。

3) 著しい損害(回復することができない損害)の生ずるおそれ

　差止請求が認められるのは、取締役の違法行為等によって、会社に「著しい損害」が生ずるおそれがある場合でなければならず、監査役設置会社、監査等委員会設置会社又は指名委員会等設置会社では、会社に「回復することができない損害」が生ずるおそれがある場合でなければならない。損害発生のおそれを要件とするのは、差止請求権の濫用を防止するためであるとともに、取締役の権限を株主が不当に干渉しないようにするためである。
　「著しい損害」とは、その質及び量において著しいことを意味し、取締役の違法行為等によって生ずる損害が損害賠償その他の措置によって回復可能であるかどうかを問わない。「回復することができない損害」とは、典型的には、処分された財産を取り戻すことができず、しかもその損害が賠償責任によって償いきれない場合をいうが、そのように損害の回復が絶対的に不可能な場合に限らず、回復が相当に困難な場合も含まれる(回復することができない損害の疎明がないとされた事例として、東京高決平17・6・28判時1911・163)。「著しい損害」は「回復することができない損害」を含むが、後者の方が前者よりも損害の程度が大きい(前田・入門448頁)
　株式会社の機関設計の柔軟化が図られた会社法においては、監査役設置会社、監査等委員会設置会社又は指名委員会等設置会社のいずれでもない会社では、

監査役や監査委員が置かれず、それらの機関による取締役の行為に対する監督・是正機能が果たされないので、それらに代わって株主が監督・是正の機能を果たすようにするため、監査役や監査委員が有する差止請求権の要件と同じレベルで、会社に「著しい損害」が生ずるおそれがあるときを株主の差止請求権の要件とされた。

(3) 差止請求の方法

差止請求の相手方は取締役であり会社ではなく、この点で募集株式の発行等の差止請求等の場合とは異なる。株主による差止請求は、取締役を相手方として、裁判外でもできるが、取締役が請求に応じないときは、株主が原告となり取締役を被告として差止めの訴えを提起することができ、その判決の効力は会社に及ぶ(民訴115条1項2号)*。

> * **差止訴訟と仮処分命令の申立**　差止訴訟に関し、訴訟管轄、訴訟参加、訴訟告知、担保供与、勝訴株主の権利・敗訴株主の責任等については、代表訴訟の規定(会847条7項8項・849条・851条・852条)を類推適用することが一般的に認められる(江頭・株式会社法496頁、前田・入門448頁)。もっとも、専属管轄の規定の類推適用については消極的な見解が有力である(坂井芳雄「新株発行の差止及び取締役に対する行為の差止の仮処分」『村松俊夫裁判官還暦記念・仮処分の研究(下)』日本評論社(1966年)226頁)。
> 　また、差止訴訟を本案とする仮処分命令を申し立てることもでき、その訴えにもとづく仮処分をもって取締役の違法行為等を差し止めることができる(民事保全23条2項)。この仮処分を株主が申し立てる場合には、担保の提供が求められることがあり得る(監査役又は監査委員による差止めの訴えにもとづく仮処分命令の場合には、担保を立てる必要がない。会385条2項・399条の6・407条2項)。なお、この仮処分は、被保全権利そのものを実現する満足的仮処分となり、仮処分の内容は、特定の行為をしてはならない旨の仮処分債務者である取締役に対する不作為命令である(江頭・株式会社法497頁、会社法コンメ(8)142頁〔岩原〕、このことから仮処分を認めることに慎重な決定として、東京地決平16・6・23金判1213・61)。

(4) 差止請求権行使の効果

1) 裁判外の請求の効果

株主により本条にもとづく行為の差止請求がなされたからといって、その差止請求に理由があるとは限らないので、取締役は当然に当該行為をやめなければならないわけではなく、取締役が当該行為を履行するかどうかは善管注意義務に従って判断される。裁判外の差止請求を無視してなされた行為が後に定款・法令違反の行為であると確定したときは、取締役は会社に対して任務懈怠の責任を負うことになるが(会423条1項)、この責任は差止請求の有無にかかわらず認められるので、差止請求権行使の効果ではない。

2) 仮処分違反の行為の効力

差止訴訟を本案とする仮処分を無視して取締役が行った当該行為の対外的効力については、仮処分の成果や実効性を確保することへの理論的工夫が必要となる*。

> * **差止訴訟を本案とする仮処分を無視した取締役の行為の対外的効力**　第三者の権利取得は相対的効力のみを有し、会社には対抗できないとする見解(田中誠二『会社法詳論(上)三全訂』勁草書房(1993年)706頁)、新株や社債の発行など画一的に決すべき行為を除き、善意の第三者を害しない範囲で、取引の相手方が差止無視を知っている場合は会社

は行為の無効を主張できるとの見解(従来の有力説、鈴木=竹内・会社法305頁)がある。仮処分は取締役に会社に対する不作為義務を課すものにとどまり、義務違反の責任が生じるだけで、行為の対外的効力には影響しないと解さざるを得ない(近時の多数説、江頭・株式会社法497頁、前田・入門450頁、東京高判昭62・12・23判タ685・253、参照)。仮処分の実効性を確保する制度の整備は立法論を待つほかないが、現行法においても、仮処分命令違反は、取締役の解任の訴えの要件でもある重大な法令定款違反となったり(会854条)、取締役の責任が争われる場合に無過失の主張を困難にしたりするので、差止請求権の行使が、取引的行為の効力に関して無機能であっても、取締役の違法行為等に対する一定の抑止力にはなる(畠田・前掲147頁)。

【会社法上の差止請求権】
　会社法の規律においては、事後の無効主張や損害賠償による救済策に加えて、事前の防止策や不利益回避策を定めることが望ましいと考えられる場面が増え、各種の差止請求権が定められて、エンフォースメント手段の多様化が図られている。
　株主による取締役・執行役の違法行為の差止め(会360条・422条)、監査役等による取締役・執行役の違法行為の差止め(会385条・399条の6・407条)、株主が会社に対して主張する募集株式発行の差止め(会210条・247条)、全部取得条項付種類株式の取得の差止め(会171条の3)、株式併合の差止め(会182条の3)、組織再編の差止め(会784条の2・796条の2・805条の2)、及び、売渡株主等が特別支配株主に主張する株式等売渡請求に係る売渡株式等の全部の取得の差止め(会179条の7)がある。

3　株主代表訴訟

(1) 株主代表訴訟の意義・趣旨・対象

　取締役ほか役員等が会社に対して責任を負う場合、会社がその責任追及を怠る可能性が大きいため、株主は、会社に代わって、役員等の「責任を追及する訴え」*を提起することができる(会847条・847条の4～853条)。この訴訟は、株主代表訴訟(derivative suit)と呼ばれ**、第三者である株主が当事者適格を有し、判決の効力が会社に及ぶという、第三者の訴訟担当(民訴115条1項2号)に該当する。

*　**責任追及等の訴えとしての統括**　会社法は、株主代表訴訟を「責任追及等の訴え」とし、①発起人、設立時取締役、設立時監査役、役員等(取締役・会計参与・監査役・執行役・会計監査人)もしくは清算人の責任を追及する訴え、②株主の権利行使に関して利益の供与を受けた者に対する利益の返還を求める訴え(会120条3項)、③不公正な払込金額で株式又は新株予約権を引き受けた者に対して不足価額等の支払を求める訴え(会212条1項・285条1項)を統括している(会847条1項)。

**　**代表訴訟によって追及できる取締役の責任の範囲**　この点について、訴訟懈怠の可能性に鑑み、取締役が会社に対して負担する一切の債務であるとする見解が多い(全債務説・通説、前田・入門439頁等)。この見解に対して、総株主の同意によってのみ免責が認められる責任又は会社法上の責任に限定する見解が有力である(限定説、江頭・株式会社法484頁、弥永・リーガルマインド219頁)。判例は、取締役の地位にもとづく責任のほか、取締役の会社に対する取引債務についての責任も含まれると解している(取引債務説、最判平21・3・10民集63・3・361)。
　代表訴訟は会社が責任追及の訴えの提起が不適当と判断しても提起できるので(会847条3項)、全債務説又は取引債務説は、代表訴訟を広く認めすぎで、濫用のおそれが大きいので、総株主の同意がなければ免除できない責任ないし一部免除しか認められない責任(会53条1項・55条・120条4項5項・423条1項・424条・428条・462条1項3項・464条・465条)、又は総株主の同意がなければ免除できない資本充実責任(会52条1項・52条の3第3項・55条・103条

2項3号)に限定して認めるべきとの見解(青竹・新会社法381頁)が説得的である。
　なお、取締役在任中に生じた責任については、退任しても代表訴訟による追及は免れることはできない。

(2) 原告適格
1) 株主の持株要件等
　役員等の責任を追及する訴訟の提起を会社に請求し、一定の要件のもとで自ら株主代表訴訟を提起することができる株主は、6か月前から継続して株式を保有(非公開会社では6か月の継続保有要件は不要)する株主である。株主が保有する株式は1株でもよく、議決権なき株式でもよい。但し、単元未満株主は、その権利行使を制限する旨の定款の定めがある場合には、訴え提起の請求ができない(会847条1項本文・189条2項)。

2) 原告適格の継続
　株式交換・株式移転による持株会社の創設又は合併により、株主代表訴訟を提起していた株主がその会社(完全子会社となる会社又は合併による消滅会社)の株主でなくなった場合でも、完全親会社又は合併による新設会社ないし存続会社の株主となるときは、原告適格を失わず訴訟の継続が認められる(会851条)。

3) 株式交換等があった後の旧株主
　株式交換等により完全子会社化された株式会社に関して、完全子会社化以前に株主代表訴訟を提起し得る立場にあった株主は、株式交換等によって完全子会社の株式を失った後も、その対価として取得した完全親会社の株式を引き続き保有している限り、完全子会社の取締役等に対して株式交換前の事由に関して株主代表訴訟を提起できる(会847条の2)。平成26年会社法改正により、改正前会社法851条(係属中に株式交換がなされた場合の原告適格の維持)の規定が拡張された。

(3) 株主代表訴訟の手続
1) 会社に対する請求と株主による提訴
　適格を有する株主は、まず、会社に対して役員等の責任追及の訴えを提起するよう書面等で請求することができる(会847条1項2項)。この請求の日から60日以内に会社が訴えを提起しない場合には、その株主自らが訴えを提起でき(会847条3項)、また、この期間の経過により会社に回復することができない損害が生じるおそれがある場合には、直ちに訴えを提起できる(同条5項)。
　会社は、請求の日から60日以内に責任追及等の訴えを提起しない場合において、当該請求をした株主(又は発起人、設立時取締役、設立時監査役、役員等若しくは清算人)から請求を受けたときは、当該請求をした者に対し、遅滞なく、責任追及等の訴えを提起しない理由を書面(=不提訴理由書)その他の法務省令で定める方法により通知しなければならない(同条4項)。
　株主は、代表訴訟をしたときは、遅滞なく、会社に対して訴訟告知をしなければならない(会849条4項)。

2）訴訟費用

株主が代表訴訟を提起する際の訴額は請求額にかかわらず、160万円とみなされ、訴訟手数料は一律13000円となる（会847条6項、民事訴訟費用等に関する法律4条2項・3条1項）。この安さは、株主代表訴訟を起こしやすくしている。

3）濫訴の防止と担保提供命令

株主代表訴訟は濫用される危険もあることから、株主もしくは第三者の不正な利益を図り又は当該会社に損害を加えることを目的とする場合には、当該株主は訴え提起の請求ができない（会847条1項但書）*。

* **責任追及等の訴えを提起できない場合に関する規定の整備**　責任追及の訴えを提起できない場合として、会社法案は、次の2つを掲げていた。すなわち、①責任追及等の訴えが当該株主若しくは第三者の不正な利益を図り又は当該株式会社に損害を加えることを目的とする場合（株主の動機に不正な意図があるとか、訴えの目的が明らかに訴権の乱用と評価できる場合）、及び、②責任追及等の訴えにより当該株式会社の正当な利益が著しく害されること、当該株式会社が過大な費用を負担することとなることその他これに準ずる事態が生ずることが相当の確実さをもって予測される場合（訴訟の追行が会社に与える損害や負担などの客観的な問題に関する場合）である。しかし、後者②は、衆議院での与党修正で削除され、会社法は①のみを掲げている（会847条1項但書）。

また、被告取締役が、原告株主の「悪意」*を疎明したときは、裁判所は株主に対して相当の担保の提供を命じることができる（会847条7項8項）。この場合の「悪意」については、従来は害意と解されていたが、最近では、不当訴訟の場合か不法不当目的の場合をいうと解されている（蛇の目基準、東京高決平7・2・20金判968・23会社百選68。さらに、本決定は、不当訴訟が過失による場合は悪意という文言にそぐわないと判示している）。

4）訴訟参加・和解

会社が訴訟を提起した場合には株主が、株主が訴訟を提起した場合には会社と他の株主が、提起されている訴訟に参加することができる（同条1項）。これは、不当な訴訟遂行を防ぐために認められたものである。

会社が被告取締役側に補助参加をすることも認められているが、監査役設置会社では監査役全員の同意（被告が監査委員である場合を除き、監査等委員会設置会社では監査等委員全員、指名委員会等設置会社では監査委員全員）の同意を要する（会849条3項）。

また、会社が訴訟上の和解をすることも認められ（会850条1項）、その場合には取締役の責任の免除には、総株主の同意が不要とされている（同条4項）。

5）判決の効果・費用等の請求・再審の訴え

株主は会社のために訴えを提起するので、判決の効果は、勝訴・敗訴ともに会社に及ぶ（民訴115条1項2号）。

訴えを提起した株主が勝訴した場合、原告株主は会社への給付を要求できるだけであるが、訴訟に関して支出した費用（訴訟費用は除くが、弁護士に支払う報酬は含まれる）を相当の範囲内で会社に対して請求できる（会852条1項3項）。敗訴した場合でも、悪意があったときでなければ会社に対して損害賠償を負わない（同条2項）。

確定判決があっても、それが当事者の共謀による詐害的行為にもとづいていた場

合は、当事者以外の会社又は株主は、再審の訴えを提起することが認められる(会853条)。

(4) 多重株主代表訴訟（特定責任追及の訴え）
1) 趣　旨
　会社法における株主代表訴訟制度（責任追及等の訴え）は、原則として、株式会社の株主が、自社の取締役等の責任を追及するための制度として設計されており（会847条）、親会社の株主が、子会社の取締役等に対して直接責任追及することは認められていなかった。そこで、持株会社の形態をとる企業が増加する等、子会社の重要性が高まる中、現行制度に対しては、子会社の取締役等が子会社に対して責任を負う場合であっても、子会社自身、あるいは、子会社株主たる親会社から子会社の取締役等への責任追及がなされず、親会社株主の保護が不十分という批判がなされていた。他方、親会社株主が直接子会社の取締役等の責任を追及する多重代表訴訟制度は、企業集団の効率的な経営に支障を来たすことや、濫用的な訴訟提起が懸念されていた。

　平成26年会社法改正法では、従前の会社法における自社の取締役等に対するよりも限定的な形で、多重代表訴訟制度（最終完全親会社等の株主による特定責任追及の訴え）が新設された。

2) 要　件
　ⅰ　**原告適格**　　6か月（公開会社のみ。これを下回る期間を定款で定めた場合はその期間）前から引き続き、株式会社の最終完全親会社等（当該株式会社の完全親会社等であって、その完全親会社等がないもの）の総株主（株主総会決議事項全部の議決権行使ができない株主を除く）の議決権の100分の1（これを下回る割合を定款で定めた場合はその割合）以上の議決権を有する株主又は当該最終完全親会社等の発行済株式（自己株式を除く）の100分の1（これを下回る割合を定款で定めた場合はその割合）以上の数の株式を有する株主は、当該株式会社に対し、書面その他の法務省令で定める方法により、「特定責任追及の訴え」の提起を請求することができる。

　ⅱ　**対象となる責任（特定責任・重要性基準）**　　「特定責任」とは、当該株式会社の発起人等の責任の原因となった事実が生じた日において最終完全親会社等及びその完全子会社等（前項の規定により当該完全子会社等とみなされるものを含む）における当該株式会社の株式の帳簿価額が当該最終完全親会社等の総資産額として法務省令で定める方法により算定される額の5分の1（これを下回る割合を定款で定めた場合はその割合）を超える場合における当該発起人等の責任をいう。

　ⅲ　**責任追及できない場合**　　但し、特定責任追及の訴えが当該株主若しくは第三者の不正な利益を図り又は当該株式会社若しくは当該最終完全親会社等に損害を加えることを目的とする場合、又は、当該特定責任の原因となった事実によって当該最終完全親会社等に損害が生じていない場合は、責任追及の訴えの対象とならない（会847条の3）。

3.6.11. 検査役

□1.株式会社制度のもとで、検査役とはどのような存在か。どのような場合に選任されるか。
□2.調査委員、調査者とはなにか。

　「検査役」とは、株式会社において、法定の事項を調査するために臨時に選任される機関である。
　一定の要件を備える者による申立てにより、①変態設立事項・現物出資の調査(会33条・207条・284条)、②総会の招集手続・決議方法の調査(会306条・325条)、③会社の業務・財産状況の調査(会358条)のため、裁判所が選任する。
　①は発起人や会社に申立て義務があり、②③は一定の少数株主に申立て権限があり、②は会社も申立てができる。検査役の資格は法定されていないが、弁護士が選任される場合が多い。
　このほかに、特別清算における会社の業務・財産状況の調査等をするため、一定の者の申立て又は職権により、裁判所が選任する「調査委員」制度もある(会522条・533条)。株主総会等の決議によって、株主総会提出資料等の「調査者」を選任することも認められている(会316条・94条・325条)。

3.7. 株　式

3.7.1. 株式と株主

　1　株式の意義
　2　株主の権利・義務
　3　出資単位・単元株制度

□1.株式の意義と機能はなにか。
□2.共有株式の権利行使はどうすればよいか。
□3.株主の権利はどのように分類できるか。
□4.株主平等の原則とはなにか。その違反はどうなるか。
□5.株主の権利行使に関する利益供与は、どのような規律に服するか。
□6.単元株制度とはなにか。単元未満株主はどのような地位にあるか。

1　株式の意義

（1）株式の意義

　株式会社における社員（構成員）たる地位を「株式」といい、株式の所有者を株主という。株式は、細分化された割合的単位の形をとるところに特色があり、これにより、社会に散在する多額の資本を自己資本として調達することができるとともに、株主と会社との法律関係を明確にして、処理（議決権の行使や配当の支払等）を容易にすることができる。

　株主は、その有する株式数に応じて複数の地位を有する（持分複数主義）。これに対して、合名会社や合資会社の各社員の地位（持分）は1人につき1個であり、その分量は出資額に応じて異なる（持分単一主義）。

（2）株式の不可分性と株式の共有
1）株式不可分の原則
　会社法上、1個の株式は単一のものとして扱われ、株式の譲渡や権利の行使等に際して、さらに細分化することはできない（株式不可分の原則）。
2）株式の共有と権利行使方法
　株式の共有が認められ（厳密には民法上の「準共有」）、共有株式については「権利行使者の指定」の制度がある。すなわち、株式の共有者は、当該株式の権利の行使にあたっては、株式会社の同意があるときは別として、権利行使者1人を定め、その者の氏名又は名称を会社に通知しなければならない（会106条、会社からの通知・催告の受領者について〔会126条3項〕）。判例によれば、権利行使者の指定及び通知を欠く場合でも、特段の事情がある場合には、各株式共有者による権利行使を認められるが（最判平2・12・4民集44・9・1165会社百選10）、特段の事情がない限りは、権利行使者

は、共有株主が持分の価格に従い、その過半数で決定し、権利行使者を定めない場合は、原則として、株主としての権利を行使できない(最判平9・1・28判時1599・139会社百選11、最判平27・2・19民集69・1・25会社百選12)。

(3) 株式と資本金の額との関係

定款に1株の金額(額面・券面額・株金額)の定めがあり、かつ株券に額面の表示のある株式を額面株式といい、株券に株式数のみが記載され額面の表示のない株式を無額面株式という。平成13年6月改正商法により額面株式制度が廃止され、会社法上、無額面株式の発行のみが許されている。

昭和25年改正商法により、無額面株式が導入された結果、同改正前には資本の額が株金総額(券面額×発行株式総数)と一致していたことが改まり、資本と株金総額との関係が切断され、昭和56年改正商法により、資本の額を発行済株式の発行価額の総額とするとの原則のもとに、資本の額が株金総額より低くなることができないとされていた。さらに、平成13年6月改正商法により額面株式制度が廃止されて、従来のような株式と資本金の額との間の関係は無くなっている。

会社法では、原則として、実際の払込み・給付額の全額を資本金の額とし(会445条1項、計規43条1項・14条1項)、例外として、株式発行の際に払込み・給付額の2分の1までの額を資本金に組み入れないで、資本準備金とすることが認められる(会445条2項3項)。また、資本金の額の減少・増加が認められている(会447条・450条、会社法において概念が整理された)。

2 株主の権利・義務

(1) 株主の義務

株主は、会社に対して、その有する株式の引受価額を限度とする出資義務のみを負う(会104条、株主有限責任)。

この出資義務は、会社の成立前又は新株発行の効力発生前に履行すべきなので(会34条・208条)、株式引受人である段階での義務であり、株主となった後は、会社に対して何らの義務も負わない。出資義務の履行は、株式の払込金額の全額の金銭の払込又は現物出資財産の給付により、この場合に引受人からの相殺は禁止されている(会208条3項)。

(2) 株主の権利
1) 株主の有する権利

株主は、その有する株式につき、①剰余金の配当を受ける権利、②残余財産の分配を受ける権利、③株主総会における議決権、その他会社法の規定により認められた権利を有する(会105条1項)。

株主に前記①及び②に掲げる権利の全部を与えない旨の定款の定めは無効である(同条2項)。

2）自益権と共益権

株主の権利は、その目的により、自益権と共益権とに分類される。

「自益権」は、会社から経済的利益を受けることを目的とする権利で、これには、剰余金配当請求権（会105条1項1号）、残余財産分配請求権（同条項2号）、株式買取請求権（会116条〜119条）などがある。

「共益権」は、会社の管理運営に参加することを目的とする権利で、これには、株主総会における議決権（会105条1項3号）を中心に、株主総会決議取消訴権（会831条1項）、会社組織に関する行為の無効訴権（会828条）、取締役の違法行為の差止請求権（会360条）などがある。

株式の法的性質について、株式会社の社員たる地位と解するのが通説（株式社員権説）・判例であり、株式の譲渡により自益権と共益権が移転すると解されている（最大判昭45・7・15民集24・7・804会社百選13、参照）。

3）単独株主権と少数株主権

他方、株主の権利は、各株主が単独でも行使できる「単独株主権」と、1人又は数人の株主が総株主の議決権の一定割合又は一定数以上の株式保有を要件として行使できる「少数株主権」とに分類される。自益権はすべて単独株主権であるが、共益権には双方があり、権利が強力で濫用の危険の大きいものが少数株主権とされている。

少数株主権には、提案権（会303条・305条）、株主総会招集権（会297条）、取締役等の解任請求権（会854条・479条）、帳簿閲覧権（会433条）などがある。但し、取締役会非設置会社では、総会の議題提案権は単独株主権となっており（会303条1項・305条1項）、その他の少数株主権についても、すべての会社において、定款で要件の緩和又は単独株主権化が許容されている。

少数株主権に関して、会社法上、注意すべき点は以下のとおりである。すなわち、①株主総会に関連する少数株主権は、議決権を行使できない事項については行使できず、議決権を行使できる事項については定款で奪うことができない（会303条〜306条）。②少数株主権の権利行使要件につき、業務財産調査のための検査役選任請求権、帳簿閲覧請求権及び解散請求権（会社解散の訴え）の行使要件は、議決権割合に加えて、株式数割合（発行済株式に占める株式数の割合）をも基準とする（会358条・433条・833条）。役員の解任請求権についても同様である（会854条）。③非公開会社（株式譲渡制限会社）の単独・少数株主権には、6か月間の株式保有期間の要件が課せられていない（会297条2項等）。

（3）株主平等の原則

会社法は、株主平等の原則に関する明文規定を設けている。すなわち、株式会社は、各株式の内容が同一である限り、株主を、その有する株式の内容及び数に応じて、平等に取り扱わなければならない（会109条1項）。法が例外を認めている場合を除いて、この株主平等原則に違反する定款規定、株主総会決議、取締役会決議、業務執行行為などはすべて無効である*。但し、その原則違反により不利益を受ける者の同意があれば、無効は治癒されると解される（通説）。なお、株主平等の原則の

例外として、非公開会社では株主ごとに異なる取扱いを行う旨を定款で定めることができ(同条2項3項)、属人的な定めが可能である。

＊株主平等原則が問題となった主な事例　①株主優待制度(会社が、一定数の株式を有する株主に対して、会社の事業に関連する便益・サービスを与える制度[鉄道会社の株主乗車券、航空会社の株主優待航空券等])は、会社が個人株主を誘引する目的等で会社経営上必要な合理的理由が認められる場合であれば、株主平等原則に反するとまでは言えないが、特定の株主のみを過度に優遇する等、制度設計の内容によっては、同原則の違反又は後述の利益供与禁止規律の違反となる場合もある(高松高判平2・4・11金判859・3、参照)。②会社が一般の株主に対しては無配としながら特定の株主に対して配当金相当額その他の金員の贈与をすることを約する贈与契約は、無配による大株主の投資上の損失を店舗するものであり、株主平等の原則に反して無効である(最判昭45・11・24民集24・12・1963)。③株主平等の原則は新株予約権の無償割当の場合にも妥当するが、敵対的企業買収において、企業価値が毀損され、会社の利益ひいては株主共同の利益が害される場合は、防衛策として当該買収者たる株主を差別的に取り扱ったとしても、衡平の理念に反し相当性を欠くものでない限り、同原則の趣旨に反しない(最決平19・8・7民集61・5・2215会社百選100)。④株主総会当日に、従業員株主を他の一般株主よりも先に同総会場に入場させ、株主席の前方に着席させて株主総会を開催した事例では、株主の動議提出等の権利行使が妨げられていない場合には、株主の法的利益が侵害されたとまでいえない(最判平8・11・12判時1598・152会社百選A8)。

(4) 利益供与の禁止
1) 趣旨・要件

株式会社は、誰に対しても、株主の権利の行使に関し(その会社に係る適格旧株主の権利、会社の最終完全親会社等の株主の権利を含む)、当該株式会社又はその子会社の計算において、「財産上の利益の供与」＊をしてはならない(会120条1項)。特定の株主に対する無償供与及び無償に近い供与は、株主の権利行使に関する利益供与と推定される(同条2項)。これは、会社荒しや総会屋への対策上、昭和56年改正商法により設けられた規律であり、企業経営の健全性を確保し会社財産の浪費を防止する趣旨がある(神田・会社法73頁)。

＊財産上の利益の供与　ここでは、権利の行使・不行使、行使の態様・方法等を広く含んでいる。①会社から見て好ましくないと判断される株主が議決権等の株主の権利を行使することを回避する目的で、当該株主から株式を譲り受けるための対価を何人かに供与する行為は、株主の権利の行使に関し利益を供与する行為にあたる(最判平18・4・10民集60・4・1273会社百選14)。②株主総会における有効な議決権行使を条件として株主1名につきQUOカード1枚(500円分)を交付した事例については、会社提案と株主提案とが対立していた状況のもとで会社提案に賛成する議決権行使の獲得を目的としたものであり、違法な利益供与に該当する(東京地判平19・12・6金商1281・37会社百選34)。

2) 違法な利益供与の効果

当該規律に違反して、会社が株主の権利の行使に関し財産上の利益を供与した場合の効果は次のとおりである。①違法な利益供与を受けた者は、それを会社又は子会社に返還しなければならない(会120条3項)。会社と子会社の返還請求には、株主代表訴訟が認められる(会847条以下)。②違法な利益供与に関与した取締役・執行役(会施規21条)は、その供与した利益の額につき、会社に対して連帯して支払義

務を負う(会120条4項本文、責任免除〔会120条5項・847条の3第10項〕)。この場合、利益供与をした取締役・執行役は無過失責任であるが、それ以外の者は、無過失を立証したときは責任を免れる(会120条4項但書)。子会社の取締役は子会社に責任を負う(会423条)。③監査役は、任務懈怠により取締役の違法な利益供与を見逃したときは、取締役と連帯して会社に対する損害賠償責任を負う(会423条・430条)。④取締役等について、刑事罰則の適用をうける(会970条。なお、自首減免規定がある)。

3　出資単位・単元株制度

(1)　出資単位と売買単位

　会社法上、株式の「出資単位」(1株の大きさ)の設定は、一律に規制されるのではなく、一定の範囲で会社の自由に委ねられている。出資単位が小さいと株主管理コストがかさみ、出資単位が大きすぎると少額の投資を妨げることになる。

　平成13年6月改正前商法では、株式の出資単位の最低を5万円としていたが、同改正により株式単位の強制を廃止するとともに従来の単位株制度が廃止され、端株制度・単元株制度並存体制が採られた。平成17年制定の会社法では、端数処理方法を法定して端株制度を廃止し(会234条)、単元株制度単独の体制へと移行した(会188条以下)。

　なお、上場株式については、現実に、証券取引所において売買される株式数の単位があり、これを「売買単位」という。会社によって異なっていた株式の売買単位は、全国の証券取引所において統一される傾向にある(平成28年までに100株と1000株の2種類となり、平成29年1月には、100株とする上場会社ぱが2809社(全体の79.8%)に達しており、平成30年10月までには全国的に100株に統一される予定である)。

(2)　単元株制度
1)　意義・採用手続・株券不発行

　単元株制度は、会社が定款により株式の一定数をまとめたものを1単元とし、株主の議決権は1単元に1個とする制度である(会188条・308条1項但書)。会社は、定款で、単元株制度の採用を定めることができるが、極端に大きな単位の設定は株主の利益を害することになるので、1単元の株式数(=単元株式数)の上限が法務省令で定められている(会188条1項。1000と、発行済株式総数の200分の1との、いずれか低いほうが上限となる〔会施規34条・平成21年改正〕)。

　定款変更により単元株制度を導入する場合には、取締役は株主総会においてその変更を必要とする理由を開示しなければならない(会190条)。株式分割をする場合には、株主の利益を害さないときは同時に単元株制度を導入することができ、単元株式数を増加する定款変更を株主総会決議によらないで行うことが認められる(会191条〔平成17年会社法新設事項〕)。単元株式数を減少し、又は、単元株制度を廃止する場合は、株主に利益をもたらすので、株主総会決議によらずに定款変更ができる(会195条1項。取締役会非設置会社では取締役の決定、取締役会設置会社では取締役会決議

による)。定款変更後は、遅滞なく、株主・登録質権者に通知・公告を要する(同条2項3項)。会社が数種の株式を発行する場合は、株式の種類ごとに、単元株式数を定める必要がある(会188条3項)。

株券発行会社は、定款で、単元未満株式の株券を発行しない旨を定めることができる(会189条3項)。

2) 単元未満株主の地位

i **議決権等** 単元株制度が採用されると、株主は1単元について1個の議決権を有し、単元未満株式については議決権を行使することができない(会189条1項)。

単元未満株式のみを有する株主は、株主提案権などの議決権の存在を前提とする権利も有しないが、原則として、他の株主としての権利はすべて有する。但し、定款で株主権の全部又は一部を行使できないと定めることができる(もっとも、次の権利は奪うことができない(会189条2項)。すなわち、全部取得条項付種類株式の取得対価の交付を受ける権利、取得条項付株式の取得と引換えに金銭等の交付を受ける権利、株式無償割当てを受ける権利、単元未満株式の買取請求権、残余財産分配請求権、その他法務省令で定める権利〔会施規35条・平成27年改正事項〕)。

ii **単元未満株式の買取請求権** 単元未満株主の投下資本の回収の機会を確保するために、単元未満株式の買取請求権の制度がある。すなわち、単元未満株式を有する者は、いつでも、会社に対して、自己の有する単元未満株式の買取りを請求することができる(会192条1項2項)。当該買取請求は、会社の承諾を得た場合に限り、撤回することができる(同条3項)。買取請求がなされると、市場価格のある株式の場合には、その市場価格を売買価格とし(会193条1項1号、会施規36条)、市場価格のない株式の場合は、当事者で売買価格を協議し、協議がととのわないときは裁判所が決定する(会193条1項2号・2項～4項)。請求日から20日以内に裁判所に価格決定の申立てがされないときは、最終貸借対照表上の純資産額を基準として価格を決定する(同条5項)。いずれの場合も、代金支払の時に買取りの効力が生じる(同条6項)。

iii **単元未満株式の売渡請求制度** 単元未満株主が、その単元未満株式と併せて単元株式となるような単元未満株式数を売り渡すよう、会社に対して請求できる旨を定款で定めることができる。この請求があると、請求時に会社が売り渡すべき単元未満株式を有しないときを除き、自己株式をその単元未満株主に売り渡さなければならない(会194条)。

3.7.2. 株式の内容と種類

1　株式の多様化
2　特別な内容の株式
3　種類株式制度

□1.会社法は、どのように株式の多様化を認めているか、また、それはなぜか。
□2.発行株式の全部について、どのような特別な内容とすることが認められるか。
□3.発行株式の一部について、どのような種類の株式を発行できるか。

1　株式の多様化

　会社法は、各株式の権利の内容は同一であることを原則としつつも、資金調達及び支配関係の多様化に応じて、一定の範囲と要件のもとに、発行する全部の株式の内容についての特別な定めを認めるとともに、種類株式の制度を設けて、株式の多様化を許容している。

　(注)種類株式の実務に関する参考文献として、荒井邦彦＝大村健(編著)『新株予約権・種類株式の実務(第2次改訂版)』第一法規(2013年)が詳しい。また、最近では、上場会社における種類株式の活用のニーズが広まっており、東京証券取引所では、上場規則において独自の規制に取り組んでいる〔宮下央＝松尾和廣「上場制度と種類株式」商事法務2123号24頁〕。

2　特別な内容の株式

(1) 制度の概要
　株式会社は、その発行する全部の株式に共通する特別の内容として、①譲渡制限、②取得請求権、又は、③取得条項の3つの事項に限り、定款で特別の定めをすることができる(会107条1項)。これらの事項は、後述するように、発行する一部の株式について種類株式の内容として定めることもできる。

(2) 特別な内容とその定め方
1) 譲渡制限
　会社は、すべての株式を、譲渡による当該株式の取得について当該株式会社の承認を要する「譲渡制限株式」とする旨を、定款で定めることができる(会107条1項1号)。一定の場合において、株主(会136条)又は当該株式取得者(会137条1項)からの株式の譲渡による取得について、会社が承認したとみなすときは、その旨、及び、当該一定の場合を定めることが必要である(会107条2項1号)。
　会社が定款変更によって、発行する全部の株式を譲渡制限株式とする場合には、通常の定款変更手続である株主総会の特別決議要件よりも厳格な特殊決議の要件(議決権を行使することができる株主の半数以上〔これを上回る割合を定款で定めた場合は、その割合以上〕であって、かつ、当該株主の議決権の3分の2以上〔これを上回る割合を定款で定めた場合は、その割合以上〕の賛成)が必要である(会309条3項1号)。株式譲渡への制約は株主に重大な影響を及ぼすからである。この定款変更についての反対株主に

は株式買取請求権が認められている(会116条1項1号)。

2) 取得請求権

会社は、すべての株式を、当該株式について株主が当該株式会社に対して取得を請求できる「取得請求権付株式」とする旨を定款で定めることができる(会107条1項2号)。取得するのは会社であり、そのことを株主がイニシアティブをとって請求できるというものである。

会社が全部の株式を取得請求権付株式とする場合は、定款で、その旨とともに、取得対価の種類(社債、新株予約権、新株予約権付社債その他の財産)や内容、取得請求権を行使することができる期間を定めることが必要である(会107条2項2号)。会社が定款変更によって、発行する全部の株式を取得請求権付株式とする場合には、株主総会の特別決議が必要である(会466条・309条2項11号)。

3) 取得条項

会社は、すべての株式を、一定の事由(例えば、確定日の到来、株式上場等)が生じたことを条件に、会社の方から取得できる「取得条項付株式」とする旨を定款で定めることができる(会107条1項3号)。会社がイニシアティブをとって、株主の同意を必要とせず、強制的に取得できるというものである。

会社が全部の株式を取得条項付株式とする場合は、定款で、その旨のほか、取得条項(取得する条件とする一定の事由)、取得対価の種類(社債、新株予約権、新株予約権付社債その他の財産)や内容を定めなければならない(会107条2項3号)。会社が定款変更によって、その発行する全部の株式を取得条項付株式とする場合、又は、取得条項を変更する場合(取得条項を廃止する場合を除く)には、株主全員の同意を得なければならない(会110条)。

3 種類株式制度

(1) 種類株式の意義・類型・定款の定め

1) 意義・類型

会社法は、一定の事項(会108条1項各号)について異なる内容を設けた場合には、それ自体を株式の種類として扱うこととし、拡張した種類株式概念を採用している。

株式会社は、下記の9つの事項につき、内容の異なる2以上の「種類株式」を発行することができる(会108条1項)。すなわち、①剰余金の配当(配当に関する優先株・普通株・劣後株)、②残余財産の分配(残余財産に関する優先株・普通株・劣後株)、③株主総会において議決権を行使することができる事項(議決権制限株式等)、④譲渡制限(譲渡制限株式)、⑤株主から会社に対する取得請求(取得請求権付株式)、⑥会社による強制取得(取得条項付株式)、⑦当該種類の株式について、当該株式会社が株主総会の決議によってその全部を強制的に取得すること(全部取得条項付種類株式)、⑧定款にもとづく種類株主総会の承認決議(拒否権付種類株式)、⑨種類株主総会での取締役・監査役の選任(役員選任権付種類株式、指名委

員会等設置会社と公開会社には認められない〔会108条1項但書〕）である。
　「種類株式発行会社」といえるには、2つ以上の種類株式の内容が定款に規定されていればよく（会2条13号）、2つ以上の種類株式を現に発行していることまでを要しない。
　譲渡制限株式、取得請求権付株式、取得条項付株式については、全部の株式をそのような株式にすることが可能であるが（会107条1項）、そのようにした場合は種類株式ではない。

2）種類株式を発行するために必要な定款の定め

　会社が種類株式を発行するには、原則として、定款で、各種類株式についての法定事項（会108条2項各号）及び発行可能種類株式総数を定めなければならない（会108条2項柱書）。但し、機動的な扱いをするために、当該法定事項（剰余金の配当について内容の異なる種類株式が配当を受けることができる額その他法務省令〔会施規20条1項〕で定める事項に限る）の全部又は一部については、定款で「要綱」を定めることを条件として、当該種類株式を初めて発行する時までに、株主総会（取締役会設置会社の場合は株主総会又は取締役会、清算人会設置会社の場合は株主総会又は清算人会）の決議によって定める旨、定款で定めることができる（会108条3項）。

3）属人的種類株式

　非公開会社（株式譲渡制限会社）においては、剰余金の配当・残余財産の分配・議決権について、株主ごとに異なる取扱いを行う旨を定款で定めることができる（会109条2項3項。特殊決議による〔会309条4項〕）。このような株式は、「属人的種類株式」と呼ばれ、組織変更・組織再編に関する規定との関係では、「内容の異なる種類」の株式とみなされる。
　属人的種類株式は、旧有限会社法の規律を継受して、会社法で設けられた制度である。この種類株式の定款の定めを新設・変更する場合の株主総会決議が成立するためには、総株主の頭数の半数以上（これを上回る割合を定款で定めた場合は、その割合以上）であって、総株主の議決権の4分の3以上（これを上回る割合を定款で定めた場合は、その割合以上）にあたる多数が必要である（会309条4項。旧有限会社の社員総会特別決議要件と同じ）。

（2）各種類株式の内容

1）剰余金配当・残余財産についての種類株式

　i　意義・分類　　会社は、剰余金の配当や残余財産の分配について、異なる内容の定めをした種類株式を発行することができる（会108条1項1号2号）。標準となる「普通株式」より優先的な扱いを受ける「優先株式」*や、劣った扱いをうける「劣後株式」を発行でき、また、剰余金の配当については優先するが、残余財産の分配については劣後する株式（＝混合株式）を発行することもできる。

　＊配当優先株式の分類と経済的性質
　　①参加的配当優先株式・非参加的配当優先株式　　剰余金配当優先株式は、ある期において一定額の配当を普通株式に優先して受け取るが、この後に、なお配当金が残存していた場合に、普通株式とともに配当を受けることができる「参加的配当優先株式」と、当初の優先

配当のみを受けることができ、優先配当が行われた後の一般配当では普通株主のみが配当を受けることができる旨を定めた「非参加的配当優先株式」とがある。参加的優先株式は、配当額の上限がない点に特徴があり、非参加的配当優先株式は、その配当額が優先配当の範囲に限られる。

②累積的配当優先株式・非累積的配当優先株式　剰余金配当優先株式には、優先順位にもとづく配当を行うことができなかった場合、次期の配当の際に、それまでに配当できなかった分も併せて優先順位にもとづく配当を行うことを保障している「累積的配当優先株式」と、そのような保障がない「累積的配当優先株式」がある。剰余金配当優先株式を発行した場合であっても、利益を設備投資に回したり内部留保を図る必要があって優先配当ができない場面もあり得るので、累積的配当優先株式によって、出資のインセンティブの維持が期待できる。

③普通株式や社債への接近　参加的で非累積的な優先配当株式は、普通株式に近い経済的性質をもつこととなり、非参加的で累積的な優先配当株式は社債に近い経済的性質をもつこととなる。さらに、同時に、取得条項付株式や議決権制限株式とすれば、経済的性質がいっそう社債に近づくことになる。資金調達時の会社の事情や投資家のニーズに合わせて、株式の多様化を図ることが可能となっている。

ⅱ　活用方法　業績が好調でなかったり、配当原資が十分といえない会社でも、株式発行により資金調達を行いたい場合に、優先的な剰余金配当をインセンティブとすれば、募集株式を発行しやすくなる。「トラッキング・ストック」（株主に対する剰余金配当の額につき、会社の特定事業部門や子会社の業績に連動するような算定基準を定めてある配当優先株式）を用いて、特定事業部門や子会社の業績が好調である場合にこれを当該会社の剰余金配当に反映させて、資金調達の促進をはかることができる。

逆に、業績のよい会社が、さらに株式発行により資金調達を進めたい場合、劣後株式を発行することで、既存株主の利益を減ずることを避けることができる。

業績が悪化してくると、剰余金配当優先株式の存在は会社にとって重荷になり、株主側にとっても魅力がなくなってくるので、それらに備えて、剰余金配当優先株式を同時に取得請求権付株式や取得条項付株式としておく方法もある。

なお、ベンチャー企業が資金調達を行う場合に、株式上場による株式譲渡益を期待するベンチャー・キャピタルに対して、一定の期間に上場が果たせないときに備え、残余財産分配に関する優先順位を与えて投下資本の回収ができるようにしておけば、彼らからの出資が促進できる。

２）議決権制限株式

ⅰ　意義・活用方法　会社は、株主総会において議決権を行使できる事項につき異なる定めをした種類株式を発行することができる（会108条1項3号）。総会のすべての決議事項に議決権がない場合を「完全無議決権株式」といい、議決権が一部の決議事項に限られる場合を「狭義の議決権制限株式」といい、両者の総称が「議決権制限株式」である。

この種類株式の株主は、議決権が制限される事項につき、議決権の存在を前提とする権利を有しないが、それ以外の権利は認められる。議決権制限株式の株主も、種類株主総会においては議決権を有する。

議決権制限株式を発行することで、支配権を変動させずに株式による資金調達が可能となり、また、資本多数決によらない支配権の配分ができる。かつては配当優先株式に限って無議決権株式とされていたが（平成13年改正前商法）、現行法では、

そのような扱いは変更されており、普通株式でも議決権制限株式とすることができる。もっとも、剰余金配当優先株と組み合わせると、配当等の条件が有利であれば会社経営に関心がない投資株主のニーズに叶う。

なお、議決権制限といっても、それは、行使できる議決権がないとすることをいい、1株又は1単元について議決権を1未満の大きさ（1/2とか0.1とか）にすることはできない（複数議決権株式は、株式の種類毎に異なる単元株式数を設定することで実現できる）。

ⅱ　発行の手続と制限　議決権制限株式を発行するには、発行可能種類株式総数と議決権行使の事項・条件を定款で定める（同条2項3号）。なお、公開会社では、議決権制限株式の総数は発行済株式総数の2分の1を超えてはならないとの発行数の制限がある（会115条）。非公開会社の場合は、発行数の制限はない。

3）譲渡制限種類株式

ⅰ　意義・活用方法　会社は、譲渡による当該株式の取得について会社の承認を要するという種類の株式を発行することができる（会108条1項4号）。会社法上、譲渡制限は株式の種類の一つに位置づけられ、株式の種類毎に譲渡制限株式とすることが可能であり、種類株式の発行後に株式の種類別に譲渡制限を加えることも可能である。

譲渡制限株式により、会社にとって好ましくない株主の出現を防いで経営の安定を図りたいという同族会社のニーズに対応できる。

ⅱ　発行手続　譲渡制限株式を発行するには、その旨を定款で定めることが必要である（会108条2項4号・107条2項1号）。種類株式の発行後に定める場合には、株主総会の通常の定款変更のための特別決議（会466条・309条2項11号）のほかに、譲渡制限を付される種類株式等の種類株主総会の特別決議が必要であり（会111条2項・324条2項1号）、その決議の反対株主には株式買取請求権が認められる（会116条1項2号。種類株式を目的とする新株予約権の権利者には、その新株予約権の買取請求権が認められている〔会118条1項2号〕）。

（注）承認方法ほか、定款による株式譲渡制限の制度全般については、本書3.7.3.参照。

4）取得請求権付種類株式

ⅰ　意義・活用方法　会社は、株主の側から、その有する株式を会社が取得することを、会社に対して請求することができるという内容を付した種類株式を発行することができる（会108条1項5号）。会社法制定前に存在していた義務償還株式（会社の買受又は利益による償却を、株主が請求できるという内容を付した株式）や、転換予約権付株式は、この取得請求権付株式の内容に統合されている。

非参加的配当優先株式に取得請求権を付してあれば、その株主は、当初は優先株主として配当を受け、会社の収益が向上して普通株式の方が多額の配当を受けられるようになったら、取得請求権を行使して普通株式を対価として取得することができる。

ⅱ　発行手続　この種類株式を発行するには、定款で、その旨とともに、取得対価の種類（社債、新株予約権、新株予約権付社債その他の財産）や内容、取得請求権を行使することができる期間を定めることが必要である（会108条2項5号・107条2項2号）。株式以外の対価を交付する場合は、剰余金分配の財源規制にかかる（会166

条1項但書)。

    iii 株主の株式取得請求と会社の株式取得等　　この種類株式による株主からの取得請求は、当該株式の種類・数を明らかにして行わなければならない(会166条2項、振替156条1項)。株券発行会社である場合には、株券の提出を要する(会166条3項)。その取得請求権は形成権であるので、会社は請求日に当該株式を取得し(自己株式取得にあたる)、同日に株主は対価を取得して定款に定める地位を得る(会155条4号・167条1項2項)。

  5) 取得条項付種類株式
    i 意義・活用方法　　会社は、一定の事由が生じたことを条件として、株主の有する株式を強制的に取得することができる内容を付した種類株式を発行することができる(会108条1項5号)。この株式取得は、会社の権利として、株主の同意なくても強制的に行うことができる。会社法制定前に存在していた強制償還型の随意償還株式や、強制転換条項付株式は、この取得請求権付株式の内容に統合されている(取得の対価が他の種類株式の場合は、従来の強制転換条項付株式に該当する)。

   取得条項付株式とすることで発行価格を他の株式より低くし、提携先企業に発行しやすくして、関係強化を促進する場合に活用できる。

    ii 発行手続　　この種類株式を発行するには、定款で、その旨とともに、取得する条件となる一定の事由、対価の種類(柔軟化が可能であるから、社債、新株予約権、新株予約権付社債その他の財産)や内容・算定方法を定めることが必要である(会108条2項6号・107条2項3号)。普通株式に取得条項を付けるための定款変更には、普通株式の株主全員の同意が必要である(会110条・111条1項)。株式以外の対価を交付する場合は、剰余金分配の財源規制にかかる(会170条5項)。

    iii 会社の株式取得等　　会社は、定款で定めた取得事由が生じた日(定款で別に定めた日の到来を取得の条件とした場合は当該の日〔会107条2項3号イ・ロ〕)に、取得条項付株式を取得する(170条1項柱書)。但し、定款に、取得条項付株式の一部を取得することとする旨の定めがある場合は(同条2項3号ハ)、定款で定めた取得事由が生じた日(定款で別に定めた日の到来を取得の条件とした場合は当該の日〔同号イ・ロ〕)と、会社法169条3項の通知又は同条4項の公告の日から2週間を経過した日のいずれか遅い日に、当該一部の取得条項付株式を取得する(会170条1項括弧書)。当該株主及び登録質権者の保護を図るためである。

   会社が取得した取得条項付株式は自己株式となり(会155条1号)、株主は、取得条項付株式と引換えに会社から対価を取得する(対価を無償とした場合を除く)。会社は、取得事由が生じた後、遅滞なく、当該取得条項付株式の株主及びその登録株式質権者に対し、当該事由が生じた旨を通知又は公告しなければならない(会170条3項4項。但し、168条2項の通知又は同条3項の公告をした場合を除く)。

  6) 全部取得条項付種類株式
    i 意義・活用方法　　2つ以上の種類の株式を発行する会社は、そのうちの一つの種類の株式の全部を株主総会の決議によって取得することができるという内容の種類株式、すなわち「全部取得条項付株式」を発行することができる(会108条1項7号・171条1項)。

従来の株式消却のうち全部の減資による強制消却を取り出したものであり、当初は、債務超過の場合に倒産手続によらないで100％減資を行うときに利用することが想定されて導入された。その後、キャッシュ・アウトを実現する手法として援用されるなど、既発行株式の内容を変更する制度として利用場面が広がり、他のキャッシュ・アウト手法と平仄を合わせる形で平成26年改正会社法で制度整備がなされた。

ⅱ　発行手続　この種類株式を発行するには、定款で、その旨とともに、取得対価の価額の決定方法、株主総会決議の可否の条件を定めるときの条件を定めることが必要である（会108条2項7号・3項）。普通株式に全部取得条項を付けるためには、株主総会の特別決議（会466条・309条2項11号）のほかに、全部取得条項を付される種類株式の種類株主総会の特別決議（会111条2項・324条2項1号）が必要であり、反対株主には株式買取請求権が認められる（会116条1項2号。その種類株式を目的とする新株予約権の権利者には、その新株予約権の買取請求権が認められている〔会118条1項2号〕）。

ⅲ　取得手続
① 事前開示　会社は、全部取得条項付種類株式を取得する場合には、一定の日から取得日後6か月を経過するまでの間、法律（会171条1項各号）及び法務省令（会施規33条の2）で定める事項を記載又は記録した書面又は電磁的記録をその本店に備え置かなければならない（会171条の2第1項柱書）。同書面につき、全部取得条項付種類株式を取得する株主は、当該会社に対して、その営業時間内はいつでも、閲覧、謄本又は抄本の交付等を請求することができる（同条2項）。

② 総会決議　会社は、株主総会の特別決議により、株主からの全部取得条項付種類株式の全部の取得を決定する（会171条1項・309条2項3号。当該決議では、①取得の対価として金銭等を交付する場合は、当該金銭等（「取得対価」という）に関する事項、②全部取得条項付株式の株主に対する取得対価の割当てに関する事項、③会社が全部取得条項付種類株式を取得する日（取得日）というを定めなければならない〔会171条1項各号〕。上記②の定めは、株主が有する全部取得条項付種類株式の数に応じて取得対価を割り当てることを内容とするものであることを要する〔同条2項〕）。取締役は、当該株主総会において、全部取得条項付種類株式の全部を取得することを必要とする理由を説明しなければならない（会171条3項）。

③ 反対株主　決議の反対の株主には、裁判所に対して取得価格決定の申立をすることができる（会172条1項）。

④ 取得　全部取得条項付株式は、取得日に効力を生じ（会173条1項）、株主は取得日に対価等の株式の株主となる（同条2項）。会社が全部取得条項付種類株式の全部を取得する場合、当該会社の株式以外の金銭等（金銭その他の財産〔会151条参照〕）を取得対価とする場合における金銭等の帳簿価額の総額は、取得の効力を生ずる日（効力発生日）の分配可能額を超えてはならない（会461条1項4号）。

⑤ 事後開示　全部取得条項付種類株式を取得した会社は、取得日後遅滞なく、会社が取得した全部取得条項付種類株式の数その他の全部取得条項付種類株式の取得に関する事項として法務省令（会施規33条の3）で定める事項を記載又は記録した書面又は電磁的記録を作成し、取得日から6か月間、本店に備え置かなけれ

ばならない(会173条の2第1項2項)。全部取得条項付種類株式を取得した会社の株主又は取得日に全部取得条項付種類株式の株主であった者は、当該会社に対して、その営業時間内はいつでも、同上の書面の閲覧、謄本又は抄本の交付等を請求することができる(同条3項)。

⑥ 差止め　全部取得条項付種類株式の取得が法令又は定款に違反する場合において、株主が不利益を受けるおそれがあるときは、株主は会社に対し当該全部取得条項付種類株式の取得を差し止めることを請求することができる(会171条の3)。

7）拒否権付種類株式

ⅰ　意義・活用方法　会社は、株主総会（取締役会設置会社では株主総会又は取締役会、その他に清算人会）において決議すべき事項のうち、問題となる事項について、当該総会決議のほか当該種類の株式の種類株主を構成員とする種類株主総会の決議が必要であることを内容とする種類株式、すなわち「拒否権付種類株式」を発行することができる(会108条1項8号)。当該事項は、その種類株主総会決議がなければ効力を生じない(会323条)。

この種類株式は、株主に拒否権を認める趣旨の株式のことで、「黄金株」ともいわれ、買収防衛策として注目されている。さらに、この特定の事項に拒否権のある種類株式に譲渡制限を加えれば、黄金株の流出を防ぐことができる。合弁会社やベンチャー企業等での活用が多い。

ⅱ　発行手続等　この種類株式を発行するには、定款で、その旨とともに、決議事項のうち当該種類株主総会の決議を必要とするもの、その決議を必要とする条件を定めるときにはその条件を定めることが必要である(会108条2項8号・3項)。この種類株主総会の決議事項は、法定の種類株主総会の場合と異なり、また、決議要件につき法令と異なる定めを定款に設けることができる(会324条1項)。

8）役員（取締役・監査役）選任権付種類株式

一定の会社は、当該種類株式の種類株主を構成員とする種類株主総会において、取締役又は監査役を選任することを内容とする種類株式を発行することができる(会108条1項9号)。この場合、役員の選任・解任は種類株主総会単位で行われ、総会では行わない。この種類株式は、指名委員会等設置会社以外の非公開会社（株式譲渡制限会社）のみが、その旨を定款で定めて発行できる(会108条1項柱書但書)。

この種類株式を有していると、取締役・監査役の選任・解任を通じた会社の経営監督を実現でき、投資家とくにベンチャー・キャピタルのニーズに適する。

(3) 権利調整と種類株主総会制度

種類株式を発行する場合、異なる種類の株主の間で各種の権利の調整が必要となることがあるので、当該種類株式の株主を構成員とする「種類株主総会」の制度が設けられている(会322条〜325条)。

種類株式発行会社が一定の行為をする場合に、ある種類の株式の種類株主に損害を及ぼすおそれがあるときは、その種類の株式の種類株主を構成員とする種類株主総会の決議が必要である(会322条1項)。もっとも、同規定による種類株主総会決

議を不要とする旨を定款で定めることもできる(同条2項)。他方で、定款で決議を不要とできない種類株主総会も法定されている(その種類の株式に譲渡制限を新設する定款変更等〔会111条〕)。なお、拒否権付種類株式の定めは、定款で種類株主総会を必要とする途を開くものである。

　種類株主総会の手続に関しては、定足数と決議要件について種類株式の特性に応じた厳格化等の例外があるほかは、株主総会の規定が準用される(会325条)。

3.7.3. 株式譲渡・株式の担保

　　1　株式譲渡の意義・機能・方法
　　2　株主名簿と名義書換
　　3　株式譲渡の制限
　　4　株式の担保

□1.株式の移転のなかで、「株式譲渡」とはなにか。株式譲渡自由の原則が認められる理由はなにか。
□2.株式譲渡の効力要件・対抗要件は、株券発行会社・株券不発行会社では、どのように異なっているか。
□3.株主名簿の名義書換の効力はどうなっているか。また、失念株とはなにか、その帰属はどうなるか。
□4.株式譲渡が制限される場面には、どのような場面があるか。また、それはなぜか。さらに、その譲渡制限に反してなされた株式譲渡の効力はどうなるか。
□5.株式の評価が問題となるのは、どのような場面か。また、それぞれの場面で、株式の評価はどのようになされるべきか。
□6.株式を担保に供する方法には、どのようなものがあるか。

1　株式譲渡の意義・機能・方法

(1) 株式譲渡の意義と株式譲渡自由の原則

　株式(株主の地位)の移転には、さまざまな原因があるが、そのうちで、法律行為(売買・贈与等)によって株式を移転することを「株式譲渡」という(相続や合併等における財産の包括的承継に伴う株式の移転は、株式の譲渡ではない)。株式譲渡には、譲渡人と譲受人との間で、株式という経済的価値の取引という側面(取引上の側面)があるとともに、他方で、会社に対する関係において、株主の交替という側面(社団上の側面)がある。株式譲渡の法律関係は、それら両面を考慮して考察されなければならない。

　株式会社では原則として株式の払い戻しができないので、株主にとっては、会社の解散や剰余金分配等の機会を除くと、投下資本回収の方法として株式譲渡の自由が保障される必要性が大きい。また、株式譲渡による株主の交替が自由に行われても、所有と経営とが分離する立前からは、直ちに会社経営に制度上影響を及ぼすということはない。そこで、株式会社法における基本的規律として、株主は、その有する株式を他人に譲渡することができると規定されている(会127条)。但し、一定の理由により、株式譲渡が制限される場合がある(後掲)。

（2）株式譲渡の方法と効力要件・対抗要件

1）各種制度による区分

　株式譲渡は、法律行為を原因とするものであるから、当事者の意思表示を要件とするが、往々にして、株式の移転による大量で頻繁な法律関係の変動が生じるので、取引の迅速と安全や会社・株主間の法律関係の処理に配慮して、実情に応じて区分された制度（株券・株主名簿の制度や振替株式の制度）のもとに、効力要件や対抗要件が設けられている。

　株式譲渡や株式移転全般の法的処理は、従来、株券の発行と流通を基礎として行われてきた。しかし、現行会社法では、「株券不発行会社」が原則とされ、「株券発行会社」（定款に株券を発行する旨を定める会社）が存置されている。そこで、両者それぞれで要件を整理する必要がある。

2）株券発行会社の場合

　株券発行会社では、株式譲渡は、株券を譲受人に交付することにより行い（会128条1項）、株券の引き渡しが権利移転の効力となる（株券発行会社で株券未発行又は株券不所持の場合には、株主は株券の発行を受け、その交付によって株式を譲渡すべきである）。会社との関係では、株主名簿上の名義書換が必要である（会130条1項）。

3）株券不発行会社の場合

　i　**会社法上のルール**　　株券不発行会社では、株式譲渡は当事者間では意思表示で効力が生じると解されるが、それを会社その他の第三者に対抗するためには、譲受人の氏名・名称と住所を株主名簿に記載することが必要である（会130条1項）。

　ii　**振替株式の特例**　　振替株式の場合には、振替口座の記載・記録により、効力が生じ、かつ、対抗要件が具備される（振替140条・141条）。

2　株主名簿と名義書換

（1）株主名簿

1）意義・記載事項

　「株主名簿」は、会社と株主間の集団的な法律関係を画一的に処理して、株主及び株式・株券に関する事項を明らかにするため、会社法の規定により作成を要する帳簿である（会121条。電磁的記録による作成も可能である）。株主名簿には、①株主の氏名又は名称及び住所、②株主の有する株式の数（種類株式の場合は種類及び種類ごとの数）、③株主が株式を取得した日、及び、④株券発行会社では発行されている株券の番号が記載・記録されなければならない。

2）株主名簿の備置・閲覧請求・拒否事由

　会社は、株主名簿をその本店（株主名簿管理人がある場合はその営業所）に備え置かなければならず（会125条1項）、株主及び会社債権者は、会社の営業時間内は、いつでも、株主名簿の閲覧又は謄写の請求をすることができる（会125条2項）。この株主又は債権者からの株主名簿閲覧・謄写請求に対して、会社が拒否できる一定の事由

が明定されている(会125条3項各号・252条3項各号・684条3項各号)*。

なお、親会社社員(親会社の株主その他の社員〔会3条1項3項〕)は、権利を行使するため必要があるときは、裁判所の許可を得て閲覧請求をすることができる(会125条1項4号5号)。

* **株主名簿閲覧請求の拒否事由**　次の場合には会社は閲覧請求を拒絶することができる(会125条3項)。①請求を行う株主又は債権者(請求者)がその権利の確保又は行使に関する調査以外の目的で請求を行ったとき、②請求者が会社の業務の遂行を妨げ、又は株主の共同の利益を害する目的で請求を行ったとき、③請求者が株主名簿の閲覧又は謄写によって知り得た事実を利益を得て第三者に通報するため請求を行ったとき、④請求者が、過去2年以内に、株主名簿の閲覧又は謄写によって知り得た事実を利益を得て第三者に通報したことがある者であるときである。
　なお、平成26年改正前会社法では、「請求者が会社の業務と実質的に競争関係にある事業を営み、又はこれに従事するものであるとき」を拒絶事由の一つとしていたが、会計帳簿の場合と異なり、株主名簿については競争者に該当するということだけで閲覧請求を拒絶できるのは妥当でないことから、裁判例における制限解釈を経て(東京高決平20・6・12金商1295・12)、平成26年改正会社法では同事由が削除された。

3）株主への通知・催告

株主に対する会社の通知・催告は、株主名簿上の株主の住所又は株主が会社に通知した住所に宛てて発すれば足り(会126条1項)、通常到達すべき時に到達したものとみなされる(同条2項)。

この通知・催告が5年間継続して株主に到達しなかった場合には、通知・催告をしなくてよい(会196条1項)。但し、その場合、株主の権利には影響がなく、会社の債務履行の場所は、株主の住所ではなく、会社の住所地(本店所在地)となる(同条2項)。これらの規定は登録質権者に準用される(同条3項)。

株式事務合理化のため、取締役会決議で所在不明株主の株式を売却・買取し、代金を従前の株主に支払うことが認められ、実際には供託すればよい(会197条・198条)。

4）株主の権利行使と基準日制度

会社は、株主として権利を行使すべき者を特定するため、一定の日を「基準日」として、その日における株主名簿上の株主のみに権利を行使させることができる(会124条1項)。基準日は、権利行使日の前3か月以内の日を定めることを要する(同条2項)。基準日に行使できる権利内容は、定款で定めるか、そうでない場合は2週間前までに公告する(同条3項)。議決権の基準日公告を欠くことは、総会決議取消事由となる(東京地判平26・4・17金商1444・44)。それらは登録質権者についても同様である(会124条5項)。

なお、議決権については、基準日後に新たに株主となった者について、会社側から、「議決権」行使をさせることができる(同条4項。これは、敵対的企業買収の防衛策に活用できる)。但し、当該株式の基準日株主の権利を害することはできない(同条項但書)。

会社法では、株式分割や株主割当の新株引受権を付与されるべき者を確定する

ために設けられていた割当日制度(改正前商219条1項・280条ノ4第3項)を、基準日制度に統合整理した。また、新株主の配当起算日に関する規定(平成17年改正前商280条ノ20第2項11号)を削除して、日割配当の概念が廃棄され、決算期末現在株主名簿に記載・記録されている株主が、その有する株式の発行時期にかかわらず同一配当を受ける。

(2) 名義書換
1) 意義・手続

株式を取得した者は、株主名簿にその氏名・住所を記載してもらうことが必要となり、これを株主名簿の「名義書換」という。

株券発行会社の株式譲渡において、譲渡当事者間では、株券の交付が効力要件であり、他方で、株式譲受人が株主になったことを会社に対抗するためには、株券を会社に呈示して株主名簿にその氏名・住所を記載してもらうことが必要である(会130条1項2項)。譲渡以外による株式の取得の場合(株式の発行、自己株式の取得・処分、株式併合・株式分割の場合)には、株主の請求によらずに会社自身で名義書換を行う(会132条)。

株券不発行会社の株式譲渡は、特例のある振替株式の場合を除いて、譲渡当事者間の意思表示で効力を生じ、株主名簿上の名義書換が会社及び第三者に対する対抗要件となる(会130条2項)。株券不発行会社の株式の名義書換は、株主名簿に株主として記載された者(=名簿上の株主)又はその一般承継人と、株式の取得者とが、共同して請求した場合その他法務省令で定める場合にのみ行うことができる(会133条1項2項、会施規22条1項)。

なお、株主は、会社に対して、いつでも、自分についての株主名簿の記載事項を証明した書面の交付を請求することができる(会122条)。

2) 名義書換の効力

名義書換には次の効力が認められる。

ⅰ **資格授与的効力** 株主名簿の名義書換があれば、その名義人は、権利行使の都度、実質的権利を証明しなくても、株主名簿の記載にもとづいて株主としての権利を行使できる。

ⅱ **免責的効力** 他方で、会社は、株主名簿の記載にもとづいて名義上の株主に権利行使を許せば、その名義人が実質上の株主でなかったとしても原則として(悪意・重過失がない限り)免責される。

ⅲ **対抗力** 以上の効力に加えて、株式を取得して株主になった者でも、名義書換があるまでは、会社に対して株主であることを主張できず、会社に対する関係においては、株主名簿上の株主のみが株主として取り扱われる(会130条1項)。この効力は、確定的効力と呼ばれることもあるが、会社に対する対抗力を定めたものと理解して、次のような例外があると解されている。

まず、会社の側から、名義書換未了の株式取得者を、株主として取り扱うことは差し支えない(最判昭30・10・20民集9・11・1657)。この場合、当該株式取得者が無権利者であること等のリスクは会社が負うことになる。また、会社が取得者毎に恣意的な扱い

をすることは妥当ではない。
　次に、株式取得者が名義書換を請求したが、会社が正当な理由なく拒絶するか、又は遅延している場合には、取得者は名義書換なくして会社に対し株主であることを主張できると解される（最判昭41・7・28民集20・6・1251会社百選15）。会社は、譲渡制限株式である場合（会134条）、取得者が実質的権利者でないことを立証した場合、株券喪失登録がされている場合（会221条）は、名義書換を正当に拒絶できるので、それら以外は、原則として不当拒絶になる。
　また、会社に対する権利行使に株券の提出を要する場合にも、名義書換を経ずに権利行使ができると解される。
　3）失念株
　基準日前に株式を譲り受けたものの、その譲受人が適時に株主名簿の名義書換を失念したために、剰余金の配当、株主割当による株式発行等が、会社から譲渡人に対してなされる事態を、一般に「失念株」といい、名簿上の株主たる譲渡人に割り当てられた株式を、狭義の「失念株」という*。現実には、失念の場合のみならず、意図的な場合も多い。

＊ **失念株の帰属**　譲受人（失念株主）が譲渡人（名簿上の株主）にどのような請求ができるか、譲渡当事者間で問題となる。判例は、剰余金の配当、株式分割等につき、名簿上の株主が出捐なしに得た場合には、失念株主は名簿上の株主に対して不当利得返還請求ができると解し（最判昭37・4・20民集16・4・60、最判平19・3・8民集61・2・479）、名簿上の株主が、株主割当による新株発行を受け、出捐を伴う場合は、失念株主は権利がないと判示している（最判昭35・9・15民集14・11・2146会社百選A5）。しかし、後者の場合でも、権利含みの価格で株式譲渡がなされた以上は、失念株主が名簿上の株主に不当利得返還請求ができる余地がある。不当利得の成立が認められる場合、返還利得額は、名簿上の株主が既に株式を売却している場合には、その売却額（現に保持する利得額）となる（前掲最判平19・3・8）。

3　株式譲渡の制限

（1）定款による譲渡制限（譲渡制限株式）
1）譲渡制限の方法・態様
　会社法は、株主の個性を重視する会社の要望に応え、すべての株式又は一部の種類の株式の譲渡による取得について、会社の承認を要する旨を定款で定める（会107条1項1号・108条1項4号）という形での株式譲渡制限を認める（但し、譲渡制限株式は上場できない）。この定めは、会社設立時の原始定款によるほか、会社成立後の定款変更（株主総会の特殊決議が必要〔会309条3項1号〕）によっても可能である。
　承認の決定は株主総会（取締役会設置会社では取締役会）の決議によるが、定款で別段の定めをすることも認められる（会139条1項）。例えば、代表取締役等を承認機関とすることができる。
　譲渡制限の態様としては、承認を要するという形だけが許されるので、株主資格を特定の者に制限してしまうことは許されない。但し、承認を要する場合を制限すること、すなわち、外国人に譲渡する場合には承認を要するとか、従業員以外に譲渡す

る場合には承認を要するというように定めることはできる。

定款により譲渡制限の定めを設けたときは、登記することを要し(会911条3項、商登62条)、かつ、株券への記載を要する(会216条3号)。定款変更で新たに譲渡制限を設ける場合には、旧株券の提出手続がとられる(会219条・220条)。

2) 譲渡の承認請求と買受人の指定

定款による譲渡制限制度を採用した場合は、株主間の譲渡でも原則として承認を必要とするが、定款に株主間の譲渡など一定の場合は「承認をしたものとみなす」旨の規定を置いて、承認を不要とすることができる(「みなし承認」、会107条2項1号ロ・108条2項4号)。これにより、従業員間や親子間など特定の属性を有する者へ株式譲渡について、その特定の属性(保有株式数を含む)を基準として、代表者等の承認で足りるとしたり承認不要とすることができる。

承認請求は譲渡株主からでも株式取得者からでも可能である(会136条・137条1項)。取得者からの承認請求は、名義書換と同一の手続とされ(会137条2項)、簡素化が図られている。

会社が株式の譲渡・取得を承認しないときは、会社が買い取るか、買い取る者(指定買取人)を指定することを要する(会140条1項4項)。指定買受人が譲渡人に株式買取を通知すると(会142条1項)、両者間で売買契約が成立すると解される(その通知までの間は、譲渡人は会社に対する譲渡承認・買取請求を撤回できる〔会143条〕)。その売買価格が合意できないときは、当事者又は会社の申立により裁判所が一切の事情を考慮して売買価格を決定する(会144条2項3項7項)＊。

指定買取人を指定する場合には、原則として株主総会(取締役会設置会社では取締役会)の決議を要するが(会140条5項・309条2項1号)、定款に別段の定めをすることにより、指定買取人を事前に指定しておくこともできる(会140条5項但書)。

会社が買い取る場合には、配当等に関する財源規制が課せられ(会461条1項1号)、株主総会の特別決議を要する(会140条2項・309条2項1号)。

会社が所定の期間内に通知をしないときは、別段の定めがないかぎり、譲渡等を承認したものとみなされる(会145条)。

＊ **市場価格がない株式の評価**　会社法上、株式の評価が必要となる場面は多く、裁判実務は、そのうち上場会社の株式のように市場価格が存在する場合には、その市場価格を基準として評価しているが、市場価格がない株式の評価が問題となる場合(株式譲渡制限を定める定款変更決議で反対した株主が株式買取請求をする場合〔会116条1項1号2号・117条2項〕、株式譲渡制限を定める定款がある会社で株式譲渡を希望する株主と会社又は指定買取人との間で売買価格の協議が整わなかった場合〔会144条2項〕等)では、さまざまである。この点、従来は、当該会社と業種が類似する上場会社の配当金額・年利益金額・帳簿上の純資産額を参考とする方法(類似業種比準方式)が採用されることが多かった。しかし、市場価格がない株式の評価としては、その株式について将来会社から与えられる配当等の経済的給付を予測して、これを現在価値に引き直すという方法(配当等還元方式＝DCF法の一つ〔DCF＝discounted cashflow〕)が理論的には優れている。

実際には、配当等還元方式(大阪高決平1・3・28判時1324・140)、収益還元方式(東京高決平20・4・4判夕1284・273)、収益還元方式と配当等還元方式の併用(広島地決平21・4・22金融商事1320・49会社百選20、大阪地決平25・1・31判時2185・142)、配当等還元方式・純資産価額方式・収益還元方式の併用(札幌高決平17・4・26判夕1216・272)の裁判例がある。

3）承認を得ない株式譲渡の効力

なお、会社の承認を得ないでなされた譲渡制限株式の譲渡は、会社に対する関係では効力を生じないが、譲渡当事者間においては有効である（最判昭48・6・15民集27・6・700会社百選18、最判昭63・3・15判時1273・124、最判平9・9・9判時1618・138）。株主全員が譲渡に同意した場合は、会社の承認を得ないでなされた株式譲渡は有効である（最判平5・3・30民集47・4・3439）。

（2）法律による譲渡制限
1）時期による制限

i　権利株譲渡の制限　会社成立前又は新株発行前における株式引受人の地位（権利株）の譲渡は、会社に対して効力を生じない（会35条・50条2項・63条2項・208条4項）。株主名簿の整備や株券発行事務の渋滞を避け、円滑な設立又は新株発行を期するためである。しかし、権利株の譲渡は、譲渡当事者間では有効と解される。

ii　株券発行前の株式譲渡制限　株券発行会社では、株券発行前の株式譲渡は、会社に対しては効力を生じない（会128条2項）。株券発行事務の渋滞を避けるためである。当事者間では譲渡は有効と解される。また、会社の方が株券の発行を不当に遅滞している場合には、株主の意思表示のみによる株式譲渡が、会社に対する関係においても有効である（通説、最判昭47・11・8民集26・9・1489会社百選A4）。

2）自己株式の取得制限

会社法上、株式会社は、一定の場合に限り、必要な財源規制等のもとで、自己株式を取得することができる（会155条各号）。自己株式の取得と保有は、資本維持、株主平等、会社支配の公正及び株式取引の公正という政策的観点から、法的規律が必要だからである。

（注）自己株式の取得については、章を改めて（3.7.4.）で後述する。

3）親会社株式の取得制限

親子会社関係がある場合（会2条3号4号）、子会社による親会社株式の取得は、原則として禁止されている（会135条1項）。自己株式の取得に法的規律を設けるのと同様の政策的観点が存するからである。

しかし、例外として、他の会社から事業の全部を譲り受ける際に親会社株式を譲り受ける場合、合併により消滅会社から親会社株式を承継する場合、会社分割により他の会社から親会社株式を承継する場合、その他法務省令で定める場合には、認められる（同条2項）。また、吸収合併の消滅会社の株主又は社員、吸収分割会社・株式交換の完全子会社の株主に対して、存続会社・完全親会社の株式を交付することが認められる場合に、その存続会社等は、交付する親会社株式の総数を超えない範囲で親会社株式を取得することが認められる（会800条1項）。

例外的に取得が許容される場合には、取得した株式は相当の時期に処分しなければならない（会135条3項、但し、会800条2項・802条2項）。この場合、親会社が取得することもできる（会155条3項・156条1項・163条）。なお、子会社は例外的に保有する親会社株式について議決権を有しない（会308条1項括弧書）。

4）特別法による株式譲渡制限

　独占禁止法により、私的独占又は不当な取引制限をもたらす恐れのある株式の取得及び保有が制限され（独禁9条～11条・14条）、金融商品取引法により、内部者取引を規制して、一般投資家の利益を害することを防止するため、会社役員や主要株主による一定の場合の自社株式売買が制限されている（金商166条）。その他、特殊会社の株式譲渡制限や日刊新聞発行会社の株式譲渡制限等がある。

（3）契約による株式譲渡制限

　定款に株式譲渡制限の定めを置くか否かを問わず、契約によって株式譲渡の場面がされる場合がある。この株式譲渡制限契約の有効性をめぐり、学説では、伝統的には、会社が契約当事者であるか否かにより判断基準を別異とし、会社・株主間では原則無効・例外有効、株主相互間又は株主・第三者間では原則有効・例外無効と解されていた。

　その後、会社が当事者となる契約でも契約自由の原則が妥当し、民法90条違反の契約のみを無効とする見解が登場し、また、契約内容から株式譲渡の自由に関して制限的に働く要素を抽出し、株式譲渡制限による調整原理に照らして有効性を鋭く分析する見解が有力である。

　判例は、閉鎖会社の従業員持株制度のもとで、従業員が、退職時に持株を取得価格と同一価格で、取締役会の指定する者や従業員持株会などの特定の者に売り渡す旨を会社と契約することを有効と解している（最判平7・4・25裁判集民事175・91会社百選20。判例では、一般に、会社を当事者としない契約による譲渡制限は当事者間では有効であると解されている〔最判平21・2・17判時2038・144〕）。

4　株式の担保

（1）株式担保の方法

　株式は、譲渡性のある財産的価値物として、担保の目的に適する。株式の担保差入方法として、会社法は、質権設定の方法を定め（会146条1項）、また、慣習法上、譲渡担保の方法が利用されている。

（2）株券発行会社の場合

　株券発行会社の株式の質入には、第1に、当事者の質権設定の合意と株券の交付によって効力が生じ、その第三者対抗要件として株券の継続占有を要するもの＝「略式質」（会146条2項、147条2項・3項）がある。この質権者には物上代位が認められる（会151条）。

　第2に、略式質の要件を満たした上で、会社が質権設定者の承諾を得て質権者の氏名・住所及び質権の目的である株式を株主名簿に記載（電磁的に記録）するもの＝「登録質」（会148条）がある。会社法は、この登録質に、一定の行為につき物上代位的効力を認め（会151条）、株主ではなく登録質権者が直接に会社から金銭等を受ける

ことができる旨を定める（会152条～154条）。

（3）株券不発行会社の場合
株券不発行会社では、株式の質権者の氏名・住所を株主名簿に記載・記録しなければ、質権を会社その他の第三者に対抗することができず（会147条1項）、略式質を利用できない。

3.7.4. 自己株式の取得と保有

1　自己株式取得の意義と取得事由
2　自己株式取得を許容する手続規制
3　自己株式取得の財源規制
4　違法な自己株式取得
5　自己株式の保有と消却・処分

□1.自己株式の取得・保有にはどのような弊害とにニーズがあるか。また、それらの弊害を防止するにはどのような対応が必要か。
□2.自己株式取得が許容される事由にはどのようなものがあるか。また、そのうち株主の合意による取得はどのような手続のもとで許容されるのか。
□3.自己株式取得はどのような財源規制に服するのか。
□4.保有する自己株式の法的地位はどうか、自己株式の消却と処分はどうなっているか。

1　自己株式取得の意義と取得事由

（1）自己株式取得の意義・機能と法的規律の変遷
会社法上、「自己株式」とは、株式会社が有する自己の株式をいい（会113条4項）、一般に、株式会社が自社の発行した株式を取得することを「自己株式の取得」という。

自己株式の取得と保有には、①出資の払い戻しとなり、会社資金が流出して資本維持が害される、②株主の誰から取得するか、取得価格をどう設定するかにより、株主間の公平が害される、③経営者が保身のため恣意的な取得を図ることで、会社支配の公正が害される、及び、④相場操縦やインサイダー取引に悪用されるなど株式取引の公正が害されるといった弊害が懸念される。そこで、平成6年商法改正前は、それら弊害の防止という政策的観点から、自己株式の取得と保有が、原則的に禁止されていた。

他方で、自己株式の取得により、株式の需給バランスを調整したり、株主の投下資本量を調整したり、株式数を減少させて一株あたりの価値を高めたり、会社の持株比率を高めて買収防衛に役立てたり、株式相互保有を解消したりすることができ、実務では規制緩和のニーズは強かった。

そうした実務の要請を受け、平成6年及び9年の商法改正によって例外的許容場面を増やす傾向が強まり、平成13年6月改正商法では、発想が転換されて、自己株

式の取得と保有が広く認められるようになった。すなわち、上記の弊害に対しては、①につき財源規制によって対応ができ、②については株主保護の手続規制によって対応ができ、③については取締役の義務の履行を求めることで対応ができ、④については金融商品取引法によって対応可能であることから、一定の手続・方法・財源の規制のもとで、取得目的の如何、取得数量・保有期間にかかわらず、自己株式の取得・保有が認められた（「金庫株」解禁）。

その後、平成15年改正商法（定款に定めを置くことにより取締役会決議にもとづく自己株式の買い受けが可能となった）を経て、会社法で規律が整理された。そこでは、自己株式の規制として、平成17年改正前のように「買受け」（改正前商210条1項）に限定するのでなく、有償での取得一般を対象とし（会461条1項2号3号）、各場合を列挙して財源規制を課している（同条項各号）。

(2) 自己株式の取得事由

会社法上、株式会社は、以下の場合の自己株式取得が認められている（会155条各号）。すなわち、①取得条項付株式の取得（会155条1号）、②譲渡制限株式の取得（同条2号）、③株主総会決議等にもとづく取得（同条3号・会156条1項）、④取得請求権付株式の取得（会155条4号）、⑤全部取得条項付株式の取得（同条5号）、⑥株式相続人等への売渡請求にもとづく取得（同条6号）、⑦単元未満株式の買取（同条7号）、⑧所在不明株主の株式の買取（同条8号）、⑨端数処理手続きでの買取（同条9号）、⑩他の会社の事業の全部を譲り受ける場合の同会社が有する株式の取得（同条10号）、⑪合併後消滅会社からの株式の承継取得（同条11号）、⑫吸収分割会社からの株式の承継取得（同条12号）、⑬その他法務省令で定める場合（株式を無償取得する場合、反対株主が株式買取請求権を取得した場合他〔会施規27条〕）である。

（注）以下では、手続規制のもとに自己株式取得が許容された上記③及び⑥の手続を整理した上で、全体的な財源規制を整理する。

2　自己株式取得を許容する手続規制

(1) 株主との合意による自己株式取得
1) すべての株主に申込機会を与えて行う自己株式取得

株主との合意により自己株式を取得することが認められるが（会155条3号）、この場合には、あらかじめ一定事項を株主総会の普通決議で定めておく必要がある（会156条1項。その一定事項〔取得株式数、取得対価、最長1年までの取得期間〕の決定は、会計監査人設置会社で剰余金分配を取締役会権限とする会社では、取締役会で定める旨の定款を置いて取締役会で決定することができる〔会459条1項1号・2項〕）。総会は定時総会に限られない。

総会決議後は、これを行う度毎に、取締役会で一定事項（取得株式数、取得対価、取得期間、株式譲渡申込期日）を定め（会157条1項）、株主に対して決定内容を通知又は公告しなければならない（会158条・160条2項）。この場合、取得の要件は均等でなければならない（会157条3項）。こうして、株主には取得請求の機会が与えられ、申

込が多いときは按分で取得される(会159条)。

　2）特定の株主からの自己株式取得

　上記の株主総会決議で、特定の株主から有償取得することを決議することができるが、この場合には総会の特別決議が必要である(会160条1項5項・309条2項2号)。さらに、厳格な規制がある。第1に、株主間の公平を期するために、取得相手方となる株主は当該特別決議における議決権を有しない(会160条4項)。第2に、他の株主には、自分も取得相手方(売主)に加えるようにと請求できる「売主追加請求権」が与えられる(会160条2項3項)。

　この売主追加請求は、市場価格がある株式で一定要件を満たす場合には必要ないので、認められない(会161条、会施規30条)。また、株式譲渡制限会社が、株主の相続人その他の一般承継人から自己株式を取得する場合には、他の株主の売主追加請求権はない(会162条。但し、相続人等が株主総会・種類株主総会で当該株式につき議決権を行使した場合は、他の株主の売主追加請求権は認められる〔同条2項〕)。売主追加請求権は、定款の定めで排除できるが、この場合は、当該株式の株主全員の同意が必要である(会164条)。

　なお、子会社から自己株式を取得する場合は、上記の特定の株主一般からの取得の手続の例外として、取締役会設置会社では取締役会決議で可能である(会163条前段)。

　3）市場取引・公開買付による取得

　市場取引又は公開買付によって自己株式を取得することもできる。この場合にも、あらかじめ一定事項を株主総会の普通決議で定めておく必要があるが(会165条1項)、株主には株式売却の機会があるといえるので、株主に対する通知等は不要である。

　取締役会設置会社では、定款の定めにより、市場取引・公開買付による自己株式取得を、取締役会決議で決定することができる(同条2項3項)。実際に、この機動的な措置が採られることが多い。

（2）相続人等に対する売渡請求

　譲渡制限株式が相続・合併・会社分割等の一般承継(包括承継)によって移転した場合に、相続人等の新株主に当該株式を会社に売り渡すよう請求することができる旨を定款で定め、その自己株式を取得できる(会174～177条)。これにより、株式譲渡制限と類似の規制(閉鎖性の維持)を一般承継についても実施できる。

3　自己株式取得の財源規制

　会社法は、株主に対する金銭等の分配(利益配当、中間配当、資本及び準備金の減少に伴う払戻)とともに、自己株式の有償取得を、すべて横断的に「剰余金の配当等」として整理し、統一的な「財源規制」を設けている。すなわち、株主に対して交付する金銭等の帳簿価額の総額は、当該行為が効力を生ずる日の「分配可能額」を超えて

はならない（会461条1項2項）。

　例外として、株主の投下資本回収を優先すべき単元未満株式の買取の場合（会155条7号）、少数株主を保護すべき場面での反対株主の株式買取請求に応じる場合（会施規27条5号6号）、別途債権者保護手続があるため手続の煩雑化を避けるべき場面として吸収合併における存続会社が消滅会社から自己株式を承継する場合等（会155条）では、財源規制は設けられていない。

4　違法な自己株式取得

（1）私法上の効果

　i　**手続規制違反**　会社が手続・方法に関する規制（会155条等）に違反して行った（必要な株主総会・取締役会を欠く場合等の）自己株式取得行為の私法上の効力は、無効である（最判昭43・9・5民集22・9・1846）。しかし、株式取引の安全を考慮して、譲渡株主が手続違反につき善意・無重過失の場合は、会社はその無効を主張できないと解される（相対的無効説・多数説。その無効の主張をできるのは会社に限るべきとの見解もあるが、自ら手続違反した会社の利益は考慮に値しないから、譲渡株主からの無効主張を認めてよいと解される〔江頭・株式会社法258頁〕）。

　自己株式取得が無効となったことにより会社に損害が生じた場合、取締役は会社に対して任務懈怠による損害賠償責任を負う（会423条1項）。この場合、会社の損害賠償額の算定をめぐる問題がある*。

> *　**違法な自己株式取得による会社の損害**　一般に、「損害」は、もし加害原因がなかったならばあるべき利益状態と、加害がなされた現在の利益状態との差をいう（差額説・通説）。そこで、自己株式の資産価値を否定すると、自己株式の取得価額全額が会社の損害となる（取得価額説）。しかし、処分可能な自己株式の資産価値の存在が認められるので、自己株式の取得価額から取得時点の自己株式の時価を差し引いた額が会社の損害となると考えられるが（時価差額説、大阪地判平15・3・5判時1833・146会社法判例百選第2版22）、さらに、処分差額・評価損も含むと解される（江頭・株式会社法257頁、東京高判平6・8・29金判954・14）。これらに対し、自己株式の取得価額から処分価額を差し引いた金額を会社の損害とする見解がある（売却差額説、最判平5・9・9民集47・7・4814会社百選21、参照）。その他、参考文献として、久保田安彦「違法な自己株式取得と会社の損害」『企業金融と会社法・資本市場規制』有斐閣（2015年）199頁。

　ii　**財源規制違反**　財源規制に違反する自己株式取得行為の私法上の効力は、従来から、無効と解するのが多数説であるが、会社法での規律整理を機に有効説も登場している*。

　効力発生日における分配可能額を超過する自己株得式取得が行われた場合には、譲渡人、取得行為を行った会社の業務執行者、株主総会・取締役会への議案の提案者は、会社に対し、連帯して、譲渡人が交付を受けた対価の帳簿価額に相当する金銭の支払義務を負う（会462条1項1号2号）。

> *　**財源規制違反の株式取得行為の効力**　会社法立案担当者は、会社法461条1項の「その行為が効力を生ずる日」という文言から、財源規制に反する配当が有効であることを前提に

株主の責任を定める規定であると解釈している（有効説、相澤他・新解説135頁）。この見解は、仮に自己株式の取得を無効と解すると、相手方たる株式譲渡人の会社に対する株式の返還が不当利得返還請求権（民703条・704条）の問題となり、相手方に、会社から当該株式の返還を受けるまでは金銭等の返還をしないという同時履行の抗弁権（民533条本文）の主張を許してしまうという不都合が生ずるという。有効説によれば、法定の特別責任が発生するだけであり、当該責任を果たした者は、会社が取得した株式に代位する（民422条類推）。

学説では、有効説を表明する見解もあるが（田中亘・会社法429頁）、無効説が多数である。不当利得返還請求と同時履行の抗弁権排除の指摘は、会社法462条1項により特別規定化されていると解すべきで、この点は有効無効の決め手にならない（神田・会社法309頁）。また、手続違反の効力を原則無効とすることとの均衡や、責任額が超過額ではなく全額とされているのは無効を前提としていることから、無効説が妥当と解されている（江頭・株式会社法259頁）。

なお、会社法166条1項但書（取得請求権付株式の取得）・170条5項（取得条項付株式の取得）の財源規制については、これに違反する株式取得の効力が無効であることを明確にするために、会社法461条と別個に規定したものと解され、上記の有効説の立場からも、その財源規制違反の自己株式の取得は無効であると解されている。

（2）刑事罰則（不正な自己株式取得）

会社の取締役等が何人の名義であるかを問わず、会社の計算において不正に自己株式を取得した場合には、5年以下の懲役もしくは500万円以下の罰金に処され又は併科される（会963条5項1号）。また、通知・公告及び開示の懈怠は過料の対象となる（会976条2号3号）。

5　自己株式の保有と消却・処分

（1）自己株式の保有

1）一般的許容

株式会社は、適法に取得した自己株式を期間の制限なく保有することができる。平成13年6月改正前商法では、会社は自己株式を相当な時期に処分・消却しなければならなかったが、同改正商法で自己株式の保有が一般的に許容され、このことは「金庫株」の解禁と称された。

2）自己株式の法的地位

　i　共益権　　会社は、その保有する自己株式については議決権を有しない（会308条2項）。会社支配の公正を維持する趣旨である。その他の共益権も有しないと解される。会社以外の者の名義で取得した場合には、会社も名義人も、議決権その他の共益権を有しないと解される。

　ii　自益権　　会社は、その保有する自己株式について、剰余金配当請求権を有しない（会453条）。募集株式・募集新株予約権等の株主割当てもできない（会202条2項・241条2項・186条2項・278条2項）。株式併合・株式分割を受ける権利は有する（会182条1項・184条1項）。

　iii　会計上の扱い　　自己株式は、会社法上のもとでは、純資産の部に控除項目として計上され（計規76条2項）、会社が保有する自己株式の総額は分配可能額（会461条2項）には含まれない。

(2) 自己株式の消却・処分

　会社は、保有する自己株式を、いつでも消却し、又は処分することができる。会社は、取締役会設置会社の場合は、取締役会決議により、消却する株式の種類と数を定めて、保有する自己株式を消却することができる(会178条)。取締役会非設置会社の場合の規定を欠くが、総会の普通決議が必要と解される(江頭・株式会社法268頁)。株式の消却により発行済株式総数が減少しても、定款で定める発行可能株式総数は影響を受けない。

　会社は、その保有する自己株式を処分する(会社以外の第三者に移転する)ことができ、その場合は、新株発行と同じ規律に服する(会199条以下。違法な自己株式の処分も、違法な株式発行の場合に準じる)。

3.7.5. 株券・株式振替制度

　1　株　券
　2　株式振替制度

□1.株券とはどのような有価証券か。株券の果たす機能はなにか。
□2.株券の不動化から株式の無券化は、どのような制度によって実現されたか。
□3.振替株式について、株式の譲渡・質入れにつき効力要件と対抗要件はどうなるか。また、株主と会社との関係はどのように処理されるか。

1　株　券

(1) 株券の意義・機能と株券不発行の原則

1) 株券の意義・機能

　「株券」は、株式を表章する有価証券である。株式の譲渡性を高めつつ株主の会社に対する権利関係を明確にするための法技術として、株式は有価証券(株券)化され、精緻な有価証券法理論によって、証券資本市場の制度と実務が支えられてきた。

2) 株券不発行の原則

　会社法では、株式会社において株券不発行が原則となり、「株式会社は、その株式(種類株式発行会社にあっては、全部の種類の株式)に係る株券を発行する旨を定款で定めることができる。」と規定されている(会214条)。株式に高度な流通性を必要とする会社では、「社債、株券等の振り替えに関する法律」(平成16年法律88号)による新しい振替制度のもとでの株券のペーパーレス化が強制される。他方で、株式の市場流通性を高める必要のない会社がある。それら両面から、会社法は株券不発行を原則とした。

　定款で株券発行を定める「株券発行会社」は、株式発行日以後遅滞なく株券の発行を要する(会215条1項)*。但し、非公開会社では、株主の請求があるまで株券を発行しないことができる(同条4項)。

　＊**株券の効力発生時期**　　株券が有価証券としての効力を有する時期につき、従来から、

見解が分かれている。株券と想定される証券が会社から株主への運送中に紛失・盗難にあって流通してしまった場合、見解によって、取得者は善意取得制度により保護されるか否かという理論的な問題解決が異なってくる。

株券の成立時期を、会社において、株券と認識できる証券が作成され、代表取締役が署名した時点とする見解（作成時説）、会社において作成・保管し交付先が決まった時点とする見解、会社から株主に交付するために、証券の占有が会社から第三者に移転した時点とする見解（交付時説）があり、それらの見解によれば、上記問題状況では善意取得が可能である。これらに対して、会社が証券を作成した後に株主に交付した時に株券の効力が生じるとの見解（交付時説）がある（多数説、最判昭40・11・16民集19・8・1970会社百選25）。

最初の株主が株券を所持して初めて株券流通による株式取引の安全が考慮されるべきであるから、交付時説が妥当である。また、現在では、上場会社の株式取引が振替株式制度のもとで実現し、株券が利用される場面が非公開会社が多いことから、従来ほど株券による株式取引の安全確保が強調される状況にはない（江頭・株式会社法178頁）。

（2）株券の有価証券的性質と諸制度

株券は、株式の存在を前提として作成されるので、設権証券ではなく（非設権証券）、また無因証券でもない（要因証券）。株券は、法定事項の記載と取締役の署名を要するので（会216条）、要式証券ではあるが、その要式性は手形ほど厳格でなく、株券としての本質的な事項を備えていれば、その他の事項を欠いていても無効ではない。また、株券は文言証券ではない。

株券上に株主の氏名が記載される記名株券の発行だけが認められる。株券が発行される場合、株式は株券の交付のみによって移転するので、株券は有価証券の分類としては無記名証券に属する。

株券発行会社の場合、株券の交付は、単なる対抗要件ではなく、株式譲渡の効力要件であり（会128条1項本文）、株券の占有者は適法な所持人と推定される（株券占有の資格授与的効力、会131条1項）。また、株券には、「善意取得」の制度が認められ（会131条2項）、株券の占有者から株券の交付を受けた者は、悪意又は重過失がない限り、たとえ譲渡人が無権利者であっても、有効に株券を取得して株主となることが認められる。

（3）株券不所持制度

株券発行会社では、「株券不所持制度」がある（会217条1項～6項）。これは、株券発行会社の株主が、会社に対して、株券の所持を希望しない旨を申し出た場合、会社は株券不発行であることを株主名簿に記載・記録し、発行済株券を無効とし、以後、株主から請求があった場合に株券を発行するという制度である。

この制度のもとで、株主は株券所持のリスクを解消することができる。しかし、株券不所持の株主が株式を譲渡するためには、会社に請求して株券を発行してもらう必要があり、その費用は株主が負担する（同条6項）。

（4）株券失効制度

株券発行会社では、株券を喪失した株主のために、「株券失効制度」が設けられている（会221条～233条）。平成14年改正前の商法では、株券を喪失した場合は、他の有価証券喪失の場合と同様に裁判所から公示催告と除権判決を得て、株券の

再発行を受けることになっていたが、同改正は、株券に関する新しい失効制度を導入し、会社法がこれを継受し、整備している。

株券失効制度では、株券喪失者の請求（会223条）により、会社は株券喪失登録簿に記載・記録し（会221条）、一般の閲覧に供するとともに、株主名簿上の株主と登録質権者に通知する（会224条1項・231条）。当該株券が権利行使のために会社に提出された場合には提出者に喪失登録がされている旨を通知する（会224条2項）。喪失登録株券の株式については、名義書換及び議決権行使等はできないが、株主名簿上の株主が株券喪失登録者である場合は議決権行使ができる（会230条）。

当該株券を有する者がいれば、この者は株券喪失登録の抹消を申請することができ、この申請を受けた会社は、株券喪失登録者に通知して、2週間後に喪失登録を抹消する（会225条）。

喪失登録株券は、登録された日の翌日から1年後に失効し、会社から登録者に対して株券が再発行されることになる（会228条）。

2　株式振替制度

（1）株券電子化の経緯（株券の不動化と株式の無券化）
1）株式保管振替制度と株券の不動化

証券（金融商品）取引市場における株式取引量の激増に対処するため、昭和59年の「株券等の保管及び振替に関する法律」にもとづき、「株券保管振替制度」が設けられた。この制度では、株券を一定の機関（株式保管振替機関）に集中保管し、株式の移転は現実の株券の授受によらず、コンピュータ技術を活用した帳簿上の口座振替によって処理される。また、株主は「実質株主名簿」にもとづいて、直接、会社に対し権利行使できる仕組みが設けられた（cf. 福原紀彦「株券保管振替制度と株主の権利」崎田直次（編）『株主の権利』中央経済社（1991年）47頁）。

この株券保管振替制度は、株券の不動化によってペーパーレス化を図るものであった。

2）新しい振替制度による株券の電子化（株式の無券化）

わが国では、証券決済制度改革として、証券決済に係るリスクの削減や効率性の向上を目指し、一連の法整備とその具体化としての証券決済インフラの整備が行われ（CPペーパーレス化等の関連法制の整備に始まり、株券等に係るDVP決済の導入、日本証券クリアリング機構をはじめとした清算機関の設立が続き）、それら改革の集大成として株券電子化が実施された。

すなわち、平成14年の「社債等の振替に関する法律」（「短期社債等の振替に関する法律」の改正・改称）により、社債・国債等の電子化・無券化を図る新しい振替制度の創設を基礎にして、平成16年商法改正による株券不発行制度を受け、株式の無券化による高度なペーパーレス化を図るべく、「社債、株式等の振替に関する法律（「振替法」と略称）」（平成16年法律88号）により、株券についても新しい振替制度へと移行した。この株式振替制度では、平成21年1月5日より上場会社の株式等に係る

株券等がすべて廃止され（株式振替制度の対象となる株式について株券は無効となった）、株主等の権利の管理（発生、移転及び消滅）は、振替機関（わが国では証券保管振替機構が唯一の振替機関）及び口座管理機関（証券会社等）に開設された口座の電子的な増減額記帳を通じて行われる（振替128条以下）。

　従来の保管振替制度は、基本的に、保管振替機関が参加者の口座を開設し、参加者が顧客の口座を開設する二階層構造であったが、新しい株式振替制度は、口座管理機関が他の口座管理機関の口座を開設することが可能な多階層構造である。そして、新しい株式振替制度は、振替機関（機構）に、データセンター機能が創設され、会社の株主管理事務の効率化、口座管理機関の事務負担の軽減、会社の利便性の向上が図られている。

　（注）参考文献として、高橋康文（編著）『逐条解説新社債株式等振替法』金融財政事情研究会（2006年）、神田秀樹（監修・著）『株券電子化』金融財政事情研究会（2008年）、中央三井信託銀行証券代行部（編）『株券電子化後の株式実務』商事法務（2009年）、他。

(2) 新しい株式振替制度

1) 振替株式・振替機関等

　株券不発行会社で株式譲渡制限のない会社は、発起人全員の同意又は取締役会決議により、社債株式振替法にもとづく新しい株式振替制度を利用できる。この制度のもとで、「振替機関」が取り扱うものとして定めた株式を「振替株式」と呼ぶ（振替128条1項）。

　振替株式は、各株主が証券会社等の口座管理機関に口座を開設し、口座管理機関が他の口座管理機関又は振替機関に振替口座を有する仕組みのもとに処理される。振替のための口座を開設した者を「加入者」と呼ぶ。「振替機関」とは、主務大臣の指定を受けて振替業を営む株式会社をいい（振替2条2項）、「口座管理機関」とは、振替口座を備えて、他の投資家のために口座を管理する証券会社等の金融機関をいい（振替2条4項・44条・45条）、振替機関と口座管理機関を併せて「振替機関等」と呼ぶ。

2) 振替株式の譲渡・質入れ

　ⅰ　**譲渡の効力要件・対抗要件**　振替株式の権利の帰属は「振替口座簿」の記載・記録によって定まる（振替128条1項）。振替株式の譲渡人の振替申請にもとづき、申請を受けた口座管理機関は譲受人の振替口座簿を管理する口座管理機関に必要な通知を行い、譲受人の口座に振替記載がなされることで名義書換がなされたものと扱われ、株式譲渡の効力が生じ対抗要件を具備する（振替140条・141条）。

　ⅱ　**善意取得・超過記録**　有価証券の善意取得制度は、債権の帰属につき証券の占有を手掛かりにして物権法理を援用し、証券流通の促進による権利取引の安全を図ってきたが、振替株式では、形を変えて趣旨の維持（取引の安全と制度への信頼の確保）が図られている。

　振替口座簿に記載・記録された加入者は振替株式について権利を適法に有するものと推定され（振替143条）、自己の口座に振替の記録を受けた者は、悪意又は重過失でない限り、当該振替株式についての権利を取得する（振替144条）。このよう

に、振替株式にも善意取得が認められる。しかし、株券が発行されている場合の善意取得では、取得者が株式を善意取得（原始取得）した反射的効果として元の権利者は株式を失うことになるが、振替株式における善意取得の場合の制度的な処理は、それと異なる。すなわち、振替株式の善意取得の場合には、すべての株主の有する振替株式の総数が振替株式の発行総数を超える可能性を認め、そうなった場合には、発行会社との関係では株主は按分比例で株主権を有することとする一方で、一定の口座管理機関と振替機関が超過株式の消却義務を負うほか、損害賠償責任で処理することとされている（振替144条～148条）。有価証券の電子化に伴う有価証券法理の変容として興味深い法現象である。

なお、超過記録に関する義務の不履行により加入者たる株主が会社に対抗できる保有株式が単元未満になった場合には、1議決権未満の議決権を有する（振替153条）。

3）振替株式による権利行使

振替株式の取得には振替口座簿の記載・記録を得る必要があり（振替128条・140条）、そのことを会社に対抗するためには、株主名簿の名義書換が必要となる（会121条・130条1項、振替161条3項）。

　i　**総株主通知**　新しい振替株式の制度では、保管振替制度にあった実質株主名簿は廃止され、基準日等における総株主通知によって株主名簿の名義書換が行われる（振替151条・152条）。

会社が、振替株式の株主又は質権者として会社に権利を行使することができる者を確定する目的で一定の日（基準日）を定めた場合、振替機関は会社に対して、振替口座簿に記載・記録されたその日の株主・質権者の氏名・名称、住所、株式の銘柄・数その他主務省令で定める事項を速やかに通知しなければならない（振替151条1項）。この通知を「総株主通知」という。発行会社は、正当な理由があるときは、振替機関に対し、一定の費用を支払って、一定の日の株主についての通知事項を通知することを請求することができる（振替151条8項）。

総株主通知を受けた会社は、通知された事項について株主名簿に記載・記録をしなければならず（振替152条1項前段）、これにより、当該基準日等に株主名簿の名義書換（会130条1項）がなされたものとみなされる（振替152条1項後段）。原則として年2回行われる総株主通知により、名義書換手続が効率的に実施される。

　ii　**個別株主通知**　振替株式における少数株主権等の行使の場合、会社法130条1項の適用は排除され、株主名簿の記載・記録ではなく、「個別株主通知」によって会社に対する権利行使がなされる（振替154条）。すなわち、株主が会社に対して少数株主権等（振替147条4項括弧書）を行使しようとするときは、直近上位機関（振替2条6項）を経由して、振替機関に申出をし、振替機関から会社に自己の有する株式の種類・数等の事項を通知しなければならない（振替154条3項～5項）。

株主は、振替機関から会社への個別株主通知の後、4週間が経過する日までの間に、権利を行使しなければならない（振替154条2項、同施行令40条）。総株主通知が原則として年2回しか行われないことから、総株主通知がなされる間に株式を取得した者は、この個別株主通知により少数株主権等を行使することが可能となる。

個別株主通知をめぐっては、権利行使のために個別株主通知を必要とする少数株主権は何か、権利行使要件か対抗要件か、通知すべき時期はいつまでかについて議論があり、判例は、個別株主通知は対抗要件であり、審理終結までの間になされれば足りると判示している（最判平22・12・7民集64・8・2003会社百選17、最判平24・3・28民集66・5・2344）。

【特別口座の移管の制度】
　会社が特定の銘柄の振替株式を交付しようとする場合において、当該振替株式の株主又は登録株式質権者のために開設された振替株式の振替を行うための口座を知ることができず、かつ、当該振替株式の株主又は登録株式質権者となるべき者が、一定の日までに振替を行う口座を会社に通知しなかった場合に、会社は、当該株主又は当該登録株式質権者のために、振替機関等に対して振替株式の振替を行うための口座（特別口座）の開設の申出をしなければならない（振替131条3項）。この特別口座については、上場会社同士が合併する等の場合には、複数の振替機関に開設された状態になり、別の振替機関に特別口座を集約・移管させることが望ましい場合が生じる。また、発行会社が株主名簿管理人（信託銀行等）の変更に伴い振替機関等を変更する場合には、変更後の株主名簿管理人に対して特別口座を移管させたいというニーズが生じる。
　そこで、平成26年改正会社法整備法による振替法の改正により、特別口座に記載・記録された振替株式の発行者は、一括して、当該特別口座を開設した振替機関等（移管元振替機関）以外の振替機関等に対し、当該特別口座の加入者のために当該振替株式の振替を行うための特別口座（移管先振替口座）の開設を申し出た上で、移管元振替機関等に対して、移管先特別口座を振替先口座とする振替の申請を行うことが可能とされた（振替133条の2）。
　同一銘柄の振替社債、振替新株予約権、振替新株予約権付社債についても同様の改正がなされた（振替79条の3・169条の2・198条の2）。

3.7.6. 株式の消却・併合・分割・無償割当て

　　1　株式の消却
　　2　株式の併合
　　3　株式の分割
　　4　株式の無償割当て

□1.会社法上、株式の消却とはなにか。どのような規律に服するか。
□2.株式の併合の意義・機能、法的規律の内容と必要性はなにか。
□3.株式の分割の意義・機能、法的規律の内容と必要性はなにか。
□4.株式の無償割当てとはなにか、株式の分割との異同はなにか。

1　株式の消却

（1）意　義
　株式の消却とは、会社が存続中に特定の株式を絶対的に消滅させることをいうが、会社法上、「株式の消却」は、保有する自己株式を消却する場合だけを指し（会178条1項）。株式を会社以外の株主が保有する場合については、いったん自己株式を「取得」してから「株式の消却」をするというように概念が整理され、自己株式の取得の規制に服する。

(2) 手続・効力

会社が株式を消却するには、取締役会設置会社では取締役会決議によって、消却する自己株式の数（種類株式の場合は種類及び種類ごとの数）を決定しなければならず（会178条1項2項）、この決議により効力が生じる。株式の消却があった場合、自己株式の数は減少し、発行済株式の総数も減少することになるが、発行可能株式総数（授権株式数）は当然には減少しないと解される（消却した分の株式の再発行を認めても、既存株主の持分比率に関する予測を裏切ることはない）。

2　株式の併合

(1) 意　義

「株式の併合」とは、会社が発行する株式について、10株を1株に、あるいは2株を1株にするというように、数個の株式を併せてそれより少数の株式とすることをいう（会180条1項）。株式の併合は、株式の単位（1株あたりの経済的価値）を引き上げることであり、これにより、それぞれの株主の持株数が減少し、会社の発行済株式総数が減少するので、株主管理コストを削減する場合、下落した株価の引き上げを目的として形式上の減資を行う場合、合併比率を調整する場合等に利用される。

他方、株式を併合する割合によっては、爾後、株主の保有する株式が端数になり、金銭分配の処理をして株主としての地位を失わせること（キャッシュ・アウト）にもなる。そこで、企業買収における少数株主の締出し等に利用される場合に備えて、平成26年改正会社法により、株式の併合に関する制度が整備されている。

(2) 手　続

1) 基本手続

株式の併合は、株主の利益に重大な影響を及ぼすので、株主総会の特別決議と株主・質権登録者への通知又は公告を要する。

　ⅰ　**株主総会の特別決議**　会社が株式の併合を行うときは、その都度、株主総会の特別決議で、①併合の割合、②株式の併合がその効力を生ずる日（効力発生日）、③種類株式発行会社の場合は、併合する株式の種類、④効力発生日における発行可能株式総数（平成26年改正事項。なお、公開会社が株式の併合をしようとする場合、発行可能株式総数は、株式の併合の効力発生日における発行済株式総数の4倍を超えることができない〔会180条3項〕）を定めなければならない（会180条2項・309条2項4号）。取締役は、当該株主総会において、株式の併合を必要とする理由を説明しなければならない（会180条4項）。

　ⅱ　**株主等への通知・公告**　会社は、株式の併合の効力発生日の2週間前までに、株主（種類株式発行会社の場合は併合する種類株式の株主）及び登録株式質権者に対し、①併合の割合、②株式の併合の効力発生日、③種類株式発行会社の場合は、併合する株式の種類、④効力発生日における発行可能株式総数を通知又は公告しなければならない（会181条1項2項）。

株券発行会社では、株券提出日の1か月前までに、株式の併合の効力発生日までに会社に対して株券を提出しなければならない旨を公告し、かつ、当該株式の株主及び登録株式質権者には、各別に通知しなければならない(会219条1項2号)。

2）付加的手続

単元株制度を定款で定めている会社で単元株式数に併合の割合を乗じて得た数が整数となる場合（このように単元株式数は1株未満とならない場合には株主の被る不利益が小さいと見込まれる）を除いては（会182条1項柱書括弧書）、株主の利益に鑑み、他のキャッシュ・アウト手法の法的規律と平仄を合わせて（後述「3.11.4.企業買収」参照）、以下の手続が付加される。

i **事前開示** 株式の併合をする会社は、一定期間（株式の併合を決定する株主総会の日の2週間前の日等から効力発生日後6か月を経過する日までの間）、一定事項（会社法180条2項各号に掲げる事項その他法務省令〔会施規33条の9〕で定める事項）を記載・記録した書面・電磁的記録を本店に備え置かなければならない（会182条の2第1項）。株主は会社に対して、営業時間内はいつでも、当該書面の閲覧、謄本・抄本の交付等の請求をすることができる（同条2項）。後述の差止請求権の行使の要否を判断するために必要な情報を事前に提供するものである。

ii **反対株主の株式買取請求** 会社が株式の併合をすることにより1株未満の端数が生ずる場合、反対株主は会社に対して、自己の有する株式のうち1株未満の端数となるものの全部を、公正な価格で買い取ることを請求することができる（手続〔会182条の4〕、裁判所への価格決定の申立等〔会182条の5〕）。反対株主が株式買取請求権を行使する機会を確保するため、会社は、株式の併合の効力発生日の20日前までに、株主に対して、株式の併合をする旨を通知しておかなければならない（会182条の4第3項）。

iii **差止請求** 株式の併合が法令又は定款に違反する場合、株主が不利益を受けるおそれがあるときは、株主は会社に対し、当該株式の併合の差止めを請求することができる（会182条の3）。

iv **事後開示** 株式の併合をした会社は、効力発生日後遅滞なく、一定の事項（株式の併合の効力発生時における発行済株式（種類株式発行会社の場合は、併合する種類株式の発行済株式）の総数その他の株式の併合に関する事項として法務省令〔会施規33条の10〕で定める事項）を記載・記録した書面・電磁的記録を作成し、効力発生日から6か月間、当該書面・電磁的記録を本店に備え置かなければならない（会182条の6第1項2項）。株主又は効力発生日に株主であった者は、会社に対して、営業時間内はいつでも、当該書面・電磁的記録の閲覧、謄本・抄本の交付等の請求をすることができる（会182条の6第3項）。株式の併合の効力を争うか否かの判断に資する情報を提供するものである。

(3) 効　力

1）効力の発生

株式の併合の効力は、株主総会の決議で定めた効力発生日に生ずる。株主は、効力発生日の前日に有する株式の数に、株主総会の決議で定めた併合の割合を乗

じた数の株式の株主となる(会182条1項)。会社は、併合した株式について、当該株式の株主に係る事項を株主名簿に記載・記録する必要がある(会132条2項)。

　2）効力発生後の処理
　i　端数株式の処理　　株式の併合により1株未満の端数が生ずる場合、原則として、会社は、その端数の合計数(その合計数に1に満たない端数が生ずる場合は切り捨てる)に相当する数の株式を競売し、端数に応じて、競売により得られた代金を株主に分配しなければならない(会235条1項)。但し、競売に代わる方法として、市場価格のある株式の場合は、市場取引による売却(会施規50条)が認められ、市場価格のない株式の場合でも、裁判所の許可を得た上で、競売以外の方法により売却することが認められる(会235条2項・234条2項～5項)。

　　株券発行会社の場合、端数分の金銭の交付は旧株券の交付と引換えとなり、当該株券の提出があるまでは、会社は、金銭の交付を拒むことができる(会219条2項1号)。旧株券を提出することができない者がある場合、その株主を救済するため、会社はその者の請求により、利害関係人に対し異議があれば3か月を下らない一定の期間内に異議を述べることができる旨を公告することができ(会220条1項)、その期間内に異議を述べる者がいないときに、金銭を交付することができる(同条2項)。

　ii　新株券交付等　　株券発行会社では、株券は併合の効力発生日に無効になり(会219条1項3号)、効力発生日以後遅滞なく、併合した株式についての新株券を発行しなければならない(会215条2項)。

3　株式の分割

（1）意　義

　株式の分割とは、1株を2株にするというように、発行済の既存の株式を細分して従来よりも多数の株式とすることをいい、会社法上、同一の種類の株式について一定の割合で一律に数を増加させること(＝株式の計数の増加)である(会183条1項)。

　株式の分割は、1株当たりの市場価格を引き下げて株式の流通性を高める場合、通常の新株発行を時価発行で行った後にプレミアムを株主還元する場合、また、いわゆる株式配当を行う場合(分配可能額を現金で分配せず資本金に組み入れて新株を分配する場合)に利用される。

　株式の分割は、分割の対象となった種類の株式の発行済株式総数を増加させるとともに、各株主の持株数を増加させる。株主の有する持株数に比例して、払込みを要せずに株式数を増加させるため、持株比率に影響を生じない。また、会社財産も変化しない。

（2）手　続

　1）株主総会の普通決議（取締役会設置会社では取締役会決議）　　株式の分割は、株式の併合とは異なり、通常、既存株主の実質的地位に変更を生じないので、その都度、株主総会の普通決議(取締役会設置会社の場合は取締役会決議)によっ

て、一定の事項(①株式の分割により増加する株式の総数の株式の分割前の発行済株式(種類株式発行会社の場合は、分割する種類の発行済株式)の総数に対する割合及び当該株式の分割に係る基準日、②株式の分割の効力発生日、③種類株式発行会社の場合は、分割する株式の種類)を定めることにより行うことができる(会183条2項)。

会社は、株式の分割に係る基準日(会183条2項1号)の2週間前までに、当該決議事項を公告しなければならない(会124条3項参照)。

2) 発行可能株式総数に関する特例

株式の分割により発行済株式総数が増加するが、この際、会社は、株主総会決議によることなく、分割に応じた発行可能株式総数(授権株式数)の増加(効力発生日における発行可能株式総数を効力発生日の前日における発行可能株式総数に分割割合を乗じて得た数の範囲内で増加する旨)の定款変更をすることができる(会184条2項)。但し、2種類以上の種類株式が存在する場合には、当該種類株主に不利益が生ずるおそれがあるので、発行可能株式総数を変更するには原則どおり株主総会決議による定款変更を要する(同条項括弧書)。

なお、株式の分割は、原則として、不公正な募集株式の発行差止め(会210条)の対象とはならない(東京地決平17・7・29判時1909・87)。

(3) 効 力

株式の分割により、基準日に株主名簿に記載・記録されている株主は、分割の効力発生日に、基準日に有する株式数に分割割合を乗じて得た数の株式を取得する(会184条1項)。会社は、分割した株式について、その株式の株主に係る事項を株主名簿に記載・記録する必要がある(会132条3項)。

株券発行会社は、株式の分割をしたときは、効力発生日以後遅滞なく、分割した株式に係る株券を発行しなければならない(会215条3項)。

4 株式の無償割当て

(1) 意 義

「株式の無償割当て」とは、株主又は種類株主に対して、無償で新株の割当(又は自己株式の交付)をすることをいう(会185条)。

会社法は、株式の分割を同じ種類の株式数を一律に増加させる制度として位置づけ(会183条2項3号)。これとは別に、株主に無償で持株比率に応じて種類を問わず株式を割り当てることを認めて、株式無償割当てという新たな概念を設けた(株式の無償割当ては、経済的実質は株式分割と同じであるが、法制度上、①新株が割り当てられる場合には株式の発行に含まれる点、②同一又は異なる種類の株式が割当てられる点、③保有自己株式を交付できる点、④自己株式には割当できない点、⑤基準日の設定が義務づけられない点、⑥決定機関につき定款で別段の定めができる点で株式分割と異なる)。

（2）手　続
1）株主総会の普通決議（取締役会設置会社は取締役会決議）等

株式無償割当ては、持株比率を変動させるものではないため、定款に別段の定めがある場合を除き、株主総会の普通決議（取締役会設置会社の場合は取締役会決議）において、一定の事項（①株主に割り当てる株式の数（種類株式発行会社の場合は、株式の種類及び種類ごとの数）又はその数の算定方法、②株式無償割当ての効力発生日、③種類株式発行会社の場合は、当該株式無償割当てを受ける株主の有する株式の種類）を、その都度、定める方法により行うことができる(会186条1項～3項)。

株主間の平等を確保するため、株主に割り当てる株式の数は、会社が保有する自己株式を除き、株主の有する株式数の数に応じた割合でなければならない(会186条2項)。

2）株主に対する通知

会社は、株式無償割当ての効力発生日後遅滞なく、株主に対して、当該株主が割当てを受けた株式の数（種類株式発行会社の場合は、株式の種類及び種類ごとの数）を通知しなければならない(会187条2項)。

（3）効　力

株式無償割当てを受けた株主は、その効力発生日に、割当てを受けた株式の株主となる(会187条1項)。会社は、効力発生後の各株主に係る事項を株主名簿に記載・記録することを要する(会132条1項1号)。

株券発行会社の場合は、株式を発行したときは、その発行日以後遅滞なく、株券を発行しなければならない(会215条1項)。

3.8. 株式会社の資金調達

3.8.1. 資金調達方法と法的規律

1　資金調達の方法
2　資金調達の法的規律

□1.株式会社の資金調達にはどのような方法があるか。それらは、どのような観点から、どのように分類されるか。
□2.株式会社の資金調達に関する法的規律は、どのような視点から、どのような措置が必要となるのか。

1　資金調達の方法

　株式会社においては、事業規模の拡大や営業活動の展開を図るために、随時、多額の事業資金を必要とする。
　株式会社の資金調達方法は、その源泉に着目して、調達先が会社の外か内かにより、外部資金と内部資金とに分類できる。「外部資金」による資金調達の方法には、株式発行（自己株式処分を含み、資金調達目的を持たない場合を除く）、社債発行、金融機関からの借入れ、手形の利用等があり、「内部資金」での資金調達の手段には、利潤の内部留保（繰越利益剰余金・積立金・利益準備金等）、減価償却等がある。
　他方、調達資金は、会社の返済義務の有無により、他人資本と自己資本とに分類できる。「他人資本」は、社債発行、金融機関からの借入れ、手形の利用によって得られるもので、会社には返済義務が生じる。「自己資本」は、株式発行、利潤の内部留保によって得られるもので、会社には返済義務が生じない。
　株式会社の資金調達の最大の特徴は、外部資金を調達しながら自己資本を形成する株式発行にあり、エクイティー・ファイナンスと呼ばれる。
　なお、投資家との関係に注目して、株式発行や社債発行により会社が投資家から直接に資金を調達する場合を「直接金融」といい、投資家は金融機関に資金を預けて会社が金融機関から融資を受ける場合を「間接金融」という（資金提供者・調達会社とも金融機関との間で取引し、金融機関が市場参加する「市場型間接金融」が常態化している。福原・取引167頁、参照）。近時、株式会社の金融手法は、多様化・高度化の傾向にあり、コーポレート・ファイナンスと呼ばれて、重要な実務分野を形成している。
　（注）この分野の文献として、砂川伸幸『コーポレートファイナンス入門〈第2版〉』日本経済新聞社(2017年)、酒井俊和『ファイナンス法』商事法務(2016年)、岩村充『コーポレート・ファイナンス』中央経済社(2013年)他、参照。

2　資金調達の法的規律

　株式会社の株式や社債の発行による資金調達の方法は、金融市場とりわけ資本市場(証券市場ともいい、発行市場と流通市場とがある)の機能によって万全なものとなる。その機能が十分に発揮されるためには、株式や社債が、資本市場において金融商品として取引の対象となる適格性を備え、関係者にとって安全が保たれ利益調整が図られる制度的保障を必要とする。

　そこで、会社法では、株式や社債の発行において、資本市場での商品適格性を付与する前提手続として、株式や社債の内容(譲渡や権利行使の方法を含む)の決定と、証券化・電子化の手続を用意し、その際に、会社の資金調達の要請と利害関係人の利益保護(株式発行では既存株主の保護、社債発行では社債権者の保護)の要請との調整を図っている。そして、金融商品取引法では、投資家保護の視点から、会社と株式・社債の重要事項に解する情報開示(ディスクロージャー)、内部者取引(インサイダー・トレーディング)の防止を含む不公正取引規制を設けている。

3.8.2. 募集株式の発行等

　　1　募集株式の発行等の意義・態様と会社法規律
　　2　募集株式の発行等の手続
　　3　違法・不公正な募集株式の発行等

□1.「募集株式の発行等」「新株発行」とは、それぞれどのような概念でどのような関係にあるか。また、それぞれには、どのような態様があるか。
□2.募集株式の発行等に関する会社法の規律は、どのような視点(どのような利害調整の目的)、特色、構造をもっているか。
□3.著しく不公正な募集株式の発行を差し止めるための要件はなにか、また、主要目的ルールとはなにか。
□4.新株発行の瑕疵は、どのように扱われるか、その制度の趣旨はなにか。

1　募集株式の発行等の意義・態様と会社法規律

(1) 意　義
　1)「募集株式の発行等」の概念
　会社法は、会社が発行する株式又は処分する自己株式を引き受ける者を募集して行う、新株の発行又は自己株式の処分を「募集株式の発行等」として規律している(会社法第2編第2章第8節、会199条以下)。いわゆる増資のことであり、ここに「募集」とは、公募に限定されず、第三者割当の場合を含む。金融商品取引法上の「募集」とは異なる。

　2)「新株発行」の概念
　株式会社が株式を発行する場合には、会社設立時の発行と会社成立後の発行があり、「新株発行」は会社成立後の株式発行を指す(会834条2項参照。会社設立時の

発行は、「設立時株式」の発行と呼ばれる〔会25条1項〕)。また、講学上、新株発行は、発行済株式総数が増加する場合を総称し、株主になる者の新たな出資を得て行う場合を「通常の新株発行」といい、それ以外の場合を「特殊の新株発行」という(特殊の新株発行が行われるのは、①取得請求権付株式・取得条項付株式・全部取得条項付株式の取得にあたって株式を対価とする場合(会108条2項5号ロ・同条項6号ロ・171条1項1号イ)、②株式分割(会183条)、③株式の無償割当て(会185条)、④新株予約権の行使(会280条)、⑤吸収合併(会749条1項2号イ)・吸収分割(会758条4号イ)・株式交換(会768条1項2号イ)の対価として株式を交付する場合である〔④と⑤には資金調達の側面もある〕。特殊の株式発行では、新たに株主を募集して出資を履行させることがないので、その点での手続的規定は設けられていない)。

なお、「株式の発行」と「自己株式の処分」を含めた上位概念として、「株式の交付」という用語がある(会107条・108条・749条)。また、「募集株式」とだけいう場合は、新株と自己株式の双方を含むが、「募集株式の発行」という場合は、通常の新株発行を指し、自己株式の処分を含まないので注意を要する(下図参照、神田・会社法146頁、田中亘・会社法456頁)。

【募集株式の発行等と新株発行の概念】

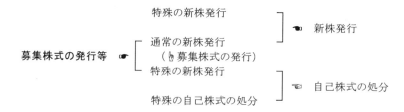

(2) 募集株式の発行(通常の新株発行)の3態様

通常の新株発行は、会社法上、募集株式の発行にあたり、実務上、株主割当て、第三者割当て、公募の3つの態様がある。

1) 株主割当て

「株主割当て」は、既存株主に株式の割当てを受ける権利を与え、各株主が持株数に比例してその権利を有する形で株式を発行する場合をいう(会202条)。主として閉鎖的な会社で用いられる。

会社法制定前の商法では、新株の割当てを受ける権利を新株引受権と称し、株主割当ては既存株主に新株引受権を与えて行う新株発行又は自己株式処分を意味し、新株引受権の譲渡の可否は新株発行決定時に会社が決めることになっていたが、会社法では、募集株式の割当てを受ける権利を市場で流通させるには、新株予約権無償割当て(会277条)の形で行うこととされている(株主は募集株主の割当てを受ける権利を譲渡することはできないと解されている。田中亘・会社法463・470頁)。

最近では、上場会社において、株主に新株予約権無償割当てを行い、これを上場して流通性を図る形を用いる株主割当て(「ライツ・イシュー」又は「ライツ・オファリング」と呼ばれる)が積極的に利用され始めている。

2) 第三者割当て

「第三者割当て」は、株主に株式の割当てをうける権利を与えないで、縁故者等の特定の者にだけ（株主であることが多い）、募集株式の申込の勧誘と割当てをして、新株を発行する場合をいう。

払込金額が引受人にとって特に有利な金額である場合には、既存株主に経済的損害が生じるため、会社法は、株主総会の特別決議を必要とする等の措置を講じている。また公開会社では、第三者割当てによって支配株主が異動し、会社支配に影響を及ぼすことがあるので、平成26改正会社法が一定の措置を講じている（会206条の2第4項〔後述〕）。

3) 公 募

「公募（時価発行）」は、株主に株式の割当てをうける権利を与えないで、不特定多数の者に引受の勧誘をして、時価を払込金額として、新株を発行する場合をいう*。第三者割当てのように支配株主の異動を伴うおそれはないが、大規模な公募増資によって、既存株主の持株比率の希釈化や株価の下落が問題となる。会社法は、第三者割当てとともに、一定の措置を講じている。

* **買取引受と残額引受**　わが国の実務では、公募増資の場合、発行会社の依頼を受けた証券会社が募集株式の全部を引き受け（総数引受契約〔会205条〕）、募集株式の発行等を受けた後、直ちに当該発行株式を一般投資家に転売するという「総額引受」方式が採用されることが多い。この方式では、会社法上の引受人は証券会社だけであるが、最終的な株式取得者は不特定多数の投資家なので、第三者割当てではなく「公募」に分類される。

　また、発行会社が広く一般に引受人を募集して、残った募集株式を証券会社が引き受けるという「残額引受」方式もある。この方式は、引受人も最終取得者も不特定多数であり、明確に「公募」である。

(3) 募集株式の発行等における会社法規律の視点

会社法上、募集株式の発行等には、株式発行による資金調達を機動的に実現するために、迅速かつ円滑な手続の規律が求められる。設立時株式の発行における規律と類似するが、既に財産的基礎の上に会社組織が確立されてからの株式の発行であるから、資本確定原則は廃棄されている。また、株式取引の安全が考慮される場面が少なくない。

他方で、募集株式の発行等には、資金調達によって会社の物的規模を拡大するとともに、新たな株主を迎えることによる人的規模を拡大するという側面があり、既存株主と新たに株主になる者との間の利害調整の規律が求められる。一般に、募集株式の発行等においては、既存株主は、その持株比率が低下して保有株式による支配権が希釈化するという不利益を被り、また、発行株式数の増加に伴い株価が現実的に下落したり、引受人に特に有利な払込金額が設定されると株式の経済的価値が相対的に低下して、経済的損失を被る。

そこで、会社法は、前者の不利益の回避と回復については、市場における自助努力が可能な場合（公開会社の場合）には、会社の資金調達の機動性確保を優先し（授権株式制度による歯止めのもとでの取締役会決議による決定〔会37条3項本文・113条3項本文・

201条1項・199条2項〕）、支配株主の異同の場合の措置（会206条の2第4項本文・第5項）、著しく不公正な新株発行に対する措置その他違法な場合の措置（募集株式発行等差止請求権〔会210条〕、関係者の塡補責任〔会212条1項1号2号・213条1項3項・213条の2・213条の3〕、無効の訴えと不存在確認の訴え〔会828条1項2号3号・829条1号2号〕）を講じている。株主が自助努力で回復できない場合（非公開会社の場合）には、既存株主の保護がいっそう強く要請されるので、事前の手続的保護を強化するとともに（会199条2項・309条2項5号）、違法な場合の措置を講じている。他方、既存株主の経済的損失の回避と回復には、事前の手続的保護（株主総会特別決議〔会201条1項・199条2項3項・309条2項5号〕）を図るとともに、違法な場合の措置を講じている。

（4）授権株式制度（発行可能株式総数）

　株式会社は定款所定の発行可能株式総数の範囲でのみ株式を発行することができる（授権株式制度〔会37条1項・98・113条1項〕）。公開会社では、設立時発行株式の総数は、発行可能株式総数の4分の1を下ることができず、定款変更により発行可能株式総数を増加する場合には、既発行済株式総数の4倍を超えることはできない（会37条3項・113条3項。非公開会社には、この4倍規制はない〔同各条項但書〕）。この制度は、既存株主の持分比率低下の限度を定めたものと理解することができる。

　非公開会社が定款を変更して公開会社となる場合、その定款変更後の発行可能株式総数は、定款変更が効力を生じた時における発行済株式総数の4倍を超えることができない（会113条3項2号〔平成26年改正〕）。

2　募集株式の発行等の手続

（1-1）募集事項の決定（公募又は第三者割当ての場合）
1）募集事項

　会社が、株主割当て以外の方法（公募又は第三者割当て）で募集株式の発行等を行う場合には、一定の募集事項を定めなければならない（募集事項には、①株式の数、種類株式発行会社の場合は募集株式の種類及び数、②募集株式の払込金額又はその算定方法（公開会社では公正な価額による払込みを実現するために適当な払込金額の決定方法〔例えば、ブック・ビルディングシステム〕を定めることができる〔会201条2項〕）、③現物出資に関する事項、④出資の履行の期日（払込期日）又は期間（払込期間）、⑤資本金及び資本準備金に関する事項（199条1項5号）がある〔会199条1項各号〕）。

　募集株式の引受人間の公平を確保するために募集事項は、募集ごとに均等に定めなければならない（同条5項）。

```
募集株式の発行等の手続概要
公募・第三者割当て/株主割当て
（ 非公開会社 と 公開会社 ）
①　募集事項の決定
        ↓
②　募集事項の通知（公告）
        ↓
③　募集株式の引受
    （申込・割当て）
        ↓
④　出資の履行
        ↓
⑤　効力発生
```

　i　**非公開会社（全株式譲渡制限会社）の場合**　非公開会社では、公募又は第三者割当ての募集事項の決定は、その都度、株主総会の特別決議による（会199条2項・309条2項5号）。払込金額が募集株式を引き受ける者に「特に有利な金額」（＝有利

発行)である場合には、取締役は、株主総会において、当該払込金額でその者の募集をすることを必要とする理由を説明しなければならない(会199条3項)。

例外として、株主総会の特別決議で、募集事項の決定を取締役(取締役会設置会社の場合は取締役会)に委任することができる(会200条1項前段・309条2項5号。この場合、委任範囲の制約として、募集株式の数の上限及び払込金額の下限を株主総会の特別決議で定める必要がある〔会200条1項後段〕。払込金額の下限が募集株式を引き受ける者に特に有利な金額である場合は、取締役は、当該総会において、当該払込金額で募集する理由を説明しなければならない〔同条2項〕。この委任の決議の効力は、当該決議の日から1年以内の日に出資の期日が到来する場合にのみ効力を生ずる〔同条3項〕)。

なお、譲渡制限株式を発行する場合は、その種類株主総会の特別決議を要する(会199条4項・324条2項2号)。

ⅱ **公開会社の場合** 公開会社の場合、公募又は第三者割当ての募集事項の決定は、その都度、原則として、発行可能株式総数の範囲内で取締役会の決議による(会199条・201条1項)。

例外として、払込金額が募集株式を引き受ける第三者に「特に有利な金額」である場合(有利発行の場合)＊には、株主総会の特別決議を要する(会199条2項3項・201条1項前段・309条2項5号)。この場合、取締役は、当該総会において、当該払込金額で募集することを必要とする理由を説明しなければならない(会199条3項)。

譲渡制限株式を発行する場合は、その種類株主総会の特別決議を要する(会199条4項・324条2項2号)。

＊ **有利発行** 株主総会の特別決議を要することになる有利発行の場合、その「特に有利な金額」(会199条3項)とは、一般に、株式の公正な価額と比較して特に低い額をいう(東京地決平16・6・1判時1873・159会社百選22)。そして、その公正な払込金額を定めるにあたっては、判例によると、払込金額決定前の株価、当該株価の騰落習性、売買出来高の実績、会社の資産状態、収益状態、配当状況、発行済株式数、新たに発行される株式数、株式市況の動向、これらから予測される新株の消化可能性等の諸事情を総合した上で、旧株主の利益と会社が有利な資本調達を実現するという利益との調和の観点から決定すべきとされ(最判昭50・4・8民集29・4・350)、公正な発行価額というには、その価額が、原則として、発行価額決定直前の株価に近接していることが必要と解されている(前掲東京地決平16・6・1)。

資金調達目的を達成するためには一定程度払込金額を引き下げる必要があり、また、募集株式の発行により市場での株式の需給バランスに影響が及び株価が下落する傾向がみられるので、払込金額が時価を下回ったからといって直ちに有利な金額とはいえず、時価より一定程度金額を引き下げることは許容されている。日本証券業協会の自主ルールでは、払込金額について、原則として、株式の発行に係る取締役会決議の前日の価額に0.9を乗じた額以上の価額であることを要請しており(日本証券業協会「第三者割当増資の取扱いに関する指針〔平成22年4月1日〕」)、このルールに従った場合は有利発行としないとする裁判例がある(前掲東京地決平16・6・1)。

では、株式の市場価格が高騰した場合はどうか。株価上昇が株式の実体価値を反映したものでなく、一時的な高騰にとどまる場合は、一定期間の平均値等の株価を基準とすべきであると解される(東京地決昭47・4・27判時679・70、後掲大阪地決昭62・11・18、東京地決平元7・25判時1317・28)。日本証券業協会の自主ルールでは、理由を開示した上で、株式発行に係る取締役会決議の日から払込金額を決定するために適当な期間(最長6か月)を遡った日から当該決議の直前日までの間の平均価額に0.9を乗じた額以上の価額とすることを許容している。

第三者割当ての方法により、事業提携の目的で発行される場合に、その情報が明らかになっ

て株価が急騰した事例では、提携等の効果が発行前の株価に反映した場合であっても、反映前の株価を基準にした払込金額が「特に有利な金額」には該当しないと解されている（東京高判昭48・7・27判時715・100）。この場合、既存株主と募集株式引受人との間で、シナジーを後の持分比率に比例して配分することになるが、その配分が不公正とは、通常考えにくいとする見解がある（江頭・株式会社法764頁）。

また、支配株主の異動を伴う募集株式の発行等の場合には、既存株主の利益を保護すべく、株主の意思を尊重して、一定の条件のもとで株主総会の普通決議を要するとの特則が設けられている（会206条の2第4項〔平成26年改正事項〕）*。

*　**支配株主の異動を伴う募集株式の発行等**　　特別の規律の対象となるのは、募集株式の発行等によって募集株式の引受人（その子会社を含む）が当該募集株式発行後に保有することになる株式数が、総株主の議決権数の2分の1を超える場合（支配株主の異動を伴う場合）である。例外として、当該の引受人（＝特定引受人）が発行会社の親会社である場合は規律の対象にならない。株主割当ての場合は、この規律はない。

手続としては、会社は、株主への事前の通知・公告を必要とし（会206条の2第1項2項）、その通知・公告の日から2週間以内に、総株主の議決権の10分の1（これを下回る割合を定款で定めた場合は、その割合）以上を有する株主が、会社に対して、当該株式引受けに反対する旨の通知を行った場合、会社は、払込期日又は払込期間の初日の前日までに、当該引受人に対する募集株式の割当てについて「株主総会の普通決議」による承認を受けなければならない（会206条の2第4項本文）。組織再編手続の場合と異なり、反対株主の株式買取請求権はない。

但し、当該公開会社の財産の状況が著しく悪化している場合で、当該会社の事業の継続のため緊急の必要があるときは、株主総会の決議による承認を要しない（同項但書）。

（1-2）募集事項の決定（株主割当ての場合）

1）募集事項

会社が株主割当ての方法で募集株式の発行等を行う場合には、前述の公募又は第三者割当ての場合の募集事項（会199条1項）に2つの事項を加えた募集事項を定めなければならない（加えるのは、①募集株式の引受けの申込みをすることにより募集株式（種類株式発行会社の場合は、当該株主の有する種類株式と同一の種類株式）の割当てを受ける権利を株主に与える旨と、②その募集株式の引受けの申込みの期日である〔会202条1項1号2号〕）。

2）決定機関

ⅰ　**非公開会社の場合**　　非公開会社では、株主割当てによる場合も、原則として、株主総会の特別決議で募集事項を決定しなければならない（会202条1項・3項4号・309条2項5号）。払込資金を欠いて引受けに応じられない株主の利益を保護している。

例外的に、非公開会社では、取締役の決定（取締役会設置会社の場合は取締役会）により募集事項を定めることができるとの定款の定めがあるときは、取締役（取締役会設置会社では取締役会決議）において募集事項を決定することができる（会202条3項1号2号）。

ⅱ　**公開会社の場合**　　公開会社が株主割当ての方法で募集株式の発行等を行う場合は、有利発行に該当するか否かを問わず、取締役会の決議により募集事項を決定する（会202条1項・3項3号）。既存株主を害するおそれがなく、資金調達の機

動性が確保されている。

(2-1) 募集事項の通知・公告（公募又は第三者割当ての場合）
　公開会社が、公募又は第三者割当ての方法により募集株式の発行等をする場合には、取締役会決議での募集事項決定の後、株主への一定の通知又は公告が必要である。すなわち、会社は、払込み・給付の期日（払込期間を定めた場合は当該期間の初日）の2週間前までに、株主に対し、募集事項（払込金額の決定方法を定めた場合はその方法を含む）を通知又は公告をしなければならない（会201条3項4項）。既存株主には差止請求権行使（会210条）ための情報となる。
　但し、金融商品取引法24条1項～3項の届出をしている場合その他の株主の保護に欠けるおそれがないものとして法務省令（会施規40条）で定める場合には通知・公告を省略できる（会201条5項）。
　非公開会社では、この募集事項の通知及び公告は不要である。

(2-2) 募集事項の通知（株主割当ての場合）
　会社が株主割当ての方法により募集株式の発行等をする場合に、募集事項を決定したときは、公開会社であるか非公開会社であるかを問わず、申込期日の2週間前までに、株主に対して、①募集事項、②当該株主が割当てを受ける募集株式の数、③申込期日を通知しなければならない（会202条4項）。株主に申込みの機会を付与するものであるから、各株主への通知が必要であり、公告もって代えることはできない。
　株主割当ての場合、株主は、申込みをするか否かの自由があるが、申込期日までに申込みをしなければ失権する（募集株式の割当てを受ける権利を失う）（会204条4項）。

(3) 募集株式の引受け
　1) 募集株式の引受けの申込み
　　ⅰ　募集にあたっての会社からの通知

```
株式引受（契約）の構造
申込み　→　←　割当て（承諾）
〔出資者〕　　　　〔会社〕
```

　会社は、募集株式の引受けの申込みをしようとする者に対し、一定の事項（①会社の商号、②募集事項、③金銭の払込みをすべきときは払込みの取扱場所、④その他法務省令〔会施規41条〕で定める事項）を通知しなければならない（会203条1項各号）。但し、金融商品取引法2条10項にもとづく目論見書を交付している場合（会203条4項。その他募集株式の引受けの申込みをしようとする者の保護に欠けるおそれがないものとして法務省令（会施規42条）で定める場合）、及び、第三者割当ての場合で会社が募集株式を引き受けようとする者との間で総数引受契約を締結する場合には（会205条1項）、会社は、この通知義務を負わない。
　　ⅱ　申込みの意思表示　会社からの通知を受けて、募集株式の引受けの申込みをする者は、一定事項（①氏名・名称及び住所、②引き受けようとする募集株式の数）を記載・記録した書面・電磁的記録を会社に交付・提供しなければならない（会203条2項3項）。
　募集株式の引受けの申込みをする者の意思表示には、心裡留保（民93条但書）、

虚偽表示(同法94条1項)の規定は適用されない(会211条1項)。また、募集株式の引受人は、出資の履行により株主となった日から1年を経過した後、又は当該株式について権利を行使した後は、募集株式の引受けにつき、錯誤を理由とした無効や詐欺・強迫を理由とした取消をすることができない(同条2項)。

2) 募集株式の割当て

i 割当自由の原則 会社は、申込者の中から誰に、どれだけの数の株式を割り当てるかについて、自由に決定することができる(会204条1項前段)。これを「割当自由の原則」という。申込者の希望よりも少ない数の株式を割り当てることもできる(同条項後段)。但し、自由があるといっても、会社が割当権限を濫用して不当に特定の者に募集株式を割り当てると、著しく不公正な方法による発行として発行差止めの対象となることもある。

ii 割当手続 募集株式の割当ては、原則として、取締役(取締役設置会社の場合は取締役会)が決定する(会348条1項2項・362条2項1号)。但し、募集株式が譲渡制限株式である場合には、定款に別段の定めがある場合を除き、株主総会の特別決議(取締役会設置会社の場合は取締役会決議)で決定しなければならない(会204条2項・309条2項5号)。既存株主は重大な利害を有するからである。

会社は、払込み又は給付の期日(払込・給付の期間を定めた場合は当該期間の初日)の前日までに、申込者に対して、割り当てる募集株式の数を通知しなければならない(会204条3項)。

3) 募集株式の引受け

会社から募集株式の割当てを受けた場合、募集株式の申込者は、割り当てられた当該募集株式の数について、募集株式の引受人(株式引受人)となる(会206条1号)。株式引受人は、会社に対して出資義務を負い、その履行によって株主となる地位(権利株)を有する(会209条)。

株式引受人は、権利株を譲渡できるが、その譲渡を会社に対抗することはできない(会208条4項)。これは、募集株式の発行等の手続の煩雑化を防ぎ、会社の事務処理上の便宜を図るためであるから、会社側から任意に権利株の譲受人を引受人として扱うことは許されてよい。

なお、他人名義で株式が引き受けられた場合、名義人ではなく実質上の引受人に権利株は帰属すると解される(実質説。他人の承諾があった事例につき、最判昭42・11・17民集21・9・2448会社百選9)。

4) 総数引受契約

「総数引受契約」とは、会社が募集株式を発行する際に、募集株式の総数の引受けを行う旨を内容とする会社と引受先との間での契約をいう。総数引受契約による場合には、申込手続・割当手続は不要であるので、募集株式の引受けの申込手続と当該申込みに対する割当手続を省略できる(会205条1項)。

募集株式が譲渡制限株式の場合は、総数引受契約による場合であっても、定款に別段の定めがない限り、株主総会の特別決議(取締役会設置会社の場合は取締役会決議)によって、総数引受契約の承認を受けなければならない(会205条2項・309条2項5号)。既存株主の持株比率に関する利益を保護するためである。

総数引受契約により株式の総数を引き受けた者は、その者が引き受けた数について募集株式の引受人となる(会206条2号)。

(4) 出資の履行
1) 金銭出資
募集株式の引受人が金銭による出資をする場合、払込期日又は払込期間内に、払込取扱場所に払込金額の全額の払込みをしなければならない(会208条1項)。募集株式の引受人は、会社に対する債権と払込債務を相殺することができない(同条3項)。

募集株式の引受人が出資の履行(金銭の払込・現物出資の財産の給付)をしないときは、失権する(当然に募集株式の株主となる権利を失うので、このことは「当然失権の原則」とも呼ばれる。会208条5項)。そのような失権があっても新株発行の全体が不成立となるのではなく、払込・給付のあった分だけは株式発行が成立する(打切り発行)。

2) 現物出資
現物出資に関する事項は、定款ではなく、募集株式の決定の際に定められ、出資者の資格制限もない。現物出資の場合、募集株式の引受人は、会社に対し、払込期日又は払込期間内に、払込金額の全額に相当する現物出資財産を給付しなければならない(会208条2項)。

会社は、原則として、募集事項の決定後遅滞なく、現物出資財産の価額を調査させるために、裁判所に対して、検査役の選任を申し立てなければならない(会207条1項)。裁判所は、当該申立てを不適法却下とする場合を除き、原則として、検査役を選任しなければならない(会207条2項)*。選任された検査役は、必要な調査を行い、結果を裁判所に報告し(同条4項)、報告を受けた裁判所は、現物出資財産の価額が不当であると認めたときは、これを変更する決定を行わなければならない(同条7項)。これにより、不当な現物出資が是正される。募集株式の引受人は、変更の決定に不服があれば、当該決定の確定後1週間以内に限り、募集株式の引受けの申込み又は総数引受契約に係る意思表示を取り消すことができる(同条8項)。

> ***現物出資につき検査役調査を要しない場合*** 　検査役の調査が不要であるのは、①現物出資者全員に発行する株式の総数がその株式発行直前の発行済株式総数の10分の1を超えない場合、②現物出資財産の募集事項で定めた価額の総額が500万円を超えない場合、③現物出資財産が市場価格〔会施規43条〕のある有価証券である場合(募集事項で定めた価額がその価格を超えないときに限る)、④現物出資財産の募集事項で定めた価額が相当であることについて、弁護士・弁護士法人・公認会計士・監査法人・税理士又は税理士法人の証明を受けた場合(不動産の場合には不動産鑑定士の鑑定評価も必要)、⑤現物出資財産が会社に対する金銭債権(弁済期が到来しているものに限る)であって、その金銭債権について募集事項で定めた価額が当該金銭債権の負債の帳簿価額を超えない場合である(会207条9項)。なお、証明・鑑定評価をする者の欠格事由の定めがある(会207条10項)。
>
> ①と⑤は設立の場合にはない。⑤は会社法で新設され、これにより、実務上の「デット・エクイティ・スワップ(DES)」(＝債務の株式化、すなわち、会社の財務体質の改善や、業績が悪化した会社の再建等のため、会社の債務を債務会社の株式に振り替える手法)が明文の根拠を得た。

（5）募集株式の発行等の効力発生

募集株式の引受人は、払込期日が定められた場合には、その払込期日に出資を履行して、払込期日に当該募集株式の株主となる（会209条1項1号）。払込期間が定められた場合には、当該履行をした日に株主となる（同条項2号）。募集株式の発行等の効力が生ずると、発行済株式の総数、種類及び種類毎の数並びに資本金の額に変更が生ずるため、変更登記を要する（会915条1項2項）。

3　違法・不公正な募集株式の発行等

（1）募集株式の発行等の差止め

1）意義・趣旨

会社が、法令・定款に違反し、又は、著しく不公正な方法で募集株式を発行しようとするとき、これにより不利益を受けるおそれのある株主は、会社に対して募集株式の発行等の差止を請求できる（会210条）。この差止請求権は株主保護を目的としており、取締役の違法行為に対する株主の差止請求権（会360条）の場合とは異なって、必ずしも会社に損害が生ずるおそれがなくてもよい。ここに不利益とは、株主権の侵害、持株比率の低下や持株価値の希釈化等をいう。

2）要　件

ⅰ　**法令・定款の違反**　ここでの「法令」は（会210条1号）、具体的な法令を意味し、取締役・執行役の一般的義務規定（会330条・355条・419条2項、民644条）は含まず、法令違反とは、必要な法定手続である決議や調査を欠く場合等をいい、定款違反とは、定款所定の発行可能株式総数の超過や定款に定めがない種類株式の発行等をいう。

ⅱ　**著しく不公正な方法**　著しく不公正な方法とは、具体的な法令・定款違反はないが、著しく不当な目的（例えば、取締役が支配権を維持したり、自己に有利に支配関係を変動させたり、少数株主を排除したりする目的等）を達成する手段として用いられることをいい、著しく不公正な方法による募集株式の発行等（不公正発行）が差止めの対象となる（会210条2号。たとえ払込金額が公正であっても、また、有利発行にならない場合でも、著しく不公正な発行となることもある）。著しく不公正な目的を達成する手段になり得るのは募集株式の発行等に限定されないので、会社法210条による差止めの制度を類推適用すべき場合（特殊の新株発行の場合等）があると解される（神田・会社法158頁、江頭・株式会社法708頁）。

不公正発行の判断基準として、裁判例では、取締役が募集株式の発行等を決定した動機のうちで、不当な目的（支配権の維持・少数株主の排斥等）を達成する動機が他の目的（資金調達等）を達成する動機よりも優越し、その不当な目的が主要な目的と認められる場合をいうとする「主要目的ルール」が採用されている*。

＊**主要目的ルールの根拠と運用傾向**　主要目的ルールの根拠は、株式会社の権限分配秩序論に求められる。すなわち、株主総会の資本的多数決によって選任される取締役が、株主総会における株主構成の変更を主要な目的とする新株等の発行をすることは、会社法

が定める機関権限分配の法意に反するからである(東京高決平17・3・23判時1899・56会社百選99〔ニッポン放送事件〕、参照)。したがって、資金調達目的を兼ねていても、募集株式発行等の主要目的が会社支配権の維持・強化にあれば、著しく不公正な方法に該当し、募集株式の発行の差止事由となる(さいたま地決平19・6・22判タ1253・107)。

　裁判例における主要目的ルールの運用では、経営支配権争いが生じている状況下で、既存株主の持株比率に重大な影響を及ぼすような多数の新株を現経営者側の株主に発行することは、他にそれを合理化することができる特段の事情がない限り、現経営者の支配権維持を主要目的としてなされたものと推認されている(東京地決平20・6・23金判1296・10)。

　敵対的企業買収の対抗策として行われた新株予約権無償割当てをめぐる事例では、特定の株主による経営権取得に伴い、会社の企業価値が毀損され、会社利益ひいては株主共同利益が害されるような場合は、その防止という「必要性」にもとづき当該株主を差別的に取り扱ったとしても、当該取扱が衡平の理念に反して「相当性」を欠くものでない限り、株主平等の原則に反しないと述べた決定がある(最決平19・8・7民集61・5・2215会社百選100)。

3) 方法・仮処分

　株主による募集株式の発行等の差止めは、事前の救済措置であるため、株主は、その株式発行の効力が生ずる前までに、会社に対して、その差止めを請求しなければならない(会828条1項2号3号)。この差止請求は、訴訟外で行うことができるが、訴訟で行うこともできる。株主は、この差止請求権を被保全権利として、募集株式の発行等の差止めの仮処分の申立て(民事保全法23条2項)を行うことが多い。仮処分の効力が生じると、会社は募集株式の発行等をしてはならないという不作為義務を負う。この仮処分に違反して会社が新株を発行した場合は、新株発行等の無効の訴え(会828条1項2号3号)における無効原因となる(最判平5・12・16民集47・10・5423)。

(2) 新株発行等の無効・不存在
1) 新株発行等無効の訴え

　新株発行(募集株式の発行に限定されない)及び自己株式の処分に手続上の瑕疵があるとき、その無効は、効力発生の日より6か月(非公開会社では1年)以内に、会社を被告として、株主・取締役又は監査役等だけが、新株発行無効の訴えをもってのみ主張できる(会828条1項2号3号・2項2号3号)。被告会社が、当該訴えの提起が原告株主の悪意であることを疎明して申し立てたときは、裁判所は、原告株主に相当の担保の提供を命じることができる(会836条1項本文・3項。その他、専属管轄・弁論の併合等は、「会社組織に関する訴え」と共通)。無効判決の効力は第三者にも及ぶが遡及しない(会838条・839条)*。この無効原因は、解釈上、狭く解される**。

　無効主張の限定(訴えの方法のみ、提訴期間と提訴権者の限定)や無効判決の特殊な効力は、大量に発生する株式をめぐる法律関係を、既存状態を尊重しつつ、画一的に処理するためである。

　＊ **新株発行無効判決と再審事由**　①新株発行無効の確定判決の効力を受ける第三者は、当該確定判決に係る訴訟について独立当事者参加の申出をすることにより、当該確定判決に対する再審の訴えの原告適格を有し、②会社の訴訟活動が著しく信義に反し、第三者に確定判決の効力を及ぼすことが手続保障の観点から看過することができない場合には、当該確定判決には、民事訴訟法338条1項3号の再審事由がある(最決平25・11・21民集67・8・1686会社百選A6)

** **新株発行の無効原因**　①公開会社において、代表取締役が有効な取締役会決議にもとづかないで行った新株発行は無効事由とならず（最判昭36・3・31民集15・3・645）、②株主総会の特別決議を経ないで行った新株の有利発行は、無効事由にはならないと解される（最判昭46・7・16判時641・97会社百選24）。これらに対して、③授権株式数を超過した新株発行や定款の定めのない種類株式の発行は、瑕疵が重大であるから、無効事由になる。④公開会社において募集事項の通知・公告を欠くことは、株主の差止の機会を奪うことになり、無効原因となる（最判平9・1・28民集51・1・71会社百選27、最判平10・7・17判時1653・143）。但し、通知・公告がされたとすれば差止め事由がなかったという事情がある場合は、無効事由にすべきではないと解される。⑤新株発行差止めの仮処分命令に違反して新株発行が強行された場合は、無効事由になる（最判平5・12・16民集47・10・5423会社百選101）。⑥非公開会社では、株主総会の特別決議を欠く新株発行は、無効事由となる（最判平24・4・24民集66・6・2908会社百選29）。⑦不公正な新株発行については、判例・多数説は、無効原因とならないとするが（有効説、最判平6・7・14判時1512・178会社百選102）、無効原因となると考える見解もある（無効説、弥永・リーガルマインド337頁）。

2）新株発行・自己株式処分の不存在

新株発行・自己株式処分が、実体がないといえるほど瑕疵が大きい場合には、新株発行・自己株式処分は不存在である。新株発行・自己株式処分の不存在は、誰でも、いつでも主張することができる。法律関係の安定のため、会社法では、新株発行等不存在確認の訴えが明文化された（会829条1号2号）。この訴えは、会社を被告としてのみ提起でき、出訴期間の制限はない。なお、新株発行等不存在確認の確定判決には対世効が認められる（会838条）。

（3）関係者の責任

1）株式引受人の差額支払義務

ⅰ　**通謀した場合**　取締役（又は執行役）と「通謀して」著しく不公正な払込金額で募集株式を引き受けた者は、会社に対して公正な価額との差額の支払をなす義務を負う（会212条1項1号）。この責任追及には株主代表訴訟が認められる（会847条1項）。

ⅱ　**現物出資の場合**　現物出資の場合は、通謀しなくても、引受人は同様の差額支払義務を負うが、善意・無重過失のときは、出資の取消が可能である（会212条1項2号・2項）。

2）取締役等の責任

ⅰ　**任務懈怠責任・不法行為責任**　株主総会の特別決議を経ずに公募・第三者割当ての方法により、特に有利な払込金額で募集株式の発行等を行った取締役・執行役は、公正な払込金額との差額について、会社に対し損害賠償責任を負う。この場合、保有株式の価値の減少に関して、取締役・執行役は、株主に対して、第三者に対する責任（会429条1項）又は不法行為責任（民709条）を負うことがある。

ⅱ　**現物出資における差額支払義務**　募集株式の発行等の効力発生時における現物出資の価額が募集事項として定めた価額に著しく不足するときは、価額の決定に関与した取締役・執行役は、会社に対して連帯して不足額の支払い義務を負い、価額の決定につき株主総会・取締役会の決議があったときは、当該議案の提案に関係した取締役・執行役は、会社に対して連帯して不足額を支払う義務を負う（会

213条1項)。但し、検査役の調査(会207条2項)を経た場合、又は、当該取締役等が職務を行うにつき注意を怠らなかったことを証明した場合は、その義務を負わない(会213条2項)。現物出資の証明者(弁護士等)も同様の責任を負い(同条3項)、取締役等と証明者は連帯して差額支払義務を負う(同条4項)。

3) 仮装出資の場合の責任

平成26年改正会社法では、仮装出資の場合には、当然失権の原則(会208条5項)が変更され、新たな規制が設けられている。

i 株式引受人の責任 募集株式の引受人は、募集株式に係る金銭の払込み又は現物出資財産の給付を仮装した場合には、会社に対して、払込みを仮装した払込金額の全額の支払又は給付を仮装した現物出資財産の給付(会社が給付に代えて財産の価額に相当する金銭の支払を請求した場合はその金銭の全額の支払)をする義務を負う(会213条の2第1項)。これは無過失責任であり、総株主の同意がなければ免除できない(同2項)。

ii 取締役等の責任 出資の履行を仮装することに関与した取締役等(取締役・執行役として法務省令で定める者〔会施規46条の2〕)も同様の責任を負う。職務を行うについて注意を怠らなかったこと(無過失)を立証した場合には責任を免れるが、出資の履行を仮装した者は無過失責任を負う(会213条の3第1項)。上記の株式引受人と取締役等の責任は連帯責任となる(同2項)。

iii 株式引受人の地位の帰趨等 募集株式の引受人は、それら双方の責任が履行された後でなければ、出資の履行が仮装された募集株式について株主の権利を行使することができない(会209条2項)。

取締役等が支払義務を履行しても、当該取締役等が募集株式を取得することにはならず、株式引受人が募集株式を有する。この場合、支払義務を果たした取締役等が株式引受人に求償権を行使することができると解される。

なお、この募集株式が譲渡された場合には、譲受人は、悪意又は重過失があるときを除き、当該募集株式についての株主の権利を行使することができる(同3項)。

3.8.3. 新株予約権

1　新株予約権の意義・機能と活用方法
2　新株予約権の発行方法と内容
3　募集新株予約権の発行手続
4　新株予約権の譲渡・行使
5　違法・不公正な新株予約権の発行等

☐1.新株予約権とはなにか、どのような活用方法があるか。
☐2.新株予約権の発行方法には、どのようなものがあるか。
☐3.募集新株予約権の発行手続と募集株式の発行等の手続との異同はなにか。新株予約権無償割当てを利用したライツ・オファリングの問題点はなにか。
☐4.新株予約権は、どのように譲渡・行使できるのか。
☐5.違法又は不公正な新株予約権に対する措置は、どうなっているか。

1　新株予約権の意義・機能と活用方法

（1）意義・機能

「新株予約権」とは、これを保有する者（新株予約権者）が株式会社に対して行使することによって、当該株式会社の株式の交付を受けることができる権利をいう。新株予約権者が、あらかじめ定められた期間（権利行使期間）内に、あらかじめ定められた価額（権利行使価額）を払い込むことにより新株予約権を行使すると、当該株式会社は、新株予約権者に対して新株を発行するか、又はこれに代えて会社の有する自己株式を移転する義務を負うことになる（会2条21号）。

新株予約権を持っていても株主ではないが、将来、この権利を行使すれば株主になれるので、新株予約権は潜在的な株式ということができる。新株予約権は、それ自体は未だ株式ではないが、将来、株式を手にいれることができる権利であり、いわゆるオプションである。

（2）法的規律の特色と活用方法

会社法は、潜在株式としての新株予約権の機能と性質に着目して、権利内容の設計の自由度を高め、発行手続について募集株式の発行等の手続と同様に整理し、内容規制と募集規制とに分けて規律を設けている（会238条～248条）。

これにより、新株予約権は、さまざまな目的のために利用できるようになった。例えば、①ストック・オプションを付与するために発行する、②資金調達のために発行する（単独で発行したり、社債に付けて発行したりする）、③株主優待策として株主に発行する、③敵対的企業買収に対する防衛策として発行する等の目的に利用できる。

【新株予約権の活用方法】
ⅰ　ストック・オプションへの活用　　ストック・オプションは、あらかじめ定められた価額（権利行使価額）で所定の数の株式を会社から取得することができる権利である。これを付与した後に株価が権利行使価額を上回ると、権利を行使して割安の株式を取得し高い時価で売却することで、差益（キャピタル・ゲイン）を得ることができる。取締役や従業員が職務に精励すると会社の業績が上がり、会社の株価が上がることから、ストック・オプションを取締役や従業員に付

与しておくと職務精励を誘引することになる。このように、ストック・オプションは業績連動型のインセンティブ報酬として機能する。

わが国では、平成9年商法改正により、自己株式を取得してこれを付与する方法と新株引受権（他の者に優先して新株を引き受けることができる権利）を付与する方法とによって、ストック・オプションを実施できるようになった。しかし、平成13年6月改正による金庫株解禁に伴い前者の規定が削除され、また、新株引受権付与の方法では、付与先が取締役・従業員に限定されていたし、新株引受権付社債として社債に付加する形でしか発行できない等の制約があった。そこで平成13年11月改正商法により、新株引受権という概念が再整理され、従来のような制約がなく単独でも発行できる「新株予約権」という権利になり、平成17年制定の会社法で規定が整備された。これにより、新株予約権の活用範囲が大きく広がった。

新株予約権は、従来どおり発行会社の取締役や従業員にインセンティブ報酬として付与することができるほか、付与先が限定されなくなったので、例えば、オーナー経営者の持株比率を維持しつつベンチャー・キャピタル等から投資を受ける際に発行したり、株式公開をする場合に、これを支援してくれる専門家に付与するなど、ベンチャー企業の資本政策としても活用できる。但し、新株予約権は潜在的株式なのであるから、将来の株主構成が変動してしまうことも予測しながら、有効かつ慎重に活用することが必要となる。

ⅱ　資金調達手段としての活用　新株予約権は、社債に付加して新株予約権付社債として発行したり、証券会社など第三者に割当を行うなどして、資金調達手段として活用することができる。募集株式の発行を公募で行うと株式の希釈化（一株あたりの価値が相対的に薄くなること）が一気に進んで株価が急落しかねないので、新株予約権を活用して資金を調達することで株価への影響を緩やかに抑えることができ、最近では、資金調達の手段として重宝され多用されている。

「新株予約権付社債」（会2条22号）は、かつては、転換社債や新株引受権付社債と呼ばれていたものを、新株予約権の概念をもとに統一したものである。新株予約権付社債は、権利行使がなされた際に社債を出資の目的とするものであるから（会236条1項3号）、新株予約権の権利行使時に、社債が償還され、新株に対する払込に充当されることになる。社債権者に新株予約権が付与されると、株価が上昇して権利行使価額を上回れば新株予約権を行使して株式を取得して売却益を得る方が社債の利回りを得るより有利となるから、新株予約権付社債は魅力ある投資商品となる。したがって、会社にとってみれば、普通社債を発行するより低金利で資金調達ができ、また、株価が上昇して新株予約権が行使されると、社債が消滅して株式が発行されるため自己資本が増強される。

ⅲ　買収防衛策としての活用　「取得条項付新株予約権」（会236条1項7号イ）によれば、一定の事由の発生を条件に会社が新株予約権を強制的に取得することが可能となり、この場合に新株予約権を会社が取得する対価として金銭以外に株式・社債その他の財産の交付が許され、その内容を発行時に決めることができる（前条項ロ～ト）。会社は、株式への実質的転換権が会社にある新株予約権付社債（強制転換社債）を発行することも可能である（前条項ニ）。また、会社は、新株予約権を株主に無償で割り当てることができる（会277条～279条）。

近時、敵対的企業買収に対して、これらの新株予約権を利用した「ライツ・プラン」と呼ばれる防衛策が採用されている。このライツ・プランは、買収者は行使できず買収者以外の株主が行使できるという差別的な行使条件を付けた新株予約権を全株主に対して無償で発行しておき、敵対的な買収者が一定割合を超える株式を買い付けた場合、買収者以外の株主が新株予約権を行使することによって、買収者の持株比率を低下させる仕組みである（希釈型ポイズンピルともいう）。この場合に、取得条項付新株予約権を付与しておき、会社が新株予約権を取得する対価として買収者には金銭を、買収者以外の株主には株式を交付することで、強制的に買収者の持株比率を低下させることができる（いわゆるブルドックソース事件の例）。また、上記の強制転換社債を用いて買収者の持株比率を低下させることもできる。但し、この買収防衛策の導入にあたっては、株主平等原則に反することなく、また、不公正な発行となることがないように注意する必要がある（本書、3.11.4.参照）。

2　新株予約権の発行方法と内容

（1）新株予約権の発行方法
　会社が新株予約権を発行する場合には、募集手続による「募集新株予約権」（自己新株予約権は含まれない）の発行の場合（公募・第三者割当ての場合と株主割当ての場合とがある）と、募集手続によらない場合とがある。

```
新株予約権の発行 ─┬─ 募集手続による発行 ☞ 「募集新株予約権」の発行
                 │                         「公募」「第三者割当て」／「株主割当て」
                 └─ 募集手続によらない発行
                     ①取得請求権付種類株式や取得条項付種類株式の対価
                         （会107条2項2号ハ3号ホ・108条2項5号イ6号イ）
                     ②新株予約権の無償割当て（会277条）
                     ③組織再編における対価（会749条1項2号ハ）
```

（2）新株予約権の内容
　会社が新株予約権を発行するには、会社法236条1項に定める事項＊を新株予約権の内容として定めなければならない。

　＊ **新株予約権の内容**　①新株予約権の目的である株式の数（種類株式発行会社の場合は株式の種類及び種類ごとの数）又はその数の算定方法（会236条1項1号）、②新株予約権の行使に際して出資される財産の価額又はその算定方法（同2号）、③金銭以外の財産を新株予約権の行使に際してする出資の目的とするときは、その旨並びに財産の内容及び価額（同3号）、④新株予約権を行使することができる期間（同4号）、⑤新株予約権の行使により株式を発行する場合に増加する資本金及び資本準備金に関する事項（同5号）、⑥譲渡による新株予約権の取得について会社の承認を要することとするときは、その旨（同6号）、⑦新株予約権について、会社が一定の事由が生じたことを条件としてこれを取得することができることとするときは一定の事項（同7号）、⑧会社が合併等の組織再編行為をする場合に当該新株予約権の新株予約権者に存続会社等の新株予約権を交付することとするときは、その旨及びその条件（同8号）、⑨新株予約権を行使した新株予約権者に交付する株式の数に1株に満たない端数がある場合において、これを切り捨てるものとするときは、その旨（同9号）、⑩当該新株予約権（新株予約権付社債に付されたものを除く）に係る新株予約権証券を発行することとするときは、その旨（同10号）、⑪上記⑩の場合において、新株予約権者が会社法290条にもとづく記名式と無記名式との間の転換請求の全部又は一部をすることができないこととするときは、その旨（同11号）。

　新株予約権には行使条件を付けることができ（会238条1項1号。株主間で異なる条件を付すことも可）、その場合には、登記を要する（会911条3項12号ハ）。例えば、役員の退職慰労金の代わりに発行する場合には退職を条件とするとか、会社が上場を目指してインセンティブ報酬として役員や従業員に発行する場合には、当該会社の上場の実現とかを条件にすること（最判平24・4・24民集66・6・2908会社百選29の事例、参照）ができる。

（3）新株予約権の共有
　新株予約権が2以上の者の共有に属するときは、共有者は、当該新株予約権につ

いての権利を行使する者1人を定め、会社に対しその者の氏名又は名称を通知しなければ、原則として、権利を行使することができない（会237条）。事務処理上の煩雑さを回避するためであり、株式の共有の場合（会106条）と同様である。

3　募集新株予約権の発行手続

（1-1）募集事項の決定（公募又は第三者割当ての場合）
1）募集事項

会社が、公募又は第三者割当て（株主割当て以外の方法）で新株予約権の募集を行う場合には、その都度、募集毎に均等に、一定の募集事項を定めなければならない（その募集事項には、①募集新株予約権の内容及び数（会238条1項1号）、②募集新株予約権と引換えに金銭の払込みを要しないもの（無償）とする場合は、その旨（同2号）、③募集新株予約権の払込金額又はその算定方法（同3号）、④募集新株予約権の割当日（同4号）、⑤募集新株予約権と引換えにする金銭の払込みの期日を定めるときはその期日（同5号）、⑥募集新株予約権が新株予約権付社債に付されたものである場合は676条各号に掲げる事項等（同6号）、⑦上記⑥の場合に、募集新株予約権についての請求方法に関し別段の定めをするときは、その定め（同7号）がある〔会238条各号〕）。

```
募集新株予約権の手続概要
公募・第三者割当て／株主割当
（非公開会社 と 公開会社）
① 募集事項の決定
       ↓
② 募集事項の通知（公告）
       ↓
③ 新株予約権の引受
       （申込・割当て）
       ↓
④ 割当日に効力発生
```

2）決定機関

i　非公開会社（全株式譲渡制限会社）　非公開会社において、公募又は第三者割当ての方法で新株予約権を募集する場合には、原則として、株主総会の特別決議によって募集事項を定めて行う（会238条2項・309条2項6号）、例外として、新株予約権の内容・数の上限と払込金額の下限等を総会で決議した上（会238条1項）、その決議後1年以内に割り当てるものについての発行事項の決定を取締役（取締役会設置会社では取締役会）に委任できる（会239条1項3項）。

なお、非公開会社が種類株式発行会社で、募集新株予約権の目的である株式の種類の全部又は一部が譲渡制限株式である場合は、募集事項の決定・委任は、その種類株主総会の特別決議を要する（会199条4項・324条2項2号）。

ii　公開会社　公開会社が公募又は第三者割当ての方法で募集新株予約権を発行する場合は、原則として、その都度、取締役会決議により募集事項を定めて決定する（会240条1項）。

例外として、新株予約権の発行が「有利発行」となる場合（①無償で発行して、それが引受人に特に「有利な条件」となる場合、②払込金額が引受人の「特に有利な金額」である場合）には、株主総会の特別決議を要し（会238条3項・240条1項・309条2項6号）、その場合には、取締役は株主総会で有利発行を必要とする理由を説明しなければならない（会239条2項）。

非公開会社が種類株式発行会社で、募集新株予約権の目的である株式の種類の全部又は一部が譲渡制限株式である場合は、募集事項の決定・委任は、その種

類株主総会の特別決議を要する(会199条4項・324条2項2号)。
　公開会社が種類株式発行会社であり、募集新株予約権の目的である株式の種類の全部又は一部が譲渡制限株式の場合は、その募集事項の決定には、当該種類株式の種類株主を構成員とする種類株主総会の特別決議が必要である(会239条4項・324条2項3号)。
　また、支配株主の異動を伴う新株予約権の発行等の場合(新株予約権の発行によって、募集新株予約権の引受人(その子会社を含む)が引き受けた新株予約権に係る交付株式の株主となった場合に有することとなる議決権数が、総株主の議決権数の2分の1を超える場合)には、募集株式の発行の場合と同様の特則として、既存株主の利益を保護するため、一定の条件のもとで株主総会の普通決議を要する(会244条の2第4項〔平成26年改正事項〕)。

(1-2) 募集事項の決定(株主割当ての場合)
1) 募集事項
　株主が、その有する株式の数に比例して募集新株予約権の割当てを受ける場合(会241条1項)には、会社は、前述の公募・第三者割当ての場合の募集事項(会238条1項)に2つの事項を加えた募集事項を定めなければならない(加えるのは、①募集新株予約権の引受けの申込みにより、募集新株予約権(種類株式発行会社の場合は、その目的である株式の種類が当該株主の種類株式と同一の種類株式)の割当てを受ける権利を株主に与える旨と、②その募集新株予約権の引受けの申込期日である〔会241条1項1号2号〕)。

2) 決定機関
ⅰ　**非公開会社**　非公開会社が株主割当ての方法で募集新株予約権の発行を行う場合、原則として、株主総会の特別決議で募集事項を決定しなければならない(会241条3項4号・309条2項6号)。例外として、非公開会社では、定款に定めを置いて、取締役(取締役会設置会社では取締役会決議)が募集事項を決定することができる(会241条3項1号2号)。

ⅱ　**公開会社**　公開会社が株主割当ての方法で募集新株予約権の発行を行う場合、取締役会の決議により募集事項を決定することができる(会241条3項3号)。

(2-1) 募集事項の通知・公告(公募又は第三者割当ての場合)
　公開会社が株主割当て以外の方法により新株予約権の発行をする場合に、取締役会決議で募集事項を決定した後、原則として、割当日の2週間前までに、株主に対し、当該募集事項を通知又は公告しなければならない(会240条2項3項。但し、金融商品取引法上の届出をしている場合〔金商4条1項〜3項〕その他の株主の保護に欠けるおそれのないものとして法務省令〔会施規53条〕で定める場合を除く〔会240条4項〕)。
　この場合、非公開会社では株主総会があるので、株主への通知・公告は必要ない。

(2-2) 募集事項の通知(株主割当ての場合)
　会社が株主割当ての方法により新株予約権を発行する場合は、募集事項の決定

後、公開会社・非公開会社を問わず、申込期日の2週間前までに、基準日現在の株主名簿上の株主に対して、一定事項（①募集事項、②当該株主が割当てを受ける募集新株予約権の内容及び数、③募集新株予約権の引受けの申込期日）の通知を要する（会241条4項）。株主に申込みの機会を保障するためであり、各株主への通知が必要であり、公告をもって代えることはできない。

（3）新株予約権の引受（申込・割当て）

会社は、募集新株予約権の引受けの申込みをしようとする者を募集し、申込みを行った者の中から募集新株予約権の割当てを受ける者を決定する（以下に述べる引受〔申込・割当て〕の手続は、公開会社・非公開会社に共通）。募集新株予約権の割当てを受けた者は、割当日に、当該募集新株予約権の新株予約権者となる（会245条1項）。

1）募集新株予約権の引受けの申込み

ⅰ　会社からの通知　　会社は、募集新株予約権の引受けの申込みをしようとする者に対して、一定事項（①会社の商号、②募集事項、③新株予約権の行使に際して金銭の払込みをすべきときは、払込取扱場所、④その他法務省令（会施規54条）で定める事項）を通知しなければならない（会242条1項各号）。但し、金融商品取引法にもとづく目論見書を交付している場合等や（会242条4項）、総数引受契約を締結する場合には、会社は、この通知義務を負わない（会244条1項）。

ⅱ　募集新株予約権の引受けの申込み　　会社からの通知を受けて、募集新株予約権の引受けの申込みをする者は、会社に対して、一定事項（①氏名・名称及び住所、②引き受けようとする募集新株予約権の数）を記載・記録した書面・電磁的記録を交付しなければならない（会242条2項3項）。

2）募集新株予約権の割当て

これに対して、会社からの募集新株予約権の割当ては、原則として、取締役（取締役会設置会社の場合は取締役会）が決定する（会348条1項・362条2項1号）。但し、①募集新株予約権の目的である株式の全部又は一部が譲渡制限株式である場合、又は、②募集新株予約権が譲渡制限新株予約権（譲渡による当該新株予約権の取得について会社の承認を要する旨の定めがあるもの）である場合には、定款に別段の定めがある場合を除いて、株主総会の特別決議（取締役会設置会社の場合は取締役会決議）で決定しなければならない（会243条2項・309条2項6号）。

会社は、割当日の前日までに、申込者に対し、割り当てる募集新株予約権の数（当該募集新株予約権が新株予約権付社債に付されたものである場合は、当該新株予約権付社債の種類及び各社債の合計額を含む）を通知しなければならない（会243条3項）。

3）総数引受契約

会社が募集新株予約権を発行する際に、募集新株予約権を引き受けようとする者（引受先）がその総数の引受けを行う旨を内容とする会社と引受先との間で締結する契約を「総数引受契約」という（会244条1項）。

総数引受契約による場合、募集新株予約権の引受けの申込手続（会242条）と割当手続（会243条）は適用されず、これらの手続を省略することができる（244条1項）。

なお、①募集新株予約権の目的である株式の全部又は一部が譲渡制限株式であ

る場合、又は②募集新株予約権が譲渡制限新株予約権である場合は、総数引受契約によるときでも株主総会の特別決議（取締役会設置会社の場合は取締役会決議）が必要である（会244条3項本文・309条2項6号）。

（4）募集新株予約権者と払込義務

募集新株予約権の割当てを受けた申込者及び総数引受けをした者は、割当日（会238条1項4号）に新株予約権者になる（245条1項）。

募集新株予約権を有償で発行する場合は、新株予約権者は、新株予約権を行使することができる期間の初日の前日（新株予約権と引換えにする金銭の払込の期日を定めている場合はその払込期日）までに、払込金額の全額を払い込まなければならない（会246条1項）。

この金銭の払込みは会社に対する出資ではなく、新株予約権者から会社に対する債務の履行である。したがって、資本充実の要請が働く場面ではなく、払込金額に相当する金銭以外の給付として、代物弁済や相殺によることも認められる（会246条2項）。払込期日までに全額の払込みをしなかった新株予約権者は、その新株予約権を行使できなくなり（246条3項）、当該新株予約権は法律上当然に消滅する（会287条）。

（5）新株予約権の無償割当てと「ライツ・イシュー」

1）意義・機能

「新株予約権無償割当て」とは、会社が株主（種類株式発行会社の場合は一定種類の種類株主）に対して、新たな払込みをさせないで当該会社の新株予約権の割当てを受ける権利を与えることをいう（277条）。新株予約権無償割当てを受けた既存株主は、直ちに株式を取得するのではなく、新株予約権を行使して会社に一定の出資をして株式を取得する。

新株予約権無償割当ては、会社が買収者以外の既存株主に対して行うことにより買収者の持株比率を引き下げることができるので、敵対的企業買収に対する防衛策として用いられる。

また、実務上、新株予約権無償割当てを利用した資金調達が行われ、これは「ライツ・イシュー（又は、ライツ・オファリング）」と呼ばれている。第三者割当ての方法で募集株式を発行して資金調達を図る場合（第三者割当増資）では割当てを受けない既存株主の持株比率が低下するが、ライツ・イシューによれば、株主全員に新株予約権を無償で割り当てることで、既存株主を公平に取り扱うことができる。その点に資金調達方法としての有用性がある。

2）新株予約権無償割当てに関する事項の決定

会社が新株予約権無償割当てをしようとする場合は、その都度、一定事項（①株主に割り当てる新株予約権の内容及び数又はその算定方法、②新株予約権が新株予約権付社債に付されたものであるときは、当該新株予約権付社債についての社債の種類及び各社債の金額の合計額又はその算定方法、③新株予約権無償割当ての効力発生日、④種類株式発行会社の場合は、当該新株予約権無償割当てを受ける株主が有する株式の種類）を定めなけ

ればならない(会278条1項各号)。
　これらの事項の決定は、定款に別段の定めがある場合を除いて、株主総会の普通決議(取締役会設置会社の場合は取締役会決議)によらなければならない(会278条3項)。新株予約権無償割当ては株主の持分比率に応じてなされなければならず(同2項)、また無償であり、経済的利益及び持株比率維持について既存株主が不利益を受けるおそれが小さい。取締役会設置会社では、定款で定めて、取締役に決定権限を付与することが認められている(会278条3項但書)。

3）新株予約権無償割当ての割当通知

　新株予約権の無償割当てを受けた株主は、申込みをしなくとも、効力発生日に新株予約権者となる(会279条1項)。

　会社は、株主(種類株式発行会社の場合は当該新株予約権無償割当てを受ける種類株主)に対し、割当てを受けた新株予約権の内容及び数につき、効力発生日後遅滞なく、通知(＝割当通知)をしなければならない(同2項)。新株予約権の行使期間の末日が当該割当通知の日から2週間を経過する日より前に到来するときには、行使期間は、当該割当通知の日から2週間を経過する日まで延長されたものとみなされる(会279条3項。この行使期間延長でライツ・イシューがしやすくなる〔平成26年改正事項〕)。

4　新株予約権の譲渡・行使

(1) 新株予約権原簿

　会社は、新株予約権を発行した日以後遅滞なく、「新株予約権原簿」を作成し、新株予約権の区分に応じて、新株予約権に関する事項を記載・記録しなければならない(会249条柱書)。新株予約権原簿は、株式における株主名簿に相当し、会社法上、名義書換請求等の記載・記録に関する定めがある(会259条～261条)＊。

＊**新株予約権原簿の制度内容**　①新株予約権者に対して通知や催告をする場合は、新株予約権原簿に記載された当該新株予約権者の住所等にあてて発すれば足りる(会253条1項)。②会社は、新株予約権原簿を本店(株主名簿管理人の営業所)に備え置かなければならない(会252条1項)。会社は、株主名簿の場合(会123条)と同様に、定款に株主名簿管理人を置く旨を定めて、新株予約権原簿の管理等の事務を委託することができる(会251条)。③株主及び債権者は、会社の営業時間内であれば、いつでも、新株予約権原簿の閲覧・謄写を請求することができる(会252条2項前段)。この場合、株主及び会社債権者は、会社に対して、閲覧・謄写請求の理由を明らかにする必要がある(同項後段)。④会社の親会社社員(親会社の株主その他の社員〔会31条3項括弧書〕)は、その権利を行使するため必要があるときは、裁判所の許可を得て、当該会社の新株予約権原簿について閲覧・謄写請求をすることができる(会252条4項前段)。この場合も、閲覧・謄写請求の理由を明らかにしなければならない(同条4項後段)。⑤会社の閲覧・謄写請求の拒絶についても、株主名簿の場合と同様である(会252条3項)。

(2) 新株予約権譲渡の自由と制限

1) 自由譲渡性

　新株予約権者は、原則として、自由に新株予約権を譲渡することができる(会254

条1項)。これにより、新株予約権の財産的価値が確保され、活用が促進される。

2) 譲渡の制限

会社は、新株予約権の内容として、譲渡による当該新株予約権の取得について、会社の承認を要する旨を定めておくことができる(会236条1項6号)。インセンティブ報酬としての機能を持続させるために取得者を限定しておいたり、敵対的買収者が取得しないようにするために行われる。新株予約権の譲渡制限(内容決定における制限)について、会社法では、株式の譲渡制限(定款による制限)の場合と類似した制度が設けられている(会263条～265条)*。

なお、新株予約権の目的となる株式が譲渡制限株式でも、新株予約権が形成権であるため、新株予約権者の新株予約権行使時には会社の承認が原則不要であるから、当該新株予約権の行使により株主となることを制限するには、新株予約権の譲渡制限を設けておく必要がある。

* 新株予約権譲渡制限の制度内容　①新株予約権者は、自らの有する譲渡制限新株予約権を他人(当該譲渡制限新株予約権を発行した会社を除く)に譲り渡そうとするときは、会社に対し、その他人が当該譲渡制限新株予約権を取得することについて承認をするか否かの決定をすることを請求することができる(会262条)。②また、譲渡制限新株予約権を取得した新株予約権取得者は、会社に対して、当該譲渡制限新株予約権を取得したことについて承認をするか否かの決定をすることを請求することができる(会263条1項)。この請求は、利害関係人の利益を害するおそれがないものとして法務省令(会施規57条)で定める場合を除いて、取得した新株予約権の新株予約権者として新株予約権原簿に記載もしくは記録された者又はその相続人その他の一般承継人と共同してしなければならない(会263条2項)。③会社の承認の有無の決定には、別段の定めをした場合を除いて、株主総会(取締役会設置会社の場合は取締役会)の決議が必要である(会265条1項)。新株予約権については、後に行使して取得した株式を譲渡することで投下資本回収ができるため、譲渡制限株式の場合(会138条1号ハ)と異なって、会社が譲渡を承認しない場合の会社に対する買取人指定請求が認められていない。

3) 新株予約権付社債の譲渡

会社は、「新株予約権付社債」(新株予約権を付した社債〔会2条22号〕)を発行することができ、この場合、募集手続を除き、社債の規定(会社法第4編)の適用があり、新株予約権原簿のほかに社債原簿の作成も必要である(会681条)。そして、新株予約権付社債は、その一体性を保ち、法律関係の錯綜を避けるために、非分離型だけが許容される。すなわち、新株予約権付社債に付された新株予約権のみを譲渡することはできず、また、新株予約権付社債の社債のみを譲渡することもできず、常に一体として譲渡されなければならない(会254条2項本文・3項本文)。

(3) 新株予約権の譲渡方法

1) 新株予約権と新株予約権証券

新株予約権を表章する有価証券を「新株予約権証券」という*。会社法では、株券は不発行が原則であるとともに、新株予約権証券も不発行が原則である。会社は、新株予約権の募集事項で定めた場合に限り、新株予約権証券を発行することができ(会236条1項10号)、新株予約権を発行した日以後遅滞なく、その発行を要する(会288

条1項。新株予約権者の請求があるときに限り発行する取扱いもできる〔同条2項〕)。
　＊ **新株予約権証券**　　新株予約権証券は記載事項が法定された要式証券であり、会社の商号、新株予約権の内容、数及びその番号を記載し、会社の代表者がこれに署名又は記名押印することを要する(会289条)。新株予約権証券の占有者は、当該新株予約権証券に係る新株予約権についての権利を適法に有するものと推定される(会258条1項)。また、新株予約権証券の交付を受けた者は、悪意又は重過失がない限り、当該新株予約権証券に係る新株予約権についての権利を取得する(善意取得〔同条2項〕)。
　とくに定めがない限り、記名式・無記名式の間の転換請求権が新株予約権者に認められる(会236条1項11号・290条)。なお、証券喪失の場合は、株券の場合とは異なり、喪失登録制度はなく、公示催告手続・除権決定の制度による(会291条)。

　新株予約権の譲渡方法は、会社が新株予約権証券を発行するか否かで異なる。無記名式の新株予約権証券が発行される場合を除いて、株式の譲渡方法に類似し、一定の要件のもとで振替制度の対象にもなり得る。
　2) 新株予約権証券不発行の場合の譲渡
　会社法では、新株予約権証券の不発行が原則である(会236条1項10号)。会社が新株予約権証券を発行せず新株予約権の発行を行った場合、新株予約権の譲渡は、当事者間(譲渡人と譲受人)の意思表示のみによって効力を生ずる(会255条1項本文反対解釈)。この場合、新株予約権の譲渡は、新株予約権原簿の名義書換(会260条)がなければ、会社及び第三者に対抗することができない(会257条1項)。
　3) 証券発行新株予約権の譲渡
　新株予約権を発行する際に、権利内容として新株予約権証券を発行する旨を定めた新株予約権を「証券発行新株予約権」という(新株予約権付社債に付されたものを除く〔会249条3号ニ〕)。
　ⅰ　譲渡の効力要件　　証券発行新株予約権の譲渡は、当事者間(譲渡人と譲受人)の意思表示と新株予約権証券の交付によって効力を生ずる(255条1項本文)。但し、会社が自己新株予約権の処分により新株予約権を交付する場合には、自己株式の処分の場合と同じく(会128条1項但書)、新株予約権証券の交付は必要ない(255条1項但書)。
　ⅱ　譲渡の対抗要件　　新株予約権証券には、記名式と無記名式とがある。記名式の新株予約権証券が発行された場合には、新株予約権原簿に新株予約権者の氏名・住所等が記載されるが、無記名式の場合には、新株予約権原簿に新株予約権者の氏名・住所等が記載されない(会249条1号～3号)。なお、記名式でも無記名式でも、新株予約権証券の券面上には新株予約権者の情報は記載されない。
　記名式の新株予約権証券が発行されている場合、証券発行新株予約権の譲渡は、第三者に対しては、無記名新株予約権の譲渡の場合(会257条1項3項、民178条)と同様に、新株予約権証券の交付により対抗することができる。しかし、会社に対しては、新株予約権原簿に取得者(譲受人)の氏名又は名称及び住所の記載・記録(名義書換)がなければ対抗することができない(会257条1項2項)。
　無記名式の新株予約権証券が発行されている場合、証券発行新株予約権の譲渡は、譲渡人が譲受人に対して新株予約権証券を交付することにより、会社及び第三者に対抗することができる(会257条1項3項、民178条)。新株予約権原簿に氏名・住

所等の記載がないので、証券の所持が第三者対抗要件とされている。
　4）新株予約権の質入れ・信託
　新株予約権者は、新株予約権に質権を設定することができる(会267条1項)。新株予約権付社債に付された新株予約権のみに質権を設定することはできない(同条2項本文)。新株予約権の質入れの効力及び第三者対抗要件は、譲渡の場合と同様である。

　証券が発行されない新株予約権が、信託財産に属する場合、その旨を新株予約権原簿に記載・記録しなければ、会社その他の第三者に対して対抗することができない(会272条の2)。新株予約権証券が発行される場合は、証券が受託者の固有財産と区別されて所持される形がとられているようなときには、信託を会社その他の第三者に対抗できる(新基本法コンメ(1)546頁〔仮屋広郷〕)。

(4) 自己新株予約権の取得・処分・消却
1) 自己新株予約権の取得
　会社が発行した新株予約権を自ら取得することを「自己新株予約権の取得」という(会255条1項但書括弧書参照)。会社が自己新株予約権を取得する場合は、自己株式を取得する場合とは異なり、財源規制に服しない。新株予約権は会社に対する債権であり、その新株予約権を会社が取得するために新株予約権者に対価を支払っても、株主に対する払戻しではなく、資本維持を害さないからである。

　また、会社は、新株予約権発行の際、新株予約権の内容として一定の事由が生じたことを条件として、会社が当該新株予約権を強制的に取得すること(取得条項付新株予約権)を定めることができる(会236条1項7号・274条)。

2) 自己新株予約権の処分
　会社は、自己新株予約権を行使することができない(会280条6項)。会社に自己新株予約権の行使を認めると、会社資金の払込みにより株式を発行することとなり、資本の空洞化を招くおそれがあるからである。

　会社は、自己新株予約権を処分すること(会社が保有する自己新株予約権を会社以外の第三者に対し売買等により交付すること)ができる。会社は、新規に新株予約権の引受けを募集する場合に、自己新株予約権を申込者に割り当てることができる。この場合、会社が当該自己新株予約権に新株予約権証券を発行しているときは、当該自己新株予約権を処分した日以降遅滞なく、取得者へ新株予約権証券を交付しなければならない(会288条1項)。但し、会社は、取得者からの請求がある時までは新株予約権証券を交付しないことができる(同条2項)。

3) 自己新株予約権の消却
　会社は、自己新株予約権を消却することができる(会276条1項前段)。この場合には、当該新株予約権を新株予約権原簿から抹消し、新株予約権証券の廃棄等を行う。会社が自己新株予約権を消却する場合、取締役会設置会社では、取締役会決議により、消却する自己新株予約権の内容及び数(会236条1項各号・276条1項後段)を定めなければならない(会276条2項)。取締役会非設置会社では、取締役の過半数をもって決定する(会348条2項)。

会社法では、新株予約権の消却は、株式の消却と同様に、「自己新株予約権の取得＋自己新株予約権の消却」として整理されている。

（5）新株予約権の行使
1）行使手続

新株予約権は、会社が定めた権利行使期間（会236条1項4号）内に、一定事項（①行使する新株予約権の内容及び数、②新株予約権を行使する日）を明らかにして行使されなければならない（会280条1項各号）。発行されている新株予約権証券を会社に提出することを要する（同条2項）。

2）金銭の払込み・現物出資財産の給付

新株予約権の行使に際して、金銭を出資する場合（会236条1項2号）、新株予約権者は会社に対し、新株予約権の行使日に、払込取扱場所において、権利行使価額の全額の払込みを要する（会281条1項）。

金銭以外の財産を出資の目的とする場合（会236条1項3号）、新株予約権者は、会社に対して、新株予約権の行使日に当該財産の給付をしなければならず、この場合、当該財産の価額が不足するときは、払込取扱場所において差額に相当する金銭の払込みを要する（会281条2項）。また、金銭以外の財産を出資の目的とする場合は、検査役の調査に係る現物出資手続が必要となる（会284条）＊。

なお、新株予約権者は、当該の払込み又は給付をする債務と会社に対する債権とを相殺することはできない（会281条3項）。

＊ **現物出資による新株予約権の行使とDES**　現物出資による新株予約権の行使が可能であり（会236条1項2号3号）、検査役調査を要しない場合として、「現物出資財産が株式会社に対する金銭債権（弁済期が到来しているものに限る。）であって、当該金銭債権について定められた第236条第1項第3号の価額が当該金銭債権に係る負債の帳簿価額を超えない場合：当該金銭債権についての現物出資財産の価額」（会284条9項5号）と明文化されている。デット・エクイティ・スワップ（DES：債務の株式化）に利用できる。

3）株主となる時期

新株予約権者は、新株予約権を行使する日に金銭の全額の払込み、又は財産の給付をしなければならない（会281条1項2項）。新株予約権を行使した新株予約権者は、新株予約権を行使した日に、当該新株予約権の目的である株式の株主となる（会282条1項）。

なお、新株予約権行使にあたり、交付される株式に1株に満たない端数があるときの取扱いとして、金銭精算の定めがある（会283条）。

5　違法・不公正な新株予約権の発行等

（1）募集新株予約権の発行の差止め

会社が、法令もしくは定款に違反し、又は、著しく不公正な方法で募集新株予約権を発行しようとしているとき、これにより不利益を受けるおそれのある株主は、会社

に対して、新株予約権の発行の差止めを請求することができる(会247条)。募集株式発行等の差止め(会210条)の場合と同様の趣旨の規律である。

差止事由となる法令違反とは、所定の募集事項が欠けていたり均等でない場合、必要な法定手続である決議(募集事項を決定する株主総会や取締役会の決議、有利発行の場合の株主総会特別決議等)や株主へ通知を欠く場合等である。定款違反には、定款所定の新株予約権の割当てを受ける株主の権利を無視する場合等がある。

著しく不公正な方法とは、新株予約権の発行手続や募集新株予約権の内容に法令又は定款違反は存在しないが、著しく不当な目的を達成する手段として行われることであり、そうした発行も「不公正発行」*と呼ばれる。その例としては、経営者が支配権の維持を主要な目的として新株予約権を発行する場合等がある。

* **新株予約権の不公正発行** 募集新株予約権の発行が不公正発行に該当するか否かの判断は、主として支配権維持目的であるか、正当な事業目的(インセンティブ報酬、企業提携、新株予約権付社債を発行する場合の資金調達目的等)であるかによる。支配権維持を目的とする場合でも、敵対的企業買収において、これを放置すれば株主全体の利益を損なうおそれがある等、新株予約権の発行を正当化する特段の事情がある場合には、例外的に、不公正発行に該当しない(東京高決平17・3・23判時1899・56)。

なお、法文上は、募集新株予約権の発行の差止めについて定められているので(会247条)、募集の手続によらない新株予約権無償割当ての場合には直接適用はできないが、そのような場合にも株主の利益を保護するために、同条の類推適用が認められる(最決平19・8・7民集61・5・2215)。

(2) 新株予約権発行の無効・不存在

1) 新株予約権発行の無効の訴え

株主等又は新株予約権者は、新株予約権の発行の効力発生日から6か月以内(非公開会社の場合は1年以内)に、会社を被告として、新株予約権発行を無効とする訴え(「新株予約権発行の無効の訴え」)を提起することができる(会828条1項4号・2項4号・834条4号)*。新株予約権の発行を無効とする判決が確定した場合、新株予約権は将来に向かって効力を失う(将来効、会839条)。また、当該認容判決の効力は、第三者にも及ぶ(片面的対世効、会838条)。その他、新株発行無効の訴えの場合と同様の規律である。

* **新株予約権発行の無効原因** 会社法上、新株予約権発行の無効の訴えの無効原因についても明文の規定はなく、解釈による。①譲渡制限株式を目的とする新株予約権が株主総会・種類株主総会の決議なしに発行される場合(238条2項4号参照)、②譲渡制限株式を目的とする新株予約権について株主の割り当てを受ける権利(241条2項)を無視した割当てがされた場合、③公開会社において募集事項の通知・公告(240条2項3項)を欠く場合、④新株予約権の発行差止仮処分に違反する発行が行われる場合等は、無効原因となると解される。その他、基本的に、募集株式の発行等の場合と同様に解釈できる。

2) 新株予約権発行の不存在確認の訴え

新株予約権の発行の実体が存在しない場合、当該新株予約権の発行は、無効の訴えの制度によるまでもなく、不存在として当然に無効である。会社法では、そのことを確認する訴え(新株予約権発行の不存在確認の訴え)が認められている(会829条3

号)。その手続については、新株発行の不存在確認の訴えの場合と同様である。

(3) 関係者の責任
1) 新株予約権者の差額支払義務
i 通謀した場合　募集新株予約権につき、金銭の払込みを要しないとすることが著しく不公正な条件であるときは、取締役・執行役と通じて新株予約権を引き受け行使した新株予約権者は、会社に対して、当該新株予約権の公正な価額を支払う義務を負う(会285条1項1号)。

また、募集新株予約権につき、金銭の払込みを必要とする場合に、取締役・執行役と通じて著しく不公正な払込金額で引受けたときは、新株予約権者は、会社に対して、当該払込金額と該新株予約権の公正な価額との差額に相当する金額を支払う義務を負う(同条項2号)。

ii 現物出資の場合　新株予約権を行使して株主になるに際し、給付した現物出資財産の価額が、これについて定められた価額に著しく不足する場合には、新株予約権者は、会社に対して当該不足額の支払義務を負う(会285条1項3号)。但し、その不足につき善意かつ無重過失のときは、新株予約権の行使に係る意思表示を取り消すことができる(会285条2項)。

2) 取締役等の責任
新株予約権を行使して株主になるに際し、給付した現物出資財産の価額が、これについて定められた価額に著しく不足するときは、価額の決定に関与した取締役・執行役、価額の決定につき株主総会・取締役会の決議があったときは当該議案の提案に関係した取締役・執行役は、会社に対して連帯して不足額を支払う義務を負う(会286条1項)。

但し、検査役の調査(会284条2項)を経た場合、又は、当該取締役等が職務を行うにつき注意を怠らなかったことを証明した場合は、その義務を負わない(会286条2項)。現物出資の証明者(弁護士等)も同様の責任を負い(同条3項)、取締役等と証明者は連帯して差額支払義務を負う(同条4項)。

3) 仮装出資の場合の責任
新株予約権に係る払込等を仮装した新株予約権者等の責任(会286条の2)、また、その出資の履行を仮装することに関与した取締役等(取締役・執行役として法務省令で定める者〔会施規46条の2〕)の責任(会286条の3)についても、平成26年改正会社法において、募集株式の発行における仮装払込の場合と同様の規律が設けられている。

3.8.4. 社　債

1　社債の意義・機能・種類と会社法規律
2　社債の発行
3　社債の譲渡・償還
4　社債の管理
5　新株予約権付社債の発行等

□1.社債とはなにか、どのような機能があるか。社債に関する会社法規律の特色はなにか。また、「社債と株式の接近」と呼ばれる現象は、どのようなものか。
□2.会社法上の社債の意義と「社債の種類」とは、どのようなものか。
□3.社債が発行される場面と方法には、どのようなものがあるか。そして、募集社債の発行手続はどうなっているか、募集株式の発行手続との異同はなにか。
□4.社債はどのように譲渡されるか。また、社債の利払いと償還はどうなるか。
□5.社債を管理するための社債管理人制度と社債権者集会の趣旨はなにか、また、それぞれの制度内容はどうなっているか。
□6.新株予約権付社債とはなにか、どのように利用されるか。また、その発行手続や譲渡方法には、どのような規定の適用があるか。

1　社債の意義・機能・種類と会社法規律

（1）意　義

1）意義・法的性質

「社債」とは、一般に大量に起債される会社債務であって、その債務を多数の部分に細分して実施される長期・多額の資金調達手段であり、「会社法の規定により会社が行う割当てにより発生する当該会社を債務者とする金銭債権であって、募集事項についての定めに従い償還されるもの」をいう（会2条23号）。

社債の法的性質は、金銭債権であり、相殺の対象になる（最判平15・2・21金判1165・13会社百選A31、最判平13・12・18判時1773・13）。

【会社法上の社債の意義】
　ⅰ　公衆性・証券性の変容　　社債は、伝統的には、公衆に対する起債によって生じた会社に対する債権であって有価証券の発行されるものと定義されてきた。しかし、今日では、公募債のほか私募債（特定少数者向けに発行される社債）もあり、公衆性は要件といえず、また、有価証券（社債券）の発行は会社の判断に委ねられ、振替決済制度のもとでの無券化（電子化）も行われている。これらを踏まえて、会社法は、本文のように、公衆性と証券性を要件としない定義を設けている。
　ⅱ　外債・サムライ債と会社法の適用　　社債には、日本法人が日本国内で発行する国内債のほかに、日本法人（会社）が外国の資本市場で発行する外債（ユーロ債）や、外国法人が日本国内で発行する非居住者債（サムライ債等）があり、それらが日本の会社法の適用を受けるかどうかの議論が、会社法の社債の新しい定義と関連して継続している（本多正樹「会社法上の社債の定義をめぐる諸問題（上・下）」商事法務1781号20頁・1782号4頁、野村修也「新会社法における社債制度」ジュリスト1295号119頁、アドバンス会社法292頁・739頁）。
　外債について、会社法の定義に該当しても、通則法7条により社債契約の準拠法として日本法を選択した場合にのみ適用があるとの見解、日本の会社法による社債権者保護の制度（社債管理者・社債権者集会）は日本の資本市場の投資家を保護するものであるから、準拠法にかかわらず適用はないとの見解等がある。実務上は、会社法の定義に該当しても、外債には会社法上の規制は適用されないとの実務的扱いが維持されている（橋本円『社債法』商事法務〔2015

年]5頁、議論の概要につき、アドバンス会社法292頁参照)。

　外国法人が国内で発行する債券については、会社法立案担当者は、会社法2条23号の社債の定義規定にある「会社」には、同5条のようには外国会社が含まれないので、外国会社が割当てて債務を負う債権は、会社法上の社債にあたらないとし(問答新会社法192頁)、実務もこれに従う傾向にある(もっとも、学説では理論上の異論がある)。

2) 発行主体

　社債の発行主体は、株式会社に限られず、会社法上のすべての種類の会社が募集形態での社債を発行することができ、特例有限会社も社債を発行できる。会社法は、社債の規定を、株式会社のなかに置かず、会社の種類を問わない形で第4編に設けている。

　(注)社債について、本書では、株式会社の資金調達手段の一つとして株式会社法制度のなかで著述している。その内容は持分会社にも敷衍して理解しておく必要がある。

(2) 社債の機能(株式との類似・相違・接近)

1) 資金調達手段・投資商品価値

　株式(エクイティ)は自己資本を、社債(デット)は他人資本を調達する手段である。社債は、一般には、長期にわたる多額の資金調達の手段であるが、その投資商品としての経済的価値に注目して、取得条項付株式の取得対価や組織再編行為の対価として用いられることがある。

2) 社債と株式の類似点

　社債と株式には、次の類似点がある。①主に有価証券発行による資本市場からの資金調達手段である。②取締役会等の法定機関による発行手続や大量の法律関係を処理する組織的対応を必要とする。③原則として株主も社債権者も会社の一般債権者に対して責任を負わない。

3) 社債と株式の相違点

　他方、法律上、株式は株主たる地位であり、株主が会社の構成員であるのに対して、社債は会社に対する債権であり、社債権者は会社に対する債権者である。このため、社債権者は、株主とは異なり、次のような地位にある。①配当可能利益の有無・多寡にかかわらず、確定利息の支払を受ける。②償還期限が到来すれば、元本の償還を受ける。③会社経営に参加する権利がなく、議決権や各種監督是正権を有しない(社債管理者等の制度で保護を受ける)。④会社が解散した場合、株主に優先して、一般の会社債権者と同順位で弁済を受ける。なお、株式と新株予約権は、株式会社だけが発行するが、社債は持分会社も発行できる。

4) 社債と株式との接近現象

　「社債と株式との接近」として指摘される現象がある(事実上の接近傾向としては、株主が経営に無関心で議決権行使が消極的になり、会社が配当を標準化する傾向をいうこともあるが、ここでは制度上のものをいう)。

　一方で、株式の社債化としては、非参加的・累積的な優先株、取得請求権付株式・取得条項付株式・議決権制限株式等の社債に近い機能を有する株式制度の多様化がみられる。他方で、社債の株式化としては、新株予約権付社債のように株式の魅

力を併せ持つ社債や、劣後債（残余財産分配において他の債権より劣後する内容の社債）・永久債（倒産手続の開始等の事由が発生しないと償還期限が到来しない内容の社債）・永久劣後債（前二者の内容を併せ持つ社債）等のように株式に近い機能を持つ社債の制度化がみられる。これらを前提に、資本と負債とを併せ持つ金融商品を「ハイブリッド証券」という（実務上、自己資本規制への対応、資金調達コストの引き下げ、株式希釈化や経営関与の回避、負債性の損金算入等の目的で利用される。橋本・前掲書70頁）。

（3）社債の会社法規律の特徴

社債に関する会社法規律は、社債利用をめぐる経済主体（社債投資家・社債発行会社・社債発行会社株主）の利益の保護と調整を目的とし、とりわけ社債権者の保護が重視されている。

社債は会社の債務を発生させるが、一般の借り入れによる債務の発生とは異なる特徴があり、それにもとづく会社法規律が必要となる。すなわち、①集団的な起債によることに対応して、組織的手続（発行手続等）や特別の法的技術（有価証券化〔最近ではペーパーレス化・無券化と振替決済〕、社債原簿等）が必要となる。②投資家に対して大量に発行され、長期間継続することを前提に、元利金の確実な支払に向けて社債権者の利益が共通性を有することを反映して、社債管理の必要性と社債権者の団体性に着目した制度（社債管理者・社債権者集会）を設けている。

なお、特殊な社債については、特別法の適用を受けたり、会社法の規定の全部又は一部の適用が免除される場合がある（後述）。

（4）社債の種類と特殊の社債
1）「社債の種類」の用語法

会社法上、「社債の種類」とは、会社法679条3号～8号に掲げられた事項その他社債の内容を特定するものとして法務省令（会施規165条）で定める事項（会681条1項）によって、異同が区別されるものをいう*。それにより内容が同一である社債は、発行時期にかかわらず、同一の種類の社債として扱われる。同一の種類の社債であるということは、社債権者集会の構成単位となり（会715条）、社債管理者の強制設置の有無を決める基準となる（会702条但書、会施規169条）。

* **社債の種類を構成する事項**　会社法施行規則165条により次の事項が規定されている。すなわち、①社債の利率、②社債の償還の方法及び期限、③利息支払の方法及び期限、④社債券を発行するときは、その旨、⑤社債権者が社債券の方式の記名式と無記名式との間の返還の請求の全部又は一部をすることができないこととするときは、その旨、⑥社債管理者が社債権者集会の決議によらずに、社債の全部についてする訴訟行為等（会706条1項2号）をすることができることとするときは、その旨、⑦他の会社と合同して募集社債を発行するときは、その旨及び各会社の負担部分、⑧社債管理者を定めたときは、その名称及び住所並びに社債管理委託契約の内容、⑨社債原簿管理人を定めたときは、その氏名又は名称及び住所、⑩社債が担保付社債であるときは、委託者・受託会社及び発行会社の氏名・名称等（担信19条1項1号11号13号に掲げる事項）、⑪社債が信託社債であるときは、当該信託社債についての信託を特定するために必要な事項である。したがって、社債の総額、社債の金額、社債の払込金額、払込期日等の募集事項を構成する事項や、財務上の特約の存否・内容、発行形態（私募・公募）といった事項は、社債の種類を構成しないので、それらが異なっ

ていても同一の種類になることは妨げられない。

2）普通社債と新株引受権付社債

i　**普通社債**　会社に対する債権のみで成立する社債を「普通社債」という。通常、普通社債では、年2回の定額利息の支払いと、期限（償還時期）での元本償還が予定される。従来は、そのほとんどが電力債であったが、最近では、法制度の整備もあって、一般の事業債の発行が増えている。

ii　**新株予約権付社債の機能**　普通債に対して、新株予約権を付した社債が「新株予約権付社債」である。新株予約権付社債の権利者は、社債権者として安定的な地位（発行会社の業績にかかわらず確定額の利息を受領し、期限に元本の償還を受ける権利）を有するとともに、発行会社の業績が上がれば新株予約権を行使して株式を取得するという投機的な地位も得ることができる。普通社債よりも投資商品としての魅力が大きく、発行会社にとっては、その分、利率を低くして、資金調達コストを引き下げることができる。

iii　**新株予約権付社債の利用形態**　かつてワラント社債と呼ばれた新株引受権付社債や株式への転換権が付された転換社債は、その機能が、平成13年改正商法によって、新株予約権付社債を発行する形態に吸収された。会社法上、新株予約権付社債とは、非分離型のワラント社債と転換社債を指し、分離型のワラント社債の機能は、社債と新株予約権付社債を同じ者に同時に割り当てるという形で行われる。

3）担保付社債

i　**特別法規律の必要性**　社債は、物上担保が付されているかどうかで分類され、物上担保が付されている社債を「担保付社債」という（物上担保が付されていない社債は「無担保社債」という）。担保付社債には、会社法の規定に加え、特別法である担保付社債信託法の適用がある（担保付信託法について、会社法コンメ(16)261頁〔江頭憲治郎〕参照）。担保付社債に特別法の規律があるのは、発行会社が多数の社債権者に個別に担保を提供することは困難であり、また、各社債権者が担保権を直接に個別行使・共同行使すると法律関係が煩雑となることを踏まえて、信託法理を活用した合理的な措置を講ずるためである。

ii　**特別法規律の内容**　担信法は、発行会社と社債権者との間に受託会社を介在させ、総社債権者を受益者として、発行会社と受託会社との間で信託契約を締結することを必要とし（担信2条1項）、その信託契約により、受託会社が担保権を取得し（被担保債権と担保権が別人に帰属し、担保権が被担保権の成立前に効力を生じる。また、発行会社以外の第三者による担保提供や社債発行後の担保提供が可能）、これを総社債権者のために保存・実行する義務を負うことになる（同法36条。総社債権者は受益者として債権額に応じて平等に利益を受ける〔同法37条1項〕。受託会社が存在する場合には社債管理者の設置は不要であるが〔同法2条3項〕、受託会社は、特別規定がある場合を除き、会社法上の社債管理者と同一の権限と義務を有する〔同法35条〕）。

わが国で発行される社債は、担保付社債がほとんどであったが、近時、無担保社債が増大している。

4）振替法における短期社債

　一般の社債では社債発行の決議・決定において振替法の適用を受ける旨を定めた場合にのみ、振替法の適用を受けるが、そのほかに、一定の要件（①各社債の金額が1億円を下回らないこと、②元本の償還について、社債の総額の払込みのあった日から1年未満の日とする確定期限の定めがあり、かつ、分割払いの定めがないこと、③利息の支払期限を前記②の元本の償還期限と同じ日とすること、④担信法による担保が付されるものではないこと）を満たし、当然に振替法の適用を受ける社債を「短期社債」という（振替66条1号）。短期社債は、券面のない社債であり、振替法上、会社法の社債権者集会に関する規定の適用を排除する等の特別規定がある。

2　社債の発行

（1）社債の発行方法
1）募集社債

　会社が社債を引き受ける者を募集して社債を発行する方法には、特定人との間に総額引受契約を締結して当該特定人に社債の総額又は一部を包括的に引き受けさせる「総額引受け」と呼ばれる方法と、社債権者を公衆から募集する「公募発行」と呼ばれる方法とがある（会679条・677条）。それら総額引受又は公募により、募集に応じて社債の引受けの申込みをした者に対して割り当てられる社債を「募集社債」という（会676条）。会社法は、社債の編において、募集社債の発行手続を整理し、募集株式や募集新株予約権付株式の発行手続に類似した諸規定を設けている。

　総額引受けでは、引受人は、原則として、証券会社等（金商36条の4第2項・2条6項1号・同条8項6号）に限られ、証券会社等は、引き受けた社債を一般公衆に売り出し、引受価額と売出価額の差額を得る。

　公募発行には、会社自身が募集手続その他の発行事務を行う直接募集と、それを他の会社に委託して行う間接募集（又は委託募集）とがある（現在では募集業務が専門化・高度化しており、間接募集が多い）。また、応募額が発行予定社債総額に満たない場合に、その不足額を証券会社が引き受ける方法（＝残額引受）もある。

2）募集手続によらないで発行される社債

　募集社債のような募集手続によらないで会社が社債を発行する場合がある。すなわち、社債を対価とする取得請求権付株式（会2条18号）や取得条項付株式（同条19号）の取得、社債を対価として株式を取得する組織再編を行う場合である。

（2）募集社債の発行手続
1）募集事項の決定

　会社は、社債を引き受ける者を募集するためには、その都度、法定の募集事項を定めなければならない（会676条各号）＊。

＊社債の募集事項
　　i　法定事項　　①募集社債の総額、②各募集社債の金額、③募集社債の利率、④募

集社債の償還の方法及び期限、⑤利息支払の方法及び期限、⑥社債券を発行するときはその旨、⑦社債権者が記名式・無記名式の間の転換請求の全部又は一部をすることができないとするときはその旨、⑧社債管理者が社債権者集会の決議によらずに破産手続に属する行為等をすることができるとするときはその旨、⑨各募集社債の払込金額もしくはその最低金額又はこれらの算定方法、⑩募集社債と引換えにする金銭の払込期日、⑪一定の日までに募集社債の総額について割当てを受ける者を定めていない場合において、募集社債の全部を発行しないこととするときは、その旨及びその一定の日、⑫その他法務省令(会施規162条)で定める事項(分割払込、合同発行、金銭以外の給付等)である(会676条1号～12号)である。

　　ⅱ　打切発行の原則　　募集社債の引受けの申込みの金額が募集社債の総額(676条1号)に達しない場合に、会社が引受けの申込みの金額の分について社債を発行することを「打切発行」という。上記⑪は「打切発行」をしないときに定めるので、会社法は、募集社債についても、新株発行と平仄を合わせて、打切発行を原則としている。

　　ⅲ　利息制限法の適用の有無　　社債の利息にも利息制限法の適用があるか議論がある。肯定説(会社法コンメ(16)22頁〔今井克典〕等)もあるが、さまざまな社債が発行されている実務や社債権者の投資家像に照らして、同法の適用が発行会社の資金調達を阻害する可能性があることから、否定説が有力である(会社法コンメ(16)337頁〔仮屋広郷〕、アドバンス会社法742頁)。

2）決定機関

社債を発行するには、取締役会設置会社では取締役会決議(取締役会非設置会社では株主総会普通決議又は取締役の決定)を必要とし(会362条4項5号・348条)、その決議で、募集事項その他の社債発行事項(会676条1号・会施規99条)を定めなければならない。

これらの決定を取締役に委任することはできないが、これら以外の事項の決定は取締役に委任することができる(会362条4項5号、会施規99条。監査等委員会設置会社では一定の場合に取締役に〔会399条の13第5項柱書本文・6項〕、指名委員会等設置会社では執行役に委任することができる〔会416条4項柱書本文〕)。これによって、「シリーズ発行」(＝取締役会の委任を受けた取締役が市場動向に応じて募集条件を変化させながら断続的に社債の募集をすること)や、「売出発行」(＝社債総額を確定することなく一定の売出期間を定め、その期間内に公衆に対して随時個別的に社債を売り出す方法により社債を売り出すこと)が可能となる。

3）募集社債の引受け（申込みと割当て）

　　ⅰ　通知　　会社は、当該募集に応じて募集社債の引受けの申込みをしようとする者に対し、①会社の商号、②募集事項、③その他法務省令(会施規163条)で定める事項を通知しなければならない(会677条1項各号。但し、金融商品取引法2条10項にもとづく目論見書を交付している場合その他法務省令(会施規164条)で定める場合には、会社は通知義務を負わない〔会677条4項〕)。

　　ⅱ　申込み　　募集社債の引受けの申込みをする者は、一定事項(①氏名・名称及び住所、②引き受けようとする募集社債の金額及び金額ごとの数、③会社が各募集社債の払込金額の最低金額を定めたときは希望する払込金額)を、書面・電磁的方法により当該会社に交付・提供しなければならない(会677条2項3項。社債申込証の制度は、会社法で廃止された)。

　　ⅲ　割当て　　会社は、申込者の中から募集社債の割当てを受ける者並びにそ

の者に割り当てる募集社債の金額及び金額ごとの数を決定して、払込期日の前日までに、申込者に対し、当該募集社債の金額及び金額ごとの数を通知しなければならない（会678条1項前段・2項）。会社は、申込者が希望するよりも少ない数の社債を割り当てることができる（同条項後段）。

 ⅳ　総額引受契約　　会社が募集社債を発行する際に募集社債を引き受けようとする者がその総額の引受けを行う旨を内容とする契約を「総額引受契約」という（会679条）。総額引受けの場合には、前述の通知、書面等の交付、割当ては必要ない。

（3）社債契約と社債の払込み

　社債契約は、社債の募集事項の内容に従い、会社と社債権者との間で締結する社債に関する契約である。社債の引受けの申込みに対し、会社が割当てをして、社債の引受けが生じ、会社と申込者との間で社債契約が成立する。

　この場合に、申込者は、会社が割り当てた募集社債の社債権者となる（会680条1号）。総額引受契約により社債の総額を引き受けた者は、当該引き受けた募集社債の社債権者となる（同2号）。社債権者は、社債発行会社に対して募集事項で定めた金銭の払込期日（会676条10号）における払込金額の払込義務を負う。社債の払込みは、株式の場合とは異なり、分割払いも認められる（同条12号、会施規162条1号）。

　募集社債の発行の場合は、募集株式の発行とは異なり、払込みがなくても、会社の社債の割当て（又は総額引受契約の締結）により、社債が成立する（消費貸借における要物性〔民587条〕の特則である）。

（4）違法な社債発行

　会社法は、募集社債の発行手続や内容に違法がある場合の救済方法について、株式や新株予約権の場合と異なり、必ずしも株主保護の要請が働かないので、特別の規定を設けていない。事前に募集社債の発行を差し止める場合には、会社法上の一般規定による（会360条・385条・407条・422条・796条の2）。社債が成立した後に、その効力を争う場合には民事訴訟一般の無効確認訴訟で争うことになる（この場合、取引安全を考慮する必要があるので、無効原因を狭く解して、取締役会の適法な決議（会362条4項5号）を欠く発行や必要な社債管理者（会702条本文）を設置しない発行等を当然には社債発行の無効原因と解すべきでなく、違法な社債の発行は、もっぱら取締役・執行役の損害賠償責任に委ねるべきとの見解がある〔江頭・株式会社法809頁〕）。なお、新株予約権付社債の場合は、新株予約権発行無効の訴えにより新株予約権が無効となったときは社債も無効となる。

3　社債の譲渡・償還

（1）社債原簿
 1）作　成
　会社は、発行した社債の内容や権利関係を明らかにするため、社債を発行した日

以後遅滞なく、社債原簿を作成しなければならない（会681条各号）。社債原簿は、社債の内容、社債権者及び社債券に関する事項＊を記載・記録した社債発行会社の帳簿である。

「記名社債」は、社債原簿に社債権者の氏名・名称及び住所が記載・記録される社債で、社債券が発行される場合とされない場合とがある。「無記名社債」は、無記名式の社債券が発行されている社債で、社債権者の氏名・名称及び住所は社債原簿に記載されない（同条4号）。わが国では、無記名社債が多い。

記名社債の場合は、会社は、社債権者に通知・催告をするときは、原則として、社債原簿に記載・記録された社債権者の住所宛てに発すれば足りる（会685条1項）。無記名社債の場合は、社債権者の現実の住所宛てに行う。

＊ **社債原簿の記載事項**　①会社法676条3号～8号所定の事項（募集社債の利率、償還の方法及び期限、利息支払の方法及び期限等）その他社債内容を特定するものとして法務省令（会施規165条）で定める事項、②種類ごとの社債の総額及び各社債の金額、③各社債と引換えに払い込まれた金銭の額及び払込日、④社債権者（無記名社債の社債権者を除く）の氏名・名称及び住所、⑤社債権者（無記名社債の社債権者を除く）が各社債を取得した日、⑥社債券を発行したときは、社債券の番号、発行の日、社債券の記名式・無記名式の別及び無記名式の社債券の数、⑦その他、法務省令（会施規166条）で定める事項である（会681条各号）である。

2）記載事項記載書面の交付等

社債権者（無記名社債の社債権者を除く）及び質権者は、社債発行会社に対し、当該社債権者・質権者についての社債原簿記載事項を記載・記録した書面の交付又は電磁的記録の提供を請求することができる（会682条1項・695条1項）。

3）備置き・閲覧・謄写

社債発行会社は、作成した社債原簿を本店（社債原簿管理人〔会683条〕がある場合はその営業所）に備え置かなければならない（会684条1項）。社債権者及び法務省令（会施規167条）で定める者（社債権者その他の社債発行会社の債権者及び社債発行会社の株主又は社員）は、社債発行会社の営業時間内に、いつでも請求の理由を明らかにして、社債原簿についての閲覧・謄写を請求することができる（会684条2項）。

社債発行会社は、閲覧・謄写の請求を受けたときは、所定の拒否事由（①請求者がその権利の確保又は行使に関する調査以外の目的で請求をした場合、②閲覧・謄写によって知り得た事実を利益を得て第三者に通報するため請求した場合、③請求者が過去2年以内に社債原簿の閲覧・謄写によって知り得た事実を利益を得て第三者に通報したことがある場合）がある場合を除き、これを拒むことはできない（会684条3項）。社債発行会社が株式会社である場合、その親会社社員は、その権利を行使するために必要があるときは、請求の理由を明らかにした上で、裁判所の許可を得て、当該社債発行会社の社債原簿の閲覧・謄写を請求することができる（同条4項）。

4）社債原簿管理人

会社に代わって、社債原簿の作成及び備置きその他の社債原簿に関する事務を行う者を「社債原簿管理人」という。会社は、社債原簿管理人を定めて当該事務を行うことを委任することができる（会683条）。株主名簿管理人の規定（会123条）と同様、

専門業者に事務処理を委ねてコストを節減するものである。

（２）社債の譲渡・質入れ
１）社債の譲渡性

社債は、会社に対する債権であり、財産的価値を有することから、原則として、社債権者は社債を自由に第三者に譲渡・質入れすることができる（民466条1項）。社債契約で譲渡を禁じることができるが、その禁止は善意の第三者に対抗することはできない（同条2項）。

社債の譲渡方法は、社債券が発行される場合と発行されない場合とで異なり、さらに、社債券が発行される場合では、記名社債と無記名社債で区別される。

２）社債券

「社債券（又は債券）」とは、社債を表章する有価証券をいう*。会社法は、社債券についても不発行が原則である。社債券を発行するには、社債の募集事項で社債券を発行する旨を発行決議で定めなければならない（会676条6号）。一つの募集において、あるいは募集ごとに、無記名式の社債券及び記名式の社債券を発行することができる（同条7号）。会社は、募集事項で社債券を発行する旨を定めた場合には、社債の発行日後遅滞なく、社債券を発行しなければならない（会696条）。

社債券には、社債権者の氏名が債券面に記載される記名式と、そうでない無記名式がある。社債権者は、募集事項において特別の定め（会676条7号）がない限り、記名式の社債券を無記名式とすること、あるいは無記名式の社債券を記名式とすることを請求することができる（会698条）。

*　**有価証券としての社債券**　社債券は要式証券であり、社債発行会社の商号、社債の金額、社債の種類、社債券の番号を記載し、社債発行会社の代表者がこれに署名又は記名押印することを要する（会697条1項）。社債券の占有者は、株券の占有者と同じく、当該社債券に係る社債についての権利を適法に有するものと推定される（会689条2項）。また、社債券の交付を受けた者は、悪意又は重過失がない限り、当該社債券に係る社債についての権利を取得する（善意取得〔会689条2項〕）。社債券を喪失した場合には、公示催告手続（非訟事件手続法100条）によって無効とすることができ（会699条1項）、除権決定（非訟事件手続法106条1項）後に再発行が認められる（会699条2項）。

３）社債の譲渡方法

ｉ　社債券不発行の場合　会社法では、社債券の不発行が原則である（会676条6号）。会社が社債券を発行せずに社債の発行を行った場合は、社債権者による社債の譲渡や質入れは当事者間の意思表示のみによって効力を生ずる（会687条・692条）。社債権者による社債の譲渡や質入れの社債発行会社その他の第三者に対する対抗要件は、取得者・質権者の氏名又は名称及び住所の社債原簿への記載・記録である（会688条1項・693条1項）。

社債券不発行の場合の社債原簿の名義書換は、利害関係人の利益を害するおそれがないとして法務省令（会施規168条）で定める場合を除き、原則として社債権者と取得者が共同して請求しなければならない（会691条1項2項）。

ⅱ **社債券発行の場合**　a.**記名社債の場合**　社債権者による記名社債の譲渡・質入れは、当事者間の意思表示及び社債券の交付によって効力を生ずる(会687条・692条)。社債権者が記名社債を譲渡する場合、社債発行会社に対する対抗要件は、取得者の氏名・名称及び住所の社債原簿への記載・記録(名義書換)である(会688条2項)。社債券発行の場合における社債原簿の名義書換では、社債券不発行の場合とは異なり、取得者が社債券を提示することによって単独で請求することができる(会691条2項、会施規168条2項1号)。

また、社債権者が記名社債を譲渡する場合、第三者(当事者及び社債発行会社以外の者)に対する対抗要件は、社債券の引渡しである(民178条)。社債権者が社債に質権を設定する場合(社債の質入れ)は、社債券の継続占有が社債発行会社及び第三者に対する対抗要件となる(会693条2項)。

b.**無記名社債の場合**　社債権者が無記名社債を譲渡したり、質権を設定する(質入れ)場合は、記名社債と同じく、当事者間の意思表示及び社債券の交付により、その効力を生ずる(会687条・692条)。また、無記名社債は、民法上、無記名債権として動産とみなされ(民86条3項)、社債権者が無記名社債を譲渡する場合の社債発行会社及び第三者に対する対抗要件は、社債券の引渡しであり(会688条3項・民86条3項・178条)、質権を設定する場合の社債発行会社及び第三者に対する対抗要件は、社債券の継続占有である(会693条2項)。

ⅲ **振替社債の場合**　他方で、「社債等の振替に関する法律」のもとに、社債の無券面化が図られ、「振替社債」については、口座振替による譲渡の制度が設けられている。振替株式(短期社債、又は、発行会社が振替制度の適用を受ける旨を定めて振替機関が取り扱うこととした社債〔振替66条〕)は、意思表示と、振替口座簿の振替記録によって、譲渡の効力が生じる(振替73条)。この場合、社債原簿の名義書換はなされず(振替86条の3)、社債の帰属は振替口座簿の記載・記録によって定まる。

振替社債にも善意取得も認められるが、その意味は損失負担ルールを定めるもので、社債権者の有する社債の総額が発行総額を超えることとなる可能性を認め、発行会社との関係では社債権者は按分比例で社債権を有することとする一方で、一定の口座管理機関と振替機関が社債の消却義務を負うほか、損害賠償責任で処理するというものである。

なお、社債権者が発行会社に対して権利を行使する場合には、口座管理機関又は振替機関から証明書の交付を受け、それを供託して権利行使する。他方、発行会社からの元利金の支払については、法律上定めはない(口座管理機関及び振替機関を通じて情報が発行会社に通知され、発行会社はそれにもとづいて元利金の支払をすることになる)。

振替社債についても、債券に関する規定を除いて、会社法の社債に関する諸規定の適用がある。

(3) 利息の支払と償還
1) 利息の支払
社債権者は、通常、償還を受けるまでは、会社に対して利息の支払を求める権利

を有する。社債の利率、利息支払の期限・方法等は、社債発行の募集事項である(会676条各号)。記名社債の場合、会社は社債原簿に記載のある社債権者に対して、社債原簿に記載のある住所で社債の利息を支払う(会681条4号、商516条1項)。

　無記名社債の場合、社債発行会社は、通常、利札(利息支払請求権を表章する有価証券)を社債券の下部に付して発行する(会697条2項)。社債権者が「利札(りさつ)」を社債発行会社に提示した場合、社債発行会社は社債権者にこれと引換えに利息を支払う。利札は無記名式であるのが通常で、社債券とは独立して流通する。会社は、社債券を発行した社債を期限前に償還する場合に、当該社債に付した利札が欠けているときは、当該利札に表示される社債の利息請求権の額を償還額から控除しなければならない(会700条1項本文)。利札の券面額は利札の所持人に支払われ、利札の所持人は社債発行会社に対し、いつでも(利息の弁済期前でも)、利札と引換えに同条項により控除しなければならない利息額の支払を請求できる(同条2項)。

　社債権者の利息請求権は、5年間行使しないときは時効により消滅する(会701条2項)。

2) 社債の償還

　会社が社債権者に対して、社債の発行によって負担した債務を弁済することを、「社債の償還」という。社債償還の方法及び期限は、社債発行の募集事項である(会676条4号。実務上、①満期に一括して償還する方法、②一定の据置期間経過後に会社が定期的に一定額又はそれ以上の額を抽選によって償還し、一定の期日までに全額を償還する方法(定時償還)、③一定の据置期間が経過した後、満期前に未償還の社債の全部又は一部を取得する権限を会社に付与する方法〔任意繰上償還〕がある)。社債の償還請求権の消滅時効期間は10年である(会701条1項)。

4　社債の管理

(1) 社債管理者
1) 意義・資格

　社債発行会社は、原則として「社債管理者」を設置し、社債権者のために、弁済の受領、債権の保全その他社債の管理をなすべきことを委託することを要する(会702条本文)。但し、各社債の金額が1億円以上である場合、その他社債権者の保護に欠けるおそれがないものとして法務省令(会施規169条)で定める場合(ある種類の社債の総額を当該種類の各社債の金額の最低額で除して得た数が50を下回る場合)は、この限りではない(会702条但書)。社債管理者となり得る者は、銀行、信託会社、その他これに準ずるものとして法務省令(会施規170条)で定める者に限られる(会703条各号)。

2) 義　務

　i　**公平誠実義務**　社債管理者は、社債権者のために、公平かつ誠実に社債の管理を行う義務を負う(会704条1項)。公平義務は、社債の管理にあたり、社債権者をその内容及び数額に応じて公平に扱う義務をいい、誠実義務は、社債管理者が

自己又は第三者の利益と社債権者の利益が相反する場合に、自己又は第三者の利益を優先してはならないことをいう（誠実義務を判断した裁判例として、名古屋高判平21・5・28判時2073・42会社百選83）。

　　ⅱ　**善管注意義務**　　社債管理者は、社債権者に対し、善良な管理者の立場で社債の管理を行う義務を負う（会704条2項）。社債管理者は、社債権者とは契約関係に立たないが、本条による法定責任として、社債権者に対して善管注意義務等を負う。

　3）**権　　限**

　　ⅰ　**一般的権限**　　社債管理者は、社債権者のために社債に係る債権の弁済を受領し（会社から元本及び利息の支払を受けること等）、又は、社債に係る債権の実現を保全する（時効中断の手段、破産手続等における債権の届出等）ために必要な一切の裁判上・裁判外の行為をする権限を有する（会705条1項）。

　社債管理者が会社から弁済を受けた後は、社債権者は社債管理者に対して、社債の償還額及び利息の支払を請求することができる（会705条2項前段）。この場合、社債券を発行する旨の定めがあるときは、社債権者は、社債券と引換えに当該償還額の支払を請求し、利札と引換えに当該利息の支払を請求しなければならない（同条項後段）。

　　ⅱ　**社債権者集会決議にもとづく権限**　　社債管理者は、社債権者集会の決議にもとづいて、①当該社債の全部についてするその支払の猶予、その債務の不履行によって生じた責任の免除又は和解（下記②に掲げる行為を除く）、②当該社債の全部についてする訴訟行為又は破産手続、更生手続もしくは特別清算に関する手続に属する行為（会705条1項の行為を除く）をなす権限を有する（会706条1項）。これら社債の処分は、社債権者の個別的な授権ではなく、社債権者集会による集団的な意思確認で足りる。

　上記②については、社債の募集事項に定めがある場合には、社債管理者が社債権者集会の決議によらずに行うことができ（会676条8号・706条1項柱書但書）。社債権者が上記②の行為を行った場合、社債管理者は、遅滞なく、その旨を公告し、かつ、知れている社債権者には、各別にこれを通知しなければならない（会706条2項）。この公告は、会社の定める公告の方法により行うが、その方法が電子公告であるときは官報に掲載する方法で行わなければならない（同条3項）。

　　ⅲ　**その他の調査等の権限**　　社債管理者は、権限に属する行為をするために必要があるときは、裁判所の許可を得て、社債発行会社の業務及び財産の状況を調査することができる（会705条4項・706条4項）。また、社債権者の権利保護のため、次の権限を有する。すなわち、①社債権者集会の招集権限（会717条2項）、②社債権者集会における意見陳述権（会729条1項本文）、③社債権者集会決議の執行（会737条1項本文）、④不公正行為の取消しの訴えの提訴権（会865条1項）、⑥合併等における債権者保護手続（会449条・627条・635条・670条・779条・789条・799条・810条）での異議申述権（会740条2項本文）を有する。

　4）**特別代理人・複数の社債管理者**

　　ⅰ　**特別代理人の選任**　　社債権者と社債管理者との利益が相反する場合、社

債権者のために裁判上又は裁判外の行為をする必要があるときは、裁判所は、社債権者集会の申立てにより、「特別代理人」を選任しなければならない(会707条)。特別代理人は、社債管理者に代わって社債権者のために行為を行う。

　ⅱ　**複数の社債管理者**　　社債管理者が2以上ある場合、これらの者は共同して、その権限に属する行為をしなければならない(会709条1項)。2以上の社債管理者が存在する場合、社債管理者が社債権者のために社債に係る債権の弁済を受けたときは、社債管理者は連帯して、社債権者に対し、当該弁済の額を支払う義務を負う(同条2項)。

　5）**責　任**
　ⅰ　**会社法・社債権者集会決議の違反**　　社債管理者は、会社法又は社債権者集会決議に違反する行為をしたときは、社債権者に対し、連帯して、これによって生じた損害の賠償責任を負う(会710条1項)。

　ⅱ　**利益相反・誠実義務違反**　　社債管理者は、会社が社債の償還もしくは利息の支払を怠り、もしくは、当該社債発行会社について支払の停止があった後又はその前3か月以内に、一定の誠実義務違反*をしたときは、社債権者に対し、損害賠償責任を負う(会710条2項)。但し、社債管理者が誠実にすべき社債の管理を怠らなかったこと、又は、社債権者の当該損害が当該行為によって生じたものでないことを証明した場合は、この限りではない(同条項柱書但書)。

　　＊　**誠実義務違反事由**　　①社債管理者の債券に係る債務について会社から担保の供与又は債務の消滅に関する行為を受けること、②社債管理者と法務省令(会施規171条)で定める特別の関係がある者に対して社債管理者の債権を譲り渡すこと(但し、当該特別の関係がある者が当該債権に係る債務について会社から担保の供与又は債務の消滅に関する行為を受けた場合に限る)、③社債管理者が会社に対する債権を有する場合に、契約によって負担する債務を専ら当該債権をもってする相殺に供する目的で当該会社の財産の処分を内容とする契約を当該会社との間で締結し、又は当該会社に対して債務を負担する者の債務を引き受けることを内容とする契約を締結し、かつ、これにより当該会社に対し負担した債務と当該債権を相殺すること(同3号)、④社債管理者が会社に対して債務を負担する場合で、当該会社に対する債権を譲り受け、かつ、当該債務と当該債権を相殺することである(会710条2項各号)。

　6）**社債管理者の辞任・解任**
　ⅰ　**辞任**　　社債管理者は、会社及び社債権者集会の同意を得て辞任できる(会711条1項前段)。社債管理者が社債権者集会の同意を得て辞任した場合に、他に社債管理者がいないときは、当該社債管理者は、事務を承継する社債管理者を予め定めなければならない(同条項後段)。また、社債管理者は、社債管理委託契約に定めた事由がある場合には、辞任できる(会711条2項本文)。さらに、やむを得ない事由がある場合には、裁判所の許可を得て、辞任できる(同条3項)。なお、社債管理委託契約に定めた事由により辞任した場合には、その社債管理者に社債権者に対する損害賠償責任が課される場合がある(会712条)。

　ⅱ　**解任**　　社債管理者に、義務違反、事務処理の不適任、その他正当な理由があるときは、会社又は社債権者集会の申立てにより、裁判所は、社債管理者を解

任することができる(会713条)。

(2) 社債権者集会
1) 意義・権限
「社債権者集会」は、法定事項*及び社債権者の利害に関する事項について決議をする臨時的な合議体である(会716条)。社債権者は、社債の種類(会681条1号)ごとに社債権者集会を組織し(会715条)、社債権者の意思を決定する。発行日の異なる社債を1種類の社債として取り扱うこと(社債の銘柄統合)も可能である。社債権者集会の決議は、裁判所の認可を得て、その効力を生じる(会734条1項)。

* **社債権者集会の法定決議事項** ①社債発行会社が利息の支払等の履行を怠った場合に期限の利益を喪失させるための通知(会739条1項)、②資本減少・合併等に対する異議の申述(会740条)、③弁済等の取消しの訴えの提起(会865条3項)、④社債管理者の辞任の同意(会711条1項)、⑤社債管理者の解任請求(会713条)、⑥社債管理者の事務承継者の選任への同意(会714条1項)、⑦社債発行会社の代表者に対する社債権者集会への出席請求(会729条2項)、⑧代表社債権者の選任(会736条1項)、⑨社債権者集会の決議執行者の選任(会737条1項但書)、⑩代表社債権者・決議執行者の解任又は委任事項の変更(会738条)、⑪社債管理者がなす一定の重要行為についての承認(会706条1項)がある。

2) 招集・議事・決議
i **招集・議題** 社債権者集会は、社債発行会社、社債管理者又は一定の社債権者(718条1項参照)が招集権者となって招集する(会717条2項・718条3項)。その招集手続は、株主総会の招集手続に準じる(会717条～722条)。社債権者集会で決議することができるのは、招集の決定時に予め定めた当該社債権者集会の目的である事項に限られる(会724条3項)。

ii **社債権者の議決権** 社債権者は、社債権者集会において、その有する種類の社債の金額の合計額(償還済みの額を除く)に応じて議決権を有する(会723条1項)。但し、会社が有する自己の社債(自己社債)については、議決権がない(同条2項)。議決権を行使しようとする無記名社債の社債権者は、社債権者集会の日の1週間前までに、社債券を招集者に提示しなければならない(会723条3項)。

社債権者集会における議決権行使に関しては、代理人による行使、書面・電磁的方法による行使(会725条～727条)、不統一行使(会728条)等につき、株主総会に準じる。社債権者集会決議に重大な利害関係を有する会社又は社債管理者は、その代表者もしくは代理人を社債権者集会に出席させ、又は書面により意見を述べることができる(会729条1項本文)。

iii **決議要件** 社債権者集会決議の成立には、原則として、出席した議決権者(議決権を行使できる社債権者)の議決権の総額の2分の1を超える議決権を有する者の同意が必要である(普通決議〔会724条1項〕)。一定の重要事項(①706条1項各号に掲げる事項〔社債管理者が社債権者集会の決議にもとづいて権限を行使すべき事項〕及び②706条1項・736条1項・737条1項但書、738条の規定により社債権者集会の決議を必要とする事項)については、議決権者の議決権の総額の5分の1以上で、かつ、出席した議決

権者の議決権の総額の3分の2以上の議決権を有する者の同意が必要である（特別決議〔会724条2項〕）。定足数の定めはない。

3）決議の認可と効力

社債権者集会の決議は、裁判所の認可を受けなければ、その効力を生じないので（会734条1項）、招集者は、当該決議があった日から1週間以内に裁判所に対し当該決議の認可（私人間での行為の効力を発生させるための行政庁等の行為）の申立てを要する（会732条）。裁判所は、社債権者保護の観点から、決議の形式的又は内容的な瑕疵について審査し、一定の場合（①社債権者集会の招集の手続もしくは決議の方法が法令もしくは社債募集のための資料に記載又は記録された事項に違反するとき、②決議が不正の方法によって成立するに至ったとき、③決議が著しく不公正であるとき、④決議が社債権者の一般の利益に反するとき）には、決議を認可できない（会733条各号）。

社債権者集会決議の認可・不認可の決定があった場合には、社債発行会社は、遅滞なく、その旨を公告しなければならない（会735条）。社債権者集会に関する費用は会社が負担する（会742条1項）。また、決議の認可の申立てに関する費用も、原則として会社が負担するが、裁判所は、会社その他利害関係人の申立てにより又は職権で、費用の全部又は一部について、招集者その他利害関係人の中から別に負担者を定めることができる（同条2項）。

4）代表社債権者の選任等

社債権者集会決議により、当該種類の社債の総額（償却済みの額、社債発行会社が有する自己社債を除く）の1000分の1以上にあたる社債を有する社債権者の中から、1人又は2人以上の「代表社債権者」を選任し、当該代表社債権者に社債権者集会で決議をする事項についての決定を委任することができる（会736条1項2項）。

5）決議の執行

社債権者集会の決議の執行は、社債管理者が行い、社債管理者がないときには代表者債権者が行う（会737条1項本文）。但し、社債権者集会の決議によって、決議を執行する者（決議執行者）を別に定めることもできる（同条項但書・2項）。社債権者集会の決議によって、いつでも、代表社債権者や決議執行者を解任でき、委任事項を変更できる（会738条）。

5　新株予約権付社債の発行等

（1）適用規定

新株予約権付社債は、新株予約権を付した社債であり（会2条22号）、その機能については、既に述べた。新株予約権付社債について、原則として、新株予約権に関する規定（会236条〜294条）と社債に関する規定（会676条〜742条）の双方が適用される。さらに、会社法上、新株予約権付社債に関する特別規定が設けられている（会238条1項6号7号・242条6項・243条3項括弧書等）。どの場面で、どのような規定の適用があるかに注意を要する。

（2）発　行
1）発行手続
　新株予約権付社債の発行手続は、新株予約権の発行手続に従い、募集社債の規定は適用されない（会248条）。したがって、新株予約権付社債の募集事項は、公開会社の場合は、有利発行に該当する場合を除いて取締役会の決議により決定し（会238条2項・240条1項）、非公開会社の場合には、株主総会の特別決議で決定する（会238条2項・309条2項6号）。その募集事項において、①会社法676条各号に掲げる事項（会238条1項6号）、②新株予約権の買取請求に関する別段の定めをする場合にはその定め（同条項7号）を規定する。

　新株予約権付社債の発行手続又は内容に違法があった場合は、募集新株予約権に関する事前の差止め（会247条）又は事後の無効の訴え（会828条1項4号）、不存在確認の訴え（会829条4号）により争われる。

2）有利発行
　新株予約権付社債の新株予約権部分について、①無償（払込不要）で発行し、それが新株予約権を引き受ける者に「特に有利な条件」である場合と、②払込金額が新株予約権を引き受ける者に「特に有利な金額」である場合には、新株予約権に関する規定に従い、「有利発行」として、株主総会の特別決議が必要である（会238条3項・239条1項・240条1項・309条2項）。

（3）譲渡方法
　会社が新株予約権付社債を発行する場合には、新株予約権原簿に加えて社債原簿（会681条）が作成される。新株予約権付社債には、募集の手続を除き、社債の規定の適用がある。

　会社は、当該新株予約権付社債について、有価証券（新株予約権付社債券〔会249条2号〕）を発行する旨を定めることができる（会238条1項6号・676条6号7号）。新株予約権付社債券には、社債に関する記載事項のほか、新株予約権の内容及び数を記載しなければならない（会292条1項）。記名式・無記名式（会249条2号3号・238条1項6号・676条7号・698条）、証券占有の権利推定的効力・善意取得・証券喪失時の公示催告手続等は、新株予約権証券と同様であり、振替新株予約権付社債の制度もある（振替205条）。

　新株予約権付社債は、新株予約権部分と社債部分とを分離することができず、常に一体として譲渡しなければならない（会254条2項3項）。もっとも、譲渡の対抗要件については、新株予約権部分と社債部分のそれぞれについて、該当する会社法の規定が適用される（記名式の新株予約権付社債券の発行されている新株予約権付社債については、新株予約権部分の会社への対抗要件は新株予約権原簿の名義書換えであり〔会257条2項〕、社債部分の会社への対抗要件は社債原簿の名義書換え〔会688条2項〕である）。

3.9. 株式会社の計算

3.9.1. 株式会社の会計と法規律

1 企業会計と会社の計算
2 会計の原則と会計帳簿

□1.企業会計とはなにか、なぜ必要なのか。また、企業会計の規律や規制には、どのようなものがあるか。
□2.会社の計算とはなにか、なにを目的としているのか。また、会社法は、どのような観点で規律を設けているか。
□3.会社法は、どのような会計の原則を定め、また、会計帳簿の作成・保存・提出の規律を設けているか。

1 企業会計と会社の計算

（1）企業会計の意義・機能

「会計」とは、個人又は組織の経済活動を、貨幣を単位として、記録・計算・総括し、その結果を社会と利害関係人に伝達する技術である。そして、「企業会計」は、企業を会計主体として、その経済実態を測定・評価・開示することであり、企業会計により、企業の財産や損益の状況が明らかになり、企業経営の成果を把握でき、経営者と利害関係人（出資者・債権者・投資家や規制主体・課税主体等）の判断に必要な情報が提供・獲得される。

企業会計は、①商人・会社が財産・損益の状況を把握して自らの経営に資するとともに利害関係人に会計情報を提供することを目的として、商法・会社法の規律に服し（商法・会社法会計）、また、②上場会社等の投資家の投資判断に資することを目的として、金融商品取引法の規制に服し（金商法会計）、さらに、③課税所得の計算を目的として、税法の規制に服する（税務会計）。これらの会計は「トライアングル体制」と称され、実務上の相違が問題視されてきたが、最近では共通化も進んでいる。

企業会計の法的規律の視点は変遷を遂げており、商法制定当初は、企業の解体換価価値を把握する視点から「財産法」を採用していたが、昭和37年改正商法からは、企業の期間収益力を算定する視点から「損益法」に移行し、昭和49年改正商法からは、監査と情報開示の充実が図られている。最近では、上場会社等においては国際会計基準・国際財務報告基準（International Financial Reporting Standards＝IFRS）の採用が進んでいる（連結計算書類の指定国際会計基準への準拠〔計規120〕）。

（注）企業会計を法的に規律する法分野は「企業会計法」と称され、商法・会社法ひいては企業組織法のなかで重要な地位を占める。企業会計法を体系的に扱った文献として、安藤英義・他（編）『企業会計と法制度』中央経済社（2011年）、泉田栄一・他『株式会社会計法』信山社（2008年）、弥永真生『企業会計と法（第2版）』新世社（2001年）、岸田雅雄『企業会計法入門』有斐閣（1989年）等がある。

（2）会社の計算

「会社の計算」とは、会社の財産状態や損益状況を把握するために要求される会計の手続をいう。株式会社では、この手続きによって、株主への剰余金の配当など財産分配の額を算定する必要があり、その際には、株主有限責任のゆえに会社債権者の唯一の担保となる会社財産の維持が強く要請される。また、株主・債権者・その他多数の利害関係人の利益保護を図るためには、会社の財産状態や損益状況に関する情報の提供を図ることが必要である。

これらに応じて、会社法は、①株主と会社債権者への情報提供、及び、②剰余金分配の規制を目的として、株式会社の計算について詳細な規定を設けている（会431条〜465条）。

2　会計の原則と会計帳簿

（1）会計の原則

株式会社の会計は、一般に公正妥当と認められる企業会計の慣行に従うものとされている（会431条）*。ここに、「一般に公正妥当と認められる会計の慣行」とは、主として、企業会計審議会が作成する「企業会計原則」その他の会計基準を意味している（企業会計原則では、基本原則として、「真実性の原則」「継続性の原則」「保守主義の原則」等が定められている）。その他の会計基準としては、（公財）財務会計基準機構に設置の企業会計基準委員会で設定される会計基準等がある。

また、「従うものとする」との文言は、従来の「斟酌スベシ」の意味、すなわち、特段の事情がない限りそれに拠らなければならないという意味と実質的に変わらない。

> *　**包括規定の沿革**　この規定は、平成17年改正前商法32条3項の「商業帳簿ノ作成ニ関スル規定ノ解釈ニツイテハ公正ナル会計慣行ヲ斟酌スベシ」との規定が継承されたものである。従来から、商法のなかに商業帳簿の作成に関する詳細な規定を設けることは、そもそも困難であり、進歩発展する会計の技術と理論に対応する上でも不適切であるので、商法は、商業帳簿の作成について最小限の基本的事項を規定し、公正な会計慣行を商法の解釈の指針とすべきことを規定していた（包括規定と呼ばれてきた）。

（2）会計帳簿の作成・保存・提出

1）会計帳簿の意義・内容

「会計帳簿」は、会社が取引上その他事業上の財産に影響を及ぼすべき事項を記載した帳簿である（日記帳、仕訳帳、総勘定元帳、補助帳〔現金出納帳等〕がある）。

会社の会計帳簿には、成立の時及び毎決算期における事業上の財産及びその価額が記載され、さらに、取引その他事業上の財産に影響を及ぼすべき事項が記載される。会計帳簿の記載又は記録の内容と方法については、法務省令に委ねられている（会432条1項、会施規116条1号、計規4〜56条）。

2）会計帳簿の作成

株式会社は、法務省令（会施規116条1号、計規4条〜56条）で定めるところにより、「適時」に、「正確」な会計帳簿を作成しなければならない（会432条1項）。会社の事

業活動である日々の取引は、「正規の簿記の原則」に従って、会計帳簿に記入され、計算書類は会計帳簿にもとづいて作成される（誘導法〔計規59条3項〕）。そうした計算書類の作成にあたり適時性と正確性がもとめられるのは、計算書類の信頼性を確保し、利害関係人の保護に資するためである。

3）会計帳簿の保存

会社は、会計帳簿の閉鎖の時から10年間、その会計帳簿及びその事業に関する重要な資料を保存しなければならない（会432条2項）。後日の紛争に備えて、証拠を保全するためである。

4）会計帳簿の提出

裁判所は、申立てにより又は職権で、訴訟の当事者に対し、会計帳簿の全部又は一部の提出を命ずることができる（会434条）。これは、会計帳簿が会社の事業に関する重要な証拠書類であることから、それを考慮して設けられた民事訴訟法の特則である（民訴219条・20条、参照）。

3.9.2. 決算手続と計算書類

1　計算書類等の作成
2　計算書類等の監査
3　計算書類等の事前開示・承認・決算公告
4　連結計算書類

□1.計算書類・計算書類等とはなにか、どのようなものがあるか。
□2.株式会社の決算手続は、どのようなプロセスが求められるか。
□3.株式会社の決算公告の特色はなにか。
□4.連結計算書類の意義・機能はなにか、どのような規律に服するか。

```
決算手続の概要

① 計算書類等の作成
       ↓
② 計算書類等の監査
       ↓
③ 計算書類の事前開示
       ↓
④ 計算書類の承認
       ↓
⑤ 決算公告
```

1　計算書類等の作成

（1）計算書類等の作成・保存

会社は、法務省令に従って、成立の日の貸借対照表を作成し（会435条1項3項）、さらに、各事業年度に関する「計算書類」及び「事業報告」並びにこれらの「附属明細書」の作成を要する（会435条2項。これらを総称して「計算書類等」という〔会442条1項〕。いずれも、書面のほか電磁的記録による作成も可〔会435条3項〕）。ここに「計算書類」とは、「貸借対照表」「損益計算書」「株主資本等変動計算書」及び「個別注記表」をいう（会435条2項、会施規116条2号、計規59条1項）。

会社は、計算書類を作成した時から10年間、計算書類及びその附属明細書を保存しなければならない（会435条4項）。

なお、裁判所は、申立てにより又は職権で、訴訟の当事者に対し、計算書類及び附属明細書の全部又は一部の提出を命ずることができる（会443条）。

(2) 計算書類等の内容
1) 計算書類

i 貸借対照表 (B/S) 一定時期(決算期)における会社の財産状態を示す概括表であり、左側に「資産の部」を記載し、右側に「負債の部」及び「純資産の部」を記載して、会社の資産の内容や資金調達方法などを明らかにする(会施規116条2号、計規72〜86条)。資産の部は、流動資産、固定資産、繰延資産に区分され(計規74条1項)、負債の部は、流動負債と固定負債とに区分される(計規75条1項)。純資産の部は、株主資本(資本金・資本剰余金・利益剰余金・自己株式等)、評価換算差額、新株予約権に区分される(計規76条1項。連結貸借対照表では、さらに、被支配持分が加わった〔平成26年改正事項〕)。

ii 損益計算書 (P/L) 一定の期間(当該事業年度)における収益と費用とを記載・対応させた収支の計算書であり(会施規116条2号、計規87条〜94条)、その期間に発生した利益又は損失の原因を明らかにして、会社の業績を明らかにする。損益計算書は一定の項目(①売上高、②売上減価、③販売費及び一般管理費、④営業外収益、⑤営業外費用、⑥特別利益、⑦特別損失)に区分して表示される(計規88条1項)。

貸借対照表

資産の部	負債の部
流動資産	流動負債
固定資産	固定負債
繰延資産	
	純資産の部
	株主資本
	評価換算差額
	新株予約権
	純利益

cf. 損益計算書の構造

損益計算書

経常損益の部
　営業損益の部
　　売上高
　　売上原価
　　　売上総利益金額
　　販売費及び一般管理費
　　　営業利益金額
　営業外損益の部
　　営業外収益
　　営業外費用
　　　経常利益金額
特別損益の部
　特別利益
　特別損失
　税引前当期純利益金額
法人税等
当期純利益金額

iii 株主資本等変動計算書 特定の事業年度における純資産の部の各項目の増減を明示する計算書類である(計規96条)。会社法では、株主資本項目の計数の変動や剰余金の配当に関する規制が緩和されたので、それらの項目の変動を分かりやすく表示するために新設された計算書類である。

iv 個別注記表 従来の商法で貸借対照表及び損益計算書に注記すべきとされていた事項を記載するために新設された独立の計算書類であり、株主資本等変動計算書の注記事項も定められている(計規97条〜116条)。

2）事業報告

　事業報告は当該事業年度の会社の状況に関する重要な事項等を内容として文書で記載される報告書である（会施規117条～126条）。会社法では、計算書類に含まれなくなったが、従来の商法において計算書類の一つであった営業報告書に相当する（但し、会計に関するものは含まれない）。事業報告には、会社の状況に関する重要事項のほか、内部統制システムの概要、買収防衛策を含む会社の支配に関する基本方針、多重代表訴訟のための完全子会社に関する情報、親子会社間の利益相反に関する情報、その他会計参与・会計監査人に関する情報が記載される（会施規118条・125条・126条。さらに、公開会社については、会社役員・社外役員、発行株式・新株予約権等が含まれる〔会施規119条～124条・平成26年改正事項〕）。監査の対象となる事項が含まれている。

3）附属明細書

　貸借対照表、損益計算書、事業報告の記載を補充して説明する文書で、取締役・監査役の利害関係、子会社との取引明細などが記載される（計算書類〔計規117条〕、事業報告〔会施規128条〕）。

(3) 臨時計算書類

　事業年度の途中の一定日における会社財産の状況を把握するために作成される貸借対照表や損益計算書を「臨時計算書類」という（会441条1項）。臨時計算書類も、計算書類と同様の規制に服するが、事業報告の作成が必要でなく、招集に際して臨時計算書類やその監査報告の提供は義務づけられていない。

【資産・負債の評価】

　i　**財産評価の必要性**　会社の計算では、収益・費用・資産・負債・純資産の5要素により、会社の取引及び財産・収益の状況を測定・表示する。そして、計算書類に記載すべき各種の財産については、それぞれ価額を付さなければならない。ここに、財産の価額をどのような基準によって評価するかは重要な問題である。財産の過大評価がなされると、実際上存在しない財産が帳簿上に生み出され、会社の合理的経営を妨げるとともに、会社と取引をする者や一般公衆の信頼を失わせる（また、真実の利益がないのに利益配当を許して、会社の財産的基礎を危うくし、社員や債権者の利益を害するおそれがある）。また、財産の過小評価は、やはり企業の財政状態や経営成績を歪める（会社の秘密積立金は社員の利益を害するおそれがある）。

　ii　**評価の主義**　財産評価に関する立場には、一般に、原価主義（取得原価を基準として評価する立場）、時価主義（時価すなわち市場価額・交換価額によって評価する立場）、低価主義（原価と時価とを比較して低い方の価額を基準として評価する立場）、時価以下主義（時価を最高限度として評価する立場）がある。

　iii　**規定の変遷**　商法上の財産評価の原則を定める規定については、財産法から損益法への移行に伴い、法改正の変遷がみられ、昭和49年の改正により、商人一般に適用される財産評価の原則として、同改正商法総則の34条においては、流動資産・固定資産・金銭債権に分類した評価規定が設けられ、株式会社については、会社編の株式会社の章にて、より詳細な評価基準が定められ（旧商285条～285条ノ7）、その後、省令に委任された。平成11年改正商法では、金融資産について時価主義の採用を認めた。さらに、平成17年改正商法及び会社法は、財産評価の基準については、法律によらず法務省令に委ねる方針を徹底させ、会計慣行に委ねて規定を簡素化している。

　iv　**資産の評価方法**　資産については、原則として原価主義が強制され、「取得価額」を付さなければならない（計規5条1項）。償却すべき資産については、営業年度の末日に相当の

償却(減価償却費)が求められる(同条2項)。
　また、事業年度末日における時価が著しく低い資産は、時価が取得価額まで回復すると認められるものを除いて、営業年度末日の時価を付さなければならず、予測できない減損が生じた資産又は減損損失を認識すべき資産は、取得原価から相当の減額をしなければならない(同条3項、減損会計)。取立不能のおそれのある債権は、取立不能の見込額を控除しなければならない(同条4項、貸倒引当金)。
　債権については、その取得原価が債権金額と異なる場合その他相当の理由がある場合は、時価又は適正な価格を付すことができる(計規5条5項)。さらに、事業年度末日の時価が取得原価より低い資産や、市場価格のある資産(子会社・関連会社の株式等と満期保有目的債券を除く)その他時価評価等が適当な資産には、時価や適正な価格を付すこともできる(同条6項)。
　v　負債の評価方法　　負債については、「債務額」を付すのが原則である(計規6条1項)。しかし、債務額を付すことが適当でない負債については、時価又は適正な価格を付すことができる(同条2項以下)。これには、将来の費用又は損失の発生に備えて、合理的な見積額を費用・損失として繰り入れることにより計上すべき退職引当金や返品調整引当金、払込みを受けた金額が債務額と異なる社債等がある。
　vi　その他　　組織再編等の場合の評価(計規7条～10条)、のれんの評価(計規11条)、組織再編行為により生じる株式の特別勘定(計規12条)の規定がある。

2　計算書類等の監査

(1) 監　査
1) 監査役設置会社の場合

　監査役設置会社(監査役の監査の範囲を会計に関するものに限定する旨の定款の定めがある株式会社を含み、会計監査人設置会社を除く)においては、計算書類及び事業報告並びにこれらの附属明細書は、法務省令で定めるところにより、監査役の監査を受けなければならない(会436条1項、計規122条～124条、会施規129条～132条)。

2) 会計監査人設置会社の場合

　会計監査人設置会社においては、法務省令で定めるところにより、①計算書類及びその附属明細書については、監査役(委員会設置会社では監査委員会)及び会計監査人の監査、②事業報告及びその附属明細書については監査役(監査等委員会設置会社では監査等委員会、指名委員会等設置会社では監査委員会)の監査を受けなければならない(会436条2項、計規125条～132条、会施規129条～132条)。

3) 監査結果の通知

　監査の結果は、監査役と監査役会が作成する監査報告、及び、会計監査人が作成する会計監査報告にまとめられて、その内容が取締役に通知され、会計監査報告については、監査役にも通知される(会施規129条～132条、計規122条～132条)。

(2) 計算書類等の取締役会の承認

　取締役会設置会社においては、計算書類及び事業報告等は、取締役会の承認を受けなければならない(会436条3項)。

3 計算書類等の事前開示・承認・決算公告

(1) 事前開示
1) 事前提供(直接開示)

　取締役会設置会社においては、取締役は、株主に準備の機会を与えるために、定時株主総会の招集の通知に際して、会社計算規則で定めるところにより、株主に対し、取締役会の承認を受けた計算書類及び事業報告(監査役監査を受けた場合には監査報告、会計監査人監査を受けた場合には会計監査報告を含む)を提供しなければならない(会437条)*。

* **Web開示・Web修正**　計算書類・事業報告を株主に提供する方法は、書面の交付による方法が原則であるが(会437条、会施規133条1項2号、計規133条1項、会444条6項、計規134条1項1号)、会社が株主の個別の承諾を得て、招集通知を電子的に行う場合には(会299条3項)、当該書類の記載事項の提供も電子的に行う方法によることになる(会437条、会施規133条2項2号、計規133条2項2号、会444条6項、計規134条1項2号ロ)。
　この場合、「Web開示」が可能である。すなわち、株主の個別の承諾がなくても、定款の定めによれば、取締役は、当該書類の記載事項のうち一定のものについて、インターネットのウェブサイトに掲載することにより、株主への提供に代えることができる(会施規133条3項、計規133条4項・134条4項)。計算書類・事業報告等の記載事項のWeb開示は、株主総会参考書類のWeb開示等とともに、平成17年会社法において設けられ、平成26年改正に際して対象事項が拡大されている(問答平26改正389頁)。
　また、事業報告等の記載事項に修正すべき点が生じた場合、会社はあらかじめ株主に通知した方法により修正を周知することができ(会施規133条6項、計規133条7項・134条7項)、この場合に、ウェブサイト上で修正を周知する方法、すなわち「Web修正」が実務上行われる(田中亘・会社法394頁)。

2) 備置き・閲覧(間接開示)

　計算書類、事業報告及びこれらの附属明細書並びに監査報告及び会計監査報告は、定時株主総会の日の1週間(取締役会設置会社の場合は2週間)前の日(会社法319条1項のみなし決議の場合は、当該みなし決議に関する事項について提案があった日)から5年間、会社の本店に備え置かなければならない(会442条1項1号)。それらの写しを3年間、会社の支店に備え置かなければならない(同条2項1号。但し、電磁的記録で作成され、コンピュータ・ネットワークを通じて閲覧等の請求に応じられる措置をとっているときは除く〔同条項但書〕)。臨時計算書類についても、同様である(同条1項2号・2項2号)。連結計算書類は、金融商品取引法上の開示義務があるので、会社法の開示義務はない。

　上記書類につき、株主及び債権者は、営業時間内はいつでも、閲覧等請求ができる(会442条3項、会施規226条28号)。親会社社員も、同様の請求ができる(会442条4項)。

【金融商品取引法上の会計情報の開示】
　会計情報は、会社法により開示が求められるほか、金融商品取引法によっても開示が求められている。会社法の開示は、株主や会社債権者の権利実現のためのものであるが、金融商品取引法の開示は、主として投資家の合理的な投資判断に資するためのものである。

金融商品取引所に上場されている会社等については、各年度ごとに有価証券報告書を内閣総理大臣に提出しなければならず(金商24条1項)、そこに公認会計士の監査を経た財務諸表が記載される。証券の募集・売出しを行うためには、証券の発行会社は、原則として、有価証券届出書を内閣総理大臣に提出しなければならない(金商5条1項)。これらの書類は、会社の本店・主要な支店、金融商品取引所、認可金融商品取引業協会等で閲覧に供される(金商25条)。さらに、発行会社は募集・売出しにあたっては、証券の発行会社の事業に関する説明を記載した目論見書の作成が要求され(金商13条)、これは原則として、直接株式取得者に交付しなければならない(金商15条2項)。これらは、電磁的方法によって行うこともできる。

(2) 承　認

　取締役は、計算書類及び事業報告を定時株主総会に提出し、又は提供しなければならない(会438条1項)。提出・提供された計算書類は、定時株主総会の承認を受けなければならず(同条2項)、取締役は、このうちの事業報告の内容を定時株主総会に報告しなければならない(同条3項)。取締役会非設置会社でも同様である。

　取締役会設置会社であって会計監査人設置会社である場合の特則として、取締役会の承認を受けた計算書類が法令及び定款に従い株式会社の財産及び損益の状況を正しく表示しているものとして法務省令(計規163条)で定める要件に該当する場合には、総会の承認を得る必要がない。この場合においては、取締役は、当該計算書類の内容を定時株主総会に報告しなければならないとされている(会439条)。

(3) 決算公告

1) 決算公告の義務

　株式会社は、定時総会の終結後遅滞なく「決算公告」をしなければならない(貸借対照表の公告〔会440条1項、会施規116条、計規136条・148条〕。大会社では損益計算書の公告も必要である。但し、有価証券報告書提出会社で一定の情報公開をしている会社は決算公告は不要〔会440条4項〕)。会社は、決算公告を要するのに、その公告をしないと、100万円以下の過料が課せられる(会976条2号)。

2) 決算公告の方法

　決算公告の方法には、①官報公告又は日刊新聞紙掲載公告(会939条1項1号2号)、②電子公告を定款で定める会社の広告方法としないが、計算書類のみを電磁的方法で行う公告(会440条3項。「電磁的公開」と呼ばれる場合がある)、③電子公告(会939条1項3号)、④有価証券報告書による公告(金商24条1項。この場合は前記の公告を要しない〔会440条4項〕)がある。

　公告方法として官報公告又は日刊新聞紙掲載公告の方法を採用している会社では、決算公告は貸借対照表の要旨を公告すれば足りる(会440条2項、計規137条～146条・148条)。

　公告方法として官報公告又は日刊新聞紙掲載公告の方法を採用している会社でも、決算公告についてのみ電磁的方法を採用して済ませることができる(会440条3項、会施規116条6項、計規147条)。但し、アドレス等を登記する必要がある(会911条3項28号、会施規220条1項2号)。電磁的方法や電子公告では、格段に手軽で費用が安いが、5年間決算書を掲載し続けなければならず、また、他の公告方法のように要旨だけでなく貸借対照表の全文(注記を含む)を掲載しなければならないので注

意が必要である（会440条3項、計規136条2項・147条）。

電子公告による場合でも、電磁的方法の場合と同様に、調査期間の調査は不要であり（会941条）、決算公告とそれ以外の公告とを異なるウェブサイトとすることが可能である（会施規220条2項）。

4　連結計算書類

（1）意　義

「連結計算書類」とは、当該会社及びその子会社から成る企業集団の財産及び損益の状況を示すために、必要かつ適当なものとして法務省令（会施規116条8号、計規2条2項19号・61条）で定めるものをいう。

会計監査人設置会社は、法務省令（会施規116条8号、計規65条〜69条）で定めるところにより、各事業年度に係る連結計算書類を作成することができる（会444条1項。電磁的記録による作成も可〔同2項〕）。事業年度の末日において大会社であって金融商品取引法の規定により有価証券報告書を内閣総理大臣に提出しなければならない会社は、当該事業年度に係る連結計算書類を作成しなければならない（会444条3項、金商24条1項）。連結計算書類は、個別の計算書類を基礎に作成される。

（注）わが国における連結財務諸表の制度と連結会計基準について、兼田克幸「連結会計基準の変遷及び諸問題」商学論纂58巻3・4号63頁（2017年）、参照。

（2）監査等

連結計算書類は、法務省令（会施規116条8号、計規121条）で定めるところにより、監査役（監査等委員会設置会社にあっては監査等委員会、指名委員会等設置会社にあっては監査員会）及び会計監査人の監査を受けなければならない（会444条4項）。

会計監査人設置会社が取締役会設置会社である場合には、その監査を受けた連結計算書類は、取締役会の承認を受けなければならない（同条5項）。

会計監査人設置会社が取締役会設置会社である場合には、取締役は、定時株主総会の招集の通知に際して、法務省令（会施規116条8号、計規134条）で定めるところにより、株主に対し、前項の承認を受けた連結計算書類を提供しなければならない（会444条6項）。

取締役は、承認又は監査を受けた連結計算書類を定時株主総会に提出し、又は提供し、連結計算書類の内容及び監査の結果を定時株主総会に報告しなければならない（報告事項、同条7項）。

3.9.3. 資本金・準備金・剰余金

1　純資産の部の項目
2　資本金・準備金・剰余金の意義と算定等
3　資本金・準備金・剰余金の計数の変動

□1.貸借対照表の純資産の部の項目には、どのようなものがあるか。
□2.資本金・準備金・剰余金の意義・機能はなにか、どのように算定・表示されるか。
□3.資本金・準備金の額の減少の意義・機能はなにか、どのような手続を要するか。
□4.資本金・準備金の額の増加(剰余金の組み入れ)の意義・機能はなにか、どのような手続を要するか。

1　純資産の部の項目

「純資産」は、株式会社の資産と負債の差額である。貸借対照表の純資産の部の項目には、株主の取り分を表す「株主資本」と、中間的項目の「評価・換算差額等」「新株予約権」とがある(計規76条1項1号)。

株主資本は、さらに、資本金、資本剰余金、利益剰余金、自己株式に区分される(計規76条2項。資本金と準備金の額はマイナスになることはないが、自己株式は、純資産の部の控除項目として常にマイナスの額で表示される)。

「資本剰余金」は、資本準備金と「その他資本剰余金」に区分され(同条4項)、「利益剰余金」は、利益準備金と「その他利益剰余金」に区分される(同条5項)。

「準備金」とは、資本準備金と利益準備金を併せたものをいう(会445条4項。準備金の額はマイナスにならない)。そして、「剰余金」とは、「その他資本剰余金」と「その他利益剰余金」を併せたものをいう(剰余金の額はプラスになることもマイナスになることもある)。この剰余金が分配可能額算定の基礎となる。

2　資本金・準備金・剰余金の意義と算定等

(1) 資本金
　1) 意義・機能

「資本金」とは、株式会社が、会社法により、純資産の部に計上を義務づけられる抽象的な数額(金額)である(事業活動による会社財産の増減によって変動するような実体を伴うものではない)。株式会社においては原則として出資の払い戻しがなされず、債権者保護の要請が強く働くことから、資本金は、会社の財産を確保するための一定の基準として機能してきた。しかし、資本に関する諸原則の意味は変容し、最低資本金制度は廃止され(本書前掲3.4.1.の2「資本の制度」参照)、資本金が今日意味するところは、過去において資本金に相当する額が出資されたことが推認されることと、純資産額が資本金の額以上に存在しなければ株主に剰余金の分配ができないこと(剰余金分配の限度を画する機能)である。

2）算定・計上

資本金の額は、原則として、設立又は株式の発行に際して株主となる者が当該株式会社に対して払込み又は給付をした財産の額である（会445条1項）。但し、その払込み又は給付に係る額の2分の1を超えない額は、資本金として計上しないことができる（払込剰余金、同条2項）。その場合に、資本金として計上しないこととした額は、「資本準備金」として計上しなければならない（同条3項、計規36条以下）。

3）公　　示

資本金の額は、定款には記載されないが、登記（会911条3項5号）及び貸借対照表（会440条1項・442条）により公示される。

(2) 準備金（法定準備金）

1）意義・機能

準備金とは、広義には、会社の有する純資産額のうち資本金の額を超える額について一定の目的のために積み立てておく金額をいい、法律の規定によって積み立てる法定準備金（会社法上の「準備金」である〔会445条3項4項〕）と、定款又は株主総会の決議によって積み立てる任意準備金（任意積立金）とがある（ここに「積立て」とは、現実に特定の財産を会社に保管することではなく、貸借対照表の資本の部に一定の額を掲げて、これを純資産額から控除することをいう）。「（法定）準備金」は、株式会社が、会社法により、純資産の部に計上を義務づけられる抽象的な数額であり、株主への過剰な財産流出を抑えたり、不慮の欠損に備えて、会社債権者を保護するために資本金を補完するバッファーとして機能する（但し、資本金とは異なり、一定の場合に債権者異議手続を経ずに額を減少できるので、株主への分配の限度を画する機能は弱い〔田中亘・会社法416頁〕）。

2）算定・計上

準備金には、積立財源の違いによって、資本準備金（会445条3項4項、計規76条4項1号）と利益準備金（会445条4項、計規76条5項1号）とがある。

ⅰ　資本準備金　　いわゆる資本取引から生ずるため、性質が資本金に近く分配可能額とするのに適しないことから準備金として積み立てることが要求されるもの、又は、将来会社の経営が悪化し欠損が生じた際に取り崩してその填補に充てること（会449条1項柱書但書、計規151条）ができるよう、その他資本剰余金（計規76条4項2号）の中から積み立てることが要求されるものをいう（具体的に、資本準備金となるのは、①設立又は株式の発行に際して株主となる者が会社に対し払込み又は給付をした財産の額のうち資本金として計上されなかった額（会445条3項）、②「その他資本剰余金」を原資とする剰余金の配当をする場合に積立てが要求される額（会445条4項、計規22条1項）、③組織再編行為（合併等）の際に発生する合併差益等のうち、合併契約書等により資本準備金とする旨を定めた額、④資本金又は剰余金（その他資本剰余金）を減少した際に、資本準備金に組み入れる旨を定めた額（会447条1項2号・451条1項、計規26条1項）である）。

ⅱ　利益準備金　　将来会社の経営が悪化した場合に取り崩して欠損の填補に充てること（会449条1項柱書但書、計規151条）ができるよう、会社が「その他利益剰余金」（計規76条5項2号）を原資とする剰余金の配当を行う際に、その他利益剰余金

の一部を割いて積み立てることが要求される準備金をいう。

　なお、会社が剰余金の配当をするには、「剰余金の配当により減少する剰余金の額に10分の1を乗じて得た額」を、資本準備金又は利益準備金として計上しなければならないが(会445条4項)、このような準備金の計上は、準備金の額が「資本金の4分の1」の額になるまで行えば足りる(計規22条1項2号)。

3）公　示
　準備金の額は、貸借対照表(会440条1項・442条)により公開される。

【資本金・準備金の計上の例外】
　本文で述べた資本金・準備金の計上については、例外がある。すなわち、組織変更、合併、吸収分割、新設分割、株式交換又は株式移転に際して資本金又は準備金として計上すべき額については、法務省令(会規116条9号)で定める(会445条5項、計規56条以下)。

（3）任意準備金（任意積立金）
　定款又は株主総会決議により、会社が自発的に積み立てる準備金を「任意準備金（任意積立金）」という。特定の目的のために積み立てるもの（＝特別償却準備金等）と、特に目的を定めないもの（＝別途積立金）とがある。会社は、任意準備金を、その積み立ての根拠となった定款又は株主総会決議によって、使用や取り崩しができる。

（4）剰余金
1）意義・機能
　「剰余金」の額は、分配可能額を算定する場合の要素となる数額であり、また、剰余金の額を減少させて資本金の額又は準備金の額を増加させる場合に、減少させる額の限度を画する役割を担う数額である。剰余金は、「その他資本剰余金」(計規76条4項2号)と「その他利益剰余金」(同条5項2号)から成る。

　その他資本剰余金は、剰余金のうち、資本取引から生じる（自己株式の処分において、処分対価が帳簿価額を上回れば、その処分差益の額だけ増加し、下回れば差損の額だけ減少する。また、減資として剰余金の配当をしたり、自己株式を処分したりすると、減少する。その他資本剰余金の額は、マイナスにはならない）。その他利益剰余金は、会社が獲得した利益のうち、株主への分配に回さないで内部留保した金額の累積である（当期純利益を計上した分だけ増加し、登記純損失を計上した分だけ減少する。また、減資として剰余金の配当をすると減少する。その他利益剰余金の額は、マイナスになることがある）。

2）算定・計上
　株式会社の剰余金の額は、会社法上、単に、純資産額から資本金と準備金の額を差し引いた額ではなく、決算日後の剰余金の変動も考慮に入れて、一定の額の加算合計額から一定の額の合計額を控除した額をもって算定される(会446条)＊。

＊ 剰余金の算定方法（会446条）
「剰余金額」＝加算項目（①＋②＋③＋④）－控除項目（⑤＋⑥＋⑦）
　①　最終事業年度の末日におけるイ及びロの合計額から、ハからホまでの合計額を減じて得た額（イ＝資産の額、ロ＝自己株式の帳簿価額の合計額、ハ＝負債の額、ニ＝資本金及

び準備金の額の合計額、ホ=ハ・ニのほか法務省令で定める各勘定科目に計上した額の合計額）
　②　最終事業年度の末日後に自己株式の処分をした場合における当該自己株式の対価の額から当該自己株式の帳簿価額を控除して得た額
　③　最終事業年度の末日後に資本金の額の減少をした場合における当該減少額（準備金組入額〔会447条1項2号〕を除く。）
　④　最終事業年度の末日後に準備金の額の減少をした場合における当該減少額（資本金組入額〔会448条1項2号〕を除く。）
　⑤　最終事業年度の末日後に自己株式の消却をした場合（会178条1項）における当該自己株式の帳簿価額
　⑥　最終事業年度の末日後に剰余金の配当をした場合における次に掲げる額の合計額（イ=剰余金の配当〔会454条1号〕の配当財産の帳簿価額の総額〔現物配当の場合〔会454条4項1号〕に規定する金銭分配請求権を行使した株主に割り当てた当該配当財産の帳簿価額を除く〕、ロ=現物配当の場合〔会454条4項1号〕に規定する金銭分配請求権を行使した株主に交付した金銭の額の合計額、ハ=現物配当の場合〔会456条〕に規定する基準未満株式の株主に支払った金銭の額の合計額）
　⑦　法務省令（計規150条）で定める各勘定科目に計上した額の合計額

3）処分方法

剰余金の処分方法（剰余金の額の使い方）には、会社財産が社外に流出しない場合として、①資本金・準備金（資本準備金・利益準備金）・剰余金（その他資本剰余金・その他利益剰余金）の間での計数の変動（会447条〜451条）と、②剰余金の項目内部における計数の変動（会452条）があり、会社財産が社外に流出する場合として、③株主に対する剰余金の配当（会453条）がある。

3　資本金・準備金・剰余金の計数の変動

（1）概念の整理

会社法上、株主資本項目（資本金・準備金・剰余金）の計数は、配当拘束の有無（資本金・準備金/剰余金）と減少のための要件の相違（資本金/準備金）があるものの、一定の手続を前提にして、各項目間で変動させることができる（会447条〜451条）。

会社法は、資本金の減少と準備金の減少を、額の減少（計数の減少）として整理したので、従来の「実質上の資本減少」は、「資本金の減少」＋「剰余金の配当」として扱われ、従来の「株式消却を伴う資本減少」は、「資本金の減少」＋「自己株式の取得」として扱われる。

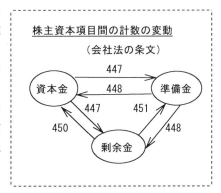

（2）資本金・準備金の額の減少
1）意義・機能

資本金の額と準備金の額は、会社の信用の基礎となる数値であるが、実務上の要請（欠損〔＝分配可能額がマイナスである場合〕を解消し、将来の剰余金の配当を容易にした上で、同時に募集株式の発行を行い、会社経営の再建を図るという欠損填補の目的）を受け

て、会社法上、一定の手続を経て、これらを減少することが認められる。

そして、資本金・準備金の額の減少は、分配可能額を増加させ、株主や会社債権者に重大な影響を及ぼすので、原則として、株主総会の特別決議及び会社債権者の保護手続が必要とされている。

 2) 資本金の額の減少

 i 手続の原則（株主総会の特別決議） 会社が資本金の額を減少するためには、債権者保護手続(会449条)とともに、原則として、一定の事項（①減少する資本金の額、②減少する資本金の額の全部又は一部を準備金とする場合は、その旨及び準備金とする額、③資本金の額の減少の効力発生日）を、原則として、株主総会の特別決議によって定めなければならない(会447条1項各号・309条2項9号)。①の額は、③の効力発生日における資本金の額を超えてはならない(会447条2項)。

 資本金の額の減少を決議する株主総会において、当該減少によって生ずる分配可能額(会446条3号)を利用した剰余金の配当をなす旨の決議をすることができるが(会465条1項10号ロ)、この場合、当該剰余金の配当の効力発生日は、債権者保護手続の終了後に設定することを要する(会449条6項柱書但書)。

 ii 手続の例外1（定時株主総会の普通決議） 剰余金の額の減少を定時株主総会で定める場合で、かつ、減少する資本金の額が総会の日における欠損の額（分配可能額のマイナス額〔会施規68条〕）を超えない場合には、株主総会の普通決議で足りる(会309条2項9号イ・ロ)。

 iii 手続の例外2（総会決議の不要） 株式の発行と同時に資本金の額を減少する場合には、当該資本金の額の減少の効力発生日後の資本金の額が効力発生日前の資本金の額を下回らないときは、株主総会の決議は不要である。この場合には、取締役の決定（取締役会非設置会社の場合）又は取締役会決議（取締役会設置会社の場合）で足りる(会447条3項)。

 iv 効力の発生 資本金の額の減少は、株主総会の決議等で定めた効力発生日に効力を生ずる(会449条6項1号)。但し、債権者保護手続の終了まで効力を生じない(同項柱書但書)。

 v 資本金の額の減少無効の訴え 資本金の額の減少の手続に瑕疵がある場合は、訴えをもってのみ、その無効を主張することができる(会828条1項5号)。この訴えは、株主、取締役、執行役、監査役、清算人、破産管財人又は資本金の額の減少を承認しなかった債権者（知れている債権者で必要な個別催告を受けなかった者を含む）が、資本金の額の減少の効力発生日から6か月以内に限り提起することができる(同条1項5号・2項5号)。無効判決には対世効があり、遡及効も認められる(会838条・839条)。その他、専属管轄・担保提供命令・弁論の併合等につき、他の「会社の組織に関する訴え」と同様である。

 3) 準備金の額の減少

 i 手続の原則（株主総会の普通決議） 会社が準備金の額を減少するためには、一定事項（①減少する準備金の額、②減少する準備金の額の全部又は一部を資本金とするときは、その旨及び資本金とする額、③準備金の額の減少の効力発生日）を株主総会の普通決議で定めなければならない(会448条1項各号)。①の額は、③の効力発

生日における準備金の額を超えてはならない(同条2項)。

　ii　**手続の例外（総会決議の不要）**　会社が株式の発行と同時に準備金の額を減少する場合に、当該準備金の額の減少の効力発生日後の準備金の額が効力発生日前の準備金の額を下回らないときは、株主総会の決議は不要であり、取締役の決定（取締役会非設置会社の場合）又は取締役会の決議（取締役会設置会社の場合）で足りる(会448条3項)。

　iii　**効力の発生**　準備金の額の減少は、株主総会の決議等で定めた効力発生日にその効力を生ずる(会449条6項2号)。但し、債権者保護手続の終了まで効力を生じない(同項柱書但書)。もっとも、定時株主総会で準備金を減少する旨の決議をする場合に、減少後に分配可能な剰余金が生じないときは、債権者を害しないので、債権者保護手続は不要である(同条1項柱書但書)。

　iv　**準備金の額の減少の無効**　準備金の額の減少については、資本金の学の減少の場合と異なり、無効の訴えの規定が設けられていない。したがって、準備金の額の減少の手続に瑕疵がある場合は、会社債権者は、株主に対する金銭支払の請求(会463条2項)等のなかで、無効を主張することになる。

4）債権者保護手続

　i　**趣　旨**　資本金又は準備金の額を減少すると、株主への剰余金の分配が可能となって会社財産が流出する可能性があり、会社法は、会社債権者の保護の手続を定めている。

　ii　**債権者の異議**　会社が資本金又は準備金の額を減少する場合は、原則として、会社債権者は会社に対して異議を述べることができる(会449条1項柱書本文)。但し、例外として、一定の場合（①減少する準備金の額の全部を資本金として組み入れる場合（同項柱書本文括弧書）、②準備金の額のみを減少する場合であって、定時株主総会において準備金の額の減少に関する事項を定め、かつ、減少する準備金の額がこれを決める定時株主総会の日における欠損の額として法務省令〔計規51条〕で定める方法により算定される額（ゼロ又はゼロから分配可能額を減じて得た額のいずれか高い額）を超えない場合）には、債権者保護手続は不要である(会449条1項柱書但書)。

　債権者が異議を述べることができる場合、会社は、一定の事項（①資本金等の額の減少の内容、②当該会社の計算書類に関する事項として法務省令〔計規152条〕で定めるもの、③債権者が一定の期間内（1か月以上であることを要する）に異議を述べることができる旨）を、官報に公告し、かつ、知れている債権者に各別に催告しなければならない(会449条2項)。会社が官報による公告のほか、定款に従い、日刊新聞紙に掲載する方法又は電子公告の方法により公告するときは、各別の催告は不要である(同条3項)。

　債権者が所定（上記③）の期間内に異議を述べなかったときは、当該債権者は当該資本金等の額の減少について承認したものとみなされる(同条4項)。

　iii　**担保提供等**　債権者が期間内に異議を述べたときは、会社は当該債権者に対して、弁済し、もしくは相当の担保を提供し、又は当該債権者に弁済を受けさせることを目的として、信託会社等に相当の財産を信託しなければならない(会449条5項本文)。但し、資本金等の額の減少をしても債権者を害するおそれがないときは不要である(同項但書)。

ⅳ　効力　　資本金又は準備金の額の減少の効力は、それら債権者保護手続が効力発生日までに終了していないと、発生しない(会449条6項柱書但書)。なお、会社は、効力発生日前は、いつでも、効力発生日を変更することができる(同条7項)。

（3）資本金・準備金の額の増加（剰余金の組入れ）
　1）剰余金の資本金への組入れ
　「剰余金の資本金への組入れ」とは、剰余金の額を減少して、資本金の額を増加させることをいう。配当原資(会446条・461条2項)となる剰余金を資本金に組み入れることで、内部留保を充実させ、会社の信用を増すことができる。
　会社は、株主総会の普通決議で、①減少する剰余金の額(会450条1項1号)、②資本金の額の増加の効力発生日(同2号)を定めることにより、剰余金の額を減少して、資本金の額を増加することができる(450条1項2項)。但し、減少する剰余金の額は、効力発生日における剰余金の額を超えてはならない(同条3項)。
　2）剰余金の準備金への組入れ
　「剰余金の準備金への組入れ」とは、剰余金の額を減少して準備金の額を増加させることをいう。資本金より弾力性のある準備金を増加させて内部留保の充実を図ることができ、また、剰余金の配当に際して積立てが必要となる額を予め積み立てる場合等に利用される。
　会社は、株主総会の普通決議で、①減少する剰余金の額(451条1項1号)、②準備金の額の増加の効力発生日(同2号)を定めることにより、剰余金の額を減少して、準備金の額を増加することができる(451条1項2項)。但し、減少する剰余金の額は、効力発生日における剰余金の額を超えてはならない(同条3項)。

（4）剰余金についてのその他の処分
　「剰余金についてのその他の処分」とは、剰余金を構成する各項目間で計数を変更することをいう。会社は、株主総会の普通決議で、損失の処理、任意積立金の積立てその他の剰余金の処分(資本金への組入れ、準備金への組入れ、剰余金の配当その他会社の財産を処分する行為を除く)をすることができ(会452条前段)、この場合には、当該剰余金の処分の額、及び、その他法務省令(計規153条)で定める事項を決定することを要する(会452条後段)。

3.9.4. 剰余金の配当等

1　剰余金の配当等と横断的規制
2　剰余金の配当の手続
3　分配可能額規制（事前規制）
4　違法な剰余金の配当等
5　欠損填補責任（事後規制）

□1.剰余金の配当、剰余金の分配、剰余金の配当等とは、なにを指すか。会社法は、剰余金の配当等という概念のもとに、どのような横断的規制を設けているか。
□2.剰余金を配当するための要件はなにか。
□3.剰余金を配当するためには、どのような手続が必要となるか。
□4.剰余金を配当するための分配可能額規制とは、どのようなものか。

1　剰余金の配当等と横断的規制

（1）剰余金の配当の意義・概念整理と横断的規制
1）剰余金の配当・分配
　剰余金とは、株主に対する分配可能額の算定の基礎となる数額をいい（会461条2項1号・446条）、株式会社は、分配可能額の限度内で、一定の手続のもとに、「剰余金の配当」（株主に対してその有する株式の数に応じて会社の財産を分配すること〔会453条・454条2項3項〕）を行わなければならない（会105条1号・461条1項8号）。
　従来（平成17年改正前商法293条）は、株主に対して行う配当を「利益ノ配当」と呼んでいたが、配当の原資は必ずしも利益に限られず、資本金や資本準備金を組み入れても分配が可能となるので、会社法では、「剰余金の配当」と呼ぶ（講学上、剰余金の配当と自己株式を有償取得する場合の対価の支払等の株主への払戻しを併せて、「剰余金の分配」と呼ぶことがある〔神田・会社法303頁〕）。
　なお、「剰余金の処分（会452条）」とは、剰余金を構成する各項目間での計数の変更をいい、会社財産の流出を伴わず、剰余金の配当や剰余金の分配とは異なる。

2）横断的規制
　会社法は、株主に対する金銭等の分配（剰余金の配当、中間配当、譲渡制限株式の買取、全部取得条項付種類株式の取得、所在不明株主の株式の買取、端数処理に応ずる株式買取）及び自己株式の有償取得を、「剰余金の配当等」として整理している。
　そして、横断的な規制（剰余金分配規制）として、①事前の分配可能額規制（財源規制〔会461条1項〕）と、②事後的な業務執行者の欠損填補責任規律（会465条2項）を設けている。

（2）剰余金の配当の要件
　会社が剰余金の配当をなすための要件としては、①実質的要件として、分配可能額が存在することが必要であり（財源規制）、かつ、②形式的要件として、所定の機関決定手続が必要である（手続規制）。

2 剰余金の配当の手続

(1) 原則 ── 株主総会決議による決定
　会社が剰余金を配当するためには、その都度、株主総会の普通決議によって、一定の事項（①配当財産の種類（当該会社の株式等を除く）、及び、配当財産として帳簿に記載した価額の総額）、②株主に対する配当財産の割当てに関する事項、③当該剰余金の配当の効力発生日）を定めなければならない（会454条1項各号）。

(2) 特則 ── 定款による取締役会への決定権限付与
　会社は、一定の要件（①監査等委員会設置会社、指名委員会等設置会社又は会計監査人を置く監査役会設置会社であること、②取締役（監査等委員会設置会社の場合は、監査等委員である取締役以外の取締役）の任期の末日が選任後1年以内に終了する事業年度のうち最終のものに関する定時株主総会の終結の日後の日でないこと）を満たす場合には、会社は、剰余金の配当（金銭分配請求権を株主に与えない現物配当を除く）を取締役会の決議で定めることができる旨を定款で定めることができる（会459条1項4号）＊。
　会計監査人の監査等によって剰余金の配当の基礎となる計算書類の信頼性が担保され、年に1度は取締役が株主の信任を問う機会がある場合に、剰余金の配当を取締役会で決定することを認めたものである。

　＊ **取締役会に剰余金の配当の決定権限を付与する定款の定め**　最終事業年度に係る計算書類についての会計監査報告の内容に「無限定適正意見」が含まれており、かつ、当該会計監査報告に係る監査役会・監査委員会の監査報告の内容として会計監査人の監査の方法・結果を相当でないと認める意見がない場合に限り効力を有する（会459条2項、計規155条）。ここに「無限定適正意見」とは、監査の対象となった計算関係書類が一般に公正妥当と認められる企業会計の慣行に準拠して、当該計算関係書類に係る期間の財産及び損益の状況を全ての重要な点において適正に表示していると認められる旨の意見をいう（計規126条1項2号イ）。
　　取締役会に決定権限を付与することを認める定款の定めは、本来的な株主総会の権限を制限するわけではなく、この定款があっても、株主総会決議で剰余金の配当を決定できる。
　　もっとも、剰余金の配当に関する事項を株主総会の決議によっては定めない旨を定款で定めた場合には、株主総会決議で剰余金の配当を決定することはできなくなる（会460条1項）。そうなると、株主は、株主提案を行うことができなくなる。このような株主総会の決定権限を否定する定款の定めは、最終事業年度に係る計算書類についての会計監査報告の内容に無限定適正意見が含まれており、かつ、当該会計監査報告に係る監査役会・監査委員会の監査報告の内容として会計監査人の監査の方法・結果を相当でないと認める意見がない場合に限り、効力を有する（会460条2項、計規155条）。

(3) 配当財産の種類と「現物配当」
1) 現物配当
　会社は、その会社の株式・新株予約権・社債を配当財産とすることはできないが、株主に対して金銭以外の財産（例えば、子会社株式）を分配することができる（会454条1項1号）。これを「現物配当」という（株主優待制度で用いられる当該株式会社運営の鉄道乗車券・場屋利用優待券は、株式会社の帳簿上の資産ではなく、配当財産には当たらない。

もっとも、株主平等原則との関係で議論はある)。
2）金銭分配請求権
　現物配当を行う場合、会社は、株主総会の普通決議によって、株主に対して現物（配当財産）に代えて金銭を交付することを会社に請求する権利（＝金銭分配請求権）を与える旨を定めることができる(会454条4項1号)。会社が現物配当をする場合で、かつ、株主に金銭分配請求権を与えない場合は、剰余金の配当に関する事項の決定は、株主総会の特別決議による(会454条4項・309条2項10号)。
　会社が株主に金銭分配請求権を与える場合、配当決議により、株主が当該権利を行使することができる期間を定め、その期間の末日の20日前までに、株主に対して、当該期間を通知することが必要である(会454条4項・455条1項)。
3）現物配当の財産の価額
　現物配当における金銭以外の財産の価額は、①市場価格のある財産である場合は、市場価格として法務省令(計規154条)で定める方法により算出される額、②市場価格のない財産である場合は、会社の申立てにより裁判所が定める額とされ、定型化されている(会455条2項各号)。

（4）配当時期の自由・回数制限撤廃と「中間配当」
　株式会社は、その株主(当該株式会社を除く)に対し、剰余金の配当をすることができる(会453条)と規定され、事業年度中に、回数の制限なく、いつでも株主総会の決議によって剰余金の分配を決定できる(会454条1項)。会社法では、期中の剰余金分配も可能であることを前提に、分配可能限度額の算定及び塡補責任の判定の基準時として、従来の決算期基準をやめて計算書類の確定時基準（分配時基準）を採用し、決算期後計算書類確定時までに生じた分配可能限度額の増減を反映させる制度を設けている（臨時決算手続の創設〔会441条〕、剰余金配当時期〔会453条〕、期間損益反映〔会461条2項〕）。
　取締役会設置会社では、定款の定めにより、一事業年度途中に1回に限って取締役会決議にもとづく「中間配当」（配当財産が金銭であるものに限る）を行うことができる(会454条5項)。

（5）配当財産の交付
1）確定前・確定後の「剰余金配当請求権」
　株主が株式会社に対して剰余金の配当を請求する権利（＝剰余金配当請求権）は、自益権の中心をなす。株主の剰余金配当請求権は、所定の決議により剰余金の配当議案が承認されて確定し具体化する。したがって、確定前は、株主の地位にもとづく一種の期待権であり、株式から分離して譲渡や質入れの対象にすることはできない(大判大8・1・24民録25・30)。確定後は、独立した債権として具体化するので、確定した剰余金配当請求権は、株式から独立して、譲渡や質入れの対象となる。消滅時効は、民法の原則に従い10年である(民167条1項)。
2）株式数に応じた配当
ⅰ　原則　剰余金の配当は、各株主の有する株式数に応じて配当財産を割当

てて、行わなければならない(会453条3項)。株主平等の原則の現れである。
　ii　例外
　a. **種類株式**　　配当について内容の異なる2以上の種類の株式を発行している場合(会108条1項1号)は、株式の内容毎に、異なる配当財産の割当となる。
　b. **株式譲渡制限会社の特例**　　株式譲渡制限会社では、剰余金の配当について別段の定めを定款に置くことができる(会109条2項。特殊決議による〔会309条4項〕)。原則として株主平等であるべきところ、株主の個性に応じて優劣や配当額の差を設けることができる。但し、剰余金の配当を受ける権利及び残余財産の分配を受ける権利を全部与えない旨の定款規定は無効である(会105条2項)。
　c. **基準株式数**　　現物配当をする場合に、一定の数を「基準株式数」(会456条・454条4項2号)として定め、基準未満の株式を有する株主に対して、配当財産の割当てをしないことができる(会454条4項2号)。この場合、会社は、基準未満の株式を有する株主に対し、救済として、「基準株式数の株式を有する株主が割当てを受けた配当財産の価額として定めた額に、当該基準未満株式の数の基準株式数に対する割合を乗じて得た額に相当する金銭」を支払わなければならない(会456条)。
　iii　**日割配当の禁止**　　剰余金の配当は、効力発生日を定めて行うので(会454条1項)、日割配当(事業年度の途中で新株発行があった場合に、その新株に日割りで配当すること)は禁止される。
　3) 配当財産の交付手続
　会社は、配当財産を、株主名簿に記載・記録された株主の住所又は株主が会社に通知した場所に交付しなければならない(会457条1項)。支払に要する費用は原則として会社の負担となる(同条2項本文)。なお、日本に住所等を有しない株主に対する配当財産の交付については、それら条項の適用はない(同条3項)。
　配当に関する「基準日」(会124条)を設け、基準日における株主名簿上の株主が該当請求権を有するとすることができる。

3　分配可能額規制（事前規制）

(1) 規制内容
　剰余金の配当のほか、自己株式の有償取得となる一定の場合に*、株主に対して交付する金銭等の帳簿価額の総額は、当該行為が効力を生ずる日(会451条1項3号)の「分配可能額」を超えてはならない(会461条1項)。事前の財源規制である。

　*　**自己株式の有償取得と財源規制等の適用**　　自己株式の有償取得には、財源規制を受けるものと、そうでないものとがある(一般に、財源規制を受けない場合は欠損填補責任もない)。
　　1) 財源規制を受ける自己株式有償取得
　　i　取得請求権付株式又は取得条項付株式の取得は、会社法461条以外の規定(会166条1項但書・170条5項)により、財源規制に服する。
　　ii　会社法461条1項1号～7号所定の自己株式取得は、財源規制に服する。すなわち、①譲渡承認請求に応じない場合の買取、②子会社からの取得又は市場取引等での取得、③株主からの合意による取得、④全部取得条項付種類株式の取得、⑤相続人等に対する売

渡請求による取得、⑥所在不明株主の株式の買取、⑦端数株処理に応じる取得である。
　　２）財源規制を受けない自己株式有償取得
　　　ⅰ　不可避の事情によって自己株式を取得する場合は、財源規制の適用を受けない。すなわち、①単元未満株式の買取請求に応じる場合（会155条7号）、②吸収合併により包括承継する財産中に自己の株式が含まれている場合（同条11号）、③他者の行う剰余金の配当を現物配当として受けるときに自己の株式の交付を受けた場合（同条13号、会施規27条2号）等がある。
　　　ⅱ　反対株主の株式買取請求に応じて行う自己株式の有償取得（会155条13号、会施規27条5号）では、反対株主の利益を優先して、財源規制の適用を受けない。但し、業務執行者の責任が生じる場合と生じない場合がある。会社法116条第1項又は182条の4第1項〔平成26年追加〕の株式買取請求に応じて支払った金額が分配可能額を超える場合には、当該株式取得に関する職務を行った業務執行者は責任を負う（証明責任が業務執行者に転換された過失責任で、責任免除には総株主の同意が必要、会464条）。
　　　他方、事業譲渡・組織再編での反対株主の株式買取請求（会469条・785条・797条・806条）に応じる自己株式取得の場合は、財源規制の適用を受けないだけでなく、会社法464条による業務執行者の責任も生じない。前者との相違の合理的根拠につき疑問もある（神田・会社法311頁、田中亘・会社法427頁）。

（２）分配可能額の算定

１）算定の方法

　会社法では、旧商法の配当可能利益の算定方法が純資産額から一定額を控除する「控除方式」を採っていたのと異なり、「積上方式」で剰余金分配可能限度額を算出する。すなわち、最終事業年度の末日の「剰余金」の額（会446条）をいったん計算して、そこに一定額（債権者保護手続きを経た最終事業年度の末日後の剰余金の増加額）を加算し、一定額（控除すべき額及び最終事業年度の末日後の剰余金の減少額）を控除して、「分配可能額」を算定する（会461条2項）*。

＊分配可能額の算定方法（会461条2項）
「分配可能額」
　＝加算項目（①＋②イ＋②ロ）－控除項目（③＋④＋⑤＋⑥）
　① 剰余金の額
　② 臨時計算書類につき株主総会等（会441条4項）の承認（同項但書に規定する場合には同条3項の承認）を受けた場合における次に掲げる額
イ＝事業年度初日から臨時決算日（会441条1項2号）の期間の利益の額として法務省令で定める各勘定科目に計上した額の合計額
ロ＝事業年度初日から臨時決算日（会441条1項2号）の期間内に自己株式を処分した場合における当該自己株式の対価の額
　③ 自己株式の帳簿価額
　④ 最終事業年度の末日後に自己株式を処分した場合における当該自己株式の対価額
　⑤ ②の場合における当該期間の損失の額として法務省令（計規157条）で定める各勘定科目に計上した額の合計額
　⑥ 法務省令（計規158条）で定める各勘定科目に計上した額の合計額

２）期間損益の反映

　会社法では、期中の剰余金分配も可能であることを前提に、分配可能限度額の算定及び填補責任の判定の基準時として、従来の決算期基準をやめ、計算書類の確定時基準（分配時基準）を採用し、決算期後計算書類確定時までに生じた分配可能限度額の増減を反映させる制度を設けている（臨時決算手続の創設〔会441条〕、剰余金

配当時期〔会453条〕、期間損益反映〔会461条2項〕）。

（3）純資産額300万円による分配制限

資本金の額にかかわらず、純資産額が300万円未満の場合には、剰余金があってもこれを株主に分配することはできない（会458条）。会社法制定前の有限会社法において有限会社の最低資本金が300万円とされていたことと平仄が合う。

4　違法な剰余金の配当等

（1）手続規制違反と財源規制違反

違法配当には、配当の要件に照らして、①形式的要件の違反すなわち手続規制違反（必要な株主総会決議・取締役会決議を欠く等）の場合と、②実質的要件の違反すなわち財源規制違反（分配規制額を超えた配当＝「蛸配当」）の場合とがある。

それぞれの効果については、当該配当の効力の問題と、関係者の責任の問題がある。前者の①については、配当は無効と解され、関係者の責任は一般の規定に従う。後者の②については、違法な剰余金の配当（会461条1項8号）のほか、違法な自己株式取得（会461条1項1号～7号）を併せて、違法な剰余金の配当等の効力が論じられ、また、関係者の責任に関しては、特別の規定（会462条～465条）がある。

（2）財源規制違反の剰余金の配当等の効力

剰余金の配当規制（財源規制）に違反し、分配可能額を超えて行われた剰余金の分配（剰余金配当と自己株式有償取得）につき、その私法上の効力をめぐって議論がある*。

> * **財源規制違反の剰余金の分配の効力**　本書では、「3.7.4.の4(1)ⅱ*財源規制違反の株式取得の効力」においても説明しているが、改めて、本題のもとで、有効説・無効説の根拠を整理すると以下のとおりである。
>   a. **有効説**　①会社法166条1項但書（取得請求権付株式の取得）・170条5項（取得条項付株式の取得）の財源規制については、これに違反する株式取得の効力が無効であることを明確にするために会社法461条と別個に規定したものであり、会社法461条の方は有効であることが前提である。②会社法461条1項の、「効力を生じた日における」との文言は、分配可能額を超えた剰余金の分配が「効力を生ずること」、すなわち有効であることを前提としている。③財源規制に違反して行われた剰余金の分配を無効とすると、その後の株主から会社に対する財産の返還は、民法上の不当利得返還請求権（同法703条・704条）の問題となり、株主は会社に対して株式の返還請求権を取得し、会社は株主に対して自己株式取得の対価として株主に支払った金銭の返還請求権を取得し、これらの返還請求権はいずれも不当利得を根拠として、同時履行の関係（民533条類推適用）に立つことになる。そうすると、株主は、会社が株式又は相当の金銭を返還するまでは、自らが交付を受けた金銭等の返還をしないという主張が出来ることになって不当である（相澤他・新解説135頁）。
>   b. **無効説**　①私法の一般原則に従えば、法令違反の株主総会（取締役会）の決議は無効であり、会社法461条1項に違反する無効な株主総会（取締役会）の決議にもとづく剰余金の分配は無効と解すべきである。分配可能額を超える剰余金の分配を禁止した461条1項は、債権者保護を目的とするものであり、かつ、規定の文言上も「分配可能額を超えてはならない」とある以上、強行法規と位置づけるべきであり、これに反する行為は無効である。②会社法462条1項が責任額を、分配可能額超過部分ではなく、交付された金銭等の帳簿価額全額

としているのは、そもそも財源規制違反の剰余金の分配が無効であることを前提としているためである。③有効と解すると、株主が、いったんは会社に対して財源規制違反の剰余金の支払を強制することができることとなり、不当である。③同条項の「当該行為がその効力を生じた日」とは、決議に付した期限の到来や条件の成就と同様に、単に基準となる日を指すにとどまるのであって（会461条1項柱書参照）、違法行為を有効とすることまでを定めたと解すべきではない。また、この部分の文言解釈で決せられる問題ではない。④株主の弁済責任（会462条1項）の履行について、株主に会社が取得した自己株式の返還との同時履行の抗弁権を認めるかどうかは、有効説・無効説にかかわらず存在する問題であり、無効説でも、同時履行の抗弁権（民533条）は、会社法462条1項により特別規定化され、排除されていると解すれば足りる。

　無効説に立つと、会社法462条1項と民法の不当利得返還請求権の関係をどのように理解すべきかの問題が残り、民法上の不当利得にもとづく返還請求権を会社が行使できるとする見解があるが（神田・会社法308頁）、会社法462条1項を、民法上の不当利得返還請求権の特則として、優先して適用し、株主は同条項の支払義務のみを負担し、現物の返還義務は負わないと解すれば、支障がない（江頭・株式会社法258頁）。

（3）財源規制違反の剰余金の配当と株主の責任

1）株主の会社に対する支払義務

　会社が財源規制に違反して剰余金の配当を行った場合、金銭等の交付を受けた株主は、他の者（金銭等の交付を受けた他の株主、剰余金の配当に関する職務を行った業務執行者及び議案提案取締役）と連帯して、会社に対し、交付を受けた金銭等の帳簿価額に相当する金銭を支払う義務を負う（会462条1項柱書）。この株主の責任規定は、財源規制違反の剰余金の分配を無効と解する立場からは、不当利得（民703条・704条）にもとづく返還義務の特則（交付を受けた金銭等の返還義務ではなく帳簿価額に相当する金銭の支払義務）を定めたものと解することができる（江頭・株式会社法258頁。不当利得にもとづく返還義務と並存する支払義務を定めたものと解する見解もある〔神田・会社法309頁、会社法コンメ(11)196頁〔黒沼〕〕）＊。

2）善意の株主と業務執行者等からの求償等

　業務執行者等が会社法462条1項にもとづいて会社に対する支払義務を履行した場合、株主は、会社から交付された金銭等の帳簿価額の総額が効力発生日において分配可能額を超えることにつき善意であれば、当該業務執行者等からの求償に応ずる義務はない（会463条1項）。

＊**善意の株主と会社への返還義務**　財源規制に違反する剰余金の配当を受けた株主のうち、会社法462条1項にもとづき会社に対して金銭支払義務を負うのは、財源規制に違反することについて悪意の株主に限るのか、善意の株主も義務を負うのか、議論がある。善意で剰余金の配当を受けた株主が取締役（業務執行者等）からの求償には応じなくてよいこと（会463条1項）との均衡を根拠に、悪意の株主に限定する見解がある。しかし、①会社法462条1項の法文は、悪意の株主に限定していないこと、②会社債権者保護の重要性に鑑み、財源規制違反の剰余金の配当は一律に無効と解すべきであること、③会社法463条1項は、責任を負うべき業務執行者等の立場に照らして、善意の株主には求償できないとする趣旨であることから、善意の株主も含まれるとの見解が妥当である（多数説）。

3）会社債権者の株主に対する請求

　会社債権者は、462条1項にもとづいて支払義務を負う株主に対し、その交付を受けた金銭等の帳簿価額（当該額が当該債権者の会社に対して有する債権額を超える場合は

当該債権額)に相当する金銭を支払わせることができる(会463条2項)。債権者の利益を確保するための債権者代位権(民423条)の特則である(債権者代位権と較べると、「自己の債権を保全するため」(会社の無資力)の要件がなく、②期限未到来であっても裁判上の請求をしなくてもよい点で異なる。無資力要件を求める見解〔江頭・株式会社法679頁〕がある)。会社債権者は、会社に対する支払を株主に請求するにとどまらず、株主からの直接給付を請求できる(相澤他・新解説137頁)。

(4) 財源規制違反の剰余金の配当と業務執行者等の責任
1) 業務執行者の責任

会社が財源規制に違反して剰余金の配当を行った場合、当該職務を行った業務執行者*は、連帯して、会社に対し、株主が交付を受けた金銭等の帳簿価額(交付を受けた額ではない)に相当する金銭を支払う義務を負う(会462条1項柱書)。取締役の会社に対する任務懈怠責任(会423条1項)とは別個の責任規定である。

* **責任主体となる業務執行者** ①剰余金の配当による金銭等の交付に関する職務を行った取締役及び執行役、②会社法454条1項の規定による決定に係る株主総会において剰余金の配当に関する事項について説明をした取締役及び執行役、③会社法454条1項の規定による決定に係る取締役会において剰余金の配当に賛成した取締役、④分配可能額の計算に関する報告を監査役又は会計監査人が請求したときは、当該請求に応じて報告をした取締役及び執行役である(計規159条8号イ〜ニ)。

2) 議案提案取締役の責任

財源規制に違反する剰余金の配当が株主総会の決議にもとづいて行われた場合、「株主総会議案提案取締役」(=当該議案を提案した取締役(指名委員会等設置会社では取締役又は執行役)として法務省令〔計規160条〕で定める者)*は、連帯して、会社に対し、株主が交付を受けた金銭等の帳簿価額に相当する金銭を支払う義務を負う(会462条1項6号イ)。

剰余金の配当を取締役会の決議にもとづいて行うことができる場合(会454条5項)、取締役会に剰余金の配当権限を付与した場合(会459条1項4号本文)、当該取締役会の決議にもとづく剰余金の配当が財源規制に違反するときは、「取締役会議案提案取締役」(=取締役会に議案を提案した取締役(指名委員会等設置会社では取締役・執行役)として法務省令〔計規161条〕で定める者)*は、連帯して、会社に対し、株主が交付を受けた金銭等の帳簿価額に相当する金銭を支払う義務を負う(会462条1項6号ロ)。

* **責任主体となる取締役等** 「総会議案提案取締役」とは、①株主総会で剰余金配当の承認決議を行う場合(会454条1項)において、株主総会に議案を提案した取締役、②上記①の議案の提案の決定に同意した取締役(取締役会設置会社の取締役を除く)、③上記①の議案の提案が取締役会の決議にもとづいて行われたときは、当該取締役会において当該取締役会の決議に賛成した取締役(同3号)をいう(計規160条各号)。なお、「取締役会議案提案取締役」とは、取締役会で剰余金配当の承認決議を行う場合(会454条5項・459条1項4号)において、取締役会に議案を提案した取締役及び執行役をいう(計規161条)。

3）責任の態様と免除

業務執行者・総会議案提案取締役・取締役会議案提案取締役は、職務を行うについて注意を怠らなかったことを証明したときは、会462条1項にもとづく金銭の支払義務を免れる（同条2項）。平成17年改正前商法は、監査役設置会社では無過失責任（改正前商法266条1項）、委員会等設置会社では過失責任としていたが、会社法は、株式会社の機関設計を問わず、過失責任としている（とくに、会計処理に将来予測的な処理が要求される昨今の会計基準を前提とすると結果責任を問う法制は配当に対する過度の萎縮等の弊害を生じさせるおそれがあることを理由とする）。

当該支払義務は、原則として免除することができないが（同条3項本文）、総株主の同意により、分配可能額を限度として免除することができる（会462条3項但書）。

4）取締役・監査役等のその他の責任

ⅰ　**第三者に対する責任**　取締役と執行役は、悪意又は重過失により財源規制に違反した剰余金の配当を行い、第三者に損害を与えたときは、損害賠償責任を負う（会429条1項）。また、監査役と会計監査人も、職務を行うにつき悪意又は重過失があったときは、第三者に対して損害賠償責任を負う（同項）。

ⅱ　**刑事責任**　取締役、会計参与、監査役、執行役等は、法令又は定款の規定に違反して剰余金の配当をしたときは、刑事責任（違法配当罪）を負う（会963条5項2号）。

5　欠損塡補責任（事後規制）

財源規制違反がなくても、会社が剰余金の配当をした場合に期末に分配可能額に欠損が生じたときは、当該行為に関する職務を行った業務執行者は、会社に対し、連帯して、欠損額と払戻額のいずれか少ない額を支払う義務を負う（会465条1項柱書本文）。この「欠損塡補責任」は過失責任であり、職務を行うにつき注意を怠らなかったことを証明した場合は免れる（同項柱書但書）。この義務は、総株主の同意がなければ免除することができない（同条2項）。

3.9.5. 株主の経理検査権

1　経理検査権の意義・内容
2　会計帳簿閲覧・謄写請求権

☐1.株主が有する経理検査権は、どのような機能があり、どのような内容があるか。
☐2.会計帳簿閲覧請求権の主体と対象はなにか、その行使方法はどうか。
☐3.会計帳簿閲覧請求を会社が拒否できる事由には、どのようなものがあるか。

1　経理検査権の意義・内容

株主は、取締役等の業務執行に対して各種の監督是正権（代表訴訟提起権・違法行

為差止請求権など)を有するが、それらを有効に行使して自らの利益を擁護するためには、会社の業務・財産の状況を詳細に把握する必要がある。そのような株主の利益を確保するため、会社法上、株主には次のような経理検査権が認められ、また、濫用防止にも配慮されている。すなわち、株主は少数株主権として、①会計帳簿閲覧請求権(会433条)と、②会社業務財産調査のための検査役選任請求権(会358条)を有する。これらは、株主の情報収集権として注目されている。

(注)以下、前者について詳述する(後者については本書「3.6.11.検査役」を参照)。

2　会計帳簿閲覧・謄写請求権

(1) 権利行使の主体

　会計帳簿の閲覧・謄写請求権は、少数株主権とされている(総株主(株主総会において決議をすることができる事項の全部につき議決権を行使することができない株主を除く)の議決権の100分の3以上の議決権又は発行済株式(自己株式を除く)の100分の3以上の数の株式を有する株主に限られる〔会433条1項柱書前段〕。両要件は、いずれも定款によって引き下げることができる〔同条項柱書括弧書〕)。権利の濫用と営業機密の漏洩を防ぐためである。

　また、親会社社員(親会社の株主その他の社員をいい〔会31条3項括弧書〕、その他の社員とは、親会社が持分会社である場合の親会社社員を意味する)は、その権利を行使するために必要があるときは、裁判所の許可を得て、子会社の会計帳簿又はこれに関する資料の閲覧・謄写を請求することができる(会433条3項前段)。子会社を利用した取締役の不正行為等を防ぐためである。

(2) 権利の行使方法

　会計帳簿閲覧・謄写請求権を有する者は、当該会社に対して、その営業時間内はいつでも、会計帳簿又はこれに関する資料の閲覧・謄写を請求することができる(会433条1項柱書前段)。

　株主又は親会社社員が会社の会計帳簿又はこれに関する資料の閲覧・謄写を請求する場合、当該請求の理由を明らかにしなければならない(同条1項柱書後段・3項後段)。請求の理由は、具体的に記載しなければならないが(最判平2・11・8判時1372・131)、請求の理由を基礎づける事実が客観的に存在することを証明することまでは要しない(最判平16・7・1民集58・5・1214会社百選77)。

(3) 閲覧・謄写の対象

　閲覧・謄写の対象は、会計帳簿又はこれに関する資料とされているが(会433条)、その範囲をめぐって議論がある*。

* 閲覧謄写請求の対象となる会計帳簿等の範囲
　a.限定説　会社法433条の「会計帳簿」とは、会社の会計に関する一切の帳簿・資料のうち、計算規則59条3項の「会社帳簿」である計算書類及びその附属明細書の作成の基礎となる帳簿をいい、「これに関する資料」とはその会計帳簿作成の材料となった資料(伝票、受取証、契約書、信書等)に限るとして、閲覧・謄写の範囲を狭く限定する見解がある(横浜地判

平3・4・19判時1397・114会社百選A30)。この限定説では、会社法433条にもとづく株主の会計帳簿の閲覧と、会社法358条にもとづく検査役による会社の業務・財産状況の調査の対象とは、区別される。例えば、法人税確定申告書の控は、会計帳簿を作成する材料となった書類ではなく、申告調整に必要な限度で総勘定元帳を材料として作成されるものにすぎないことから、計算書類等の会計帳簿の閲覧請求権の対象とはならない。

b. 非限定説　閲覧・謄写請求権の対象は、広く会社の会計に関する一切の帳簿・資料と考えるべきとする非限定説がある。この見解では、会社法433条の「会計帳簿又はこれに関する資料」について、会計監査人及び定款の定めにより監査範囲が限定された監査役の閲覧・謄写請求権限の対象となる「会計帳簿又はこれに関する資料」(389条4項、396条2項各号)と区別する必要はなく、また、会計帳簿の閲覧・謄写請求権の対象は、個別的な閲覧目的との関係で限定(拒否事由により調整)すればよく、当初から対象範囲を限定する必要はないと主張する。

(4) 閲覧謄写請求の拒絶

　会社は、株主又は親会社社員による会計帳簿の閲覧・謄写の請求が一定の拒絶事由に該当することを立証した場合にのみ、株主からの請求を拒絶することができる(会433条2項各号)。会社の円滑な業務執行を阻害しないように、また、営業秘密の漏洩とならないようにするとともに、株主の正当な権利行使が妨げられないように調整する規定である。請求拒絶事由として、①当該請求を行う株主(以下、「請求者」という)が、その権利の確保又は行使に関する調査以外の目的で請求を行ったとき、②請求者が、当該会社の業務の遂行を妨げ、又は株主の共同の利益を害する目的で請求を行ったとき、③請求者が、当該会社の業務と実質的に競争関係にある事業を営み、又はこれに従事するものであるとき、④請求者が、会計帳簿又はこれに関する資料の閲覧・謄写によって知り得た事実を利益を得て第三者に通報するため請求を行ったとき、⑤請求者が、過去2年以内において、会計帳簿又はこれに関する資料の閲覧・謄写によって知り得た事実を利益を得て第三者に通報したことがあるときが法定されている。

　上記③(同条項3号)の拒絶事由該当性の判断における請求者側の主観的意図は不要と解されている(最決平21・1・15民集63・1・1会社百選78、親会社社員が平成17年改正前商法293条ノ8第1項(会社法433条2項3号)にもとづき裁判所に子会社の会計帳簿の閲覧謄写の許可を申請した事案で、拒絶事由に請求者が主観的意図を要するかが争点となった)。

(5) 閲覧・謄写の仮処分の申立て

　会社が、当該請求が拒絶事由に該当することについて立証することなく、会計帳簿の閲覧・謄写請求を拒む場合には、株主又は親会社社員は、保全の必要性を疎明し、閲覧・謄写を求める仮処分を申請することができる(民事保全法23条2項)。これは、株主が緊急・切実に閲覧・謄写すべき保全の必要性と、会社が開示により被る不利益とを比較して、前者が後者を上回る程度に保全の必要性が認められる場合には、閲覧・謄写を認めるべきとの考えによる規定である。

3.10. 株式会社の定款変更・解散・清算

3.10.1. 定款の変更

1　定款変更の意義
2　定款変更の手続と効力発生等

☐1.「定款変更」とはなにか。
☐2.定款変更に必要な手続きはなにか。どのような原則と例外があるか。
☐3.定款変更の効力発生時期はいつか。

1　定款変更の意義

　会社の根本規則たる定款の記載（記録）内容を変更することを、「定款の変更」という（実質的な定款内容の変更である）。社会情勢の変化や会社の経営態勢・方針の変更等に応じて行われる。定款自治の拡大が図られた会社法のもとでは、柔軟で慎重な定款変更手続きが必要となる。
　なお、定款の書面・記録媒体を形式的に変更することもあるが、これは、内容に変更を加えるものでないので、定款変更ではない（「定款の更正」と呼ばれる）。

2　定款変更の手続と効力発生等

（1）手　続（原則：株主総会の特別決議）
　株式会社の定款の変更は、原則として、株主総会の特別決議によることを要する（会466条・309条2項11号）。但し、株主への影響の度合いに応じて、手続要件には多様な例外がある（以下に整理する）。これらの手続要件に反する定款規定や決議は無効である。

（2）例外手続1（種類株式発行会社以外）
1）株主総会の特殊決議
　①新たに全部の株式につき譲渡制限を定めるための定款変更の場合には、議決権を行使できる株主の半数以上で、当該株主の議決権の3分の2以上の多数をもってする総会決議が必要である（会309条3項1号）。
　②非公開会社において、株主の剰余金配当を受ける権利、残余財産分配請求権、議決権に関する事項につき、株主毎に異なる取扱を行う旨の定款の定め（属人的な定め）についての定款の変更（当該定款の定めを廃止するものを除く）を行う株主総会の決議は、総株主の半数以上（これを上回る割合を定款で定めた場合にあっては、その割合以上）であって、総株主の議決権の4分の3（これを上回る割合を定款で定めた

場合にあっては、その割合)以上に当たる多数をもって行わなければならない(会309条4項)。

2) 株主全員の同意

既存株主全員に多大な影響を及ぼす次の場合の定款変更には、株主全員の同意を要する。すなわち、①発行する全部の株式に取得条項を付す定款変更、又は、取得条項の内容を変更する定款変更(会110条。取得条項の廃止の場合を除く)、②特定の株主から自己株式を取得する際、他の株主の売主追加請求権を排除する旨の定款変更、又は、その旨の内容を変更する定款変更(会164条2項。当該定めを廃止する場合を除く)の場合である。

(3) 例外手続2 (種類株式発行会社)
1) 種類株主総会の決議

定款の変更が、ある種類の株主に大きな影響や損害を及ぼすべき次の場合は、原則要件たる株主総会の特別決議に加えて、その種類株主総会の決議が必要である(会324条)。すなわち、①現に発行している種類株式に譲渡制限条項を付す定款変更(会111条2項・324条3項1号)、②現に発行している株式に全部取得条項を付す定款変更(会111条2項・324条2項1号)、③株式の種類の追加、内容の変更、発行可能株式総数・発行可能種類株式総数の増加の定款変更が、ある種類株式の株主に損害を及ぼすおそれがある場合(会324条2項4号)である。

2) 種類株式の株主全員の同意

次の各場合には、原則要件たる株主総会の特別決議に加えて、種類株式の株主全員の同意が必要である。すなわち、①現に発行されている種類株式に取得条項を付す定款変更、又は、取得条項の内容を変更する定款変更(会111条1項。但し、取得条項の廃止の場合を除く)、②現に発行されている種類株式について、特定の株主から自己株式を取得する際、他の株主の売主追加請求権を排除する旨の定款変更、又は、その旨の内容を変更する定款変更(会164条2項。但し、当該定めを廃止する場合を除く)、③現に発行されている種類株式について、種類株主総会の決議を要しない旨の定め(会322条1項2項)を設ける場合の定款変更(会322条4項)の場合である。

(4) 例外手続3 (手続軽減とみなし変更)
1) 定款変更手続の軽減

株主の利益を害することがない次の場合には、株主総会の決議までは要しないで(取締役会決議等で)定款変更をすることができる。すなわち、①株式分割に際して、効力発生日における発行株主総数を、その前日の発行可能株式総数に分割割合を乗じて得た数の範囲内で増加する定款変更(会184条2項。但し、現に2種類以上の種類株主が存在する場合は、原則どおり、株主総会決議を要する〔同条項括弧書〕)、②単元株式制度を導入する際、株式分割と同時に単元株式数を増加し、又は単元株式数について定款の定めを設ける場合で、かつ、定款変更後の各株主が有する株式数を単元株式数で除した数が定款変更前の各株主が有する株式数を下回らないとき(会191条)である。

２）定款のみなし変更

　取締役又は監査役の選任権付種類株式についての定款の定めは、会社法又は定款で定める員数を欠いた場合で、その欠員を補充することができないときは、廃止したものとみなされる（会112条）。その他、定款のみなし変更は、会社法制定前に設立された会社の定款について、会社法上の扱いをするためになされる場面がある（本書3.12.6.参照）。

（５）定款変更の効力発生等

　定款変更は、原則として、株主総会決議の成立時に効力を生ずる（会466条）。総会決議により効力発生日を決めた場合は、その日に効力を生ずる。但し、定款変更までに一定の行為が必要となる場合があり、その場合に必要な行為がなされないときは定款変更は効力を生じないと解される。すなわち、定款変更の際に反対株主の株式買取請求権が認められている場合の株主への通知・公告（会116条1項3項4項）、株券発行会社が定款変更により株式譲渡制限の定めを設ける場合、株券提出手続における株主への通知・公告（会219条1項1号）等である。

　会社成立後の定款変更では、設立時と異なり、公証人の認証は必要ない。変更した定款の記載事項が登記事項であるときは、変更登記が必要である（会915条）。

3.10.2. 解　散

　１　会社の解散の意義
　２　解散事由とみなし解散
　３　解散の効果と会社の継続

□1.会社の解散とはなにか。
□2.会社の解散事由にはどのようなものがあるか。休眠会社とはなにか、それはどのような扱いを受けるか。
□3.会社の解散の効果はなにか。会社の継続とはなにか。

１　会社の解散の意義

　会社の「解散」とは、会社の法人格の消滅をきたす原因となる法律事実をいう。
　会社の法人格は、解散によって直ちに消滅するわけではない。会社は解散により、原則として、「清算」という手続に入り（後述）、清算の結了によって会社の法人格は消滅する。会社は、法定（会471条各号）の「解散事由」の発生によって、解散する。

２　解散事由とみなし解散

（１）法定解散事由

　株式会社の法定解散事由には、株主の意思にもとづくもの（下記1～4）と、そうで

ないもの（下記5～6）とがある（なお、会社の業種によっては、事業免許の取消しが解散事由となる〔銀行40条、保険業152条3項2号〕）。

1）定款で定めた存続期間の満了
定款で株式会社の存続期間を定めた場合は、その期間の満了により、会社は解散する（会471条1号）

2）定款で定めた解散の事由の発生
定款で株式会社の解散事由を定めた場合は、その事由の発生により、会社は解散する（会471条2号）

3）株主総会の特別決議
株式会社は、株主総会の特別決議で解散を決議することができ、その解散決議により会社は解散する（会471条3号・会309条2項11号）。

4）合併（合併により当該株式会社が消滅する場合）
吸収合併の場合の消滅会社は、合併の効力発生日に解散し、直ちに消滅し、新設合併の場合の各当事会社は、新設会社の成立の日に解散し、直ちに消滅する（会471条4号）。いずれも清算手続を要しないで消滅する点で、他の解散事由と異なる。

5）破産手続開始の決定
会社は、支払不能又は債務超過という破産原因（破16条1項）にもとづく破産手続開始の決定（同30条2項）により、解散する（会471条5号）。この場合は、破産手続に移行する。

6）解散を命ずる裁判
会社は、会社の解散を命ずる裁判により解散し、これには、「解散命令」（会824条1項）と「解散判決」（会833条1項）とがある（会471条6号）。前者は公益の確保、後者は株主の保護を主な目的としている。

i　解散命令　裁判所は、3つの場合（①会社の設立が不法な目的にもとづいてされた場合、②会社が正当な理由がないのにその成立の日から1年以内にその事業を開始せず、又は引き続き1年以上その事業を休止した場合、③業務執行取締役・執行役又は業務を執行する社員が、法令・定款で定める会社の権限を逸脱しもしくは濫用する行為又は刑罰法令に触れる行為をした場合において、法務大臣から書面による警告を受けたにもかかわらず、なお継続的に又は反覆して当該行為をした場合）には、公益を確保するため会社の存立を許すことができないと認めるときは、法務大臣又は株主、社員、債権者その他利害関係人の申立により、会社の解散を命じることができる（会824条1項各号〔非訟事件手続〕）。

ii　解散判決　解散に必要な株主総会の特別決議を成立させることはできないが、株主の正当な利益を保護するためには会社を解散するしかないような場合に、厳格な要件のもとに、少数株主が解散の訴えを提起することが認められ（会833条1項）、解散判決の確定により会社は解散する。解散を命ずる判決には対世効がある（会838条）。

総株主（完全無議決権株式の株主を除く）の議決権の10分の1（これを下回る割合を定款で定めた場合は、その割合）以上の議決権を有する株主又は発行済株式（自己株式を除く）の10分の1（これを下回る割合を定款で定めた場合は、その割合）以上の数の株式を

有する株主だけが、株式会社を被告として、解散の訴えを提起することができる(会833条1項・834条1項20号。持分会社では各社員が提訴できる〔会833条2項〕)。

　そして、一定の場合(①会社が業務の執行において著しく困難な状況に至り、その会社に回復することができない損害が生じ、又は生じるおそれがあるとき、あるいは、②会社の財産の管理又は処分が著しく失当で、その会社の存立を危うくするとき)であって、「やむを得ない事由」がなければならない(会833条1項)。①の例としては、取締役や株主の間に激しい対立があり、会社としての意思決定ができないような場合がある(東京地判平1・7・18判時1349・148会社百選95)。「やむを得ない事由」とは、株主間の対立などがあるために役員改選等による事態の打開も解散決議もできないような場合に認められる(最判昭61・3・13民集40・2・229会社百選82)。

(2) 休眠会社のみなし解散

　「休眠会社」とは、株式会社であって、当該株式会社に関する登記が最後にあった日から12年を経過したものをいう。

　法務大臣が、休眠会社に対し、2か月以内に本店の所在地を管轄する登記所に事業を廃止していない旨の届出をすべき旨を官報で公告し、その公告があった旨を登記所から通知したにもかかわらず、事業廃止の届出(会施規139条)がなされず、かつ、登記もされなかったときは、当該期間の満了の時に、解散したものとみなされる(会472条1項2項)。

3　解散の効果と会社の継続

(1) 解散の効果等

　会社は、合併と破産手続開始決定の場合を除いて、解散により、清算手続きに入る(会475条1号)。清算手続き中の会社は、清算の目的の範囲内でのみ権利能力を有する(会476条)。したがって、解散した会社は、組織再編行為が制限される。すなわち、合併の存続会社又は吸収合併の承継会社となることができず(会474条)、また、株式交換や株式移転の当事会社となることができない(会509条1項3号)。

　会社が定款所定の存続期間の満了や解散事由の発生、及び、特別決議により解散した場合(みなし解散を除く)は、2週間以内に登記が必要である(会926条)。

(2) 会社の継続

　株式会社が、会社が定款に定める存続期間の満了や解散事由の発生、及び、特別決議により解散した場合には、清算が結了するまで(解散したものとみなされた場合にあっては、解散したものとみなされた後3年以内)、株主総会の特別決議によって、株式会社を継続することができる(会473条・309条2項11号)。会社の継続の場合には、2週間以内に、その本店住所において継続の登記を要する(会927条)。

3.10.3. 清　算

　　1　会社の清算の意義と態様
　　2　通常清算
　　3　各種の法的倒産処理と特別清算

☐1.会社の清算とはなにか、どのような態様があるか。
☐2.会社法上の通常清算は、どのような仕組みと手続で行われるのか。
☐3.会社の法的倒産処理方法にはどのようなものがあるか。その中で、会社法上の特別清算はどのような位置づけにあり、どのような仕組みと手続で行われるか。

1　会社の清算の意義と態様

（1）会社の清算の意義

　「会社の清算」とは、会社が解散後において既存の法律関係の後始末をするための手続であり、現務の結了、債権の取立、債務の弁済、残余財産の分配を目的とする手続である。株式会社が解散したときは、合併又は破産の場合を除いて、清算をなすことを要し、また、設立無効判決・株式移転無効判決が確定したときも清算を要する（会475条）。
　会社の清算事務は、「清算人」（会478条）が行い、すべての清算手続が終了（結了）すれば会社は消滅し、清算結了登記がなされる（会929条）。会社は、清算手続き中は「清算中の会社」として、清算の目的の範囲内において法人格を有する（会476条）。会社解散後も株式譲渡は自由である。

（2）法定清算の態様

　株式会社では、会社債権者の利益を保護するため、任意清算は認められず、法定の手続によるべき「法定清算」のみが認められる。法定清算には、清算の遂行に特別の障害が予想されない場合の「通常清算」（会475～509条）と、会社に債務超過等の疑いがある場合に裁判所の厳重な監督のもとに行われる「特別清算」（会510～574条）とがある。
　会社法制定時に、通常清算手続における裁判所の監督が廃止され、その他の規制を緩和する一方で、特別清算については、裁判所の関与が強化されて、債権者の多数決で定められる「協定」にもとづく弁済が可能となる等の改正が行われ、従来の会社整理の制度は廃止された。

2　通常清算

（1）清算株式会社の機関

　迅速・低廉に清算手続を遂行できるように、清算中の株式会社＝「清算株式会社」の機関は、簡素化されている。清算に入ると取締役は地位を失い、清算人が清算事務を遂行する。株主総会以外の機関の設置に係る規定は清算株式会社には適用さ

れない(会477条6項)。
1)清算人・清算人会
i　清算人の地位　清算人は、清算株式会社との委任関係にもとづき(会478条8項)、清算事務(清算会社の財務状況の調査、現務の結了、財産換価、債権取立、債務弁済、残余財産の分配)を遂行する。

清算人の報酬等は定款又は株主総会決議で定めるが(会482条4項・361条。裁判所選任の場合は裁判所が決定〔会485条〕)。

清算人は清算株式会社に対して、善管忠義義務と忠実義務を負い(会478条8項・482条4項)、清算会社との競業・利益相反につき取締役と同様の行為規制に服する(会482条4項・489条8項)。また、任務懈怠による清算株式会社に対する責任や第三者に対する責任についても、取締役と同様の規律に服する(会486条・487条)。

ii　清算人の選任・退任　清算株式会社には1人又は2人以上の清算人を置かなければならない(会477条1項)。清算人には、原則として、清算を開始する原因の発生時点での取締役が就任するが(会478条1項1号)、会社は定款又は株主総会決議により清算人を選任することができる(同条項2号3号)。それでも清算人がいないときは、利害関係人の申立により裁判所が選任する(同条2項)。また、解散判決・解散命令による解散の場合は、裁判所が利害関係人もしくは法務大臣の申立により、又は職権で選任する(会478条3項)。欠格事由は取締役と同様である(会478条8項・331条1項)。

清算人の任期は法定されていないので、定款・株主総会決議で定めない限り、清算の結了又は委任の終了までが任期となる(会478条8項・330条)。清算人はいつでも辞任できる。株主総会の普通決議で解任でき(会479条1項)、少数株主による解任の訴えにも服する(同条2項)。欠員が生じた場合は、取締役の欠員と同様である(同条4項)。

iii　清算人会　清算株式会社は、定款の定めにより、清算人会、監査役又は監査役会を置くことができる(同条2項)。清算人会は解散前の取締役会の相当する機関であるが、その設置は原則として義務づけられない。但し、監査役会を置く旨の定款の定めがある清算株式会社は清算人会の設置が必要である(同条3項)。

なお、清算人会設置会社では、清算人は3人以上でなければならない(会478条6項・331条4項)。清算人会の権限・運営については取締役会と同様の規律が設けられている(会489条・490条)。

iv　業務執行の方法　解散前の取締役会設置会社と取締役会非設置会社との区別に応じて、清算人会設置会社か清算人非設置会社かで異なる。

清算人非設置会社では、清算人が清算会社の業務を執行し(会482条1項)、代表する(会483条1項。特定の清算人を代表清算人に定めてもよい〔同条3項〕)。業務の決定は、定款に別段の定めがない限り、清算人の過半数をもって行う(会482条2項。一定の重要事項を除いて特定の清算人に委任できる〔同条3項〕)。

他方、清算人設置会社では、清算人会が選定する代表清算人が清算会社を代表し(会489条3項・483条1項)、業務の執行は代表清算人その他業務執行清算人が行う(会489条7項)。清算人会は、業務執行を決定し、清算人の業務執行を監督する

（会489条2項1号2号。一定の重要事項を除いて業務執行の決定を特定の清算人に委任できる〔同条6項〕）。

２）その他の機関

ⅰ　**株主総会**　　清算株式会社には株主総会が存在し、取締役等に関する規定を清算人等に関する規定とみなした上で、株主総会に関する規定が適用される（会491条）。

ⅱ　**監査役・監査役会**　　清算開始時において公開会社又は大会社であった清算株式会社は、監査役を置かなければならないが（会477条4項）、その他の清算株式会社では、定款に定めにより、清算人会、監査役又は監査役会を置くことができる（同条2項）。監査役に任期に関する規定は、清算株式会社に適用されず（会480条2項）、任期の定めはない。監査役は清算人の職務の遂行を監査する（会491条・381条）。

（２）通常清算の手続き

１）清算事務の内容

裁判所の監督に服さない通常清算では、清算人の氏名等の裁判所への届出や財産目録・貸借対照表の裁判所への提出は不要となっている（会493条）。

通常清算の清算事務の内容は以下のとおりである。

ⅰ　**財産状況の調査**　　清算人は、就任後遅滞なく、清算株式会社の財産状況を調査し、清算原因発生の日における財産目録及び貸借対照表を作成し、株主総会の承認を受けることを要する（会492条）。清算人は、各清算事務年度の貸借対照表及び事業報告並びにこれらの附属明細書を作成し（会494条。監査役設置会社では、監査を受ける必要がある〔会495条〕）、定時株主総会の承認を受けなければならない（会497条）。貸借対照表等は、本店に備え置き、株主及び債権者の閲覧等請求に供することを要する（会496条）。

ⅱ　**現務の結了**　　清算人は、株式会社の業務の後始末をつけることを要し、これを「現務の結了」という（会481条1号）。取引先との継続的な契約関係や従業員との雇用関係を終了させること等である。

ⅲ　**財産の換価・債権取立**　　清算人は、清算株式会社の財産を換価し、その債権の取立てをしなければならない（会481条2号）。

ⅳ　**債務の弁済**

清算人は、清算株式会社の債務の弁済をしなければならない（会481条2号）。この場合には、総債権者に公平に弁済を受ける機会を保障するため、法定の手続が要求される*。

* **通常清算手続きでの債務の弁済**　　清算株式会社は、清算の開始原因が生じた後、遅滞なく、債権者に対し、2か月を下らない一定期間（債権申出期間）内に債権を申し出るべき旨を官報に公告し、かつ、知れている債権者には各別にこれを催告する（会499条1項）。当該公告には、債権申出期間内に申出をしないときは清算から除斥される旨が付記される（同条2項）。これにより、この債権申出の公告については1回で足りることになった。なお、決算公告は不要である（会497条以下参照）。

清算株式会社は、債権申出期間中は、裁判所の許可を得てする場合（会500条2項）を除き、債務の弁済をすることができない（同条1項前段）。これにより、清算株式会社が債務不履行責任を免れるわけでなく、また、債権者が清算会社の財産に対し強制執行をして弁済を受ける権利が妨げられるわけでもない（大判大7・4・20民録24・751）。
　　債権申出期間経過後は、清算会社は、申し出られた債権（会社にとっては債務）についてその全部の弁済をしなければならない（額が不確定な債権の取扱〔会501条〕）。債権申出期間内に申出をしなかった債権者は、清算から除斥され（会503条1項）、未だ分配がされていない残余財産に対してのみ、弁済を請求することができる（同条2項）。

ⅴ　残余財産の分配

　清算株式会社が会社債務を弁済した後の「残余財産」は、株主に対して、各株主の有する株式の内容及び数に応じて分配される（会504条）。会社債務弁済後に残余財産の分配を行うのが原則であるが、係争中の債務がある場合は、その弁済に必要な額を留保して、残余財産を分配してもよい（会502条）。
　清算株式会社は、残余財産の分配以外の方法（剰余金の配当や自己株式の有償取得）による株主への分配はできない（会509条1項1号2号）。

2）清算の結了

　清算事務が終了したときは、清算人は、遅滞なく決算報告を作成し、株主総会の承認を受けなければならない（会507条。清算人に不正の行為〔任務懈怠の事実の隠蔽等〕があった場合を除き、当該承認により、清算人の任務懈怠責任〔会486条〕は免除される〔会507条4項〕）。清算事務の終了及び株主総会による決算報告承認により、清算は結了し、登記を待たず、株式会社の法人格は消滅する（最判昭59・2・24刑集38・4・1287）。
　清算が結了したときは、株主総会の承認の日から2週間以内に、本店の所在地における清算結了の登記を要する（会929条1号。この登記は、創設的効力を有せず、効力が生じた事項を公示するだけである）。

3）帳簿資料の保存

　清算人（又は利害関係人の申立てにより裁判所が選任する者）は、清算結了の登記の日から10年間、清算株式会社の帳簿並びにその事業及清算に関する重要な資料（帳簿資料）を保存しなければならない（会508条）。清算手続の適法性等に関して後日に紛争が生じた場合に備えるためであるが、この場合には閲覧等請求についての規定がないので、利害関係人（清算会社の株主であった者等）であっても閲覧等請求はできないと解されている（最判平16・10・4民集58・7・1771）。

3　各種の法的倒産処理と特別清算

(1) 各種の法的倒産処理方法

1) 倒産の意義と私的整理・法的倒産処理

　「倒産」とは、一般に、債務者が自ら負っている債務の返済ができないような経済状態をいう。倒産状態にある会社が、個々の債権者の同意を得て、再建又は清算を図ることを「私的整理」という。しかし、個々の債権者の同意を得ることは往々にして難しく、債権者の個別的な権利の実行を制限して、実効性のある再建や清算を図るために、各種の法的倒産処理（法的整理）手続が用意されている（かつて商法にあった会

社整理の制度は廃止されている）。

2）法的倒産処理手続

　法的倒産処理手続には、清算を目的とする手続（特別清算・破産）と、事業の再建を目的とする手続（民事再生・会社更生）とがある。特別清算と会社更生は、株式会社のみが利用できる手続であり、破産と民事再生は、自然人を含めすべての債務者が利用できる手続である。特別清算と民事再生では、原則として、債務者自身（債務者が株式会社の場合は取締役・清算人）が引き続いて財産管理処分権を有し（＝DIP〔debtor in possession〕型）、破産手続と更生手続では、裁判所の選任する管財人が債務者の財産の管理処分権を有する(管財型)。

法的倒産処理手続の比較

	DIP型	管財型
再建型	民事再生 （民事再生法）	会社更生＊ （会社更生法）
清算型	特別清算＊ （会社法）	破　産 （破産法）

＊＝ 株式会社のみ利用可

（2）特別清算

1）意義・特徴

　解散した会社に一定の事由が認められる場合（清算の遂行に著しい支障があるか債務超過の疑いがある場合）に、裁判所の命令によって開始される清算手続が「特別清算」である。特別清算の制度は、裁判所の関与のもとに簡易迅速で柔軟に遂行できる清算手続きとして、債権者保護を図りながら、裁判所の監督のもとで手続が進行するものであり、その趣旨のもとに、債権者の個別の権利行使は制限され、清算人の権限が制約されている。特別清算の手続きの特徴は以下のとおりである。

2）特別清算の手続き

ⅰ　**特別清算の開始**　　清算株式会社の債権者、清算人、監査役又は株主は、特別清算開始の申立てをすることができ、清算株式会社に債務超過の疑いがあるときは、清算人は特別清算の申立てをしなければならない（会511条2項）。

　申立てがあった場合、裁判所は、①清算株式会社の清算の遂行に著しい支障を来すべき事情があるか、又は②債務超過（会社財産がその債務を完済するのに足りない状態のこと）の疑いがある（会510条1項）と認めるときは、特別清算開始の命令をする（会514条）。但し、一定の事由があるとき（①特別清算の手続の費用の予納がないとき、②特別清算によっても清算を結了する見込みがないことが明らかであるとき、③特別清算によることが債権者の一般の利益に反することが明らかであるとき、④不当な目的で特別清算開始の申立てがされたとき、その他申立てが誠実にされたものでないとき）は、申立ては却下される（同条各号）。

ⅱ　**個別的権利実行の禁止**　　特別清算開始の命令があると、強制執行など個別的な権利実行は禁じられ、破産手続開始の申立てもできなくなる(会515条1項)。この禁止は、原則として担保権には及ばず、担保権の実行は、限定的な要件のもとで、裁判所への申立てにより相当期間中止されるにすぎない(会516条)。

ⅲ　**清算人の誠実義務**　　特別清算手続が開始された場合、原則として、従前の清算人が引き続き清算事務を遂行し、この場合、清算人は、債権者、清算株式会

社及び株主に対し、公平かつ誠実に清算事務を行う義務(公平誠実義務)を負う(会523条)。

　　iv　裁判所による監督　　特別清算は、裁判所の監督もとに行われる(会519条)。清算人の権限は制約され、一定額以上の財産処分行為等には裁判所の許可が必要となる(会535条・536条1項)。その他、裁判所は、清算株式会社に対し、財産目録等の提出(会521条)、調査命令(会522条)、清算人の解任・選任(会524条)、報酬等の決定(会526条)等の監督権限を行使する。なお、裁判所は、1人又は2人以上の「監督委員」を選任し、一定の重要な行為について裁判所の許可(会535条1項)に代わる同意の権限を付与することができる(会538条)。

　　v　清算株式会社の行為の制限等　　特別清算開始の命令があった場合には、清算株式会社は、一定の行為に制限を受ける。すなわち、①財産処分や借財等の行為には、裁判所の許可(又は監督委員の同意)を要し(会535条1項)、その許可・同意がない行為は無効となるが、これをもって善意の第三者に対抗できない(同条3項)。②事業の全部の譲渡又は重要な一部の譲渡、子会社の株式・持分の全部又は一部の譲渡には、裁判所の許可(又は監督委員の同意)を要し(会536条1項)、その許可・同意がない行為は無効となるが、これをもって善意の第三者に対抗できない(会536条2項・535条3項)。③協定債権者に対して、原則として、債権額の割合に応じて弁済しなければならない(会537条1項。例外〔同条2項〕)。

　　清算株式会社は、民事執行法その他強制執行の手続に関する法令の規定により、その財産の換価をすることができる(会538条1項)。

　　vi　「協定」による債権者の権利の変更　　特別清算では、会社財産をもって債務を完済できないことが通常であるため、清算株式会社には、債務の減免その他、債権者の権利を変更する「協定」が認められている(「債権者集会」〔会546条～562条〕に協定を申し出て〔会563条〕、債権者の多数決による同意〔会567条〕及び裁判所の認可〔会569条〕を得て、債権者の権利を変更する〔会570条・571条〕)。

　　この場合には、協定に反対の債権者の権利も変更される。清算株式会社が協定によらずに債権額の割合に応じて弁済をすることもできるが(会537条)、その場合には残債権の全部について弁済又は放棄がされなければ清算手続を結了できないため、特別清算では協定の成立が事実上不可欠となる。

　　一般の先取特権その他の一般の優先権を有する債権は、協定債権には含まれず(会515条2項)、協定は協定債権者が有する担保権には影響を与えないので(会571条2項)。一般優先債権や担保権の内容を変更するには、個々の権利者の同意が必要となる。なお、協定による権利の変更の内容は、原則として、協定債権者間で平等であることを要する(会565条)。

　　vii　特別清算の終了　　特別清算が結了したとき、又は、特別清算の必要がなくなったとき(十分な資産超過であり通常清算ができると判明した場合等)は、清算人等の申立てにより、裁判所が特別清算終結の決定をする(会573条)。

　　他方、協定の見込みがないとき、協定の実行の見込みがないとき、又は、特別清算が債権者の一般の利益に反するときであって、破産手続開始原因があると認めるときは、裁判所は、破産手続開始の決定をしなければならない(会574条1項)。

《企業再編》

3.11. 会社の組織再編と企業買収

3.11.1. 組織再編

1　組織再編の意義と態様
2　合　併
3　会社の分割
4　株式交換・株式移転

□1.企業再編・企業結合・組織再編とはなにか。企業再編の手法は、法的にどのように分類できるか。組織再編の手続は、概略、どのような流れになるか。
□2.合併にはどのような態様があるか。それぞれ、どのような効果をもたらすか。
□3.合併等の組織再編につき、株主総会の承認を得るべき場合とその承認が不要な場合につき、どのような趣旨の規定があるか。
□4.合併等の組織再編において、反対株主等の株式買取請求権の制度の趣旨と内容は、どうなっているか。買取額について、「公正な価格」とはどのように判断されるべきか。
□5.会社分割とはなにか、どのような法的規律があるか。
□6.株式交換・株式移転とはなにか、どのような法的規律があるか。

1　組織再編の意義と態様

（1）企業の再編・結合と会社の組織再編

　会社法を中心とする企業組織法規律は、民事規律による権利義務関係整備のシステムからガバナンス重視のシステムへと展開し、また、単体の企業組織の規律にとどまらずに、企業再編・企業結合（企業集団）の規律を充実させながら展開している。

　企業再編や企業結合という言葉は、厳密な法律用語ではない。一般に、「企業再編（Restructuring）」とは、広義には、M＆A（Mergers and Acquisition：合併と買収＝主として会社企業の経営支配権を移動する取引）を含む企業の組織の再編成全般を指すが、狭義には、買収と対比する意味で、事業の移転などによって事業構成の再調整を行う行為を指し、効率的な経営を図り企業価値を高めることを目的としている（高橋（美）他432頁参照）。また、会社の事業は、持株会社や親子会社関係等を用いる企業集団（企業グループ）を形成して遂行・展開されることが多い。企業が他の企業と合併することや、他の会社との間に親子関係等によって支配・従属関係を有することは、「企業結合」と呼ばれる（神田・会社法393頁・345頁、参照）。

　会社法は、企業再編と企業結合の手法（M&A実務では手法のことをストラクチャーと呼ぶ）に関する法的規律を数多く用意している。そのうち、企業再編の手法に関しては、会社法第5編第2章～第5章に定められている合併（吸収合併・新設合併）、会社分割（吸収分割・新設分割）、株式交換・株式移転を、講学上、会社の「組織再編」と総称する。また、会社法第2編第6章に定められている事業譲渡・事業賃貸・経営

委任・損益共通契約を、会社法上の用語を参考に「事業譲渡等」と呼ぶ。

【企業再編（事業譲渡と組織再編）の手法とその異同】

	事業譲渡	合　併	会社分割	株式交換・株式移転
吸収型	事業譲渡	吸収合併	吸収分割	株式交換
新設型		新設合併	新設分割	株式移転
承継取得対象	事業	権利義務の全部又は一部	権利義務の全部又は一部	株主が保有する株式
可能会社	株式会社	全会社	株式会社・合同会社	株式会社
対　価	原則として現金	存続会社の株式等（対価柔軟化）	承継会社の株式等（対価柔軟化）	親会社の株式等（対価柔軟化）
特　徴	・権利義務個別継承　要 ・瑕疵は切断 ・資金調達　要	・包括承継 ・瑕疵も承継切断 ・資金調達　不要	・包括承継 ・対抗要件の具備　要 ・資金調達　不要	・完全親子会社を形成 ・資金調達　不要
渡す会社の決定手続	総会特別決議（重要な一部の場合） 簡易手続・略式手続有り	総会特別決議 吸収合併に略式手続有り	総会特別決議 簡易手続・略式手続有り	総会特別決議 株式交換に略式手続有り
もらう会社の決定手続	取締役会・取締役 全部譲受の場合には 　株主総会特別決議 簡易手続・略式手続有り	吸収合併の場合 　総会特別決議 簡易手続・略式手続有り	吸収分割の場合 　総会特別決議 簡易手続・略式手続有り	株式交換の場合 　総会特別決議 簡易手続・略式手続有り
効力発生日	契約による	吸収では契約による 新設では設立登記日	吸収では契約による 新設では設立登記日	交換では契約による 移転では設立登記日

※ 表は、渡邊顯『実務会社法講義（全訂版）』民事法研究会（2006年）382-3頁より引用・一部加筆

（２）組織再編手続の概要

組織再編には、「吸収型再編」（＝既存の会社間で行われる〔新会社の設立を伴わない〕）吸収合併・吸収分割・株式交換）と、②「新設型再編」（＝新会社が設立される新設合併・新設分割・株式移転）とがある（計規2条3項33号41号）。

そして、会社法は、新会社の設立を伴うことで必要となる手続が異なることがあるため、吸収型再編と新設型再編の手続を分けて規定している（会社法第5編第5章第2節と第3節）。

組織再編手続の概要をみると、まず、①組織再編の内容についての法定事項を当事会社間の契約や当事会社が作成する計画という形で定め、②利害関係者に対する事前開示を行う。③この契約・計画については、原則として、しかるべき時期に株主総会の特別決議による承認を得なければならない。④それとは別に（総会決議との前後は問わない）、当事会社の新株予約権者及び債権者との関係でも一定の手続が必要とされる。⑤それらの手続の終了後、吸収型再編ではあらかじめ定められた効力発生日に、新設型再編では登記の日に、組織再編の効力が発生する。⑥そして、事後の開示が必要とされる。

組織再編手続概要

① 契約（計画）
　↓
② 事前開示
　↓
③ 承認決議
　↓
④ 関係者保護手続
　↓
⑤ 効力発生
　↓
⑥ 事後開示

（注）参考文献として、菊池伸・他（編）『企業再編（第2版）』清文社（2015年）、森・濱田松本法律事務所（編）『M&A法大系』有斐閣（2015年）、J・マーク・ラムザイアー＝岩倉正和（編著）『ケースブックM&A』商事法務（2015年）、研究書として、田中亘『企業買収と防衛策』商事法務（2012年）、受川環大『組織再編の法理と立法』中央経済社（2017年）等がある。

2 合併

(1) 合併の意義・態様・効果

1) 意義・機能と合併自由の原則

会社の「合併」とは、2個以上の会社が契約によって合体し、1個の会社となることをいう。経済的には、企業の競争力強化・競争回避・経営合理化などのために行われる企業結合の最も進んだ形態である。

合併をする会社は合併契約の締結を要するが(会748条)、会社法上、会社は、種類間を問わず、他の会社と合併をすることができる(合併自由の原則)。

2) 態様・実態

合併には、「吸収合併」＝当事者たる会社の一つが存続し他の解散する会社を吸収する場合(同条27号)と、「新設合併」＝当事者たる会社の全部が解散し、それと同時に新会社を設立してその中に入り込む場合(会2条28号)とがある。新設合併は、大量な新株発行が必要なことや、新たな事業免許取得や株式上場手続を要するので、あまり利用されていないのが現実である。

3) 効 果

いずれの場合も、合併の効果として、①解散する会社は、解散と同時に清算手続を経ないで消滅し(会475条1号括弧書)、②消滅会社の権利義務は、新設会社又は存続会社に「包括的に」承継され、③消滅会社の社員は、新設会社又は存続会社に収容される(会750条1項・752条1項・754条1項・756条1項)。

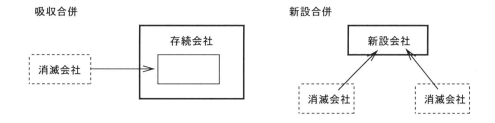

【合併における会計処理】
　合併における会計処理にはパーチェス法(消滅会社の資産及び負債を合併時点における時価で評価した上で存続会社が承継するもの)と、持分プーリング法(消滅会社の資産及び負債を合併直前の貸借対照表上の簿価で引き継ぐもの)とがある。会社法施行規則と会社計算規則の平成21年改正により、後者は廃止され、共同支配企業の形成等の場合を除いて、原則としてパーチェス法が採用されている(計規35条)。

【合併の各種法規制】
　 i 独占禁止法・業法　　独占禁止法上、一定の取引分野に実質的な競争制限が生じる場合や、不公正な取引方法による場合には、合併は禁じられ、これに反すると公正取引委員会の排除措置命令に服する(独禁9条〜11条・15条1項・17条の2第1項)。また、国内売上高を基準とした一定規模以上の会社間で合併を行う場合には、公正取引委員会への届出の制度がある(独禁10条2項8号・15条2項3項)。特定の業種での合併、特定の会社の合併には、主務大臣の認可が必要となる(銀行法30条1項、信託業法36条1項、保険業法153条1項3号、電気通信事業法10条2項、鉄道事業法26条2項、電信電話株式会社法11条1項等)。

ⅱ **金融商品取引法** 合併で株式が発行される場合、金融商品取引法上、有価証券届出書の提出は必要ないが、一定の場合に、有価証券届出書又は臨時報告書の提出が必要となる(金商2条の2・4条1項2号・24条の5第4項)。

ⅲ **税　法** 合併により消滅会社の資産・負債が存続会社・新設会社に一般承継されると、法人税法上は、会社法上の会計処理にかかわりなく、前述のパーチェス法により消滅会社について当該事業年度に譲渡損益を計上するのが原則であり(法人税法62条)、消滅会社の繰越欠損金等も存続会社・新設会社に承継されない。但し、「適格合併」では、消滅会社の資産・負債の帳簿価額を引き継ぐことで譲渡損益の計上を繰り延べることができる(法人税法62条の2)。また、適格合併であれば、個人株主・法人株主に原則として課税は生じない(但し、みなし配当課税がある。所得税法25条1項1号・同条2項)。

(2) 株式会社の合併の手続概要
1) 合併交渉・調査・合併契約の締結
合併当事会社間では、通常、合併交渉を経て基本合意が締結され、相手方の調査(デュー・デリジェンス)*を経て、合併契約が締結される。

* **デュー・デリジェンス(Due Diligence)** 基本合意書等に示された事実について、経営・法務・財務等の面から、間違いや問題がないか、相手会社を調査・監査することをいい、「買収監査」ともいわれる。ビジネス・デューデリジェンスでは、経営状況や経営資源を調査し、事業統合のシナジー効果、リスク評価、買収価格の合理性、ストラクチャーの選択等が、経営コンサルタントや譲受会社(買収会社)の企画部門等が監査にあたる。法務デューデリジェンスでは、資産の所有権等の権利関係や経営の法令遵守等が調査され、弁護士又は譲受会社の法務部門が監査にあたる。財務デューデリジェンスでは、財務諸表の適正性や簿外債務・偶発債務の有無等が調査され、公認会計士や譲受会社の経理・財務部門が監査にあたる(滝川宣信『M&A・アライアンス 契約書の作成と審査の実務』民事法研究会(2016年)153頁等)。

会社法上、当事会社は合併契約を締結することを要し、この際に、法定事項*を記載した合併契約書を作成することが必要である(会748条・749条1項・753条1項)。

* **合併契約における法定記載事項**
ⅰ **吸収合併契約(存続会社が株式会社、会749条1項)** ①存続会社及び消滅会社の商号・住所、②存続会社が吸収合併に際して、消滅会社の株主(又は社員)に対して、その株式(又は持分)に代わる金銭等を交付するときは、当該金銭等についての次に掲げる事項、イ)存続会社の株式であるときは、当該株式の数(種類株式発行会社にあっては、株式の種類及び種類ごとの数)又はその数の算定方法ならびに存続会社の資本金及び準備金の額に関する事項、ロ)存続会社の社債であるときは、当該社債の種類及び種類ごとの各社債の金額の合計額又はその算定方法、ハ)存続会社の新株予約権であるときは、当該新株予約権の内容及び数又はその算定方法、ニ)存続会社の新株予約権付社債であるときは、新株予約権付社債についてのロの事項と新株予約権付社債に付された新株予約権についてのハの事項、ホ)存続会社の株式等以外の財産であるときは、当該財産の内容及び数もしくは額又はこれらの算定方法、③消滅会社の株主・社員に対する金銭等の割当てに関する事項、④消滅会社が新株予約権を発行しているときは、存続会社が吸収合併に際して当該新株予約権の新株予約権者に対して交付する当該新株予約権に代わる存続会社の新株予約権又は金銭についての次に掲げる事項、イ)存続会社の新株予約権を交付するときは、当該新株予約権の内容及び数又はその算定方法、ロ)それが新株予約権付社債に付された新株予約権であるときは、存続会社が当該新株予約権付社債についての社債に係る債務を承継する旨ならびにその承継に係る社債の種類及び種類ごとの各社債の金額の合計額又はその算定方法、ハ)消滅会社の新株予約権の新株予約権者に対して金銭を交付するときは、当該金銭の額又はその算定方法、⑤消滅会社の新株予約権の新株予約権者に対する存続会社の新株予約権又は金銭の割当てに関する事項、⑥吸収合併の効力発生日。

ii　**新設合併契約（会753条1項）**　吸収合併の場合と似ているが、新設会社に関する事項や、消滅会社の株主又は社員に対して交付する新設会社の株式の数等（下記⑥）が加わる。すなわち、①消滅会社の商号・住所、②新設会社の目的、商号、本店の所在地及び発行可能株式総数、③新設会社の定款で定める事項、④設立時取締役の氏名、⑤機関設計に応じた、設立時会計参与、設立時監査役、設立時会計監査人の氏名や名称、⑥新設合併設立会社が新設合併に際して消滅会社の株主又は社員に対して交付する新設合併設立会社の株式の数（種類株式発行会社では、株式の種類及び種類ごとの数）又はその数の算定方法、割当てに関する事項、⑦新設合併設立会社の資本金及び準備金の額に関する事項、⑧消滅会社の株主・社員に新設合併設立会社の社債等を交付するときは、当該社債等に関して吸収合併の場合と同様の事項、⑨同左の場合の社債等の割当に関する事項を定める（同項8号9号）。⑩消滅会社の新株予約権については、吸収合併の場合と同様の事項、⑪同左の場合の割当に関する事項を定める。なお、新設する会社が監査等委員会設置会社であれば、設立時監査等委員である取締役とそれ以外の設立時取締役とを区別して定める必要がある（会753条2項）。

2）事前開示

　合併契約の内容と法務省令事項を事前開示して、株主・会社債権者の閲覧に供しなければならない（会782条・794条）。株主の総会への準備や債権者の異議の判断に必要だからである。

3）株主総会による承認

　合併契約所定の効力発生日の前日までに、各合併当事会社において、株主総会特別決議による合併契約書の承認（合併決議、会783条・784条・795条・796条・804条・805条・309条2項12号、特殊決議を要する場合、会783条1項・309条3項2号）が必要である*。債務超過の会社を消滅会社とする吸収合併も可能と解される**。

　略式合併・簡易合併の場合は総会決議は不要である。反対株主等には株式買取請求権（会785～788条・797～798条・806～809条）が認められている（詳細は後述）。

＊　**株主総会における合併承認決議の要件**
　　i　**吸収合併の消滅会社の場合**　　原則として特別決議で承認するが（会783条1項）、消滅会社が公開会社で対価が譲渡制限株式であるときは特殊決議が必要である（会309条3項2号）。これらの決議要件は定款で加重できる（会309条2項）。対価が持分等であるときは、総株主の同意が必要である（会783条2項）。略式手続により総会決議省略可（会784条1項）。
　　ii　**吸収合併の存続会社の場合**　　原則として特別決議で承認するが（会795条）、決議要件は定款で加重できる（会309条2項3項）。合併差損がある場合（同条2項）と消滅会社が存続会社の株式を有する場合（同条3項）には、その旨を取締役等は総会で説明しなければならない。なお、略式手続と簡易手続では総会決議は不要である（会796条）。
　　iii　**新設合併の消滅会社の場合**　　原則として特別決議で承認するが（会804条1項）、消滅会社が公開会社で対価が譲渡制限株式であるときは特殊決議が必要である（会309条3項3号）。これらの決議要件は定款で加重できる（会309条2項）。新設会社が持分会社であるときは、総株主の同意が必要である（会804条2項）。

＊＊　**合併差損・債務超過会社との合併等**　　吸収合併の際に存続会社に「合併差損」の生じる場合（＝①存続会社が承継する消滅会社の債務の額（承継債務額）〔会施規195条1項〕が存続会社が承継する消滅会社の資産の額（承継資産額）〔会施規195条2項〕を超える場合〔会795条2項1号〕、又は、②存続会社が消滅会社の株主に対して合併対価として交付する金銭等（存続会社の株式等を除く）の帳簿価額が承継資産額から承継債務額を控除して得た額を超える場合〔会795条2項2号〕）、存続会社の取締役が株主総会で合併差損の発生理由と処理方法等を説明した上で、株主総会での合併承認を得なければならない。このことが

会社法で規定されても、なお解釈問題となるが、実質的債務超過である会社を消滅会社とする吸収合併も認めてよいと解される(江頭・株式会社法870頁、神田・会社法363頁)。

4）債権者異議手続

各合併当事会社において、会社債権者保護の手続(債権者異議の手続、会789条・799条・810条)を行わなければならない(詳細後述)。

5）登記・効力発生時期・設立規制

合併登記(会921条・922条)の手続きを要する。吸収合併では合併契約で定めた日に効力が生じる(存続会社が消滅会社の権利義務を包括承継する、会750条1項)。但し、消滅会社の解散は、登記の後でなければ第三者に対抗できないとの特則がある(同条2項)。新設合併では設立登記の日に効力を生じる(会754条1項)。

なお、株式会社設立の規定は、新設合併設立株式会社(新設分割設立株式会社・株式移転設立完全親会社)の設立については適用されず(会814条1項)、新設会社の定款は消滅会社等が作成する(同条2項)。

6）事後開示

効力発生後、遅滞なく、法務省令事項を開示し(会801条・815条)、株主・会社債権者の閲覧に供しなければならない。合併無効の訴えの提起の判断材料となる。

(3) 対価の柔軟化

1）意義と範囲

合併等の会社組織再編行為(合併・分割・株式交換・株式移転)に際して、吸収合併(吸収分割・株式交換)においては、消滅会社の株主等(消滅会社の株主、分割会社もしくはその株主、完全子会社になる会社の株主)に対し、対価として、株式ではなく金銭やその他の財産(「金銭等」と規定され、親会社株式も含む)を交付することができ(会749条1項2号・758条4号・768条1項2号)、これを「対価の柔軟化」と呼ぶ(なお、新設合併、新設分割、株式移転の場合には、対価の柔軟化は認められていない〔会753条1項8号・763条8号・773条1項5号〕)。

対価柔軟化により、「交付金合併」や、「三角合併」が可能となる。「交付金合併(現金合併、キャッシュ・アウト・マージャー)」とは、消滅会社の株主に金銭のみを交付する合併をいう。これにより、存続会社は再編前後で株主構成を維持したまま合併を行うことができる(下図参照、「三角合併」について本書「3.11.3.親子会社・企業集団」、参照)。

【交付金合併（キャッシュ・アウト・マージャー、cash out merger)】

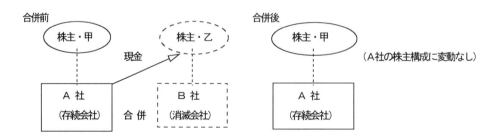

2）適正性の確保

組織再編行為に際して交付される対価の価値及び内容について、適正性を確保するため、合併契約で定めたこと、割当の理由や対価の内容を相当とする理由を記載した書面等を、消滅株式会社等・存続株式会社等・新設株式会社等の株主・債権者に開示することが必要とされている（会782条・794条・803条）。なお、この手続は持分会社には適用されない（会793条・802条・813条・816条）。

（4）略式手続・簡易手続

吸収合併においては、株主総会決議が不要となる略式手続又は簡易手続の制度がある。

1）略式手続

ある株式会社の総株主の議決権の10分の9以上（これを上回る割合を定款で定めた場合には、その割合以上）を、他の会社及び当該他の会社が発行済株式の全部を有する株式会社その他これに準ずるものとして法務省令で定める法人が有している場合（＝他の会社が単独で、あるいは完全子会社等と合わせて有している場合）、当該他の会社を「特別支配会社」という（会468条1項）。

組織再編を行う当事会社間に特別支配会社の関係がある場合は、存続会社等が消滅会社等の特別支配会社である場合も（会784条1項）、消滅会社等が存続会社等の特別支配株主である場合も（会796条1項）、原則として、株主総会の決議は不要である。総会の開催と承認決議を要求する実益がないからである。

但し、組織再編行為（吸収合併・株式交換）における合併対価等の全部又は一部が譲渡制限株式等である場合であって、消滅株式会社等が公開会社であり、かつ、種類株式発行会社でないときは、株主総会決議が必要となる（会784条1項但書）。また、同様な場合であって、存続会社等が公開会社でないときは、株主総会決議が必要である（会796条1項但書）。

略式組織再編に対しては、従来から、株主の合併差止請求権が認められている。すなわち、略式組織再編行為が、法令又は定款に違反する場合や対価事項が消滅株式会社等又は存続会社等の財産の状況その他の事情に照らして著しく不当である場合で、株主が不利益を受けるおそれがあるときは、株主は、吸収合併等をやめることを請求することができる（会784条の2・796条の2、平成26年会社法改正により組織再編一般に認められ、統合された）。また、略式手続では、総会決議は不要であっても、反対株主は株式買取請求権を有するが、略式合併等における特別支配株主には買取請求権が認められない（会785条2項2号）。

2）簡易手続

消滅会社等の株主に交付する対価の合計額が存続株式会社等の純資産額の20％以下（これを下回る割合を定款で定めた場合には当該割合以下）である吸収合併等の吸収型組織再編行為（吸収合併・吸収分割・株式交換）の場合、存続会社等における株主総会決議は不要である（会796条2項。取締役会決議で足りる）。存続会社に較べて消滅会社の規模が小さい場合には、存続会社の株主に及ぼす影響が軽微と考えられるからである。

但し、①合併差損が生じる場合（会795条2項）、②吸収合併消滅株式会社若しくは株式交換完全子会社の株主、吸収合併消滅持分会社の社員又は吸収分割会社に対して交付する金銭等の全部又は一部が存続株式会社等の譲渡制限株式である場合であって、存続株式会社等が公開会社でない場合（会796条2項但書）は、総会決議は省略できない。

簡易組織再編に対しては反対株主の異議申出の制度がある。すなわち、法務省令で定める数の株式を有する株主が、吸収合併等の簡易組織再編の通知又は公告（会797条3項4項）の日から2週間以内に、その簡易組織再編行為に反対する旨を当該行為をする存続株式会社等に対し通知したときは、当該株式会社は、効力発生日の前日までに、株主総会の決議によって、当該行為に係る契約の承認を受けなければならない（会796条4項）。また、簡易手続の場合、存続会社の株主には、株式買取請求権は認められていない（会797条1項但書、平成26年改正）。

なお、非公開会社（株式譲渡制限会社）では、株主が持株比率の変動に重大な利害関係を有するので、吸収合併の存続会社、吸収分割の承継会社、株式交換の完全親会社となる会社、事業全部譲受の譲渡会社については、簡易組織再編行為の規定は適用されず、株主総会決議が必要となっている（会796条1項但書・3項但書）。

（5）反対株主の株式買取請求権
1）意義・趣旨・態様
会社組織の基礎的な変更行為がなされる場合に、その決定は資本多数決に委ねつつも、反対の少数派株主に、その所有する株式を公正な価格で買い取ることを会社に請求できる権利、すなわち「反対株主の株式買取請求権」が認められている（事業の全部又は重要な一部の譲渡の承認決議（会469条〜470条）、一定の定款変更決議（会116条・117条）、一定の端数を生じる株式併合の決議（会182条の4・182条の5）、合併等の組織再編の承認決議等（会785条・786条・797条・798条・806条・807条）の場合である）。

これは、少数派株主に、退出と投下資本回収の機会を認め、当該決定がなかった場合と同水準での経済的利益を確保するとともに、その行為がシナジー（相乗効果）を生んで企業価値を増加させる場合には、このシナジーを適切に分配して退出する株主の利益を一定の範囲で保障する制度である。

合併等の組織再編において、株式買取請求権を有する株主は、原則として、議決権制限株主も含むすべての株主に与えられる（会116条2項1号ロ等、平成26年会社法改正で「反対株主」の概念が拡大された）。

買取価格は、会社法上、単純に、株式の「公正な価格」と規定されてる（会469条1項・785条1項）*。株式の買取価格の協議が整わないときは、株主からも会社からも、一定期間内に裁判所に対して価格決定の申立をすることができる（会470条2項・786条2項・798条2項・807条2項）。

＊ 株式買取請求における「公正な価格」
　ⅰ　意義と決定　　株式買取請求権が行使された際に会社が株式を買い取るべき「公

正な価格」は、株式買取請求権の制度趣旨に照らして、①組織再編等により企業価値の増加を生じない場合(毀損された場合等)は、承認決議がなかったであれば有していたであろう公正な価格＝「ナカリセバ価格」(平成17年改正前商法の法文表記)でよいが、②当該組織再編等がシナジー(相乗効果)を生み企業価値が増加する場合には、シナジーの公正な分配価格＝「シナジー反映価格」「公正分配価格」も考慮される(江頭・株式会社法872頁、神田・会社法365頁、最決平23・4・19民集65・3・1311会社百選86、最決平24・2・29民集66・3・1784)。

　裁判所が「公正な価格」を決定するにあたっては、(a)組織再編の実質的当事者が互いに独立した関係(独立当事者関係)にある場合は、特段の事情がない限り、当事者が定めた条件を公正なものとして価格を決定してよい(前掲最決平23・4・19)。しかし、(b)当事者の一方が他方に強い影響力を有し、少数株主にとって不利な条件で組織再編が行なわれる場合(親子会社間での組織再編や少数株主の締め出し等の場合)など、利害関係のある当事者間の取引では、法定手続に加えて利益相反緩和措置が採られ、公平を担保するために機能していれば、(a)の場合と同様に当事者の決定に従うことでよいが、その措置が不十分であるときには、前段の①②により、裁判所が合理的な裁量によって買取価格を算定することになる(東京高決平20・9・12金判1301・28会社百選89〔MBOに関するレックス・ホールディングス事件〕、最決平23・4・26判時2120・126〔親子会社の株式交換に関するインテリジェンス事件〕、高橋(美)他・464頁、田中亘・会社法634頁)。

　なお、その際、少数派株式であることを反映した価値の減価(少数派ディスカウント)をなすべきか、非上場株式では流動性がないことを反映した価格の減価をなすべきかという問題がある(前者を否定する裁判例として、東京高決平22・5・24金判1345・12〔カネボウ事件〕、後者を否定する判例として、最決平27・3・26民集69・2・365会社百選90、田中亘・会社法636頁)。

　ⅱ　算定の基準日　　株式の価値は常に変化するので、買取価格算定の基準日が問題となる。判例は、原則として、株主が退出の意思を表明し、売買契約が成立したのと同様の法律関係が生じて後戻りできなくなる時点として、株式買取請求がなされた日を基準日としている(最決平23・4・19民集65・3・1311)。この問題は、少数派株主の投機行動の防止という観点をも考慮して決すべきとの主張がある(田中亘・会社法629頁)。

2）買取請求権行使の要件・手続・効果

　ⅰ　要件・手続　　株主に株式買取請求権が認められる合併等の組織再編において、株主総会決議を要する場合には、議決権を行使できる株主は、①株主総会前に会社に反対の意思を通知し、②株主総会で反対することが必要である(会785条2項1号イ)。議決権制限株式の株主等、株主総会において議決権を行使できない株主は、それらの要件は要らない(同条2項1号ロ)。総会決議を要しない場合には、すべての株主が株式買取請求権を行使できる(同条2項2号)。

　株式買取請求権の行使までの手続として、まず、会社は、合併等の効力発生日の20日前までに、株式買取請求権を有する株主に対し、合併等をする旨と他の当事会社(新設合併の場合は新設会社を含む)の商号・住所を通知する(会785条3項。公開会社等では公告でもよい〔会785条4項〕)。そして、合併等の効力発生日の20日前から前日までに株式の種類と数を明らかにして株式買取請求権を行使する(会785条5項)。この場合、株券が発行されている場合には、喪失登録をしているときを除き、株券を提出しなければならない(同条6項〔平成26年改正〕。この場合には株式を他に譲渡することはできなくなる)。株式買取請求をした株主は、消滅会社等の承諾を得た場合に限り、その請求を撤回することができる(会785条7項。例外〔会786条3項〕)＊。合併等が中止されたときは株式買取請求は失効する(会785条6項)。買取請求をした株式について名義書換を請求できない(同条9項〔平成26年改正〕)。

＊**振替株式の場合の買取口座の創設**　平成26年会社法改正に伴い、株式買取請求の対象となる株式が、上場企業の株式のように「社債、株式等の振替に関する法律」(平成13年法律第75号)所定の振替株式である場合には、反対株主は、株式買取請求を行う際、当該請求に係る振替株式については、発行会社の買取口座を振替先口座とする振替の申請を行うことを要することになった(振替155条3項)。株式買取請求の対象となった株式を買取口座に入れることを強制することで、株式買取請求の対象となった株式の市場等での売却が不可能となり、株式買取請求権行使後における株式買取請求の撤回禁止の趣旨が徹底される。

ii　**効　果**　株式買取請求権は形成権であり、それが行使されると、会社は当然に株式を公正な価格で買い取らなければならない。買取価格については、まず、当事者間の協議で決定し(会786条1項)、効力発生日から30日以内に協議が整わない場合は、株主・会社はその後30日以内に裁判所に価格の決定の申立てができる(同条2項)。その期間に申立てがない場合は撤回が認められる(同条3項)。

会社は、価格につき協議が整ったときは効力発生日から60日以内に支払をするが(会786条1項)、株式買取請求があった場合に、発行会社は、当該請求を行った反対株主に対して、裁判所による株式の価格決定がなされる前に、発行会社が公正な価格と認める額を仮払いすることができる(会786条5項・798条5項・807条5項・470条5項)。これにより、会社は、価格決定前に支払った額に対するその後の利息の支払義務を免れることが可能となる。

買取りは、効力発生日に効力が生じる(会786条6項。平成26年改正法により、株式買取請求権が行使された場合における株式買取りの効力発生日が、組織再編等の効力発生日に統一された〔会786条6項・798条6項・807条6項・470条6項〕。これにより、裁判所に対して価格決定の申立てがなされ、その手続が長引いたような場合でも、株式買取請求を行った反対株主は、効力発生日以降は議決権を行使することが認められず、また、対象会社としては、このような者に対して剰余金の配当をする必要もないこととなった)。

株券発行会社では、株券と引換えに代金を支払う(会786条7項)。会社が買い取った株式は自己株式となる(一定の場合、財源規制と特別の会社債権者保護のための手当てがある〔会462条・464条〕)。

3) 略式手続・簡易手続の場合の反対株主

存続株式会社等において略式合併等の簡易組織再編の要件を満たす場合(及び譲受会社において簡易事業譲受の要件を満たす場合)には、当該存続株式会社等又は譲受会社の反対株主には、株式買取請求権が生じない(会797条1項但書・469条1項2号)。

略式合併等の略式組織再編(又は略式事業譲渡が行われる場合)には、総会決議は不要であっても反対株主は株式買取請求権を有するが、特別支配会社には株式買取請求権が生じない(会785条2項2号括弧書・797条2項2号括弧書・469条2項2号括弧書)。

(6) 新株予約権の承継と買取請求権

吸収合併等の組織再編に伴う新株予約権の承継については、手続が明確化され(旧新株予約権の消滅と新株予約権の取得〔会749条1項4号・750条4項5項〕)、新株予約権

者に会社に対する公正な価格での新株予約権の買取請求権が認められる（会787条1項・808条1項）。

（7）合併における債権者異議手続

　各当事会社は、債権者に対し、①合併をする旨、②相手方当事会社（新設会社を含む）の商号と住所、③各当事会社の計算書類に関する事項として法務省令で定める事項（会施規188条・199条・208条）、④異議のある債権者は一定の期間（1か月以上の期間）内に述べることができる旨を、官報によって公告し、かつ、「知れている債権者」には各別に催告することを要する（会789条1項2項・799条1項2項・810条1項2項）。但し、官報公告に加えて、日刊新聞紙による公告又は電子公告をも行った場合には、知れている債権者に対する個別催告は必要ではない（会789条3項・799条3項・810条3項）。

　期間内に異議を述べなかった債権者は合併を承認したものとみなされる（会789条4項・799条4項・810条4項）。異議を述べた債権者に対しては、原則として、弁済、担保提供又は弁済用財産の信託をしなければならないが、債権者を害するおそれがない場合には、そうした措置を要しない（会789条5項・799条5項・810条5項）。社債権者の異議は、社債権者集会の決議又は社債管理者によることになる（会740条1項2項）。債権者異議手続の欠缺は、合併等の組織再編行為の無効原因となる。

　なお、総財産を目的とする企業担保権は、存続会社又は新設会社の総財産について効力を有し（企業担保法8条1項）、合併当事会社の双方の総財産が企業担保権の目的となっているときは、合併後の企業担保権の順位に関する企業担保権者間に協定がなければ、合併をすることはできない（同条2項）。

（8）株主の差止請求権

　組織再編（簡易組織再編又は略式組織再編の要件を充足するものを除く）につき、法令又は定款に違反する場合であって、株主が不利益を受けるおそれがあるときは、株主がその差止めを請求することが認められる（会784条の2・796条の2・805条の2〔平成26年改正追加事項〕）。

　もっとも、新株発行差止請求の場合と異なり、それらが「著しく不公正」であることは差止事由とはされていない。なお、ここにいう「法令」の違反には、役員の善管注意義務違反は含まれない。また、対価が相当でないことは差止事由にはならないとの解釈が示されている（法務省民事局参事官室）。

　この点、平成26年会社法改正前から、略式組織再編の場合には、対価が消滅会社又は存続会社の財産の状況その他の事情に照らして著しく不当である場合を理由とする差止めが認められていること（会784条の2第1項2号）とは異なる。

（9）合併手続の瑕疵

　合併の手続に瑕疵があれば、合併の無効をきたすが*、合併無効の主張は、合併の効力発生後6か月以内に、一定の提訴権者による「合併無効の訴え」によってのみ認められる（会828条〜837条〔「会社の組織に関する訴え」の規定〕）。合併無効の訴えを

提起できる者は、当事会社の株主・取締役・監査役・執行役・清算人・破産管財人・合併を承認しなかった債権者に限られる（会828条2項7号8号）。合併無効判決には対世的効力があるが、無効判決の遡及効は否定されている（会838条・839条）。

> **＊ 合併の無効原因**　合併の無効原因は法律上明記されていないが、法定の各手続を欠く場合等の重大な手続違反が無効原因となると解される。
> 　また、合併契約の錯誤無効が合併無効原因となり得ることを認めた裁判例（名古屋地判平19・11・21金判1294・60）や、合併比率の不公正を合併無効原因とする裁判例（東京高判平2・1・31資料版商事法務77・193会社百選91）がある。後者の点につき、学説では、合併比率の著しい不公正は合併無効原因と解する見解もあるが（鈴木＝竹内・会社法510頁、神田・会社法372頁）、合併無効原因にはならないが、著しく不公正な合併比率を定める合併契約を承認する株主総会決議に特別利害関係人の議決権行使による著しく不当な決議という決議取消事由があると評される場合には、そのことが合併無効原因となるとする見解が多い（江頭・株式会社法856頁、弥永・リーガルマインド388頁、伊藤他・リークエ429頁）。
> 　合併承認決議の無効・不存在の原因は、重大な瑕疵であるから、合併無効原因となる。他方で、決議に取消事由があるに過ぎない場合には、それを直接に合併無効原因として主張できるかどうか見解が分かれる。総会決議取消の訴えのように遡及効を伴なう訴えは、遡及効を伴わない合併無効の訴えには吸収されずに存続するとの見解（併存説）により、決議取消判決がなければ合併無効とならない、すなわち、各々の提訴期間内に決議取消の訴えと合併無効の訴えを提起する必要があると解する見解がある。しかし、決議に取消事由があることを合併無効の訴えの中で直接に無効原因として主張でき、合併の効力発生後は決議取消の訴えは合併無効の訴えに吸収されるとの見解（吸収説）が多数を占める。多数説によると、合併無効の訴えは、決議取消の訴えの提訴期間内（3か月以内）に提訴できる（決議取消の訴えに提訴期間内に合併の効力が発生しない場合に、決議取消の訴えを提起しておく）と考えられている。

3　会社の分割

(1)　会社分割の意義・態様・効果

1) 意義・機能

「会社分割」とは、1つの会社を2つ以上の会社に分けることをいう。会社法では、株式会社（又は合同会社）がその事業に関して有する権利義務の全部又は一部を法の定める手続により他の会社に移転することをいう（会2条29号30号）。

既存の会社が、会社自体を存続させつつ営業部門・営業所などの一部を切り離して独立の新会社としたり、又は、各営業部門を切り離して他の会社の営業部門と統合する場合等に行われ、合併とともに、企業組織の再編成と経営の効率化を図るために重要な手段となる。わが国では、会社分割の法制度が平成12年商法改正で導入・整備され、会社法で再整備された。

2) 態　様

分割会社がその「事業に関して有する権利義務の全部又は一部」を既存の会社（承継会社）に承継させる「吸収分割」（会2条29号）、及び、それを新たに設立する会社（新設会社）に承継させる「新設分割」（会2条30号）の2類型がある。

2社以上が共同で分割会社となって新設分割をすることも可能であって、これは共同新設分割と呼ばれる。

3）効 果

　会社分割では、合併の場合と異なり、分割会社は分割後も解散せず存続する。会社分割において新設会社又は承継会社の発行する株式等は、分割会社に割り当てられる場合（＝物的分割・分社型分割）と、分割会社の株主に割り当てられる場合（＝人的分割・分割型分割）とがあるが、会社法では、後者の人的分割を「物的分割＋剰余金等の配当」と構成し、横断的な剰余金分配規制に服せしめる。

　会社分割の対象は、「事業に関して有する権利義務の全部又は一部」であり、事業自体ではなく、移転する財産に有機的一体性はない。その対象に属する債務の移転にあたり、承継会社又は新設会社だけが債務者になるようにすることができ、債権者の個別の承諾が必要でない。移転しない残存債務につき、債務者変更はない（もっとも、債権の引き当てとなる会社財産の変動は生じてしまう）。したがって、会社分割の当事会社の株主には、会社分割に大きな利害関係が生じるため、手続上の保護が必要となり、また、会社債権者保護の必要も生じる。

【会社分割と合併】
　会社分割と合併とは、企業再編手段としての経済的機能が極めて似ており、会社法上も、ともに組織再編行為として、ほぼ共通の法的規律に服する。しかし、合併では、消滅会社の法人格が消滅するが、会社分割では、分割会社の法人格は分割後も存続する。会社分割では、承継会社又は新設会社が交付する株式を対価として「分割の対象となる事業の全部又は一部（債務を含む）」が承継会社又は新設会社に包括的に移転するが、合併では、消滅会社の財産が存続会社又は新設会社に包括的に承継される。人的分割の場合には、分割会社から財産が出て行く一方、対価である承継会社又は新設会社の株式は分割会社の株主に交付されるため、分割により分割会社の財産は減少してしまう。この場合、事業の全部が分割の対象となっても、分割会社が存続することについて立法論的に疑問が生じる（神田・会社法374頁）。

【会社分割の各種法規制】
　i　**独占禁止法・業法**　独占禁止法上、競争制限等となる吸収分割・共同新設分割は禁じられ（独禁9条～11条・15条の2）、国内売上高を基準とした一定規模以上の会社分割を行う場合には、公正取引委員会への届出の制度がある（独禁10条2項8項・15条の2・17条の2）。特定の業種又は会社の会社分割の場合には、主務大臣の認可が必要となる（銀行法30条2項、信託業法37条・38条、保険業法173条の6第1項、電気通信事業法10条2項、鉄道事業法26条2項、電信電話株式会社法11条1項等）。
　ii　**金融商品取引法**　会社分割では、合併の場合と同様、金融商品取引法により、一定の場合に、有価証券届出書又は臨時報告書の提出が必要である（金商2条の2・4条1項2号・24条の5第4項）。
　iii　**税 法**　分割会社の資産・負債が存続会社・新設会社に承継されると、法人税法上は、会社法上の会計処理にかかわりなく、前述のパーチェス法により分割会社について当該事業年度に譲渡損益を計上するのが原則であり（法人税法62条）、分割会社の繰越欠損金等も存続会社・新設会社に承継されない。但し、「適格分割型分割」「適格分社型分割」では、分割会社の資産・負債の帳簿価額を引き継ぐことで譲渡損益の計上を繰り延べることができる（法人税法62条の2・62条の3）。また、適格分割であれば、個人株主・法人株主に原則として課税は生じない（但し、みなし配当課税がある。所得税法25条1項2号、法人税法24条1項2号・同条3項・61

（2）会社分割の手続

会社分割の手続は、会社合併の場合と同様の流れとなるが、会社分割の効果に照らした株主及び会社債権者の保護が求められる。

1）分割計画の作成と分割契約の締結

新設分割では分割計画の作成（会762条）が、また、吸収分割では分割契約の締結（会757条）が必要である。新設分割の分割計画で定めるべき事項（会758条）及び吸収分割の分割契約で定める事項（会763条）がそれぞれ法定されている。

2）事前開示

吸収分割では分割契約の内容と法務省令事項を、新設分割では分割計画の内容と法務省令事項を事前開示して、株主・会社債権者の閲覧に供しなければならない（吸収分割の分割会社〔会782条〕・承継会社〔会794条〕、新設分割の分割会社〔会803条〕）。会社分割における株主の総会への準備や債権者の異議の判断に必要だからである。

3）株主総会による承認

会社分割の効力発生日の前日までに、各当事会社において、株主総会特別決議による分割計画又は分割契約書の承認が必要である（吸収分割の分割会社〔会783条〕・承継会社〔会795条〕、新設分割の分割会社〔会804条〕）。略式手続と簡易手続では、承認に総会決議を要しない（吸収分割の分割会社〔会784条〕・承継会社〔会796条〕、新設分割の分割会社〔会805条〕）。

原則として、反対株主等には、株式買取請求権（会785条～788条、会797条～798条、会806～809条）が認められている。

4）債権者異議手続

分割会社・承継会社・新設会社において、合併の場合と同様に、会社債権者保護の手続（債権者異議の手続、会789条・799条・810条）を行わなければならない。

5）登記・効力発生時期・設立規制

会社分割の登記（会923条・924条）の手続きを要する。吸収分割では分割契約で定めた日に会社分割の効力が生じ（会759条1項）、効力が生じた日から2週間以内に、本店所在地において、分割会社及び承継会社についての変更登記を要する（会923条）。吸収合併と異なり、登記の効力に関する特則（会750条2項）はない。

新設分割では新設会社の設立登記の日（成立日）に効力を生じる（会764条1項。新設会社が分割会社の権利義務を承継する）。

6）事後開示

効力発生後、遅滞なく、法務省令事項を開示し、株主・会社債権者の閲覧に供しなければならない（吸収分割の分割会社〔会791条〕・承継会社〔会801条〕、新設分割の分割会社〔会811条〕・新設会社〔会815条〕）。

（3）会社分割における債権者保護

1）債権者異議手続等の債権者保護の特徴

会社分割では、分割会社・承継会社・新設会社において、合併の場合と同様、債

権者異議手続・担保措置の制度が定められているが（会789条・799条・810条）、次のような相違点がある。

　　i　**債権者の限定**　　会社分割の場合には、異議手続のできる債権者が限定されている（会789条2項）。すなわち、①分割会社の債権者のうち会社分割後に分割会社に対し債務履行の請求をできなくなる者（したがって、分割後も同社に全額を請求できる債権者については、異議手続を要しない。但し、剰余金配当等がなされる場合は、異議手続が必要となる）、②分割会社が分割対価である株式等を株主に分配する場合の（分配可能額の制約がない）分割会社の残存債権者、③承継会社の債権者である。

　　ii　**個別催告を受けなかった債権者に対する弁済責任**　　上記の異議手続ができる債権者であって、官報公告のみが行われて個別催告を受けなかった債権者、日刊新聞紙による公告又は電子公告が行われた場合の分割会社の不法行為債権者に対しては、分割契約又は分割計画において債務者としなかった会社も、分割会社については分割の効力発生日の財産額を限度として、承継会社又は新設会社は承継した財産額を限度として、弁済の責任を負う（会759条2項3項・764条2項3項・789条1項2号・同条3項。その限度で重畳的債務引受けとなる）。

　　iii　**労働契約の特例**　　労働契約も分割計画・分割契約の定めに従い、個々の労働者の承諾なしに承継会社・新設会社に承継されるが、この点、労働者の異議申出手続を定めた特別法がある（会社分割に伴う労働契約の承継等に関する法律（平成12年法103号）・平成12年商法改正附則51条）。同法により、労働者への事前通知が必要となり（同法2条1項）、承継対象の事業に主として従事している労働者の労働契約が分割契約又は計画に記載されない場合には、その労働者は異議申出権があり、異議を申出たときは当該労働契約は承継される（同法4条）。承継対象の事業に主として従事している労働者以外の労働者の労働契約が分割契約又は計画に記載された場合には、その労働者は異議申出権があり、異議を述べたときはその労働契約は承継されない（同法5条。最判平成22・7・12民集64・5・1333会社百選94）。

　　iv　**その他**　　会社の総財産が企業担保権の目的となっているときは、その会社は、企業担保権が担保する債務を分割により承継させることができない（企業担保法8条の2）。

2）「詐害的会社分割」における残存債権者の保護

　会社が、その債権者を恣意的に選別して、一部の債権者（典型的には取引先）に対してのみ債務の弁済を継続することを意図して、優良事業（ないしは優良資産）と弁済をする意思のある債務（典型的には取引債務）だけを別の会社（承継会社等）に承継させるような濫用的な（物的）会社分割、すなわち「詐害的会社分割」を行うことが横行した。

　平成26年会社法改正により、このような詐害的会社分割が行われた場合、分割会社等に残存する債権者（残存債権者）は、訴訟によらずに、裁判外で、承継会社等に対しても「直接」自己の債務の履行を請求することができる（詐害的な事業譲渡・営業譲渡の場合も同様、会23条の2・759条4項〜7項・761条4項〜7項・764条4項〜7項・766条4項〜7項）。

　詐害的な会社分割等が行われた場合には、改正前会社法の下でも、判例上、民

法上の詐害行為取消権や倒産法上の否認権を行使すること等によって、残存債権者が承継会社等に対して一定の請求を行うことが認められていた（最判平24・10・12民集66・10・331会社百選93）。したがって、本制度にもとづく債務の履行請求権は、基本的には、判例上、民法上の詐害行為取消権の行使等が認められている一定の場合について、残存債権者が承継会社等に対しても、分割会社を介在させることなく、「直接」自己の債務の履行を請求できることを明確にしたものにすぎない。

（4）会社分割における株主の差止請求権
　会社分割においても、他の組織再編と同様に（簡易組織再編又は略式組織再編の要件を充足するものを除く）、法令又は定款に違反する場合であって、株主が不利益を受けるおそれがあるときは、株主がその差止めを請求することが認められる（会784条の2・796条の2・805条の2〔平成26年改正追加事項〕）。なお、平成26年会社法改正前から、略式組織再編の場合には、対価が消滅会社又は存続会社の財産の状況その他の事情に照らして著しく不当である場合を理由とする差止めが認められている（会784条の2第1項2項）。

（5）会社分割手続の瑕疵
　会社分割手続に瑕疵がある場合は、合併の場合と同様に、会社分割無効の訴えによってのみ、会社分割の無効を主張できる（会828条～839条〔「会社の組織に関する訴え」の規定〕）。会社分割無効の訴えを提起できる者は、各当事会社の株主・取締役・監査役・執行役・清算人・破産管財人・会社分割を承認しなかった債権者に限られる（会828条2項7号8号）。会社分割の無効判決には対世的効力があるが、無効判決の遡及効は否定されている（会838条・839条）。

4　株式交換・株式移転

（1）株式交換・株式移転の意義・態様・効果
　1）沿　革
　平成9年独占禁止法改正により、持株会社（総資産に占める子会社株式の比重が50％を超える会社）が、事業会社についてのみならず純粋持株会社としても、事業支配力が過度に集中する場合を除いて、解禁された（独禁9条）。これにより、純粋持株会社を用いた企業グループを形成して、持株会社のもとで統一された効率的な戦略的経営が展開され、国際的競争力を高める動きが加速された。同時に、合併にない固有の利点を有する（法人格が別であっても一体的運営を可能とする）完全親子会社関係を形成するための組織再編行為として、商法上（平成11年改正により）、株式交換・株式移転の制度が導入された。
　2）意義・態様・機能・効果
　ⅰ　株式交換　「株式交換」は、株式会社がその発行済株式の全部を他の株式会社又は合同会社に取得させることをいう（会2条31号）。既存の会社間に完全親

子会社関係を創設するもので、企業買収や既存子会社の完全子会社化等に利用できる。株式交換により、完全子会社となる会社の株主の有する株式を完全親会社となる会社が取得し、完全子会社となる会社の株主は、完全親会社となる会社の株式等の対価を受けて完全親会社の株主となる。

　株式会社・合同会社は完全親会社になれるが、合名会社・合資会社は完全親会社になれない（会767条）。

ⅱ　株式移転　　「株式移転」は、1又は2以上の株式会社がその発行済株式の全部を新たに設立する株式会社に取得させることをいう（会2条32号）。会社が単独又は共同で完全親会社を新たに設立して、経営統合等を実現するために利用できる。今日、「・・・ホールディング」という名の持株会社が多く設立されている。

　株式移転により、完全子会社となる会社の株主の有する株式は設立される完全親会社に移転し、完全子会社となる会社の株主は、完全親会社となる会社が発行する株式等の対価を受けて完全親会社の株主となる。

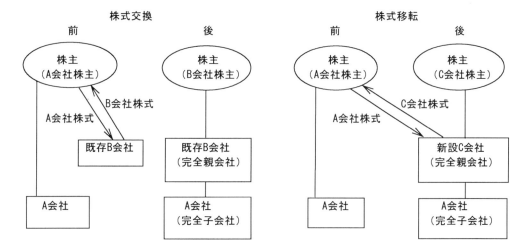

【株式交換・株式移転の各種法規制】
　ⅰ　独占禁止法・業法　　独占禁止法上、競争制限等となる株式の取得・所有は禁じられ（独禁9条～11条・15条の3）、国内売上高を基準とした一定規模以上の会社間で株式交換・株式移転を行う場合には、公正取引委員会への届出の制度がある（独禁10条2項8項・15条の3第2項3項）。株式交換・株式移転が特定の業種の株式会社を子会社とする持株会社の成立となる場合には、主務大臣の認可が必要（銀行52条の17第1項1号、保険業271条の18第1項1号）。
　ⅱ　金融商品取引法　　株式が発行される株式交換・株式移転では、合併の場合と同様、金融商品取引法により、一定の場合に、有価証券届出書又は臨時報告書の提出が必要である（金商2条の2・4条1項2号・24条の5第4項）。
　ⅲ　税法　　株式交換・株式移転では、所得税法上、個人株主は、完全子会社となる株式の株式を移転する対価として、完全親会社（又は、その完全親会社）の株式以外の資産の交付を受けなければ、株式譲渡がなかったとみなされ（所得税法57条の4第1項2号）、法人税法上、法人株主は、株式移転の対価として、完全親会社の株式以外の資産の交付を受けなければ、帳簿価額による株式譲渡を行ったものとみなされて、譲渡損益は繰り延べられる（法人税法61条の2第9項10項）。また、適格株式交換・適格株式移転の制度がある（法人税法2条12号の16・12号の17）。

（2）株式交換・株式移転の手続

株式交換・株式移転の手続は、合併や分割と同様の流れとなり、株式交換・株式移転の効果（完全親子会社関係が形成されるが、消滅する会社はなく、各当事会社の財産の変動はなく、株主が変動する）に照らして、各当事会社の株主の保護が求められるが、原則として会社債権者保護手続きを要しない。

1）株式交換契約の締結・株式移転計画の作成

株式交換契約の締結（会767条）又は株式移転計画の作成（会772条）が必要である。株式交換契約で定めるべき事項（会768条）及び株式移転計画で定める事項（会773条）がそれぞれ法定されている。

2）事前開示

株式交換では株式交換契約の内容と法務省令事項を、株式移転では株式移転計画の内容と法務省令事項を事前開示して、株主・会社債権者の閲覧に供しなければならない（株式交換完全子会社〔会782条〕・株式交換完全親会社〔会794条〕、株式移転完全子会社〔会803条〕）。

3）株主総会による承認

株式交換・株式移転の効力発生日の前日までに、各当事会社において、株主総会特別決議による株式交換契約書又は株式移転割計画の承認が必要である（株式交換完全子会社〔会783条〕・株式交換完全親会社〔会795条〕、株式移転完全子会社〔会804条〕）。略式手続と簡易手続では、承認に総会決議を要しない（株式交換完全子会社〔会784条〕・株式交換完全親会社〔会796条〕、株式移転完全子会社〔会805条〕）。

原則として、反対株主等には、株式買取請求権（会785～788条、会797～798条、会806～809条）が認められている。

4）例外としての債権者異議手続

株式交換・株式移転の効果に鑑み、合併や会社分割の場合と異なり、原則として債権者異議手続はない。但し、新株予約権付社債の承継の場合（会789条1項3号等）、対価柔軟化の結果として完全親会社となる会社の株式以外の対価交付の場合（799条1項3号）に限り、株式交換でも債権者保護手続を要する。

株式交換・株式移転の場合に、完全子会社が発行している新株予約権付社債を完全親会社となる会社が承継することが認められ、新株予約権付社債の社債権者は異議を申し出ることができる（会789条1項3号）。

5）登記・効力発生時期・設立規制

株式移転の場合のみ登記を要する（会925条）の手続を要し、株式交換では登記制度がないが、新株発行による変更登記がある。株式交換では株式交換契約で定めた日に株式交換の効力が生じ（会769条1項）、株式移転では新設会社の設立登記の日（成立日）に効力を生じる（会774条1項）。

6）事後開示

効力発生後、遅滞なく、法務省令事項を開示し（株式交換完全子会社〔会791条〕・株式交換完全親会社〔会801条〕、株式移転完全子会社〔会811条〕、株式移転完全親会社〔会815条〕）、株主・会社債権者の閲覧に供しなければならない。

（3）株式交換・株式移転における株主の差止請求権

株式交換・株式移転においても、他の組織再編と同様に（簡易組織再編又は略式組織再編の要件を充足するものを除く）、法令又は定款に違反する場合であって、株主が不利益を受けるおそれがあるときは、株主がその差止めを請求することが認められる（会784条の2・796条の2・805条の2〔平成26年改正追加事項〕）。

なお、平成26年会社法改正前から、略式組織再編の場合には、対価が消滅会社又は存続会社の財産の状況その他の事情に照らして著しく不当である場合を理由とする差止めが認められている（会784条の2第1項2項）。

（4）株式交換・株式移転の手続の瑕疵

株式交換・株式移転の手続に瑕疵がある場合は、合併や会社分割の場合と同様に、株式交換無効の訴え・株式移転無効の訴えによってのみ、株式交換・株式移転の無効を主張できる（会828条～839条〔「会社の組織に関する訴え」の規定〕）。それら無効の訴えを提起できる者は、各当事会社の株主・取締役・監査役・執行役・清算人・破産管財人・株式交換や株式移転を承認しなかった債権者に限られる（会828条2項12号13号）。株式交換・株式移転の無効判決には対世的効力があるが、無効判決の遡及効は否定されている（会838条・839条）。無効判決が確定すると、完全親会社となるはずだった会社（旧完全親会社）は、株式交換・株式移転で取得した株式を完全子会社となる予定だった会社（旧完全子会社）の株主に返還する（会844条）。

3.11.2. 事業譲渡等

1 事業譲渡
2 事業全部の譲受け
3 事業の賃貸借・経営委任・損益共通契約

□1.事業譲渡の意義・機能はなにか。会社法上、どのような側面で、どのような法的規律があるか。また、「事業譲渡等」には、どのようなものがあるか。
□2.事業譲渡と合併との相違、また、事業譲渡と会社分割との相違はなにか。
□3.事業全部の譲受けにつき、事業譲渡の角度から観られない規律はなにか。
□4.事業の賃貸借・経営委任・事業上の損益共通契約とはなにか。会社法上、どのような規律があるか。

1　事業譲渡

（1）事業譲渡の意義・機能と法的規律
1）事業譲渡の意義・機能

事業譲渡とは、株式会社が事業を取引行為（特定承継）として他に譲渡する行為をいう（江頭・株式会社法948頁）。事業譲渡は、個々の財産の譲渡とは異なり、財産的価値ある事実関係も含めて、組織的一体として機能する財産を譲渡することを目的とし、合併と同様の企業再編手段として機能する。

事業譲渡

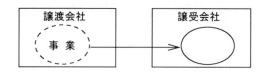

2）「事業譲渡等」の法的規律

　会社法は、従来からの営業譲渡の用語を事業譲渡の用語に変更し、その取引法的側面での規律を総則の21条～24条に置き、組織法的側面での規律については、①事業の全部又は重要な一部の譲渡、②他の会社（外国会社その他の法人を含む）の事業全部の譲受、③事業全部の賃貸・事業全部の経営委任・損益共通契約等を併せて「事業譲渡等」とし、467条～470条に規律を設けている。ここでは、後者の規律を扱う（前者については、本書「3.3.会社法総則等」又は福原・総論、参照）。

【事業譲渡と合併・会社分割】
　ⅰ　**事業譲渡と合併の相違**　事業譲渡と合併（とくに吸収合併）とは、企業再編手段としての経済的機能が類似し、法的規律において、株主総会特別決議を必要とする（略式手続・簡易手続を除く）とともに、原則として反対株主に株式買取請求権が認められている。しかし、以下の相違がある。
　①事業譲渡では、通常の取引法上の契約として、財産の個別移転が可能（個々の財産の移転手続が必要）であるが、合併では、組織法上の行為として、消滅会社の全財産が包括的に移転する（個々の財産の移転手続は不要）。
　②事業譲渡では、譲渡会社は当然には解散しないが、合併では、消滅会社が法律上当然に解散・消滅する（その株主は存続会社・新設会社の株式その他の対価を受け取る）。
　③事業譲渡では、譲渡会社が特段の事情が無い限りは従来からの債務を免れることにならないが、合併では、消滅会社の債務が当然に存続会社又は新設会社に引き継がれる（このため、合併には会社債権者異議手続が法定されているが、事業譲渡にはない）。
　④合併では、会社の組織に関する行為の無効の訴えの制度が適用され、合併無効の訴えがあるが、事業譲渡にはない。
　ⅱ　**事業譲渡と会社分割の相違**　事業譲渡は、企業再編の手段として、当事会社の法人格に消長をきたさない点で、会社の吸収分割と類似しているが、以下の点で異なる。
　①会社分割では、個別移転手続が不要で、債務の移転にも原則として債権者の承諾が不要で、検査役の調査も不要であるが、事業譲渡では、事業を構成する債務・契約上の地位等の移転については、個別に契約相手方の同意を要する。②事業譲渡では、会社分割と異なり、吸収分割契約の備置・開示に相当する手続が要求されず、使用者の移動が生じない労働者につき事前協議義務・事前通知義務が発生しない。

【事業譲渡の法規制】
　ⅰ　**独占禁止法**　独占禁止法上、一定の取引分野に実質的な競争制限が生じる場合や、不公正な取引方法による場合には、他の会社の事業の全部又は重要な部分の譲渡は禁じられ、違反すると公正取引委員会の排除措置命令に服する（独禁9条～11条・16条1項・17条の2第1項）。一定規模以上の事業の譲受け等を行う場合には、公正取引委員会への届出の制度がある（独禁10条3項・16条2項3号）。
　ⅱ　**税　法**　事業譲渡により譲受人が取得した財産・債務の受入価額は、時価が原則であるから、譲渡会社では、その価額と帳簿価額の相違との差額が、事業譲渡日の属する事業年度の所得として、課税対象となる（計規11条。事業譲渡の対価が譲受会社の株式である場合で、共通支配下の取引では、受入価額は、譲渡会社の直前の帳簿価格である〔計規43条1項2号イ〕）。そして、税法上、「適格現物出資」では、譲渡前の帳簿価額で譲渡があったとみなさ

れ、譲渡会社の譲渡損益の計上を繰り延べることができる(法人税法62条の4)。

(2) 事業譲渡の手続
1) 株主総会の承認等

　株式会社は、「事業の全部」又は「事業の重要な一部(一定の場合を除く。後述「簡易手続」参照)」の譲渡をするには、当該行為(事業譲渡契約)がその効力を生ずる日の前日までに、株主総会の特別決議による承認を要する(会467条1項・309条2項11号)*。それらの事業譲渡は、会社の事業の再編となり、収益構造の変化に伴って株主の利害に大きく関わるからである。この譲渡会社の株主総会での承認決議がない事業譲渡契約は、原則として、無効である**。

　譲受会社では、他の会社の事業全部の譲受けの場合には、株主総会の特別決議が必要であり(会467条1項3号・309条2項11号)、重要な財産の譲受けには、取締役会設置会社では取締役会決議が必要となる(会362条4項1号)。

* **株主総会の承認を要する事業譲渡の意義**　　株主総会の特別決議を必要とする事業譲渡については、法律上に定義がなく、解釈に委ねられている。判例は、平成17年改正前商法245条1項1号(会467条1項1号)によって総会の特別決議を必要とする営業(事業)の譲渡とは、会社法24条(会21条)以下にいう営業(事業)の譲渡と同一の意義であって、①一定の営業目的のため組織化され有機的一体として機能する財産(得意先関係等の経済的価値のある事実関係を含む)の全部又は重要な一部を譲渡し、②これによって、譲渡会社がその財産によって営んでいた営業的活動の全部又は重要な一部を譲受人に受け継がせ、③譲渡会社がその譲渡の限度に応じ法律上当然に同法25条に定める競業避止義務を負う結果を伴うものをいうと判示している(最大判昭40・9・22民集19・6・1600会社百選85)。

　　学説では、判例と同様に解して、同一の法律内で意義を統一して法的安定性を図り、法律関係の明確性と取引の安全を図ろうとする見解もあるが(前田・入門762頁)、端的に有機的一体性のある組織的財産の譲渡であれば足りるとして、事業活動の承継や競業避止義務の負担を要件としない見解が多い。多数説により、事業の継続が困難となり収益構造が大きく変化して株主に与える影響が大きい場合と解すべきであろう(従業員や得意先の移転の有無を問わない、神田・会社法350頁、江頭・株式会社法950頁、参照)。また、株主保護の観点から、重要な事業用財産(重要な工場や重要な機械・設備等)の譲渡にも株主総会の特別決議が必要と解する見解もあるが、総会承認が必要な事業譲渡の範囲が不明確で取引安全に欠けるおそれが大きくなる。

** **必要な総会決議を経ない事業譲渡契約の効力**　　総会承認が必要な事業譲渡の範囲が不明確であることを考慮して、必要な総会決議を欠く事業譲渡契約につき、その要件未充足につき善意・無重過失の譲受人には無効主張できないと解することで、取引の安全にも配慮する見解がある(鈴木竹雄『商法研究Ⅱ』有斐閣(1971年)52頁)。しかし、実務上、相手方の要件該当性判断が困難とは言えなくなっている現状からは、総会決議を経ない事業譲渡契約は無効と解するのが妥当である(江頭・株式会社法953頁)。

　なお、事業譲渡の対価は、通常は金銭であるが、譲受会社の株式である場合には、譲渡会社の譲受会社への現物出資となるので、原則として、検査役の調査が必要となる(会33・207条)。

　事業譲渡では、譲渡対象となる事業に属する個々の財産について、個別の移転手続を要する。

2）反対株主の株式買取請求権

　事業譲渡をする場合には、反対株主は、事業譲渡等をする株式会社に対して、自己の有する株式を公正な価格で買い取ることを請求できる（会469条）。この反対株主の株式買取請求があった場合、株式価格の決定と支払いに関する規定が用意されている（会470条）。

3）略式手続・簡易手続

　i　略式事業譲渡　　事業譲渡契約の相手方（譲受会社）が事業譲渡をする株式会社の特別支配会社である場合には、株主総会の承認決議が要らない（会468条1項）。ここに「特別支配会社」とは、ある株式会社の総株主の議決権の10分の9（これを上回る割合を当該株式会社の定款で定めた場合にあっては、その割合）以上を、他の会社及び当該他の会社が発行済株式の全部を有する株式会社その他これに準ずるものとして法務省令で定める法人が有している場合における、当該他の会社をいう（略式組織再編行為と同様の基準である）。

　ii　簡易事業譲渡　　「事業の重要な一部」の譲渡であり、かつ、譲渡資産の帳簿価額が当該株式会社の総資産額として法務省令で定める方法により算定される額の5分の1（これを下回る割合を定款で定めた場合はその割合）を超えない場合には、株主総会の決議は不要である（会467条1項2号）。

（3）詐害的事業譲渡における債権者保護

　平成26年会社法改正により、詐害的会社分割における残存債権者を保護する制度が設けられ、それと同趣旨のもとに、詐害的な事業譲渡（又は営業譲渡）が行われた場合、譲渡会社に対して残存する債権者（残存債権者）は、訴訟によらずに、裁判外で、譲受会社等に対しても「直接」自己の債務の履行を請求することができる（会23条の2・759条4項～7項・761条4項～7項・764条4項～7項・766条4項～7項）。

（4）親会社による子会社株式（持分）の譲渡

　一定の要件を満たす重要な子会社の株式等の譲渡について、事業譲渡等に関する規律（株主総会決議による承認を得ることの義務付けや反対株主の株式買取請求等）が適用される（会467条1項2号の2、平成26年改正事項）。

　すなわち、株式会社が、その子会社の株式又は持分の全部又は一部の譲渡をする場合において、①譲り渡す株式又は持分の帳簿価額が会社の総資産額として法務省令で定める方法により算定される額（計規134条）の5分の1を超え（これ以下の割合を定款で定めたときは、その割合）を超え、かつ、②会社が効力発生日において当該子会社の議決権総数の過半数の議決権を有しないときである（譲渡後も譲渡会社が当該子会社の支配権を有する場合は、基礎的変更とはいえない）。

　これは、実質的な事業譲渡といえる重要な子会社の株式の譲渡について、親会社の株主の利益を考慮して、一定の範囲での関与を認めたものである。

2　事業全部の譲受け

　他の会社の事業を譲り受ける会社では、他の会社の事業全部を譲受ける場合には、株主総会の特別決議が必要であり（会467条1項3号・309条2項11号）、反対株主の買取請求権も認められている（会469条・470条）。略式手続として、他の会社の事業全部を譲受ける会社にとって、譲渡会社が特別支配会社の場合は（略式事業譲渡の場合と同じ）、譲受会社での総会決議は不要である（会468条1項）。この場合、譲渡会社は株式買取請求権がない（会469条1項2号）。

　簡易手続として、他の会社の事業全部を譲受ける会社が、対価として交付する財産の帳簿価額が当該会社の総資産額として法務省令で定める方法により算定される額の5分の1（これを下回る割合を定款で定めた場合はその割合）を超えない場合には、株主総会の決議は不要である（会467条1項2号）。この場合、反対株主による簡易事業譲受の阻止の制度がある。すなわち、法務省令（会施規138条）で定める数の株式を有する株主が、事業譲受にあたっての株式買取請求に係る通知・公告の日から2週間以内に、簡易事業譲受行為に反対する旨を当該譲受けをする会社に対し通知したときは、当該事業譲受を予定された会社は、簡易事業譲受ができず、効力発生日の前日までに、株主総会の決議によって、事業全部譲受に係る契約の承認を受けなければならない（会468条3項・309条2項11号、会施規138条）。事業譲受が予定された会社の株主は、株式買取請求権を有しない（会469条1項2号）。

　なお、事業の譲受けが「事後設立」にあたる場合は、総会の特別決議が必要となる（会467条1項5号）。

3　事業の賃貸借・経営委任・損益共通契約

（1）契約による企業結合手段と法的規律

　会社法は、前述の事業の全部又は重要な一部の譲渡、他の会社（外国会社その他の法人を含む）の事業全部の譲受に加えて、「事業全部の賃貸借」「事業全部の経営委任」「事業上の損益共通契約」についても、「事業譲渡等」として整理している。

　これらは、事業譲渡と同様に契約による企業結合の手段として機能する。そこで、会社法467条〜470条に規律を設け、事業譲渡と同様に、それらの契約等には株主総会の特別決議を要するものとし、反対株主に株式買取請求権を付与している。

　また、会社がこれらを行うにあたっては、独占禁止法上の監督規制にも服する（独禁15条・16条）。

（2）事業の賃貸借

　会社がその事業の全部又は一部を一括して他人に賃貸する契約を、事業の賃貸借という。事業の賃貸借は、その目的物が組織化された有機的一体としての機能財産であるから、純粋な賃貸借契約ではなく、複雑な混合契約であるが、民法上の賃貸借に関する規定（民601条以下）が類推適用される。賃貸人は賃借人に対して、そ

の事業につき使用・収益させる義務を負い、賃借人は、賃貸人に対して賃料支払義務を負う。事業の賃貸借がなされると、賃借人が事業から生じる権利・義務の主体となり、事業上の損益の帰属者となる（もっとも、事業に属する財産自体の所有は賃貸人に属する）。したがって、競業避止義務や営業上の債権者・債務者との関係については、事業譲渡に準じて取り扱うべきものと解される（会21条の類推適用）。

（3）経営委任

会社がその事業の経営を他の者に委託する契約を、経営委任という。経営委任がなされたときは、事業の賃貸借と異なり、従来どおり委任者の名義で事業がなされ、委任者が事業から生じる権利・義務の主体である。そして、この場合には、内部関係において、事業上の損益が受任者に帰属する場合（＝狭義の経営委任）と、それが委任者に帰属する場合（＝経営管理）とがある。狭義の経営委任では、経営は受任者の計算で行われ、委任者は受任者から一定の報酬を受け、実質的には、事業の賃貸借と異ならない（したがって、委任者は競業避止義務を負うと解される）。経営管理では、経営は委任者の計算で行われ、受任者は管理権があるにとどまり、その活動に対して委任者から所定の管理報酬を受けるにすぎない（民648条）。

（4）損益共通契約

複数の企業が、法律上は独立しつつ、それぞれの事業（事業）上の損益を合算して、これを一定の割合で分配する契約を、損益共通契約という。この契約は、事業の賃貸借や経営委任と同様の規制に服する（会309条・467条、独禁16条5号）。

【事業譲渡・事業の賃貸借・経営委任の比較】

(A)従来の事業者	→	契約相手方(B)
譲渡会社	事業譲渡	譲受会社
賃貸人	事業の賃貸借	賃借人
委任者	経営委任	受任者

		事業活動の主体（名義）	事業利益の帰属（計算）	A → B	A ← B
事業譲渡		B(譲受会社)	B(譲受会社)	事業	代金等
事業の賃貸借		B(賃借人)	B(賃借人)	事業の使用収益権	賃料
経営委任	狭義の経営委任	A(委任者)	B(受任者)	事業の使用収益権	報酬≒賃料
	経営管理	A(委任者)	A(委任者)	管理報酬	事業指揮

〔参考〕落合他・商法Ⅰ134頁。

3.11.3. 親子会社・企業集団

1 親会社と子会社の概念
2 企業集団の会社法規律

□1.親会社・子会社の意義・判断基準はなにか。
□2.親会社等・子会社等とはなにか、どのような規律の要件に使われているか。
□3.親子会社関係をベースにした企業集団において、会社法は、どのような趣旨で、どのような規律を置いているか。

1 親会社と子会社の概念

（1）親会社・子会社

　会社法上、「子会社」とは、会社がその総株主の議決権の過半数を有する株式会社その他の当該会社がその経営を支配している法人として法務省令で定めるものをいい、「親会社」とは、株式会社を子会社とする会社その他の当該株式会社の経営を支配している法人として法務省令で定めるものをいう（会2条3号4号）。子会社には外国会社も含まれる。

　対象となる範囲を株式会社に限定せず、親子会社関係の判断は、経営の支配による。この経営支配とは、「財務及び事業の方針の決定を支配している場合」と定められ（会施規3条1項2項）、それを判断する形式基準は、総株主の議決権の過半数を有しているかどうかにより、実質基準は、原則として議決権割合が40％以上で、多数の役員派遣・実質的な契約関係・多額の融資等の付加的要件を満たすこと等である（会施規3条3項）。金融商品取引法にもとづく連結計算書類の連結対象となる範囲（財務諸表規則8条4項）とほぼ同等のものとされている。

　会社法では、こうした親会社・子会社（さらには、完全親会社・完全子会社）の概念を用いて、企業集団に関する法的規律が蓄積されつつある。

（2）親会社等・子会社等・関連会社・関係会社

　「子会社等」には、子会社のほか、会社以外の者が経営を支配している法人が含まれ、「親会社等」には、親会社のほか、法人以外の経営支配者が含まれる（会2条3号の2第4号の2、会施規3条の22）。両概念は、平成26年改正会社法により導入され、社外取締役・社外監査役の要件（会2条15号16号）や、支配株主の異動を伴う募集株式の割当等についての特則が適用される要件（会206条の2・244条の2）として用いられる。

　「関連会社」とは、その会社に「重要な影響」を与える会社である。関連会社の認定基準となる影響力基準は、形式基準としては議決権の20％以上の保有であり、実質基準としては、議決権の15％以上の保有で、かつ、付加的要件を満たす場合である（計規2条4項）。関連会社になると、その会社が有している持分に応じて資産・損益が合算されるため、財務状況に大きな影響を及ぼす。なお、子会社と関連会社等を含めて、「関係会社」という（同条3項22号）。

2 親子会社・企業集団の会社法規律

(1) 子会社による親会社株式の取得と三角合併
1) 原則禁止と第一の例外

子会社は、その親会社である株式会社の株式（＝親会社株式）を取得してはならない（会135条1項）。自己株式取得の場合と同様の弊害が発生する可能性があるからである。

但し、第一の例外として、次の場合は、この限りでない。すなわち、①他の会社（外国会社を含む）の事業の全部を譲り受ける場合において当該他の会社の有する親会社株式を譲り受ける場合、②合併後消滅する会社から親会社株式を承継する場合、③吸収分割により他の会社から親会社株式を承継する場合、④新設分割により他の会社から親会社株式を承継する場合、⑤その他、法務省令（会施規23条）で定める場合（会135条2項各号）である。

なお、子会社は、例外的に親会社株式の取得が許される場合、相当の時期にその有する親会社株式を処分しなければならない（同条3項）。また、例外的取得が許されて子会社が一時的に保有する親会社株式については、原則として議決権がない（会308条1項）。

2) 対価柔軟化と第二の例外

さらに、第二の例外として、子会社が他の株式会社の組織再編行為により親会社株式の割当を受ける場合に加えて、子会社が行う組織再編行為に際して親会社株式を交付する場合につき、例外的に、親会社株式の取得が許容されている（会800条）。後者は、いわゆる「三角合併」の場合である。

【親会社株式を交付する三角合併】

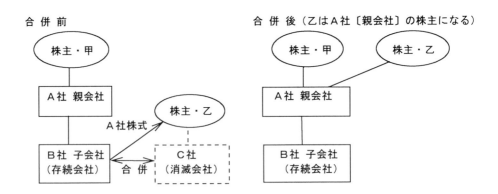

（注）ある会社Aの子会社Bが他会社Cを吸収合併する場合に、存続会社Bが消滅会社Cの株主に、B自身の株式ではなく、親会社A株式を対価として交付する方法での合併を「三角合併」という。これにより、現金を用いずに、外国会社が日本の子会社を使い、内国会社をさらに吸収合併することもできる。こうした外資による合併や敵対的買収の増加を恐れる経済界や与党の要求により、「対価の柔軟化」の規定は、会社法施行日より1年経過する日以降に施行が先送りされ（会附4条）、平成19年5月1日に施行された。

（2）相互保有株式の議決権行使制限

　株式会社がその総株主の議決権の4分の1以上を有する場合（その他の事由を通じて株式会社がその経営を実質的に支配することが可能な関係にあるものとして法務省令で定める場合も同様）、支配されている会社等は、支配している会社の株式を有していたとしても、議決権を有しない（会308条1項）。この相互保有株式の議決権行使制限についても、実質的な基準が採用されている。外国会社も対象になる。

【株式相互保有規制の趣旨と態様】
　2つの株式会社の間での株式相互保有を制限する趣旨は、「資本の空洞化」や「議決権行使の歪曲化」を防ぐことにある。広義には株式相互保有規制の一環でもある子会社の親会社株式取得の禁止は、50％超を持たれていれば持ち返すことができないという場面で、主として資本の空洞化を防ぐとともに、議決権の歪曲化をも防ぐものであるのに対して、相互保有株式の議決権行使制限は、25％以上を持たれると、持ち返しても構わないが、持ち返した株式の議決権は認めないことにして、もっぱら経営歪曲を防ぐことを趣旨としている。

（3）子会社を利用する不正行為の規制

　子会社を利用する不正行為を規制する規定がある。株主等の権利行使に関する利益供与の禁止（会120条）が典型である。また、自己株式取得規制を潜脱することになる子会社による親会社株式の取得を禁じる規制（会135条）も、この趣旨を含んでいる。

（4）親会社の監査役等の兼任禁止と子会社調査権

　会計参与や監査役は、子会社の取締役・執行役・使用人との兼任が禁止されている（会333条3項・335条2項。なお、会337条3項2号〔会計監査人〕、参照）。監査の独立と会計の公正を確保する趣旨である。
　また、親会社の監査役等には、子会社への調査権が認められている（会374条3項4項・会381条3項4項。なお、会399条の3第2項3項〔監査等委員〕・会405条2項3項〔監査委員会〕・会396条3項4項〔会計監査人〕、参照）。

（5）親会社株主による子会社等の情報収集（閲覧等請求権）

　株式会社の親会社の株主等は、権利を行使するために必要なときは、裁判所の許可を得て、子会社の一定の書類・帳簿を閲覧・謄写することができる。その書類・帳簿とは、閲覧謄写権が少数株主権と解される会計帳簿・資料（会43条3項）、単独株主権である定款（会3条3項）、株主名簿（会125条4項）、新株予約権原簿（会252条4項）、株主総会の議事録（会318条5項）、取締役会の議事録（会371条5項）、計算書類等（会442条4項）、社債原簿（会684条4項）である。なお、少数株主の裁判所に対する請求により選任される検査役は、職務を行うために必要があれば子会社の業務及び財産の状況も調査する権限を有する（会358条4項）。

（6）企業集団の財務情報の開示（連結計算書類の制度）

　親子会社を一体として作成される財務諸表によって企業集団の財務情報は正確さ

を増す。そこで、会社法上、企業集団の財産・損益の状況を示す連結計算書類(連結貸借対照表等)の作成・監査・報告が行われる(会444条1項～7項・計規121条。本書3.9.2.の4、参照)。

また、金融商品取引法上、有価証券届出書・有価証券報告書を内閣総理大臣に提出すべき会社(上場会社等)は、それらの書類の一部として子会社との間の連結財務諸表を作成し、公認会計士又は監査法人の監査証明を受けなければならないとされている(金商193条の2)。

(7) 企業集団における内部統制システムの整備

会社法は、「取締役の職務の執行が法令及び定款に適合することを確保するための体制その他株式会社の業務の適正を確保するために必要な体制(会施規100条)」いわゆる内部統制システムの整備に関して、取締役会の専決事項として定め(会362条4項6号)、大会社又は委員会制度を採用する会社においては、当該事項の決定を義務付けている(会362条5項・399条の13・416条2項等)。この内部統制システムに関しては、「当該株式会社並びにその親会社及び子会社から成る企業集団における業務の適正を確保するための体制」としてグループ内部統制に関連する事項が含まれる。

平成26年改正会社法は、この点の整備を、法務省令(改正前会施規100条1項5号等)ではなく、会社法に格上げをして規定した(会362条4項5号等)。このことは、親会社株主の保護のあり方として、親会社取締役による子会社取締役の職務執行の監督義務を明文化すべきとの立法論の一部が実現したものである(但し、親会社取締役の子会社監督義務の明文化は、平成26年改正では最終的に見送られた)。

(8) 完全親会社株主による代表訴訟

1) 原告適格の継続と旧株主の提起権

株式交換・株式移転による持株会社の創設又は合併により、株主代表訴訟を提起していた株主がその会社(完全子会社となる会社又は合併による消滅会社)の株主でなくなった場合でも、完全親会社又は合併による新設会社ないし存続会社の株主となるときは、原告適格を失わず訴訟の継続が認められる(会851条)。

また、株式交換等により完全子会社化された株式会社に関して、完全子会社化以前に株主代表訴訟を提起し得る立場にあった株主は、株式交換等によって完全子会社の株式を失った後も、その対価として取得した完全親会社の株式を引き続き保有している限り、完全子会社の取締役等に対して株式交換前の事由に関して株主代表訴訟を提起できる(会847条の2〔平成26年改正事項〕)。

これら、株主代表訴訟に関する原告適格の継続と旧株主の提起権は、完全親会社株主による代表訴訟の活用が例外的に認められる場面といえる。

2) 多重株主代表訴訟

平成26年改正会社法によって、従前の会社法における自社の取締役等に対する株主代表訴訟よりも限定的な形ではあるが、多重代表訴訟制度(最終完全親会社等の株主による「特定責任追及の訴え」の制度)が設けられている(会847条の3)。

（9）親会社による子会社株式譲渡

　一定の要件を満たす重要な子会社の株式等の譲渡について、事業譲渡等に関する規律（株主総会決議による承認を得ることの義務付けや反対株主の株式買取請求等）が適用される（会467条1項2号の2）。これは、重要な子会社の譲渡について、親会社株主に一定の範囲での関与を認めたものである。

3.11.4. 企業買収

1　企業買収の意義と方法
2　株式取得による企業買収
3　敵対的買収と買収防衛策

☐1.企業買収とはなにか。どのような形態や方法があるか。
☐2.株式取得による企業買収には、どのような方法があるか。
☐3.企業買収の対象会社の取締役はどのような義務と責任を負うか。
☐4.敵対的企業買収の功罪はなにか。どのような防衛策が考えられるか。

1　企業買収の意義と方法

（1）M＆Aと企業買収（友好的買収と敵対的買収）

　M＆A（Mergers and Acquisition：合併と買収）とは、事業の拡大や統合によるシナジーの獲得（相乗効果による企業価値の増加）を目的として行われる事業や会社企業の取得行為をいい、主に会社企業の経営支配権の移動の面が注目されることが多い。M＆Aは、19世紀末からアメリカで盛んとなり、何度かのブームを経て、今日では世界中で行われている。日本企業が当事者となるM＆Aは、20世紀末から21世紀にかけて盛んとなり、その後、景気後退とともに減少したが、最近は増加傾向にある。また、国際的な企業買収が増加し、日本の企業が買収の対象になるインバウンドの買収のほか、日本の企業が外国の企業を買収するアウトバウンドの買収がある。
　M＆Aには、事業会社が戦略的経営の一環として行う事業再編が多いが、会社経営陣にも受け入れられる「友好的買収」のほかに、対象会社の経営陣の同意がないまま行われる「敵対的買収」がある。
　一般に、敵対的買収の対象となりやすいのは、手元資金が豊富で、株価が割安となっている会社、借入金が少ない会社、浮動株比率が高く安定株主が少ない会社などである（わが国では、株式の相互持ち合いの解消が進み、浮動株比率の上昇により敵対的買収が行われやすい状況を迎えている）＊。

＊**敵対的企業買収の功罪**　敵対的買収といっても、買収者によって非効率な経営から効率的な経営への転化を実現する場合には、必ずしもマイナスの評価を与えることはできない。しかし、現実には、会社の効率的な経営に脅威となるような敵対的買収も多い。
　例えば、企業を売買するなどして利益を上げようとする買収や、グリーンメールと呼ばれて、買い占めた株式を対象会社などに高値で買い取らせて自らの利益のみを追及するタイプがある。また、「強圧的二段階買収」というタイプがあり、これはTOB（公開買い付け）に際して第

一段階の買収条件のみを有利にすることで売買条件に納得しない株主に売り急ぎを強要するもので、現経営者に代替提案をする余裕を与えず、株主に十分な情報にもとづく適切な判断をさせないまま、安価で売り急がせるものである。また、買収後に従業員の大量解雇や賃下げを行って従業員利益を株主に移転し、会社企業の重要な人的な資産を破壊して、買収者だけが利益を得ようとするタイプもある。こうした敵対的企業買収は、濫用的買収とも呼ばれる。

敵対的企業買収では、デュー・デリジェンスが行えず、対象会社がどのような対抗策を採りうるかが会社法上問題になる。

(2) 企業買収の手段・方法

第1の類型は、買収する側(買収者又は買収会社)が買収の対象となる会社(対象会社)の株式を取得する方法である。これには、①対象会社の株主から株式を譲り受ける場合、②対象会社から募集株式の発行を受ける場合、③会社法上のキャッシュ・アウトや株式交換により対象会社の株式の全部を取得する場合がある。

第2の類型は、買収会社が対象会社を合併する方法である。

第3の類型は、買収者が対象会社それ自体ではなく対象会社の保有事業を取得する方法である。これには、対象会社の事業の全部又は一部を吸収合併により承継する場合、事業の全部又は一部を譲り受ける場合がある。

(注)本書では、既に、第2と第3の類型で用いられる法的手段の内容を説明してあるので、以下に第1の類型の法的手段を扱う。

2 株式取得による企業買収

(1) 対象会社株主からの株式取得と公開買付
1) 株式取得方法と公開買付規制の必要性

買収者が対象会社株主から株式を取得する場合、①対象会社の株式が公開されていれば、市場を通じてできるだけ多くの株主から株式を取得するか、②市場外で少数の大株主から相対取引で株式を取得するか、あるいは、③市場外で多くの株主から株式を取得するかのいずれかを試みることになる。しかし、①では時間やコストを要し、取得する株式量にも限界があるので、通常、広く市場外で株主全員に対して株式を一定価格で買い付けることを申込む方法により、「公開買付(TOB＝Take over bid〔英〕、Tender offer bid〔米〕)」の制度のもとで株式の取得が行われる。

前述の②③のような市場外での株式の大量取得では、株式取引当事者間に情報格差・非対称性が生じ、公正な市場秩序が作用せず、また、不正行為が起こりやすい。理論的には、株式が会社支配権を有するようになると株式価値が増大し、その支配権プレミアムは少数株主や投資家に平等に分配されるべきとの考え方がある(機会均等理論)。さらには、市場全体に及ぼす影響が大きく、一般投資家の保護が求められる。これらのことを踏まえ、市場外の株式大量取得については、情報開示や公正・平等の確保を図る必要が大きいことから、公開買付制度が設けられている*。

* **公開買付制度の導入** わが国では、昭和46(1971)年の旧証券取引法改正により、アメリカに倣って、一般投資家保護のための情報開示(ディスクロージャー)等の一定の手続を求める株式公開買付制度が導入された。平成2(1990)年同法改正では、強制的公開買付制度

や大量保有報告制度等が導入された。そして、平成18(2006)年改正(金融商品取引法と改称)では、市場内外における急速な買付の禁止や買収者が競合する場合の公開買付の強制を定めて、公開買付規制の適用範囲の明確化を図り、さらに、情報開示の充実や一定の場合の全部買付の義務化を定めて、投資家保護を促進している。

(注)公開買付制度について、黒沼悦郎『金融商品取引法』有斐閣(2016年)257頁、同『金融商品取引法入門(第6版)』日本経済新聞社(2015年)120頁、松岡啓祐『最新金融商品取引法講義(第3版)』中央経済社(2016年)67頁等、参照。

2) 公開買付が必要な場面

金融商品取引法によれば、大別して次の場合には、公開買付を行わなければならない(それぞれに実情に応じた規制の必要性がある)。

①60日間で11名以上の者から市場外で株券等を買い付け、買付後に株券等所有割合が5％を超える場合である(金商27条の2第1項1号)。多数の者から大量の株式を短期間に取得する場合には、株券等の提供勧誘を受ける投資家の投資判断の歪みを情報開示によって是正するとともに、強圧性を回避し、また、効率的な企業買収を実現する必要がある。

②60日間で10名以内の者から市場外で株券等を買い付け、買付後の株券等所有割合が3分の1を超える場合である(3分の1ルール〔同条項2号〕)。支配権プレミアムの公正な分配を図る必要があるからである。したがって、支配権の移動がない場合(自社株の市場外取引を含む)には、この3分の1ルールによる公開買付は適用されない(但し、同条項3号4号に注意)。

③ある者による公開買付期間中に、株券等所持割合がすでに3分の1を超える他の者が対象会社の株式を取得する場合には、他の者も公開買付の手続を要する(同条項5号)。公開買付者間の公平性の確保とともに重要な情報が提供される必要があるからである。

3) 公開買付の手続と情報開示

ⅰ 公開買付開始の開示　公開買付者は、「公開買付開始公告」を行い(金商27条の3第1項、公告は日刊新聞紙やEDINETによる)、内閣総理大臣に「公開買付届出書」(買付期間・買付価格・買付予定株券数・買付条件等の公開買付要項、買付者と対象会社の状況等が記載される)を提出する(同条2項)。広く投資家に情報を開示して、参加の機会を保障し、対象株券の提供・保有・売却をするための判断に供することになる。買付者等は、その届出書を提出すれば、開始公告の翌日以降、公開買付説明書を交付して、いつでも買付等の申込等の勧誘を行うことができる(同条3項)。

【MBOとゴーイング・プライベート(株式非公開化取引)】
対象会社の経営者が参加する自社買収は、MBO(Management Buyout)と呼ばれ、従業員が参加する買収は、EBO(Employee Buyout)と呼ばれる。買収者が買収資金を投資ファンドや金融機関等から借り入れ、その借り入れの担保に対象会社の資産を充てる買収のことは、LBO(Leveraged Buyout)と呼ばれる。

最近では、対象会社の経営者(又は労働者)が出資した会社やファンド等が、まず第一段階として、TOBにより対象会社の株式取得を試み、次いで、第二段階として、TOBに応じない株式を強制取得するという、「二段階買収」が行われる。これにより、会社の株式が経営者等の設立した会社に集中して上場廃止となり(「株式非公開化＝ゴーイング・プライベート」という)、迅速な

経営改革が可能となる。また、改革後高値で再上場することで、経営者等や投資ファンドは巨額の利益を得ることができる。

MBOでは、買収者が対象会社の役員等であるから、買付価格が不当に安く設定されて利益相反となり、一般株主・投資家にとっては不利な条件で締め出しを強制されるリスクがある。そこで、究極の買収防衛策と言われるMBOやLBO等の株式非公開化取引については、価格の妥当性確保や利益相反の回避の方策に関する開示、上場廃止とする意思の確認等に関する開示が必要とされる。また、市場の不安定要因とならないように、経営者に有利な価格設定や情報操作が行われないように、金融機関や監査法人の独立した第三者による評価が求められる（公開買付府令13条1項8号）。

ⅱ　対象者の意見表明・質問と買付者の回答　　公開買付には会社支配権の争奪が伴うので、買収防衛策発動の有無、買収への賛否、それらの結論に至ったプロセス等の情報は、投資家にとって重要な投資判断資料となる。対象会社の現経営陣と会社買収をはかる公開買付者の双方から、いわゆる爾後の会社経営方針等をめぐるマニフェストが明らかにされることは、投資判断上、有意義である。

そこで、公開買付の対象会社は、公開買付開始公告の日から10営業日以内に、「意見表明報告書」を内閣総理大臣に提出することが義務づけられ（金商27条の10第1項）、そこには、買付者への質問を記載することができる。質問が記載されたときは、買付者は5営業日以内に「対質問回答報告書」の提出を要する（同条11項）。理由を付して質問に答えないという回答も可能である。但し、金融商品取引法上は、質問・回答の義務は1回であり、買付者から対象者への質問権は法定されていない。また、買付期間が短い場合に、対象会社は買付期間の延長請求ができ、対象会社の延長公告義務と買付者の延長義務が定められている（同条3項）。

ⅲ　公開買付終了とその開示　　公開買付期間が終了したときは、金融商品取引業者や金融機関である指定代理人を通して、遅滞なく株券の受渡しと代金決済を行い、公開買付の結果を公表して、「公開買付報告書」の内閣総理大臣への提出を要する（金商27条の13第1項2項）。

4）公開買付の行為規制

公開買付には、情報開示規制のほかに、実体的な行為規制が定められている。第1に、投資家の平等取扱の観点から、買付条件の均一性（金商27条の2第3項）、公開買付期間中の別途買付の禁止（同27条の5）、提供株式が買付予定株式数を超過した場合の按分比例による買付（同27条の13第5項）と買付後の株券等所有割合が3分の2以上となる場合の全部買付義務（同4項）が定められている。

第2に、相場操縦等の濫用防止の観点から、応募株数状況による買付数制限の原則禁止（同27条の13第4項）、公開買付の撤回の制限（同27条の11第1項）、買付価格の引き下げ等一定の買付条件変更の禁止（同27条の6、公開買付期間中の対象会社の株式分割時の買付価格引受に関する基準）が定められている。

5）大量保有報告制度

上場会社の株券等を5％を超えて保有する者（大量保有者）には、原則として、氏名・持株数・目的・資金源等の情報を記載した「大量保有報告書」の提出と開示が義務づけられ、以後、1％刻みでの変更にも報告書の提出等が義務づけられている（5％ルール〔金商27条の23〕）。大株主の登場や買い占めの発生等の株式大量保有

は、対象会社の支配関係と市場の需給関係に影響を及ぼし、投資家の投資判断に影響するので、市場情報の透明性を確保し、不当な高値肩代わり（グリーンメーラーの手口）や相場操縦を防止するためである（最新の制度内容につき、町田行人『詳解大量保有報告制度』商事法務〔2016年〕）。

（2）第三者割当増資による買収

　取締役会決議により特定の者に対する募集株式の発行等（第三者割当増資）を行う方法で、買収者が対象会社の株式を取得し、買収を図ることができる。この方法による買収は、取締役会決議だけで迅速に行うことができ、機動的な資金調達の実を伴うという利点はあるものの、株主が決定に関与できないままに、既存株主の持株比率の希釈化が起こり、現経営陣の支配権の維持・確保や支配権の移動が画策されたり、公開買付の方法での買収であれば配慮される利益相反防止や支配権プレミアム配分等がなされないという問題が生じる（東京証券取引所では、これらに備えた上場会社の「企業行動規範」が定められている。同上場規程432条）。

　会社法上、著しく不公正な方法による株式発行として、株主による発行差止請求（会210条）の対象となる場合もある（本書前掲3.8.2の3、参照）。また、平成26年会社法改正により、支配権の異同をもたらす第三者割当への対応（会206条の2）や仮想払込への対応（会213条の2・213条の3）がなされている。

（3）キャッシュ・アウトの意義と方法

1）意義・視点

　少数株主の個別の同意を得ることなく少数株主全員に対価を交付して、その有する株式全部を取得し、少数株主を締め出すことを「スクイーズ・アウト（Squeeze Out）」といい、その際に対価として金銭を交付するのが「キャッシュ・アウト（Cash Out）」である（株式を交付する場合は、ストック・アウト（Stock Out）と呼ばれる）。

　株式会社の大株主には、長期的視野に立った柔軟な経営、株主総会手続の省略（会319条）による意思決定の迅速化、有価証券報告書の提出義務等の遵守や株主管理コストの削減等を実現するために、現金を対価として少数株主を締め出すことへのニーズがある。また、キャッシュ・アウトを行う際には、手続を簡易・迅速に行いたいとのニーズもある。他方で、その意思に反して保有する株式を失う少数株主の利益（特に対価の適正）に配慮し、手続の公正性を確保する必要がある。

2）方　　法

　以上を踏まえて、平成26年会社法改正では、キャッシュ・アウトの手法が整備された。現行会社法で認められるキャッシュ・アウトの方法を概観すると次のとおりである。

　第1の類型として、対象会社の株主総会の特別決議による承認を得て行うキャッシュ・アウトがある。これには、金銭を対価とする株式交換による方法、全部取得条項付種類株式の取得による方法及び株式併合による方法がある（後二者を以下に詳述）。

　第2の類型として、株主総会の特別決議によらないキャッシュ・アウトがある。これには、金銭を対価とする略式株式交換による方法及び特別支配株主の株式等売渡請求による方法がある（後者を以下で詳述）。

(4) 株主総会の特別決議によるキャッシュ・アウト

1) 株式併合により生じる端数の処理

株式併合は、株式分割とともに、発行済株式数と株価を調整する手段であるが、他方で、極端に多い数の株式を1株に併合して、1株未満の端数を処理(端数合計数に相当する株式を裁判所の許可を得て売却し、その全部を買収者が購入して、代金を端数株主に交付)すれば、キャッシュ・アウトの手法となる。株式併合には、その都度、株主総会の特別決議が必要である(会180条)。

株式併合によって株式の端数が生じる場合には、その所有者に対して適正な対価が交付されなければばらない。平成26年会社法改正により、一定の要件(単元株式数に併合割合を乗じた場合に端数が生ずること)に該当する株式併合(会182条の2)について、他のキャッシュ・アウト手法と平仄を合わせた法的規律を設けて、株式併合に関する手続が整備された(①事前開示・事後開示手続による情報開示(会182条の2・182条の6、会規33条の9・33条の10)、②株式併合についての差止請求制度(会182条の3)③反対株主の株式買取請求制度(会182条の4・182条の5)等の創設)。

2) 全部取得条項付種類株式の利用

金銭を対価とする合併や株式交換は原則として課税の対象となることから、従来、キャッシュ・アウトの実務は、全部取得条項付種類株式を用いたスキームを利用する方法により行われてきた。定款に必要事項を定め、株主総会の特別決議により行う(会309条2項3号)。対象会社において、種類株式発行会社になる旨及び発行済株式すべてを全部取得条項付種類株式とする旨の定款変更を行い、次いで、全部取得条項付種類株式を取得する総会決議において、取得対価として交付する他の種類株式1株を極端な大きさとし、端数処理をすれば、売却金を株主に交付してキャッシュ・アウトを行うことができる。

全部取得条項付種類株式の制度は、元来、100%減資を実行しやすくすること等を主眼として創設された制度であるため、組織再編の場合と比較して、情報開示や少数株主の保護のための規律が必ずしも十分ではなかった。平成26年会社法改正では、改正前に不都合が指摘されていた事項を是正し、他のキャッシュ・アウト取引、組織再編等の手続きとの平仄を図る観点から、規律が整備された(具体的には、①事前開示・事後開示手続による情報開示の充実(会171条の2・173条の2、会規33条の2・33条の3)、②取得価格決定申立てに関する規律の整備(対価に不満を持つ株主による価格決定の申立て時期を取得日の20日前の日から取得日の前日までとする。会172条)、③全部取得条項付種類株式の取得についての差止請求制度の創設(会171条の3)等)。

3) 株主総会等の決議の取消しの訴えの原告適格

キャッシュ・アウトにより保有株式を取得されたとしても、株主総会等の決議の取消しにより株主となる者は、訴えをもって当該決議の取消しを請求することができる旨が明確化されている(会831条1項〔平成26年改正事項〕、平成26年改正前会社法においては、この点に関する明文規定がなく、裁判例において、株主総会等の決議の取消しにより株主となる者は当該取消しの訴えの原告適格があると判断されていた)。

(5) 株主総会の決議によらないキャッシュ・アウト
＝ 特別支配株主の株式等売渡請求の制度

1) 制度趣旨

平成26年会社法改正では、少数株主の適正な利益保護及び手続の適正性を確保し、その利益との調和を図りつつ、株式会社の大株主が持つキャッシュ・アウトのニーズを満たすことを目的として、特別支配株主による株式等売渡請求の制度が創設された（会179条以下）。

すなわち、株式会社（対象会社）の総株主の議決権の90％以上の議決権を有する株主（特別支配株主）は、他の少数株主全員に対してその有する株式及び新株予約権の全部を金銭を対価として売り渡すことを請求（株式等売渡請求）し、これを取得できる（会179条～179条の10等）。この株式等売渡請求には、対象会社の取締役会の承認は必要であるが、株主総会決議は不要である*。

* **平成26年会社法改正を受けた二段階買収の実務のスキーム**　第一段階の株式公開買付により90％を取得できた場合は特別支配株主の株式売渡請求（会179条）により、90％を取得できなかった場合には、端数株を生じる株式併合（会180条）の端数処理により、株式の強制取得が行われる。

2) 売渡請求の手続と情報開示

ｉ　**対象会社の承認・通知・公告**　特定支配株主が株式等売渡請求をするには、まず、対象会社に対して、その旨と一定の事項（会179条の2第1項）を通知し、承認を受けることを要する（会179条の3第1項。なお、特別支配株主が株式売渡請求に併せて新株予約権売渡請求をしようとするときは、対象会社は新株予約権売渡請求のみを承認することはできない〔同条2項〕）。取締役会設置会社では、承認の決定は、取締役会決議による（同条3項）。対象会社は、承認をするか否かの決定をしたときは、特別支配株主に対し、その決定内容を通知しなければならない（同条4項）。

承認をした対象会社は、取得日の20日前までに、売渡株主に法定事項を通知し、売渡新株予約権者・売渡株式の登録質権者に法定事項を通知又は公告をする（会179条の4第1項2項。なお、費用は特別支配株主の負担〔同条4項〕）。通知・公告により、特別支配株主から売渡株主等に対して株式等売渡請求がされたものとみなされる（同条3項）。株式等売渡請求の撤回ができるのは、売渡株式等の全部について、かつ、対象会社の承認を受けた後は取得日前日までに対象会社の承諾を得た場合に限る（会179条の6）。

ⅱ　**情報開示**　対象会社は、重要事項につき、事前の情報開示（会179条の5、会施規33条の7）、及び、事後の情報開示（会179条の10、会施規33条の8）をしなければならない。

ⅲ　**売渡株式等の取得**　株式等売渡請求をした特別支配株主は、取得日に、売渡株式等の全部を取得する（会179条の9第1項。なお、取得した売渡株式等が譲渡制限株式又は譲渡制限新株予約権であるときは、対象会社が取得の承認をする旨の決定をしたものとみなされる〔同条3項〕）。

3）取得価格決定制度

株式等売渡請求があった場合には、売渡株主等は、取得日の20日前の日から取得日前日までの間に、裁判所に対し、売渡株式等の売買価格の決定の申立てをすることができる（会179条の8第1項）。特別支配株主は、裁判所の決定した売買価格に取得日後の法定利率により算定した利息を付して支払わなければならないが（同条2項）、公正な価格と認める額の支払により利息の支払を回避できる（同条3項）。

4）差止請求権

①株式売渡請求が法令に違反する場合、②対象会社による売渡株主に対する通知又は事前情報開示の規律違反の場合、③対価が対象会社の財産の状況その他の事情に照らして著しく不当である場合には、売渡株主が不利益を受けるおそれがあるときは、売渡株主は、特別支配株主に対し、株式等売渡請求に係る売渡株式等の全部の取得の差止めを請求することができる（会179条の7第1項。売渡新株予約権者の差止請求権〔会179条の7第11項〕）。

5）売渡株式等全部の取得の無効

株式等売渡請求にもとづく売渡株式等の全部の取得が違法であった場合における取得の無効については、取得日から6か月以内（非公開会社では1年以内）に、「売渡株式等の取得の無効の訴え」によってのみ主張することができる（会846条の2）。無効原因は法定されていないので、解釈による*。

訴えの原告適格は、①取得日において売渡株主（新株予約権売渡請求もなされた場合は売渡株主・売渡新株予約権者）であった者、②取得日において対象会社の取締役（監査役設置会社では取締役・監査役、指名委員会等設置会社では取締役・執行役）であった者又は対象会社の取締役・清算人に限られる（会846条の2第2項）。訴えの被告は特別支配株主である（会846条の3）。

無効の確定判決は対世効を有するが（会846条の7）、売渡株式等の全部の取得は将来に向かって効力を失い、遡及効はない（会846条の8）。その他、専属管轄・担保提供命令・弁論等の併合・原告敗訴の場合の賠償責任は、「会社の組織に関する訴え」の場合と同様である（会846条の4～846条の6・846条の9）。

* **売渡株式等全部の取得の無効原因**　売渡等請求による取得手続の瑕疵のうち重大なもの（取得者の議決権要件の不足や対象会社の取締役会承認決議の欠缺等）が無効原因になる。取得対価の不当性は、売買価格決定手続（会179条の8）によれば足りることから、原則としては無効原因にならないが、対価が著しく不当な場合には、事後的な無効主張の余地を認める必要もあることから、無効原因になると解される（江頭・株式会社法282頁、田中亘・会社法605頁）。

キャッシュ・アウトに共通して、少数派株主を締め出すこと以外に正当な事業目的を持たないことが無効原因になるかについて、議論がある。株主総会決議が必要な場合（株式併合や全部取得条項付種類株式の全部取得の場合）は、特別利害関係人の議決権行使による著しく不当な決議があったとして総会決議取消事由（会831条1項3号）とすることができるものの、上場会社等の公開会社では著しく不当な決議にはあたらないと解される（但し、閉鎖会社では不当性の慎重な判断が必要。江頭・株式会社法160頁）。他方、総会決議が不要な特別支配株主の売渡等請求による取得の場合については、取得の無効原因と解する余地がある。

（6）買収対象会社の取締役の義務と責任

　会社法では、取締役は会社に対して善管注意義務・忠実義務を負うとされ（会330条、民644条、会355条）、取締役と会社の間の利益相反を規律する規定が設けられているが（会356条1項2号3号）、買収対象会社取締役が買収者と買収条件の交渉と決定を行う場面では、会社の利益を通さずに直接に株主の利益に影響を及ぼす（とくにMBOの場面では株主の間に利益相反が生じる）ことから、取締役は、善管注意義務の一環として「株主の共同の利益」を図る義務を負うと解され、取締役がこの義務に違反して株式の公正な価額に較べて低い価額で買収がなされたときは、取締役は株主に対して損害賠償責任（会429条1項）を負う。

　MBOの場面における株主の共同の利益は公正な買収価格を受け取ることであるから、取締役は公正な企業価値の移転を図らなければならない義務（公正価値移転義務）を負い、また、株主に対して一定の「適正情報開示義務」を負うとの裁判例がある（東京高判平25・4・17判時2190・96〔レックス・ホールディングス事件〕会社百選54）。

　取締役が対象会社に損害を生じさせた場合には、対象会社に対して任務懈怠による損害賠償責任を負う（買収対価引き下げのために価格決定プロセスに不当介入した取締役の責任を認めた裁判例として、大阪高判平27・10・29判時2285・117〔シャルレ事件〕会社百選A25）。

3　敵対的買収と買収防衛策

（1）予備的対応と買収防衛策の態様

　敵対的買収の対象にならないようにする予備的対応としては、一方で、事業経営の収益性を高めて会社の潜在的な事業価値を少なくすることや、株主還元や資本再編により会社の潜在的財務価値を少なくすることによって、買収者に買収の魅力を感じさせないようにしたり、他方で、浮動株数を調整したり安定株主を増やすことによって、買収をしようにも困難な状況を見せておくことが効果的である。

　しかし、それらが十分に実施できずに敵対的買収を進められたり、また、実施しておいても敵対的買収を仕掛けられることがある。敵対的買収に対して、さまざまな防衛策が考案されてきた。

　敵対的買収に対する防衛策の態様は、その導入の時期に注目して、買収者が登場する前、つまり平時に導入しておく防衛策（事前防衛策）と、買収者が現れたとき、すなわち有事に導入する防衛策（有事防衛策）とに分けることができる。事前に導入する防衛策でも、実施されるのは有事の場合であるものは、平時導入・有事発動型防衛策と呼ばれ、それが開示されることから「事前警告型防衛策」とも呼ばれる。

　会社法上、会社が「財務及び事業の方針の決定を支配する者の在り方に関する基本方針」を定めている場合には、その基本方針の内容と、その実現に資する特別な取り組み、「不適切な者によって支配することを防止するための取り組み」などを事業報告書に記載して開示することが求められる（会施規127条）。この「不適切な者に

よって支配することを防止するための取り組み」こそが、敵対的買収防衛策である。

（2）事前防衛策
1）新株予約権や種類株式を活用した事前防衛策

買収者が株式の取得を進めても、その持株比率・支配比率を低下させることができれば、もっとも有効な防衛策となり、そうした仕組みを事前に導入しておいて、有事に発動することを予定しておくという事前防衛策（平時導入・有事発動型防衛策）がある。そのような仕組みを定めた条項は、「毒薬条項（ポイズン・ピル）」と呼ばれる。その典型は、新株予約権を利用した「ライツ・プラン」と呼ばれる防衛策である。

これは、買収者は行使できず買収者以外の株主が行使できるという差別的な行使条件を付けた新株予約権を全株主に対して無償で発行しておき、敵対的な買収者が一定割合を超える株式を買い付けた場合、買収者以外の株主が新株予約権を行使することによって、買収者の持株比率を低下させる仕組みである（希釈型ポイズン・ピルともいう）。この場合に、取得条項付新株予約権を付与しておき、会社が新株予約権を取得する対価として買収者には金銭を、買収者以外の株主には株式を交付することで、強制的に買収者の持株比率を低下させることができる。

他方、買収者が株式を取得しても、取得条項付株式や全部取得条項付株式としておけば、対象会社が強制取得条項を適用して議決権比率を低下させることができ、議決権制限株式としておけば議決権行使による影響を免れることができる。また、友好的な第三者に対して、対象会社の一定の行為に拒否権を行使できる株式（拒否権付種類株式）を発行しておけば、買収者が株式を取得しても思うように対象会社の行為を要求できないことになる。この拒否権付種類株式は黄金株と呼ばれる（拒否型ポイズン・ピルとも呼ばれる）。これが買収者の手にわたらないように、譲渡制限株式としておくとより効果的である。

2）定款や会社内部規定を活用したその他の事前防衛策

上記のライツ・プランの設定や種類株式を活用する方法は、関係者の利害が絡み、また、会社の組織や財務に大きな影響を及ぼすので、手続きや内容を慎重に定めなければならない。

そうした配慮が比較的に少なくてすむ会社内部の意思決定で導入できる方法として、敵対的買収を阻止する（株式取得による多数派の形成を困難にしたり、経営支配権の取得を難しくする）ような条項を、定款等に事前に導入しておく方法がある。例えば、決議要件の加重、取締役解任要件の加重、取締役数の削減・欠員解消、株式発行予定枠（授権資本枠）の拡大等を図る条項である（これらの条項は「鮫よけ（shark repellent：シャーク・リペラント）条項」と呼ばれている）。

その他、会社法では、基準日制度（会124条4項）をうまく活用して議決権を行使できる者を適切に設定したり、剰余金分配規制が緩和されたこと（会453条）を活かして手元資金を減らして買収の標的になることを回避したりすることもできる。

（3）有事防衛策

買収者が現に登場してから導入する有事防衛策としては、第三者割当増資や対

抗TOBなど、ホワイト・ナイト（白馬の騎士）と呼ばれる方法が典型である。買収を仕掛けられたときに、対象会社の経営者に友好的な第三者に対して、対象会社が新株を発行する（自己株式を処分する場合も含む）ことで買収者の支配比率を低下させる方法は、従来から広く用いられてきた。会社法のもとでの新株発行（募集株式の発行）は、公開会社では、授権資本枠の範囲内であれば取締役会の決議のみで（指名委員会等設置会社では執行役かぎりで）可能である。

但し、特に有利な発行価額による第三者割当増資となる有利発行の場合は、発行する株式の種類、数及び最低発行価額について、株主総会の特別決議が必要である。また、その有利発行に当たらない新株発行であっても、著しく不公正な方法による発行で、株主が不利益を受けるおそれがある場合には、株主は会社に対して新株発行の差し止めを請求できることになっているので注意を要する。どのような場合に新株発行の差し止めが認められるかは大きな問題である。

また、買収者を差別的に扱う条件のついた取得条項付新株予約権の株主への無償割当を有事に行い、買収者の支配比率を低下させることも可能であるが、その場合についても、新株予約権の不公正発行に対する差し止め請求の制度の適用を巡る問題がある。それらの問題点を巡って裁判例が蓄積している*。また、事前警告型買収防衛策が実務的工夫を重ねて利用されている**。

* **買収防衛策をめぐる2つの著名な裁判例**　一つは、主要目的ルールの例外を認めた決定である（東京高決平17・3・23判時1899・56〔ニッポン放送事件〕会社百選99）。同決定は、支配権維持・確保目的の新株発行等が例外的に適法となる「特段の事情」の具体例として、次の4類型を示した。すなわち、買収者の目的が、①ただ株価をつり上げて株式を高値で会社関係者に買い取らせる目的（グリーンメーラーの手口）、②対象会社の知的財産権やノウハウ等を買収者に移譲する目的、③対象会社の資産を買収者の債務の担保や弁済原資として流用する目的、④会社経営を一時的に支配して事業に当面関係していない高額資産等を売却等処分させ、売却資金により一時的高配当させる目的である場合である。効率的な買収をも阻害する結果にならないよう、その4類型は合理的に限定解釈するべきとの見解がある（田中亘・会社法672頁）。

もう一つは、株主総会の承認を得て発動された防衛策の適法性を扱った決定である（最決平19・8・7民集61・5・2215〔ブルドックソース事件〕会社百選100）。最高裁は、差別的な内容の新株予約権の無償割当てに対しても株主平等原則（会109条1項）の趣旨が及ぶことを認めつつ、特定の株主による経営支配権の取得に伴い会社の企業価値が毀損され、会社の利益ひいては株主の共同の利益が害されることになるような場合には、その防止のために当該株主を差別的に取り扱ったとしても、当該取扱いが衡平の理念に反し、相当性を欠くものでない限り、これを直ちに同原則の趣旨に反するものということはできないと判示した。その上で、「特定の株主による経営支配権の取得」が「企業価値をき損」するか否かの判断は、最終的には、会社の利益の帰属主体である株主自身により判断されるべきであり、株主総会の手続が適正さを欠くとか、判断の前提とされた事実が不存在であったり虚偽であるといった重大な瑕疵がない限り、その判断が尊重されるべきであるとした。株主総会の承認を得た点で限定的であり、買収者への経済的補償をめぐっては異論もある。

** **事前警告型防衛策と合理性確保の実務**　今日の実務における事前警告型防衛策とは、当該防衛策の導入会社を買収しようとする（対象会社の株式を20％以上取得するか、又は公開買付をする）者に対し、買収後の事業計画を含む一定の情報提供を行うことと、導入会社の取締役会が当該提案を検討し、必要に応じて代替案を株主に提示するための期間（60日ないし90日間）を確保するように求め、仮に買収者がそうした手続を履践せずに買収を試みたときは、差別的な内容の新株予約権の無償割当て等の対抗策を発動する旨をあらかじ

め公表するというものである。
　事前警告型防衛策は、恣意的に発動されるリスクがあるため、実務上、社外取締役・社外監査役・外部有識者等で構成される独立委員会（特別委員会・第三者委員会、対象会社の取締役会決議で任意に創設される諮問組織で、会社法上の組織ではない）を設け、防衛策発動（トリガー）は同委員会の勧告にもとづくと定められることが多い。防衛策導入に際しては、定款変更又は「勧告決議」という形で株主総会の承認を得ることとし、1～3年間の防衛策有効期間の満了時に、再度、株主総会の承認を得ることとされている。

（4）敵対的買収防衛策導入の指針

　敵対的買収に対する防衛策として以上に述べた選択肢について、会社はどのような方法をどのようにして導入することができるのか、その実務指針が求められ、経済産業省の企業価値研究会では、企業価値の向上につながる公正な敵対的買収防衛策のあり方について議論を重ね、「企業価値報告書」を公表した。それを受けて、経済産業省と法務省は、平成17年5月27日、「企業価値・株主共同の利益の確保又は向上のための買収防衛策に関する指針」を公表し、濫用的買収を防ぐとともに、買収対象会社の過剰防衛を避けるために、買収防衛策は以下の3原則に従うべきとしている。
　すなわち、①企業価値・株主共同の利益の確保・向上の原則（買収防衛策の導入と発動は、「企業価値」と「株主共同の利益」を確保し向上させる目的によらなければならないこと）、②事前開示・株主意思の原則（買収防衛策は、株主及び投資家・買収者などの予見可能性を高め、株主の適正な選択の機会を確保するために、導入に際して目的・効果を具体的に開示し、かつ株主の合理的な意思に拠るべきこと）、③必要性・相当性確保の原則（買収防衛策の発動に際して、企業価値・株主共同の利益に対する脅威が存在すると合理的に認識した上で、当該脅威に対して過剰でない相当な内容の防衛策を発動しなければならないこと）の3原則を掲げ、具体的な基準を示している。
　それらは、法的ルールでも裁判例でもないが、現在、買収防衛策の実務指針として、また、法的判断の手がかりとして、重要な役割を果たしている。

《持分会社・組織変更》

3.12. 持分会社と会社の組織変更

3.12.1. 持分会社 —— 合名会社・合資会社・合同会社

1　持分会社の意義と会社法規律
2　設　立
3　社　員
4　管　理
5　計算等
6　定款変更
7　解　散
8　清　算

□1.持分会社とは、どのような会社類型か。その会社類型にはどのような種類の会社があるか。
□2.持分会社は、会社法上、どのように整理された規律に服するか。
□3.持分会社の法的規律は、株式会社と較べて、どのような特色があるか。

1　持分会社の意義と会社法規律

　会社法上、「持分会社」とは、合名会社、合資会社、合同会社の総称であり（会575条1項）、株式会社と対比される会社の類型名である。持分会社において、無限責任社員のみで構成される会社が合名会社（会576条2項）、無限責任社員と有限責任社員とで構成される会社が合資会社（同条3項）、有限責任社員のみで構成される会社が合同会社（同条4項）である（本書3.2.3.の1、28頁29頁の図表、参照）。
　持分会社に属する各種の会社では、いずれも社員間の結びつきが強く、内部的な自治が求められるので、内部関係については組合的な規律が採用されている。また、機関に関する規制が設けられず、社員の議決権は一人一議決権を原則とする。そこで、会社法は、持分会社の各会社に共通するそうした事項については同一の規律のもとにおくこととし、それぞれの会社に特有な事項についてのみ、個別に規律している。
　なお、会社法上、会社の組織変更とは、会社が法人格の同一性を保持しつつ、別の類型の会社となることをいい、株式会社から持分会社（合名会社・合資会社・合同会社）への組織変更と、持分会社から株式会社への組織変更とがある（会2条26号）。持分会社（合名会社・合資会社・合同会社）間での会社種類の変更は組織変更ではなく、総社員同意の定款変更手続による。

2 設　立

（1）持分会社の設立の概要
　株式会社では、会社財産確保の要請が強く働き、手続が段階的かつ周到に定められ、関与者の責任も厳格であるが（会25条以下、52条・103条）、持分会社では、社員になろうとする者が定款を作成し、その全員がこれに署名又は記名押印しなければならないが（会575条）、定款の作成により社員が確定して機関も具備され（会576条）、本店の所在地における設立登記（会912～914条）をもって比較的簡単に成立する（会579条）。

（2）定款の作成
1）方法
　持分会社を設立するには、社員になろうとする者が定款を作成し、その全員がこれに署名し、又は記名押印しなければならない（会575条1項）。この定款は、電磁的記録をもって作成することができる。この場合において、当該電磁的記録に記録された情報については、法務省令で定める署名又は記名押印に代わる措置をとらなければならない（同条2項）。

2）記載・記録事項
　持分会社の定款には、次に掲げる事項を記載又は記録しなければならない。すなわち、①目的、②商号、③本店の所在地、④社員の氏名又は名称及び住所、⑤社員が無限責任又は有限責任のいずれであるかの別、⑥社員の出資の目的及びその価額又は評価の標準である（会576条1項1号～6号）。

　同4号に関して、合名会社及び合同会社では出資者たる社員は1人でもよく、合資会社では、無限責任社員と有限責任社員が各1人必要となる。また、社員は法人でもよい。法人も持分会社の無限責任社員となることができるし、業務執行社員となることも可能である（会598条参照）。

　同5号に関して、設立しようとする持分会社が合名会社である場合には、その社員の全部を無限責任社員とする旨を、合資会社である場合には、その社員の一部を無限責任社員とし、その他の社員を有限責任社員とする旨を、合同会社である場合には、その社員の全部を有限責任社員とする旨を記載又は記録しなければならない（会576条2～4項）。

　同6号に関して、会社の種類にかかわらず、無限責任社員は、金銭出資や現物出資という財産出資のほか、労務や信用の出資も認められるが、有限責任社員については、金銭その他の財産を出資の内容としなければならない（会576条1項6号）。

　その他、持分会社の定款には、会社法の規定により定款の定めがなければその効力を生じない事項及びその他の事項でこの法律の規定に違反しないものを記載又は記録することができる（会577条）。

（3）出資の履行

　合名会社及び合資会社では、会社成立時までに出資を履行する必要がないが、合同会社の場合には、社員になろうとする者は、定款の作成後、合同会社の設立の登記をする時までに、その出資に係る金銭の全額を払い込み、又はその出資に係る金銭以外の財産の全部を給付しなければならない（全額払込主義〔会578条本文〕）。

　これは、合同会社の場合には、社員が有限責任しか負わないことから、債権者保護のために求められる措置の一つであるとともに、会社債権者に対して直接責任を負わないための措置の一つである。但し、合同会社の社員になろうとする者全員の同意があるときは、登記、登録その他権利の設定又は移転を第三者に対抗するために必要な行為は、合同会社の成立後にすることを妨げない（同条但書）。

（4）設立登記

　持分会社は、その本店の所在地において設立の登記をすることによって成立する（会579条）。

　登記事項は会社の種類によって若干異なる。合名会社の登記事項は、①目的、②商号、③本店及び支店の所在場所、④存続期間又は解散事由、⑤社員の氏名又は名称及び住所、⑥代表社員の氏名又は名称、⑦法人代表社員の職務執行者の氏名及び住所、⑧公告方法である（会912条）。合資会社の登記事項については、上記①～⑧とほぼ共通するが、社員が有限責任社員又は無限責任社員のいずれであるかの別、有限責任社員の出資の目的及びその価額並びに既に履行した出資の価額の記載が必要である（会913条）。合同会社では、上記①～④及び⑦⑧の事項は共通するが、資本金の額、業務執行社員の氏名又は名称の登記を要する（会914条）。

（5）設立の瑕疵

　持分会社の設立の無効は、株式会社の場合と同様に、会社の成立の日から2年以内に設立無効の訴えによってのみ主張できる（会828条1項1号）。さらに、持分会社では、①社員が民法その他の法律の規定により設立に係る意思表示を取り消すことができるときには、当該社員が、②社員がその債権者を害することを知って持分会社を設立したときには、当該債権者が、それぞれ、成立の日から2年以内に、訴えをもって持分会社の設立の取消しを請求することができる（会832条）。

　持分会社の設立の無効又は取消しの訴えに係る請求を認容する判決が確定した場合において、その無効又は取消しの原因が一部の社員のみにあるときは、他の社員の全員の同意によって、当該持分会社を継続することができ、この場合においては、当該原因がある社員は、退社したものとみなされる（会845条）。

3 社　員

（1）社員の責任
1）責任態様
　持分会社の社員は、①会社財産をもって会社の債務を完済することができない場合、②会社財産に対する強制執行が効を奏しなかった場合（社員が会社に弁済をする資力があり、かつ、強制執行が容易であることを証明した場合を除く）には、それぞれ、連帯して、持分会社の債務を弁済する責任を負う（会580条1項）。この責任を負うのが、無限責任社員（合名会社の社員及び合資会社の無限責任社員）である。
　これに対して、有限責任社員は、その出資の価額（既に持分会社に対し履行した出資の価額を除く。）を限度として、持分会社の債務を弁済する責任を負う（同条2項）。
　合同会社の社員は設立登記までに全額の出資が履行されなければならないので（会578条本文）、その履行がなされていれば会社債権者に対して直接の弁済責任を負わないことになる。

2）抗弁の援用
　社員が持分会社の債務を弁済する責任を負う場合には、社員は、持分会社が主張することができる抗弁をもって、当該持分会社の債権者に対抗することができ、この場合に、持分会社がその債権者に対して相殺権、取消権又は解除権を有するときは、社員は、当該債権者に対して債務の履行を拒むことができる（会581条）。

3）社員の出資に係る責任
　社員が金銭を出資の目的とした場合において、その出資をすることを怠ったときは、当該社員は、その利息を支払うほか、損害賠償をしなければならない（会582条1項）。社員が債権を出資の目的とした場合において、当該債権の債務者が弁済期に弁済をしなかったときは、当該社員は、その弁済をする責任を負い、この場合においては、当該社員は、利息を支払うほか損害賠償をしなければならない（会582条2項）。

4）社員の責任の変更
　有限責任社員が無限責任社員となった場合には、その者が無限責任社員となる前に生じた持分会社の債務についても、無限責任社員として弁済責任を負う（会583条1項）。有限責任社員（合同会社の社員を除く）が出資の価額を減少した場合であっても、その旨の登記をする前に生じた会社債務については、従前の責任の範囲内で弁済責任を負う（同条2項）。無限責任社員が有限責任社員となった場合であっても、その者は、その旨の登記をする前に生じた持分会社の債務については無限責任社員として債務を弁済する責任を負う（同条3項）。出資額を減少した社員又は有限責任社員となった社員の責任は、登記後2年以内に請求又は請求の予告をしない会社債権者に対しては、当該登記後2年を経過した時に消滅する（同条4項）。なお、持分会社の無限責任社員となることを許された未成年者は、社員の資格にもとづく行為に関しては、行為能力者とみなされる（会584条）。

（2）持分の譲渡

 i　**要件**　持分会社では、社員の持分の全部又は一部を譲渡するには、他の社員全員の同意が必要である（会585条1項）。但し、業務を執行しない有限責任社員は、業務執行社員全員の承諾があるときは、その持分の全部又は一部を他人に譲渡することができる（同条2項）。業務を執行しない有限責任社員の持分の譲渡に伴い定款の変更を生ずるときは、その定款の変更は、業務執行社員全員の同意によって可能である（同条3項）。これらの規定に関しては定款で別段の定めをすることができる（同条4項）。

 ii　**責任**　持分の全部を他人に譲渡した社員は、その旨の登記をする前に生じた持分会社の債務について、従前の責任の範囲内でこれを弁済する責任を負う（会586条1項）。この責任は、登記後2年以内に請求又は請求の予告をしない持分会社の債権者に対しては、登記後2年を経過した時に消滅する（同条2項）。

 iii　**自己持分取得**　持分会社は、その持分の全部又は一部を譲り受けることができない（会587条1項）。持分会社が当該会社の持分を取得した場合には、当該持分は当該会社がこれを取得した時に消滅する（同条2項）。

（3）誤認行為の責任

いわゆる自称無限責任社員の特別な責任が、第三者の信頼を保護するために、次のように規定されている。

①合資会社の有限責任社員が自己を無限責任社員であると誤認させる行為をしたときは、当該有限責任社員は、その誤認にもとづいて合資会社と取引をした者に対し、無限責任社員と同一の責任を負う（会588条1項）。また、合資会社又は合同会社の有限責任社員がその責任の限度を誤認させる行為をしたときは、当該有限責任社員は、その誤認にもとづいて合資会社又は合同会社と取引をした者に対し、その誤認させた責任の範囲内で当該合資会社又は合同会社の債務を弁済する責任を負う（同条2項）。

②合名会社又は合資会社の社員でない者が自己を無限責任社員であると誤認させる行為をしたときは、当該社員でない者は、その誤認にもとづいて合名会社又は合資会社と取引をした者に対し、無限責任社員と同一の責任を負う（会589条1項）。また、合資会社又は合同会社の社員でない者が自己を有限責任社員であると誤認させる行為をしたときは、当該社員でない者は、その誤認にもとづいて合資会社又は合同会社と取引をした者に対し、その誤認させた責任の範囲内で当該合資会社又は合同会社の債務を弁済する責任を負う（同条2項）。

（4）社員の加入

持分会社は、新たに社員を加入させることができ、持分会社の社員の加入は、当該社員に係る定款の変更をした時に効力を生ずる（会604条1項2項）。但し、合同会社が新たに社員を加入させる場合においては、新たに社員となろうとする者が同項の定款の変更をした時にその出資に係る払込み又は給付の全部又は一部を履行していないときは、その者は、当該払込み又は給付を完了した時に、合同会社の社員

となる(同条3項)。持分会社の成立後に加入した社員は、その加入前に生じた持分会社の債務についても、これを弁済する責任を負う(会605条)。

(5) 社員の退社
1) 出資者の投下資本回収と退社
　出資者の投下資本回収の方途として、株式会社では、株式譲渡の自由が原則として保障されているが(会127条)、持分会社では、社員の持分を譲渡するには他の社員全員の同意が必要であるので(会585条1項)、各社員には、出資の払戻の自由(会624条)、退社の自由(会606条)、退社に伴う持分の払戻請求権(会611条)が認められている。但し、合同会社では、出資の払戻・持分の払戻について制限等がある(会632条・635条)。

2) 任意退社
　①持分会社の存続期間を定款で定めなかった場合又はある社員の終身の間持分会社が存続することを定款で定めた場合には、各社員は、事業年度の終了の時において退社をすることができる(会606条1項前段)。この場合においては、各社員は、6か月前までに持分会社に退社の予告をしなければならない(同条項後段)。同条項については、定款で別段の定めをすることができる(同条2項)。
　②各社員は、やむを得ない事由があるときは、いつでも退社することができる(会606条3項)。

3) 法定退社
　持分会社の社員は、以下の法定事由によっても退社する。すなわち、①定款で定めた事由の発生、②総社員の同意、③死亡、④合併(合併により当該法人である社員が消滅する場合に限る)、⑤破産手続開始の決定、⑥解散(⑤に掲げる事由によるものを除く)、⑦後見開始の審判を受けたこと、⑧除名である(会607条1項各号)。
　持分会社は、その社員が上記⑤～⑦に掲げる事由の全部又は一部によっては退社しない旨を定めることができる(同条2項)。

4) 相続及び合併の場合の特則
　持分会社は、その社員が死亡した場合又は合併により消滅した場合において、当該社員の相続人その他の一般承継人が当該社員の持分を承継する旨を定款で定めることができる(会608条1項)。この場合には、一般承継人(社員以外のもの)は、持分を承継した時に社員となり、当該一般承継人に係る定款の変更をしたものとみなされる(同条2項3項)。
　相続により持分を一般承継しながら、出資に係る払込み又は給付の全部又は一部を履行していない者が2人以上ある場合には、各一般承継人は、連帯して当該出資に係る払込み又は給付の履行をする責任を負う(同条4項)。
　相続により持分を承継した者が2人以上ある場合には、各一般承継人は、承継した持分についての権利を行使する者1人を定めなければ、当該持分についての権利を行使することができない(同条5項)。但し、持分会社が当該権利を行使することに同意した場合は、この限りでない(同条項但書)。

5）持分の差押債権者による退社

社員の持分を差し押さえた債権者は、事業年度の終了時において当該社員を退社させることができる。この場合においては、当該債権者は、6か月前までに持分会社及び当該社員にその予告をしなければならない（会609条1項）。この予告は、当該社員が、当該債権者に対し、弁済し、又は相当の担保を提供したときは、その効力を失う（同条2項）。その予告をした債権者は、裁判所に対し、持分の払戻しの請求権の保全に関し必要な処分をすることを申し立てることができる（同条3項）。

6）退社に伴う定款のみなし変更

社員が、上記の任意退社、法定退社又は持分の差押えにより退社した場合（設立無効・取消により社員が退社したものとみなされる場合を含む）には、持分会社は、当該社員が退社した時に、当該社員に係る定款の定めを廃止する定款の変更をしたものとみなされる（会610条）。

7）退社に伴う持分の払戻し

退社した社員は、その出資の種類を問わず、その持分の払戻しを受けることができる（会611条1項）。但し、相続や合併などの一般承継によって社員となった場合は、この限りでない（同条項但書）。

退社した社員と持分会社との間の計算は、退社の時における持分会社の財産の状況に従って行われる（同条2項）。

退社した社員の持分は、その出資の種類を問わず、金銭で払い戻すことができる（同条3項）。退社の時にまだ完了していない事項については、その完了後に計算をすることができる（同条4項）。社員の持分の差押えは、持分の払戻しを請求する権利に対しても、その効力を有する（同条7項）。

8）退社した社員の責任

退社した社員は、その登記をする前に生じた持分会社の債務について、従前の責任の範囲内でこれを弁済する責任を負う（会612条1項）。この責任は、登記後2年以内に請求又は請求の予告をしない持分会社の債権者に対しては、登記後2年を経過した時に消滅する（同条2項）。

9）商号変更の請求

持分会社がその商号中に退社した社員の氏若しくは氏名又は名称を用いているときは、当該退社した社員は、当該持分会社に対し、その氏もしくは氏名又は名称の使用をやめることを請求することができる（会613条）。

4　管　理

（1）管理の特徴と業務執行

1）特　徴

持分会社では、相互の人的信頼関係のもとで少数の出資者による事業の遂行が予定されるために、定款の作成・変更は原則として社員全員の同意を必要とし（会575条・637条）、原則として全社員に業務執行権限が認められている（所有と経営の一

致、会590条1項）。また、会社法では、社員の責任と業務執行権や代表権の問題を切り離して整理している。

2）業務の執行

社員は、定款に別段の定めがある場合を除き、持分会社の業務を執行するが、社員が2人以上ある場合には、持分会社の業務は、定款に別段の定めがある場合を除き、社員の過半数をもって決定する（会590条1項2項）。もっとも、持分会社の常務は、各社員が単独で行うことができる（但し、その完了前に他の社員が異議を述べた場合は、この限りでない〔会590条3項〕）。

3）業務執行社員を定款で定めた場合

業務を執行する社員（以下、業務執行社員という）を定款で定めた場合において、業務執行社員が2人以上あるときは、持分会社の業務は、定款に別段の定めがある場合を除き、業務執行社員の過半数をもって決定する（会591条1項）。支配人の選任及び解任は、社員の過半数をもって決定する（同条2項〔定款で別段の定めも可〕）。定款で定めた業務執行員の全員が退社したときは、当該定款の定めは効力を失う（同条3項）。定款で定められた業務執行社員は、正当な事由がなければ、辞任することができない（同条4項〔定款で別段の定めも可〕）。業務執行社員は、正当な事由がある場合に限り、他の社員の一致によって解任することができる（同条5項〔定款で別段の定めも可〕）。

業務執行社員を定款で定めた場合には、各社員は、持分会社の業務を執行する権利を有しないときであっても、その業務及び財産の状況を調査することができる（会592条1項）。この規定は、定款で別段の定めをすることを妨げないが、定款によっても、社員が事業年度の終了時又は重要な事由があるときに同項の規定による調査をすることを制限する旨を定めることができない（同条2項）。

4）法人が業務執行社員である場合の特則

法人が業務執行社員である場合には、当該法人は、当該業務執行社員の職務を行うべき者を選任し、その者の氏名及び住所を他の社員に通知しなければならない（会598条1項）。業務執行社員の義務と責任に関する諸規定は、法人が業務執行社員である場合の規定により選任された社員の職務を行うべき者について準用される（同条2項）。

（2）業務執行社員の義務と責任

1）業務を執行する社員と持分会社との関係

業務執行社員は、会社に対して、善管注意義務及び法令遵守義務・忠実義務を負う（会593条1項2項）。業務執行社員は、持分会社又は他の社員の請求があるときは、いつでもその職務の執行の状況を報告し、その職務が終了した後は、遅滞なくその経過及び結果を報告しなければならない（同条3項〔定款で別段の定めも可〕）。業務執行社員は、会社との間で民法に規定された受任者に関する規定（民646条～650条）の準用がある（会593条4項〔定款で別段の定めも可〕）。

2）競業の禁止

業務執行社員は、当該社員以外の社員の全員の承認を受けなければ、①自己又

は第三者のために持分会社の事業の部類に属する取引をすること、及び、②持分会社の事業と同種の事業を目的とする会社の取締役、執行役又は業務執行社員となることはできない（会594条1項〔定款で別段の定めも可〕）。

業務執行社員がこの規定に違反して①をしたときは、当該行為によって当該業務を執行する社員又は第三者が得た利益の額は、持分会社に生じた損害の額と推定される（同条2項）。

3）利益相反取引の制限

業務執行社員は、①業務を執行する社員が自己又は第三者のために持分会社と取引をしようとするとき、②持分会社が業務を執行する社員の債務を保証することその他社員でない者との間において持分会社と当該社員との利益が相反する取引をしようとするときは、当該取引について、当該社員以外の社員の過半数の承認を受けなければならない（会595条1項〔定款で別段の定めも可〕）。民法108条の規定は、上記の承認を受けた取引については適用されない（会595条2項）。

4）業務執行社員の会社に対する損害賠償責任

業務執行社員は、その任務を怠ったときは、持分会社に対し、連帯して、これによって生じた損害を賠償する責任を負う（会596条）。

5）業務を執行する有限責任社員の第三者に対する損害賠償責任

業務を執行する有限責任社員がその職務を行うについて悪意又は重大な過失があったときは、当該有限責任社員は、連帯して、これによって第三者に生じた損害を賠償する責任を負う（会597条）。

（3）会社代表

業務執行社員は、持分会社を代表するが、他に持分会社を代表する社員その他持分会社を代表する者を定めた場合は、その者が会社を代表する（会599条1項）。業務執行社員が2人以上ある場合には、業務執行社員は、各自、持分会社を代表する（同条2項。共同代表制度はない）。持分会社は、定款又は定款の定めにもとづく社員の互選によって、業務執行社員の中から代表社員を定めることができる（同条3項。登記事項である。なお、合名会社〔会912条6号〕、合資会社〔会913条8号〕、合同会社〔会914条7号〕）。

代表社員は、持分会社の業務に関する一切の裁判上又は裁判外の行為をする権限を有し、この権限に加えた制限は、善意の第三者に対抗することができない（同条4項5項）。持分会社は、代表社員その他の代表者が職務を行うについて第三者に加えた損害を賠償する責任を負う（会600条）。

（4）持分会社と社員との間の訴訟

持分会社が社員に対し、又は社員が持分会社に対して訴えを提起する場合において、当該訴えについて持分会社を代表する者（当該社員を除く）が存しないときは、当該社員以外の社員の過半数をもって、当該訴えについて持分会社を代表する者を定めることができる（会601条）。

社員が持分会社に対して社員の責任を追及する訴えの提起を請求した場合にお

いて、持分会社が当該請求の日から60日以内に当該訴えを提起しないときは、当該請求をした社員は、当該訴えについて持分会社を代表することができる（会602条本文）。但し、当該訴えが当該社員若しくは第三者の不正な利益を図り又は当該持分会社に損害を加えることを目的とする場合は、この限りでない（同条但書）。これは、株主代表訴訟に類似する制度設計であるが、ここでは原告は会社である。

（5）業務執行社員の職務代行者

民事保全法56条に規定する仮処分命令により選任された業務を執行する社員又は持分会社を代表する社員の職務を代行する者は、仮処分命令に別段の定めがある場合を除き、持分会社の常務に属しない行為をするには、裁判所の許可を得なければならない（会603条1項）。この規定に違反して行った業務を執行する社員又は持分会社を代表する社員の職務を代行する者の行為は無効となるが、持分会社は、これをもって善意の第三者に対抗することができない（同条2項）。

5　計算等

（1）持分会社の計算等の特色

持分会社の計算等の規律につき、合名会社と合資会社では、社員の無限責任の確保に配慮するにとどまり、会社財産状況の開示規制や流出防止の規制はないが、合同会社では、開示規制においては株式会社とほぼ同様の規制があり（会617条2項・625条。計算書類の公告義務はない）、財産流出防止のために財源規制がある（会628条。純資産額規制はない）。

（2）会計帳簿・計算書類

1）会計の原則

持分会社の会計は、一般に公正妥当と認められる企業会計の慣行に従うものとする（会614条）。

2）会計帳簿の作成・保存・提出

持分会社は、法務省令で定めるところにより、適時に、正確な会計帳簿を作成しなければならない（会615条1項、計規9条・53条～55条等）。持分会社は、会計帳簿の閉鎖の時から10年間、その会計帳簿及びその事業に関する重要な資料を保存しなければならない（同条2項）。裁判所は、申立てにより又は職権で、訴訟の当事者に対し、会計帳簿の全部又は一部の提出を命ずることができる（会616条）。

3）計算書類の作成・保存・閲覧・提出

持分会社は、法務省令で定めるところにより、その成立の日における貸借対照表を作成しなければならない（会617条1項）。持分会社は、法務省令で定めるところにより、各事業年度に係る計算書類（貸借対照表その他持分会社の財産の状況を示すために必要かつ適切なものとして法務省令で定めるもの、損益計算書、社員資本等変動計算書、個別注記表〔計規102条・103条〕）を作成しなければならない（同条2項）。これらの計算書

類は、電磁的記録をもって作成することができる(同条3項)。持分会社は、計算書類を作成した時から10年間、これを保存しなければならない(同条4項)。

持分会社の社員は、当該持分会社の事業時間内は、いつでも、①計算書類が書面をもって作成されているときは、当該書面の閲覧又は謄写の請求、及び、②計算書類が電磁的記録をもって作成されているときは、当該電磁的記録に記録された事項を法務省令で定める方法(会施規226条)により表示したものの閲覧又は謄写の請求をすることができる(会618条。定款で別段の定めも可)。裁判所は、申立てにより又は職権で、訴訟の当事者に対し、計算書類の全部又は一部の提出を命ずることができる(会619条)。

(3) 資本の額の減少

持分会社は、損失のてん補のために、その資本金の額を減少することができる(会620条1項)。この規定により減少する資本金の額は、損失の額として法務省令で定める方法により算定される額を超えることができない(同条2項)。なお、持分会社において資本金の額が登記されるのは合同会社だけであり(会914条5号)、合名会社と合資会社では資本金の額は登記されない(会912条〜914条)。

(4) 利益配当等

1) 利益の配当

社員は持分会社に対し、利益の配当を請求することができる(会621条1項)。持分会社は、利益の配当を請求する方法その他の利益の配当に関する事項を定款で定めることができる(同条2項)。社員の持分の差押えは利益の配当を請求する権利に対しても効力を有する(同条3項)。

2) 社員の損益分配の割合

損益分配の割合について定款の定めがないときは、その割合は、各社員の出資の価額に応じて定める(会622条1項)。利益又は損失の一方についてのみ分配の割合についての定めを定款で定めたときは、その割合は、利益及び損失の分配に共通であるものと推定される(同条2項)。

3) 有限責任社員の利益の配当に関する責任

合資会社が利益の配当により有限責任社員に対して交付した金銭等の帳簿価額(以下、「配当額」という)が当該利益の配当をする日における利益額(持分会社の利益の額として法務省令で定める方法により算定される額)を超える場合には、当該利益の配当を受けた有限責任社員は、当該会社に対し、連帯して、当該配当額に相当する金銭を支払う義務を負う(会623条)。

(5) 出資の払戻し

社員は、持分会社に対し、既に出資として払込み又は給付をした金銭等の払戻し(以下、「出資の払戻し」という)を請求することができ、この場合において、当該金銭等が金銭以外の財産であるときも、当該財産の価額に相当する金銭の払戻しを請求することができる(会624条1項)。持分会社は、出資の払戻しを請求する方法その他

の出資の払戻しに関する事項を定款で定めることができる(同条2項)。
　社員の持分の差押えは、出資の払戻しを請求する権利に対しても、その効力を有する(同条3項)。

（6）合同会社の計算等に関する特則
　有限責任社員のみからなる合同会社では、債権者保護のために財産的基礎が重視されるので、持分会社全般の計算等に関する規律に関して、多くの特則がある。
　1）計算書類の閲覧に関する特則
　合同会社の債権者は、当該合同会社の事業時間内は、いつでも、その計算書類（作成した日から5年以内のものに限る）について閲覧等(会618条1項)の請求をすることができる(会625条)。
　2）資本金の額の減少に関する特則
　合同会社は、損失を填補する目的による場合(会620条1項)のほか、出資の払戻しのために、その資本金の額を減少することができる(会626条1項)。この規定により減少する資本金の額は、「出資払戻額」(会632条2項)から出資の払戻しをする日における剰余金額を控除して得た額を超えてはならない(会626条2項)。
　ここに「剰余金額」とは、ア＝資産の額、イ＝負債の額、ウ＝資本金の額、エ＝法務省令で定める各勘定科目に計上した額の合計額とした場合、「ア－（イ＋ウ＋エ）」の額をいう(同条3項)。
　合同会社が資本金の額を減少する場合には、債権者は異議を述べることができるほか、知れたる債権者への各別の催告又は公告などの債権者保護手続があり、資本金の額の減少は、その手続が終了した日に効力を生ずる(会627条)。
　3）利益の配当に関する特則
　合同会社は、利益の配当により社員に対して交付する金銭等の帳簿価額（以下、「配当額」という）が当該利益の配当をする日における利益額を超える場合には、当該利益の配当をすることができない(会628条前段)。この場合においては、合同会社は、社員からの利益の配当の請求(会621条1項)を拒むことができる(会628条後段)。
　この規定に違反して合同会社が利益の配当をした場合には、当該利益の配当に関する業務を執行した社員は、当該合同会社に対し、当該利益の配当を受けた社員と連帯して、当該配当額に相当する金銭を支払う義務を負う(会629条1項本文)。但し、当該業務を執行した社員がその職務を行うについて注意を怠らなかったことを証明した場合は、この限りでない(同条項但書)。上記の利益配当に関する義務を免除することはできない(会629条2項本文)。但し、利益の配当をした日における利益額を限度として当該義務を免除することについて総社員の同意がある場合は、この限りでない(同条項但書)。
　利益の配当をする日における利益額を超える利益の配当をしてしまった場合に、利益の配当を受けた社員は、配当額が利益の配当をした日における利益額を超えることにつき善意であるときは、当該配当額について、当該利益の配当に関する業務を執行した社員からの求償の請求に応ずる義務を負わない(会630条1項)。この場

合、合同会社の債権者は、利益の配当を受けた社員に対し、配当額（当該配当額が当該債権者の合同会社に対して有する債権額を超える場合にあっては、当該債権額）に相当する金銭を支払わせることができる（同条2項。善意悪意を問わない）。なお、有限責任社員の利益の配当に関する責任の規定（会623条2項）は、合同会社の社員については適用されない（会630条3項）。

合同会社が利益の配当をした場合において、当該利益の配当をした日の属する事業年度の末日に欠損額（合同会社の欠損の額として法務省令で定める方法により算定される額〔計規193条〕）が生じたときは、当該利益の配当に関する業務を執行した社員は、当該合同会社に対し、当該利益の配当を受けた社員と連帯して、その欠損額（当該欠損額が配当額を超えるときは、当該配当額）を支払う義務を負う（会631条1項本文）。但し、当該業務を執行した社員がその職務を行うについて注意を怠らなかったことを証明した場合は、この限りでない（同条項但書）。この義務は、総社員の同意がなければ免除することができない（会631条2項）。

　4）出資の払戻しに関する特則

合同会社の社員は、定款を変更してその出資の価額を減少する場合を除き、出資の払戻し（会624条1項）を請求することができない（会632条1項）。合同会社が出資の払戻しにより社員に対して交付する金銭等の帳簿価額（以下、「出資払戻額」という）は、剰余金額又は出資の価額の減少額のうちのいずれか少ない方の額以下でなければならない（同条2項）。

合同会社が上記の出資の払戻しの制限に違反して出資の払戻しをした場合には、当該出資の払戻しに関する業務を執行した社員は、当該合同会社に対し、当該出資の払戻しを受けた社員と連帯して、当該出資払戻額に相当する金銭を支払う義務を負う（会633条1項本文）。但し、当該業務を執行した社員がその職務を行うについて注意を怠らなかったことを証明した場合は、この限りでない（同条項但書）。この義務は、免除することができない。但し、出資の払戻しをした日における剰余金額を限度として当該義務を免除することについて総社員の同意がある場合は、この限りでない（会633条2項）。

合同会社が上記の出資の払戻しの制限に違反して出資の払戻しをした場合において、出資の払戻しを受けた社員は、出資払戻額が出資の払戻しをした日における剰余金額を超えることにつき善意であるときは、当該出資払戻額について、当該出資の払戻しに関する業務を執行した社員からの求償の請求に応ずる義務を負わない（会634条1項）。この場合、合同会社の債権者は、出資の払戻しを受けた社員に対し、出資払戻額（当該出資払戻額が当該債権者の合同会社に対して有する債権額を超える場合にあっては、当該債権額）に相当する金銭を支払わせることができる（同条2項）。

　5）退社に伴う持分の払戻しに関する特則

合同会社が持分の払戻しにより社員に対して交付する金銭等の帳簿価額（以下、「持分払戻額」という）が当該持分の払戻しをする日における剰余金額を超える場合には、当該合同会社の債権者は、当該合同会社に対し、持分の払戻しについて異議を述べることができるほか、知れたる債権者への各別の催告又は公告などの債権者保護手続がある（会635条）。

合同会社がその規定に違反して持分の払戻しをした場合には、当該持分の払戻しに関する業務を執行した社員は、当該合同会社に対し、当該持分の払戻しを受けた社員と連帯して、当該持分払戻額に相当する金銭を支払う義務を負う（会636条1項本文）。但し、持分の払戻しに関する業務を執行した社員がその職務を行うについて注意を怠らなかったことを証明した場合は、この限りでない（同条項但書）。この義務は、免除することができない。但し、持分の払戻しをした時における剰余金額を限度として当該義務を免除することについて総社員の同意がある場合は、この限りでない（会636条2項）。

6　定款変更

（1）定款変更の手続

持分会社は、定款に別段の定めがある場合を除き、総社員の同意によって、定款の変更をすることができる（会637条）。

（2）会社種類の変更

持分会社では、定款の変更により会社の種類を変更する。すなわち、合名会社は、有限責任社員を加入させる定款の変更、又は、その社員の一部を有限責任社員とする定款の変更により、合資会社となり、その社員の全部を有限責任社員とする定款の変更により、合同会社となる（会638条1項）。

合資会社は、その社員の全部を無限責任社員とする定款の変更により、合名会社となり、その社員の全部を有限責任社員とする定款の変更により、合同会社となる（同条2項）。

合同会社は、その社員の全部を無限責任社員とする定款の変更により、合名会社となり、無限責任社員を加入させる定款の変更、又は、その社員の一部を無限責任社員とする定款の変更により、合資会社となる（同条3項）。

（3）合資会社の社員の退社による定款のみなし変更

合資会社の有限責任社員が退社したことにより当該合資会社の社員が無限責任社員のみとなった場合には、当該合資会社は、合名会社となる定款の変更をしたものとみなされる（会639条1項）。また、合資会社の無限責任社員が退社したことにより当該合資会社の社員が有限責任社員のみとなった場合には、当該合資会社は、合同会社となる定款の変更をしたものとみなされる（同条2項）。

（4）定款の変更時の出資の履行

合名会社又は合資会社が、その社員の全部を有限責任とする定款の変更をする場合において、当該定款の変更をする持分会社の社員が当該定款の変更後の合同会社に対する出資に係る払込み又は給付の全部又は一部を履行していないときは、当該定款の変更は、当該払込み及び給付が完了した日に効力を生ずる（会640条1

項)。合資会社の無限責任社員が退社したことにより合同会社となる定款の変更をしたものとみなされた場合(会639条2項)、社員がその出資に係る払込み又は給付の全部又は一部を履行していないときは、当該定款の変更をしたものとみなされた日から1か月以内に当該払込み又は給付を完了しなければならない。但し、当該期間内に、合名会社又は合資会社となる定款の変更をした場合は、この限りでない(会640条2項)。

7　解　散

(1)　解散事由

　持分会社は、次に掲げる事由によって解散する(会641条)。すなわち、①定款で定めた存続期間の満了、②定款で定めた解散の事由の発生、③総社員の同意、④社員が欠けたこと、⑤合併(合併により当該持分会社が消滅する場合に限る)、⑥破産手続開始の決定、⑦解散を命ずる裁判(会824条1項・833条2項)である。
　④の「社員が欠けたこと」は、株式会社にない解散事由である。合名会社及び合同会社では、社員が1人になっても解散事由とはならないが、例えば、合資会社において1人だけの有限責任社員が退社すれば、「社員が欠けたこと」に該当する。なお、株式会社にある休眠会社のみなし解散の制度(会472条)は、持分会社にはない。

(2)　持分会社の継続

　持分会社は、上記①②③の事由によって解散した場合には、清算が結了するまで、社員の全部又は一部の同意によって、持分会社を継続することができる(会642条1項)。この場合に同意しなかった社員は、持分会社が継続することとなった日に退社する(同条2項)。

(3)　解散した持分会社の合併等の制限

　持分会社が解散した場合には、当該持分会社は、①合併(合併により当該持分会社が存続する場合に限る)をすることができず、②吸収分割による他の会社がその事業に関して有する権利義務の全部又は一部の承継もすることができない(会643条)。

8　清　算

(1)　持分会社の清算の特色

　持分会社の清算手続には、法定清算と任意清算とがある。法定清算では、株式会社の通常清算に相当するものだけがあり、特別清算にあたるものは存しない。持分会社では、原則として法定清算により(会644条以下)、一定の条件下で任意清算が認められる(会668条～671条)。持分会社の清算に関する規律は、株式会社の場合と類似するが、合名会社や合資会社では、無限責任社員が存在するので、債権者に対する公告が不要であり、また、任意清算も認められる。

（2）清算の開始と清算会社の能力

持分会社は、①解散した場合（合併によって解散した場合及び破産手続開始の決定により解散した場合であって当該破産手続が終了していない場合を除く）、②設立の無効の訴えに係る請求を認容する判決が確定した場合、③設立の取消しの訴えに係る請求を認容する判決が確定した場合には、清算をしなければならない（会644条）。

清算をする持分会社（以下、「清算持分会社」という）は、清算の目的の範囲内において、清算が結了するまではなお存続するものとみなされる（会645条）。

（3）法定清算

1）清算人の選任・解任

清算持分会社には、1人又は2人以上の清算人を置かなければならない（会646条）。①業務執行社員、②定款で定める者、③社員（業務執行社員を定款で定めた場合には、業務執行社員）の過半数の同意によって定める者が、清算持分会社の清算人となるが（会647条1項）、それらの清算人となる者がないときは、裁判所は、利害関係人の申立てにより、清算人を選任する（同条2項）。その他、裁判所は、利害関係人若しくは法務大臣の申立てにより又は職権で、清算人を選任する場合もある（同条3項4項）。裁判所が清算人を選任した場合には、清算持分会社が当該清算人に対して支払う報酬の額を定めることができる（会657条）。

清算人（裁判所が選任したものを除く）は、いつでも、社員の過半数の決定をもって解任することができる（会648条1項2項。定款で別段の定めも可）。重要な事由があるときは、裁判所は、社員その他利害関係人の申立てにより、清算人を解任することができる（同条3項）。

2）清算人の権限・義務・責任

清算人は、職務として、①現務の結了、②債権の取立て及び債務の弁済、③残余財産の分配を行う（会649条）。

清算人は清算持分会社の業務を執行し、清算人が2人以上ある場合には、清算持分会社の業務は、定款に別段の定めがある場合を除き、清算人の過半数をもって決定する（会650条1項2項）。社員が2人以上ある場合には、清算持分会社の事業の全部又は一部の譲渡は、社員の過半数をもって決定する（同条3項）。なお、法人が清算人である場合には、当該法人は、当該清算人の職務を行うべき者を選任し、その者の氏名及び住所を社員に通知する（会654条）。

清算持分会社と清算人との関係は、委任に関する規定に従い、清算人は会社に対して忠実義務を負い、競業の禁止と利益相反規制に服する（会651条）。また、清算人の清算持分会社に対する損害賠償責任（会652条）及び第三者に対する損害賠償責任（会653条）の規定がある。

清算人は、他に代表者を定めた場合を除き、清算持分会社を代表する（会655条1項）。清算人が2人以上ある場合には、清算人は、各自、清算持分会社を代表するが（同条2項）、定款又は定款の定めにもとづく清算人の互選によって、清算人の中から清算持分会社を代表する清算人を定めることができ（同条3項）、また、持分会社を代表する社員を定めていたときは、当該持分会社を代表する社員が清算持分会社を

代表する清算人となる(同条4項)。

清算持分会社の財産がその債務を完済するのに足りないことが明らかになったときは、清算人は、直ちに破産手続開始の申立てをしなければならない(会656条1項)。清算人は、清算持分会社が破産手続開始の決定を受けた場合において、破産管財人にその事務を引き継いだときは、その任務を終了したものとされる(同条2項)。なお、その場合において、清算持分会社が既に債権者に支払い、又は社員に分配したものがあるときは、破産管財人は、これを取り戻すことができる(同条3項)。

3）財産目録等の作成・保存・提出

清算人は、その就任後遅滞なく、清算持分会社の財産の現況を調査し、法務省令で定めるところにより、清算の開始原因が発生した日における財産目録及び貸借対照表(以下、「財産目録等」という)を作成し、各社員にその内容を通知しなければならない(会658条1項)。清算持分会社は、財産目録等を作成した時からその本店の所在地における清算結了の登記の時までの間、当該財産目録等を保存しなければならない(同条2項)。清算持分会社は、社員の請求により、毎月清算の状況を報告しなければならない(同条3項)。

また、裁判所は、申立てにより又は職権で、訴訟の当事者に対し、財産目録等の全部又は一部の提出を命ずることができる(会659条)。

4）債務の弁済等

清算持分会社(合同会社に限る)は、清算開始原因が生じた後、遅滞なく、当該清算持分会社の債権者に対し、一定の期間内にその債権を申し出るべき旨を官報に公告し、かつ、知れている債権者には各別に、これを催告することを要する(会660条1項本文)。但し、当該期間は、2か月を下ることができない(同条項但書)。この規定による公告には、当該債権者が当該期間内に申出をしないときは清算から除斥される旨を付記しなければならない(同条2項)。この期間内にその債権の申出をしなかったものは、清算から除斥され、この債権者は、分配がされていない残余財産に対してのみ、弁済を請求することができる(会665条1項2項)。但し、清算持分会社の残余財産を社員の一部に分配した場合には、当該社員の受けた分配と同一の割合の分配を当該社員以外の社員に対してするために必要な財産は、その残余財産から控除される(同条3項)。

清算持分会社(合同会社に限る)は、債権申出の公告の期間内は、債務の弁済をすることができず、この場合において、清算持分会社は、原則として、その債務の不履行によって生じた責任を免れることができない(会661条1項。例外〔同条2項〕)。

清算持分会社は、条件付債権、存続期間が不確定な債権その他その額が不確定な債権に係る債務を弁済することができ、この場合においては、これらの債権を評価させるため、裁判所に対し、鑑定人の選任の申立てをしなければならない(会662条1項)。この場合には、清算持分会社は、鑑定人の評価に従い当該債権に係る債務を弁済しなければならない(同条2項)。鑑定人の選任の手続に関する費用は、清算持分会社の負担となり、当該鑑定人による鑑定のための呼出し及び質問に関する費用についても同様である(同条3項)。

5）出資の履行の請求

　清算持分会社に現存する財産がその債務を完済するのに足りない場合において、その出資の全部又は一部を履行していない社員があるときは、当該出資に係る定款の定めにかかわらず、当該清算持分会社は、当該社員に出資させることができる（会663条）。合名会社と合資会社で意味がある規定である。

6）残余財産の分配

　清算持分会社は、当該清算持分会社の債務を弁済した後でなければ、その財産を社員に分配することができない（会664条本文）。但し、その存否又は額について争いのある債権に係る債務についてその弁済をするために必要と認められる財産を留保した場合は、この限りでない（同条但書）。残余財産の分配の割合について定款の定めがないときは、その割合は、各社員の出資の価額に応じて定める（会666条）。

7）清算事務の終了等

　清算持分会社は、清算事務が終了したときは、遅滞なく、清算に係る計算をして、社員の承認を受けなければならない（会667条1項）。社員が1か月以内に清算に係る計算について異議を述べなかったときは、社員は、当該計算の承認をしたものとみなされる（同条2項本文）。但し、清算人の職務の執行に不正の行為があったときは、この限りでない（同条項但書）。

(4) 任意清算

1）任意清算の方法

　持分会社（合名会社及び合資会社に限る）は、定款又は総社員の同意によって、当該持分会社が一定の事由（①定款で定めた存続期間の満了、②定款で定めた解散事由の発生、③総社員の同意〔会641条1号〜3号〕）によって解散した場合における当該持分会社の財産の処分の方法（＝任意清算の方法）を定めることができる（会668条1項）。前記の法定清算の規定（第3編8章2節〜6節）は、任意清算の方法を定めた持分会社には適用されない（同条2項）。

2）財産目録等の作成

　任意清算の方法を定めた持分会社が任意清算のできる事由によって解散した場合には、清算持分会社（合名会社及び合資会社に限る）は、解散の日から2週間以内に、法務省令で定めるところにより、解散の日における財産目録及び貸借対照表を作成しなければならない（会669条1項、会施規160条・161条）。任意清算の方法を定めていない持分会社が任意清算のできる事由によって解散した場合において、解散後に任意清算の方法を定めたときは、清算持分会社は、当該任意清算の方法を定めた日から2週間以内に、法務省令で定めるところにより、解散の日における財産目録及び貸借対照表を作成しなければならない（同条2項）。

3）債権者保護手続

　持分会社が任意清算の方法を定めた場合には、その解散後の清算持分会社の債権者は、当該清算持分会社に対し、当該財産の処分の方法について異議を述べることができるほか、知れたる債権者への各別の催告又は公告等の債権者保護手続が定められている（会670条）。

持分会社が任意清算の方法を定めた場合において、社員の持分を差し押さえた債権者があるときは、その解散後の清算持分会社がその財産の処分をするには、その債権者の同意を得なければならない（会671条1項）。この規定に違反して清算持分会社が財産の処分をしたときは、社員の持分を差し押さえた債権者は、当該清算持分会社に対し、その持分に相当する金額の支払を請求できる（同条2項）。

（5）その他
　1）帳簿資料の保存
　清算人（任意清算による財産の処分の方法を定めた場合にあっては、清算持分会社を代表する社員）は、清算持分会社の本店の所在地における清算結了の登記の時から10年間、清算持分会社の帳簿並びにその事業及び清算に関する重要な資料（以下、「帳簿資料」という）を保存しなければならない（会672条1項）。定款で又は社員の過半数をもって帳簿資料を保存する者を定めた場合には、その者は、清算持分会社の本店の所在地における清算結了の登記の時から10年間、帳簿資料を保存しなければならない（同条2項）。裁判所が、利害関係人の申立てにより、上記の者に代わって帳簿資料を保存する者を選任することもできる（同条3項～5項）。
　2）社員の責任の消滅時効
　持分会社の債務を弁済する社員の責任（会580条）は、清算持分会社の本店の所在地における解散の登記をした後5年以内に請求又は請求の予告をしない清算持分会社の債権者に対しては、その登記後5年を経過した時に消滅する（会673条1項）。この期間の経過後であっても、社員に分配していない残余財産があるときは、清算持分会社の債権者は、清算持分会社に対して弁済を請求できる（同条2項）。
　3）適用除外等
　次に掲げる規定は、清算持分会社については、適用しない（会674条）。すなわち、①社員の入社に関する規定（第4章1節、したがって、清算中の社員の加入は不可）、②任意退社に関する規定（会606条、したがって、清算中は退社も不可）、③法定退社事由を定めた規定（会607条1項、但し、同条項の3号死亡と4号合併を除く）、④持分の差押債権者による退社の規定（会609条）、⑤計算書類に関する規定（会617条1項～3項）、⑥資本金の額の減少、利益の配当、出資の払戻に関する規定（会620条～624条、したがって、清算中はそれらも不可）、⑦合同会社における資本金の額の減少に関する規定（会626条・627条）、⑧合名会社又は合資会社が定款を変更して合同会社になることの規定（会638条1項3号・2項2号、したがって、清算持分会社は合同会社への変更不可）である。
　4）相続及び合併による退社の特則
　清算持分会社の社員が死亡した場合又は合併により消滅した場合には、当該社員の相続人その他の一般承継人は、当該社員の持分を承継する（会675条。会社法608条1項の定款規定は不要だが、同条4項5項は準用される）。

3.12.2. 会社の組織変更

1 組織変更の意義と態様
2 組織変更の手続

□1.会社の組織変更とはなにか。
□2.会社の組織変更の手続きはどうなっているか。どのように株主・社員・会社債権者の保護が図られているか。

1 組織変更の意義と態様

　会社の組織変更とは、会社が法人格の同一性を保持しつつ、別の類型の会社となることをいい、株式会社から持分会社（合名会社・合資会社・合同会社）への組織変更と、持分会社から株式会社への組織変更とがある（会2条26号）。持分会社（合名会社・合資会社・合同会社）間での会社種類の変更は組織変更ではなく、総社員同意の定款変更手続による（会638条）。

2 組織変更の手続

（1）組織変更の手続等の規律
　会社法上、組織変更の規定は、合併等の組織再編と同じ編に置かれ、手続の流れが共通となり、債権者保護や無効処理の制度が整えられている。株式会社から持分会社への組織変更手続の規定と、持分会社から株式会社への組織変更手続の規定が用意されているが、共通して、①組織変更計画の作成、②同計画と必要事項の事前開示、③組織変更計画についての総株主又は総社員の同意（不満な新株予約権者の買取請求権）、④会社債権者保護手続、⑤効力発生と登記の手続の流れとなっている（会743〜744条・746条・775〜781条・920条）。

（2）組織変更の手続き
1）組織変更計画の作成
　まず、組織変更をしようとする会社は、法定事項を定めた組織変更計画の作成を要する（会743条〔株式会社〕・746条〔持分会社〕）。法定事項としては、①組織変更後の会社の組織・体制等、②株式会社から持分会社への組織変更に際しては株式・新株予約権者に交付する金銭等、持分会社から株式会社への組織変更に際しては社員が取得する株式等に関する事項、③手続の進行時期等がある（会744条・745条〔株式会社〕・746条・747条〔持分会社〕）。
2）事前開示
　組織変更計画の内容と法務省令事項を事前に（組織変更計画備置日から効力発生日まで）開示して、株主・会社債権者の閲覧に供しなければならない（会775条〔株式会社〕。持分会社の組織変更には規定がない）。

3）総株主・総社員の同意

組織変更計画について、株式会社から持分会社への組織変更に際しては、総株主の同意、持分会社から株式会社への組織変更に際しては、総社員の同意を得なければならない（会776条1項〔株式会社〕・781条1項〔持分会社〕）。株券発行会社では、株券の提出手続が必要である（会219条1項5号）。新株予約権者と登録株式質権者・登録新株予約権質権者に対しては、効力発生日の20日前までに組織変更をする旨の通知・公告が必要となる（会776条2項3号・777条3項4項・151条10号）。そして、組織変更計画に不満のな新株予約権者には、公正な価格での新株予約権買取請求権が認められる（会777条1項・778条）。

4）会社債権者保護手続

組織変更でも、合併の場合と同様に、会社債権者異議手続が必要である（会779条〔株式会社〕・781条2項〔持分会社〕）。

5）効力発生と登記

登記の手続を要する（組織変更前の会社の解散登記と組織変更後の会社の設立登記、会743～744条・746条・775～781・920条）。組織変更の効力は、組織変更計画で定めた効力発生時に生じる（定款変更とみなされる（会745条〔株式会社〕・747条〔持分会社〕）。なお、合併の場合と異なり、事後開示の制度が用意されていない。

（3）組織変更の無効

組織変更の手続に瑕疵があった場合は、会社の組織に関する行為の無効の訴えの制度により、組織変更無効の訴えによってのみ、その無効を主張できる（会828条1項6号・2項6号・834条6号・835～839条）。組織変更無効判決の確定により、変更前の会社に復帰し、この場合は清算手続は要らない。

3.12.3. 各種会社の法的規律の比較

1　機関構成
2　設　立
3　出　資
4　投下資本回収・社員の地位の譲渡・退社
5　債権者保護

□各種の会社を比較して、機関構成、設立、出資、投下資本回収・社員の地位の譲渡・退社、債権者保護の各面において、どのような法的規律の特徴があるか。

1　機関構成

株式会社では、多数の出資者からの資金を調達して大規模な事業を継続して遂行することを可能とするために、出資者の地位と経営者の地位とを分離させ（＝所有と経営の分離〔会326条1項〕）、株主が業務執行権限を持たず経営に適任な取締役

等が会社の業務執行を行い（＝第三者機関性〔会348条・363条・418条〕）、必要に応じた柔軟な機関設計が許されている。株式譲渡による株主構成の変動にかかわらず経営の継続を可能とし、他方で、株主が経営上のリスクを全面的には負わずに間接有限責任を負うに止めている。

持分会社では、相互の人的信頼関係のもとに、少数の出資者による事業の遂行が予定されるため、定款の作成・変更は原則として社員全員の同意を必要とし（会575条・637条）、原則として全社員に業務執行権限が認められている（＝所有と経営の一致〔会590条1項〕）。持分会社の社員の責任態様は有限責任と無限責任の選択が可能であり、その選択が会社の種類を生じさせる。

2 設 立

持分会社の設立では、社員になろうとする者が定款を作成し、その全員がこれに署名又は記名押印しなければならないが（会575条）、定款の作成により社員が確定して機関も具備され（会576条）、設立登記をもって比較的簡単に成立する（会579条・912条～914条、合同会社では設立時までの出資の履行の完了が必要〔会578条本文〕）。

株式会社の設立では、会社財産確保の要請が強く働き、手続が段階的かつ周到に定められ、関与者の責任も厳格である（会25条以下、会52条・103条）。

3 出 資

会社の種類にかかわらず、無限責任社員は、金銭出資や現物出資という財産出資のほか、労務や信用の出資も認められるが、有限責任社員については、金銭その他の財産を出資の内容としなければならない（会576条1項6号）。

4 投下資本回収・社員の地位の譲渡・退社

持分会社では、社員の持分を譲渡するには、他の社員全員の同意が必要であるが（会585条1項）、他方で、各社員には、出資の払戻しの自由（会624条）、退社の自由（会606条）、退社に伴う持分の払戻請求権（会611条）が認められている。但し、合同会社では、出資の払戻し・持分の払戻しについては制限等の特則がある（会632条・635条）。株式会社では、株式譲渡の自由が原則として保障されている（会127条）。

5 債権者保護

株式会社では、会社財産状況を開示するために、計算書類の作成義務（会435条）と債権者の閲覧謄写権（会442条）、貸借対照表等の公告義務（会440条）が定められ、会社財産の流出防止のため、剰余金の分配における純資産額規制（会458条）と財源規制（会461条）や資本金額の減少における債権者異議の制度（会449条）が

定められている。

合同会社では、開示規制においては株式会社とほぼ同様の規制があり（会617条2項・625条。計算書類の公告義務はない）、財産流出防止のために財源規制がある（会628条。純資産額規制はない）。合名会社と合資会社では、社員の無限責任の確保に配慮するにとどまり、会社財産状況の開示規制や流出防止の規制はない。

3.12.4. 会社法制定前の会社と特例有限会社

1　株式会社・合名会社・合資会社の帰趨
2　有限会社の帰趨と特例有限会社
3　確認会社の帰趨

□1. 会社法制定前の株式会社・合名会社・合資会社、有限会社及び確認会社は、会社法制定によって、どのように扱われているか。
□2. 特例有限会社とはなにか。既往の有限会社制度や通常の株式会社制度とは、どのように異なるのか。

1　株式会社・合名会社・合資会社の帰趨

会社法の施行日以降は、旧株式会社は、会社法の規定による株式会社として存続し、旧株式会社の定款は、存続する株式会社（以下「新株式会社」）の定款とみなされ、旧商法の規定による合名会社又は合資会社であって会社法施行の際に現存するものは、会社法施行日以後は、それぞれ会社法の規定による合名会社又は合資会社として存続し、旧合名会社等の定款は、存続する合名会社又は合資会社（以下「新合名会社等」という。）の定款とみなされる（会整66条）。

新株式会社（委員会設置会社を除く）の定款には、取締役会及び監査役を置く旨の定めがあるものとみなされる（会整76条2項）。定款に株式譲渡制限を定めている旧株式会社は、発行する全部の株式の内容として譲渡による当該株式の取得について当該新株式会社の承認を要する旨の定款の定めのある新株式会社となる（同条3項）。旧株式会社の定款に株券を発行しない旨の定めがない場合における新株式会社の定款には、その株式（種類株式発行会社にあっては、全部の種類の株式）に係る株券を発行する旨の定めがあるものとみなされる（同条4項）。

2　有限会社の帰趨と特例有限会社

（1）特例有限会社としての存続と会社法の特則
1）特例有限会社

会社法が施行されると、従来の有限会社法は廃止され（会整1条3号）、既存の有限会社は、会社法にもとづく株式会社として存続し（会整2条1項）、商号中に「有限会社」を用い、旧有限会社法と同様の規律に服する（以下、「特例有限会社」という。

会整3条)。既存の有限会社は当然に特例有限会社としての株式会社に移行するので、そのための特段の定款変更や登記は不要である。

旧有限会社の定款、社員、持分及び出資1口を、特例有限会社として存続する株式会社の定款、株主、株式及び1株とみなす(会整2条2項)。特例有限会社として存続する株式会社の施行日における発行可能株式総数及び発行済株式の総数は、旧有限会社の資本の総額を当該旧有限会社の出資1口の金額で除して得た数とする(会整2条3項)。

 2) 株式譲渡制限

特例有限会社の定款には、その発行する全部の株式の内容として当該株式を譲渡により取得することについて当該特例有限会社の承認を要する旨、及び、当該特例有限会社の株主が当該株式を譲渡により取得する場合においては当該特例有限会社が会社法136条又は137条1項の承認をしたものとみなす旨の定めがあるものとみなされ、特例有限会社は、これと異なる内容の定めを設ける定款の変更をすることができない(会整9条)。会社法では原則必要とされる株主間株式譲渡の際の会社承認が不要となる。

 3) 機 関

 i 構 成 　特例有限会社は、株主総会と取締役の設置を要し(会326条1項)、定款により監査役を任意に設置できるが、取締役会・会計参与・監査役会・会計監査人を設置することはできず、委員会設置会社類型の選択もできない(会整17条1項)。

 ii 取締役 　任期については既存有限会社と同様に制限がない(会整18条により会332条は適用除外)。欠格事由が従来より若干加わる(会331条)。権限として、各取締役が業務執行権及び代表権を有する(会348条・349条)。

 iii 任意設置の監査役 　任期については既存有限会社と同様に制限がない(会整18条により会336条は適用除外)。欠格事由が従来より若干加わる(会331条)。権限については、定款に、監査の範囲を会計に関するものに限定する旨の定めがあるものとみなされる(会整24条)。

 iv 総会決議要件 　既存の有限会社と同様である(会整14条3項により会309条2項を読み替え)。

 v 少数株主権の行使要件 　総会招集請求権・業務執行検査役選任請求権・会計帳簿閲覧等請求権・役員解任請求提訴権の行使要件は、総株主の議決権の10分の1以上を有する株主とする特則がおかれて既存有限会社と同様となる(会整14条・23条・26条1項・39条)。

 vi 大会社の会計監査人 　設置は強制されない(会整17条2項により会328条2項は適用除外)。

 4) 決算公告

義務は課されない(会整28条により会440条は適用除外)。

(2) 通常の株式会社への移行方法

特例有限会社が株式会社に移行するには、定款を変更して、商号を株式会社と

いう文字を入れた商号に変更し、その定款変更決議の後に、特例有限会社についての解散登記と商号変更後の株式会社の設立登記をすることが必要である（会整45条1項2項）。商号変更の形式により実質的には従来にいう組織変更が行われ、会社法が全面的に適用されることになる。その場合、上記のメリット、とくに、取締役任期に制限がない点、決算公告が義務づけられない点が失われることに注意を要する。

3　確認会社の帰趨

　「中小企業の新たな事業活動の促進に関する法律」（いわゆる中小企業挑戦支援法）による既存の「一円会社」等の「確認会社」は、会社法第466条の定款変更規定にかかわらず、取締役会設置会社にあっては取締役会の決議（取締役会非設置会社にあっては取締役の過半数の決定）により、定款の解散事由（最低資本金までの増資不可による解散事由）を削除するための定款変更をすることができ（会整448条）、これにより、継続が可能とされた。

《外国会社》

3.13. 外国会社

   1　外国会社の意義
   2　外国会社の会社法規律
   3　疑似外国会社

□1.外国会社とはなにか、会社法上、どのような扱いを受けるか。
□2.疑似外国会社とはなにか。

1　外国会社の意義

　日本の会社法では、会社法の定める手続に依拠して設立され、その会社の従属法を日本法とする会社のみが「会社」である。そこで、外国の法令に準拠して設立された法人その他の外国の団体であって、会社と同種のもの又は会社に類似するものを「外国会社」という(会2条2号)。特に明文で定めない限り、「会社」には外国会社は含まれず、外国会社の定義においては法人格の有無を問わない。

　日本の民法は、外国会社について、国及び国の行政区画と並んで、外国法人としてその成立を認許することを許容している(民35条1項)。成立が認許された外国会社は、日本において成立する同種の会社と同一の私権を有するが、会社法の特別の規定による制限がある(同条2項)。また、当該外国会社は、設立された国の会社法の規律に服する。

2　外国会社の会社法規律

（1）一般的規律

　外国会社は、日本において取引を継続してしようとする場合、会社法の外国会社に関する規定の適用を受ける。それ以外の法律については、日本の同種ないし類似の会社と同様の規定が適用される(会823条)。

（2）日本における代表者

　外国会社が日本において取引を継続してしようとするときは、「日本における代表者」を定めなければならず、この場合において、その日本における代表者のうち1人以上は、日本に住所を有する者でなければならない(会817条1項)。外国会社の日本における代表者は、当該外国会社の日本における業務に関する一切の裁判上又は裁判外の行為をする権限を有し(同条2項)、その権限に加えた制限は、善意の第三者に対抗することができない(同条3項)。また、外国会社は、その日本における代表者がその職務を行うについて第三者に加えた損害を賠償する責任を負う(同条4項)。

なお、外国会社の登記をした外国会社は、日本に住所を有する日本における代表者の全員が退任しようとするときは、債権者保護手続（内国会社の資本減少や合併等の場合と同様の債権者保護手続）を要する（会820条）。

（3）外国会社の登記・公告

外国会社は、外国会社の登記をするまでは、日本において取引を継続してすることができない（会818条1項・979条2項）。これに違反して取引をした者は、相手方に対し、外国会社と連帯して、当該取引によって生じた債務を弁済する責任を負う（会818条2項）。

外国会社の登記をした外国会社（日本における同種の会社又は最も類似する会社が株式会社であるもの）は、法務省令で定めるところにより、貸借対照表に相当するものを日本において公告しなければならない（会819条）。かつて、商法は、外国会社につき、事業所の設置とその登記を義務づけていたが、平成14年改正により、事業所設置義務を廃止し、貸借対照表の公開によって利害関係人の保護が図られるようになった。インターネットを利用した電子商取引の発展等に対応するためである（神田・会社法397頁）。

3　疑似外国会社

日本の法制では、設立準拠法主義が採用され、上述のように外国会社を認許するが、日本の会社法の適用を潜脱することを容認しているわけではない。会社法は、日本に本店を置き、又は日本において事業を行うことを主たる目的とする外国会社を「擬似外国会社」といい、この擬似外国会社は、日本において取引を継続してすることができないと規定する（会821条1項）。この規定に違反して取引をした者は、相手方に対し、外国会社と連帯して、当該取引によって生じた債務を弁済する責任を負う（同条2項。当該取引は無効とならない）。

日本の事業会社が、擬似外国会社を資産流動化のために用いる場合には、わが国において取引を継続してすることが想定されていないとして、法律上の問題が回避されている（伊藤他・リークエ474頁）。

《罰　則》

3.14. 罰　則

1　刑事罰が科せられる行為（犯罪）
2　行政罰（過料）に処せられる行為

□1.会社法上、刑事罰が科せられる行為には、どのようなものがあるか。
□2.会社法上、行政罰（過料）に処せられる行為には、どのようなものがあるか。

　会社法は、諸規定の遵守を図る上で必要な範囲において、一定の違反につき、第8編に罰則（刑事罰と行政罰〔過料〕）を定めている。

1　刑事罰が科せられる行為（犯罪）

　以下のものがあり、それぞれ懲役又は罰金の刑に処せられる。
　①　発起人・取締役等・代表社債権者の特別背任罪（会960条・961条）：刑法247条（背任罪）の特別規定であり、刑法の背任罪よりも重罰が科され、未遂であっても罰せられる（会962条）。
　②　代表社債権者等の特別背任罪（会961条）。
　③　会社財産を危うくする罪（会963条）。
　④　虚偽文書行使等の罪（会964条）。
　⑤　預合いの罪（会965条）。
　⑥　株式の超過発行の罪（会966条）。
　⑦　取締役等の贈収賄罪（会967条）及び株主等の権利の行使に関する贈収賄罪（会968条）：会社の公共的性格にもとづく贈収賄罪であり、犯人の収受した利益は没収され、その全部又は一部を没収できないときは追徴される（会969条）。
　⑧　株主等の権利の行使に関する利益供与の罪（会970条）。
　⑨　業務停止命令違反の罪（会973条）及び虚偽届出等の罪（会974条）：行為者と会社の両方が罰せられる（両罰規定、会975条）。

2　行政罰（過料）に処せられる行為

　①必要な登記・公告を怠った場合、株主名簿・議事録・計算書類等に虚偽の記載を行った場合等、会社法976条各号に列挙されている行為をした役員・清算人等は、100万円以下の過料に処される（会976条本文）。
　②電子公告調査機関についての違反行為、会社でないのに会社であると誤認されるような文字をその名称や商号中に使用した者等、会社の成立前に会社の名義を使用した者等について過料の制裁がある（会977条～979条）。

企業組織法の現代的諸相

《企業組織の多様化と法的規律の展開》

　会社法は、会社に関する自己完結した法体系を構築しつつも、会社企業のためだけに閉じた法体系としてではなく、企業組織全般に開かれた法体系として、各種企業組織の法規律の先導的な役割を果たしている。本編は、そうした企業組織法の現代的諸相を収める。

　今日の企業は、資本の集積・集中の過程を経て、スタンド・アローンとしての単体の組織にとどまらず、ネットワークとしての組織集団を形成する一方で、技術革新と経営革新を背景にした多様な組織化ニーズ（ベンチャーや中小企業の振興を含む）に対応すべく展開している。とくに、金融の高度化に対応して、投資・資産運用スキームにおける活用が広範囲に進んでいる。会社制度の柔軟化（定款自治の拡大）を図り、固有性の限界（法人性・法人税制）を超える叡智により、「組合か社団か」という硬直した理論的枠組みを脱して、「組合の特例化と社団法人の特殊化」を図る多様な制度的展開が見られる。

　企業組織（事業体）の4要素としては、①法人格、②構成員課税（パススルー税制）、③組織の内部自治、④構成員の有限責任が挙げられるが、それらの要素の関連も理論的に固定化されるのではなく、社会のニーズに対応した制度設計を生み出している。

　わが国では、会社法制定時期に、合同会社や「有限責任事業組合」が登場し、前後して、匿名組合形式を活用した「特定目的会社」の活用が進んだ。また、組合、会社に続く第三の事業組織の法形態として、「信託」が注目され、信託の共同企業形態利用や信託のスキームのなかで「投資信託」や「投資法人」が活用されている。保険企業組織としての「相互会社」の存在意義が、保険法の制定や保険業法の改正の度に問われている。

　会社制度の先進性は、法人制度の多様化において活用され、「一般社団法人」「一般財団法人」の制度が、会社法の制定に続く一般法人法の制定によって整備された。また、わが国で大きな役割を果たしている各種の「協同組合」の組織に関する法的規律においても、会社法の先導的役割を見ることができる。

　本編では、会社法の制度と理論が、現代の各種の企業組織を規律するにあたって大きな役割を果たしていることを再認識して、各種企業組織の法的規律を理解する手掛かりを提供したい。会社法の研究や学修が、授業科目の範囲設定、資格試験・受験勉強の範囲限定によって自己抑制的に狭められ、会社法分野のダイナミックな魅力が失われないようにという願いとねらいが、本書の書名と本編から、読者の皆さんに伝われば幸いである。

3.15. 各種企業組織と法的規律

3.15.1. 任意組合と特例組合

1 民法上の組合（任意組合：NK）
2 投資事業有限責任組合（LPS）
3 有限責任事業組合（LLP）

1 民法上の組合（任意組合：NK）

（1）民法上の組合の組織法規律
1）意義と法的性質

民法上の「組合」は、複数の出資者たる構成員（個人・法人を問わない）が、金銭その他の財産のほか労務や信用を出資し、任意の契約によって形成される最も原初的な共同企業形態の組織である（民667条）。この任意組合には法人格は認められず、登記の必要はない。組織・活動に関する根本規則は、組合契約の定めによる。

2）組合財産

組合員の出資により共同事業を行うための組合財産が形成され、この財産は総組合員が共有（合有）する（民668条）。組合財産につき、組合員による持分処分は制限され、組合の存続中に分割することはできない（民676条2項）。

3）組合員の権利・義務・責任と業務執行

組合の債務につき、各組合員が連帯して無限責任を負う。各組合員の損益分配は組合契約で定めることができる（民674条）。但し、債権者が知らないときは平等の割合での分割債務となる（民675条）。債権者は、組合財産に執行をせずに、いつでも組合員に対して債務履行を請求することができる。

組合の業務執行は、原則として、一組合員一票による多数決で決し、各組合員が執行する。組合の日常業務（＝常務）以外の業務は、組合員の過半数の同意が必要である（民670条）。業務執行者を選ぶこともでき、業務執行者は善管注意義務を負う（民670条1項2項）。常務は、各組合員・各業務執行者が単独で執行できる（民670条3項）。組合員は、業務執行者の解任権（民672条。但し、正当な事由がないかぎり辞任・解任はできない）、業務・組合財産の状況の検査権（民673条）、組合の解散請求権（民683条）を有する。

4）組合員の地位の変動等

組合員の地位は他の組合員の同意がなければ譲渡できないと解され、持分を譲渡しても組合及び組合と取引をした第三者に対抗できない（民676条1項）。組合員は、いつでも組合を脱退でき、持分の払戻しを受けることができるが、組合の同一性が失われるときは脱退できない（民678条）。組合員の脱退により組合は当然には解散しない。

(2) 任意組合と特例組合の基本的性格

民法上の組合は、任意組合とも言われ、組合員は無限責任を負う。これに対して、民法上の組合の特例として、構成員に無限責任組合員のほか有限責任組合員がいる投資事業有限責任組合があり、また、構成員が有限責任である有限責任事業組合がある（これらを「特例組合」と呼ぶこととし、その制度概要を後述する）。なお、民法上の任意組合のほか、それらの特例組合、商法上の匿名組合は、いずれも、構成員（組合員）課税（パススルー）である。

2 投資事業有限責任組合（LPS）

(1) 意義・沿革

わが国では、投資家を組合員として資金を集め企業に出資の形で資金を供給する組合が、1980年代前半頃からベンチャー・ファンドとして組成され、その際、ヴィークルとして民法上の組合が用いられたが、それでは投資家が無限責任を負うこととなり、資金調達に限界があった。そこで、平成10（1998）年に、ベンチャー企業のような未公開企業への投資を専門に行う組合型ファンドに有用な新たな組合契約の形態（有限責任制度をもつ特例組合）を創設する目的で、「中小企業等投資事業有限責任組合契約に関する法律」（平成10年法90号）が制定された。

中小企業等有限責任組合の投資対象は、その後、順次拡充され、平成14（2002）年には、有限会社や匿名組合が、平成15（2003）年には、産業活力再生特別措置法の認定企業など一定の要件を満たす事業再生企業が追加された。投資事業組合の活動範囲はさらに広がり、ファンドの投資対象は公開・未公開や規模の大小にかかわらず企業の株式一般に広がり、債権取得や融資機能まで求められるようになった。

しかし、それらのニーズを同法による中小企業等投資事業有限責任組合の活用で満たすことができなかったことから、平成16（2004）年の同法の改正により、出資先の制限が改められ、中小未公開企業だけでなく大企業や公開企業への出資のほか、金銭債権の取得や融資等が可能となる組織形態、すなわち、「投資事業有限責任組合」（LPS＝Investment Limited Partnership）が創設された。そして、法律名は、「投資事業有限責任組合契約に関する法律」（LPS法）と改称された（平成16年4月30日施行、最終改正平成23年6月24日）。

(2) 投資事業有限責任組合（LPS）の組織法規律

1) 意義・法的性質・名称等

「投資事業有限責任組合」とは、投資事業有限責任組合契約によって成立する無限責任組合員及び有限責任組合員からなる組合をいう（LPS法2条）。組織・活動に関する根本原則は、その組合契約の定めである。この組合契約は、各当事者が出資を行い、法定されている一定の事業の全部又は一部を共同で営むことを約することにより効力を生ずる（同3条）。要式の組合契約書に、組合員全員の署名・記名押印が必要となる。

組合契約が効力を生じたときは、2週間以内に、組合の主たる事務所の所在地において登記しなければならない（同17条）。法定登記事項は、登記の後でなければ善意の第三者に対抗することができず、故意又は過失によって不実の事項を登記した者は、その事項が不実であることをもって善意の第三者に対抗することができない（同4条）。

組合の名称は、投資事業有限責任組合という文字を用いなければならないほか、会社法の会社の商号に関する規定が準用される（同5条、会8条）。

2）組合員の権利・義務・責任と業務執行

組合員は、出資一口以上を有することが必要で、金銭その他の財産のみ出資の目的とすることができ、出資一口の金額は均一でなければならない（LPS法6条）。

組合の債務について、無限責任組合員は連帯して責任を負い、有限責任組合員は、その出資の価額を限度として弁済責任を負う（同9条1項2項）。有限責任組合員は、組合の業務を執行する権限を有する組合員であると誤認させるような行為としたときは、その誤認にもとづき組合と取引をした者に対し無限責任組合員と同一の責任を負う（同条3項）。

組合の業務は、無限責任組合員が執行し、無限責任組合員が数人あるときは、組合の業務の執行は、その過半数をもって決する（同7条1項2項）。組合の常務は、各無限責任組合員が単独で行うことができる（同条3項。但し、その終了前に他の無限責任組合員が異議を述べたときは、この限りでない）。無限責任組合員は、財務諸表等を作成して備付けることを要し、組合員・債権者は閲覧・謄写の請求ができる（同8条）。

組合員の損益分配は、民法の組合に関する規定が準用されるが（同16条）、LPSでは財産分配の制限があり、組合財産は、貸借対照表上の純資産額を超えて分配することができず、有限責任組合員は、これに反して分配を受けた場合は、分配を受けた金額の範囲内において、組合の債務を弁済する責任を負う（同10条）。

3）組合員の地位の変動

組合員の地位は他の組合員の同意なく譲渡できないと解され、各組合員は、やむを得ない場合を除いて、組合を脱退することができない（同11条1項）。組合員は、死亡、破産手続開始の決定、後見開始の審判、除名によって脱退する（同条2項）。

4）その他

解散の事由（目的たる事業の成功又はその成功の不能、無限責任組合員又は有限責任組合員の全員の脱退、存続期間の満了、組合契約で定めた解散事由の発生）が法定され、組合が解散したときは、原則として、無限責任組合員が清算人となる（同14条）。

3　有限責任事業組合（LLP）

（1）意義・沿革

諸外国では、出資者の有限責任制度、組織の内部自治、構成員課税（パススルー）といったメリットを享受できる新しい事業体制度が整備されているが、わが国では、従

来、それらのメリットを兼ね備えた事業形態が存在しなかった。しかし、ベンチャーの振興、中小企業の連携、研究開発の促進等を目的として、経済産業省所管の「有限責任事業組合契約に関する法律（平成17年法40号）」（平成17年4月27日成立、同年8月1日施行、以下、LLP法と略称）により、民法上の組合の特例として、日本版LLPと称される「有限責任事業組合」（LLP＝Limited Liability Partnership）という事業組織体の制度が導入された。わが国では、この制度により、組合員の有限責任、内部自治、構成員課税（パススルー）の各種メリットの享受が可能となった。

平成17年制定の会社法によって創設された合同会社も、法人格を有する会社制度のもとで、出資者の有限責任と組織の内部自治を実現するが、法人であるが故に、構成員課税（パススルー）の優遇は実現されていない。その間隙を埋める形で、有限責任事業組合の制度が誕生した。

（2）有限責任事業組合の組織法規律
 1）意義・組合契約・登記・名称等
 ⅰ 意義　「有限責任事業組合」とは、組合員の責任は出資の価額を限度とするという有限責任制度のもとに、有限責任事業組合契約によって成立する組合をいう（LLP法2条）。有限責任事業組合自体は法人格がなく納税主体にならず、課税は構成員個人に対してなされる。組織・活動に関する根本原則は、その組合契約の定めである。
 ⅱ 組合契約　その組合契約は、個人又は法人が出資して、それぞれの出資の価額を責任の限度として共同で営利を目的とする事業を営むことを約し、各当事者の出資の払込み又は給付全部の履行によって効力が生ずる（同3条1項）。組合契約の当事者のうち1人以上は、国内に住所を有するか、現在まで引き続いて1年以上居所を有する個人、又は、国内に本店若しくは主たる事務所を有する法人でなければならない（同条2項）。要式の組合契約書に、組合員全員の署名・記名押印が必要である（同4条）。
 ⅲ 登記　組合契約が効力を生じたときは、2週間以内に、組合の主たる事務所の所在地において登記しなければならない（同57条）。法定登記事項は、登記の後でなければ善意の第三者に対抗することができず、故意又は過失によって不実の事項を登記した者は、その事項が不実であることをもって善意の第三者に対抗することができない（同8条）。
 ⅳ 名称　組合の名称は、有限責任事業組合という文字を用いなければならず、また、会社の商号に関する会社法規定が準用される（同9条、会8条）。
 ⅴ 業務制限等　組合員の責任を有限責任とすることが適当でない専門職種（弁護士・司法書士・弁理士・公認会計士・税理士等）の業務や、組合の債権者に不当な損害を与えるおそれがある投機的取引の業務については、組合の業務から除外されている（同7条）。組合員が組合の業務として行う行為は商行為とされる（同10条）。
 2）組合員の権利・義務・責任と業務執行
 ⅰ 出資・有限責任　組合員は、金銭その他の財産のみ出資の目的とすることができる（LLP法11条）。組合の債務について、組合員は出資の価額を限度として

弁済責任を負う(同15条)。組合員が債権を出資の目的とした場合において、当該債権の債務者が弁済期に弁済をしなかったときは、当該組合員は、その弁済をする責任を負う。この場合においては、当該組合員は、その利息を支払うほか、損害の賠償をしなければならない(同16条)。

　ⅱ　**業務執行**　　組合の業務執行の決定は、共同事業性により、原則として、総組合員の同意による(同12条1項。但し、重要財産の処分・譲受けや多額の借財以外の事項の決定については、組合契約書において総組合員の同意を要しない旨の定めをすることは妨げられない〔同条2項〕。その他の例外〔同条3項〕)。その決定にもとづき、組合員は組合の業務を執行する権利を有し義務を負う(同13条1項)。各組合員が業務執行を分担しなければならない。内部組織として、監視機関の設置は自由である。組合員は、組合の業務執行の一部のみを委任することができ(同条2項)、組合員の組合の業務を執行する権利に加えた制限は善意の第三者に対抗することができない(同条3項)。組合の常務は、各組合員が単独で行うことができる(同14条。完了前に他の組合員が異議を述べたときは、この限りでない)。

　組合の業務執行の効果は、全組合員に権利義務が帰属する。組合員は、他の組合員に対し善管注意義務を負う(同56条)。組合の業務に関して第三者に損害が生じたときは、組合員は、組合財産をもって当該損害を賠償する責任を負う(同17条)。組合員又は法人組合員の職務執行者が自己の職務を行うについて悪意又は重大な過失があったときは、当該組合員等は、連帯して、第三者に生じた損害を賠償する責任を負う(同18条)。組合員は、組合の業務及び組合財産の状況を検査することができる(同56条、民673条)。組合員は、組合財産を自己の固有財産及び他の組合の組合財産と分別して管理しなければならない(同20条)。

3）計　算

　債権者保護のため、計算に関する諸規定が設けられている。

　ⅰ　**会計帳簿の作成・保存・提出**　　会計の原則(LLP28条)に従い、組合員は、会計帳簿を作成し、これを、10年間、重要資料とともに保存しなくらばならず(同29条)、裁判所は、申立て又は職権により、訴訟当事者に対して、組合の会計帳簿の全部又は一部の提出を命ずることができる(同30条)。

　ⅱ　**財務諸表の備置き・閲覧等**　　組合員は、組合の成立後速やかに、組合の成立の日における組合の貸借対照表を作成し、毎事業年度経過後2か月以内に、その事業年度の組合の財務諸表(貸借対照表、損益計算書、これらの附属明細書)を作成しなければならない(同31条1項～3項)。組合員は、財務諸表を作成の時から10年間、組合契約書とともに主たる事務所に備え置かなければならない(同条4項5項)。組合の債権者は、組合の営業時間内はいつでも、財務諸表(作成日から5年以内のもの)及び組合契約書の閲覧・謄写の請求ができる(同条6項)。

　ⅲ　**損益分配割合**　　組合員の損益分配の割合は、原則として、総組合員の同意により、会計帳簿に記載された各組合員が履行した出資の価額に応じて定める(同33条。組合員の貢献度に応じて別段の定めを設ける場合には、その理由と合理性を明示する〔LLP法施行規則36条〕)。

　ⅳ　**財産分配の制限と責任**　　組合財産は、分配の日における分配可能額(組

合員に分配することができる額として純資産額の範囲内で経済産業省令で定める方法により算定される額〔純資産額から300万円又は出資総額がこれに満たない場合はその出資額〕)を超えて分配することができない(LLP法34条1項。但し、分配日における組合の剰余金に相当する額として経済産業省令で定める方法により算定される額を超えて組合財産を分配するには、総組合員の同意により、組合契約書に記載する〔同2項3項〕)。

　分配した組合財産の帳簿価額(分配額)が分配日における分配可能額を超える場合には、当該分配を受けた組合員は、組合に対し連帯して、分配額に相当する金銭を支払う義務を負い(同35条1項)、分配額が分配可能額を超過した額(義務を履行した額を除く)を限度として、連帯して、組合の債務を弁済する責任を負う(同条2項)。

　組合員が組合財産の分配を受けた場合において、当該分配を受けた日の属する事業年度の末日に欠損額(貸借対照表上の負債の額が資産の額を上回る場合において、当該負債の額から当該資産の額を控除して得た額)が生じたときは、当該分配を受けた組合員は、組合に対し、連帯して、当該欠損額(当該欠損額が分配額を超えるときは当該分配額)を支払う義務を負い(同36条1項。但し、組合員が組合財産を分配するについて注意を怠らなかったことを証明した場合はこの限りでない〔同条項但書〕)、当該欠損額(同項の義務を履行した額を除く)を限度として、連帯して、組合の債務を弁済する責任を負う(同条2項)。

4) 組合員の地位の変動

ⅰ　**加入**　組合員は、新たに組合員を加入させることができ、新たに組合員になろうとする者が、当該加入に係る組合契約の変更をした時にその出資に係る払込み又は給付の全部又は一部を履行していないときは、当該出資の払込み・給付を完了した時に組合員となる(同24条)。

ⅱ　**脱退**　組合員の地位は他の組合員の同意なく譲渡できないと解され、各組合員は、やむを得ない場合を除いて、組合を任意に脱退することができない(同25条。但し、組合契約書において別段の定めをすることを妨げない)。組合員は、死亡、破産手続開始の決定、後見開始の審判、除名によって脱退する(法定脱退：同26条)。

ⅲ　**除名**　組合員がその職務を怠ったときその他正当な事由があるときに限り、他の組合員の一致によって除名することができる(同27条1項。但し、組合契約書において他の組合員の一致を要しない旨の定めをすることを妨げない)。組合員の除名は、除名した組合員にその旨を通知しなければ、その組合員に対抗することができない(同条2項)。

5) その他

　解散の事由(目的たる事業の成功又はその成功の不能、組合員が1人になったこと、組合契約当事者の居住者・内国法人の要件を満たさなくなったこと、存続期間の満了、総組合員の同意、組合契約で定めた解散事由の発生)が法定され(同37条)、組合が解散したときは、原則として、組合員が共同して清算人となり(同39条)、清算手続きに入る(同38条～52条)。

3.15.2. 匿名組合と特定目的会社

1　匿名組合（TK）
2　特定目的会社（TMK）

1　匿名組合（TK）

（1）意義と沿革
　1）意　義
　「匿名組合」とは、当事者の一方（匿名組合員）が相手方（営業者）のために出資をし、相手方がその営業から生ずる利益を分配すべきことを約する契約である（商535条）。営業者は商人であるが、匿名組合員は商人でなくてもよい。匿名組合契約は営業者にとって附属的商行為である。匿名組合は、匿名組合員と営業者との間で、1対1の匿名組合契約によって形成されるものである。但し、同一の事業者が複数の匿名組合契約を結んで複数の投資家を得ることはあり得る。その場合には匿名組合員相互の間には法的関係は存しない。また、複数の投資家が一つの民法上の組合を形成して、その組合が匿名組合員の立場に立つこともあり得る。
　2）基本的仕組み
　匿名組合は、世上（表向き）、事業者単独の事業体として現れるが、内部の実態を見ると、事業者が投資家からの出資を得て事業を行い、その事業の成果を分配する仕組みを有する（事業者は確定利息支払の負担はない）共同企業形態である。但し、投資家は、経済的には内部的に共同企業形態を形成していても、法的には外部には現れずに匿名の存在であるところから、匿名組合と呼称される。

```
                              ← 外部から見ると事業者単独の企業
 ┌─────────────────────────┐
 │ 匿  匿名組合契約          │    ┌───┐
 │ 名  （1対1の契約!!）       │    │第 │
 │ 組─────────営───│    │三 │
 │ 合  出資　→     業    │    │者 │
 │ 員           者    │    │   │
 │     ←  分配    ※    │    │   │
 └─────────────────────────┘    └───┘
```

　↑　内部実態は投資家と事業者との共同企業（営業主体は組合ではなく営業者!!）
※のポジションに「投資ファンド」が立つ投資スキームが登場・発展。
※に一定の組織を利用し、法人税負担を極小化する「導管」とする投資スキームが隆盛。
　　・特定目的会社（TMK）を利用する「TMKスキーム」
　　・合同会社（GK）を利用する「GK-TKスキーム」

【匿名組合の沿革】
　10世紀頃から地中海沿岸で海上貿易を実施するために行われた「コンメンダ（commenda）」契約は、後に「コレガンチア（collegantia）」と呼ばれた一種の共同企業形態であった。この企業形態は、一方で、資本家が名前を出し、出資額を限度として債権者に責任を負う会社の形態としてフランスで普及し、他方、従来どおり資本家が対外的に現れない形態がドイツで支配的となっ

て発展した。すなわち、機能資本と無機能資本とを結合する共同企業形態を、法人格をもつ会社形態で実現して、会社法上に制度化されたのが「合資会社」であり、法人格を用いずに契約によって実現したのが「匿名組合」である。

ヨーロッパの近代商法典では、両者が制度化され、わが国の商法にも継受された。しかし、ヨーロッパでは、匿名組合の制度は、会社制度と併せて規定が置かれるのに対して、わが国では、立法上、純然たる契約形態である匿名組合を、営利社団法人と規定した会社とは分離し(平成17年改正前商法52条1項)、商人である営業者にとって匿名組合契約が附属的商行為となることから、商行為編の中に規定を置くことになった。そして、同じ商法典中において、改正前商法会社編の合資会社に関する規定を、匿名組合に準用していた(平成17年改正前商法542条)。平成17年の会社法の制定に伴い、それまで合資会社の社員の地位に関する合資会社の規定を準用していた部分を、匿名組合に合わせて新たに書き下ろし、規定の明確化が図られている。

(2) 匿名組合の機能展開
1) 共同事業スキームから節税・投資スキームへ

近年、わが国では、匿名組合は、元来の共同企業形態として利用されるというより、資産流動化の方法や節税効果を有する投資スキームにおいて活用されるようになった。その際、匿名組合方式の利用により、二重課税を避けて税負担を軽減できる点が注目されている。

昭和50年代後半には、航空機や船舶等のリース事業で、資金調達と節税を目的とした匿名組合の利用が活発になった(平成10年度及び17年度の税制改正により税負担軽減が制限されて匿名組合方式を利用したリースは減少した。匿名組合方式を利用した航空機のレバレッジド・リース契約に関する事案として東京地判平7・3・28判時1557・104商法百選82)。

さらに、匿名組合は、資産流動化の方法として、また、投資ファンドの運用において活発に利用されるようになり、平成の年代に入ってバブル経済崩壊の後には、不良債権を金融機関が処理するにあたっても利用され、匿名組合を活用する投資スキームに関する法制度の整備が行われた*。

＊ **商品ファンド法と特定債権法における匿名組合**　平成3年制定の「商品投資に係る事業の規制に関する法律(平成3年法律66号)」(＝商品ファンド法)は、商品投資の仕組みとして、民法上の組合と信託方式とともに、匿名組合方式について規定している(同法2条5項1号)。平成4年制定の「特定債権等にかかる事業の規制に関する法律(平成4年法律77号)」(＝特定債権法)では、リース・クレジット債権の流動化を目的として、信託方式、債権譲渡方式、民法上の組合方式及び匿名組合方式が基本的な仕組みとして規定された。資産流動化は、平成10年の債権譲渡特例法、資産流動化法(後掲)の制定などにより法整備が進み、リース・クレジット債権に限定した特定債権法は、その必要性が見直され、平成16年制定の信託業法(平成16年法律154号)附則2条により廃止された。

最近では、投資ファンドが多数の投資家から資金を集めて運用する投資スキームにおいて大いに活用され、また、震災復興にあたり被災事業者への支援事業を実施するためにも利用されている(永沢徹(監)『SPC＆匿名組合の法律・会計税務と評価(6版)』清文社(2016年)、参照)。

2) 導管性を有するビークルを利用した投資スキームの展開

匿名組合形式が多く利用される最近の投資スキームでは、新たに設立する会社をビークル(Vehicle、媒体)として、これに法人税負担の極小化を果たす「導管」性を持たせ、この会社を営業者とし、機関投資家を匿名組合員として、匿名組合契約を締

結する方法が採られている。とくに、資産流動化のための有利な資金調達手段として、資産をオリジネーター（流動化する資産の保有者）から切り離して移転するにあたり、SPV（譲り受けた資産を裏付けとして証券を発行して資金調達を行う媒体）を営業者とした匿名組合方式が普及している。

そのビークルとして、「特定目的会社」（日本語での略称はTMK、これを含む国内外での証券発行等のための器としての英語での一般略称はSPC＝Special Purpose Company）を利用するものが「TMK（特定目的会社）スキーム」であり、合同会社を利用するものが「GK（合同会社）-TK（匿名組合）スキーム」である（営業者を株式会社とする場合は、「KK（株式会社）-TK（匿名組合）スキーム」と呼ばれる）。TMK（特定目的会社）スキームの利用に関して、資産流動化法の制定を中心とする法制度が整備されている。

3）金融商品としての匿名組合員の地位

投資スキームとして匿名組合形式が利用されると、その実態は、共同事業性が薄れ、多数の投資家が匿名組合員として出資をすることになり、匿名組合契約にもとづく匿名組合員としての地位は、金融商品としての性格をもつ。

そこで、平成18年改正の金融商品取引法において、投資家保護の観点から、匿名組合契約にもとづく匿名組合員としての地位が、金融商品取引上の「みなし有価証券」の集団投資スキーム持分として、同法の規制対象とされている（金商2条2項5号。同条項は、各種ファンドに金融商品取引法を適用するための包括条項である。近藤光男＝吉原和志＝黒沼悦郎『金融商品取引法入門〔第4版〕』商事法務（2015年）42頁。匿名組合と金融商品取引法との関係については、永沢（監）・前掲書136頁、参照）。

2　特定目的会社（TMK）

（1）資産流動化法と特定目的会社

平成10年制定の「特定目的会社による特定資産の流動化に関する法律（平成10年法律105号）」では、資産流動化の実態と需要に応じて、導管としてのビークルに「特定目的会社」という新たな法形態が用意され、流動化する資産の対象が、金融機関の貸付債権、売掛債権、不動産等の資産にまで拡大された。

同法は、平成12年改正により、法律名が「資産の流動化に関する法律（平成12年法律105号）」（＝資産流動化法）に改称され、法整備内容の充実が図られた。特定目的会社について、業務は登録制から届出制に変更され、資産流動化計画の柔軟な変更を可能にしたほか、導管の役割を果たすもう一つの法形態として「特定目的信託」の制度が設けられた（平成12年改正による特定目的会社及び特定目的信託の概要につき、森本滋（編著）『商行為法講義〔第3版〕』成文堂（2009年）88頁、参照）。平成17年に会社法とともに制定された「会社法の施行に伴う関係法律の整備に関する法律（平成17年法律87号）」（＝会社法整備法）により、それまで商法の規定を準用していた資産流動化法も改正された。

平成23年に成立した「資本市場及び金融業の基盤強化のための金融商品取引法等の一部を改正する法律（平成23年法律49号）」（＝資本市場等基盤強化法）は、

①多様で円滑な資金供給の実現、②国民資産を有効活用できる資産運用機会の提供、③市場の信頼確保を三本柱として、金融商品取引法を含む関係法律を改正しており、その一環として、資産流動化法が改正され、上記③の観点から、特定目的会社を用いた資産流動化スキームに関する規制の弾力化（資金調達の利便性の向上等）が図られた。この改正資産流動化法にもとづき、新たなスキームが登場する可能性が高まった（額田雄一郎＝伊藤浩也「平成23年資産流動化法の改正と流動化実務への影響」十市崇（編）『金融商品取引法の諸問題』商事法務（2012年）191頁・225頁、参照）。

（２）特定目的会社の組織法規律
　１）意　義
　特定目的会社は、資産流動化法にもとづいて設立される会社であり、会社法上の会社ではないが、それ自体が法人格を有し、特定の資産の取得とその資産からもたらされるキャッシュを投資家に分配することを予め計画して設立される、資産の流動化を目的とした会社である。
　２）設　立
　設立には準則主義が採用され、株式会社設立と同様に、発起人による定款の作成（資産流動化法16条1項）、公証人による定款の認証（同16条6項）、発起人による特定出資全額の履行（同19条1項）の後、設立登記によって特定目的会社は成立する（同23条）。しかし、資産の流動化に係る業務については、法定事項を記載した業務開始届出書を内閣総理大臣に提出する必要がある（資産流動化法施行令2条、資産流動化法施行規則5条・6条）。業務開始届出に際しては、流動化計画書を作成し業務開始届出書に添付する必要がある。
　３）機関設計
　特定目的会社の機関設計として、社員総会、1名以上の取締役、1名以上の監査役の設置を要する（資産流動化法67条1項1号2号）。また、資産対応証券として特定社債のみを発行する特定目的会社であって、資産流動化計画に定められた特定社債の発行総額と特定目的借入れの総額との合計額が200億円以上の場合には、会計監査人も設置する必要がある（同法同条同項3号）。取締役が特定目的会社の業務を決定・執行し、会社を代表するが（同法78条・79条）。代表取締役を定めるときは、代表取締役が会社を代表する（同法79条1項但書）。監査役は、取締役の職務の執行を監督する（同法87条1項）。
　４）資産管理等
　特定目的会社では、原則として、特定資産の管理及び処分に係る業務は信託会社等へ信託する必要がある（同法200条1項）。取締役は特定資産に関する業務執行を直接的に行うことはなく、信託会社等の選定に関する意思決定を行い、信託会社等の監督等を行うにすぎない。これにより、投資ビークルとしての性質が法的に担保されている。
　５）法人課税の特例（ペイスルー課税）
　　ⅰ　意　義　　わが国の現行法制上、事業体が法人格を有する場合には、その法人を納税義務者とすることで、法的安定性が確保されている。特定目的会社は法

人格を有するので法人課税の対象となり、二重課税を回避する構成員課税（パススルー課税）の優遇を得られないが、法人課税の特例として、ペイスルー課税という特別措置により実質的に同様の優遇が確保されている。

　法人の場合は、配当金支払は税引「後」利益の剰余金を配当原資として行われ、配当金は、その支払が資本的取引と考えられ、税務上、損金算入されない。しかし、特定目的会社では、一定要件を満たした場合には、所得金額を限度として、当該事業年度に係る支払配当の額を、当該年度の所得計算の上で、損金の額に算入する取扱いが認められている（租税特別措置法67条の14）。この法人課税の特例は「ペイスルー課税」と呼ばれる。税引前利益から支払配当分を損金として処理して課税所得を極小化することで、特定目的会社自体への課税を節減することができる。

　民法上の組合や有限責任事業組合などの組合型投資ビークル（投資ファンド）では、それ自体が法人格を有さないので、構成員（組合員）課税（パススルー課税）が実現できるが、これに較べて、特定目的会社が法人格を有するというだけで税制上不利な扱いを受けると、投資家からみればファンドの選択により投資利回りに影響が出ることになって均衡を欠くことになる。ペイスルー課税は、そのことを防ぐために有用な仕組みである（「投資信託及び投資法人に関する法律（平成26年法律198号）」に規定する投資法人についても同様である。租税特別措置法67条の15）。

　ⅱ　要　件　　特定目的会社においてペイスルーが認められるための要件として、①設計段階で満たしておくべき対象法人に関する要件と、②事業年度に関する要件とが定められている（租税特別措置法67条の14第1項）。後者の要件のなかに「当該事業年度に係る配当等の額の支払額が当該事業年度の配当可能所得の金額の90％に相当する金額を超えていること」が定められ、これにより、実質的に特定目的会社自体に剰余金を残さないことで組合型ビークルと同視し、ペイスルー税制を担保している（匿名組合を含む事業体への課税について、渡邊芳樹「事業体に対する課税形態と構成員課税に係る実務上の問題点」森信茂樹（編著）『合同会社とパススルー税制』金融財政事情研究会（2013年）80頁、特定目的会社の税務について、永沢（監）・前掲書253頁、金子宏『租税法（第20版）』弘文堂（2015年）304頁、参照）。

【集団投資スキーム（Collective Investment Scheme）の形態・種類】

形態	種類	根拠法（一部略称）	課税
組合型	任意組合	民法	パススルー
	投資事業有限責任組合	投資事業有限責任組合法	パススルー
	有限責任事業組合	有限責任事業組合法	パススルー
	匿名組合	商法	―
法人型	特定目的会社	特定目的会社法	ペイスルー
	投資法人	投信法	ペイスルー
信託型	信託	信託法	パススルー
	投資信託	投信法	―
	特定目的信託	特定目的会社法	ペイスルー

3.15.3. 信託と投資信託・投資法人

1 信　託
2 投資信託
3 投資法人

1　信　託

（1）信託の意義と基本的仕組み

　信託とは、一般には、他人を信頼して物事を委託することをいうが、法律上は、「信託法（平成18年法律108号）」で定義される財産管理制度のことである。信託法上の「信託」とは、信託行為（信託契約の締結、遺言又は信託宣言〔自己信託の意思表示〕のいずれかの方法）により、特定の者（＝受託者）が、一定の信託目的（専ら受託者の利益を図る目的を除く）に従い、財産の管理又は処分及びその他の当該目的の達成のために必要な行為をすべきものとすることをいう（信託2条1項）*。

　信託には法主体がなく受託者が権利義務の主体になるが、個人の責任財産から独立した財産管理方法が創出されるという点で、後掲の「一般財団法人」と機能が類似し、複数の者が委託者兼受益者となって受益者と信託契約を締結することで、共同企業形態として利用できる（神田・会社法3頁）。

【信　託】

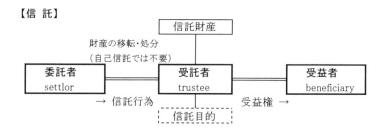

*　**信託の基本的仕組み**　　関係者とその行為等を確認しながら述べれば、「信託」とは、基本的には、委託者が、信託行為（信託契約又は遺言）によって、信頼できる人（受託者）に対して、金銭や土地等の財産を移転し、受託者が、委託者の設定した信託目的に従って、受益者のためにその財産（信託財産）の管理・処分等をするという仕組みである。

　受託者は、信託財産の所有権者になるが、自己のためではなく受益者のために信託財産を管理又は処分等を行い、それから得られる信託の利益は受益者が享受する。但し、信託法上、自らを受託者として信託を設定する自己信託では、受益者が、自己の財産を、自己の利益を図る以外の一定の目的の下に置く（財産の移転・処分は不要）。

　受益者の定めのない信託があり（信託258条1項）、このうち、学術、技芸、慈善、祭祀、宗教その他の公益を目的とするものであって、受託者が主務官庁の許可を得た信託を「公益信託」といい（公益信託法1条）、それ以外の信託が一般の「私益信託」である。私益信託のうち、委託者自らが受益者となる信託を「自益信託」といい、委託者以外の者を受益者とする信託を「他益信託」という。実際には自益信託が多い。

（注）信託に関する主な参考文献として、道垣内弘人『信託法入門』日本経済新聞社（2007年）、寺本昌広『新しい信託法（改訂版）』商事法務（2008年）、神田秀樹＝折原誠『信託法講義』

弘文堂(2014年)、新井誠『信託法(第4版)』有斐閣(2014年)、樋口範雄『入門信託と信託法(第2版)』弘文堂(2014年)、三菱UFJ信託銀行『信託の法務と実務(6訂版)』金融財政事情研究会(2015年)等がある。

(2) 信託の法的特質
1) 信託財産の独立性（倒産隔離）―― 機能発揮装置

信託においては、財産が委託者から受託者に移転して信託財産となるので、委託者の倒産等の影響を受けず、また、信託財産は受託者の所有に属しても、受託者の債権者からの強制執行等が排除されるので(信託23条1項)、受託者の倒産等の影響も受けない(倒産隔離)。受益者は信託財産の所有者ではない。信託財産は、形式上は受託者の所有名義に属するが、実質的には、委託者、受託者、受益者の誰にも属さないような状態の財産(nobody's property)となり、このことを信託財産の独立性という。このことにより、信託財産が保護され、受益権が裏付けられて受益者が保護され、信託の機能を発揮させる。

2) 受託者責任（信認義務）―― 信頼確保と制御装置

受託者は、信託行為の定めに従い信託財産の管理・処分その他の信託目的の達成に必要な行為を行い(信託26条)、受益者に対して利益を給付する義務を負う(信託2条6項7項・88条)。この際、受託者は、信託の本旨に従い、善良なる管理者の注意義務をもって信託事務を処理しなければならない(信託29条)。その他、受託者は、受益者に対して、忠実義務(信託30条)、分別管理義務(信託34条1項)、公平義務(信託33条)、帳簿作成・報告・保存義務(信託36条・37条1項・38条1項)等を負い、それらの義務に違反した場合には、損失の塡補又は原状回復の責任を負う(信託40条1項)。これらは、委託者からの高度な信頼に応えるために受託者が負う義務と責任であり、この「受託者責任」の基礎には「信認義務(Fiduciary duty)」が認められる(信認関係につき、タマール・フランケル(溜箭将之監訳)『フィデューシャリー：「託される人」の法理論』弘文堂〔2014年〕)。また、受託者は、信託財産の所有者として、信託財産のためにした行為について、第三者たる信託債権者に対して負担した債務につき、信託財産によって責任を果たすことはもとより、必要であれば自らの固有財産をもってでも責任を負わなければならない(受託者の無限責任)。

(3) 信託の機能

信託は、その仕組みから分かるように、他人によって財産が適切に管理され、安全・確実な財産の承継を実現する機能を有するが、さらに次のような機能がある(神田=折原・前掲書4頁)。①信託により、さまざまな財産が一つの信託財産にまとめられるという「取りまとめ機能(オーガナイザー機能)」である。これにより、例えば、多数の投資家から資金を集めて規模の大きなファンドを組成して効果的な分散投資が可能となったり、多数の地権者の権利関係が単純化されて再開発が容易になる。②財産が信託されると、信託財産になって、これを裏付けとして、さまざまな目的に応じた内容の受益権に転換されるという「転換機能」である。性状・性質が転換される場合もあれば、数が転換される場合もあり、さらに、世代間の財産承継を可能とする転換もある。

（4）民事信託と商事信託

1）意　義

「民事信託」は、長期の財産管理制度と組み合わされた財産無償譲渡（贈与）を原因たる経済行為として、主として、財産の管理・承継のために利用される信託である。民事信託は信託の基本的な仕組みのもとに、委託者・受託者・受益者一人ずつの三者関係で、他益信託を典型とする。これに対して、「商事信託」は、対価の交換を伴う商取引を原因たる経済行為とし、主として、財産の管理・運用・投資に利用される信託である。商事信託は、委託者・受託者・受益者の三者関係を採るものの、取りまとめ機能と資産転換機能を発揮して、多数の受益者を擁する場合が多く、また、自益信託であることが多い。

2）商事信託の機能類型

商事信託は、機能的に見て、4類型がある。すなわち、①運用型（投資家が受益者の地位に立ち、投下資金の範囲内でリスクを負う。実績配当型金銭信託、投資信託等）、②転換型（各種資産の流動化・証券化を目的とし、投資家が受益者の地位に立ち、投下資金の範囲内でリスクを負う。金銭債権信託、特定目的信託等）、③預金型（貯蓄目的で行われ、受益者が実質的に預金者と同様の地位に立ち、リスクを負わない。受託者が元本保証を行い、配当について予想配当制を採る。合同運用指定金銭信託、貸付信託等）、④事業型（事業を行うことを目的とし、事業者が受益者の立場に立ち、事業リスクとして投下資金を上回るリスクを負う。代表例は土地信託）がある（神田＝折原・前掲書6頁）。

3）日本の信託利用の現状と展望

信託はイギリスのユース（use）に源があるとされるが、英米法圏で発達をみて、家族信託や個人信託といった民事信託が広く普及し、その後、アメリカで商事信託が発達した。日本では、当初、商事信託が金銭信託を中心に金融分野において導入され、民事信託はほとんど見られなかった。しかし、今日では、信託は、金融資産の運用スキームとして広く利用されるようになったほか、少子高齢社会の社会インフラとして（例えば、高齢者・障害者のための福祉型信託等）活用されることが期待されている（信託の歴史及び信託のその他分類について、神田＝折原・前掲書14頁・10頁、三菱UFJ信託銀行・前掲書12頁以下・17頁以下、参照）。

（5）信託と信託業の法的規律

1）信託法

信託を民事的に規律する法律の中心は、「信託法（平成18年法律108号）」である。この新信託法の内容は多岐にわたるが、その要点は、第一に、受託者の義務等の内容を適切な要件のもとに合理化したこと（忠実義務の任意規定化、利益相反行為の類型拡大と規定の厳密化、分別管理義務の任意規定化、自己執行義務の緩和等）、第二に、受益者の権利行使の実効性と機動性を高めたこと（受益者集会の導入、受託者行為差止請求権の創設等）、第三に、多様な信託利用形態に対応したこと（信託の併合・合併の制度、自己信託等の新たな信託類型の創設等）である。

2）信託業の規律

報酬を得ることを目的として信託を引き受けること（営利信託・信託業）は、商法

上、営業的商行為とされている（商502条13号〔平成18年法律109号により本号追加〕）。信託会社等の信託の引受けが消費者契約に該当する場合は、消費者契約法の適用を受ける。また、信託の受益権は、金融商品取引法上の「みなし有価証券」に該当するので（金商2条2項1号）、販売業者が規制に服するほか、一定の要件に該当する金銭信託の信託契約の締結は同法の適用を受ける（金商2条1項3号）。

　営業信託のうち貸付信託については、信託会社等は、あらかじめ内閣総理大臣の承認を受けた信託約款にもとづいて信託契約を締結しなければならないが（貸付信託法3条1項）、それ以外の信託契約については、約款等の行政機関による承認を必要としていない。

　営利信託・信託業は、「信託業法」「金融機関の信託業務の兼営等に関する法律（＝兼営法）」「担保附社債信託法」「投資信託及び投資法人に関する法律（＝投信法）」「貸付信託法」等による行政監督と、それらに含まれる民事規律に服する。

2　投資信託

(1) 投資信託の意義・特質・要件
1) 投資信託の一般的意義と特質

　投資信託とは、信託の一種で、とくに、①共同投資（投資家から集めたお金を一つの大きな資金としてまとめる）、②専門化運用（専門家によって株式や債券などに投資・運用される）、③分散投資（危険を分散しつつ多方面に投資されて、運用成果が投資家それぞれの投資額に応じて分配される）という特質を持つ市場間接金融の一方法である。投資家にとってみれば、資金運用の専門的知識を持ち合わせなくても、少額の資金から投資が可能となり、毎日の時価評価額が計算されて資産価値を容易に把握でき、換金性にも優れているというメリットをもつ投資方法である。他方で、資金を自己運用する場合よりもコスト負担が増すことになり、また、運用が専門家に委ねられることからは、投資家保護のために、情報開示の徹底、業務の透明性、受託者責任の明確化、利益相反の防止が強く求められる。

2) 広義の投資信託と狭義の投資信託

　投資信託は、広義には、上記の特質を有する資産運用型の集団投資スキームをいい、現在、わが国では、「契約型投資信託（法律上の「投資信託」）」と「会社型投資信託（法律上の「投資法人」）」がある。そのうち狭義の（法律上の）「投資信託」とは、「投資信託及び投資法人に関する法律」（＝投信法〔昭和26年法198号〕）で定められた「委託者指図型投資信託」及び「委託者非指図型投資信託」をいう（投信2条3項）。

（出典：田村・後掲プロフェッショナル投資信託実務52頁）

【投資信託の関係法令と沿革】
　投資信託及び投資法人の制度を定める投信法は、1951（昭和26）年に証券投資信託法として制定され、同法は1998（平成10）年に改正されて「証券投資信託及び証券投資法人に関する法律」に改称され、新たに、会社型の資産運用スキームのビークルとなる投資法人制度が導入された。2000（平成12）年の同法改正により、投資信託及び投資法人の投資対象が有価証券から不動産等を含む特定資産に拡大された。これにより投資法人制度を利用した不動産投資法人（J-REIT）の組成が可能となった。
　2007（平成19）年に証券取引法が改正され金融商品取引法（金商法）と改称された際に、投信法所定の投資信託委託会社に対する業規制の多くが、投資顧問業者に対する業規制と統合されて、金商法に移された。
　2008（平成20）年の投信法施行令の改正による特定資産の範囲拡大を経て、2013（平成25）年には投信法の大改正が行われた。この大改正では、特定資産の範囲に再生可能エネルギー発電施設及び公共施設等運営権が追加され、投資信託に関しては、運用報告書の2段階化、投資信託の併合及び約款変更に係る書面決議手続の見直しが行われ、投資信託法人に関しては、資金調達手段の多様化、簡易合併要件の改正、役員会事前同意制度の導入等が行われた。

　（注）投資信託の制度と法に関する参考文献として、①野村アセットマネジメント株式会社（編）『投資信託の法務と税務（第4版）』金融財政事情研究会（2008年）、②本柳裕介＝河原雄亮『投資信託の法制と実務対応』商事法務（2015年）、③田村威『投資信託基礎と実務（十三訂）』経済法令研究会（2016年）、④田村威・他『プロフェッショナル投資信託実務（十二訂）』経済法令研究会（2016年）、⑤青山直子『白鳥准教授の投資信託研究入門』日本加除出版（2016年）、⑥森・濱田松本法律事務所（編）『投資信託・投資法人の法務』商事法務（2016年）、⑦西村あさひ法律事務所（編）『REITのすべて（第2版）』民事法研究会（2017年）がある。また、⑧黒沼悦郎『金融商品取引法』有斐閣（2016年）第11章もある。その他、投資信託協会HP参照。本書本節の記述の詳細は、投資信託に関しては主に①②⑧を、投資法人に関しては主に⑥⑦⑧を参照。

3）要　件
ⅰ　委託者指図型投資信託の要件　「委託者指図型投資信託」とは、投信法にもとづき設定された信託で、その目的が、①信託財産を委託者の指図（政令で定める者に指図に係る権限の全部又は一部を委託する場合における当該政令で定める者の指図を含む）にもとづいて運用され、②主として有価証券、不動産その他の資産で投資を容易にすることが必要であるものとして政令で定めるもの（＝特定資産）＊に対する投資として運用され、③その受益権を分割して複数の者に取得させることであるものをいう（投信2条1項）。
　委託指図型投資信託は、投資信託会社を委託者、信託銀行等を受託者、投資家を受益者にする三当事者で構成される。信託財産を主として有価証券に投資することを目的とする信託（投信2条4項）は、一定の要件（①委託指図型投資信託であること、②信託財産の総額の2分の1を超える額を有価証券に対する投資として運用すること〔有価証券デリバティブを含む〕）を満たす証券投資信託でなければならない（投信7条・2条4項）。

＊**特定資産**　投資信託に該当するには、信託財産を主として特定財産に対する投資として運用することが必要であり、ここに「特定資産」とは、①有価証券、②デリバティブ取引に係る権利、③不動産、④不動産の賃借権、⑤地上権、⑥約束手形、⑦金銭債権、⑧匿名組合出資持分、⑨商品先物取引法上の商品、⑩商品投資等取引に係る権利、⑪再生可能エネルギー発電設備、⑫公共施設等運営権である（投信法施行令3条〔平成28年6月現在〕）。

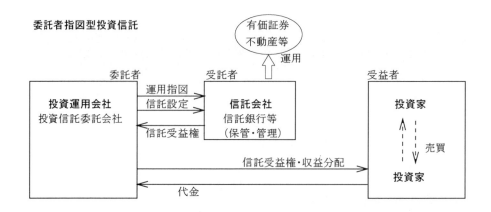

ii　**委託者非指図型投資信託の要件**　「委託者非指図型投資信託」とは、投信法にもとづき設定された信託で、その目的が、①一個の信託約款にもとづいて、受託者が複数の委託者との間に締結する信託契約により受け入れた金銭を、合同して、委託者の指図にもとづかず主として特定資産に対する投資として運用（政令で定める者に運用に係る権限の一部を委託する場合における当該政令で定める者による運用を含む）することを目的とする信託であつて、投信法にもとづき設定されるものをいう（投信2条2項）。

　委託非指図型投資信託は、委託者と受託者の二者で構成され、受益者は委託者である。受託者になれるのは、信託会社等に限定される（信託47条1項）。信託財産を主として有価証券に対する投資として運用することを目的とする投資信託契約を締結することはできず（信託48条）、不動産や信託受益権など有価証券以外に投資する組成が想定されている。

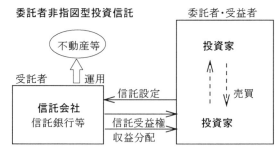

4）投信法上の制約

　委託者指図型投資信託及び委託者非指図型信託は、いずれも投信法にもとづき設定されるので、上記のほかにも次のような投信法上の制約がある。①投資信託は、原則として、金銭信託（信託の設定時及び解約時において金銭が交付される信託）でなければならない（投信8条1項・52条1項。但し、委託者指図型では、上場投資信託〔ETF〕の例外、ファンド・オブ・ファンズの例外、機関投資家向け投資信託の例外がある）。②投資信託は、信託であるが、組成にあたって限定責任信託（信託財産が負うすべての債務について信託財産のみが責任財産となり、それ以外には履行責任を負わない信託）を用いることができない（投信8条3項・52条2項）。

5）公募投信・私募投信

投資信託には公募投信と私募投信とがある（金商法と投信法とで基準が異なる）。

投信法での「公募」とは、新たに発行される受益証券の取得の申込みの勧誘（これに類するものとして内閣府令で定めるものを含む）のうち、多数の者（50名以上の者）を相手方として行う場合として政令で定める場合に該当するもの（適格機関投資家私募等を除く）をいう。

投信法での私募には、「適格機関投資家私募等」と「一般投資家私募」がある。「適格機関投資家私募等」は、新たに発行される受益証券の取得の申込みの勧誘を、適格機関投資家のみを相手方として行う場合で政令で定める場合（適格投資家私募）と、特定投資家のみを相手方として行う場合で政令で定める場合（特定投資家私募）がある（投信2条9号）。「一般投資家私募」は、新たに発行される受益証券の取得の申込みの勧誘のうち、公募又は適格機関投資家私募等のいずれにも該当しないものをいう（投信2条10号）。

（2）投資信託の法的規律

1）各種の法的規律

投資信託は信託契約によって設定され、原則として、信託法の規律に従い、投資信託の特質にもとづいて投信法の規制に服する。民事上、投資信託は、信託契約の締結により効力を生じ（信託4条）、登記・登録が権利変動の第三者対抗要件となる財産については、信託の登記・登録が信託財産の対抗要件となる（同14条）。

業規制としては、原則として、受託者が信託会社の場合は信託業法の規制に服し、信託業務を営む金融機関である場合は兼営法（＝金融機関ノ信託業務ノ兼営等ニ関する法律〔昭和18年法43号〕）の規制に服するが、投信法や金商法の規制による修正を受ける場合がある。投資信託の受益証券は、金商法上の有価証券に該当し、金商法の開示規制を受ける。

（注）以下では、投資信託の投信法上の法的規律を中心に概要を整理する。

2）設　定

投資信託契約は、投資信託約款に従って締結されるので、投資信託の組成（基本的事項を定めること）は投資信託約款の作成に始まる（投信4条2項4項・49条2項4項）。投資信託約款の内容については内閣総理大臣への届出を要する（同4条1項・49条1項）。

3）募集・販売

金融商品取引業者は、投資信託契約の締結にあたり、受益証券を取得しようとする者に対して、原則として、投資信託約款の内容等を、記載書面の交付又は情報通信技術を利用する方法で、提供しなければならない（投信5条1項2項）。裁判所は、委託者指図型投資信託の受益証券の募集、私募、募集の取扱い、私募の取扱い、その他の行為について、一定の事項（①行為者が投信法・同法にもとづく命令・それらにもとづく処分に違反し、投資者の損害の拡大を防止する緊急の必要があるとき、②受益権証券を発行する者の運用指図が著しく適正を欠き、かつ、投資者の利益が著しく害されており、又は害されることが明白である場合において、投資者の損害の拡大を防止する緊急の必要があるとき）

に該当するときは、行為者に対して、行為の禁止又は停止を命ずることができる(投信26条1項・54条1項)。

なお、金商法による開示規制、虚偽記載等による責任規定、業規制もある。とくに、適合性の原則(金商40条1項)が注目される(福原・取引188頁、参照)。

4) 受益権と投下資本回収

委託者指図型投資信託の受益者は、保有する受益権の換金を望む場合は、第三者に受益権を譲渡することもできるが、一般的には、投資信託約款にもとづいて、投資信託委託会社(指図型の場合)又は信託会社(非指図型の場合)に対して信託の一部解約を請求するか、販売会社に受益権の買取請求を行う。

委託者指図型投資信託の受益権は、均等に分割されたものであることを要し、受益者は、信託の元本償還及び収益分配につき、受益権の口数に応じて均等の権利を有する(投信6条1項3項。委託者非指図型投資信託については、この必要はない)。委託者(指図型の場合)又は受託者(非指図型の場合)は、受益権原簿を作成し、所定事項の記載・記録を要する(投信6条7項・50条4項、信託186条)。受益権原簿については、基準日の制度、閲覧・謄写請求の規定がある(投信6条7項、信託189条1項・190条2項3項)。

受益権は受益権証券に表章される(投信6条1項・50条1項)。受益権証券は、原則として無記名とされ(投信6条4項・50条3項)、受益権の譲渡・行使は、原則として受益権証書の交付・提示によって行わなければならない(投信6条2項・50条3項)。受益者の請求により、受益権証券の無記名式・記名式を相互に変更することができる(投信6条4項5項・50条3項)。受益者は、受益証券不所持の申出ができ、証券喪失の場合は、新株予約権証券や社債券の喪失の場合と同様、公示催告及び除権決定の制度の適用がある(投信6条7項・50条4項)。

受益権には社債等振替法の適用があり、振替投資信託受益権については、収益分配金請求権を除く権利の帰属は、振替法にもとづき、振替口座簿の記載・記録によって定まる(振替121条)。

5) 運 用

i 委託者指図型投資信託の運用 委託者指図型投資信託における投資信託財産の運用につき、投資信託委託会社(又は同会社から委託を受けた者、以下同じ)が、投資信託約款・投資信託契約にもとづいて、指図する。

この運用にあたっては、以下の制限や規律がある。①投資信託委託会社は、同一の法人が発行する株式につき、投資信託財産として保有する議決権の総数が50％を超えることになるような株式取得を指図することはできない(投信9条・12条2項)。投資信託における資産運用は、投資が目的であり、支配を目的としないからである。②投資信託財産として保有する有価証券に関する議決権、反対株主による株式買取請求権、取得請求権付株式に係る取得請求権、新株発行・自己株式処分の差止請求権等の権利行使は、投資信託委託会社が行う(投信10条1項・12条2項)。投資信託財産として保有する株式・投資口・優先出資又は優先出資に係る議決権の行使については、発行者は、代理人の数を制限できない(投信10条2項。この点、株式会社、投資法人、協同組織金融機関又は特定目的会社では、総会出席の代理人の数を制限できるこ

と〔会310条5項、投信94条1項、資産流動化法65条1項等〕と異なっている)。③投資信託委託会社は、一定の場合を除き、特定資産の価格等の調査を要する(投信11条1項2項・12条2項)。④投資信託委託会社は、投資運用業を行う金融商品取引業者として、運用行為に金商法の適用を受け、権利者である受益者に対して忠実義務・善管注意義務を負う(金商42条)。原則として、自己取引及び運用財産相互間の取引が禁止される(金商42条の2第1号2号)。また、権利者の利益以外を目的とする取引等の禁止、損失補塡・利益供与の禁止が定められ(同条3号〜6号)、親法人等又は子法人等が関与する一定の行為が制限されている(金商44条の3)。⑤投資信託委託会社が任務を怠って運用指図を行う投資信託財産の受益者に損害を生じさせたときは、連帯して損害賠償責任を負う(投信21条)。

ⅱ 委託者非指図型投資信託の運用　委託者非指図型投資信託における投資信託財産の運用は、信託会社(又は信託会社から委託を受けた者、以下同じ)が、投資信託約款・投資信託契約にもとづいて行う。この運用にあたっても、以下の制限や規律がある。①議決権保有の制限として上記の50％ルールが準用される(投信54条1項)。②所有する有価証券に関する議決権行使は、当該有価証券の保有者として受託者が行う。③上記と同様に特定財産の価格等の調査が必要である(同54条1項)。④信託会社は信託業法の規定にもとづき、信託業務を営む金融機関は兼営法にもとづき、受益者に対して忠実義務・善管注意義務を負う(信託業法28条1項2項、兼営法2条1項)。一定の取引態様が禁止され(兼営法2条1項、信託業法29条1項2項)、金商法上の禁止行為規定の準用を受ける(信託業法24条の2、兼営法2条の2)。その他、原則として、自己取引等、投資信託財産相互間の取引、権利者の利益以外を目的とする取引、一定の取引態様等が禁止されるほか、親法人等又は子法人等が関与する一定の行為が制限されている(金商44条の3)。⑤投資信託財産は、それ以外の信託財産と分別して運用されなければならない(投信53条)。⑥信託会社等が任務を怠って運用を行う投資信託財産の受益者に損害を生じさせたときは、連帯して損害賠償責任を負う(投信56条)。

6) 受益者への情報提供

投資信託委託会社(指図型の場合)及び信託会社(非指図型の場合)は、受益者に対しては、金商法上の金融商品取引業者としての情報提供義務のほか、投信法上の情報提供の規律として、①利益相反のおそれがある場合の書面の交付義務(投信13条1項2項・5条2項・54条1項)、②運用指図を行う投資信託財産に関する二段階(交付運用報告書と全体版報告書)の運用報告書作成・交付義務(投信14条1項4項・54条1項)を負う。

指図型では、投資信託委託会社は投資信託財産に関する帳簿を作成・保存し、受益者の閲覧・謄写に供しなければならなず(投信15条1項2項)、受託会社は信託行為の趣旨を斟酌した信託帳簿の作成と、財産状況開示資料の作成を要する(信託37条1項2項)。非指図型では、受託者は投信法上の帳簿作成義務がなく、信託法上の義務を負うにとどまる。

なお、投信法にもとづく公告方法は、時事を扱う日刊新聞への掲載又は電子公告の方法による(投信25条1項・57条)。

7) 変更・併合・分割・終了他

i 投資信託約款の変更手続き　諸事情により投資信託約款を変更しなければならない場合には、信託法の規定に従うほか、受益者を保護するために、投信法上、①書面決議(投信17条1項)、②反対受益者の受益権買取請求(投信18条1項)、③管轄財務局長等への届出(投信16条)が必要である。

ii 投資信託の併合・分割　平成18年信託法による信託の併合とともに認められた「投資信託の併合」とは、受託者を同一とする2以上の投資信託の信託財産を一つの新たな投資信託の信託財産とすることをいう(投信16条2号・54条1項)。この場合には、受益者を保護するために、信託法と投信法により、①信託の併合の合意等(信託151条)、②債権者異議手続(信託152条)、③書面決議(投信17条1項)、④反対受益者の受益権買取請求(投信18条1項)、⑤管轄財務局長等への届出(投信16条)が必要である。他方、信託の分割はあるが(信託2条11項)、投資信託は分割することができない(投信8条3項・52条2項)。

iii 投資信託の終了・その他　投資信託は、信託法の定める信託の終了事由(信託163条1号〜8号)の発生、投資信託約款に定められた事由の発生(信託163条9号)、合意解約(信託164条1項3項)によって終了する(通常、合意解約も約款に定めがある)。そして、投信法上、委託者指図型投資信託の解約には、原則として、届出及び書面決議が必要である(投信20条・17条1項)。投資信託委託会社又は受託会社に一定の事由(登録取消・解散・業務廃止等)があるときには、投資信託契約を解釈しなければならない(義務的解約〔投信24条1項〕)。

その他、受託者の任務終了(信託56条)・辞任(信託57条)・解任(信託58条)、新受託者の選任(信託62条)、受託者変更に伴う権利義務の承継(信託75条)等は、信託法の規定に従う。

3　投資法人

(1) 投資法人の意義・特徴・分類

1) 意義・機能・特徴

「投資法人」とは、資産を主として特定資産に対する投資として運用し、その成果を投資者に分配することを目的として、投信法に準拠して設立される社団法人である(投信2条12項・61条)。投資法人は投資主を社員とし、均等の割合的単位に細分化された社員の地位を投資口という(同条14項16項)。

投資法人は、投資口を発行して投資家から資金を調達し、また、借り入れや投資法人債の発行により資金を調達して、これらをもって規約の定めるところに従い、特定資産に対する投資を行い、そこから得られた収益を投資主に分配する。

投資法人を「器」として活用する資産運用の仕組みが「会社型スキーム」と呼ばれることにも表れているように、投資法人は、一般事業法人たる株式会社と同様に法人格を有し、定款に相当する規約を備え、株式会社の株式や社債に類似した資金調達方法、利益分配等の仕組みを備え、また、投資主総会や役員会等によるガバナン

スの実効性確保を期待する制度設計を備えている。

　他方で、投資法人は、あくまで資産運用のための「器」にすぎないので、本店以外の営業所の設置や使用人の雇用が禁止され（投信63条2項）、業務の外部委託が義務づけられる点では、一般事業法人と異なる。また、税制上、投資法人は、いわゆる導管性要件（配当可能利益の90％以上を投資家に分配する等の要件）を満たせば、ペイスルーの優遇を得ることができる。

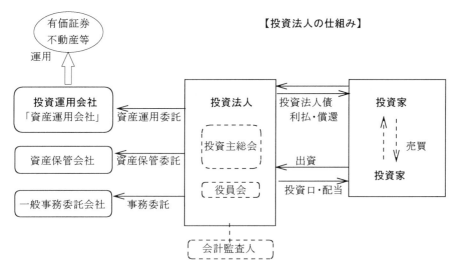

【投資法人の仕組み】

※　投資法人スキームの特徴
① コーポレート・ガバナンスによる投資家保護
② 外部委託スキームと利益相反問題回避
③ 上場市場を前提としたファンド（上場REITでは下記クローズド・エンド型）
④ ペイスルー型の導管性
⑤ 情報開示の充実・強化

（西村あさひ法律事務所〔編〕・前掲書23頁・38頁、参照）

2）オープン・エンド型とクローズド・エンド型

　投資信託と投資法人は、受益証券・投資証券に投資した投資家にとって、期中において解約・払戻請求が可能かどうかにより、それを可能とする「オープン・エンド型」と、それができない「クローズド・エンド型」とに分類される。すなわち、「オープン・エンド型」においては、投資信託では信託契約の一部の「解約」が、投資法人では「出資の払戻し」が可能である。「クローズド・エンド型」においては、投資家の投下資本回収の必要上、受益証券・投資証券を第三者に売却するための市場が確保される必要がある。投資法人は、投資主の請求により投資口の払戻しをする旨又は払戻ししない旨を規約に定めなければならない（投信67条1項3号）。

3）投資法人の投資対象・業務範囲等

　i　投資対象　　投資法人の主たる投資対象は投信法施行令に特定資産として指定されているが（投信法施行令3条〔本書前掲366頁参照〕）、投資法人の類型（REIT、インフラファンド等の類型）に応じて制約がある（例えば、上場REITでは、上場審査の形式要件として、運用資産の総額に占める不動産の額の比率が70％以上となる見込みがあること、及

び、運用資産等の総額に占める不動産等、不動産関連資産、流動資産等の合計額の比率が、上場までに95％以上となる見込みがあることが示されている〔上場規程1205条2項〕）。また、税法上の導管性要件を満たすための制約がある（租税特別措置法67条の5第1項1号2号）。

　　ⅱ　**業務範囲・業務委託**　　投資法人は、集団投資スキームにおける器として特化するために、業務上、さまざまな制約が課せられる。投資法人の権利能力は資産の運用行為に限定され（投信63条1項）、登録投資法人は、特定資産について、規約に定める資産運用の対象及び方針に従い、有価証券・不動産の取得・譲渡・貸借、不動産の管理の委託、その他政令（投信法施行令116条）で列挙された取引を行う（投信193条1項）。投資法人は、資産運用に係る業務を資産運用会社に委託しなければならず（投信198条1項）、運用資産を自ら保管することができず、資産保管会社に委託しなければならない（投信208条1項）。また、資産の運用・保管以外の事務についても、投資法人自らが行うことができず、他に委託しなければならない（投信117条）。投資法人による他の法人の支配は禁じられ、登録投資法人は、同一の法人の発行する株式を、総議決権数の過半数を超えて取得することができない（投信194条1項）。また、登録投資法人の利益相反取引が制限されている（投信195条）。

（2）投資法人の組織法規律
1）各種の法的規律とガバナンス

　　ⅰ　**投資法人の法的規律**　　投資法人は投信法に準拠して設立され、投信法に主な組織法規律が整えられている。また、会社型スキームで重要な役割を果たす資産運用会社は、金商法上の投資運用会社として同法の規制に服し、投資法人が発行する投資証券等は、金商法上の有価証券として同法の規制に服する。さらに、投資法人の導管性要件に関して、税法の規制に服する。その他、運用資産に関して、民法・借地借家法・区分所有法・不動産登記法・信託法等の規律を受ける。その他、行政規制や自主規制がある。

　　ⅱ　**投資法人のガバナンス**　　投資法人が投資ビークルとして活用されることから、エクイティを出資する投資家保護のために、株式会社において株主保護を必要とするのと同様に、機関設計、意思決定の仕組みや役員等の義務・責任等において、コーポレート・ガバナンスに関する規律が設けられている（但し、それらの仕組みは、株式会社に較べて簡素化されている）。また、資産運用会社は、それ自信が株式会社としてその株主の利益を図るとともに、投資法人の利益の最大化を図る必要があるので、投資法人の利益が害されることのないよう、利益相反が回避されなければならない。

2）投信法上の通則

　　ⅰ　**権利能力**　　投資法人は、資産の運用以外の行為を営業としてすることができない（投信63条1項）。投資法人は、本店以外の営業所を設け、又は使用人を雇用することができない（同条2項）。投資法人がその事業としてする行為及びその事業のためにする行為は、商行為となる（投信63条の2第1項）。

　　ⅱ　**商号等**　　商法11条〜15条及び19条の規定は投資法人には適用されないが（投信63条の2第2項）、投信法上に同様の規定がある。すなわち、投資法人は、そ

の名称を商号とする(投信64条1項)。投資法人は、その商号中に投資法人という文字を用いなければならず、投資法人でない者は、その名称又は商号中に、投資法人であると誤認されるおそれのある文字を用いてはならない(同条2項3項)。何人も、不正の目的をもって、他の投資法人であると誤認されるおそれのある名称・商号を使用してはならない(同条4項)。その規定に違反する名称・商号の使用によって営業上の利益を侵害され、又は侵害されるおそれがある投資法人は、その営業上の利益を侵害する者又は侵害するおそれがある者に対し、その侵害の停止又は予防を請求することができる(同条5項)。自己の商号を使用して事業・営業を行うことを他人に許諾した投資法人は、当該投資法人が当該事業を行うものと誤認して当該他人と取引をした者に対し、当該他人と連帯して、当該取引によって生じた債務を弁済する責任を負う(同条6項)。

　iii　**会社法の規定の準用と読替え**　投資法人には会社法の株式会社に関する規定が多く準用されるが、その際、「株式会社」は「投資法人」と、「株式」は「投資口」と、「株主」は「投資主」と、「定款」は「規約」と、「発起人」は「設立企画人」と、「株券」は「投資証券」と、「新株予約権」は「新投資口予約権」と、「新株予約権証券」は「新投資口予約権証券」と、「新株予約権者」は「新投資口予約権者」と読み替えるものとされている(投信65条)。

　3)　設立・運用開始
　i　**資産運用会社の許認可取得等**　投資法人が資産運用を開始するには、資産運用会社が認可されて投資運用業登録等がなされ、投資法人が設立されて登録を受ける必要がある。さらに、クローズド・エンド型の場合(上場REIT等の場合)には、投資口を金融商品取引所へ新規上場し、それに伴う投資口の募集を準備する必要がある。

　ii　**投資法人の設立手続**　投資法人は、①設立企画人による規約の作成(投信67条1項〜6項)、②投資法人設立の届出(投信69条)、③設立企画人による成立時投資口の募集(投信71条)と設立時役員の選任(投信72条)、④設立時役員による調査(投信73条)を経て、⑤設立登記(投信74条)により成立する。その後、資産運用委託契約等の締結、投資法人の登録(投信187条)、必要であれば(REITの場合には)宅建業法にもとづく営業保証金の供託がなされる。

　4)　機関構成(統治機構)
　投資法人の機関は、株式会社の機関構成に倣い、投資主総会、執行役員、監督役員、役員会及び会計監査人によって構成される。しかし、投資法人は、集団投資スキームの器として利用されるに過ぎないので、その機関構成は簡素化されており、また、会社法のように機関設計の柔軟化が図られていない。

　i　**投資主総会**　投資法人では、投資主により構成される投資主総会が投資法人の基本的事項を決定する。投資主総会は、投信法又は規約において定められた事項に限り決議することができる(投信89条1項)。計算書類の承認は権限とされていないので、決算期毎に開催される必要がないが、執行役員選任のために2年に1度は開催される。

　招集は、執行役員が役員会の承認を受けて行うが、監督役員が招集を請求するこ

とができる（投信90条1項2項・109条2項1号・114条3項）。議決権を行使できる投資主を確定するための基準日制度がある（投信77条の3第3項）。執行役員は、総会の2か月前までに、総会日を公告する必要があるが（招集公告。投信91条1項）、一定の場合は規約に定めた場合は不要となる（同条項但書）。また、招集通知と参考書類・議決権行使書面交付の制度がある（投信91条1項2項）。

投資主は、一口一議決権を有し（投信77条2項3号）、種類投資口の制度はない。投資主の議決権行使につき、不統一行使、代理行使、書面・電磁的方法による行使が認められる（投信94条1項・92条、会313条・310条）。投資法人では、投資主が議決権行使に関心がないことが多いことから、株主総会の場合と異なり、規約に定めることによって、投資主が投資主総会に出席せず議決権を行使しない場合には議案に賛成したものと看做すことができる（みなし賛成制度、投信93条1項）。

投資主総会の議事・決議・総会検査役・議事録・決議の瑕疵等については、ほぼ、株式会社の規定が準用される（投信94条1項2項・93条の2）。

ⅱ **執行役員・監督役員・役員会**　投資法人は、1人又は2人以上の執行役員、執行役員の員数に1を加えた数以上の監督役員を置き、執行役員及び監督役員で構成される役員会を設置しなければならない（投信95条1号～3号・112条）。執行役員と監督役員は、投資主総会で選任される（投信96条1項）。任期は、執行役員が原則2年を超えることができず（投信99条2項。但し、総会開催時期を規約で定めた場合の例外がある〔平成26年改正事項〕）、監督役員は原則4年を超えることができない（投信101条1項。同様の例外がある）。

執行役員は、投資法人の業務を執行し、投資法人を代表する（投信109条1項）。執行役員は、投資法人の業務に関する一切の裁判上・裁判外の行為をなす権限を有するほか、会社法の取締役及び代表取締役の規定が準用されている（同条5項。投資法人に対する忠実義務・善管注意義務、第三者に対する責任、責任追及の訴え等も同様である）。さらに、投信法上、投資法人と執行役員・その親族との間で有価証券の取得・譲渡等を行うことが禁じられている（投信195条）。

監督役員は執行役員の職務の執行を監督する（投信101条1項）。この監督権限の独立性を確保するため、監督役員には広範な欠格事由が法定されており（投信100条各号）、さらに、監督役員と一定の利害関係を有する資産運用会社への委託は禁止されている（投信200条各号）。監督役員にも、会社法の役員の責任に関する規定の準用がある。監督役員の法的性質に関して、株式会社の監査役相当機関か社外取締役相当機関かが論じられていたが、株式会社に監査等委員会設置会社が認められたことに照らして、監督役員は、投資法人に特有のモニタリング・システムを実現するために特別の地位が与えられていると解してよい。

役員会は、投信法及び規約に定める重要事項を決定するとともに（投信109条2項）、執行役員の職務の執行を監督する（投信114条1項）。総会決議を待たずに役員会で決議できる事項としては、一般事務の委託、資産保管会社との事務委託契約の締結・変更、投資主に対する金銭の分配等がある（投信109条2項・131条2項）。

役員会には、執行役員の選任権はなく、解任権は法律上限定的に認められている（投信114条2項）。但し、このことから直ちに、役員会の監督権限は、執行役員の職

務執行の違法性に関する監督にとどまると解することは妥当でなく、その職務執行の妥当性に関する監督にも及ぶと解すべきである。

　iii　**会計監査人**　投資法人は、計算書類等を監査するために(投信115条の2第1項)、公認会計士又は監査法人である会計監査人を置かなければならない(投信97条・102条1項)。会計監査人は投資主総会で選任され(投信96条1項。法定の欠格事由がある〔投信102条3項〕)、投資主総会でいつでも解任でき(投信104条1項)、一定の法定事由に該当する場合は役員会・清算人会で解任できる(投信105条1項)。会計監査人には、一定の調査権限(投信115条の2第4項)、不正行為の報告義務(投信115条の3第1項)、投資株主総会での意見陳述義務(投信115条の4)がある。

5) 資産の運用と成果の分配

　i　**資産運用**　投資法人制度では、資産運用会社が投資法人からの資産運用の受託者として(投信2条21項・198条2項)、運用方針の設定、投資判断その他の資産運用業務を行い、実務上は、資金調達や報告業務等も受託して、投資法人の業務運営の大部分を担っている。資産運用会社は、投資運用業を行う金融商品取引業として金融長官の監督に服し(金商194条の7第1項。一部は委任されて証券取引等監視委員会の監督にも服する〔同条2項〜4項〕)、資産運用に関して、金商法のほか、投信法や宅建業法等の法規制、及び自主規制に服する。投資法人の資産運用においても、同一法人への集中投資は禁止され(投信194条)、特定資産の価格調査(投信201条)や特定資産に係る取引の投資法人への通知(投信203条)の規定がある。

　ii　**計算と金銭の分配**　投資法人は、各営業期間に係る計算書類、資産運用報告書、金銭の分配に係る計算書、これらの附属明細書を作成し(投信129条2項)、会計監査人の監査を受け(投信130条)、役員会の承認を得なければならない(投信131条)。この承認により計算関係書類が確定する。

　そのような計算手続により、規約で定めた方針に従って作成されて承認を得た「金銭の分配に係る計算書」にもとづき、投資主の有する投資口数に応じて金銭を分配する(投信137条2項4項)。金銭以外の財産による分配は認められていない。

　投資法人では、株式会社の剰余金の配当の場合と異なり、いわゆる利益超過分配(純資産額が出資総額等の合計を上回る場合に前者から後者を控除した額〔利益〕を超える部分)が許容されている(投信136条1項)。その部分は出資の払戻しになる。但し、利益超過分配は、純資産額から基準純資産額(最低純資産額〔規約で定められる額で5000万円を下回らない額〕に政令で定める額として5000万円を加えた額)を控除して得た額を超えることができない(投信137条1項・124条1項3号)。

　投資法人では、金銭の分配に関する計算書にもとづき、出資総額等から損失の全部又は一部の控除による損失の処理(いわゆる無償減資)が可能である(投信136条2項〔平成25年改正事項〕)。この無償減資に際しては債権者保護手続きは設けられていない(東証上場規程では適時開示事項である)。

6) 資金調達

　i　**投資法人の資金調達手段**　投資法人を活用した集団投資における資産運用スキームでは、運用先の事業によって資金の追加調達が必要となる場合がある。投資法人の資金調達手段には、「新投資口の発行」及び金融機関からの借入れ

があり、クローズド・エンド型の投資法人では「投資法人債」の発行が可能である。投信法は、2013（平成25）年に、投資法人の資金調達手段を多様化する目的での重要な改正が行われ、会社法で整備された制度の導入が進んでいる。

 ii **新投資口の発行** エクイティ・ファイナンスとなる新投資口の発行は、公募、第三者割当て、新投資口予約権行使によって行われる。

 投資口を引き受ける者を募集して新投資口を発行する場合には、募集事項の決定と役員会の承認（投信82条1項）を要し、①募集投資口の引受けの申込みをしようとする者への募集事項の通知（投信83条1項・67条1項・71条1項）の後、②投資口の申込みと③割当てが行われ（投信83条3項）、割当てを受けて出資の履行をした者が、払込期日又は払込期間に出資の履行をした日に、投資主となる（投信84条1項。なお、公募の場合で総数引受契約を証券会社との間で締結する場合や、第三者割当ての場合等には、①から③の手続規定は適用されない〔投信83条9項〕）。

 募集投資口の払込金額は投資法人の資産の内容に照らして「公正な金額」でなければならない（投信82条1項2号・6項）。この点、会社法と同様の解釈論があり得る。

 投資法人は投資口発行後遅滞なく当該投資口に係る投資証券を発行しなければならないが（投信85条1項）、投資証券は振替法の適用対象になるので、振替投資口については投資証券を発行することができない（振替227条1項）。また、投資法人は投資口を発行した場合には、投資主名簿に投資主を記載しなければならない（投信79条3項）。振替投資口では、投資主の振替口座簿に投資口数が記録されることになる（振替228条）。投資法人の場合、新投資口の発行により、通常は、登記が不要である（投信166条2項）。

 投資法人の新投資口発行についても、投資主の発行差止請求権が認められる（投信84条〔平成25年改正事項〕、会210条）。その他、投資口の発行無効・不存在確認の訴えとそれにもとづく判決の効力、関係者の民事責任、払込みの仮装に関する責任等について、会社法を準用する規定が設けられている（投信84条）。

 iii **新投資口予約権** 新投資口予約権は、2013（平成25）年投信法改正により、ライツ・オファリングの実施を可能とすることのみを目的として導入された。したがって、新株予約権とは異なり、新投資口予約権無償割当てを行う場合に限り発行することができ（投信88条の4第1項）、権利行使期間は割当ての効力が生じた日から3か月を超えることができず（同条2項）、権利行使の際の出資財産は金銭に限られ（投信88条の2第2号）、譲渡制限を付すことができない（投信88条の6第2項）。

 iv **自己投資口の取得と処分** 投資法人は、原則として自己投資口（当該投資法人の投資口）を取得し、又は質権の目的として受けることができず、例外として、その資産を主として政令で定める特定資産（不動産等資産）に対する投資として運用することを目的とする投資法人が、投資主との合意により自己投資口を有償で取得することができる旨を規約で定めた場合には認められる（投信80条1項〔2013（平成25）年改正で同例外追加〕。合併後消滅する投資法人から当該投資口を承継する場合、投信法により当該投資口の買取りをする場合、その他内閣府令で定める場合にも例外的に認められる）。取引の公正を確保するため、インサイダー取引規制の対象とされている投資法人のみが、合意取得による例外許容の対象とされている。

自己投資口取得は投資主との合意による場合に限定されるので、その手続は、譲渡を申込んだ投資主から按分比例で取得する方法（いわゆるミニTOB、投信80条の3・80条の4）か、取引所金融市場での取引又は公開買付によって取得する方法（市場取引、投信80条の5）による。自己投資口取得は、金銭の分配と同様の財源規制に服する（投信80条の2第2項・137条1項）。

投資法人は、取得した自己投資口を、役員会の承認を得て、相当の時期に処分又は消却しなければならない（投信80条2項4項。処分方法は、内閣府令で定められている〔同条3項〕）。株式会社の金庫株のような継続保有は認められない。

v 投資法人債の発行　投資法人は、会社の社債に相当する「投資法人債」を、クローズド・エンド型においてのみ、発行することができる（投信2条19号・139条の2）。投資法人債には、会社法の社債に関する規定が準用され、また同様の規定が設けられている。投資法人は、規約に記載された発行限度を超えて投資法人債を発行することはできず（投信139条の2第1項）、複数の投資法人による合同発行はできない（同条2項）。投資法人債も振替法の適用を受けることができる（振替投資法人債）。短期投資法人債や担保付投資法人債を発行できるが、実際上、ほとんど利用されていない。なお、新投資口予約権付投資法人債は発行できない。

7）組織再編・解散・清算

i 組織再編（合併）　投資法人は、集団投資スキームにおける器として純化された法人（投信63条1項）であり、導管性を維持するための非同族要件（租税特別措置法67条の15第1項2号ニ）を満たす必要があることから、他の投資法人自体の支配権を獲得することはないので、投資法人の組織再編の手法として投資法人が制度を設けているのは、投資法人間の合併についてだけである（株式会社にこのような組織変更、会社分割、株式交換・株式移転に相当する組織変更・組織再編の規定はない）。

投資法人の合併には吸収合併と新設合併があり、それぞれ、①合併契約に係る役員会決議（投信109条2項5号）、②合併決議の締結（投信145条）、③適時開示、④債権者異議手続（投信147条の2・147条の14）、⑤投資株主総会の特別決議（投信149条の12第1項）の手続を経て、吸収合併では吸収合併契約に記載の効力発生日に、新設合併では新設合併設立法人の成立日に効力を生じる（投信147条の2・148条の2）。その他、反対投資主の投資口買取請求権（投信149条の3第4項・149条の8第4項・149条の13第4項）と買取口座制度、投資主の合併差止請求権（投信150条）、簡易合併制度（投信149条の7）が定められている。

ii 解散・清算　投資法人は、規約で定めた存続期間の満了、規約で定めた解散の事由の発生、投資主総会決議、合併（合併により当該投資法人が消滅する場合）、破産手続開始の決定、解散を命ずる裁判、登録の取消し・拒否よって解散する（投信143条）。また、投資法人の解散の訴えの制度がある（投信143条の3）。投資法人は、解散又は設立無効判決確定の場合には、清算をしなければならない（投信150条の2）。清算投資法人は清算の目的の範囲内において、清算が結了するまで存続し（投信150条の3）、投資主総会以外に、1人又は2以上の清算執行人、清算執行人の員数に1を加えた数以上の清算監督人、清算人会、会計監査人が機関として置かれる（投信150条の4）。投資法人にも特別清算の制度がある（投資164条）。

3.15.4. 保険企業組織と相互会社

1 営利保険と相互保険の保険企業組織
2 相互会社

1 営利保険と相互保険の保険企業組織

　保険は、保険者が保険契約者から保険料を徴収し、保険事故発生の際に保険者が保険金を支払う仕組みをいい、保険を行うことを内容とする契約を保険契約という（保険制度の機能と保険取引の概要につき、福原・取引179頁以下）。この保険者の役割を担う保険企業組織として、株式会社と相互会社とがある。

　保険者が収入保険料と支払保険金の差額を利益として得る目的で行う営利保険では、保険を引き受ける行為は商行為となり（商502条9号）、保険者は商人となり（商4条1項）、保険業法上、営利保険の保険者となることができるのは株式会社に限られている（保険業6条1項）。保険加入者となるのは、保険者と保険契約を締結する保険契約者である。

　これに対して、保険加入者が社団構成員となって、それら保険加入者相互の保険を行うことを目的とする社団法人を作り、この法人が保険者となって保険を引き受ける仕組みを、「相互保険」といい、その法人を「相互会社」という。相互保険の引受けは保険加入者に対して保険を提供することそれ自体を目的として行われ、営利目的を欠くから、商行為ではない。相互保険において保険者となるのは非営利の社団法人たる相互会社であり（保険業6条1項）、保険加入者となるのは、相互会社の社員である。相互会社の社員の権利義務等は、保険業法によって規律される。

　「保険法（平成20年法律56号）」においては、保険契約が商行為として締結されるか否かにより適用法律に違いはなく、営利保険契約にも相互保険契約にも、保険法の規定が直接に適用される。保険者となる相互会社の行為には商行為法の規定が大幅に準用されている（保険業21条2項）。保険者が株式会社であるか相互会社であるかを問わず、適用される法的規律の内容はほぼ共通している。

2 相互会社

（1）意義・沿革

　「相互会社」とは、保険業法にもとづいて設立され、保険業を行うことを目的とする社団であり、保険契約者を社員とする法人である（保険業2条5項・18条。日本で初めての相互会社は、1902（明治35）年に創立された第一生命保険である）。

　株式会社方式の生命保険会社では契約者とは別に株主にも配当する必要があるのに対し、相互会社方式では契約者にすべての配当を回すことができ、配当が高くなる傾向がある。また、相互会社は、株式会社に較べると、企業買収の対象になりにくい。しかしながら、相互会社は、市場からの資金調達が難しく、国際競争力向上の

ために必要な業界再編の障害になるとも指摘されていた。そこで、バブル経済崩壊後（1990年代中盤以降）、生命保険会社の経営悪化が次々と表面化したことを契機に、1995（平成7）年の保険業法改正によって、相互会社から株式会社への転換が認められた（保険業85条～96条の10。これにより相互会社であった大同生命保険（2002年）、太陽生命保険（2003年）、三井生命保険（2004年）、第一生命保険（2010年）等が株式会社に転換し、経営統合や株式上場を果たした。現在では、日本生命保険、明治安田生命保険、住友生命保険、富国生命保険、朝日生命保険が相互会社方式を採用している）。なお、相互会社方式の損害保険会社はない（共栄火災海上保険は、株式会社形態となっている）。

（2）相互会社の組織法規律
1）適用法規
　保険業を行う株式会社には、保険監督においては保険業法が適用されるが、組織法上は会社法の株式会社の規定が適用される。他方、相互会社は会社法上の会社ではなく、会社法の適用はない。相互会社の組織運営等は、保険業法18条以下の規定の適用を受けるが、会社法の規律に類似する。なお、相互会社は、その名称中に「相互会社」という文字を用いなければならない（保険業20条）。

2）機関設計
　相互会社では、株式会社の株主総会に相当する意思決定機関は社員総会である。社員総会が取締役・監査役を選任し（保険業51条1項・52条1項）、剰余金の分配を決定する（同54条の6第2項）。社員総会において、社員は一人一議決権を有する（同37条）。しかし、社員数が大規模な数に達する相互会社においては、社員総会の開催が実際には困難となるので、定款をもって、社員総会に代えて、社員のうちから選出された総代により構成される機関である「総代会」を設けることが認められる（同42条1項）。総代の任期は4年を超えることができない（同条3項）。総代会において、総代は一人一議決権を有する（同43条）。相当数の社員、一定の社員・総代は、提案権を有する（同46条1項）。

　相互会社における取締役・取締役会、監査役・監査役会及び委員会・執行役については、会社法の規定が多く準用される（同53条の15・53条の16・53条の20・53条の21・53条の32）。社員には取締役に対する違法行為差止請求権がある。

3）その他
　相互会社は取締役会決議により社債を発行できる（保険業61条）。その他、相互会社独自の計算規定（同54条・59条）や相互会社における自己資本といえる基金に関する規定（同23条1項4号～6号・60条・60条の2）が設けられている。

　子会社をもつことができ（同106条1項）、これにより、生保兼業が制限されているなかで、保険会社（生保・損保）は相互に参入ができる。

3.15.5. 一般社団法人・一般財団法人

1 一般法人制度
2 一般社団法人
3 一般財団法人

1 一般法人制度

　一般社団法人及び一般財団法人の制度は、剰余金の分配を目的としない社団及び財団について、その行う事業の公益性の有無にかかわらず、準則主義（登記）による簡便な法人格の取得を可能とするもので、「一般社団法人及び一般財団法人に関する法律」（平18年法48号、平成20年12月1日施行、「一般法人法」と略称）が、一般社団法人及び一般財団法人の設立、組織、運営及び管理について定めている。同法の施行により、中間法人の制度（中間法人法〔平13年法49号〕）は廃止された。

　公益法人として税優遇を受けるためには、別途に制定・施行された「公益社団法人及び公益財団法人の認定等に関する法律」（平成18年法49号、「公益認定法」と略称）により、内閣総理大臣又は都道府県知事の公益認定を受けることを要する。認定を受けた法人は、公益社団法人及び公益財団法人と称され、税制上の優遇を受ける一方、行政庁の監督に服する。

　一般法人法は、一般社団法人及び一般財団法人の事業目的を限定していないので、事業内容が強行法規や公序良俗に反しない限り、法人を自由に活用できる。従来の中間法人が目的としていた共益を追及する事業体としてだけでなく、私益を追及する事業体としても利用でき、事業承継・資産承継や、資産流動化や証券化の受け皿となる器（SPV）としても利用できる。公益認定による税制優遇を受けるに至らなくても、法人格取得により独自の団体名義を用いて、社会的信用を獲得し、資金調達や各種取引を円滑に実施できる組織としてのメリットは大きい。一般法人法の法的規律には、直前に制定の会社法で整備された組織法規律が多く援用されている。

　（注）参考文献として、根田正樹=丸山秀平=坂田純一（編著）『一般社団法人・財団法人の法務と税務』財経詳報社（2008年）、須藤正彦・他（編著）『事業体の法務と税務』第一法規（2009年）、牧田晴一・他『持分会社・一般社団法人・信託の法務・税務』中央経済社（2015年）。

2 一般社団法人

（1）一般社団法人の意義・通則
　1）意義・名称
　一般社団法人とは、「一般社団法人及び一般財団法人に関する法律」にもとづいて設立され、剰余金の分配を目的としない社団法人である。設立時に一定の財産を保有することは要件とされていない（基金制度の採用は可能である）。
　一般法人は、その種類に従い、名称中に一般社団法人又は一般財団法人という

文字を用いなければならず、名称中に、一般社団法人なら一般財団法人と、一般財団法人なら一般社団法人と、そらぞれ誤認されるおそれのある文字を用いてはならない（一般法人5条）。その他、会社の商号と同じく、一般社団法人・一般財団法人と誤認させる名称等の使用の禁止（同6条・7条）、自己の名称の使用を他人に許諾した一般社団法人又は一般財団法人の名板貸責任（同8条）の規定が設けられている。商法11条～15条、及び、19条～24条の規定は、一般社団法人及び一般財団法人については適用されない（一般法人9条）。

２）大規模一般社団法人

　大規模一般社団法人とは、一般社団法人のうち、最終事業年度に係る貸借対照表の負債の部に計上した額の合計額が200億円以上である一般社団法人をいい（一般法人2条2項）、通常と異なり、①会計監査人の設置（同62条）、②内部統制システムの整備に関する事項の決定（同76条4項・90条5項）、③貸借対照表と損益計算書の公告（同128条）、④清算法人での監事の設置（同208条3項）が義務づけられる。

（２）一般社団法人の組織法規律

１）設　立

ⅰ　設立手続　　一般社団法人は、社団としての実体形成（定款作成・社員確定・機関具備）と設立登記による法人格取得という設立手続によって成立する。すなわち、①設立時社員（法人成立後最初の社員となる者2名以上）が共同して定款を作成し、全員がこれに署名・記名押印し（一般法人10条）、②公証人の認証を受け（同13条）、③設立時理事（設立時監事や設立時会計監査人を置く場合はそれらの者も）の選任を行い（同15条1項）、④設立時理事（設立時監事が置かれている場合はその者も）が設立手続の調査を行い（同20条1項）、⑤法人を代表すべき者（設立時理事又は設立時代表理事）が、法定の期限内に主たる事務所の所在地を管轄する法務局・地方法務局に設立登記の申請を行う（同22条）。

ⅱ　社員の員数・資格等　　設立にあたっては、2人以上の社員が必要であり、設立後に社員が1人になっても解散しないが、社員が欠けた場合（いなくなった場合）には解散する。社員の資格に制限はなく、法人も社員になることができる。

ⅲ　定款の記載事項　　一般社団法人の定款には、絶対的記載事項として、①目的、②名称、③主たる事務所の所在地、④設立時社員の氏名又は名称及び住所、⑤社員の資格の得喪に関する規定、⑥公告方法、⑦事業年度を記載（記録）しなければならない（同13条・11条1項各号）。このうち一つでも欠けると無効となる。監事、理事会又は会計監査人を置く場合にはその旨の定款の定めが必要となる。一般社団法人の性質上、定款に記載（記録）しても効力を有しない事項がある（同11条2項等。①一般社団法人の社員に剰余金又は残余財産の分配を受ける権利を与える旨の定款の定め、②法の規定により社員総会の決議を必要とする事項について、理事、理事会その他の社員総会以外の機関が決定することができることを内容とする定款の定め、③社員総会において決議をする事項の全部につき社員が議決権を行使することができない旨の定款の定め）。

ⅳ　設立関与者の責任　　設立時社員・設立時理事・設立時監事は、一般社団法人の設立について任務を怠ったときは、法人に対して連帯して損害賠償責任を負

い（同23条1項・24条）、職務を行うにつき悪意・重過失があったときは、第三者に対しても連帯して損害賠償責任を負う（同23条2項・24条）。一般社団法人が不成立のときは、設立時社員は、連帯して、設立に関して行った行為につき責任を負い、支出費用を負担する（同26条）。

　ⅴ　設立の瑕疵　　一般社団法人の設立手続に瑕疵があった場合については、法律関係の安定を図るために、設立無効の訴え（同264条1項1号）及び設立取消の訴え（同267条）が設けられ、その提訴期間・提訴権者が制限され（同264条1項1号・同条2項1号・267条）、無効・取消の判決の遡及効は阻止され（同274条）、判決に対世効が認められている（同273条）。

　2）社　員
　ⅰ　経費支払義務　　社員は、定款で定めるところにより、一般社団法人に対し、経費を支払う義務を負う（一般法人27条）。

　ⅱ　退社・除名　　社員は、いつでも退社することができる（同28条1項）。定款で別段の定めをすることができるが、その場合であっても、やむを得ない事由があるときは、いつでも退社することができる（同条2項）。また、社員は、法定事由（定款で定めた事由の発生、総社員の同意、死亡又は解散、除名）によって退社する（同29条）。社員の除名は、正当な事由があるときに限り、社員総会の決議によってすることができる。この場合において、一般社団法人は、当該社員に対し、当該社員総会の日から一週間前までにその旨を通知し、かつ、社員総会において弁明する機会を与えなければならない（同30条1項）。除名は、除名した社員にその旨を通知しなければ、当該社員に対抗することができない（同条2項）。

　ⅲ　社員名簿　　一般社団法人は、社員の氏名又は名称及び住所を記載・記録した社員名簿を作成し（同31条）、主たる事務所に備え置かなければならない（同32条1項）。社員は、一般社団法人の業務時間内は、いつでも、社員名簿の閲覧・謄写の請求ができる（同条2項）。但し、一般社団法人の拒否事由がある（①請求者が権利の確保・行使に関する調査以外の目的で請求を行ったとき、②請求者が当該法人の業務の遂行を妨げ、又は社員の共同の利益を害する目的で請求を行ったとき、③請求者が社員名簿の閲覧又は謄写によって知り得た事実を利益を得て第三者に通報するため請求を行ったとき、④請求者が、過去2年以内において、社員名簿の閲覧又は謄写によって知り得た事実を利益を得て第三者に通報したことがあるものであるとき〔同条3項〕）。

　社員に対してする通知・催告は、社員名簿に記載・記録した当該社員の住所（別に通知された場合にはその場所・連絡先）に宛てて発すれば足り、その通知・催告は通常到達すべきであった時に到達したものとみなされる（同33条、通知の省略〔同34条〕）。

　ⅳ　法人統治と社員の役割　　社員は、一般社団法人に対する持分を有するものではないが、社員総会における議決権（同48条）を有するほか、閲覧・謄写請求権（同57条・97条・121条・129条等）、理事の違法行為の差止請求権（同88条）、理事解任請求権（同284条）、理事の法人に対する責任を追及する訴え（代表訴訟）の提起権（同278条）が認められ、法人統治（ガバナンス）における役割を担っている。

3）機 関

i 機関設計 一般社団法人には、社員総会のほか業務執行機関として理事を少なくても1人は置かなければならない。また、定款の定めによって、理事会、監事又は会計監査人を置くことができる（一般法人35条・60条）。理事会を設置する場合と会計監査人を設置する場合には、監事を置かなければならない。大規模一般社団法人では会計監査人が必要的設置機関である（同62条）。役員は、社員総会で選任され（同63条1項）、その任期は理事2年、監事4年（定款で2年まで短縮が可能）、会計監査人1年である（同66条・67条・69条）。いずれも再任可能である。

【一般社団法人の機関設計（5通り）】
① 社員総会＋理事
② 社員総会＋理事　　　　＋監事
③ 社員総会＋理事　　　　＋監事＋会計監査人
④ 社員総会＋理事＋理事会＋監事
⑤ 社員総会＋理事＋理事会＋監事＋会計監査人

ii 社員総会 社員総会は、一般社団法人の必置の最高意思決定機関であり、理事会非設置法人では、法定事項及び組織、運営、管理その他一般社団法人に関する一切の事項について決議をすることができる（同35条1項）。理事会設置一般社団法人では、社員総会の決議事項は縮小され、一般法人法及び定款で規定された事項についてのみ決議することができる（同条2項）。

社員は、定款で別段の定めをしない限り、各一個の議決権を有する（同48条）。社員総会の決議は、定款に別段の定めがある場合を除き、総社員の議決権の過半数を有する社員が出席し、出席した当該社員の議決権の過半数をもって行う（同49条1項）。一定の事項については、総社員の半数以上であって、総社員の議決権の3分の2（これを上回る割合を定款で定めた場合には、その割合）以上に当たる多数をもって行わなければならない（同条2項）。

社員総会決議により、役員（理事・監事）及び会計監査人を選任するとともに、いつでも解任することができる。さらに、定款の変更、解散などの重要な事項が社員総会決議で決定される。その他、社員総会の招集手続（同37条以下）、議決権の数（同48条）、決議方法及び特別決議事項、議決権行使（代理人、書面・電磁的方法による場合）、理事等の説明義務、社員総会決議の省略その他社員総会の議事に関する事項について、規定が設けられている。

iii 理 事 必置機関の理事は、法人を代表して業務を執行する機関であり（同76条1項・77条1項）、1人又は2人以上が（同60条1項）、社員総会決議で選任される（同63条1項）。理事が複数いる場合にも、各自が法人を代表して業務を執行するが（同77条2項）、代表理事を定めることもできる（同77条1項但書）。代表理事は、一般社団法人の業務に関する一切の裁判上又は裁判外の行為をする権限を有し（同77条4項）、その権限に加えた制限は善意の第三者に対抗できない（同77条5項）。代表理事その他の代表者が職務を行うにつき第三者に損害を与えたときは、一般社団法人は賠償責任を負う（同78条）。業務執行については、定款で別段の定め

がある場合を除き、理事の過半数をもって決定する(同76条2項)。

理事は、法人に対して受任者の地位にあり、善管注意義務を負い(民644条、一般法人64条)、忠実義務を負う(一般法人83条)。競業・利益相反行為の制限等についての規定がある(同84条)。理事は、職務の遂行にあたり任務を怠ったときは、法人に対して連帯して損害賠償責任を負い(同110条)、職務を行うにつき悪意・重過失があったときは、第三者に対しても連帯して損害賠償責任を負う(同117条)。これらの規定の解釈においては、株式会社の取締役に関する規定の解釈論が参考となる。

　　ⅳ　理事会・代表理事　　理事会設置一般社団法人では、理事会で選定される代表理事が法人を代表し、業務を執行する(同91条1項)。理事会は、全理事によって構成される合議制の会議体であり、法人の業務執行の決定を行うほか、理事の職務執行を監督する(同90条1項2項)。理事会設置一般社団法人の業務を執行する理事は、3か月に1回以上、自己の職務の執行の状況を理事会に報告しなければならない(定款で毎事業年度に2回以上とすることができる)。

理事会設置一般社団法人では、重要な財産の処分・譲り受け、多額の借財、重要な使用人の選定・解任、重要な組織の設置・変更・廃止、内部統制システムの決定、役員の責任免除については、理事会の専決事項とされ、各理事に決定を一任することはできない。大規模一般社団法人では、内部統制システムの決定を要する(同90条5項。会社法の大会社の場合と同様の規制に服する)。

　　ⅴ　監事・会計監査人　　監事は、理事の職務執行を監査し(同99条1項)、会計監査人は、法人の計算書類等の会計監査を行い、監査報告を作成する(同107条1項)。理事会設置一般社団法人及び会計監査人設置一般社団法人では、監事を置かなければならず、大規模一般社団法人では、会計監査人を置かなければならない(同62条)。

監事には、法人及び子法人の理事・使用人への事業報告請求、業務財産調査の権限があり(同99条)、理事の不正行為を理事・理事会に報告する義務(同100条)、理事会出席義務(同101条)、社員総会への報告義務(同102条)があり、目的範囲外・法令定款違反の理事の行為の差止請求権(同103条)、監事設置一般社団法人と理事との間の訴えにおいて法人を代表する権限(同104条)がある。また、その職務の独立性・公正を保つため、欠格事由、報酬決定方法、費用請求の規定が設けられている(同105条・106条)。

　4) 基金制度・財務公開等
　　ⅰ　基金制度　　「基金」とは、一般社団法人(一般社団法人の成立前にあっては設立時社員)に拠出された金銭その他の財産であって、当該一般社団法人が拠出者に対して、法及び拠出者との間の合意に従い、返還義務(金銭以外の財産については拠出時の当該財産の価額に相当する金銭の返還義務)を負うものをいう。基金は、一種の外部負債であり、基金の拠出者の地位は一般社団法人の社員たる地位とは結び付いていない。

基金制度は、剰余金の分配を目的としないという一般社団法人の基本的性格を維持しながらも、その活動の原資となる資金を調達して財産的基礎の維持を図るための制度である。一般法人法上、基金制度の採用は義務付けられておらず、基金制度

を採用するかどうかは定款自治による。基金として集めた金銭等の使途に法令上の制限はなく、一般社団法人の活動の原資として自由に活用することができる。なお、一般財団法人には基金の制度は設けられていない。

　ⅱ　**財務状況の公開等**　一般社団法人は、会計帳簿を作成して、これを10年間保存しなければならない（一般法人120条）。また、計算書類（貸借対照表・損益計算書）、事業報告書並びにこれらの付属明細書を作成しなければならない。理事は、定時社員総会に計算書類と事業報告書を提出し、計算書類について、その承認を得なければならない（同126条）。一般社団法人は、定時社員総会終結後に、遅滞なく、「貸借対照表」（大規模一般社団法人では、貸借対照表及び「損益計算書」）を公告しなければならない（同128条）。この公告については、インターネットによる電磁的開示も可能とされている。このほか、基金（同131条）、定款変更（同146条）、事業譲渡（同147条）、解散（同148条以下）に関する規定などがある。

　5）**解散・清算**
　一般社団法人は、法定の事由により解散する（①定款で定めた存続期間の満了、②定款で定めた解散の事由の発生、③社員総会の決議、④社員が欠けたこと、⑤当該一般社団法人が消滅する合併、⑥破産手続開始の決定、⑦解散命令又は解散の訴えによる解散を命ずる裁判）。いわゆる休眠一般社団法人（当該一般社団法人に関する登記が最後にあった日から5年を経過したもの）は、法人制度の濫用・悪用の弊害を防ぐため、一定の手続の下で解散したとみなされ、その旨の登記がされる。

　6）**合　併**
　一般社団法人・一般財団法人は、他の一般社団法人・一般財団法人と合併をすることができる。合併をする法人が一般社団法人のみである場合には、合併後存続する法人又は合併により設立する法人は一般社団法人でなければならず、また、合併をする法人が一般財団法人のみである場合には、合併後存続する法人又は合併により設立する法人は一般財団法人でなければならない。これらの以外の場合において、合併をする一般社団法人が合併契約の締結の日までに基金の全額を返還していないときは、合併後存続する法人又は合併により設立する法人は、一般社団法人でなければならない。なお、一般社団法人・一般財団法人は、他の法律にもとづき設立された法人（例えば、特定非営利活動促進法（平成10年法律第7号）にもとづき設立された特定非営利活動法人や会社法（平成17年法律第86号）にもとづき設立された株式会社）との間で合併をすることはできない。

3　一般財団法人

（1）一般財団法人の意義・拠出財産
　1）**意義・名称等**
　一般財団法人とは、「一般社団法人及び一般財団法人に関する法律」にもとづいて設立され、剰余金の分配を目的としない財団法人で、一定目的の財産管理を実現する組織である。平成20年改正前民法の下では、公益に関する財団しか法人になれ

なかったが、一般法人法では、非営利であれば目的の如何を問わず一般財団法人として設立することが可能である。名称に関する通則は、一般社団法人の場合と同様である(一般法人163条)。「大規模一般財団法人」(負債総額200億円以上の一般財団法人〔同2条3号〕)の特則がある。

2）拠出財産とその帰趨

一般社団法人と異なり、一般財団法人では純資産額が300万円以上であることが存続要件であり(同202条2項)、常時、300万円以上の純資産の保有が必須である(一般社団法人と異なり、基金制度は用意されていない)。

生前の処分で拠出された財産は、一般財団法人の成立の時(設立登記の時)から、当該一般財団法人に帰属する(同164条1項)。遺言で拠出された財産は、遺言が効力を生じた時点から一般財団法人に帰属したものと擬制される(同条2項)。

（2）一般財団法人の組織法規律

1）設　立

i　設立手続　　一般財団法人は、財団としての実体形成(定款作成・財産拠出・機関具備)と設立登記による法人格取得という設立手続によって成立する。すなわち、①設立者が「定款」(従来は「寄付行為」と呼ばれていた〔改正前民法39条・41条・42条〕)を作成し、設立者全員が署名・記名押印し(一般法人152条1項)、②公証人の定款認証を受け(同155条)、③300万円以上の財産を拠出し(同157条・153条2項)、④設立時評議員(3人以上)・設立時理事(3人以上)・設立時監事(設立時会計監査人を置く場合はそれらの者)の選任を行い(同159条1項〔定款で定めなかった場合〕)、⑤設立時理事・設立時監事が設立手続の調査を行い(同161条1項)、⑥法人を代表すべき者(設立時理事又は設立時代表理事)が、法定の期限内に主たる事務所の所在地を管轄する法務局・地方法務局に設立登記の申請を行う(同163条)。

遺言による一般財団法人の設立も可能である(同152条2項)。この場合には遺言執行者が必置となり、遺贈に関する規定が準用される(同158条2項)。遺言執行者は、当該遺言で定めた事項を記載した「定款」を作成して、財団法人を設立する。

ii　定款の記載事項　　一般財団法人の定款には、絶対的記載事項として、①目的、②名称、③主たる事務所の所在地、④設立者の氏名又は名称及び住所、⑤設立に際して設立者が拠出をする財産及びその価額、⑥設立時評議員、設立時理事及び設立時監事の選任に関する事項等、⑦会計監査人の選任に関する事項、⑧評議員の選任及び解任の方法、⑨公告方法、⑩事業年度を記載しなければならない(同153条1項)。

一般財団法人の性質上、定款に記載(記録)しても効力を有しない事項がある(同条3項。①理事又は理事会が評議員を選任し、又は解任する旨の定款の定め、②設立者に剰余金又は残余財産の分配を受ける権利を与える旨の定款の定め)。

設立者が定めた目的及び評議員の選任・解任の方法は、その変更に関する規定を定款に定めない限り変更ができない。目的等の定めを変更しなければ法人の運営の継続が不可能又は著しく困難となる場合は、裁判所の許可にもとづき定款を変更する(同200条3項)。

ⅲ **設立関与者の責任・設立の瑕疵**　設立者・設立時理事・設立時監事は、一般財団法人の設立について任務を怠ったときは、法人に対して連帯して損害賠償責任を負い（同166条1項）、職務を行うにつき悪意・重過失があったときは、第三者に対しても連帯して損害賠償責任を負う（同166条2項・167条）。一般財団法人が不成立のときは、設立者は、連帯して、設立に関して行った行為につき責任を負い、支出費用を負担する（同169条）。

一般財団法人の設立手続に瑕疵があった場合の法律関係安定のための措置（設立無効・設立取消の訴えの制度）については、一般社団法人と同様である。

2）機　関

ⅰ **機関設計**　一般財団法人では、評議員、評議員会、理事、理事会及び監事が必置の機関であり（一般法人170条1項）、定款の定めによって会計監査人を置くことができる（同条2項）。但し、大規模一般財団法人では会計監査人を置かなければならない（同171条）。社団法人の場合と異なり、財団法人には社員や社員総会がないため、業務執行機関である理事・理事会等を監視する評議員・評議員会・監事等の機関が必置とされている。

【一般財団法人の機関設計（2通り）】
① 評議員＋評議員会＋理事＋理事会＋監事
② 評議員＋評議員会＋理事＋理事会＋監事＋会計監査人

ⅱ **評議員**　評議員は3人以上でなければならず（同173条3項）、定款で定めた方法により選任・解任される（同153条1項6号8号）。評議員の理事監督機能を保障するため、理事又は理事会が評議員を選任・解任する旨の定款の定めは効力を有しない（同条3項1号）。評議員の任期は原則4年であるが、定款で6年まで伸長可能であり（同174条）、再任も可能である。評議員の欠格事由が定められており、理事等との兼職は禁止される（同173条1項2項）。

一般財団法人の評議員は、評議員会を構成して一定の事項を決定するが、一般社団法人での社員の場合と異なり、代表訴訟相当の提訴の制度は設けられていない（違法行為差止請求権はある）。業務執行の監督・牽制は、基本的に評議員会を通じて行われ、評議員はその点について善管注意義務を負い、任務懈怠により当該法人又は第三者に対して損害賠償責任を負う（同198条・111条1項・117条1項）。

評議員は報酬等を受ける旨の特約をすることができるが（同172条1項、民648条）、その場合、報酬等の額は定款で定めることを要する（一般法人196条）。

ⅲ **評議員会**　評議員会は、評議員全員によって構成される機関であり（同178条1項）、法定事項及び定款所定の事項に限り、決議をすることができる（同条2項）。一般財団法人の業務は定款によって方向付けられているので、評議員会の権限は、一般社団法人の社員総会のように広範でない。

評議員会の法定決議事項としては、理事・監事・会計監査人の選任（同177条・63条1項）及び解任（同176条。解任要件は限定）、理事・監事の報酬等の決定（同197条・89条・105条）、計算書類の承認（同199条・126条2項）、定款変更（同189条2項3号・200条1項但書、厳格）、事業の全部譲渡（同201条）、合併契約の承認（同247条・251

条・257条)等がある。これら法定決議事項について、理事・理事会その他の評議員会以外の機関が決定することができることを内容とする定款の定めは効力を有しない(同178条3項)。評議員会は、理事・理事会に対する関係で強い権限が付与されており、財団運営の適正を確保する機関として期待されている。

　　ⅳ　業務執行(理事・理事会・代表理事)　　一般財団法人では、3名以上の理事が評議員会で選任され、それらの理事で構成される理事会が必置の機関である(同170条1項)。理事会は、一般財団法人の業務執行の決定、理事の職務執行の監督、代表理事の選定・解職を行う権限を有する(同197条・90条2項3項)。代表理事と業務執行理事が、一般財団法人の業務を執行し、代表理事が法人を代表する(同197条・91条1項1号2号)。その他、理事会設置一般社団法人における理事・理事会と同様の規律に服する。

　　ⅴ　監事・会計監査人　　監事は、理事の職務執行を監査し(同99条1項)、会計監査人は、法人の計算書類等の会計監査を行い、監査報告を作成する(同107条1項)。一般財団法人では、監事は必置の機関である。会計監査人は、定款の定めにより設置されるが、大規模一般社団法人では必置である(同62条)。一般財団法人の監事・会計監査人に関する規律は、基本的に、理事会設置一般社団法人の場合と同様である(同197条)。

　　ⅵ　役員等の選任・解任と責任　　理事、監事及び会計監査人(役員等)は、評議員会の決議によって選任される。任期は、理事2年、監事4年(定款で2年まで短縮可能)、会計監査人1年である(いずれも再任可能)。役員等の解任は、職務上の義務違反等の事由がある場合に限られる。法人と役員等との関係、役員の損害賠償責任など、多くの点で一般社団法人(とくに理事会設置一般社団法人)の規定が準用されている(同197条・198条)。

　3)　計算・その他

　一般財団法人については、計算(一般法人199条)、定款変更(同200条)、事業譲渡(同201条)、解散(同202条)の規定がある。解散事由としては、定款で定めた存続期間満了(同条1項1号)、定款で定めた解散事由の発生(同条1項2号)の他、基本財産の滅失(同条1項3号)や純資産額が300万円未満となった場合(同条2項)がある。

　理事は、一般財団法人の財産のうち一般財団法人の目的である事業を行うために不可欠なものとして定款で定めた「基本財産」があるときは、定款で定めるところにより、これを維持しなければならず、かつ、これについて一般財団法人の目的である事業を行うことを妨げることとなる処分をしてはならない。基本財産の定款の定めは、個々の事情に応じて任意に設けるものであり、設立時に拠出の財産や純資産が当然に基本財産に該当するものではない(但し、設立時に拠出の財産を基本財産と定めることもできる。なお、この「基本財産」は、民法第34条にもとづいて設立された財団法人において、主務官庁の指導により置くことが義務付けられていた基本財産とも異なる概念である)。

　清算、合併、雑則の一部(解散命令・訴訟・非訟・登記)については、一般社団法人と共通の規定が定められている。

3.15.6. 協同組合

1　協同組合の意義・沿革・法的規律
2　協同組合の組織法規律

1　協同組合の意義・沿革・法的規律

(1) 意義・沿革
　協同組合は、世界史的に観ると、1844年のロッジデール公正開拓者組合の組織化を嚆矢とし、その法的基盤の淵源は、1852年イギリス産業経済組合法、1867年フランス組合法(但し、種々の組合と会社を含む)、1867年プロイセン産業経済組合法(その後の1868年ドイツ帝国現行産業経済組合法)に遡り、わが国では、ドイツ帝国法に倣いイギリス法を加味した明治33(1900)年の産業組合法に遡る。そして、第二次世界大戦後のわが国においては、協同組合は、農業従事者、水産業従事者、中小企業又は消費者が協同して、その経済的・社会的地位の向上を図るための団体として再組織されている。
　協同組合が他の経済団体組織から区別される基準は、ロッジデール公正開拓者組合が定めた原則を継受した国際協同組合同盟の協同組合原則(1995年最新改訂)で示されている。すなわち、①自発的で開かれた組合員制、②組合員による民主的管理、③組合員の財務参加、④自治と自立、⑤教育・研修及び広報、⑥協同組合間の協同、⑦地域社会への関与とされている。

　(注) 協同組合法に関する伝統的文献として、上柳克郎『協同組合法』有斐閣(1960年)、大塚喜一郎『協同組合法の研究(増訂版)』有斐閣(1968年)、本山悌吉『農業協同組合法』第一法規(1974年)等があり、最近の文献として、村山光信『解説中小企業協同組合法(第2版)』日本評論社(2014年)〔=村山・解説〕、明田作『農業協同組合法(第2版)』経済法令研究会(2016年)〔=明田・農協法〕、農業協同組合法令研究会(編)『逐条解説農業協同組合法』大成出版社(2017年)がある。本節の記述は、主として、村山・解説及び明田・農協法に負う。

(2) 協同組合の法的規律
1) 法源・法的概念
　今日、わが国では、農業協同組合法(昭和22年法132号)〔=農協法〕、消費生活協同組合法(昭和23年法200号)〔=生協法〕、水産業協同組合法(昭和23年法242号)〔=水協法〕、中小企業等協同組合法(昭和24年法181号)〔=中協法〕にもとづき、それぞれの協同組合が認められている。
　協同組合については、法律上、独占禁止法22条における適用除外規定に、その法的概念を確かめる手掛かりがある。独占禁止法の規定は、次の各号に掲げる要件を備え、かつ、法律の規定にもとづいて設立された組合(組合の連合会を含む)の行為には、これを適用しない(但し、不公正な取引方法を用いる場合又は一定の取引分野における競争を実質的に制限することにより不当に対価を引き上げることとなる場合はこの限りでない)として、次の要件を明示している。すなわち、①小規模の事業者又は消費者の

相互扶助を目的とすること、②任意に設立され、かつ、組合員が任意に加入し、又は脱退することができること、③各組合員が平等の議決権を有すること、④組合員に対して利益分配を行う場合には、その限度が法令又は定款に定められていることである（協同組合法では、その要件にもとづく基準を定め、一定の組合については、その要件を備えた組合（適格組合）とみなしている〔中協法7条1項〕）。

2）協同組合組織の法的性格

i 社団・法人性 協同組合は、いずれも法人とされている（農協法4条、中協法4条、水協法5条、生協法4条）。協同組合の権利能力が定款所定の目的によって制限されるかにつき、判例は修正肯定説を採る（最判昭44・4・3民集23・4・737）。協同組合では、複数の社員（組合員）が成立及び存続に必要とされ（農協法64条4項、水協法68条4項、生協法68条4項）、社団性を有する。協同組合では、社団の形式を採るといっても、相互扶助を目的とする人的な結び付きが強い。

ii 非営利性 協同組合は、その事業によって組合員・会員のための最大の奉仕をすることを目的とし、営利（構成員への利益分配）を目的としない（農協法7条1項、中協法5条2項、水協法4条、生協法9条）。

iii 非商人性 協同組合の商人性は否定されている（農業協同組合につき、名古屋高金沢支部判昭36・6・14高民集14・6・1、信用協同組合について、最判昭48・10・5判時726・22商法百選4、最判平18・6・23判時1128・126）。

3）協同組合原則と法的規律

協同組合では、いずれも、小規模の事業者や消費者が組合員となり、相互扶助を目的として（中協法5条1項1号等）、任意に設立され、以下のように、前述の協同組合原則に準拠した法的規律を設けている（村山・解説7頁、参照）。

i 加入・脱退自由の原則 協同組合は、組合員が任意に加入し、又は脱退することができる（農協法20・21条1項2項、中協法5条1項2号・14条・18条1項、水協法25・26条1項、生協法2条1項3号・15条・190条）。

ii 議決権・選挙権平等の原則 組合員の議決権及び選挙権は、出資口数にかかわらず平等でなければならない（農協法16条1項、中協法5条1項3号・11条1項、水協法21条1項、生協法2条1項4号・17条1項）。基本的には、組合員は意思決定機関である総会を構成して、一人一議決権を有する。

iii 利用分量配当の原則・出資配当の制限 組合の剰余金の配当は、主として組合事業の利用分量に応じてするものとし、出資額に応じて配当をするときは、その限度が定められていなければならない（農協法52条2項、中協法5条1項4号・59条2項、水協法56条2項、生協法2条1項5号6項・52条2項4項）。

iv 教育費用積立の原則 組合員・所属員の事業に関する経営及び技術の改善向上又は組合事業に関する知識の普及を図るための教育及び情報の提供に関する事業を行う組合は、その事業の費用に充てるため、毎事業年度の剰余金の一定割合（例えば20分の1以上）を翌事業年度に繰り越さなければならない（農協51条7項、中協法58条4項、水協法55条7項、生協法51条の4第4項5項）。

2　協同組合の組織法規律

（1）協同組合の組織法規律
1）基本的特質・構造と農協法平成27年大改正
　協同組合の法的規律は、押し並べて、その原則規定につき上記のような共通性を維持しつつ、事業者としての協同組合に対する行政監督（事業制限、組合員・利用者保護）を実現する業法的性質と、民事上の取引法及び組織法の性質を含んだ複合的な法分野を形成している。そして、組織法規律の技術的側面においては、従来から平成17年改正前商法が多く準用され、今日では会社法が多く準用されている（農協法・中協法には、それぞれ、会社法の準用や読替等の規定が50個所以上ある）。
　他方で、わが国では協同組合に関する一般法としての基本法がなく、協同組合の法的規律は、各協同組合の活動が担う経済分野とその政策的・行政的対応によって多元化し（分野縦割りの複数立法化）、それぞれの分野で独自の展開を遂げている。

2）農協法平成27年大改正
　従来から協同組合法の中核的存在として豊富な法的規律を擁していた農業協同組合法は、平成27（2015）年改正（平成27年法63号）により、いくつかの重要な変更を受けることになった（協同組合としての性格を歪めかねない趣旨の改正内容を含むとの評価につき、明田・農協法65頁、参照）。そこでは、農業協同組合等について、①事業運営原則の明確化（営利目的として事業を行ってはならない旨の規定を削除して新項目を追加〔農協法7条〕）、②組合員の自主的組織運営（農協法10条の2、回転出資金制度の廃止等）と事業執行体制の強化（過半数の理事の資格・資質要件〔農協法30条12項〕等）、③株式会社や医療法人等への組織変更を可能とする規定整備（農協法4章4節等）、④農業協同組合中央会（全中）制度の廃止、⑤信用事業を行う農協等における会計監査人の設置（農協法37条の2・37条の3）等の措置が講じられた。なお、全中廃止に伴って、全中監査を担い地域農協の監査に大きな役割を果たしてきた「農協監査士」の今後の活用方法と制度的位置づけが喫緊で重要な課題となっている。
　（注）各協同組合の法規律を逐一説明する紙幅の余裕はなく、以下では、新しい農業協同組合の組織法規律を概観しておく。

（2）農業協同組合の組織法規律
1）通　則
　法人性（農協法4条）、目的（同7条）のほか、名称に関する規定を置く（農業協同組合又は農業協同組合連合会は、その名称中に農業協同組合又は農業協同組合連合会という文字を用いなければならず、農業協同組合又は農業協同組合連合会でない者は、その名称中にそれらの文字を用いてはならない〔同3条1項2項〕）。また、剰余金配当に相当する額の損金算入を定め（同5条）、組合の住所は、その主たる事務所の所在地にあるものとされる（同6条）。

2）設立手続
　農業協同組合の設立手続は、基本的に、一般社団法人の設立手続と同様の過程を辿る。すなわち、発起人（15名以上の農業者）による設立行為（農協法55条）・設立準

備会(同56条)、定款作成と創立総会(同58条)、行政庁の認可(同60条～61条)、発起人から理事への事務引渡しと第1回目の出資の払込み(同62条)、設立登記(同9条)である。設立認可を受けて登記することによって成立する(同63条1項)。設立の瑕疵に関しては、株式会社の設立無効の制度を準用する(同63条の2、会828条1項2項・838条)。

3）組合員

i　加入・脱退　組合員の協同組合への加入は自由である(強制も拒否もされない〔農協法19条〕)。持分の譲渡(同14条)は財産的権利義務の譲渡であって、これと組合員の加入は区別される(明田・解説255頁)。また、組合員の協同組合からの脱退も自由である(同20条・21条1項。当然脱退や除名がある)。

ii　権利・義務　組合員の権利には、自益権の類型(組合事業利用権、剰余金配当請求権〔同52条2項〕、持分払戻請求権、残余財産分配請求権)と共益権の類型(総会議決権〔同16条1項、一人一議決権〕、総会又は役員・総代選出の選挙権〔電子的方法は不可、同16条4項〕、総会招集請求権、役員改選・解任請求権〔同38条〕、参事・会計主任解任請求権〔同43条〕、各種閲覧請求権、代表訴訟提起権〔同41条、会847条～853条〕、理事違法行為差止請求権〔農協法35条の4第1項、会360条1項〕、決議取消の訴え・無効/不存在確認の訴えの提訴権〔農協法47条、会830条・831条〕、設立無効・出資1口金額減少無効・組織再編無効・組織変更無効の訴えの提起権、組織再編の差止請求権〔農協法65条〕、その他行政庁に対する請求権)とがある。他方、組合員は一定の義務(出資引受義務〔同13条2項〕、損失分担義務〔同23条・13条4項・26条2項〕、経費分担義務〔同17条1項・28条1項7号・44条1項4号〕、内部秩序維持義務〔制裁対象行為避止義務〕)を負う。

iii　出資・持分　農業協同組合は、組合員に出資をさせる「出資組合」と出資をさせない「非出資組合」を任意に選択できる(農協法13条1項)。組合員の引き受けた出資額は、当該組合員が組合に対して有する責任の限度額となり(同条4項)、登記事項となる。出資は原則として金銭によるが、定款により現物出資も認められる(同28条3項)。出資1口の金額は定款の絶対的記載事項であり(同条1項6号)、均一であることを要する(同13条3項)。出資組合の組合員は1口以上の出資の引受・払込・保有を要する(同条2項)。

出資組合の組合員は、組合の承認を得なければ、持分を譲渡できない(同14条1項)。持分の共有は禁止されている(同14条4項)。当然脱退したときは定款の定めにより持分の全部又は一部の払戻請求ができる(同22条1項)。持分の算定方法、払戻制限の規定等がある。

4）管理機構・機関構成

農業協同組合の法定機関には、最高かつ万能の意思決定機関である「総会」(農協法30条・35条の2第1項)、一定規模(正組合員500名)以上の組合で任意に設けられる「総代会」(同48条)、教務執行を決定し理事の職務執行を監督する「理事会」(同32条)、経営管理委員で構成され業務執行の決定と理事・代表理事を任命する権限を有する任意機関の「経営管理委員会」(同34条3項)、組合の業務を執行し組合を代表する「代表理事」(同35条の3)、そして、職務執行を監査する「監事」(同35条の5第1項)、及び、一定規模以上の組合に設置が義務づけられる会計監査を行う

「会計監査人」(同36条6項)がある。総会、理事会、代表理事及び監事は、いずれの組合にも必置の機関である。会社法の株式会社の組織法規律に準じた規定が数多く設けられている。

5) 会計規定

農業協同組合の会計は、一般に公正妥当と認められる会計の慣行に従い(会計原則〔農協法50条の5〕)、農林水産省令の定めるところにより適時に正確な会計帳簿(会社計算規則にいう会計帳簿と同義)を作成することを要する(同50条の6第1項)。この会計帳簿は組合員の閲覧請求の対象ではないが、保存・提出義務はある(同50条の6第2項、会432条2項・434条)。

計算書類の作成・理事会承認・開示・総会承認(一部報告)・監査(農協法36条)及び業務報告書の行政庁への提出(同54条の2第1項)が定められている。信用事業・共済事業を行う組合には、さらに業務及び財産状況に関する説明書類の開示義務がある(同54条の3第1項)。

組合員の出資によって払い込まれた財産の額を出資(出資金)の額といい、その総額を出資総額という(同51条2項・52条1項2項)。農業協同組合の出資金は旧来の株式会社の資本金と同様に、組合員の有限責任に対応して、債権者保護の機能を有し、その他、準備金の制度や、剰余金の配当における配当可能額の存在を必要とする会計規律が設けられている(同52条1項)。

6) 組織移行・組織変更・組織再編

農業協同組合では、出資組合と非出資組合との間での移行を「組織の移行」といい、定款変更より行うことができ(農協法54条の4第1項・54条の5第1項)、登記により効力を生じる(同54条の4第3項・54条の5第3項)。非出資組合から出資組合への移行では、新たに出資組合を設立する場合に準ずる手続を要し(同54条の4第4項・62条3項)、出資組合から非出資組合への移行では、債権者保護手続きを要する(同54条の5第3項・49条・50条)。

協同組合が法人格の同一性を維持しつつ別の法形態の法人になることを「組織変更」といい、農協法は、株式会社への組織変更、一般社団法人への組織変更、消費生活協同組合への組織変更、医療法人への組織変更の4類型を認めている。株式会社への組織変更では、必要な組合員に対する措置(持分払戻請求〔同73条の4第1項2項〕)、債権者保護手続(出資1口金額減少の場合と同様〔同73条の3第6項・49条・50条1項2項〕)が定められている。また、協同組合では、組織再編として、合併と分割の制度が定められ、会社法に準じた規定が設けられている。

7) 解散・清算

協同組合の解散とは、協同組合の法人格の消滅をきたす原因となる法律事実をいい、協同組合の法人格は、合併及び連合会の権利義務の包括承継の場合を除いて、解散によって消滅せずに、清算手続に入り、清算の結了によって消滅する(同72条の3、会476条)。解散原因の規定(農協法64条1項各号)、清算人・清算人会を含む清算の規定(同72条の2の2・72条の3)が株式会社に準じて設けられている。

事項索引

あ行
あ
預合〔あずけあい〕(71)
い
委員(139, 143)
意見表明報告書(312)
委託者指図型投資信託(365)
委託者非指図型投資信託(366)
著しい損害(154)
著しく不公正な方法(209)
一人会社〔いちにんがいしゃ〕(24)
一般財団法人(385)
　——の機関設計(387)
一般社団法人(380)
　——の機関設計(383)
一般法上の会社(31)
一般法人制度(380)
委任状(86)
インサイダー・トレーディング(200)
う
ウェブ開示(249)
ウェブ修正(249)
打切発行(68, 232)
売出発行(232)
売主追加請求権(185)
売渡株式等全部の取得(316)
え
永久債(229)
永久劣後債(229)
営利企業(7)
営利性(16, 20, 25, 390)
営利保険(379)
エクイティー・ファイナンス(199)
エージェンシー問題(6)
M&A(281, 309)
MBO(311, 317)
お
親会社(30)
　——の監査役等(307)
親会社株式(306)
　——の取得制限(181, 306)
親会社等(305)

か行
か
買受人(180)
開業準備行為(63)
会計(243)
　——の原則(244)
会計監査(131, 136)
会計監査人(135)
会計監査人設置会社(131, 135)
会計監査報告(136)
会計参与(125)
　——の権限と義務(127)
　——の責任(129)
会計参与設置会社(80, 125)
会計帳簿(244)
外国会社(30, 346)
外債(227)
解散事由(272)
解散判決(273)
解散命令(273)
会社(24)
　——に関する通則(40)
　——の意義(24)
　——の営利性(25)
　——の解散(272)
　——の機会(115)
　——の計算(244)
　——の継続(274)
　——の権利能力(25)
　——の行為(40)
　——の行為能力・不法行為能力(26)
　——の公告(51)
　——の事業譲渡(46)
　——の社員の責任態様(8)
　——の社団性(24)
　——の住所(40)
　——の種類(27)
　——の商号(41)
　——の使用人(43)
　——の商人性(40)
　——の清算(275)
　——の組織変更(321, 340)
　——の代理商(45)
　——の登記(49)
　——の能力(25)
　——の不成立(74, 76)
　——の不存在(74)
　——の分割(292)
　——の分類(30)
　——の法人性(24)
　——の本店・支店(50)
　——の目的(25)
　会社法制定前の——(343)
会社更生(279)
会社種類の変更(321)
会社商号の登記(42)
会社設立(61)
会社代表(329)
会社・取締役間の訴訟(109)
会社分割(282, 292)
　——手続の瑕疵(296)

- 索引 1 -

──と合併(293)
　　──の手続(294)
会社法(21,22)
　　──の起源と変遷(32)
　　──の任意法規化(34)
　　──の法源(22)
　　──の見直し(37)
　　実質的意義における──(21)
会社法改革(33)
会社法研究会(38)
会社法制現代化(35)
会社法整備法(23)
会社法総則と商法総則(40)
会社補償(120)
買取口座(290)
買取引受(202)
外部資金(199)
各自執行・各自代表の原則(93)
各種会社の法的規律(341)
確定額報酬(120)
確認会社(345)
確認株式会社(56)
確認有限会社(56)
額面株式(162)
仮装出資における責任(75, 212, 226)
合併(283, 284)
　　──の無効原因(292)
　　吸収──(283)
　　三角──(306)
　　新設──(283)
合併契約(284, 292)
合併差損(285)
合併自由の原則(283)
合併対価(285, 287)
合併手続の瑕疵(291)
合併登記(286)
合併比率(292)
合併無効の訴え(291)
株券(188)
　　──の記載事項(189)
　　──の効力発生時期(188)
　　──の発行(189)
　　──の不動化(190)
　　──の有価証券的性質(189)
株券失効制度(189)
株券喪失登録(190)
株券提出日(195)
株券発行会社(188)
株券発行前の株式譲渡制限(181)
株券不所持(189)
株券不発行(188)
株券保管振替制度(190)
株式(161)
　　──の仮装払込(71)
　　──の共有(161)

　　──の消却(193)
　　──の相互保有(85, 307)
　　──の多様化(167)
　　──の担保(182)
　　──の分割(196)
　　──の併合(192)
　　──の無券化(190)
　　──の無償割当て(197)
株式移転(282, 297)
　　──計画(298)
　　──手続の瑕疵(299)
株式移転設立完全親会社(286)
株式売渡請求(315, 316)
株式会社(8)
　　──の解散(272)
　　──の機関(77)
　　──の機関設計原則(78)
　　──の基本的特質(53)
　　──の業務執行(93)
　　──の継続(274)
　　──の設立(61)
　　──の特質(53)
株式会社形態の特質(9)
株式会社設立の特色(61)
株式会社法(57)
　　──の意義と目的(57)
　　──の一般的特色(57)
　　──の強行法規性(58)
　　──のパラダイムシフト(58)
　　──の理論的体系(58)
株式買取請求権(195, 288, 289, 302)
株式交換(282, 296)
　　──契約(298)
　　──手続の瑕疵(299)
株式交換完全親会社(298, 299)
株式譲渡(175)
　　──の効力要件・対抗要件(176)
　　──の制限(179)
　　──の方法(176)
株式譲渡自由の原則(175)
株式譲渡制限会社の機関設計(80)
株式制度(53)
株式相互保有規制(307)
株式引受(206)
株式引受人(68, 70, 75, 162, 181, 207,
　　211, 212)
　　──の差額支払義務(211)
　　──の地位の帰趨(212)
株式不可分の原則(161)
株式振替制度(190)
株式申込証(70)
株式申込の効力(70)
株主(162)
　　──の議決権(85)
　　──の義務(162)

――の経理検査権(267)
――の権利(162)
――の差止請求権(152)
――の直接的な監督是正(152)
株主間契約(124)
株主資本(255)
株主資本等変動計算書(246)
株主総会(81)
　　――の延期・続行(88)
　　――の議事(87)
　　――の議事録(88)
　　――の議長(87)
　　――の決議(88)
　　――の決議事項(88)
　　――の決議の省略(89)
　　――の権限(81)
　　――の招集(83)
　　――の書面決議(89)
株主総会決議の瑕疵(90)
株主総会参考書類(87, 98)
株主代表訴訟(156)
株主提案権(85)
株主平等の原則(163)
株主名簿(176)
株主名簿閲覧請求の拒否事由(177)
株主名簿管理人(72, 176, 193, 220)
株主有限責任の原則(54, 162)
株主優待制度(164, 260)
株主割当(201)
簡易事業譲渡(302)
簡易組織再編・簡易手続(287)
関係会社(305)
勧告的決議(82)
監査(132, 248)
監査委員(143)
監査委員会(143)
監査等委員(138)
監査等委員会(139)
監査等委員会設置会社(138)
　　――における業務執行(94)
　　――の機関構造(79)
　　――の取締役会(140)
監査役(131)
　　――の権限(132)
　　――の報酬(133)
監査役会(134)
監査役会設置会社(131, 138)
監査役設置会社(131)
　　――の機関構造(79, 131)
監視義務(113)
間接責任(8, 28)
間接損害(150)
間接取引(115)
完全親会社(297, 305, 308)
完全親会社株主(308)

完全親子会社関係(296)
完全子会社(286, 287, 297, 305, 308)
関連会社(305)
き
議案提出権(85)
議案要領通知権(85)
機関(77)
機関設計(78, 80)
　　――による(会社の)区分(31)
期間損益(261, 263)
企業(2)
　　――の諸形態(7)
企業会計(243)
企業価値報告書(320)
企業結合(9, 281)
企業再編(281, 282)
企業集団(9, 281)
　　――における内部統制システムの整備(308)
企業組織(2)
　　――とコーポレート・ガバナンス(5)
　　――の規律(10)
　　――の経済的分析(4)
企業組織法(12, 14)
　　――の特色(16)
企業担保(291, 295)
企業買収(309)
企業法(14)
議決権(85)
　　――の代理行使(86)
　　――の不統一行使(86)
議決権行使書面(87)
議決権制限(171)
議決権制限株式(170)
擬似外国会社(347)
擬似発起人(76)
基準株式数(262)
基準日(177)
基準日株主(177)
議題追加権(85)
議長(87)
基本合意書(284)
規約(373)
キャッシュ・アウト(194, 313, 314)
キャッシュ・アウト・マージャー(286)
吸収型再編(282)
吸収合併(283)
吸収合併消滅会社(283)
吸収合併存続会社(283)
吸収分割(292)
吸収分割会社(293)
吸収分割承継会社(293)
休眠会社(274)
共益権(163)
競業取引(113, 114)
競業避止義務(47, 113)

強行法規性(58)
業績連動型報酬(117, 119, 121)
協定(280)
共同企業(7)
協同組合(389)
協同組合原則(390)
協同経済(1)
業務監査(130, 131, 132, 143)
業務規程(12)
業務執行(93)
　——の監督(103)
業務執行者(95)
業務執行社員(328)
業務執行取締役(94, 95)
虚偽記載等(151)
拒否権付種類株式(174)
金庫株(59, 184, 187, 214, 377)
金銭分配請求権(261)
金融商品取引法(12, 13, 206, 217, 218, 243, 249, 251, 284, 293, 297, 311, 312, 358, 364, 365)

く
偶発債務(284)
組合(7, 9, 17, 321, 350, 351)
繰延資産(246)
グリーンメーラー(313, 319)

け
経営委任(304)
経営判断の原則(113)
計画経済(1)
経済社会の原理(1)
計算書類(245)
計算書類等(245)
契約による株式譲渡制限(182)
契約の束(4, 6)
契約理論(5)
決議執行者(240, 241)
決議取消の訴え(91)
決議不存在確認の訴え(92)
決議無効確認の訴え(92)
決算公告(250)
欠損塡補責任(267)
現金合併(286)
検査役(66, 160)
原始定款(64)
限定責任信託(366)
現物出資(65, 208)
現物出資等差額塡補責任(75)
現物配当(260)
現務の結了(277)
券面額(162)
権利株(70, 73)
権利株譲渡の制限(181)
権利行使者の指定(161)
権利調整(174)

こ
ゴーイング・プライベート(311)
公開会社(30, 80)
公開買付(310)
公企業(7)
公告(51)
　——の中断(52)
　——の方法(51, 65)
公告期間(52)
口座管理機関(191, 192, 236)
合資会社(8)
公正価値移転義務(317)
公正妥当な会計慣行(244)
公正な価格(288)
合同会社(29)
　——の計算等に関する特則(332)
　——の特徴(29)
合同発行(232, 377)
公認会計士(126)
交付金合併(286)
抗弁の援用(324)
公募(202)
公募投信(367)
公募発行(231)
合名会社(8)
子会社(30, 305)
子会社株式(持分)の譲渡(302, 309)
子会社調査権(132, 307)
子会社等(305)
　——の情報収集(307)
国際会計基準(243)
個人企業(7)
誤認行為の責任(325)
個別株主通知(192)
個別注記表(246)
コーポレート・ガバナンス(4, 5, 77)
コーポレートガバナンス・コード(13, 99)
コーポレート・ファイナンス(199)
混合株式(169)
コンプライ・オア・エクスプレイン(60, 99)

さ行
さ
財源規制(185)
　——違反の株式取得行為の効力(186)
債権者異議手続(257, 286, 291, 294, 295, 298)
債権者保護手続(257)
財産価格塡補責任(147)
財産引受(65)
財産法(243)
最低資本金制度の変遷と廃止(55)
最低責任限度額(148)
裁量棄却(91)
詐害的会社分割(295)

詐害的事業譲渡(48, 302)
差額支払義務(211, 226)
差額填補責任(75, 76)
差止請求権(153, 291, 296, 299, 316)
差止訴訟(155)
サムライ債(227)
三角合併(286, 306)
残額引受(202)
残存債権者(48, 295)
残余コントロール権(5)
残余財産の分配(278)
　し
自益権(163)
次期会社法改正への課題(38)
私企業(7)
事業(40)
　　――の重要な一部(301)
　　――の賃貸借(303, 304)
事業譲渡(282, 300)
　　――と会社分割の相違(300)
　　――と合併の相違(300)
　　――の意義(301)
　　――の手続(301)
事業譲渡等(300)
事業全部の賃貸借(303)
事業全部の譲受け(303)
事業報告(245, 247)
資金調達(18, 59, 125, 199, 246, 313, 351, 365)
自己株式(183)
　　――の取得(183)
　　――の消却(188)
　　――の保有(187)
　　――の有償取得と財源規制(262)
　　違法な――(186)
自己資本(199)
自己社債(240)
自己新株予約権(223)
事後設立(67)
自己投資口の取得と処分(376)
資産・負債の評価(247)
事実上の取締役(150)
市場機能(2)
市場経済(2)
事前警告型(319)
事前防衛策(317)
執行役(144)
執行役員(373, 374)
失念株(179)
指定買受人(180)
支店(40, 50)
シナジー(289)
支配株主の異動(205)
支配人(44)
私募投信(367)

資本維持の原則(55)
資本確定の原則(55)
資本金(54, 252, 255)
　　――の額の減少(256)
資本充実の原則(55)
資本準備金(253)
資本剰余金(252)
資本の制度(54)
資本不変の原則(55)
指名委員会(143)
指名委員会等設置会社(141)
　　――における業務執行(94)
　　――の機関構造(79)
　　――の取締役・取締役会(142)
社員(28, 161)
　　――の加入(325)
　　――の責任(324)
　　――の責任態様と会社の種類(28)
　　――の損益分配の割合(331)
　　――の退社(326)
社外監査役(134)
社外取締役(95)
社債(227)
　　――と株式(228)
　　――の管理(237)
　　――の機能(228)
　　――の種類(229)
　　――の償還(237)
　　――の譲渡(235)
　　――の銘柄統合(240)
　　会社法上の――(227)
社債管理者(237)
社債契約(233)
社債券(235)
社債権者集会(238, 240)
社債原簿(233)
社債原簿管理人(234)
重要性基準(159)
受益権(368)
受益権証券(368)
受益者(361)
授権株式数(64, 194, 211)
授権株式制度(203)
受託会社(229, 230, 369, 370)
受託者(361)
受託者責任(362)
出資単位(165)
出資の履行(68, 70, 208)
取得価格決定制度(316)
取得条項付株式(168)
取得条項付種類株式(172)
取得条項付新株予約権(214)
取得請求権付株式(168)
取得請求権付種類株式(171)
主要目的ルール(209)

種類株式(168)
種類株式発行会社(30, 169)
種類株主総会(174)
　　――の決議(89)
純資産(252)
純粋持株会社(296)
準則主義(61)
準備金(252, 253, 255)
　　――の額の減少(256)
常勤監査役(33, 134, 140)
商行為(40)
上場会社(77, 80, 82, 99, 117, 118, 123, 189, 190, 201, 243, 316)
少数株主権(163)
譲渡制限株式(167)
商人(40)
使用人兼務取締役(119)
商法総則編の変容(39)
商法典の変貌(39)
消滅会社(157, 181, 273, 283, 284, 300, 306, 308)
賞与(119)
剰余金(252, 254, 255)
　　――の組入れ(258)
　　――の算定方法(254)
　　――の処分(259)
　　――の配当(259)
　　――の配当の手続(260)
　　――の分配(259)
　　違法な――の配当等(264)
　　財源規制違反の――配当(265, 266)
剰余金配当請求権(261)
職務執行者(102, 323, 354)
職務代行者(97, 330)
所在不明株主(34, 101, 184, 259, 263)
書面決議(89, 105, 107, 365, 370)
書面投票制度(86)
シリーズ発行(232)
新株発行(200)
　　通常の――(201)
新株発行等の無効・不存在(210)
新株予約権(213)
　　――の共有(215)
　　――の行使(224)
　　――の譲渡(220, 221)
　　――の内容(215)
　　――の不公正発行(225)
　　――の無償割当て(219)
　　――の有利発行(216)
　　――発行の無効・不存在(225)
　　証券発行――(222)
新株予約権原簿(220)
新株予約権者の差額支払義務(226)
新株予約権付社債(214, 221, 230, 241)
新株予約権付社債券(242)

新設会社(283)
新設合併(282, 283)
新設分割(292)
信託(362)
信託契約(367)
信託財産(362)
人的会社(31)
人的分割(293)
新投資口の発行(376)
新投資口予約権(373, 376)
信認義務(362)
　す
数種の株式(89, 166)
スクイーズ・アウト(313)
スチュワードシップ・コード(13)
ストック・オプション(119, 213)
ストラクチャー(281)
　せ
清算(275)
　　――の結了(278)
清算株式会社(275, 280)
清算人(275, 276)
清算人会(276)
誠実義務(112)
税理士(126)
責任追及等の訴え(156)
設立関与者の責任(74)
設立企画人(374)
設立時発行株式(67)
設立中の会社(63)
設立登記(72)
　　――の創設的効力(73)
　　――の付随的効力(73)
設立登記事項(72)
設立費用(66)
設立無効(73)
　　――の訴え(74)
善意取得(189, 191, 192, 222, 235, 236, 242)
全員出席総会(84, 92)
選解任種類株式(97)
善管注意義務(112)
全部取得条項付種類株式(172, 314)
　そ
総会検査役(83, 84)
総額引受契約(233)
総株主通知(192)
相互会社(378)
相互保険(378)
相互保有株式(307)
総数引受(207)
総数引受契約(218)
創立総会(70)
属人的種類株式(169)
組織再編(281, 282)

組織変更(340)
　　──の手続(340)
　　──の無効(341)
訴訟費用(158)
その他資本剰余金(254)
その他利益剰余金(254)
ソフトロー(13)
損益共通契約(304)
損益計算書(246)
損益法(243)
存続会社(157, 181, 215, 274, 283, 299, 300, 306, 308)

た行
　た
大会社(30, 80)
対価の柔軟化(286, 306)
第三者機関性(77)
第三者割当て(201)
貸借対照表(246)
退職慰労金(118)
　　──の決定方法(121)
代表権(108)
代表執行役(144)
代表取締役(95, 108)
代理商(45)
大量保有報告制度(312)
多重株主代表訴訟(159, 308)
多数決の限界と修正(90)
妥当性監査(132, 140, 143)
他人資本(199)
短期社債(231)
単元株制度(165)
単元未満株式(166)
　　──の売渡請求権(166)
　　──の買取請求権(90, 166)
単独株主権(163)
担保付社債(230)
担保提供(257)
担保提供命令(158)
　ち
中間配当(261)
忠実義務(112)
中小企業のガバナンス(130)
弔慰金(118)
超過記録(191)
調査委員(160)
調査者(160)
直接責任(8, 28)
直接損害(150)
直接取引(115)
　つ
通常清算(275)
通常の新株発行(196, 201)

　て
定款(64)
　　──に記載のない財産引受(66)
　　──の記載事項(64)
　　──の備置き・閲覧(67)
　　──の認証(64)
　　──のみなし変更(24, 272, 334)
定款自治の拡大(34, 270)
定款変更(270)
　　──手続の軽減(271)
　　──の効力発生(272)
適正情報開示義務(317)
敵対的企業買収(309, 317)
適法性監査(132)
デット・エクイティ・スワップ(208, 224)
デュー・デリジェンス(284)
転換社債(214, 230)
転換予約権付株式(171)
電子公告(51)
電子公告調査(52)
電子公告調査の業務に関する規程(52)
電子署名(62, 64)
電子投票(86)
　と
同一性説(63)
導管性(357, 371, 372)
登記簿上の取締役(150)
倒産隔離(362)
投資口(370, 373)
投資事業有限責任組合(351)
投資証券(373)
投資信託(364)
投資信託契約(367)
投資主(373)
投資主総会(373)
投資法人(370)
投資法人債(377)
登録質(182, 315)
特殊会社(31, 182)
特殊の決議(89)
特殊の新株発行(201, 209)
特定資産(365, 371)
特定責任(159)
特定責任追及の訴え(159, 308)
特定引受人(205)
特定目的会社(358)
特別決議(89)
特別口座(193)
特別支配会社(287, 290, 302, 303)
特別支配株主(315)
　　──の株式等売渡請求(315)
特別清算(275, 279)
特別取締役(95, 107)
特別代理人(238)
特別な内容の株式(167)

特別背任罪(130, 348)
特別法上の会社(31)
特別利害関係(91, 106)
匿名組合(356)
独立社外取締役(99)
特例組合(351)
特例有限会社(342, 343)
トラッキング・ストック(170)
取締役(94)
　　──の義務(112)
　　──の欠格事由(95)
　　──の職務代行者(97)
　　──の責任(116, 145, 147, 150, 151, 156,
　　　　　　158, 266, 267, 317)
　　──の説明義務(87)
　　──の選任・解任(96)
　　──の報酬(116)
　　──の報酬請求権(122)
　　──の報酬等の損金算入問題(124)
取締役会(100)
　　──と代表取締役との関係(109)
　　──の議事録(106)
　　──の決議(105)
　　──の決議事項(101)
　　──の専決事項(100)
取締役会運営の電子化(104)
取締役会決議の瑕疵(107)
取締役会設置会社(81, 94, 100)
　　──における業務執行(94)
取締役会非設置会社(82, 93)
　　──における業務執行(93)
　　──の株主総会(82)

な行
な
名板貸責任(43)
内部資金(199)
内部統制システム(102)
　　──構築義務(113)
内容の異なる種類の株式(169)
ナカリセバ価格(289)
に
二段階買収(309, 311, 315)
日本における代表者(346)
任意組合(350)
任意準備金(254)
任意清算(337)
任意積立金(254)
任務懈怠(145)
の
農業協同組合(391)

は行
は
買収防衛策(317)

配当財産の交付(261, 262)
配当財産の種類(260)
配当等還元方式(180)
配当優先株式(169)
売買単位(165)
端株(165)
端数株式(196)
パススルー(351, 353, 360)
パーチェス法(283)
発行可能株式総数(197, 203)
罰則(348)
払込金保管証明責任(70, 71)
払込剰余金(253)
払込取扱機関(70)
反対株主の株式買取請求権(195)
ひ
非営利企業(7)
引当金(248)
非業務執行取締役等(95)
非金銭報酬(121)
非公開会社(59, 78, 80, 82)
一株一議決権の原則(85)
表見支配人(45)
表見代表取締役(111)
非累積的優先株式(170)
日割配当(262)
ふ
不確定額報酬(121)
不実登記(50)
附属明細書(245, 247)
普通株式(169)
普通決議(88)
普通社債(230)
物的会社(31)
物的分割(293)
振替株式(190)
振替機関(190)
振替社債(236)
振替制度(190)
振替投資口(376)
振替投資信託受益権(368)
プーリング法(283)
分割会社(293)
分割計画(294)
分割契約(294)
分配可能額(262)
　　──の算定(263)
へ
ペイスルー(359, 371)
変態設立事項(65)
ほ
ポイズン・ピル(318)
報酬委員会(144)
報酬開示規制(123)
報酬等(116, 118)

──の決定(120)
法人格(41)
法人格否認の法理(26)
法定準備金(253)
法定清算(275, 335)
法的倒産処理(278)
法と経済学(5)
法令工学(36)
保険企業組織(378)
募集(200)
募集株式の発行(201)
募集株式の発行等(200)
　　　──の差止め(209)
　　　──の手続(203)
募集社債(231)
募集設立(69)
募集新株予約権(215)
　　　──の発行手続(216)
　　　──の発行の差止め(224)
発起設立(67)
発起人(62)
　　　──の権限(63)
発起人組合(63)
本店(40, 50)

ま行
み
見せ金(71)
みなし解散(274)
民事再生(279)
む
無額面株式(162)
無議決権株式(170, 273)
無記名社債(234, 235, 236, 237, 240)
無限責任(28)
無限責任社員(8, 25, 28, 321, 334, 342)
め
銘柄統合(240)
名義書換(178)
名目的取締役(150)
も
持株会社(296)
持分(161, 325)
　　　──の譲渡(325)
持分会社(321)
　　　──の解散(335)
　　　──の管理(327)
　　　──の計算等(330)
　　　──の清算(335)
　　　──の設立(322)
　　　──の定款変更(334)
　　　──の利益配当等(331)
持分複数主義(161)
モニタリング・モデル(138)

や行
や
役員(96)
役員等(145)
　　　──の責任の免除・軽減(147)
　　　──の損害賠償責任(145, 149)
　　　──の任務懈怠責任(145)
役員賠償責任保険(120, 129)
ゆ
有限会社(28, 343, 351)
有限責任(28)
有限責任事業組合(353)
有限責任社員(8, 28, 321, 322)
有事防衛策(317, 318)
優先株式(169)
有利発行(204)

ら行
ら
ライツ・イシュー(219)
ライツ・オファリング(219)
ライツ・プラン(214, 318)
り
利益供与の禁止(164)
利益準備金(253)
利益相反取引(115)
理事(383, 388)
利息制限法(232)
利息の支払(236)
略式事業譲渡(302)
略式質(182)
略式組織再編・略式手続(287)
臨時計算書類(247)
る
累積投票(89, 90, 96, 132)
ルールベースからプリンシプルベースへ(60)
れ
劣後株式(169)
連結計算書類(251, 307)
ろ
労働契約の特例(295)

わ行
わ
割当自由の原則(70, 207)
割当日(178, 216)

【著者紹介】

福原 紀彦（ふくはら・ただひこ）

1954年　滋賀県八日市市（現・東近江市）生まれ
1977年　中央大学法学部卒業
1984年　同大学院法学研究科博士後期課程満期退学
現　在　中央大学法科大学院教授・弁護士（東京弁護士会）
（中央大学法学部教授・同大学院法務研究科（法科大学院）長、学校法人中央大学理事・総長、中央大学学長、放送大学客員教授、公認会計士試験委員、防衛省防衛施設中央審議会委員・会長、文部科学省大学設置学校法人審議会委員、大学基準協会理事、日本私立大学連盟常務理事等を歴任。その他、日本資金決済業協会理事・会長〔現〕、投資信託協会理事〔現〕等）

主要著作（本書領域関係）
『商法の頻出問題』（共著）実務教育出版（1988年、改訂第2版補正・1997年）
『株主の権利』（共著）中央経済社（1991年）
『戦後株式会社法改正の動向』（共著）青林書院（1993年）
『取締役の権限と責任』（共著）中央経済社（1994年）
『商法の要点整理』（共著）実務教育出版（1994年）
『戦略経営ハンドブック』（共編著）中央経済社（2003年）
『会社法』（共著）学陽書房（2004年、新訂版・2006年、第2次改訂版・2015年）
『会社法講義ノート』（単著）文眞堂（2006年、補訂版・2009年）
『企業の組織・取引と法』（共著）放送大学教育振興会（2007年、追補・2011年）
『企業法務戦略』（編著）中央経済社（2007年）
『新基本法コンメンタール会社法2』（共著）日本評論社（2010年、第2版・2016年）
『企業法要綱1　企業法総論・総則』（単著）文眞堂（2015年）
『企業法要綱2　企業取引法』（単著）文眞堂（2015年）
『逐条解説会社法9』（共著）中央経済社（2016年）

企業法要綱3
企業組織法
会社法等

2017年5月15日　初　版　第1刷発行　　　　　　　　　　　　　　　　検印省略

著　者──福　原　紀　彦
発行人──前　野　　　隆

東京都新宿区早稲田鶴巻町533
発行所──㈱文眞堂
電　話　03（3202）8480
FAX　03（3203）2638
http://www.bunshin-do.co.jp/
〒162-0041　振替00120-2-96437
印刷・平河工業社／製本・イマヰ製本所

Ⓒ 2017, Printed in Japan

定価はカバー裏に表示してあります　　　　　　　　ISBN978-4-8309-4892-3 C3032